HISTOIRE
DE FRANCE

III

Cet ouvrage a obtenu
de l'Académie des Inscriptions et Belles-Lettre
LE GRAND PRIX GOBERT;
et il a été ensuite couronné quatre fois
par l'Académie Française.

HISTOIRE DE FRANCE

DEPUIS LES TEMPS LES PLUS RECULÉS JUSQU'EN 1789

PAR

HENRI MARTIN

Patris veterum venerabitur

TOME III

QUATRIÈME ÉDITION

PARIS

FURNE LIBRAIRE-ÉDITEUR

Se réserve le droit de traduction et de reproduction
à l'Étranger.

M DCCC LV

HISTOIRE DE FRANCE

DEUXIÈME PARTIE.

LIVRE XVII.

FRANCE DU MOYEN AGE.—FÉODALITÉ

(SUITE).

INSTITUTIONS FÉODALES. — PREMIERS CAPÉTIENS ET DYNASTIES DES GRANDS VASSAUX. — Derniers efforts de la race carolingienne. — Gerbert. — Le roi Robert. — *L'an mille.* — Manichéens. Commencement des persécutions religieuses. — Révoltes de paysans. — Les ducs de Normandie. Les comtes de Chartres. Les comtes d'Anjou. Les ducs de Bretagne. — Impuissance des rois. Anarchie féodale. — Les royaumes d'Arles et de Bourgogne réunis à l'Empire germanique. — La *Trêve de Dieu.* — Commencements de Guillaume le Conquérant. — Conquête des Deux-Siciles par les aventuriers normands. — Question de l'Eucharistie. Bérenger de Tours. — Réforme ecclésiastique. Hildebrand. Proscription de la simonie et du mariage des prêtres.

987 — 1060.

L'établissement définitif de la royauté capétienne marque le moment de jeter un rapide coup d'œil sur les caractères de l'institution féodale, qui remplace le régime barbare en France et dans la plus grande partie de l'Occident.

Les origines de la féodalité remontent haut dans l'histoire. Nous les avons vues dans le patronage (*nawd*) celtique, brisé par la conquête romaine, puis renouvelé dans la décadence de l'Empire, alors que non-seulement les simples hommes libres, mais les hommes de la moyenne propriété, les curiales, ruinés, écrasés par le fisc, s'enfuyaient les uns parmi les bandes désespérées des

Bagaudes, les autres sur les terres des grands, où ils ne trouvaient asile et protection qu'en se réduisant à la condition de colons [1]. Les causes qui précipitaient les hommes libres sous le patronage n'ont fait que se multiplier, en se modifiant, pendant la période franke; mais la masse soumise au patronage s'est partagée en deux catégories qui avaient déjà existé dans l'ancienne Gaule, et qui sont maintenant bien plus durement tranchées, 1º les vassaux, qui, maintenant, tiennent la terre à condition de service militaire; ceux-là deviennent les nobles; 2º les colons, qui tiennent la terre à condition de cens, de redevances et de corvées; ceux-là seront les *vilains*, les *roturiers*, les *sujets* [2].

Le patronage héréditaire, vis-à-vis des inférieurs, l'hérédité des offices et des bénéfices vis à vis du roi, constituent la féodalité. Elle est fondée, en principe, du jour où Karle le Chauve a reconnu la transmission héréditaire des gouvernements érigés en fiefs; mais, de fait, le chaos des neuvième et dixième siècles n'a laissé consolider ni les droits ni les familles. Ce n'est qu'à l'expulsion définitive des Carolingiens, et à l'élection de Hugues Capet, que se termine la confuse période de transition commencée au traité de Verdun.

Il existe, à partir de cette époque, un ordre nouveau, bien flottant et bien troublé sans doute encore, mais manifestant des

---

[1]. En habitant sous « le droit d'autrui » (*habitationem juris alieni*), suivant l'énergique expression de la loi romaine. *v.* les textes curieux cités par M. La Ferrière, *Hist. du Droit français*, t. II, p. 294, 295. Ce sont les *pene servi* de César, les hommes libres devenant « presque esclaves », qui reparaissent.

[2]. Des milliers de propriétaires indépendants, se mettant par nécessité dans la condition des feudataires, allèrent présenter à quelques chefs puissants un *brandon* de leurs bois, un *gazon* de leurs prés, recommandant, par ce rit symbolique, leur terre au suzerain, qui la recevait et la leur rendait en fief, et désormais répondait pour eux au roi : de là les arrière-fiefs. Charlemagne avait imposé à tous les propriétaires un serment direct au roi; cette loi fut renversée par la féodalité. Tous les propriétaires indépendants qui se recommandèrent aux seigneurs ne le firent pas à condition de service militaire, et la différence des engagements primitifs amena d'énormes différences dans la condition des possesseurs. Quiconque s'était recommandé à charge de service militaire devint noble, quand la noblesse se constitua définitivement; quiconque avait promis un tribut d'argent, de denrées ou de service corporel, quiconque s'était recommandé par la « touffe de cheveux », et non par le « brandon et le gazon », tomba peu à peu au rang des colons, des vilains, si peu séparés, en fait, de la condition des serfs. Singulière variation des rites symboliques : la recommandation par la « touffe de cheveux » était précisément la recommandation noble et guerrière chez les peuples celtiques.

tendances et des formes déterminées, et visant à se développer sur un plan dont on peut distinguer les lignes essentielles. Dans le chaos du monde barbare a germé un idéal politique qui s'épanouit dans la féodalité.

La féodalité reconnaît deux principes, la terre et l'épée, la richesse et la force, deux principes desquels tout relève, auxquels tout se rapporte, et qui s'unissent et s'identifient, puisqu'il faut posséder la terre pour avoir le droit d'user de l'épée en son propre nom (c'est-à-dire, avoir le droit de guerre privée), et que la possession de la terre impose le devoir de tirer l'épée pour le suzerain et au nom du suzerain dont relève la terre. L'ordre social n'est autre chose qu'une hiérarchie de terres possédées par des guerriers relevant les uns des autres à divers degrés, et formant une chaîne qui part de la tourelle du simple gentilhomme, pour remonter jusqu'au donjon[1] royal. Le vassal doit au seigneur la *fiance*, la *justice* et le *service*, c'est-à-dire qu'il doit l'assister de ses conseils, siéger à son tribunal, monter à cheval pour le suivre à la guerre[2]. Il doit encore l'*estage*, c'est-à-dire la garde du château du suzerain, tant de jours par an; il doit une aide en argent au seigneur pour la *chevalerie*[3] de son fils, pour le mariage de sa fille aînée, pour le paiement de sa rançon s'il est pris à la guerre[4]. Le seigneur doit au vassal aide et protection, si le fief

---

1. En France, à partir du douzième siècle, ce fut de la tour du Louvre que relevèrent les grands fiefs.
2. Il y a deux sortes d'*hommage* : 1° le *lige* (celui qui *lie*), engagement absolu, dont le serment se prête à genoux, sans épée ni éperons, les mains dans celles du seigneur : l'*homme-lige* doit le service personnel *en l'ost* (à l'armée); il est en quelque sorte attaché à la glèbe comme le serf, car il ne peut affranchir sa personne de la vassalité en renonçant au fief. 2° Le *simple*, dont le serment se prête debout, l'épée au côté, les mains libres. Le simple vassal peut se faire remplacer dans le service militaire, et il peut renoncer à l'obéissance du seigneur en rendant le fief. L'hommage simple domine dans les coutumes françaises. Plus tard, les formules de l'hommage lige s'appliqueront aux obligations bien moins strictes de l'hommage simple. Le service militaire dû au seigneur est communément de quarante jours. — Les formules les plus serviles, celles empruntées à l'Empire d'Orient, avaient disparu.
3. Lorsque le fils du seigneur est armé chevalier, transformation de l'antique réception du jeune homme au nombre des guerriers.
4. Dans certaines contrées, le vassal devait un droit de mutation (*relief*), quand le fief changeait de main; mais cet usage n'était point universel. Le feudataire avait généralement le droit d'aliéner son fief, avec l'aveu du suzerain; mais la famille avait le *retrait lignager*, qui était un droit de préférence.

est attaqué : la défense de la personne est réciproquement obligatoire entre eux.

Le seigneur perd son droit de suzeraineté, s'il attente à l'honneur de la femme ou de la fille du vassal ; s'il lève le bâton sur le vassal ; s'il lui dénie justice ou secours : dans ces divers cas, le vassal a droit de retirer son hommage en gardant le fief, et de faire la guerre au seigneur. Le vassal perd son fief, s'il ne *le dessert pas* (s'il n'en remplit pas les devoirs), ou s'il attente à la personne du seigneur ou de quelqu'un des siens ; dans ces cas, le seigneur a droit de confiscation. C'est aux pairs du vassal, réunis en cour de justice sous la présidence du seigneur, qu'appartient le jugement, sauf appel au suzerain du degré supérieur. Toute question douteuse en droit criminel, et même en droit civil, doit être décidée par le duel judiciaire. On peut appeler en duel, pour *faux jugement*, les juges qui vous ont condamné ; mais, alors, il faut les combattre tous l'un après l'autre.

Le système des droits et des devoirs est le même dans toute la hiérarchie, depuis le dernier fief de haubert jusqu'aux grands fiefs de la couronne. La clef de voûte de l'édifice est une royauté élue conditionnellement par les seigneurs du plus haut degré, par les chefs de la hiérarchie, royauté ne relevant que de Dieu, dans ce sens qu'elle ne fait foi et hommage à personne sur la terre, mais relevant en quelque façon de ceux qui l'ont élue, puisqu'elle peut perdre ses titres à leur obéissance, si le roi manque au serment qu'il a prêté de garder à chacun ses droits : une royauté viagère et responsable couronnant une société fondée sur l'hérédité, semble le dernier mot du régime féodal ; l'Allemagne seule devait le réaliser, quoique, à d'autres égards, elle fût beaucoup moins féodale que la France, et surtout que l'Angleterre.

La hiérarchie féodale doit embrasser toute terre ; point de terre sans seigneur ; point de seigneur qui ne reçoive et ne rende les services de l'épée. D'une part, l'alleu doit disparaître ; de l'autre part, le clergé propriétaire doit *desservir* la terre ou la quitter, entrer dans l'ordre féodal ou renoncer à la propriété.

Le principe qui exclut l'homme étranger aux armes exclut la fille de l'héritage du fief. Point de partage entre le fils et la fille ; point entre l'aîné et le puîné, du moins s'il n'y a qu'un fief dans la maison : telle est la tendance rigoureuse du principe constitutif de la famille féodale. Point de démembrement du fief. Le droit d'aînesse, inconnu de l'antiquité romaine aussi bien que de l'antiquité barbare, sort spontanément de la constitution féodale, sans qu'il soit besoin de l'expliquer par l'infiltration des idées juives à travers le christianisme. Le droit d'aînesse féodal ne doit pas être toutefois absolu. Point de démembrement, mais point d'accumulation des fiefs. S'il y a plusieurs fiefs, que chaque fils en ait un, afin que le nombre des guerriers ne diminue pas.

Aucune constitution sociale n'a encore offert un aspect aussi matérialiste que cette société qui réagit par un enivrement de propriété et de richesse contre la communauté vague et errante de la vieille barbarie germanique. Dans la Rome primitive, l'inviolabilité de la terre n'était que l'extension de l'inviolabilité de l'homme, du citoyen. Ici, au contraire, l'homme n'est rien que par la terre; il est la terre personnifiée [1].

Cependant, si l'on ne s'arrête pas uniquement aux lois et aux formes, si l'on examine toutes les conséquences de ces lois, on reconnaît que le culte de la matière n'est pas aussi profond ni surtout aussi exclusif dans la féodalité qu'il l'avait été dans la société sensuelle et servile de l'Empire romain. Les deux principes régnants se font un certain équilibre. L'héroïsme de l'épée compense le matérialisme de la terre. Le fer teutonique a réveillé la Gaule à son rude contact : il a ramené en Occident la liberté individuelle, la dignité humaine, le libre dévouement, les fières vertus qui naissent et fleurissent à l'abri de l'épée. L'individualité gauloise, étouffée jadis sous le poids de l'Empire, reprend un essor prodigieux, pendant que la loyauté, la fidélité d'homme libre à homme libre, remplace l'aveugle obéissance de l'esclave au maître, parmi tous ces nobles, tour à tour vassaux et seigneurs, sujets et rois.

L'ordre féodal peut donc enfanter la grandeur et la vertu parmi les membres de sa hiérarchie; il faut sortir de cette hiérarchie,

---

1. Le changement des noms de famille est un des signes caractéristiques de la féodalité. Les noms gallo-germaniques, comme les noms grecs et romains, étaient des noms de race, de tribu, de vrais noms de famille, des *noms de personnes* enfin; les noms féodaux sont des *noms de lieux*, des *noms de choses*.

si l'on veut concevoir ce qu'a la féodalité de fatal et de sinistre; il faut descendre dans ce monde inférieur, dont sa loi ne daigne pas même mentionner l'existence, et sur lequel pèse le monde féodal, comme les tours colossales de ses barons pèsent sur les cachots souterrains qui en supportent les bases. Dans l'idéal féodal, tout ce qui ne fait point partie de la hiérarchie militaire est comme s'il n'existait pas, et reste en dehors de la société politique : ni le roi, ni les autres suzerains n'ont à s'occuper de ce qui ne leur appartient pas directement dans cette masse sans nom. Chaque seigneur, hors de chez lui, est un membre de l'ordre général, comme supérieur ou inférieur; chez lui, dans les terres qu'il n'a point inféodées, c'est un souverain absolu. A la guerre, au conseil, à la cour des pairs de son suzerain, il obéit conditionnellement : à sa propre cour des pairs, dans sa guerre, entre ses vassaux, il commande conditionnellement, *primus inter pares;* vis-à-vis de ses *sujets,* il est roi, empereur, autocrate; il n'a de compte à rendre qu'à Dieu; or le sujet, c'est quiconque n'est pas noble, ou guerrier, ou possesseur de fief, trois termes identiques dans la langue féodale; le sujet, c'est quiconque travaille, artisan ou laboureur! Quiconque n'est pas noble ne saurait être *franc* et libre. Le sujet doit être taillable et corvéable à merci : point de droit pour lui : il ne pourra ni se marier, ni changer de demeure, ni transmettre son pécule à ses hoirs, sans la permission de son maître. Le meilleur meuble de sa succession est porté au seigneur pour le rachat du reste. Si le serf meurt sans laisser d'héritage, on lui coupe la main droite et on la porte au maître, pour que le maître voie que *son homme* ne peut plus lui faire service [1]. Le droit du seigneur, poussé à ses dernières conséquences, va au delà du servage de glèbe, et rétablit l'esclavage personnel : comme chez les anciens, le corps de la serve, sa pudeur appartiennent au maître. Le christianisme avait fait l'esclave homme; l'esclave redevient chose.

Tel est le sort destiné par la féodalité non-seulement au peuple des campagnes, mais à tous les habitants non nobles des villes. Chaque cité doit être englobée dans quelque seigneurie.

---

1. Ducange, *Glossar.* art. *Manus mortua.*

Nous avons vu la théorie; voyons le fait, en commençant par un regard sur les divisions politiques de la Gaule.

La Gaule, à la fin du dixième siècle, apparaît divisée par les langues et les mœurs en trois zones principales, à peu près correspondantes aux anciens royaumes de Neustrie, d'Austrasie et d'Aquitaine : les peuples étrangers, toujours pleins du souvenir des Franks, confondent ces trois régions et même une quatrième (la Franconie d'outre-Rhin) sous le nom collectif de France; mais, dans l'intérieur de la Gaule, les populations méridionales repoussent ce nom comme un vestige de servitude, et les populations du nord-est, au contraire, le disputent en vain à celles du centre et de l'ouest. C'est en vain que les Lotharingiens, ou *Loherains*, les descendants des Austrasiens, qualifient de *Welches* ou Gaulois (*Walli, Galli*) les fils des Neustriens, et se disent les seuls héritiers légitimes de ces Franks dont ils ont conservé la langue maternelle; la vraie France, c'est la France nouvelle, la France romane de Neustrie, destinée à s'assimiler l'Austrasie en grande partie et l'Aquitaine entière[1].

Les divisions politiques ne répondent pas exactement à celles des langues : les duchés lorrains, fractionnés en un grand nombre de seigneuries, relèvent de l'Empire, ainsi que le royaume d'Arles ou de Bourgogne; la Flandre et la Bourgogne ducale dépendent du royaume de France, qui embrasse le reste de la

---

1. Les dialectes tudesques ont reculé à l'est vers les Vosges et la Moselle : ils dominent à l'ouest dans la meilleure partie de la Flandre, sur l'Escaut et la Lys; mais le langage *welche* ou *roman* pénètre, par la Sambre et la Meuse, jusqu'au cœur des Ardennes et de la Tongrie; Liége, qui a succédé à la vieille cité de Tongres, est une ville wallonne, et le wallon entame aussi le Haut-*Loherègne* (la Lorraine actuelle). Dans tout le reste de la Gaule, les dialectes des conquérants germains ont disparu en laissant quelques traces dans le vocabulaire de la grande langue vulgaire ou romane, qui se divise en deux langues sœurs, séparées par le cours de la Loire, et subdivisées en nombreux patois ou dialectes provinciaux; l'ancienne Burgondie n'a point produit une troisième langue romane; les provinces méridionales du royaume d'Arles se rattachent à la langue d'*oc* ou du Midi; les Bourgognes ducale et cis-jurane et l'Helvétie romane (Suisse française) se rapprochent de la langue d'*oïl* ou du Nord. Le latin est toujours exclusivement la langue de l'Église et des lettrés, et les dialectes vulgaires n'ont point encore enfanté de littérature. — *Oïl :* prononcez, *oui*, comme aujourd'hui. — *Oc*, du latin *hoc*, *cela*, *c'est cela*. Les deux grands dialectes se distinguent par leur terme essentiel d'affirmation; rien n'est plus conforme à l'esprit expansif et ouvert de la Gaule. Plus tard, et par imitation, l'italien se nommera la langue de *si*.

Gaule, et même, par delà les Pyrénées, le comté de Barcelonne ou de Catalogne : au nord, l'Escaut et la haute Meuse, au midi, la Saône et le Rhône, séparent l'Empire du royaume de France ; mais ces noms de royaume et d'empire ne recouvrent guère qu'une fiction, ou tout au plus un regret et une espérance. La Gaule est partagée en petites souverainetés dont les limites mal fixées semblent flotter encore au gré des hasards guerriers, mais tendent en général à se régler d'après les divisions naturelles du sol : plusieurs de ces États sont encore agités par l'esprit de démembrement, que la régularisation du système féodal commence à arrêter chez les autres ; le roi d'Arles, dont le royaume s'en va par lambeaux, et le duc de Bourgogne, sont aussi impuissants que les derniers monarques carolingiens ; le comte de Poitiers n'a guère pris qu'un titre honorifique en se faisant duc d'Aquitaine. La vraie raison, c'est qu'il n'y a de centre naturel ni en Aquitaine, ni dans la Bourgogne ou la Provence.

Les duchés et comtés souverains se subdivisent en vicomtés, *vigueries* (de *vicarius*), prévôtés, châtellenies, anciens offices subalternes dont les possesseurs se sont rendus héréditaires en même temps que les ducs et les comtes eux-mêmes, ou fiefs nouveaux érigés par ces derniers au profit de leurs puînés ou de leurs neveux. Dans les duchés, il y a un degré de plus, le comté : les ducs ont des comtes pour vassaux ; mais les comtes souverains, qui ont réuni plusieurs comtés sous leur suzeraineté, ne souffrent guère qu'un feudataire porte le même titre que son seigneur. A côté, au-dessous, parfois au-dessus de ces lieutenants des princes, sont les barons, les *riches-hommes*, les héritiers des anciens leudes et des *sénateurs* gallo-romains, relevant directement, pour la plupart, des ducs ou comtes souverains, et recevant eux-mêmes l'hommage des petits possesseurs nobles. Beaucoup de ces petits possesseurs tiennent toutefois immédiatement leurs terres du prince ; plusieurs même, à l'exemple d'un certain nombre de grands propriétaires, maintiennent encore l'indépendance de leurs alleux, terres franches qui ne relèvent *que du soleil,* comme disent les vieilles formules germaniques[1] ; mais le fief, surtout dans le cen-

---

[1] Le fameux royaume d'Ivetot, sur lequel on a débité tant de fables, paraît n'a-

tre et l'ouest, dévore chaque jour l'alleu ; si la *terre franche,* la terre sans seigneur, ne disparaît pas entièrement, on le doit, dans le nord, aux souvenirs de la liberté barbare ; dans le midi, aux traditions et aux mœurs gallo-romaines ; l'alleu, presque anéanti dans la masse centrale de la France, ne dispute plus guère le terrain au fief que sur la Meuse et l'Escaut, d'une part, de l'autre autour des cités de la Garonne, de l'Hérault, de l'Aude et du Rhône ; c'est là l'exception, la féodalité est la règle. La moyenne propriété, relevée en Gaule par l'établissement des Germains et par la chute de la fiscalité impériale, tend de nouveau à disparaître, mais à disparaître seulement comme pleine propriété pour renaître comme fief.

La hiérarchie féodale est loin d'être constituée systématiquement : il y règne, au contraire, une confusion inextricable : les fiefs sont si bien enchevêtrés, que beaucoup de seigneurs sont mutuellement vassaux les uns des autres, que tel baron tient des terres de plusieurs suzerains, et peut être requis à la fois du service militaire par deux chefs ennemis, enfin que tel petit feudataire se trouve avoir droit à l'hommage d'un prince souverain, comte, duc, roi même, comme étant suzerain d'une terre échue à ce dernier par héritage ou autrement. Ces bizarreries n'auraient qu'une importance secondaire si les grandes relations féodales étaient régularisées ; mais il n'en est rien : le pouvoir de chaque seigneur vis-à-vis de son supérieur et de ses inférieurs dépend encore de son caractère personnel et des circonstances locales ; et le premier des seigneurs, le roi, est relativement le moins puissant de tous ; chose facile à comprendre, puisque l'établissement de la féodalité résulte de la défaite des rois, et que la royauté nouvelle est née de la ruine du pouvoir monarchique. Le roi n'a quelque moyen de force et d'action qu'en qualité de seigneur du duché de France ; comme roi, quelques prérogatives honorifiques, quelques droits sur les églises [1], seraient son partage ; il est à peine

voir été qu'un alleu conservé, on ne sait par quelles circonstances, au milieu de la féodalité normande.

1. Le droit de conférer les évêchés et les abbayes avait été usurpé par les principaux seigneurs, et le roi ne conservait la collation des bénéfices ecclésiastiques que dans ses domaines et dans les évêchés qui relevaient immédiatement de la couronne.

le « premier entre ses pairs; » mais l'idéal féodal combat pour la royauté et tend à établir que les grands doivent aux rois les mêmes services qu'ils exigent de leurs propres vassaux. La féodalité recèle dans son sein les armes dont elle sera un jour frappée!

Sous ces fluctuations, il y a quelque chose de constitué, c'est la base même de l'ordre féodal, la noblesse terrienne. Durant les temps barbares, l'état des personnes et des familles avait été exposé à des vicissitudes trop violentes et trop continuelles pour que la formation d'une caste de propriétaires-nobles fût possible; le sol était comme ébranlé par des tremblements de terre incessants qui engloutissaient les anciennes races et en faisaient surgir de nouvelles : tout était précaire, et il n'était quasi point de princes, à commencer par les chefs de la maison de France, qui pussent citer le nom de leur bisaïeul. A la fin du dixième siècle, cet état de choses n'existe plus : la terre se raffermit; les familles prennent racine dans le sol ainsi que les innombrables tours seigneuriales qui leur donnent asile; les mœurs ne sont pas moins turbulentes, mais on ne s'agite plus guère que sur place. Dès lors, la noblesse existe de fait, la noblesse *réelle*, terrienne, qui remplace la noblesse personnelle et traditionnelle du monde antique, disparue sous le débordement des *trustes* conquérantes : le noble, c'est le guerrier-propriétaire, l'homme qui ne doit au prince que le service de l'épée, du conseil et de la justice, l'homme qui tient une terre, un bien, un fief quelconque, à charge de service militaire, et qui a droit de posséder un cheval de guerre, une cotte de mailles (*haubert*), un heaume et une lance[1]. On peut dire qu'il n'y a plus en Gaule de Franks, de Gallo-Romains, de Burgondes, de Goths, mais seulement des nobles et des non-nobles : les hommes ne se distinguent plus par leur nation, mais par leur caste[2].

[1]. Il subsistait des restes de la noblesse personnelle, introduits artificiellement dans le régime féodal. Il y avait des fiefs abstraits, pour ainsi dire; on donnait en fief une rente, un droit, une fonction; des hommes d'armes sans terre, débris de la *truste* des vieux temps, vivaient dans la maison des seigneurs, et on les rattachait ainsi fictivement à la société féodale.

[2]. Les vestiges des anciennes nationalités n'avaient pas entièrement disparu à la fin du dixième siècle, mais ils s'effaçaient de jour en jour. M. de Savigny cite une pièce de 933, où des juges, des échevins goths, romains et saliens siègent à Narbonne, et une autre rédigée à Arles en 958, où il est question des vassaux romains et saliens de Guilhem, comte de Provence. A partir de la fin du dixième siècle, il n'y a plus d'exemple de ces noms de race.

Au-dessous de la hiérarchie des fiefs, des terres nobles et exemptes de charges serviles, une autre hiérarchie descend dans les dernières profondeurs de la société, hiérarchie de labeurs, de souffrances et d'humiliations : la servitude a ses degrés comme la puissance et la richesse. Les campagnards, qui cultivent la terre pour les nobles ou pour les églises, se divisent de droit en deux grandes classes : les serfs proprement dits, provenant des esclaves (*servus, mancipium*, en latin; *caëth*, en celtique; *skalk*, en tudesque), et les colons (*colonus*, en latin; *taeog, togadh*, en celtique; *lite, lazze*, en tudesque[1]); mais la féodalité tend à confondre ces deux classes, également attachées à la glèbe, en exigeant des colons les mêmes services arbitraires que des serfs. Le serf, soumis à la puissance absolue du maître, et le colon, le *tributaire*, qui ne doit qu'un *cens* et qu'une redevance fixe pour le bien qu'il cultive, sont de plus en plus confondus sous les qualifications de gens de *corps* et de gens de *chef* (*capitales*), d'*hommes de poëste* (*de potestate*), de *main-mortables*, de *vilains* (*villani*, villageois, hommes des *villæ*); confusion qui abaisse les colons, mais qui élève les serfs en faisant d'eux des espèces de possesseurs héréditaires qu'on n'arrache plus que rarement à leur foyer et à leur famille. Deux faits généraux dominent ainsi l'état social des campagnards non-nobles, c'est l'extinction de l'esclavage domestique, de la classe des *mancipia*[2], et la tendance des seigneurs à violer leurs pactes avec les *vilains* libres. Que peuvent être en effet des pactes dont nulle autorité supérieure ne garantit l'exécution? Il n'est point de tribunal pour décider entre le seigneur et ses vilains : chaque *sire* est souverain sur ses terres, et exerce sans appel, sur les vilains et les serfs, ce droit de *haute et basse justice*

---

1. Aux colons se rattachent les *hôtes* (*hospites*, en latin; *ailltudd*, en celtique), étrangers admis à titre précaire dans une tenure.
2. C'est au christianisme, secondé par les tendances des mœurs germaniques, qu'on doit rapporter le principal honneur de ce grand fait social. Le clergé avait poussé avec zèle à l'affranchissement des *mancipia*, en prêchant lui-même d'exemple. Les formules légales, les légendes, les monuments de tout genre portent témoignage à cet égard. Saint Benoît d'Aniane, par exemple, quand on donnait une terre à son abbaye, émancipait tous les serfs. Dans la société romaine, fondée sur l'esclavage, le clergé eût échoué. Il réussit dans la société renouvelée par les Barbares, chez qui l'esclavage était une superfétation, les services domestiques n'étant pas réputés serviles.

dont le pilori et le poteau du gibet sont les sinistres emblèmes. La juridiction du seigneur ne connaît plus les limites que les coutumes celtiques, certaines des coutumes germaniques et les lois des Césars imposaient aux juridictions patrimoniales des chefs de famille. Le vilain a moins de protection que n'avait l'esclave romain. Le seigneur n'est retenu que par le frein moral de la religion et par la crainte de réduire ses hommes à se révolter ou à déserter sa terre pour aller s'offrir en servage à quelque maître plus doux ; mais ce sont là des barrières insuffisantes contre les passions et les caprices des mille petits despotes qui se partagent la Gaule.

Parmi les seigneurs, les moindres sont les pires : la tyrannie devient plus brutale et plus insensée à mesure que se resserre le cercle de son action. Les petits *sires* érigent en lois héréditaires leurs fantaisies les plus iniques et les plus absurdes, et l'on voit surgir ces redevances, ces *droits* ridicules ou immondes, insolents ou barbares, qui sont autant d'outrages à la morale évangélique et à la dignité humaine, et qui se résument, comme nous l'avons dit, dans le retour au droit absolu du maître sur la personne de l'esclave antique[1].

Le clergé, sans accepter tous les principes de la féodalité, est trop engagé lui-même dans le système féodal pour combattre des abus dont il profite ; il ne continue pas, contre le servage, la noble mission qu'il avait remplie contre l'esclavage. Les seigneurs d'église occupent, à côté des suzerains laïques, le même rang que

---

1. Le plus monstrueux de tous ces prétendus droits, la *marquette*, *prélibation*, etc. n'a certainement été réalisé que par exception, quoiqu'on n'en puisse, de bonne foi, contester l'existence ; mais le « rachat de la première nuit » a été d'ordinaire imposé aux époux de condition servile. Le nom teutonique était *bed-nood* (*bathinodium*, en latin barbare) ; c'est-à-dire *la nécessité du lit*. On trouve, sur ce sujet, un passage curieux du jésuite Papebrock, le célèbre directeur du recueil des *Bollandistes*. « Il reste encore, dit-il, des vestiges de ce droit en différents pays, où les habitants des campagnes sont tenus de racheter ce droit de première nuit. En effet, la loi chrétienne a fait disparaître ce honteux abus de l'ancienne noblesse, qui attribuait au maître la première nuit ; mais l'époux est toujours tenu de payer une certaine somme d'argent en reconnaissance de la souveraineté. On a transformé ce droit en ce qu'il avait de contraire à la religion, et la signification de l'ancien privilège ne se maintient plus que dans ces termes. » Papebrock écrivait en Belgique du temps de Louis XIV. v. *Acta S. Forannani, abbat. Walciodor.* n° 31.

leurs devanciers ont tenu auprès des leudes royaux ; dans un grand nombre de cités, la protection municipale exercée par les évêques s'est transformée en seigneurie ; le « défenseur de la curie » est devenu le suzerain de la cité, et, ne reconnaissant de supérieur temporel que le roi, réclame l'hommage de tous les seigneurs laïques établis sur le territoire diocésain, quels que soient leur titre et leur rang ; d'autres fois, au contraire, il rend lui-même hommage à un seigneur laïque, qui s'arroge le droit de conférer le *bénéfice* épiscopal à chaque vacance. De même, les abbés sont seigneurs des villages, des bourgs, des villes, formés autour de leurs monastères[1]. Les seigneurs ecclésiastiques ont, comme les *sires* laïques, leurs vilains et leurs serfs : la condition des serfs d'église est à la vérité moins humiliante que celle des autres serfs ; ils n'appartiennent point à un homme, à une terre, mais à Dieu et aux saints, et ont droit d'attendre un traitement moins dur de la part de supérieurs qui sont, comme eux, les « serviteurs de Dieu » ; mais le fait, là comme ailleurs, ne dément que trop communément le droit.

L'absorption du clergé dans la hiérarchie féodale semble bien avancée : toutefois, le clergé veut bien les bénéfices de la féodalité, mais il n'en veut pas les engagements ni les charges, et c'est sur le terrain de l'investiture et du service féodal que s'engagera la lutte entre l'Église et la féodalité. Mais, si le réveil de l'esprit ascétique et du génie de la papauté ne vient en aide à la résistance, la résistance sera vaincue.

Le régime féodal, considéré dans sa nature propre, en dehors de ses précédents et de ses raisons historiques, est jugé par le sentiment qu'il a laissé dans le cœur du peuple ; et, cependant, cette société violente et oppressive, dont l'ordre ne semble qu'un désordre systématisé, est supérieure en vitalité à ce monde impérial romain qui avait été régi par de si belles lois civiles. Sous l'Empire, la grande propriété, qui, avec la fiscalité et l'esclavage, a détruit l'ancien monde, faisait le vide autour d'elle. Sous le ré-

---

[1]. Leur pouvoir s'étendait parfois sur des pays entiers. L'abbé de Saint-Denis, en vertu d'une donation apocryphe qu'on faisait remonter à Dagobert, était suzerain de tout le pays de Vexin. Il est vrai que les avoués du Vexin, devenus comtes, ne laissèrent qu'un titre honorifique aux abbés.

gime féodal, la grande propriété, transformée en grands fiefs, tend au contraire à multiplier la moyenne propriété transformée en arrière-fiefs; ce qu'il lui faut, ce n'est plus seulement le plus fort revenu, c'est le plus grand nombre de bras tenant l'épée. La grande propriété, au lieu d'être une force isolée et destructive, un grand arbre vénéneux qui fait tout périr sous son ombre, devient une force attractive, centre d'un organisme vivant. L'action de ce principe se fait sentir jusque sur les vilains et les serfs. Les propriétaires inférieurs, les arrière-vassaux, étant nombreux, ont besoin d'un grand nombre de *sujets* pour les nourrir. Cette nécessité de la constitution féodale, combinée avec la substitution du servage à l'esclavage domestique, favorise essentiellement la population. L'esclave n'a pas de famille ; le serf en a une : l'esclave se reproduit peu ; le serf pullule. L'histoire doit apprécier un régime social, non pas uniquement par les conséquences rigoureuses de ses principes, mais aussi par la comparaison avec ce qui l'a précédé, et par la situation moyenne qu'il fait aux masses à une époque donnée.

Ces observations regardent la population noble et non noble des campagnes.

Quant aux habitants des villes, qui dominaient la Gaule au temps de la civilisation romaine, et qui voient maintenant l'empire transféré aux campagnes ou du moins aux maîtres des campagnes; quant aux *bourgeois*, ainsi qu'on commence à les nommer (*burgensis, borgois*, du tudesque *burg*, ville), leur situation, que l'esprit féodal voudrait rendre tristement uniforme, varie de province à province, de cité à cité. Les villes du Midi, et quelques-unes de celles du Nord, quoique soumises à des suzerains, clercs ou laïques, ont conservé des restes de leurs institutions romaines, que le temps transforme et ravive, loin de les anéantir. Le nom de curie[1] a passé, là comme ailleurs, au tribunal de l'évêque (*curia christianitatis*) ; mais le pouvoir ecclésiastique n'a pourtant pas réussi à absorber la vie municipale : la bourgeoisie tend à se dégager de ce patronage étouffant, et des magistrats laïques ont continué d'appliquer le

---

1. M. Raynouard (*Hist. du Droit municipal en France*) cite quelques exemples de l'emploi du titre de *curiales* jusque vers le milieu du dixième siècle.

droit romain, qui régit toujours, au moins comme coutume dominante, l'Aquitaine, la Provence et la Septimanie[1]; le patricien bourgeois du Midi, héritier direct des anciens curiales et *honorés* (*honorati* de la Gaule romaine), allié à l'élément mercantile et populaire, tend à conserver ou à reconquérir l'élection de ses magistrats et d'autres garanties contre le despotisme des suzerains. Sans doute les habitants de ces cités ont souvent à se débattre contre des exigences pécuniaires, présentées sous toute sorte de formes et de prétextes; mais nul n'oserait les traiter en serfs. Les corporations de marchands, d'artisans, de marins, de même que le patriciat citadin, se sont perpétuées plus vivaces et moins écrasées sous la royauté franke et sous la féodalité qu'elles ne l'étaient sous la décadence impériale; l'extinction de l'esclavage domestique fait déjà grandir l'industrie libre et va lui donner un développement inconnu.

Dans le Nord et le centre, le régime municipal, ébranlé, disloqué par l'établissement des Franks, a été submergé presque généralement par la féodalité. Il reste pourtant çà et là, dans quelques vieilles cités, d'obscurs et faibles magistrats électifs. Mais presque partout les offices municipaux sont donnés en fiefs. Quelques grandes villes obtiennent des ménagements; quelques seigneurs, par politique, respectent, jusqu'à un certain point, la liberté civile chez leurs bourgeois.

Mais ce sont là des exceptions garanties, non par la loi, mais par la force de ceux qui en jouissent. La volonté des suzerains n'a de contre-poids que les moyens de résistance des sujets, et presque toutes les villes d'une importance et d'une population médiocres, telles que la plupart de celles du nord et du centre, subissent avec une irritation mal contenue le despotisme d'un ou de plusieurs suzerains, car beaucoup de cités, partagées entre l'évêque, le seigneur laïque et les abbés des principaux monas-

---

1. M. La Ferrière a établi que la distinction des pays de *droit coutumier* et de *droit écrit* avait ses origines dans la Gaule romaine; que les *Sept Provinces*, formant le vicariat du Sud, étaient bien plus romanisées, quant au droit, que le reste de la Gaule, où les coutumes celtiques étaient restées bien plus vivaces. Dans les *Sept Provinces*, il y avait des exceptions: les anciennes cités alliées ou libres, telles que les Arvernes et les Bituriges, gardaient beaucoup plus de traditions celtiques que les autres contrées. *Hist. du Droit français*, t. II, l. 3.

tères, ont autant de *sires* que de quartiers et presque de rues. Le but de la féodalité, réduire les *manants* (*manentes*) des villes au niveau des *vilains* des campagnes, comme ceux-ci au niveau des serfs, est donc à peu près atteint dans une grande partie de la France : le reste de nos villes passera-t-il sous le joug à son tour, ou donnera-t-il aux opprimés l'exemple de secouer le joug? La féodalité réalisera-t-elle complétement son idéal? C'est la grande question que le moyen âge aura à résoudre.

Nous avons indiqué les obstacles extérieurs que rencontre, dans l'ordre politique, la complète réalisation du système féodal. Dans l'ordre civil, dans la constitution de la famille nobiliaire, l'idéal de la féodalité est contrarié par les sentiments naturels, et l'on peut douter qu'il en triomphe complétement. Sa tendance rigoureuse serait, d'une part, le maintien ou le renouvellement des coutumes barbares qui excluaient les filles de la possession de la terre, et, de l'autre part, l'abolition, au profit de l'aîné, des coutumes barbares qui partageaient également la terre entre les fils, et l'inaliénabilité du fief substitué d'aîné en aîné. Le principe salique de l'exclusion des filles est d'abord, en effet, maintenu dans les fiefs; mais, moins d'un siècle après Hugues Capet, nous verrons le droit salique fléchir peu à peu dans la plupart des coutumes féodales, et les filles, non pas égalées aux fils, mais préférées aux collatéraux quand il n'y a point de fils[1]. Les grands favorisent la successibilité féminine, parce qu'en cas d'héritage féminin, le suzerain occupe le fief; il « se dessert le fief à lui-même », jusqu'à ce que l'héritière ait reçu un mari de sa main, en sorte que la terre ne cesse jamais d'être sous l'épée. Plus tard, la femme finira, au moins pendant quelque temps, par être admise à desservir le fief en personne et à siéger « à conseil et à justice », à faire fonction d'homme.

La moralité du mariage ne gagne pas à l'entrée des femmes dans la hiérarchie féodale. Là, comme dans tout ce régime, la personne est subordonnée à la terre : on *marie des terres*, comme on *dessert des terres*, et toute notion vraie de l'union matrimoniale disparaît.

---

1. « Quand le *meilleur sexe* manque », dit brutalement une lettre de Louis VII, ap. Duchesne, *Script. rer. francic.* t. IV, p. 432.

Quant au partage des successions, le droit d'aînesse fait invasion, mais à des degrés divers, selon les temps et les lieux. Sur la vieille terre germanique d'outre-Rhin, il est presque généralement repoussé : les traditions l'emportent; le partage égal, souvent même l'indivision entre frères, subsiste. En France, le droit d'aînesse s'établit, mais avec plus ou moins d'intensité, suivant les provinces [1]. L'aîné a partout un avantage, mais dans des proportions très variées, exorbitantes ici, là assez modérées, et le partage du fief subsiste au delà de ce préciput [2]. Le fief reste aliénable, principe de propriété allodiale ou romaine introduit dans la société des terres féodales. L'interdiction de démembrer le fief, à la fin du dixième siècle, n'existe, à ce qu'il semble, que chez les Lombards : cent ans après, les Normands d'une part, les croisés de l'autre, appliqueront ce principe dans des pays de conquête où le génie féodal, opérant sur table rase, pourra organiser son droit civil dans toute la rigueur logique, à savoir, en Angleterre et en Palestine. L'Angleterre normande dépassera même l'idéal féodal par l'exagération qu'elle donnera au droit d'aînesse et aux substitutions.

Pendant tout le dixième et le onzième siècles, la féodalité, en France, vit et se développe sans lois écrites. Toute loi civile et politique a disparu avec les capitulaires. Les faibles tentatives des rois pour continuer ou renouveler le pouvoir législatif échouent. Les traditions celtiques, les lois romaines, les lois barbares, se fondent en coutumes locales, sauf dans les pays de *droit écrit*, qui, déjà beaucoup plus *romains* que le reste de la Gaule sous les empereurs, avaient été fortifiés dans cette tendance, sous les Goths et les Franks, par le code tout romain d'Alarik II [3], et n'avaient été modifiés que superficiellement par l'élément barbare [4]. La partie

---

1. Nous reviendrons sur ces diversités selon la marche des temps.
2. Le plus communément, l'aîné a le principal manoir, le manoir patrimonial et seigneurial (*mansus indominicatus*, l'ancienne *terra salica*), plus un préciput quelconque. Les puînés tiennent leur part en arrière-fief de l'aîné, qui répond seul directement au suzerain : c'est ce qu'on appelle le droit de *frérage* ou de *parage*. Cela changea en France au commencement du treizième siècle.
3. *Breviarium Aniani*.
4. Toutefois, il y a des coutumes même dans les pays de *droit écrit*, ou, plutôt, le *droit écrit* n'y règne que comme coutume générale, faisant loi quand les coutumes particulières se taisent.

de beaucoup la plus intéressante des coutumes est celle qui regarde la masse des non-nobles ; c'est là surtout que revivent les traditions antiques de la Gaule : ce n'est pas le lieu d'en parler maintenant. Quant à la caste féodale et à son droit civil et politique, nous en verrons les développements dans les faits pendant le reste de la période où il se forme d'une manière latente, c'est-à-dire jusqu'à la fin du onzième siècle, puis pendant la période où il commence à son tour à devenir *droit écrit*, c'est-à-dire de la fin du onzième siècle au milieu du treizième.

Rentrons maintenant dans le mouvement extérieur d'une époque confuse et aride, mais qui couve dans son obscurité les germes de tout ce que le moyen âge enfantera d'éclatant.

L'histoire générale de la Gaule, de la fin du neuvième siècle à la fin du dixième, peut se résumer en deux grands faits : l'un est le triomphe du régime féodal ; l'autre est la formation de la nationalité française entre la Haute-Meuse et la Loire : féodalité et nationalité ont renversé à plusieurs reprises, puis rejeté définitivement la royauté austrasienne et carolingienne, comme un élément étranger qui ne trouve plus de place dans la société nouvelle, et elles ont concouru ensemble à porter le duc de France sur le trône des fils de Charlemagne.

Cette révolution, qui donnait à la jeune nationalité une royauté nationale et qui associait les destinées de cette royauté à celles de Paris, centre prédestiné de la France, n'avait imprimé qu'une faible secousse à la Gaule : l'avenir seul en devait révéler la grandeur. Les contemporains s'émurent médiocrement d'un événement qui ne faisait, à leurs yeux, que renouveler plusieurs événements analogues ; la nullité à laquelle la royauté était réduite explique leur indifférence. Les seigneurs un peu éloignés du théâtre des événements ne virent dans l'élévation de Hugues Capet et dans les troubles qui la suivirent qu'une occasion de se rendre encore plus indépendants de la couronne [1].

1. Hugues, cependant, dès les premiers temps, établit comme des réserves d'avenir : il se fait donner ce titre de *majesté*, qui sera bientôt abandonné et ne reparaîtra que sous le destructeur de la grande vassalité, sous Louis XI. Il s'attribue pour insigne la main de *justice*. — Le titre de *majesté* est encore donné au petit-fils de Hugues, à Henri I*er*, dans une lettre d'un évêque de Liége. *v.* Fleuri, *Hist. ecclésiast.* t. XII, p. 577.

L'adhésion de la plupart des seigneurs « français » n'avait point en effet assuré à Hugues la possession paisible du trône, et le dernier des Carolingiens, le duc Karle de Basse-Lorraine, engagea contre lui une lutte plus inégale encore, à la vérité, par la capacité personnelle que par les forces des deux concurrents. Le duc de Normandie, qui avait épousé une sœur de Hugues ; le comte de Vexin, qui possédait le Vexin, le Beauvaisis, l'Amiénois, Senlis, le Valois, etc.; l'archevêque de Reims, le comte et l'évêque de Soissons, avaient embrassé le parti du nouveau roi, que soutenaient aussi les deux grands feudataires de son duché de France, les comtes de Chartres et d'Anjou ; mais le comte de Flandre, l'archevêque de Sens, les comtes de Vermandois et de Troies-Meaux, et, dans le pays d'outre-Loire, Guilhem V de Poitiers, duc d'Aquitaine, quoique sa sœur fût la femme de Hugues Capet, se prononçaient pour les droits de Karle. Hugues déploya autant d'activité que d'énergie : il envoya vers les grands vassaux jusque par delà les Pyrénées, pour les sommer de remplir leurs devoirs envers sa couronne, enjoignit à Séguin, archevêque de Sens, de prêter serment avant le 1er novembre, en le menaçant de la « sentence » du pape et des évêques comprovinciaux, marcha contre le comte de Flandre et menaça le Vermandois. Le duc de Normandie interposa sa médiation, et le comte de Flandre, puis le comte de Vermandois, traitèrent avec le roi Hugues. Il ne resta plus guère dans la France proprement dite que Héribert de Vermandois, comte de Troies et de Meaux, qui soutînt la cause de Karle, son gendre. Hugues consolida sa couronne en obtenant le consentement des grands à ce qu'il y associât son fils Robert. L'archevêque de Reims avait d'abord combattu ce projet, sans doute afin que « le royaume ne s'acquît point par droit héréditaire », mais il céda, sur une lettre du comte Borel de Barcelonne, qui réclamait un « second roi » pour secourir « l'Espagne citérieure » contre les « Barbares »; Barcelonne avait été, en 985, prise et saccagée par les musulmans. L'archevêque de Reims couronna Robert le jour de Noël, dans l'église de Sainte-Croix d'Orléans [1].

C'est probablement aussitôt après ce couronnement qu'il faut

---

1. Richer, *Histor.* l. IV.

placer l'expédition de Hugues contre son beau-frère le duc d'Aquitaine. Les deux rois, Hugues et Robert, assiégèrent en vain Poitiers : ils durent battre en retraite, et le duc Guilhem les poursuivit jusqu'à la Loire ; mais, là, Hugues Capet fit volte-face et fondit sur les Aquitains. Les hommes du Nord, comme de coutume, eurent l'avantage en bataille rangée sur les Méridionaux, et les Aquitains furent mis en déroute.

Hugues ne put profiter de sa victoire. Son compétiteur Karle, quoique abandonné des comtes de Flandre et de Vermandois, avait pris l'offensive, sur ces entrefaites, et remporté un premier succès. Karle était en possession de la résidence des rois ses devanciers. Parti de Cambrai avec quelques troupes brabançonnes, il s'était porté sur Laon, et son neveu Arnoul, clerc de l'église de Laon et fils naturel du feu roi Lother, lui avait livré la place. L'évêque Adalbéron et la mère du dernier roi carolingien, la reine veuve Emma ou Hemme, étaient tombés au pouvoir de Karle, installé dans la tour de « Louis d'Outre-Mer » (mai 988). Hugues se hâta d'aller mettre le siége devant la citadelle de son rival. La cour de Germanie tenta d'intervenir pacifiquement, et obtint de Hugues qu'il levât le siége, vers l'automne, moyennant que Karle lui livrât des otages et rendît la liberté à Hemme et à Adalbéron. Le prétendant n'observa pas ces conditions : la trêve fut rompue, et l'évêque de Laon s'évada pour aller retrouver Hugues.

Au printemps suivant (989), le roi de Paris reprit les hostilités contre le roi de Laon, qui, suivant l'expression d'un chroniqueur, se tenait coi dans sa forteresse, comme un « limaçon dans sa coquille », et s'estimait tout aussi roi que l'avaient été son père et son frère, puisqu'il avait leur résidence royale. Le danger, toutefois, lui rendit quelque vigueur : il descendit, un beau jour, de sa montagne, mit le feu aux maisons des paysans (*hospitia*), aux hameaux de la plaine, dans lesquels étaient répartis les gens du roi Hugues, et incendia toutes les machines et les provisions de siége. Les « Français » furent contraints de se retirer en désordre. Ce revers suscita de graves embarras à Hugues. « Hugues », dit un chroniqueur, « vit son autorité méconnue par ceux mêmes qui lui étaient soumis auparavant dans toute la France ; mais, grâce à la vivacité de son esprit, qui ne le cédait en rien à la vigueur de son corps, il finit par étouffer toutes les révoltes. » Sans doute les principaux barons du duché de France voulurent profiter de l'échec de Hugues pour s'affranchir de leurs devoirs envers leur suzerain et lui refuser le service militaire ; Hugues ne les ramena que par de nouvelles concessions de terres aux dépens de son domaine ducal : ainsi donna-t-il Dreux au comte de Chartres.

Les événements qui se passaient en Aquitaine et au bord de la Loire attestèrent encore mieux la faiblesse de la nouvelle royauté. La maison de Poitiers, près de périr sous les coups d'une maison rivale, demandait pardon et assistance à Hugues. Aldebert, comte de Périgord, à la tête d'une coalition de seigneurs rebelles au duc Guilhem, avait emporté Poitiers, puis envahi la Touraine et assailli Tours, de concert avec le comte d'Anjou, Foulques-Nerra, qui enviait au comte de Chartres la possession de ce beau pays de Touraine. « Le roi Hugues et Robert, son fils », dit Adhémar de Chabannais, « n'osèrent tenter le sort des armes contre Aldebert », pour secourir Eudes de Chartres et Guilhem, et Tours se rendit à Aldebert, qui prit le titre de comte de Tours et de Poitiers, et concéda la Touraine en fief au comte d'Anjou. Hugues envoya un héraut au conquérant pour lui demander compte de ses conquêtes : « Qui t'a fait comte ? » lui manda-t-il. — « Qui t'a fait roi ? » répondit fièrement Aldebert [1].

Tours ne demeura pas longtemps entre les mains du nouveau vassal d'Aldebert ; les citoyens et le vicomte de Tours rappelèrent les gens d'armes de l'ancien suzerain Eudes de Chartres et les aidèrent à chasser les Angevins, qui gardèrent Chinon et une partie de la Touraine.

Les dangers de Hugues redoublaient : s'il avait eu affaire à un compétiteur plus actif et plus intelligent que Karle, sa couronne eût chancelé sur sa tête ; la métropole de Reims lui avait échappé comme Laon. L'archevêque de Reims étant mort en janvier 990, Hugues s'était servi de la vacance de l'archevêché pour gagner

---

1. « Qui t'a investi des comtés de Tours et de Poitiers ? » Tel est le sens de la question de Hugues. Le sens de la réponse est : « La décision de ceux qui t'ont fait roi ne m'oblige pas. »

Arnoul, le neveu de Karle et l'âme de son parti. Arnoul, qui avait été excommunié par un synode épiscopal, pour avoir livré l'évêque et la ville de Laon au pouvoir de Karle, accepta les offres de Hugues, fut « réconcilié » à l'Eglise par ce même évêque et fut élu archevêque de Reims par le clergé et le peuple, sous l'influence du roi Hugues. Mais à peine eut-il pris place à la tête du clergé gallican et entre les grands feudataires de la couronne, qu'il conspira contre le prince auquel il venait de prêter des serments terribles, et rentra en correspondance avec son oncle Karle : Reims se réveilla, une nuit, au pouvoir de Karle; la porte avait été ouverte par un prêtre aux soldats du prétendant, et la ville et l'église étaient au pillage! La maison épiscopale fut saccagée de prime abord par les bandits du Brabant. Ce ne fut qu'un cri dans toute la France contre les sacriléges. Arnoul n'osa d'abord se déclarer ouvertement et sacrer roi son oncle dans sa cathédrale profanée ; il feignit de ne céder qu'à la force en suivant Karle à Laon, et provoqua lui-même, de sa prétendue prison, l'anathème que lancèrent les évêques de France sur les profanateurs; mais il leva bientôt le masque, prêta serment à Karle, et revint à Reims soutenir la cause de son oncle. Karle se vit maître des diocèses de Laon, de Reims et de Soissons.

Ce fut le terme des succès de Karle. La trahison l'avait servi : la trahison le perdit, et le dénoûment de la lutte dynastique fut digne de ce siècle de fraude. Hugues ne recommença point de presser Laon à force ouverte; il s'entendit avec l'évêque de Laon, Adalbéron, qui feignit de se rallier au prétendant, surprit la confiance d'Arnoul et de Karle, et fut réinstallé par eux dans sa cité. Pendant la nuit du jeudi saint (2 avril 991), Adalbéron, après avoir soupé avec Karle, introduisit une troupe de gens de guerre dans le logis du prince endormi, et s'empara de Karle, de sa femme et de son neveu. Le vendredi saint vit le roi de Laon dans les fers du roi de Paris : l'éphémère capitale des rois carolingiens succombait sans retour devant la capitale de la France. Adalbéron eut pour récompense le comté de Laon, qui fut annexé à l'évêché. Hugues envoya ses captifs à Orléans; Karle mourut, au bout de quelques mois, dans une tour du château d'Orléans. Son fils aîné, Othon, qui était alors en Brabant, succéda au duché de Basse-

Lorraine et mourut sans enfants vers 1006 ; deux autres fils jumeaux, Lodewig et Karle, venaient de naître et vécurent dans la captivité. Après bien des années, ils parvinrent à s'échapper des mains de leurs gardiens, et se réfugièrent en Germanie, où leur postérité s'éteignit en 1248, dans la personne du dernier descendant de Lodewig. La postérité de ce prince avait régné longtemps sur le landgraviat de Thuringe [1].

Héribert de Vermandois, comte de Troies et de Meaux, qui mourut en 993, fut le dernier seigneur du nord de la Loire qui ne reconnut pas le roi Hugues ; après lui, son fils Étienne rendit l'hommage féodal à Hugues et à Robert. Il n'en fut pas de même dans le Midi, et une très-grande partie des seigneurs d'outre-Loire continuèrent à repousser la suzeraineté du « Capet ». *Regnantibus Carolo et Ludovico*, écrivaient-ils au bas de leurs chartes, ne reconnaissant de suzerains que les jumeaux de la tour d'Orléans. Hugues et son fils, libres d'inquiétudes dans le Nord, intervinrent enfin en Aquitaine contre le redoutable comte de Périgord : le comte Aldebert fut tué sur ces entrefaites au siége de Gençai en Poitou ; la supériorité momentanée de la maison de Périgord disparut avec lui, et son frère Boson reperdit la plupart de ses conquêtes. Cependant le jeune roi Robert et le duc Guilhem d'Aquitaine, fils et successeur de Guilhem-Fier-à-Bras, qui avait abdiqué en 993, échouèrent devant le château de Bellac, « sur la Marche du Limousin et du Poitou [2] », où s'était renfermé le comte Boson. Le vicomte de Limoges, allié ou vassal du Périgourdin, battit le duc d'Aquitaine et quatre comtes qui menaçaient tous ensemble sa cité. Les Limousins persistèrent longtemps dans leur hostilité contre la royauté capétienne, car on a une charte d'un monastère limousin, de l'an 1008 ou 1009 (douze ou treize ans après la mort de Hugues Capet), où se trouvent encore les noms des deux prétendants captifs, des jumeaux Karle et Lodewig.

Les échecs de Bellac et de Limoges n'empêchèrent pas le duc

---

1. Richer. *Histor.* — Ademar. Cabann. — Radulf. Glaber. — *Chronic. Sithiens.* — *Chronic. Saxonic.* — Gerbert. *Epistol.*

2. On appelait ce pays la *Marche*, ou frontière, parce qu'il flottait entre le Poitou, le Limousin, l'Auvergne et le Berri, sans appartenir à aucune de ces contrées, qui se le disputaient. Il forma un comté particulier.

Guilhem de ressaisir une prépondérance décidée en Aquitaine, et de s'élever par degrés à une puissance que sa maison n'avait pas encore atteinte : plus heureux que son père, il amena peu à peu la plupart des barons d'Aquitaine à lui rendre hommage, et changea son vain titre de duc en une suzeraineté effective; son règne long et prospère (993-1030), et l'étendue de sa domination, qui se déployait de l'Océan aux montagnes de l'Auvergne et du Velai, et des rives du Cher et de la Vienne aux Cévennes et à la Garonne, lui valurent le surnom de Guilhem-le-Grand. Son duché atteignit presque les limites des deux Aquitaines romaines, et ne fut borné au midi que par le duché de Gascogne, dont la Garonne le séparait, et par les domaines de la puissante maison de Toulouse, qui tenait plusieurs cantons aquitains, et qui cherchait à asseoir sa suzeraineté sur toute la Septimanie.

Pendant ces vicissitudes outre-Loire, le roi Hugues était tout occupé d'une grande affaire politique et ecclésiastique qui se prolongea pendant tout le reste de son règne. Il avait entrepris de faire déposer canoniquement l'archevêque de Reims Arnoul, et fut secondé avec zèle dans ce dessein par la plupart des prélats français. Les évêques se firent représenter la formule du serment qu'Arnoul avait prêté par écrit au roi Hugues, puis mandèrent devant eux le prêtre Adalger, qui avait introduit Karle dans Reims. Sa déposition fut décisive : il déclara qu'Arnoul lui avait remis les clefs de la ville pour donner entrée aux *Lorrains* (aux Brabançons). « Si quelqu'un de vous me refuse croyance, s'écria-t-il, qu'il en croie le feu, l'eau bouillante, le fer chaud, dont je suis prêt à subir les épreuves! » Arnoul avoua tout, demanda grâce de la vie aux rois Hugues et Robert, et signa une formule d'abdication pareille à celle qu'on avait exigée jadis d'un de ses prédécesseurs, l'archevêque Ebbe, déposé en punition de ses menées contre Lodewig le Pieux. Arnoul fut ensuite reconduit dans sa prison d'Orléans, malgré les vives représentations de Séguin, archevêque de Sens; puis on s'occupa de donner un successeur au prélat dégradé : le choix des évêques, du clergé et du peuple, dirigé par Hugues, s'arrêta sur le célèbre Gerbert, que le feu archevêque Adalbéron avait, dit-on, désigné comme son successeur, et que le roi s'était vivement repenti d'avoir sacrifié à Arnoul.

« Ce grand clerc, dont le mérite brillait dans le monde entier », dit la chronique, était tellement supérieur à ses contemporains par son génie et sa science, que l'admiration qu'il inspirait se changea en une sorte d'effroi chez les esprits les plus grossiers. Si l'enthousiasme des uns en fit un homme inspiré de Dieu, l'ignorance et l'envie le montrèrent aux yeux des autres comme l'allié des puissances infernales. Né en Auvergne, dans la condition la plus obscure, son intelligence précoce l'avait fait admettre, dès sa première jeunesse, au couvent de Saint-Géraud d'Aurillac, où l'étude des chefs-d'œuvre de l'antiquité développa rapidement son goût et ses talents. La culture des lettres ne suffit point à cet esprit audacieux et pratique tout ensemble : pressentant les sciences exactes, et ne trouvant rien autour de lui qui pût satisfaire au besoin insatiable de savoir dont il était tourmenté, il obtint de ses supérieurs la permission d'aller chercher par le monde la révélation des secrets de Dieu et de la nature. Son abbé le recommanda au comte Borel de Barcelonne, qui le plaça près de l'évêque de Vich, Haïtton, personnage versé dans les mathématiques ; s'il en fallait croire les traditions, Gerbert ne se serait pas contenté des leçons de l'Espagne chrétienne et aurait été demander la science à de plus doctes maîtres : on aurait vu ce Gallo-Frank, foulant aux pieds les antipathies nationales, ce moine catholique, oublieux des haines religieuses, s'installer, entre les fils des cheiks et des imans de Mohammed, sur les bancs de l'université de Cordoue, centre et foyer de la civilisation musulmane. Il y aurait acquis, dans la chimie, la mécanique et les diverses branches des mathématiques, ces connaissances qu'il signala depuis par l'invention de l'horloge à balancier, et par la fabrication d'un orgue dont la vapeur mettait en mouvement les touches[1]. Suivant les bruits vulgaires, il aurait été même initié aux sciences mystérieuses et néfastes qui passaient pour mettre l'homme en rapport avec ces êtres surnaturels appelés *djinns* (génies) par les Arabes, et assimilés aux démons par les chrétiens. Tout cela n'est que la forme romanesque d'une vérité historique ; c'est que

---

1. On lui a attribué aussi l'introduction des chiffres dits *arabes* ; mais le savant M. Chasles a établi que ces chiffres et la numération décimale avaient été connus de Boëce, qui les fait remonter aux Pythagoriciens.

Gerbert fut initié directement ou indirectement aux connaissances que les Arabes avaient empruntées à la Grèce, et qu'il rapporta d'Espagne l'*abacus* [1].

D'Espagne, il alla en Italie à la suite de son protecteur Borel, et l'empereur Othon-le-Grand lui donna l'abbaye de Bobbio, fondée jadis par saint Colomban. Forcé par les troubles de l'Italie d'abandonner Bobbio, il vint chercher un asile à Reims, auprès de l'archevêque Adalbéron, et accepta les fonctions d'écolâtre (*scholasticus*, directeur de l'école épiscopale) de l'église de Reims, et ce fut en cette qualité qu'il eut pour élève le jeune Robert, fils de Hugues Capet. Affectionné de cœur aux intérêts de la famille d'Othon-le-Grand, son bienfaiteur, il avait servi d'intermédiaire à Hugues Capet auprès de Théophanie, et, après avoir flotté quelque temps entre les partis capétien et carolingien, il avait fini par s'attacher à Hugues, sans cesser d'être avant tout l'ami de la cour germanique. Il avait activement brigué l'archevêché de Reims; cependant, si l'on doit l'en croire, il n'accepta pas sans balancer cette haute dignité, prévoyant les orages que son élection allait amasser sur sa tête. Le concile de Saint-Bâle avait annoncé au pape Jean XV la procédure entamée contre Arnoul; mais, ne recevant point de réponse, il avait passé outre : l'évêque d'Orléans retraça même, en pleine assemblée, le tableau des horribles scandales qu'avait donnés au monde la papauté sous les prédécesseurs de Jean XV : il montra Jean XII condamnant un cardinal à perdre le nez, la langue et la main droite; Boniface VII faisant étrangler ou mourir de faim ses compétiteurs Jean XIII et Jean XIV. « Est-ce donc, s'écria-t-il, à de tels monstres, remplis de toutes les ignominies humaines, vides de toutes les sciences divines, que nous soumettrons tant de ministres des autels qui glorifient Dieu sur toute la terre par leur doctrine et la sainteté de leur vie ? Le pontife romain qui pèche contre son frère, et qui, averti à plusieurs reprises, se refuse à écouter la voix de l'Église, le pontife romain, par le précepte du Seigneur même, doit être regardé comme païen et publicain. »

Bien que le pape régnant n'eût point été personnellement atta-

---

1. Will. Malmesb. *De Gest. reg. Angl.* l. II, p. 10.

qué, on ne pouvait douter que le peu d'égards accordé à son autorité, et surtout cette sortie véhémente, ne dût l'irriter profondément. En effet, la conduite des évêques français changea en hostilité ouverte les mauvaises dispositions de Jean XV. Déjà prévenu défavorablement par Héribert de Vermandois, comte de Troies et de Meaux, qui avait fait le voyage de Rome tout exprès pour exciter le pape contre Hugues-Capet, Jean XV déclara que les évêques de Gaule avaient illicitement dégradé un métropolitain sans la participation du chef de l'Église. Hugues essaya de l'apaiser en lui demandant une entrevue à Grenoble, sur les terres du roi de Bourgogne : Jean XV refusa, et envoya en France un légat nommé Léon, qui commença par suspendre tous les membres du concile de Saint-Bâle et mettre en interdit le diocèse de Reims. Les évêques résistèrent; mais les partisans d'Arnoul, fort nombreux dans le pays rémois, profitèrent des actes du légat pour soulever la population et le clergé contre Gerbert : la plupart de ses vassaux cessèrent tout rapport avec lui; aucun d'eux ne voulait plus s'asseoir à sa table, et le peuple sortait de l'église dès que l'archevêque montait à l'autel ; Gerbert fut même plusieurs fois insulté grièvement dans les rues de Reims. Gerbert montra une grande modération dans sa résistance, et la décision de l'affaire fut remise à un concile gallican convoqué à Reims par le légat pour le 1er juillet 995. Mais cette assemblée, que tout annonçait devoir être fort orageuse, fut prorogée à diverses reprises. Le roi Hugues ne remit point Arnoul en liberté, et mourut avant que le concile se fût réuni.

Le fondateur de la dynastie capétienne trépassa le 24 octobre 996, âgé d'environ cinquante-sept ans. On rapporte qu'avant d'expirer, il adjura son fils, le roi Robert, de ne pas octroyer à ses flatteurs les abbayes qu'il laissait en sa puissance. » Garde-toi surtout, ajouta-t-il, d'enlever ou de distraire quelque chose du bien des couvents, et veille à ne jamais attirer sur toi le courroux de leur chef commun, le grand saint Benoît. » Les paroles que le chroniqueur monastique met dans la bouche du roi mourant sont caractéristiques de cette royauté nouvelle fondée sur l'alliance du clergé gallican.

Au temps des premiers rois capétiens, l'histoire des grandes seigneuries ne se liant que par intervalles aux annales du duché de France devenu royaume, l'historien est forcé de morceler son récit à l'image du pays dont il raconte les fastes, et d'indiquer isolément les révolutions de chaque petit État, jusqu'à l'époque où le vaste mouvement de la première croisade rapprochera toutes ces petites sociétés dans un même sentiment et dans une même action. Les provinces de la Gaule du Nord avaient si peu de relations les unes avec les autres, que, dans cette contrée autrefois sillonnée avec tant de rapidité par les leudes des Peppin et des Karle, une excursion de Bourgogne à Paris était regardée comme un long et difficile voyage.

Dans la Bourgogne ducale régnait toujours Eudes-Henri, frère de Hugues Capet : la nullité à laquelle les comtes bourguignons, ses vassaux, avaient réduit son autorité, explique le silence des chroniqueurs à son égard.

Conrad le Pacifique, roi de Bourgogne et d'Arles, était mort en 993, après cinquante-sept ans du règne le plus obscur : témoin plutôt qu'auteur de l'expulsion des Sarrasins et des exploits de ses vassaux, il avait laissé usurper successivement tous ses domaines et tous ses droits par ses feudataires. Son fils, Rodolfe ou Raoul III, fut couronné dans un plaid des barons du royaume tenu à Lausanne. Se trouvant le plus pauvre des rois de l'Europe, il essaya de recouvrer les biens aliénés par Conrad; mais les grands se coalisèrent; Raoul fut vaincu, et ne dut qu'à l'entremise de la vénérable impératrice Adélaïde, veuve d'Othon le Grand, la conservation de sa couronne, seul bien qui lui restât. Il se résigna depuis à une impuissante oisiveté qui lui valut le surnom de *Fainéant*. Honteux d'étaler sa royale indigence dans les cités de Lyon et de Vienne, il se retira en Helvétie, où il vécut jusqu'en 1032, sans autre revenu que le produit éventuel des *annates*[1].

La prompte décadence et le démembrement du royaume d'Arles coïncidaient avec le réveil des arts, du commerce, de la vie sociale et politique dans le sud-est de la Gaule : chacun des membres de

---

1. En cas de vacance d'un évêché ou d'une abbaye, le prince à qui appartenait la collation du bénéfice s'attribuait habituellement une année du revenu, à compter du décès du titulaire.

ce corps expirant devenait un corps plein de vigueur et de sève, et de petits États destinés à une longue durée naissaient des débris d'un royaume éphémère. Berthold et Humbert aux Blanches Mains, comtes de Maurienne, fondaient alors le comté de Savoie; Othe-Guillaume, la Franche-Comté (comté indépendante) de Bourgogne; Guigues II et Guigues III, comtes d'Albon, le comté, depuis appelé Dauphiné de Viennois[1] : enfin le comte d'Arles, Guilhem Ier, érigeait la Provence en comté souveraine.

Richard-sans-Peur régna en Normandie presque autant d'années que Conrad-le-Pacifique en Bourgogne : ce fut le seul point de rapport qui exista entre ces deux princes; car Richard paraît avoir été actif, vaillant et ferme dans son gouvernement. « Il était de haute stature, beau de visage, bien fait de corps, » dit le chroniqueur normand Guillaume de Jumiéges. « Il portait une longue barbe, et sur sa tête flottaient ses cheveux blancs. Il fut grand bienfaiteur des moines et des clercs, méprisa les superbes, éleva les humbles, soutint les pauvres, les orphelins et les veuves, et se plut à racheter les captifs. » Malade à l'abbaye de Fécamp, qu'il avait fondée en 996, la même année où mourut Hugues Capet, il manda les principaux barons normands et leur présenta son fils : « Jusqu'ici, frères d'armes, leur dit-il, j'ai dirigé votre milice; mais présentement Dieu m'appelle vers lui : je vais entrer dans la voie où aboutit toute chair, et je ne pourrai plus être votre chef! » Les seigneurs pleurèrent grandement à ces paroles de leur vieux prince, et lui jurèrent de garder fidélité à son fils Richard. Richard-sans-Peur rendit bientôt après le dernier soupir. Ses faits et gestes réels sont assez peu connus; mais quelques légendes populaires, basées sur son courage et sur son extrême sang-froid, qui écartaient de lui tout mouvement de crainte dans les périls les plus étranges et les plus inattendus, lui ont valu un renom fantastique, plus honorable et aussi retentissant que celui de son petit-fils Robert-le-Diable.

Les Bretons, après tant de calamités, étaient parvenus peu à peu à rentrer dans leurs anciennes limites; les fils des aventu-

---

1. Le nom de *Dauphiné* provient de ce qu'un comte de Viennois, ayant mis un dauphin dans ses armoiries, reçut le surnom de *Guigues au Dauphin* ou *le Dauphin*, surnom transmis à ses descendants et resté à sa seigneurie.

riers du Nord qui avaient occupé les comtés de Rennes et de Nantes avaient été expulsés ou forcés de se soumettre aux chefs bretons, qui vivaient en paix avec le duc de Normandie, mais se battaient entre eux et avec leurs voisins d'Anjou et de Chartres.

La Bretagne était alors divisée en trois principaux comtés, Nantes, Rennes et Cornouailles; l'évêché de Quimper, auparavant indépendant, fut réuni au comté de Cornouailles par des comtes-évêques mariés. Les comtes rivaux de Nantes et de Rennes, Gwarokh et Conan-le-Tors (le Tortu), cherchèrent appui au dehors l'un contre l'autre. Gwarokh fit hommage au comte d'Anjou, Geoffroi-Grise-Gonelle (casaque grise), qui cherchait à étendre sa suzeraineté sur toute la Haute Bretagne. Conan s'allia au comte Eudes de Chartres, et, appuyé sur les Bretons-Bretonnants de l'intérieur, gagna sur les Angevins et les Nantais la bataille de Conquéreux (981). Il obligea ses adversaires à la paix et épousa une fille de Geoffroi. Après la mort de Geoffroi et de Gwarokh (987 à 990), Conan reprit les armes, essaya de surprendre Angers et envahit Nantes, dont il fit hommage à son puissant allié Eudes de Chartres. Il prit le titre de duc de Bretagne; un chroniqueur prétend même qu'il « ne craignit pas de ceindre le diadème royal dans le petit coin de terre occupé par son petit peuple; » chose caractéristique du chaos de ce temps, qu'un duc et peut-être un roi vassal d'un comte. Mais Eudes et Conan rencontrèrent un redoutable adversaire dans Foulques-Nerra, successeur de Geoffroi-Grise-Gonelle. Foulques assujettit le comte du Maine à la suzeraineté angevine, appela, comme on l'a vu, le comte de Périgord sur la Loire, enleva Tours à Eudes, reperdit cette ville, mais recouvra Nantes, dont les habitants, Français de langue, favorisaient les Angevins contre les Bas-Bretons. Il rendit Nantes en fief à un fils ou à un neveu du comte Gwarokh. Conan accourut pour reprendre Nantes avec ses Bas-Bretons et quelques auxiliaires normands. Foulques marcha au secours de la ville. Conan lui signifia qu'il l'attendait dans cette même lande de Conquéreux où il avait vaincu son père. Foulques accepta le rendez-vous. Lorsque la chevalerie angevine voulut charger les Bretons, le terrain s'effondra tout à coup sous les pieds de ses chevaux; hommes et chevaux roulèrent dans des fosses creusées par ordre de Conan et recouvertes de fougères et de broussailles. Les Angevins furent d'abord mis en déroute à grande perte; mais la mort de Conan, tué par un chevalier ennemi, arracha la victoire des mains des Bretons (27 juin 992). Nantes resta au vassal du comte d'Anjou, qui fit la paix avec Geoffroi, fils de Conan[1].

Geoffroi recouvra plus tard la prépondérance qu'avait eue son père en Bretagne, obligea le comte de Nantes à se reconnaître son vassal, et consolida son titre de duc en épousant la sœur de Richard II, duc de Normandie.

Tel était l'aspect général de la Gaule, lorsque Robert, fils de Hugues, âgé de vingt-trois ou vingt-quatre ans, devint seul roi par la mort de son père[2].

La maison de France, depuis Hugues-le-Blanc, avait déchu en puissance réelle, bien qu'elle eût, ou plutôt parce qu'elle avait échangé sa couronne ducale pour le diadème des rois. Hugues-Capet avait fait de grands sacrifices pour atteindre l'objet de son ambition : il n'avait gagné le clergé qu'en résignant les riches abbayes dont il jouissait comme abbé laïque, et les barons, qu'en leur concédant nombre de fiefs aux dépens de son domaine : il avait sacrifié le présent à l'avenir, et compté instinctivement sur le temps et sur la force des choses, pour fonder la grandeur de la débile royauté qu'il léguait à ses fils.

Cette royauté au berceau, ce n'était pas l'héritier de Hugues qui pouvait affermir ses premiers pas et hâter son développement.

« Robert, dit son biographe Helgaud, moine de Fleuri, Robert, formé par les leçons du grand Gerbert, était instruit dans les sciences divines et humaines, et tellement appliqué aux saintes

---

1. Richer. *Histor.* l. IV. — *Histoire de Bretagne*, par D. Morrice, t. I, l. 2. — Id. par D. Lobineau, l. III, c. 35. *De Gestis Consul. Andegav.* — *Fragmenta Hist. Andegav.*

2. Les peuples subirent de grandes misères dans les dernières années du dixième siècle : la Gaule, principalement l'Aquitaine (en 994), fut désolée par une épidémie terrible. « C'était, dit Radulfus Glaber, un feu secret qui desséchait et détachait du corps les membres auxquels il s'attachait. Une nuit suffisait à ce mal effrayant pour dévorer ses victimes. » Ce fléau fut appelé le *feu Saint-Antoine*, ou le *mal des ardents;* il reparut à diverses reprises dans le courant du moyen âge, mais en diminuant peu à peu d'intensité. Les ravages de cette maladie furent tels, que, dans plusieurs contrées, les princes et les seigneurs, frappés d'épouvante, firent entre eux une sorte de pacte « afin de détourner la colère du ciel en observant la paix et la justice. »

lettres, qu'il ne passait jamais un seul jour sans lire le Psautier et sans prier le Dieu Très-Haut avec David. Poëte et parfait musicien, il composa beaucoup d'hymnes et de rhythmes sacrés, qui furent adoptés par l'Église, entre autres la prose du Saint-Esprit, qui commence par ces mots : *Adsit nobis gratia!* et, dans un pèlerinage qu'il fit à Rome (en 1016), il déposa sur l'autel de Saint-Pierre ses poésies latines, notées en musique. Ce pieux roi avait coutume de venir souvent à l'église de Saint-Denis, couvert de ses habits royaux et la couronne en tête : il y dirigeait le chœur à matines, à la messe et à vêpres, et il y chantait avec les moines. Doux, civil, enclin à la reconnaissance, plus bienfaisant de cœur que caressant en ses manières, jamais une injure reçue ne put le porter à la vengeance. Grand, agile et vigoureux, quoique d'une taille un peu épaisse, il avait la chevelure lisse et arrangée avec soin, le regard modeste, la bouche agréable et douce pour donner le saint baiser de paix [1]. » Les éloges décernés à Robert par les moines, qui seuls écrivaient l'histoire, font assez pressentir le rôle négatif que dut jouer un tel prince à une telle époque.

Ce roi débonnaire, qui eût voulu vivre oublié et paisible entre sa femme et ses moines, dans sa maison de Saint-Martin-des-Champs [2], près Paris, ou dans son couvent de Saint-Denis, eut la vie privée la plus tourmentée et la plus malheureuse. Il avait épousé en 995, malgré ses parents, la princesse Berthe de Bourgogne, fille du roi Conrad-le-Pacifique, et veuve d'Eudes, comte de Chartres, mort en cette même année 995. Berthe était cousine de Robert au quatrième degré, et Robert avait servi de parrain à l'un des enfants d'Eudes et de Berthe. Cette double parenté temporelle et spirituelle était considérée par l'Église comme un empêchement canonique au mariage; cependant Archambaud, archevêque de Tours, avait cru pouvoir accorder une dispense au jeune roi, et lui avait donné la bénédiction nuptiale en présence et avec l'assentiment de plusieurs autres évêques. Le légat Léon, qui était alors en France pour l'affaire de l'archevêché de Reims, réclama vivement, au nom du pape, contre la validité de cette « union illégitime; » mais Robert aimait tendrement Berthe, et s'efforça

---

[1]. Helgald. *Vita Robert. reg.* — Chron. *Sithiens. Sanct. Bertini.*
[2]. Depuis, l'abbaye de Saint-Martin, rue Saint-Martin, à Paris.

par tous les moyens d'apaiser la cour de Rome. A peine se vit-il seul roi de France, qu'il accorda au pape l'importante concession que Hugues avait toujours refusée : il remit Arnoul en liberté, puis le rétablit sur le siége de Reims, conformément à la décision d'un concile dominé par l'influence papale. La papauté, secondée par les moines, se dégageait, avec un éclat croissant, de l'espèce d'éclipse qu'elle avait subie au dixième siècle, et le flot de l'opinion populaire la portait. Cette parole, qui venait de si loin et de si haut, avait plus d'autorité sur la foule que la voix de ces évêques qu'on voyait de trop près.

Gerbert, obligé de quitter l'archevêché de Reims, et abandonné par son ancien élève devenu roi, se retira auprès de sa protectrice Théophanie et d'Othon III ; ce prince lui donna l'archevêché de Ravenne, qui lui servit de degré pour s'élever à la plus haute fortune que pût alors rêver l'ambition humaine : l'ex-métropolitain de Reims était destiné à s'asseoir sur la chaire de saint Pierre.

Les révolutions de Rome avaient laissé quelque répit à Robert. La papauté était bien plus forte au loin qu'à son centre : le pape Jean XV avait eu de violents démêlés avec Jean Crescentius, « sénateur » romain, qui avait pris le titre de consul et aspirait à établir dans Rome une espèce de république. Le pape fut contraint de plier devant Crescentius, et mourut en 996, quelques mois avant Hugues Capet. Alors le jeune Othon III, roi de Germanie, imposa aux Romains son parent Bruno, qui se fit appeler Grégoire V, et qui couronna Othon empereur. Crescentius attendit le départ d'Othon pour chasser le pape germain et lui substituer, sous le nom de Jean XVI, le Grec Philagathe, évêque de Plaisance. Othon rentra en Italie avec une formidable armée, assiégea Crescentius dans le môle d'Adrien (le château Saint-Ange) : Crescentius se rendit après une vigoureuse résistance et sur la garantie d'une capitulation jurée par l'empereur. La capitulation fut violée, et les Germains, par ordre d'Othon, précipitèrent le consul du haut du môle d'Adrien. Crescentius fut le premier martyr de ces grands souvenirs de l'antiquité républicaine, qui se réveillaient après mille ans, et de cette indépendance italienne que l'ère moderne n'a pas encore réussi à conquérir. Le pape Jean XVI fut aveuglé et horriblement mutilé, et son compétiteur, Grégoire V, réinstallé sur la chaire ensanglantée de saint Pierre.

(998) Dès que Grégoire V fut rentré dans Rome, il y convoqua un concile où Gerbert siégea, comme archevêque de Ravenne, avec vingt-six autres évêques : le concile menaça le royaume de France d'un interdit universel, si Robert ne se soumettait aux lois de l'Église, violées par son mariage.

« Que le roi Robert, qui a épousé Berthe, sa parente, contre les saints canons, ait à la quitter aussitôt et à faire une pénitence de sept ans, conformément à la coutume de l'Église. S'il n'obéit pas, qu'il soit anathème ! Ainsi soit fait pareillement en ce qui concerne Berthe !

« Qu'Archambaud, archevêque de Tours, qui a consacré cette union incestueuse, et tous les évêques qui l'ont autorisée par leur présence, soient suspendus de la très sainte communion, jusqu'à ce qu'ils soient venus à Rome satisfaire au saint-siége apostolique [1]. »

Tel fut le décret du concile de Rome, décret qui brisa le cœur de Robert, et contre lequel il lutta plus énergiquement qu'on n'eût pu l'attendre de son caractère dévot et timide. Le roi et Berthe subirent longtemps les censures de l'Église avant de pouvoir se résoudre à la cruelle séparation qu'on exigeait d'eux. Robert fut enfin ébranlé par les exhortations d'Abbon, abbé de Fleuri, ardent propagateur de l'autorité papale, « qui réprimandait sans cesse le roi en public et en particulier. Ce saint personnage, » dit le biographe, « continua ses reproches jusqu'à ce que le bon roi eût reconnu sa faute et abandonné définitivement la femme qu'il ne lui était pas permis de posséder. »

Les chroniqueurs contemporains donnent fort peu de détails à cet égard ; quant aux circonstances extraordinaires qui ont valu à Robert et à Berthe une renommée populaire, elles ne se trouvent que dans un écrivain postérieur, et, de plus, étranger à la Gaule.

[1]. Ce concile rendit un autre canon remarquable, et dont l'honneur doit sans doute revenir aux intentions réformatrices de Gerbert. Le concile déposa l'évêque du Pui en Velai, pour avoir été élu sans le consentement du clergé et du peuple, et ordonné par deux évêques dont l'un était étranger à la province. Le peuple et le clergé du Velai furent invités à choisir un autre pasteur. (Labb. *Concil.* t. IX).

Le cardinal Pierre Damiani, qui écrivait environ soixante ans après, raconte que « la terreur répandue dans le peuple par l'édit d'excommunication fut si grande, que tout le monde fuyait l'approche du roi ; il resta seulement près de lui deux serviteurs pour apprêter sa nourriture ; encore ces serviteurs jugeaient abominables tous les vases dans lesquels le roi avait bu ou mangé, et les purifiaient par les flammes... Par l'effet de la colère de Dieu, la femme de Robert mit au monde un fils dont la tête et le col étaient d'une oie, et non d'un homme. » « Il n'est point impossible, dit un historien (M. de Sismondi), que l'imagination de Berthe, frappée par les menaces de Rome, ait donné à l'enfant qu'elle portait dans son sein quelque chose de monstrueux ; » mais l'ensemble du récit de Damiani est évidemment exagéré : les champions de la papauté avaient intérêt à charger les couleurs d'un tableau dans lequel ils voulaient présenter l'exemple le plus effrayant des effets d'une excommunication. Le roi Robert ne se décida à se remarier que trois ou quatre ans après, avec Constance, fille de Guilhem Taillefer, comte de Toulouse, de Querci, d'Albi et de Nîmes[1]. « Il y avait, dit le biographe, autant de constance dans son cœur que dans son nom » : éloge bien mérité, si une âpre et farouche opiniâtreté peut passer pour de la constance. Cette nouvelle reine, malgré sa beauté, fit profondément regretter au bon Robert sa première épouse, qui garda toujours son cœur.

Les manières et le costume des Méridionaux qui vinrent en grand nombre à la suite de Constance scandalisèrent étrangement la petite cour monacale et dévote de Paris. « Quand le roi Robert, dit le chroniqueur, eut épousé la princesse Constance, la faveur de la reine attira en France et en Bourgogne beaucoup d'hommes natifs de l'Aquitaine et de l'Auvergne. Ces hommes vains et légers se montraient aussi peu réglés dans leurs mœurs qu'immodestes dans leurs vêtements : leurs armures et les harnais de leurs chevaux étaient d'une extrême bizarrerie ; leurs cheveux descendaient à peine au milieu de la tête[2] ; ils se ra-

---

1. Il régna sans grand éclat pendant environ soixante-dix ans (de 955 ou 960 à 1027).
2. La mode des cheveux courts était une des traditions romaines conservées

saient la barbe comme des histrions, portaient des bottines et des chaussures indécemment terminées par un bec recourbé (c'étaient déjà les fameux souliers dits depuis *à la poulaine* ou *polonaise*), des cottes écourtées, tombant jusqu'aux genoux et fendues devant et derrière ; ils ne marchaient qu'en sautillant!... Hélas! la nation des *Francs*, autrefois la plus honnête de toutes, et les peuples de la Bourgogne, suivirent avidement ces exemples criminels. Cependant le père Guillaume, abbé de Saint-Bénigne de Dijon, homme d'une foi incorruptible et d'une rare fermeté, reprocha vivement au roi et à la reine de tolérer ces indignités dans leur royaume, et il adressa aux seigneurs des remontrances si sévères, que la plupart d'entre eux renoncèrent à leurs modes frivoles pour retourner aux anciens usages. Le saint abbé croyait reconnaître dans toutes ces innovations le doigt de Satan, et il assurait qu'un homme qui quitterait la terre sans avoir dépouillé cette livrée du démon ne pourrait guère éviter d'être la proie de l'ange des ténèbres. »

Les hommes austères du clergé français sentaient, sous l'élégance mondaine des Aquitains, poindre des idées et des habitudes nouvelles qui les effarouchaient singulièrement. Le commerce des villes maritimes avec les Maures d'Espagne, alors le peuple le plus éclairé de l'Occident, exerçait une sensible influence sur la Provence, la Septimanie et l'Aquitaine : les mœurs des seigneurs et des chevaliers se polissaient ; l'aisance et les lumières reparaissaient dans les cités ; le contact des Arabes inspirait une sorte d'émulation à la civilisation gallo-romaine du Midi, et l'esprit et les formes de cette société renaissante inquiétaient le clergé par leur caractère étranger et profane.

On ne connaît pas la date précise de la séparation de Berthe et de Robert, ni du mariage de ce prince avec Constance : il est probable toutefois que le premier de ces deux événements fut très voisin du renouvellement du siècle. Peut-être l'an 1000, cette époque

dans le midi, tandis que le nord avait repris la longue chevelure à l'exemple des Franks. La légèreté, la *scurrilité*, est toujours le reproche des gens du nord aux gens du midi, les Castillans exceptés. Dans le très ancien poëme de *Walter d'Aquitaine*, dont nous n'avons qu'une version latine, et qui rappelle les luttes des Aquitains contre les Franks, le Frank appelle l'Aquitain *bouffon* ; l'Aquitain appelle l'homme du nord *brigand*.

terrible et mystérieuse, décida-t-elle Robert à un sacrifice qui devait être de courte durée, s'il était vrai que la fin des temps et le jugement universel arrivaient.

Durant les premiers siècles, les chrétiens avaient attendu de génération en génération la fin du monde et le règne du Christ. D'immenses révolutions avaient bouleversé le monde ; mais le monde survivait à toutes ces misères : les esprits les plus éminents, surtout depuis saint Augustin, s'étaient donc rejetés sur une interprétation mystique des menaces de l'Évangile ; mais la foule continuait à s'inquiéter de la fin du monde, et, ne pouvant plus prendre à la lettre les paroles du Christ[1], s'était rattachée à un nouveau texte, et avait reculé à l'an 1000 après Jésus-Christ l'époque du jugement universel, d'après un passage de l'*Apocalypse*[2].

Dans toute la chrétienté s'était répandue la croyance que le jour suprême approchait, que bientôt on verrait les « signes de colère, prédits par l'Écriture, l'homme du péché, le fils de perdition » (l'Antechrist), qui, suivant saint Paul, « se devait révéler aux nations » avant la venue du Christ. Dans la dernière année du dixième siècle, tout était interrompu, plaisirs, affaires, intérêts, tout, quasi jusqu'aux travaux de la campagne. « Pourquoi, se disait-on, songer à un avenir qui ne sera pas ? Songeons à l'éternité qui commence demain ! »

On se contentait de pourvoir aux besoins les plus immédiats : on léguait ses terres, ses châteaux, aux églises, aux monastères, pour s'acquérir des protecteurs dans ce royaume des cieux où l'on allait entrer. Beaucoup de chartes de donations aux églises commencent par ces mots « La fin du monde approchant, et sa ruine étant imminente, etc. » Quand approcha le terme fatal, les populations s'entassèrent incessamment dans les basiliques, dans les chapelles, dans tous les édifices consacrés à Dieu, et attendirent,

---

1. « Je vous le dis en vérité : cette génération ne passera point que ces paroles ne soient accomplies, etc. »
2. « Au bout de mille ans, Satan sortira de sa prison et séduira les peuples qui sont aux quatre angles de la terre... Le livre de la vie sera ouvert ; la mer rendra ses morts, l'abîme infernal rendra ses morts ; chacun sera jugé selon ses œuvres par Celui qui est assis sur un grand trône resplendissant, et il y aura un ciel nouveau et une terre nouvelle ! »

transies d'angoisses, que les sept trompettes des sept anges du Jugement retentissent du haut du ciel.

Le premier jour de l'an 1000, puis tout le mois, puis toute l'année, s'écoulèrent sans que les astres se détachassent du firmament, et sans que les lois de la nature eussent été aucunement interverties; mais la terreur générale ne se calma point sur-le-champ : ne pouvait-on s'être trompé dans les calculs terrestres sur la marche du temps? L'effroi populaire se dissipa enfin; mais avec lui ne furent point anéantis les dons immenses prodigués au clergé et principalement aux communautés religieuses : cette seule année indemnisa l'Église des innombrables usurpations exercées sur son patrimoine. Le retour des populations à la foi la plus ardente ne s'arrêta pas avec la cause qui avait donné la première impulsion.

« Vers la troisième année après l'an 1000, dit le chroniqueur Radulfus Glaber, les basiliques sacrées furent réédifiées de fond en comble dans presque tout l'univers, surtout dans l'Italie et dans les Gaules, quoique la plupart fussent encore assez solides pour ne point exiger de réparations. Les peuples chrétiens semblaient se disputer entre eux à qui élèverait les églises les plus belles et les plus riches : on eût dit que le monde entier, d'un commun accord, avait dépouillé ses antiques haillons pour se couvrir d'églises neuves comme d'une blanche robe. Les fidèles ne se contentèrent pas de reconstruire les basiliques épiscopales; ils restaurèrent et décorèrent aussi les monastères dédiés aux saints, et jusqu'aux chapelles des villages. Le monastère de Saint-Martin de Tours fut un des plus magnifiques ouvrages de cette époque : le vénérable archiclave (trésorier) Hervé, ayant fait abattre l'ancienne église, éleva sur ses ruines un nouvel édifice d'une merveilleuse beauté, et y transféra le corps du grand saint Martin. Le roi Robert, sans parler d'un grand nombre d'autres fondations, bâtit à Orléans une église en l'honneur de saint Aignan, ancien évêque de cette ville : la façade de cette maison de Dieu fut construite avec un art admirable et sur le même plan que celle du monastère de Sainte-Marie, mère du Christ, Saint-Vital et Saint-Agricole, à Clermont en Auvergne. »

Ce passage du chroniqueur bourguignon Radulfus Glaber

(Raoul-le-Chauve) est d'un grand intérêt pour l'histoire de l'art chrétien : il assigne une date précise à la première des deux grandes époques de l'architecture du moyen âge, à celle qu'on nomme l'époque *romane*, parce qu'elle procéda de l'architecture romaine, comme la langue *romane* de la langue latine. Ce style architectonique ne sortit pourtant pas tout entier de l'art romain dégénéré et appliqué à des usages nouveaux. Dans la basilique antique, dans le grand édifice civil de la société romaine, transformé en temple chrétien, puis doublé par l'entrecroisement de deux nefs, pour figurer le symbole fondamental de la croix, s'étaient introduits depuis longtemps des éléments byzantins. L'élément principal de cet art nouveau, éclos dans la ville de Constantin, du quatrième au sixième siècle, puis imité et propagé à travers le monde par les Arabes, était la coupole sur pendentifs : la coupole byzantine et d'autres caractères plus secondaires, les arcades simulées, les fenêtres géminées, les chapiteaux cubiques ornés de feuillages et d'entre-lacs, quelquefois de figures humaines vêtues à l'orientale ou de figures fantastiques empruntées aux fables de l'Asie, tous ces principes étrangers avaient déjà pénétré en Italie et d'Italie en Gaule, dès le temps de Charlemagne, sans y être toutefois appliqués d'une manière générale. Lorsqu'après la décadence profonde du dixième siècle, vint la renaissance du onzième; lorsque commença « un nouveau genre de construction [1] », l'influence byzantine, qui venait d'enfanter l'admirable Saint-Marc de Venise, franchit pour la seconde fois les Alpes, se répandit, d'une part, dans les régions au sud de la Loire [2], de l'autre dans les contrées de l'est, jusque sur le Rhin; mais elle n'effleura qu'à peine la France proprement dite [3], et n'obtint pas la prépondérance même dans les autres parties de la Gaule où elle se fit une place notable : ses éléments, le plus souvent, s'y

1. *Novo ædificandi genere.* Willelm. Gemetic. l. III.
2. L'église abbatiale de Saint-Front, à Périgueux, avec sa forme de croix grecque, ses coupoles, etc., est une reproduction, un peu grossière, de Saint-Marc de Venise (1010-1047). Elle paraît avoir été le type d'un certain nombre de monuments religieux du sud et du sud-ouest de la France. Les cathédrales de Cahors, d'Angoulême, du Pui, se rapportent aux mêmes principes; on en retrouve la trace jusqu'à Poitiers.
3. Les groupes de coupoles ne s'y rencontrent jamais; la coupole centrale, au-dessus du transept, rarement.

mêlèrent et s'y subordonnèrent à d'autres principes. L'architecture romane prit un caractère tout à fait distinct de l'architecture byzantine : celle-ci devait surtout sa physionomie aux coupoles et à la croix grecque : celle-là emprunta la sienne aux clochers et à la croix latine [1]. La magnificence dominait en Orient. En Occident, ce fut la force austère.

La science architecturale se relevait rapidement. L'art de construire les voûtes, peu développé dans la Gaule franke (la plupart des églises étaient couvertes en charpente), et tout à fait perdu au dixième siècle, fait d'éclatants progrès [2]. Les proportions des édifices s'agrandissent. A l'intérieur, pour soutenir ces voûtes puissantes, les piliers flanqués de colonnettes commencent à remplacer les simples colonnes : à l'extérieur, les tours montent, arcade sur arcade ; les flèches s'élancent. Quelques exemples peuvent indiquer l'accroissement progressif des dimensions de nos églises. La fameuse basilique de Saint-Martin, au sixième siècle, avait 160 pieds de longueur, 60 de largeur, 45 de hauteur sous voûte et 52 fenêtres ; l'église de Saint-Aignan, à Orléans, bâtie par le roi Robert dans les premières années du onzième siècle, avait 240 pieds de long, 72 de large, 60 de haut, 122 fenêtres et 19 autels consacrés à autant de saints ; enfin, l'église abbatiale de Cluni, terminée avant la fin du onzième siècle, et qui fut, pendant plusieurs générations, comme la métropole du monachisme, l'église de Cluni avait, compris son *narthex* (portique, avant-corps), environ 550 pieds de longueur, 110 de largeur, 105 de hauteur. On n'avait jamais rien vu en Gaule de comparable, pour les dimensions, à cet immense édifice, avec ses profondes et mystérieuses perspectives, la forêt de colonnes de ses cinq nefs, les six clochers qui précédaient son vaste portique [3] et couronnaient son double transept. Ce type splendide de l'architecture monastique a disparu de notre sol [4] ; mais les puissantes basiliques de

---

1. On sait que, dans la croix grecque, les deux nefs qui s'entrecroisent sont d'égale dimension. Dans la croix latine, la nef transversale (transept) est beaucoup moins étendue que l'autre.
2. On fit à la fois des voûtes en berceau ou voûtes simples, et des voûtes d'arêtes ou berceaux entrecroisés.
3. Le portique qui précédait la nef était lui-même précédé d'un parvis.
4. Détruit par la *bande noire*, sous le Directoire.

Saint-Cernin de Toulouse et de Saint-Étienne de Caen nous en rappellent la majesté sévère dans des proportions un peu moindres [1].

Les traits généraux de l'architecture romane sont communs à tout l'Occident : chaque région, chaque province offrait des variétés tenant soit à la différence des matériaux, soit à de certaines dispositions dans les lignes secondaires et dans l'ornementation. Ainsi l'Auvergne se signale par l'emploi pittoresque de pierres de plusieurs couleurs dans la décoration extérieure de ses basiliques [2] : nous nous contenterons de cet exemple ; ces détails appartiennent aux histoires spéciales de l'art.

En résumé, c'est à partir du onzième siècle que l'Europe latine, en deuil de l'art antique, peut commencer d'espérer qu'un art chrétien la consolera de cette grande ruine.

Ce développement de l'art religieux coïncidait avec le progrès du pouvoir ecclésiastique, qui se relevait rapidement des échecs que lui avait fait subir l'anarchie féodale du dixième siècle : tandis que les plaids nationaux, les assemblées législatives, mi-parties de laïques et de prélats, avaient disparu avec la monarchie carolingienne, les synodes purement ecclésiastiques se multipliaient ; le clergé travaillait à se réorganiser, à concerter son action collective : le monachisme se débarrassait des abbés laïques, réagissait contre ses propres désordres [3], et voyait se propager rapidement dans son sein l'institut des bénédictins réformés du fameux couvent de Cluni en Mâconnais, fondé en 910 par Bernon, abbé de Baume. « Ce saint ordre », dit le moine de Cluni Glaber, « composé d'abord de douze frères, multiplia prodigieusement et remplit la terre d'armées innombrables de serviteurs de Dieu : toutes les congrégations renommées de l'Italie et des Gaules adoptèrent les règlements de Cluni. »

---

1. Les voûtes de Saint-Cernin, engagées les unes dans les autres, et portant de la nef principale sur les bas-côtés, qui sont doubles et qui vont diminuant de hauteur, attestent un vrai génie architectonique. — L'église abbatiale de Vézelai, qui subsiste encore, n'a pas moins de quatre cent soixante pieds de long ; mais elle est très basse pour sa longueur : elle n'a pas soixante pieds sous voûte.

2. On peut citer comme type l'église si originale de Notre-Dame-du-Port, à Clermont.

3. Non pas sans péril pour les réformateurs : le célèbre Abbon, abbé de Fleuri, se fit massacrer en voulant réformer le monastère de la Réole en Gascogne.

Il est impossible de nier la grandeur et la sincérité de ce mouvement religieux, et pourtant, il s'y mêla d'étranges alliages. Le clergé ne fut pas toujours très scrupuleux dans le choix des moyens qu'il employa pour redoubler la ferveur générale : il se permit bon nombre de « fraudes pieuses ». « Vers l'année 1008 de l'incarnation du Sauveur », poursuit Glaber, « on retrouva une foule de saintes reliques, depuis longtemps cachées à tous les yeux; les bienheureux vinrent eux-mêmes, par l'ordre de Dieu, réclamer l'honneur d'une résurrection terrestre, et dévoiler leurs précieux restes aux regards des fidèles. Ce fut d'abord à Sens que l'archevêque Leudri fit, en antiquités sacrées, de miraculeuses découvertes, entre autres celle d'un fragment de la baguette de Moïse. » A Saint-Julien, en Anjou, on assura avoir trouvé une sandale de Jésus-Christ; et, à Saint-Jean d'Angéli, le *chef* de saint Jean-Baptiste. Le roi Robert et sa femme, Sanche III, roi de Navarre, et beaucoup d'autres princes et seigneurs, vinrent de tous les pays d'Occident saluer cette prétendue tête du précurseur de Jésus-Christ. On sait qu'il y eut plusieurs de ces *chefs* de saint Jean aussi authentiques les uns que les autres.

Les anciennes propriétés que le clergé avait conservées, les nouvelles, que lui avait valu la croyance à la « fin du monde », devaient exciter de plus belle l'envie et la rapacité des barons; mais des miracles, dont le bruit fut répandu avec un merveilleux concert, glacèrent d'épouvante les hommes de « mauvais vouloir ». Wilderode, évêque de Strasbourg, prélat mondain et dissolu, ayant dissipé les biens de son église, fut, dit-on, assailli et dévoré vivant par une bande de rats. Puis on raconta qu'un chevalier qui avait usurpé les terres du couvent de Saint-Clément avait eu aussi affaire à ces singuliers champions de la propriété ecclésiastique : ne pouvant s'en délivrer, même à coups d'épée, il s'enferma dans une caisse qu'il fit suspendre en l'air au moyen d'une corde, afin de dormir en sûreté ; mais, le matin, lorsqu'on ouvrit la caisse, il n'y restait plus que les os du sacrilége : les rats l'avaient mangé tout entier pendant la nuit.

La cour de Rome secondait par des coups de vigueur les efforts des prêtres et des moines : l'anathème lancé en 1014 par Benoît VIII contre les usurpateurs des domaines de l'abbaye de

Saint-Gilles (sur le bras occidental du Rhône, au-dessous d'Arles) agit puissamment sur l'imagination ardente et mobile des châtelains provençaux et septimaniens. « Qu'ils ne puissent, s'écrie le Saint-Père, éviter la société de Judas Iscariote, de Caïphe, d'Hérode et de Ponce-Pilate ; qu'ils périssent maudits par les anges et relégués dans la communion de Satan ; que les malédictions descendent sur eux du ciel et remontent vers eux de l'abîme ; qu'ils soient maudits avec les juifs, les hérétiques et les blasphémateurs ; qu'ils soient maudits avec les damnés de l'enfer, s'ils ne s'amendent et ne font satisfaction à saint Gilles ! Qu'ils soient maudits dans les quatre parties du monde ; qu'ils soient maudits de jour et excommuniés de nuit ; maudits dans leurs maisons et hors de leurs maisons ; maudits debout et assis ; maudits lorsqu'ils mangent et boivent ; maudits quand ils dorment, excommuniés quand ils s'éveillent ; maudits quand ils travaillent et quand ils se reposent, au printemps, en été, en automne et en hiver ; maudits dans le présent et excommuniés dans les siècles futurs ! Que leurs biens soient livrés aux étrangers, leurs femmes à la perdition, leurs enfants au tranchant du glaive ; que leur nourriture soit maudite, les restes de leurs repas, maudits ; et quiconque en goûtera, maudit aussi ; que le prêtre qui leur offrirait le corps et le sang du Seigneur, ou qui les visiterait dans leurs maladies, soit maudit et excommunié ; qu'il en soit de même de ceux qui les porteraient à la sépulture ou ordonneraient de les ensevelir ; qu'ils soient enfin excommuniés et maudits par toutes les malédictions possibles ! »

Il n'était guère de cœur si intrépide qui ne fût intimidé par ces formules si peu chrétiennes, imitées des imprécations les plus farouches des religions antiques.

La politique de la papauté subissait pourtant encore quelques éclipses, et les petites passions lui faisaient parfois sacrifier les grands intérêts.

Foulques-Nerra, comte d'Anjou, l'ancien adversaire de Conan de Bretagne, se distinguait entre les princes de ce temps par sa turbulence et sa cruauté, qui faisaient chez lui, avec la superstition, des accommodements bizarres. Un jour, saccageant la ville de Saumur, qu'il avait prise sur Eudes II, comte de Chartres et de Tours, il mit le feu de sa propre main à l'église de Saint-Florent, en criant au saint : « Laisse-moi seulement brûler ici ton moûtier ; je t'en rebâtirai un bien plus beau dans Angers. » « Ce même Foulques, dit Glaber, qui avait poignardé sa femme Élisabeth et fait couler sans pitié le sang humain dans nombre de batailles, fut enfin saisi de la crainte de l'enfer, et se rendit à Jérusalem pour visiter le saint sépulcre du Sauveur. Comme il était fort présomptueux, il revint tout triomphant de ce pèlerinage, et sa férocité naturelle parut quelque temps adoucie. Il fonda dans la Touraine, à un mille du château de Loches, une église superbe qu'il consacra aux Vertus célestes, et il résolut d'y établir une communauté de moines chargés de prier à toute heure pour racheter son âme de la mort du péché (en 1007). Mais Hugues, archevêque de Tours, refusa de venir faire la dédicace du nouveau moûtier.

« Je ne puis présenter au Seigneur, dit-il, les vœux d'un homme qui a ravi à la mère-église du diocèse (celle de Tours) une grande partie de ses serfs et de ses métairies. Que le comte commence par restituer ce qu'il possède injustement, puis il pourra s'acquitter de son vœu devant le Dieu de justice. » Foulques, irrité des réclamations de l'archevêque, partit pour Rome, et offrit beaucoup d'or et d'argent au pape Jean XVIII. Le pape envoya un cardinal pour consacrer l'église de Foulques, et le moûtier de Beaulieu, près Loches, fut béni solennellement, bien que les évêques vassaux de Foulques eussent seuls assisté à la cérémonie. « Mais, vers la neuvième heure, poursuit Glaber, le jour même de la dédicace, voici qu'un ouragan soudain fond sur l'église, l'enveloppe comme d'un tourbillon, et l'ébranle par ses efforts redoublés : la voûte cède, les poutres du toit s'écroulent, et la couverture du temple jonche la terre de ses débris. Personne ne douta que Dieu n'eût voulu châtier par là tant d'audace et d'insolence. »

Les réflexions par lesquelles l'historien contemporain, moine de Cluni, commente cette anecdote, prouvent que le clergé gaulois était encore loin de reconnaître le pape comme souverain absolu et infaillible de l'Église. « Quand les prélats des Gaules, continue Glaber, apprirent la mission du cardinal Pierre, ils reconnurent bien que cet ordre sacrilège avait été dicté par une aveugle cupidité, et que l'avarice du pontife avait souillé l'Église romaine d'un scandale inouï, en partageant le fruit des rapines de Foulques : ils eurent tous horreur de voir un homme choisi pour occuper la chaire de saint Pierre fouler aux pieds avec tant d'impudeur les lois apostoliques et canoniques. Quoique le pontife romain reçoive plus d'hommages que les autres pontifes répandus dans l'univers, parce qu'il a obtenu les honneurs du siége apostolique, il n'a pourtant jamais le droit de transgresser la règle des saints canons : chaque évêque, comme époux de sa propre Église, y représente personnellement le Sauveur, et nul d'entre eux ne doit empiéter insolemment sur le diocèse d'un de ses confrères.»

On doit avouer pourtant qu'un moine s'exprimant de la sorte fait exception : c'était là le sentiment des évêques et non des *réguliers,* généralement dévoués à Rome.

La conduite des papes avait déjà soulevé à maintes reprises l'animadversion des évêques gaulois, comme on l'a pu voir lors du concile de Saint-Bâle près Reims (en 991). Cependant les mœurs de ces prélats n'étaient guère meilleures que celles qu'ils condamnaient. «Les princes, poursuit Glaber, choisissent en général, pour présider à la direction des Églises et des âmes chrétiennes, les hommes dont ils pensent recevoir les plus riches présents : aussi, des téméraires, dépourvus de tout autre titre que leur fortune, se poussent dans les prélatures, placent leur confiance et leur espoir, non point dans l'acquisition des trésors de la sagesse, mais dans l'or et l'argent qu'ils amassent, et, une fois à la tête des Églises, donnent un libre cours à leur avidité, seul dieu qui possède leur cœur. La piété des évêques n'est plus qu'un vain nom, la sévérité magistrale des abbés se relâche, le zèle de la discipline monastique se refroidit, et l'antique Léviathan reprend confiance.»

Adalbéron, le fameux évêque de Laon, dans un poëme où il se suppose dialoguant avec le roi Robert, s'écrie : « Puisse l'État être régi par des lois écrites, et non autrement! Puissent les prélats ne point passer leur temps à jouir des plaisirs de la campagne! Quand ils s'occuperont moins de leurs terres, ils rempliront mieux leurs devoirs. Puisse l'ordre ecclésiastique ne plus négliger avec tant d'audace les préceptes de la justice! —Ah! répond le roi, si jamais Dieu le Père permet à la Loire de baigner les champs calabrois, ou au Tibre d'inonder les plaines de l'Espagne, oui, si de telles choses arrivent, espère alors, évêque, voir tes vœux s'accomplir. » L'adultère amant de la reine Hemme et le «trahisseur» du roi Karle, Adalbéron, était un singulier prédicateur de morale, à moins qu'il ne se fût bien amendé dans ses vieux ans; mais les prélats les moins réguliers dans leurs mœurs reprenaient parfois conscience de leurs devoirs, surtout quand ils se trouvaient réunis en concile. Ils devenaient alors susceptibles de sentiments et de résolutions tout à fait étrangers à leur vie habituelle.

Au reste, le reproche adressé aux princes par le moine de Cluni ne concernait en rien le roi Robert. Le chroniqueur prend soin lui-même de l'en justifier. « Lorsqu'un siége épiscopal à la disposition du roi venait à vaquer, dit-il, Robert veillait avec grand soin à ce qu'on y plaçât quelque pasteur utile au bien de l'Église, fût-il d'une basse extraction; aussi rencontra-t-il souvent une vive opposition parmi les grands du royaume, qui, méprisant les humbles, choisissaient toujours des superbes comme eux. »

Les vices honteux de quelques papes, la sujétion où les tenaient les seigneurs féodaux de la Campagne de Rome, avaient durant le dixième siècle, dégradé le saint-siège : le caractère énergique de Grégoire V, le génie de Gerbert, élevé à la papauté sous le nom de Sylvestre II (il siégea de 999 à 1003)[1], relevèrent la dignité pontificale : la domination des empereurs germains, protecteurs de ces deux pontifes, n'avait rien d'humiliant, comparée à la récente tyrannie des marquis de Tusculum, renversée par l'infortuné Crescentius; mais les scandales renouvelés sous Jean XVIII et Jean XIX, méprisables successeurs du grand Sylvestre II, ralentirent un peu l'essor de la puissance des papes, que Grégoire VII devait porter à son plus haut période soixante-dix ans après Gerbert. Une négociation entamée entre le patriarche de Constantinople et le pape Jean XIX (vers 1024) peut donner une idée de l'incroyable vénalité qui régnait à la cour de Rome. L'Église grecque et l'Église romaine avaient rompu la communion ensemble depuis le milieu du neuvième siècle : l'empereur d'Orient, Basile III, et le patriarche de Constantinople, conçurent le

---

[1]. Silvestre II fut le second Français qui s'assit sur la chaire de saint Pierre.

projet de régulariser, pour ainsi dire, le schisme par une transaction avec le Saint-Père de Rome. Des envoyés grecs apportèrent de riches dons au pape et à tous les grands de Rome, puis sollicitèrent le pontife de reconnaître à l'Église de Constantinople le titre d'œcuménique ou universelle, qu'elle s'attribuait en Orient. C'était lui demander de ratifier la séparation du monde chrétien en deux hémisphères, l'oriental et l'occidental; car les Grecs eussent tout au plus accordé en retour à la papauté une préséance honorifique. L'accommodement fut cependant sur le point de se conclure, et les cardinaux étaient disposés à y prêter la main. « Quand les Romains, dit le chroniqueur, eurent vu l'or des Grecs à leurs pieds, l'éclat de ce métal éblouit leurs yeux et séduisit leurs cœurs; ils essayèrent d'accorder sans bruit tout ce qu'on souhaitait d'eux. » Mais la nouvelle de ces intrigues se répandit plus vite qu'ils n'eussent voulu en Italie et en Gaule, et Jean XIX recula devant le soulèvement universel du clergé. L'abbé de Saint-Bénigne de Dijon, le sévère Guillaume, écrivit à cette occasion une lettre pleine d'énergie au pape, et l'on fut obligé de faire violence à la papauté pour lui interdire l'abdication.

Ce Jean XIX, qui, de laïque, était devenu évêque sans passer par les degrés de la hiérarchie ecclésiastique, avait acheté à prix d'argent le droit de succéder à son frère Benoît VIII. A la faveur des troubles survenus en Germanie, le clergé et les seigneurs romains s'étaient remis en possession du droit d'élire les papes; mais ils en firent plus d'une fois un fort mauvais usage. Les papes ne montrèrent pas longtemps les mêmes dispositions que Jean XIX: les hommes remarquables qui lui succédèrent s'occupèrent d'accroître leurs prérogatives et non plus de vendre à l'encan leurs droits ou leurs prétentions, et reprirent une politique habile et forte, qui désormais fut à peu près invariable: la papauté se réforma bientôt elle-même pour réformer et gouverner l'Occident.

La Gaule, pendant toute cette période, continua d'être agitée par ces guerres sans éclat et sans grandeur que la féodalité renouvelait perpétuellement. L'empereur Othon III était mort en Italie en 1002, empoisonné par la veuve de Crescentius, dont il avait fait sa maîtresse, et avec lui s'était éteinte la maison impériale de Saxe. La couronne de l'Empire et de la Germanie devint désormais purement élective, et les princes de Germanie, plus prudents que ceux de France, ou plus favorisés par les circonstances, ne laissèrent plus s'élever sur leurs têtes une suzeraineté héréditaire : eux seuls réalisèrent l'idéal de la féodalité : un prince électif superposé à une hiérarchie de seigneurs héréditaires[1].

Les deux Lorraines furent cruellement éprouvées par la guerre allumée entre deux prétendants au trône de Germanie, Hermann, duc d'Alsace et de la Souabe, et Henri (Heinrich), duc de Bavière. La Haute et la Basse-Lorraine embrassèrent la cause de Hermann, qui les avait gouvernées précédemment au nom d'Othon; cependant l'évêque de Strasbourg se déclara pour le parti opposé, quoiqu'il fût vassal de Hermann. Celui-ci assiégea Strasbourg, força cette ville le samedi saint, la livra au pillage le jour de Pâques, réduisit en cendres la cité, pilla et profana les églises. Les sacriléges violences de Hermann lui furent fatales : le clergé se dévoua corps et âme à Henri de Bavière, guerrier dévot et d'une chasteté ascétique. Les Lorrains abandonnèrent le duc Hermann, qui se vit obligé de renoncer à ses prétentions, et Henri II devint roi, puis empereur, lorsqu'il eut vaincu Ardoin, marquis d'Ivrée, à qui les Italiens avaient décerné l'empire (1015). Les Italiens ne réussirent ni à soutenir leur empereur, ni à s'affranchir du joug des Germains. Henri, après sa mort, fut mis au nombre des saints par l'Église.

La France proprement dite était continuellement troublée par l'ambition et l'avidité des seigneurs. « Le roi Robert, dit un annaliste, eut beaucoup à souffrir des entreprises des grands vassaux. » Eudes II, comte de Chartres, de Tours et de Blois, petit-fils de Thibaud-le-Tricheur et fils du premier mari de la reine Berthe, semble avoir été plus remuant encore que Foulques-Nerra, son voisin et son rival : il envahit les domaines d'un fidèle vassal du roi, Bouchard d'Anjou, oncle de Foulques-Nerra, que Robert avait fait comte de Corbeil et de Melun et gouverneur de Paris sous le titre de sénéchal. Melun fut livré en trahison à Eudes. Le pacifique Robert quitta sa cour de moines pour porter secours à Bouchard, appela à son aide Richard II, duc de

---

1. Plus d'une fois, le fils fut *élu* après le père, mais sans que sa naissance lui eût constitué aucun droit d'être élu.

Normandie, et reprit Melun. Eudes, par représailles, se jeta sur la Normandie. Les Normands repoussèrent les agresseurs; mais Richard ne se contenta pas de ce succès, et, décidé à tout pour écraser le comte de Chartres, il manda les païens scandinaves qui croisaient alors sur les côtes d'Angleterre, et qui guerroyaient contre les Anglo-Saxons. Olaw ou Olaüs, roi de Norwége, et Lakmann, roi de Suède, accoururent à l'appel du descendant de Roll, et vinrent par la Seine jusqu'à Rouen. Leur arrivée répandit un tel effroi dans tout le pays, que le roi Robert, oubliant ses justes sujets de plainte contre Eudes, s'empressa de lui offrir sa médiation près de Richard. Le duc de Normandie, qui se repentait peut-être déjà d'avoir attiré chez lui de si redoutables alliés, consentit à les renvoyer chargés de riches dons, et fit la paix avec Eudes. Olaw se fit chrétien peu de temps après. Eudes se montra peu reconnaissant des bons offices du roi Robert, à qui il ne cessa de susciter des embarras de tout genre.

La puissance d'Eudes ne tarda pas à recevoir un accroissement considérable (en 1019). Étienne de Vermandois, comte de Troies et de Meaux, étant décédé sans enfants, ses possessions devaient passer à ses cousins de Vermandois; mais Eudes s'en saisit, moitié par force, moitié par ruse, doubla ainsi sa seigneurie, et se qualifia désormais de comte de Champagne. Ce fut aux vastes et arides plaines du comté de Troies que resta spécialement ce vague nom de *Campania* ou Champagne, qu'on avait donné d'abord à la plaine de Reims[1]. Beauvais tomba aussi au pouvoir du comte Eudes, sans que le roi pût l'empêcher[2].

Robert avait été un peu moins malheureux en Bourgogne.

---

1. Plusieurs noms purement géographiques devinrent ainsi des noms politiques. Le comté de Meaux s'appela comté de Brie, quoiqu'il n'embrassât qu'une partie de la fertile région qui porte encore ce nom celtique. Le nom du Perche est dans le même genre : il désignait une vieille forêt druidique. D'autres noms géographiques, d'origine gauloise, ceux de Beauce, de Sologne, de Morvan, par exemple, sont restés et resteront toujours en usage, sans avoir jamais eu de caractère ethnographique ou politique.

2. Une lettre écrite au roi par Fulbert, évêque de Chartres, au nom de son suzerain Eudes, nous apprend un fait intéressant. C'est que le roi avait chargé le duc de Normandie de sommer Eudes de venir à *justice*, et que le duc, quoique ami du roi, déclara qu'il ne lui appartenait pas de représenter le comte à jugement ailleurs que dans l'assemblée de ses *pairs*. La justice par les pairs à tous les degrés était le principe généralement reconnu. Fulbert. *Opera varia*.

Henri, duc de Bourgogne, frère de Hugues Capet, mort le 15 octobre 1002, n'avait pas laissé d'autre héritier que le roi son neveu ; mais les seigneurs bourguignons trouvèrent beaucoup plus convenable de se partager les villes et les châteaux du domaine ducal que de les laisser au roi Robert, et le plus puissant d'entre eux prit hardiment le titre de duc. Othe-Guillaume, fils d'Adalbert, prince lombard, qui avait autrefois disputé la couronne impériale à Othon-le-Grand, était devenu très puissant dans le royaume d'Arles et dans la Bourgogne ducale : il avait été investi par le roi d'Arles de la comté de Bourgogne (Franche-Comté), et le duc Henri de Bourgogne lui avait donné les comtés de Nevers et de Mâcon. Il s'empara de Dijon et d'Auxerre, et se déclara duc de Bourgogne.

Robert, incapable de réduire les rebelles par ses propres forces, appela à son aide son ami Richard II, duc de Normandie. Le roi et le duc, après avoir assiégé inutilement Auxerre, puis le couvent fortifié de Saint-Germain, attenant aux murs de cette ville, poussèrent jusqu'au fond de la Bourgogne, brûlant tout sur leur passage, sauf les villes et châteaux, où leurs ennemis les bravaient en sûreté. Le « bon roi Robert » ne comprenait pas la guerre autrement que les princes de son temps, et ne ménageait pas plus qu'eux les pauvres gens du plat pays. Brûler la chaumière et couper les arbres du serf, c'était ruiner la *chose* du seigneur, qu'on atteignait ainsi dans *son bien* quand on ne pouvait atteindre sa personne. Robert avait dérogé à sa dévotion comme à sa bonhomie, en attaquant le couvent du « saint évêque Germain », malgré les objurgations de l'abbé général de Cluni, le célèbre Odilon (Odiles)[1].

Robert et Richard ne forcèrent pas une seule place : Robert, en 1005, tenta une seconde expédition presque aussi infructueuse ; enfin, vers 1015 ou 1016, il traita avec Othe-Guillaume, qui renonça au titre de duc de Bourgogne, et en laissa investir le petit prince Henri, troisième fils du roi Robert. Othe-Guillaume conserva, dans la Bourgogne ducale, les comtés de Dijon et de Mâcon ; les autres seigneurs gardèrent aussi les fiefs qu'ils avaient

---

1. Les bénédictins réformés n'avaient alors qu'un seul abbé, celui de Cluni, les directeurs des autres monastères ne portant que le titre de prieurs.

usurpés, et le nouveau duc n'obtint qu'un assez mince domaine et des droits fort restreints.

« Quelques années auparavant, dit Glaber, il était advenu une grande joie à la chrétienté. Ces Hongrois, qui avaient tant de fois désolé l'Occident et qui s'étaient fixés sur les bords du Danube, se convertirent à la foi du Christ ; leur roi reçut au baptême le nom d'Étienne, devint très bon catholique, et obtint pour femme la sœur de l'empereur Henri. Depuis lors, tous les pèlerins d'Italie et des Gaules qui voulaient visiter le temple du Seigneur à Jérusalem renoncèrent à s'y rendre par mer, et préférèrent passer par les domaines du roi hongrois ; Étienne veillait à la sûreté de la route, accueillait ces pieux voyageurs comme des frères et leur faisait de beaux présents. Aussi sa conduite hospitalière détermina-t-elle une foule innombrable de nobles et d'hommes du peuple à entreprendre le pèlerinage de Jérusalem. »

La joie publique dura peu. L'affluence extraordinaire des pèlerins inquiéta probablement le khalife fathimite d'Égypte, Hakim-Bamrillah, tyran impie et sanguinaire, aussi détesté des musulmans que des chrétiens. Hakim, dont les États comprenaient la Syrie et la Palestine, fit renverser de fond en comble l'église du Saint-Sépulcre (en 1009 ou 1010)[1].

Cette nouvelle remplit la chrétienté d'horreur et d'indignation. Le khalife était trop loin pour qu'on pût tirer vengeance de son forfait : on chercha des victimes expiatoires plus faciles à atteindre. Les Juifs, épars dans les diverses contrées de l'Europe, où ils remplissaient tour à tour les rôles de médecins, de traficants, d'usuriers, avaient toujours été en butte à la haine des populations chrétiennes ; on les chargea du sacrilège, afin de pouvoir leur en faire subir le châtiment. Le bruit courut que les Juifs d'Orléans, qui étaient nombreux et riches, avaient écrit au

---

1. Dès l'année 1001 ou 1002, le pape Silvestre II (Gerbert), indigné des profanations que subissait le Saint-Sépulcre et des mauvais traitements qu'enduraient les chrétiens à Jérusalem, avait projeté d'armer les peuples d'Occident contre Hakim : « Levez-vous, soldats du Christ, avait-il écrit dans toutes les églises diocésaines ; prenez son étendard, et combattez pour lui, etc. » La prompte mort de Silvestre II, et l'indifférence de ses lâches successeurs, ne permirent pas alors de donner suite à ce projet. La chrétienté d'ailleurs n'était point encore en état de rendre à l'islamisme ses agressions sur son propre terrain.

khalife pour l'exciter à détruire le temple du Christ. « Quand ce secret fut divulgué dans l'univers, raconte Glaber, les chrétiens décidèrent d'un commun accord qu'ils expulseraient de leur pays et de leurs cités tous les Juifs jusqu'au dernier. De ces misérables, les uns furent chassés et bannis, d'autres massacrés par le glaive, ou précipités dans les flots, ou livrés à des supplices divers; plusieurs enfin se dévouèrent eux-mêmes à une mort volontaire; de sorte qu'après la *juste* vengeance exercée contre eux, à peine en resta-t-il quelques-uns dans le monde *romain*. Un décret des évêques interdit à tout chrétien de lier commerce avec ces infidèles, à moins qu'ils n'abjurassent les pratiques du judaïsme. »

Les Juifs, en France, ne trouvèrent de protection qu'auprès de Regnard, comte de Sens, qui leur vendit un asile à prix d'or. Regnard était de ces esprits sans frein et sans foi, ennemis des clercs et athées d'instinct, tels qu'il s'en était rencontré chez les pirates normands, et tels qu'il s'en rencontrait parfois dans le baronage : c'étaient les pires des tyrans féodaux [1]. Regnard, oppresseur de ses sujets chrétiens, ne s'adoucissait que pour les riches *Hébrieux*, et le chroniqueur prétend qu'il se faisait appeler le « roi des Juifs ». « (1016) Tandis que le comte de Sens *judaïsait* ainsi, on conseilla au roi de ne pas laisser plus longtemps subsister ce scandale vivant de la foi, et de réunir au domaine de la couronne la souveraineté de la grande ville de Sens. Robert envoya donc des troupes pour chasser Regnard de sa cité : les gens du roi prirent Sens, y commirent d'horribles massacres, et brûlèrent une partie de la ville; » puis Robert partagea la seigneurie de Sens avec l'archevêque Leudri, qui avait suscité cette expédition contre son suzerain Regnard. Celui-ci eut recours à l'assistance du terrible comte de Chartres, qui vint bâtir sur les terres de Sens le château de Montereau-Faut-Yonne, et attaqua Sens. Le roi fut obligé de traiter avec Regnard et son allié, et Regnard recouvra son comté sa vie durant, à condition que son comté retournerait après lui, moitié au roi, moitié à l'église diocésaine [2].

---

1. *V.* l'histoire assez singulière du comte Jean de Soissons, dans l'*Hist. de Soissons;* par Henri Martin et P.-L. Jacob, t. I, p. 431, d'après Guibert de Nogent.

2. *Chronic. Sancti Petri vivi Senonensis.* — Radulf. Glaber. Ainsi l'archevêque de Sens avait relevé d'un simple comte.

« Cependant, reprend le chroniqueur, les Juifs errants et fugitifs, qui avaient survécu à leur désastre en se cachant dans des retraites ignorées, commencèrent à reparaître en petit nombre dans les villes, cinq ans après la ruine du temple de Jérusalem ; car il fallait bien qu'il en subsistât quelques-uns sur la terre comme un témoignage du crime par lequel ils ont versé le sang divin du Christ. » Le fait est qu'on ne pouvait ni les souffrir ni se passer d'eux : grâce à leur activité, à leur industrie, aux vastes relations qu'ils avaient entre eux d'un bout à l'autre du monde connu, ils étaient les premiers négociants, les premiers courtiers, les premiers et presque les seuls capitalistes de l'Occident. Pendant tout le moyen âge, on ne cessa de les chasser et de les rappeler. On fit cruellement acheter à ces malheureux le droit de respirer le même air que les chrétiens : astreints à porter des vêtements particuliers et bizarres, parqués dans des rues et des quartiers qui ont gardé jusqu'à nous le nom de *juiveries*, ces humiliations quotidiennes n'étaient rien auprès de celles qu'on leur infligeait à l'occasion des grandes solennités chrétiennes. Le clergé institua des cérémonies symboliques destinées à rappeler aux Juifs leur dégradation, et à réveiller par intervalles la haine populaire. A Toulouse, par exemple, il fut établi que, le dimanche de Pâques, un chrétien donnerait un soufflet à un Juif sous le porche de la cathédrale. Adhémar de Chabannais raconte qu'en 1018, le vicomte de Rochechouart étant venu faire ses pâques à Toulouse, le clergé toulousain délégua par civilité à Hugues, chapelain de ce seigneur, l'office de souffleter le Juif : Hugues s'en acquitta si rudement, qu'il fit sauter d'un coup de poing les yeux et la cervelle du patient.

Bientôt ce ne fut plus seulement contre les Juifs, mais contre des chrétiens sortis du giron de l'Église, que se dirigèrent les persécutions, et Orléans eut encore le triste privilège d'en devenir le théâtre. « Vers 1022, racontent les chroniques, on découvrit dans la ville d'Orléans une hérésie apportée, dit-on, dans les Gaules par une femme venue d'Italie. Les clercs les plus renommés par leur savoir n'étaient pas à l'abri des séductions de cette femme : durant le séjour qu'elle fit à Orléans, elle y recruta de nombreux prosélytes, et des hommes honorables du clergé orléanais, Lisois, le plus distingué entre les religieux de Sainte-Croix, et Étienne, écolâtre de Saint-Pierre, se firent chefs de la secte. Étienne avait été le confesseur de la reine Constance : Lisois et lui, chèrement aimés du roi et des officiers du palais, eurent plus de facilité à surprendre les cœurs dont la foi était chancelante. Ils voulurent communiquer leur doctrine au père Héribert, qui était venu à Orléans étudier la théologie. Héribert révéla tout à un seigneur normand nommé Arefast, dont il était le chapelain, et celui-ci déclara le complot au pieux duc Richard. Comme ces choses se passaient sur le domaine royal, Richard de Normandie avertit en toute hâte le roi Robert de la contagion secrète qui menaçait d'infecter dans son royaume le troupeau du Christ.

« Le roi Robert fut accablé d'affliction : il s'entendit avec Richard et l'évêque de Chartres, le docte Fulbert, et engagea Arefast à suivre les leçons d'Étienne et de Lisois, pour pénétrer à fond leurs erreurs et les dénoncer à un concile ; ce qui fut fait. Le roi se rendit ensuite à Orléans, et, après y avoir convoqué des évêques, des abbés et de pieux seigneurs laïques, il commanda les poursuites contre les auteurs et les adeptes de ces opinions perverses. Étienne et Lisois avaient été arrêtés : par égard pour l'innocence de mœurs et la probité dont ils avaient toujours donné l'exemple, ils furent d'abord interrogés en secret par le roi, l'archevêque de Sens et les autres prélats. Ils répondirent évasivement jusqu'à ce qu'Arefast eût raconté en leur présence tout ce qu'on lui avait enseigné ; alors ils avouèrent leurs sentiments sans détour, et plusieurs, après eux, annoncèrent qu'ils partageaient ces opinions et voulaient partager le sort de leurs maîtres. »

Les opinions des hérétiques orléanais étaient celles des manichéens, qui n'avaient jamais complétement disparu, et qui commençaient à se propager de nouveau. Étienne et Lisois prétendaient que ce n'était pas Dieu qui avait créé ce monde ; que le Fils de Dieu s'était incarné seulement en apparence dans le sein de la vierge Marie ; qu'un fantôme, et non le Verbe éternel, avait été attaché sur la croix ; que Jésus-Christ n'était point présent dans l'eucharistie, et qu'invoquer les confesseurs et les martyrs était un acte d'idolâtrie ; qu'on n'était point sauvé par les œuvres (mais apparemment par la foi seule). Enfin, ils condamnaient le mariage et défendaient de manger de la chair.

« Quand, après avoir épuisé à leur égard tous les moyens de persuasion, l'on vit qu'ils refusaient opiniâtrement de reconnaître la foi universelle, on leur dit qu'ils allaient être livrés aux flammes par l'ordre du roi et du consentement unanime du peuple. Ils répondirent qu'ils ne redoutaient rien, et qu'ils' entreraient dans le feu sans éprouver aucun mal. Le roi et ses assesseurs firent allumer, non loin de la ville, un grand bûcher, espérant qu'à cette vue la crainte triompherait de l'endurcissement des hérétiques ; mais ils s'écrièrent que c'était là tout ce qu'ils demandaient, et se présentèrent d'eux-mêmes aux gens chargés de les mener au bûcher. » Comme ils sortaient de l'église où on les avait jugés, et marchaient à la mort en chantant des hymnes, ils passèrent sous le porche, devant la reine Constance. La reine, reconnaissant son confesseur Étienne en tête du cortége, s'élança sur lui, furieuse, et lui creva un œil d'un coup de baguette. La procession continua sa marche, et l'on jeta dans le feu les condamnés, au nombre de treize. Dès qu'ils sentirent l'atteinte des flammes, ils poussèrent de lamentables hurlements, et plusieurs d'entre eux crièrent qu'ils abjuraient les artifices du démon. A ces horribles clameurs, quelques spectateurs, émus de pitié, s'approchèrent du bûcher pour en arracher les victimes ; mais il n'était plus temps ! toutes avaient cessé de vivre.

L'irritation du peuple contre ces infortunés avait été produite par d'odieuses imputations. On accusait les sectaires de se livrer dans leurs assemblées à la plus infâme prostitution, de mettre à mort les enfants nés de leurs débauches pour en avaler les cendres ; on leur attribuait enfin toutes les atrocités stupides dont les païens avaient accusé jadis les premiers chrétiens.

Le bûcher d'Orléans, suivi d'autres exécutions, à Toulouse et ailleurs, marque une date funèbre dans notre histoire. C'est l'ouverture de l'ère sanglante des persécutions religieuses [1].

---

1. Radulf. Glabr. l. III, c. 8. — *Spicileg.* t. II, p. 670-740. — Labb. *Concil.* t. IX, p. 858. — Baron. *Fragm.* an. 1017. — Ademar. *Chronic.* p. 180. Il y avait eu déjà, quelques années auparavant, des exécutions d'hérétiques en Italie et en Espagne.

L'inquiète activité d'esprit qui se révélait par ces débats théologiques, que tranchait le bourreau, tenait à la situation générale de la société : une jeune et ardente sève bouillonnait dans ce monde désordonné, mais vivace et rajeuni ; toutes les classes fermentaient, chacune dans le cercle de ses idées et de sa condition ; les clercs discutaient les questions religieuses ; les chevaliers, las des guerres monotones de château à château, avaient soif de grandes aventures et de courses lointaines ; les bourgeois et les vilains se débattaient contre les exactions de leurs seigneurs, et aspiraient à recouvrer leur liberté.

Les chevaliers normands recommençaient, sous l'étendard de la croix, les audacieuses expéditions que leurs pères avaient accomplies sous les auspices d'Odin : on les voyait courir partout où il y avait du butin ou de la gloire à gagner. En 1018, le comte normand Roger alla joindre les chrétiens de Barcelone, et fit, à leur tête, de grands exploits contre les Maures, en Aragon et sur les côtes de l'Espagne méridionale. En 1016, un baron nommé Rodolfe ou Raoul Drengott, « homme d'une hardiesse à toute épreuve », ayant encouru la disgrâce du duc Richard, s'en vint à Rome « exposer ses raisons » au pape Benoît VIII, afin d'en appeler à la médiation du Saint-Père. Les Grecs, toujours maîtres d'une partie de l'Italie méridionale, montraient depuis deux ans des projets de conquête, et ravageaient le pays de Bénévent et même la Campagne de Rome. Le pape, frappé de la mine guerrière du Normand, l'adressa aux seigneurs lombards du duché de Bénévent, en leur enjoignant de le reconnaître pour chef. La confiance du pontife ne fut pas trompée : Raoul défit les Grecs dans deux combats sanglants, et les chassa du Béneventin.

« A la nouvelle de ces exploits, rapporte le chroniqueur, on vit les Normands quitter en foule leur patrie, avec femmes et enfants, pour venir retrouver Raoul en Italie, du consentement de leur duc Richard. Ils s'en allèrent hardiment jusqu'au pied des Alpes, au lieu nommé le Mont-Jouï (ou Mont-Joux, *Mons-Jovis*, le Grand Saint-Bernard). Les seigneurs du pays avaient établi en cet endroit des barrières et des gardes qui percevaient un droit sur les voyageurs. On voulut exiger des Normands ce péage, et leur fermer les portes ; mais bientôt les barrières furent brisées, les soldats massacrés, et le passage emporté de vive force. » Les Normands parvinrent sans autre obstacle jusqu'à Raoul. Les Grecs avaient reçu de Constantinople des renforts considérables : les Normands les vainquirent encore ; mais le carnage avait été fort grand des deux côtés, et, dans une troisième bataille, les deux armées se retirèrent également épuisées, sans avantage pour l'une ni pour l'autre. Raoul, alors, voyant diminuer le nombre de ses braves compagnons, et « sachant par expérience que les gens du pays n'étaient pas propres à la guerre », alla solliciter les secours de l'empereur d'Occident, Henri de Bavière, protecteur naturel de l'église de Rome contre l'empereur d'Orient. Henri marcha en personne contre les Grecs, les battit, et renvoya en Gaule Raoul et les siens comblés d'honneurs et de richesses. Les Normands n'oublièrent plus désormais le chemin de l'Italie [1].

Pendant ces exploits de la classe dominante, les classes opprimées relevaient la tête çà et là et s'agitaient avec violence.

« Il n'est point de terme aux larmes ni aux gémissements des serfs, dit le roi Robert, dans le poëme dialogué d'Adalbéron. Qui pourrait, en les multipliant autant de fois qu'un damier contient de cases, compter les peines, les courses, les fatigues qu'endurent ces infortunés ? » La condition du menu peuple était d'autant plus dure, qu'il n'eut jamais, dans notre Occident, cette résignation fataliste avec laquelle les Orientaux, à l'exemple des esclaves de l'antiquité, supportent la tyrannie. Depuis l'extinction de l'esclavage proprement dit, les masses n'acceptèrent jamais moralement le servage corvéable et taillable à merci, et n'y virent jamais que le droit du plus fort ; jamais elles ne cessèrent d'aspirer à un idéal meilleur, qui les poussait vers l'avenir, en leur rendant le présent plus misérable par les efforts douloureux qu'il leur suggérait.

La Normandie, cette province où toute la population semblait animée d'une énergie supérieure, fut le théâtre du premier mouvement populaire qui ait agité nos campagnes. La différence d'origine était fortement tranchée entre les Normands de race, presque tous nobles et gens de guerre, et la population gallo-ro-

---

1. Guillelm. Apul. *Poema Normannor.* — Radulf. Glabr. l. III, c. 1. — Ademar Cabann.

manc, qui, ayant extrêmement multiplié depuis le temps de Rollon, pratiquait le commerce et l'industrie dans les villes, l'agriculture dans les campagnes. Les villes, toutefois, étaient ménagées par le duc et par les seigneurs; mais il n'en était pas de même des campagnes. Les « vrais Normands » ne pouvaient être taxés contre leur gré, ni par les seigneurs ni par le duc lui-même : nul péage ne les atteignait, et ils jouissaient du droit de chasse dans les forêts, de pêche sur les eaux, à l'exclusion des vilains et des serfs, soumis en outre à toute sorte d'exactions.

Peu après la mort du duc Richard-Sans-Peur, les vilains et les serfs, ceux des bocages et ceux des plaines, se rassemblèrent par vingt, par trente, par cent, et tinrent ensemble maints *parlements* (conférences). « Les seigneurs, se disaient-ils, ne nous font que du mal : avec eux nous n'avons ni gain ni profit de nos labeurs. Chaque jour on nous prend nos bêtes pour les corvées et les services; puis ce sont les *justices* vieilles et nouvelles, des plaids et des procès sans fin, plaids de monnaies, plaids de marchés, plaids de routes, plaids de forêts, plaids de moutures, plaids d'hommages. Il y a tant de prévôts et de baillis, que nous n'avons pas une heure de paix; tous les jours ils nous courent sus, prennent nos meubles et nous chassent de nos terres. Il n'est nulle garantie pour nous contre les seigneurs et leurs sergents[1], et nul pacte ne tient avec eux.—Pourquoi nous laisser ainsi traiter, et ne pas nous tirer de peine? Ne sommes-nous pas des hommes comme eux? C'est du cœur seulement qu'il nous faut.— Lions-nous donc ensemble par un serment, jurons de nous soutenir l'un l'autre; et, s'ils veulent nous faire la guerre, n'avons-nous pas, pour un chevalier, trente et quarante paysans, jeunes, dispos, et propres à combattre à coups de massue, à coups d'épieu, à coups de flèche, à coups de hache ou à coups de pierre, faute d'autres armes? —Sachons résister aux chevaliers, et nous serons libres de couper des arbres, de courir le gibier, de pêcher à notre guise, et nous ferons notre volonté sur l'eau, dans les champs et dans les bois. »

---

1. *Servientes*, servants ou sergents d'armes, gens de guerre au service du seigneur. Ce sont ici les vilains et non les serfs qui parlent.

Bientôt le menu peuple des campagnes s'unit secrètement en une vaste « communion » : ce ne fut point un tumultueux soulèvement ; l'association s'organisa avec intelligence ; elle se divisa en plusieurs cercles ou « conventicules » ; chaque cercle délégua deux de ses membres pour former une assemblée centrale qui dirigea toute la conspiration, et envoya de canton en canton des émissaires chargés d'enrôler de nouveaux associés et de recevoir leur serment.

Malgré le mystère dont s'environnèrent les paysans, le bruit de la conjuration des vilains vint à la cour de Normandie. C'était en 997, l'année de l'avénement du jeune duc Richard II, qui manda aussitôt son oncle Raoul, comte d'Évreux. « Sire, dit celui-ci, laissez-moi faire, et ne bougez d'un pied ; mais envoyez-moi tout ce que vous avez de chevaliers et de gens d'armes. » Le comte Raoul, informé par ses espions du lieu et de l'heure à laquelle se tenaient les réunions de l'assemblée centrale, partit brusquement avec ses chevaliers, et arrêta tous les chefs. Il fit crever les yeux, couper les poings et brûler les jarrets aux uns, empaler les autres ; quelques-uns furent cuits à petit feu, ou arrosés de plomb fondu. Le petit nombre de victimes qui n'expirèrent pas dans les tortures furent renvoyées mutilées dans leurs villages, où leur aspect répandit l'horreur et l'effroi. La grande association fut dissoute par le supplice de ses plus ardents moteurs. « Les paysans, dit le chroniqueur, craignant pour eux tous des châtiments plus sévères encore, renoncèrent à leurs complots et retournèrent à leurs charrues[1]. »

Les nombreuses révoltes campagnardes du moyen âge reproduisirent bien l'esprit, mais non plus les formes de cette conspiration d'une province entière.

Vingt-sept ans après la conjuration des vilains de Normandie (1024), les paysans bretons se soulevèrent en masse contre leurs seigneurs pendant la minorité du duc Alain ou Allan III, fils de Geoffroi ; ils tuèrent beaucoup de nobles hommes, et incendièrent un grand nombre de châteaux. Cette multitude à demi nue et mal armée fut enfin dispersée par les chevaliers couverts de casques

---

1. Willelm. Gemetic. — Wace, *roman de Rou*, t. I, p. 303-311.

de fer, de hauberts et de chausses de mailles; mais les paysans bretons ne reprirent le joug qu'après une lutte acharnée et une grande effusion de sang. Ici, la guerre avait eu lieu, non plus comme en Normandie, entre des races, mais entre des castes diverses. C'est le premier événement de ce genre que nous connaissions chez les peuples kimriques au moyen âge, mais il y avait eu des faits analogues chez les Gaëls d'Irlande.

Ce n'était pas seulement dans les campagnes qu'éclataient des soulèvements : en 1024, les Cambrésiens, animés d'une soif de liberté que n'avaient pu étouffer leurs malheurs de 957, s'insurgèrent contre leur évêque, expulsèrent ou emprisonnèrent les chanoines et les clercs qui les opprimaient. Une armée impériale vint rétablir violemment la suzeraineté de l'évêque.

Pendant ce temps, le roi Robert végétait obscurément dans sa petite cour monacale, persécuté par sa femme, dont il était l'esclave craintif. « Constance, constante et forte, qui ne plaisante jamais, dit la chronique, voulait commander à tout prix, sans que rien lui résistât. » Un certain Hugues de Beauvais, favori de Robert, qui lui avait donné le titre de comte du palais (*palatin*), exhortait le pauvre roi à secouer le joug, et à reprendre sa première femme Berthe, qu'il ne cessait de regretter. Constance, qui était allée faire un voyage dans son pays natal, en Aquitaine, revint au plus vite, et passa par les États de son oncle Foulques-Nerra, comte d'Anjou, qui lui donna douze *braves* chevaliers, d'un dévouement à toute épreuve. Peu de jours après, comme Robert était à la chasse avec le comte Hugues, les douze chevaliers dressèrent une embuscade à Hugues, et l'égorgèrent sous les yeux du roi. Robert fut fort affligé de cet assassinat; mais il « se réconcilia bientôt avec la reine, comme il le devait, » dit Glaber.

Ici, l'absence de rancune était faiblesse et non vertu; mais Helgaud rapporte un exemple plus digne et plus touchant de l'inclination qu'avait Robert à pardonner. « Un certain anniversaire de la Cène du Seigneur (jeudi saint), lorsque ce prince se disposait à célébrer la Pâque au château de Compiègne, il fut informé que douze personnes de sa cour conspiraient pour lui ravir la vie et la couronne. Il se fit amener les conspirateurs, les interrogea, puis ordonna qu'on les enfermât dans l'ancien logis de Charles-le-

Chauve, qu'on les nourrît des viandes de la table royale, et qu'au jour de la sainte Résurrection, on les fortifiât avec le corps et le sang de Jésus-Christ. La cause fut ensuite plaidée : ils furent jugés et condamnés par autant de sentences de mort qu'ils étaient de coupables; mais Robert leur pardonna, en disant qu'il ne pouvait laisser mettre à mort ceux qui avaient été repus de la chair et du breuvage célestes. Il les exhorta donc à ne pas retomber dans le même crime, et les renvoya impunis [1]. »

En l'année 1024, le roi Robert rencontra une brillante occasion de relever la puissance de sa maison.

A la mort de Henri le *Saint* (13 juillet 1024), qui avait été roi de Germanie et des deux Lorraines, empereur et roi d'Italie, héritier présomptif du royaume de Bourgogne et de Provence (par suite d'un traité avec Raoul le Fainéant), son vaste empire sembla prêt à se dissoudre. Les Germains partageaient leurs suffrages entre Conrad le Salique (ainsi nommé, sans doute, parce qu'il se disait de race salienne), duc de Franconie ou France orientale d'outre-Rhin, et Conrad, duc de Carinthie : les Italiens, las du joug *tudesque*, et n'ayant point parmi eux de seigneur qui pût rallier ses égaux sous sa bannière, tournèrent leurs yeux vers Robert, et lui offrirent la couronne impériale pour lui ou pour son fils Hugues. Les deux Lorraines s'agitèrent violemment, et Gothelon, duc de la Basse-Lorraine, manifesta ouvertement l'intention de se donner au roi de France. Robert entra en négociation avec les seigneurs italiens et lorrains; mais, lorsqu'il vit la Germanie entière, après quelques oscillations, se reporter vers Conrad le Salique, lorsque ce guerrier actif et courageux eut mis le pied en Lorraine, ramenant à lui tous les grands, soit par crainte, soit par persuasion, le faible roi de France recula devant ce redoutable rival, et abandonna toutes prétentions sur l'Italie comme sur la Lorraine. Les Italiens s'adressèrent alors au vieux Guilhem le Grand, comte de Poitiers et duc d'Aquitaine. Ce prince se rendit en Italie sous un costume de pèlerin, pour juger par lui-même des ressources du parti qui l'appelait. Les intrigues de la faction « tudesque », que dirigeait l'archevêque de Milan, et le peu d'ensemble du parti

---

1. *V.* aux Éclaircissements, n° I, *le bon roi Robert*.

national italien découragèrent Guilhem, et il finit aussi par laisser le champ libre à Conrad le Salique, qui réunit tout l'héritage de Henri II, fut couronné empereur à Rome par le pape Jean XIX, le 26 mars 1027, et se fit subroger aux droits de Henri dans la succession future de Raoul le Fainéant, malgré les efforts d'Eudes comte de Chartres et de Champagne, neveu de ce triste roi de Bourgogne.

En l'année 1025, le 17 septembre, mourut, à dix-huit ans, le fils aîné de Robert et de Constance, Hugues, que son père avait associé à la couronne dès l'âge de dix ans, avec le consentement des seigneurs et des évêques. Il restait trois fils au roi : l'aîné, Eudes, était idiot. Robert, par l'avis de Fulbert, évêque de Chartres, résolut d'élever sur le trône, à la place du prince défunt, le puîné, Henri, déjà duc de Bourgogne ; mais la reine, « avec son esprit de contradiction habituel », fut encore d'un autre sentiment que son époux. Constance prétendit, non sans raison toutefois, comme la suite le prouva, que Henri, dissimulé, paresseux et mou, « serait aussi négligent que son père » dans le gouvernement du royaume, et que leur troisième fils, Robert, avait beaucoup plus de sens que ses frères. Cependant le roi Robert tint ferme, contre sa coutume, et, rassemblant dans la métropole de Reims plusieurs évêques et abbés, il « assura la couronne à Henri », avec l'assentiment du comte de Chartres et de Champagne et du duc d'Aquitaine, invités à sanctionner ce choix par leur présence. Les débats relatifs à ce couronnement attestent que le système des successions avait encore bien peu de fixité, et que le droit d'aînesse ne semblait pas encore inviolable (14 mai 1027).

Constance avait jeté la discorde entre Henri et le jeune Robert par les espérances qu'elle avait suggérées à ce dernier : sa méchanceté (car elle était aussi dure à ses enfants qu'à son époux) réconcilia bientôt les deux frères. « Réunis, dit Glaber, par un commun ressentiment des violences maternelles, ils envahirent de concert les bourgs et les châteaux du roi Robert, et commencèrent à piller ses biens. Celui qui avait été sacré roi (Henri) enleva le château de Dreux ; l'autre (Robert) prit en Bourgogne Beaune et Avallon. Leur père, profondément affligé, leva une armée et s'avança en Bourgogne, où s'engagea une lutte pire que la guerre civile. Enfin, après bien des ravages dans « l'une et l'autre province (le duché de France et la Bourgogne ducale), la paix et la tranquillité furent rétablies pour un moment » : le duché de Bourgogne passa au jeune Robert par suite de l'élévation de Henri au trône.

Richard II, duc de Normandie, allié fidèle du roi Robert, mourut dans l'année du couronnement de Henri : c'était le plus puissant seigneur de la Gaule septentrionale, sans en excepter le roi, et il savait étendre le bras jusqu'à l'Escaut et à la Saône pour se faire respecter, lui et ses amis. Hugues, comte de Chalon-sur-Saône, ayant fait prisonnier Renaud, comte de Bourgogne, fils et successeur d'Othe-Guillaume, le duc de Normandie pria Hugues de relâcher Renaud, à qui il avait donné en mariage une de ses filles. Hugues refusa de mettre son captif à rançon ; Richard, traversant la France, entra en Bourgogne, mit le siége devant Chalon, et n'accorda la paix au comte Hugues que lorsque celui-ci fut venu, la selle sur le dos, s'offrir pour monture à son vainqueur, bizarre symbole de soumission qui était parfois imposé au vaincu.

Des trois fils de Richard II, l'aîné, Richard III, devint duc de Normandie ; le second, Robert, eut en partage le comté de Hiesmes (entre Séez et Alençon). La guerre éclata entre les frères Richard et Robert : le duc assiégea Robert dans Falaise ; Robert se soumit après quelque résistance, ouvrit à son frère les portes de la ville, et l'invita à un grand repas avec ses barons. Le duc Richard III et ses compagnons moururent tous aussitôt après leur retour à Rouen ; Robert, dès que son frère eut fermé les yeux, renferma dans un couvent le jeune Nicolas, fils de Richard, usurpa le duché, et chassa de Rouen l'archevêque Robert, son oncle, qui se retira en France, et qui soutint quelque temps le parti de Nicolas à coups d'excommunications (1028). Le duc Robert, fortement soupçonné d'avoir empoisonné Richard III et ses barons, eut à vaincre de violentes révoltes avant de s'affermir sur le trône : il triompha néanmoins, et la vaillance qu'il déploya dans ces guerres intestines lui acquit une grande renommée et une haute influence dans les affaires du royaume. Ce duc Robert, surnommé *le Magnifique* par les historiens contemporains, n'est autre que le *Robert le Diable* des légendes populaires.

Guilhem V, dit le Grand, duc d'Aquitaine, trépassa le 31 janvier 1030, au couvent de Maillezais, où il s'était retiré dans ses derniers jours[1].

Le roi Robert survécut peu à ses deux grands feudataires de Normandie et d'Aquitaine : il tomba malade à Melun au commencement de juillet 1031. « Prêt à sortir de ce monde, où il n'avait jamais goûté grand bonheur, dit son biographe Helgaud, il se montrait plein d'impatience d'échanger cette triste vie contre les jouissances éternelles. Affaibli par une forte fièvre, il demanda le saint viatique, et s'en alla bientôt après vers le Roi des rois et le Seigneur des seigneurs (20 juillet 1031). On l'ensevelit à Saint-Denis, auprès de son père. Il y eut là un grand deuil, car les moines gémissaient sur la perte d'un tel protecteur, et une foule nombreuse de clercs déploraient leur indigence, que ne soulagerait plus le bon roi ; beaucoup de veuves et d'orphelins regrettaient ses innombrables bienfaits, et tous poussaient de grands cris jusqu'au ciel, disant d'une commune voix : « Seigneur, Dieu juste, pourquoi nous ôter notre joie en nous enlevant ce bon père ? »

La mort du roi Robert, tant pleurée dans ses domaines, ne fit guère plus de bruit que sa vie dans le reste de la Gaule.

A peine le bon roi Robert eut-il fermé les yeux, que la discorde se ralluma entre la reine et ses fils. Constance, qui portait à Henri « une haine de marâtre », engagea la plupart des vassaux du domaine royal dans les complots qu'elle avait tramés contre le jeune roi, et fit des efforts inouïs pour le renverser du trône, et pour y asseoir son frère, le duc de Bourgogne. Senlis, Melun, Dammartin, Poissi, Couci, la plupart des villes et des châteaux du duché de France, gagnés par les intrigues de Constance, se déclarèrent en faveur du jeune Robert ; le fameux comte de Chartres et de Troies, Eudes II embrassa le même parti, moyennant la moitié du comté de Sens, que lui céda la reine. Dès le commencement de cet orage, Henri, suivant l'exemple de son père, courut chercher assistance en Normandie : il alla trouver à

---

1. C'était un prince fort lettré, fort ami des clercs, et voyageur infatigable. Adhémar de Chabannais prétend qu'il allait chaque année en pèlerinage, soit à Rome, soit à Saint-Jacques de Galice (Sant-Iago de Compostelle).

Fécamp le duc Robert, et invoqua son secours « au nom de la fidélité que Robert lui devait ». Le duc Robert accueillit honorablement le roi, lui fournit des chevaux, des armes, et l'adressa à son oncle Mauger, comte de Corbeil, frère de l'avant-dernier duc de Normandie, Richard II. Le comte de Corbeil, qui avait attendu, pour se déclarer, l'exemple de son puissant neveu, attaqua les seigneurs du duché de France infidèles au roi Henri. Le duc Robert, de son côté, établit de fortes garnisons dans les forteresses normandes voisines des frontières de *France*, et leur commanda de piller et de ravager de leur mieux le territoire des barons révoltés. Le comte Eudes de Chartres fut battu dans trois rencontres par le roi et par le comte Mauger ; enfin les incursions des Normands devinrent si terribles, que les seigneurs rebelles « courbèrent la tête » et se soumirent au roi pour la plupart. L'effroi qu'inspira Robert aux Français en cette circonstance fut, dit-on, l'origine de son surnom de *Diable,* que les romanciers ont consacré.

Foulques-Nerra, comte d'Angers, reprochant à sa nièce Constance la « fureur brutale » avec laquelle elle poursuivait son fils, la détermina enfin à se réconcilier avec Henri. Quant au frère du roi, il semble n'avoir participé en rien à la guerre civile entreprise sous son nom : Henri le confirma dans la possession du duché de Bourgogne ; il fut la tige de la maison ducale qui régna, sans grand éclat, pendant plus de trois siècles sur cette province (de 1027 à 1361). La turbulente Constance survécut peu à la conclusion de la paix : cette femme, qui avait été le fléau de son époux et de ses enfants, mourut à Melun en juillet 1032, un an après le roi Robert.

Le comte Eudes de Chartres continua quelque temps à guerroyer presque seul contre le roi Henri. Un nouveau sujet de querelle venait de s'élever entre eux. Leudri, archevêque de Sens, étant mort, Henri voulut nommer à cet archevêché un noble appelé Gelduin, de la famille du prélat défunt ; mais Eudes, maître de la ville de Sens, avait déjà remplacé Leudri par Mainard, trésorier de l'église de Sens, « afin de frustrer encore le roi de ce dernier droit ». Henri, puissamment secondé par les Normands et par Baudouin IV, dit « à la Belle Barbe », comte de

Flandre, obtint quelques avantages sur Eudes, et l'obligea enfin à recevoir Gelduin dans la ville de Sens et à renoncer à la moitié du comté qui avait été le prix de sa coalition avec Constance (1033). Le nouvel archevêque pilla les trésors de la cathédrale dès qu'il en fut le gardien, afin de s'indemniser de l'argent que lui avait coûté la protection du roi [1].

La faible dynastie capétienne ne végétait qu'à l'ombre de la puissante maison de Normandie. Robert-le-Diable se fit payer largement ses services : il obtint de Henri la cession de la suzeraineté du Vexin français, et Dreux, comte de Vexin, seigneur de Pontoise et de tout le pays entre l'Oise et l'Epte, transféra son hommage au duc de Normandie. La frontière de la France royale vers l'ouest n'était plus qu'à sept lieues de Paris.

L'Occident était frappé en ce moment de fléaux atmosphériques bien plus cruels encore que les guerres féodales. « Vers ce temps-là, raconte Glaber, la famine désola l'univers, et le genre humain sembla menacé d'une destruction prochaine. La température était si contraire qu'on ne trouvait plus de saison favorable pour cultiver la terre, et des pluies continuelles inondèrent tellement les campagnes, que, durant trois années (1030-1032), les sillons ne purent recevoir la semence. Dans le peu de champs qu'on était parvenu à ensemencer, le grain, réduit en farine, ne rendait pas le sixième de son produit ordinaire. Cette plaie fatale, qui avait d'abord frappé la Grèce et l'Italie, s'étendit de là sur la Gaule et l'Angleterre. Tous les hommes en ressentirent également les atteintes : les grands, les gens de moyenne condition et les pauvres, tous avaient la pâleur sur le front et la faim sur les lèvres, car la violence farouche des grands cédait enfin à la disette commune. Quiconque avait quelque denrée à vendre en pouvait demander le prix le plus excessif : il était sûr d'être pris au mot. Le boisseau de grain coûtait presque partout soixante sous, et même, en quelques lieux, jusques à quatre-vingt dix sous (sous d'argent). On vit les hommes, après avoir dévoré les bêtes et les oiseaux des champs, se résoudre à ronger des cadavres... On mangeait l'écorce des arbres dans les bois, on arrachait l'herbe

---

1. Willelm. Gemetic. t. VI, c. 7. — Radulf. Glabr. l. III, c. 9. — *Chronic. Sancti Petri Vivi Senon.*

des ruisseaux, afin d'échapper à la mort... La faim renouvela ces horribles exemples, si rares dans l'histoire, où les hommes dévorèrent la chair des hommes : le voyageur, assailli sur la route, succombait sous les coups de furieux affamés qui se partageaient ses membres; d'autres présentaient à des enfants un œuf ou une pomme pour les attirer à l'écart, et les « immolaient à leur ventre [1] ».

La multitude des morts ne permettait pas de leur donner à tous la sépulture, et les loups, attirés par l'odeur des cadavres, venaient se repaître de ces débris humains. Alors des hommes, « pleins de la grâce de Dieu », creusèrent dans quelques endroits des fosses appelées *charniers*, où l'on entassa pêle-mêle cinq cents morts et plus. Les carrefours, les fossés des champs servirent aussi de cimetières.

On croyait que l'ordre des saisons et les lois de la nature étaient retombés dans le chaos, et l'on pensa que, cette fois, la fin du monde approchait véritablement. « Cependant, poursuit Glaber, en l'an 1000 de la Passion du Christ (1033), qui suivit ces années de désolation et de misère, la miséricorde du Seigneur ayant tari la source des pluies et dissipé les nuages, le ciel com-

1. Radulf. Glabr. l. IV, c. 4. Glaber ajoute des détails effrayants. « La chair humaine semblait devenue une nourriture ordinaire, et un misérable osa en porter au marché de Tournus, pour la vendre cuite, comme du bœuf ou du mouton : il fut arrêté, et ne chercha point à nier son crime; on le garrotta et on le livra aux flammes. Un autre malheureux, ayant dérobé pendant la nuit l'abominable viande qu'on avait enfouie sous terre, fut découvert et brûlé de même que le marchand. Dans la forêt de Châtenai, à trois milles de Mâcon, il y avait une église isolée consacrée à saint Jean : un homme s'était construit près de là une cabane où il vivait dans la solitude. Deux voyageurs, le mari et la femme, vinrent un jour demander l'hospitalité à cet ermite, et se reposèrent quelques instants chez lui : tout à coup, en jetant les yeux dans les coins obscurs de la chaumière, l'étranger y distingua des têtes d'hommes, de femmes et d'enfants. Il se trouble alors, il pâlit et veut sortir; mais son hôte s'y oppose et tente de le retenir malgré lui : l'épouvante doublant les forces du voyageur, il parvient à se débarrasser des mains de cet affreux solitaire, s'échappe avec sa femme, court à la ville, et se hâte de communiquer son horrible découverte au comte Othon et à tous les gens de Mâcon. On envoie à l'instant un grand nombre d'hommes armés pour vérifier le fait : ils pressent leur marche, et surprennent le monstre dans son repaire au milieu de quarante-huit têtes humaines; il avait déjà dévoré les corps de toutes ces victimes. On le ramena à la ville, on l'attacha dans un cellier à une poutre, puis on le précipita dans les flammes. — Nous avons assisté nous-même à son exécution, » ajoute le chroniqueur bourguignon.

mença de s'éclaircir, le souffle des vents devint plus propice, et les maux de la terre prirent fin. »

Les esprits étaient abattus par tant de souffrances : cette société désordonnée et sanguinaire se croyait frappée du courroux céleste, et les plus superbes têtes se courbèrent, lorsque le clergé, comme saisi d'une inspiration divine, se mit à prêcher la paix et la pénitence au nom du Seigneur. Les évêques du duché de Bourgogne, dès le temps de la mort du roi Robert (1031), « ne relevant plus d'aucune autorité », se lièrent eux-mêmes, ainsi que tous les hommes de leur pays, par le serment d'observer la paix et la justice. « Béraud de Soissons, Guarin de Beauvais, et d'autres évêques de France, dit le chroniqueur Baudri de Cambrai, voyant que, par l'impuissance (*imbecillitas*) du roi et les péchés du peuple, le royaume s'en allait à sa ruine, imitèrent les prélats de Bourgogne, en s'efforçant de soumettre tous les hommes de France au serment ou à l'anathème. Le Midi suivit cet exemple. « On vit en Aquitaine, dit Glaber, puis dans les provinces de Lyon, d'Arles, et dans tout le reste du royaume de Bourgogne, et enfin dans toute la France, les évêques, les abbés et des personnes de tout rang, dévouées au bien de la religion, se réunir en conciles et en synodes[1], où l'on apporta solennellement une quantité prodigieuse de châsses contenant de saintes reliques. On publia dans tous les diocèses que les prélats et les seigneurs du royaume tiendraient des assemblées pour le rétablissement de la paix générale et la conservation de la foi. Grands et petits accueillirent avec joie cette nouvelle, et attendirent les décrets des pasteurs de l'Église avec la résolution de s'y soumettre, comme si Dieu lui-même eût fait entendre sa voix sur la terre; car le souvenir des infortunes récentes, et la crainte d'être privés de l'abondance que promettait l'aspect riant des campagnes, avaient subjugué tous les cœurs (1034). »

Tous les conciles provinciaux décidèrent la réforme des abus et l'observation d'une paix inviolable. Il fut prescrit à tout particulier, clerc ou laïque, de sortir sans armes, toute sécurité étant garantie à chacun, quelle qu'eût été sa conduite antérieure, et

---

1. Dès la fin de l'an 1031, deux conciles provinciaux, à Bourges et à Limoges, ordonnèrent l'établissement de la « paix de Dieu. »

toutes représailles étant défendues pour les faits passés. On arrêta que quiconque ravirait le bien d'autrui serait dépouillé du sien propre ou condamné aux peines corporelles les plus rigoureuses. On défendit surtout d'exercer aucune voie de fait contre les gens qui voyageaient dans la compagnie d'un prêtre, d'un moine, d'un clerc ou d'une femme. Le droit d'asile, sacré en tout autre cas, fut interdit au sacrilège qui violerait les lois relatives au maintien de la paix ; se réfugiât-il au pied de l'autel, il en devait être arraché pour subir son châtiment[1]. La promulgation de ces actes synodaux excita un enthousiasme universel. Dans plusieurs assemblées, les évêques, levant au ciel leur crosse épiscopale, et le reste des assistants, étendant les mains vers le Seigneur, s'écrièrent d'une commune voix : *Pax! pax! pax!* (paix!) en signe du pacte *éternel* qu'ils venaient de conclure avec Dieu. Il fut convenu qu'après cinq ans révolus, « la paix de Dieu » serait confirmée dans la même forme par de nouveaux conciles.

En cette même année (1034), il y eut une prodigieuse récolte de froment, de vin et de toutes les productions terrestres : il semblait que le ciel s'empressât de réparer son inclémence, et les trois années suivantes ne furent pas moins prospères. Cependant les heureux fruits de la Paix de Dieu ne tardèrent pas à se corrompre. Les seigneurs qui l'avaient jurée, les grands « de l'un et de l'autre ordre » (ecclésiastique et laïque), retournèrent bientôt à leurs rapines, à leurs excès de tout genre, et furent imités par les classes inférieures, malgré les remontrances de plusieurs saints personnages, entre autres du célèbre Odilon, abbé de Cluni. La Paix de Dieu avait été un de ces généreux élans qui dépassent les bornes du possible, et qui sont toujours suivis d'une triste réaction. La pieuse tentative des évêques ne fut pourtant pas tout à fait sans résultat pour l'avenir.

1. Entre autres statuts adoptés dans ces assemblées, le chroniqueur cite l'ordre à tous les fidèles de s'abstenir de vin le vendredi, et de viande le samedi, à moins d'excuses valables, telles que maladies ou grande fête. « Celui qui se relâchera de ce devoir pour quelque raison admissible, sera obligé de nourrir trois pauvres à ses frais. » Il paraît par là que l'abstinence du samedi n'était point en vigueur dans les Gaules avant le onzième siècle, bien que le jeûne et l'abstinence du carême s'y fussent établis avec le christianisme.

Tandis que le centre et le midi de la Gaule respiraient un moment, grâce aux effets trop peu durables de la Paix de Dieu, l'ouest était le théâtre d'une lutte sanglante entre les Normands et les Bretons. Allan, duc de Bretagne, fils et successeur du duc Geoffroi et petit-fils de Conan le Tors, ayant refusé l'hommage auquel Robert de Normandie prétendait l'obliger en qualité de suzerain, Robert envahit la Bretagne, livra aux flammes tout le comté de Dol, et revint en Normandie avec un immense butin. Allan voulut se venger en ravageant à son tour le comté d'Avranches ; mais deux barons normands, Nigel et Alfred dit le *Géant*, livrèrent bataille à Allan, et firent un tel carnage des Bretons, « qu'on les voyait, dit la chronique, étendus comme des moutons égorgés, soit dans la plaine, soit au bord du Couesnon. » Allan s'en retourna triste et humilié dans Rennes, sa capitale.

Le duc Robert ne mit pas immédiatement à profit la victoire de ses lieutenants : son attention était absorbée par les affaires d'Angleterre. La monarchie des Anglo-Saxons avait été renversée au commencement du onzième siècle, et l'Angleterre, par la mauvaise conduite de son roi Ethelred, avait été réduite à se soumettre à Swen, roi des Danois. Le monarque détrôné, Ethelred, s'était réfugié avec ses deux jeunes fils, Edward et Alfred, à la cour de son beau-frère Richard II, puis, bientôt rappelé par une partie de ses anciens sujets, il était retourné outre-mer, et y était mort (en 1016) en cherchant à reconquérir ses États : ses fils demeurèrent à Rouen, et l'Angleterre resta au Danois Canut ou Knut-le-Grand, fils de Swen, qui s'affermit en épousant la veuve d'Ethelred, sœur de Richard II de Normandie, et qui employa les forces des Anglo-Saxons, réunies à celles des Danois, à conquérir tous les pays scandinaves.

Robert de Normandie s'était attaché d'amitié aux princes bannis, et « les avait adoptés pour ses frères » : parvenu au trône ducal, il dépêcha des députés au roi Canut, dont il avait épousé la sœur, et le pria de restituer aux fils d'Ethelred, pour l'amour de lui Robert, le royaume qui leur appartenait. Le monarque danois n'eut garde d'accéder à cette singulière invitation, et renvoya les ambassadeurs « sans aucune bonne réponse ». Le duc Robert, furieux, convoqua les grands de son duché, et commanda de construire en toute hâte une quantité considérable de vaisseaux. La flotte partit de la rade de Fécamp. Une tempête la rejeta sur l'île de Jersey. On attendit là fort longtemps un vent favorable; enfin Robert se découragea, et, voyant qu'il lui était impossible de franchir la mer, il fit retourner vers le continent la proue de ses vaisseaux. L'orage creva sur la Bretagne. Robert confia une partie de sa flotte à Rabel, « très-vaillant chevalier », qu'il envoya dévaster les rivages bretons, et lui-même, avec le reste de ses hommes d'armes, se disposa à attaquer par terre « le pays d'Allan ». Le duc Allan, qui ne se sentit pas en état de repousser une agression aussi formidable, eut recours à la médiation de Robert, archevêque de Rouen, qui était son oncle et l'oncle du duc de Normandie[1]. L'archevêque, réconcilié depuis quelque temps avec son neveu Robert, alla chercher Allan en Bretagne, et l'amena trouver Robert au mont Saint-Michel : Allan « se reconnut l'homme » du duc Robert et lui engagea sa foi, après quoi Robert rappela ses navires des côtes de Bretagne[2] (1033).

Le duc Robert songea ensuite à réaliser un projet qu'il nourrissait depuis longtemps. Vers cette époque, une foule plus nombreuse que jamais affluait chaque année au Saint-Sépulcre de Jérusalem, dont l'église avait été rebâtie par ordre de la mère du khalife Hakim, chrétienne, dit-on, et appelée Marie. Gens du menu peuple, chevaliers, comtes, prélats, souverains mêmes, entreprenaient le pèlerinage de la Terre-Sainte; les femmes partaient comme les hommes, sans redouter les périls ni les fatigues du voyage. Robert-le-Diable, assiégé sans doute par le remords du fratricide qui l'avait élevé au trône, appela près de lui l'archevêque Robert et les grands du duché, et leur déclara son intention de visiter le tombeau du Seigneur. La plupart furent grandement surpris et affligés, car ils craignirent que son absence ne causât de nouveaux troubles dans leur patrie. Alors Robert, leur présentant son fils unique Guillaume (Wilhelme ou Willame), qui lui était né d'une jeune fille de Falaise, appelée

---

[1]. Geoffroi, père d'Allan, avait épousé Hedwige, fille de Richard sans Peur et sœur de Richard II et de l'archevêque Robert.
[2]. Willelm. l. IV, c. 10, 11, 12. — Orderic. Vital. l. V.

Arlette, les pria instamment d'élire cet enfant pour leur seigneur, et de le mettre à la tête de leur chevalerie, si la mort venait à le surprendre lui-même dans son voyage. Quoique Guillaume n'eût pas huit ans, les barons parurent satisfaits de pouvoir se rattacher à un héritier du sang de Rollon : ils le reconnurent aussitôt pour leur prince et seigneur, avec « des serments inviolables ». Cet enfant, appelé d'abord Guillaume-le-Bâtard, devait être un jour Guillaume-le-Conquérant !

Un chroniqueur contemporain remarque à cet égard que, depuis leur arrivée dans les Gaules, les Normands avaient presque toujours eu des princes nés d'un commerce illégitime. « Cet usage n'a rien de trop répréhensible, ajoute-t-il, si l'on se rappelle les fils des concubines de Jacob, qui, malgré leur naissance, n'héritèrent pas moins de la gloire de leur père et du titre de patriarches. » Ce n'était pas là l'opinion de l'Église. Le duc Robert, après avoir disposé toutes choses selon ses vœux et remis son fils à de sages et fidèles tuteurs, partit pour la Terre-Sainte. Il ne revit point l'Europe, et, à son retour, il mourut de maladie dans la ville de Nicée, où il fut enseveli (1er juillet 1035). On voit que les légendes populaires relatives à la longue et bizarre pénitence de Robert-le-Diable, à son séjour à Rome et à son mariage avec la fille de l'empereur d'Allemagne, sont tout à fait dénuées de fondement.

L'histoire, pendant les années qui suivirent la transaction entre le roi Henri et ses vassaux rebelles, est entièrement muette sur le compte de Henri et de son frère Robert, duc de Bourgogne. Les descendants des belliqueux ducs de France avaient hérité de l'impuissance des derniers Carolingiens comme de leur couronne. Robert s'était montré dénué de toute énergie, de toute noble ambition, et étranger à l'effervescence héroïque de la société féodale; Henri avait les mêmes défauts sans les mêmes vertus : « Nous avons vu, dit la chronique d'Anjou, nous avons vu Robert régner dans la dernière inertie, et nous voyons maintenant son fils, le *roitelet* (*regulus*) Henri, ne pas dégénérer de la paresse paternelle. » Les rois de France tendaient à descendre au niveau des rois de Bourgogne, et Rouen semblait destiné à détrôner Paris et à devenir le centre politique de la Gaule.

Le redoutable comte Eudes de Chartres-Champagne n'eût pas laissé si longtemps en repos les domaines royaux, enclavés entre ses deux seigneuries, s'il n'eût été absorbé par une importante entreprise. Raoul III, dit le Fainéant, roi de Bourgogne et de Provence, était mort sans postérité le 6 septembre 1032. Ce faible prince, afin de se faire un protecteur contre ses propres sujets, avait jadis promis son héritage, par un traité, à l'empereur saint Henri. Conrad II (de Franconie), dit le Salique, ayant succédé à Henri en 1024, comme nous l'avons dit, fut subrogé aux droits de Henri par Raoul, dont Conrad avait épousé la nièce Gisèle, et Raoul mourant envoya à Conrad la prétendue *lance de saint Maurice* (que l'on conservait au monastère de ce nom en Valais), la couronne et les ornements royaux. Mais le comte Eudes, fils de la sœur de Raoul, de cette Berthe qui avait été la femme d'Eudes Ier, comte de Chartres, avant de se remarier au roi Robert, ne put se résoudre à voir le sceptre de son oncle passer en d'autres mains que les siennes. Conrad était alors engagé dans une guerre acharnée contre les Littes (Lithuaniens) qui avaient fait une grande irruption en Germanie. Eudes, secondé par la plupart des barons du royaume de Bourgogne, profita des embarras de son rival pour entraîner dans son parti la Franche-Comté, la Savoie, la Suisse romane, le Lyonnais et le Viennois; mais Conrad, vainqueur des Littes, accourut en Bourgogne, et il eut bientôt recouvré les conquêtes d'Eudes, qui n'avait point osé prendre le titre de roi. Les seigneurs bourguignons craignirent d'affronter les formidables armées des Germains, et Eudes lui-même, menacé jusqu'en Champagne par l'empereur, abjura ses prétentions. Conrad se fit couronner roi de Bourgogne au couvent de Saint-Maurice (1033). Le royaume de Bourgogne fut ainsi réuni à la Germanie et à l'Italie entre les mains de l'empereur.

Eudes ne tarda pas à reprendre les armes, fit une diversion contre la Haute-Lorraine, pilla le pays de Toul, et prit d'assaut le château de Bar. Les événements d'Italie avaient ranimé ses espérances : Milan et la Lombardie, insurgés contre l'empereur, venaient de lui offrir la couronne d'Italie, et il s'apprêtait à lever en masse tous ses vassaux pour se diriger vers les Alpes.

Eudes n'atteignit point les hautes destinées qu'il rêvait ; tandis qu'il revenait de Lorraine en Champagne, il fut assailli, à quelques lieues de Bar-sur-Ornain, par les milices féodales des deux Lorraines, réunies sous les ordres du duc Gothelon, feudataire de Conrad. La lutte fut opiniâtre et sanglante : la victoire demeura enfin aux Lorrains, et Eudes ne survécut pas à sa défaite (15 octobre 1037). Personne ne savait ce qu'était devenu le grand comte de Champagne : sa femme Hermengarde, fille d'un comte d'Auvergne, vint retourner tous les morts sur le champ de bataille pour retrouver son cadavre, et ne put le reconnaître qu'à un signe naturel, tant il était défiguré de coups de sabre et de hache d'armes [1].

Cette victoire assura la possession de la Bourgogne royale à Conrad-le-Salique. Ce royaume, formé par la réunion des deux royaumes d'Arles et de Bourgogne transjurane, avait été indépendant, soit de la France, soit de l'Empire, depuis la mort de Karle le Chauve (877) : il fut alors annexé à la couronne impériale ; les contrées de la rive gauche du Rhône devaient conserver le nom de « terres de l'Empire », longtemps après qu'elles eurent été enlevées à l'Empire par la monarchie française [2]. Conrad n'avait guère obtenu qu'un titre et une suzeraineté honorifique semblable à celle du roi de France sur ses grands vassaux. Certes, l'empereur avait en main bien d'autres ressources que le roi de France ; mais ces ressources étaient continuellement annihilées par des embarras proportionnés à l'étendue de la domination impériale. Les révoltes des Italiens, les guerres contre les Slaves et les Hongrois ne laissaient pas à Conrad le temps d'appesantir son pouvoir sur les barons de la Bourgogne. Conrad mourut, d'ailleurs, deux ans après Eudes, en 1039.

Au sud de la Loire, Guilhem VI, dit le Gras, duc d'Aquitaine, n'avait point hérité des constantes prospérités de son père Guilhem-le-Grand : s'étant engagé dans une guerre contre son voisin, le fameux Foulques-Nerra, comte d'Anjou, il fut vaincu au combat de Saint-Jouin, et fait prisonnier par Geoffroi-*Martel*, fils

---

1. Radulf. Glabr. l. III, c. 9. Hermann. Contract. — *Chronic. Virdunense.*
2. Les bateliers du Rhône disent encore : *vire ad Empire*, quand ils veulent aborder sur la rive orientale.

de Foulques. Geoffroi envahit l'Aquitaine, poussa jusqu'à Bordeaux, s'empara de la Saintonge, et ne mit le duc Guilhem à rançon qu'après trois ans de captivité ; Guilhem mourut presque aussitôt après sa délivrance (en 1038).

Les victoires des Angevins sur tous leurs voisins sont dignes de remarque : environnés de grandes seigneuries avec lesquelles ils étaient constamment en guerre, et non-seulement faisant face, mais prenant sans cesse l'offensive dans toutes les directions, contre les Bretons, contre les Poitevins, contre les Manceaux, contre les Chartrains, ils étaient devenus la population la plus belliqueuse de la Gaule, et avaient acquis cette supériorité militaire que possèdent presque toujours les hommes des frontières. L'Anjou tout entier n'était qu'une frontière hérissée de tours. Les Angevins ne rencontrèrent de barrière que dans la puissance normande.

Geoffroi-Martel succéda, en 1040, au vieux Foulques-Nerra, mort à Metz en revenant d'un troisième pèlerinage à la Terre-Sainte. Geoffroi avait voulu, en 1036, hériter du comté d'Anjou du vivant de son père, et s'était révolté contre lui ; mais l'énergique vieillard confondit si bien en peu de jours les projets de son fils, qu'il l'obligea de faire plusieurs milles en rampant et en portant une selle sur le dos, pour venir implorer sa grâce aux pieds d'un père outragé.

Le récit des dissensions qui eurent lieu dans le diocèse de Lyon rend manifeste une des principales causes des scandales qui souillaient l'épiscopat. L'irrégularité presque générale des élections, l'invasion des dignités ecclésiastiques par la violence féodale, jetaient sans cesse sur les siéges épiscopaux les hommes les plus indignes de la mitre. Après la mort de Bouchard, archevêque de Lyon, il y eut de grands troubles pour le choix de son successeur : beaucoup de candidats se présentèrent, sans autre titre que leur orgueil et leur ambition. L'un d'eux, Bouchard, évêque d'Aoste, neveu du prélat défunt, trancha la question en quittant son diocèse pour accourir usurper l'épiscopat à Lyon. « Là, ayant donné mainte preuve de scélératesse, il fut arrêté par les hommes de l'empereur Conrad et condamné à un exil perpétuel (1034). Alors un comte des environs plaça sur le siége vacant Girard, son fils, encore dans la plus tendre enfance ; mais bientôt Girard fut obligé de se retirer. Le pontife romain fut informé de ces événements, et quelques fidèles lui conseillèrent d'élire de sa propre autorité le père Odilon, abbé de Cluni, pour se conformer aux vœux du clergé et du peuple de Lyon. Le pape envoya donc à Odilon le *pallium* (sorte d'étole en laine fine que le pape donnait aux métropolitains en signe d'investiture) et l'anneau ; mais le saint homme, par humilité, refusa le titre d'archevêque ». Henri III, dit le Noir, devenu roi de Germanie et de Bourgogne, en 1039, après le décès de son père Conrad le Salique, termina enfin les discordes de l'église lyonnaise, en conférant l'épiscopat à Odalric, archidiacre de Langres, que les évêques de la province et tout le peuple désignaient d'une commune voix (1041). Cette espèce d'interrègne et de guerre ecclésiastique avait duré plus de sept ans.

Henri le Noir, qui régnait sur toute la Gaule orientale, ne fut inférieur à son père Conrad ni par son courage, ni par l'étendue de ses domaines. Il soumit, en 1041, les Slaves de Bohème, qui lui refusaient le tribut, imposa un roi aux Hongrois, en 1043, et, la même année, revint épouser à Besançon Agnès de Poitiers, fille de Guilhem VII, duc d'Aquitaine[1]. Il fut couronné empereur en 1046. Affable et généreux, loyal et modeste, d'une piété éclairée pour son temps, la licence de ses mœurs faisait seule ombre à tant de vertus. Il intervint avec énergie dans la réforme de l'Église. La chronique raconte que, « voyant que la *simonie*, fruit de la cupidité, trafiquait des choses saintes dans toute la Gaule et la Germanie, il convoqua les archevêques et les évêques de son royaume. « C'est à regret que je m'adresse à vous aujourd'hui, leur dit-il, vous tous, représentants du Christ, qui, par un effet gratuit de sa bonté divine, a voulu naître du sein d'une Vierge pour racheter tous les hommes. Jésus n'a-t-il pas dit à ses apôtres : *Donnez gratuitement ce que vous avez reçu gratuitement*. Mais vous, qui vous laissez corrompre par l'avarice,

---

1. Guilhem VII répara, avec le temps, les revers de son frère Guilhem VI et porta au plus haut point la puissance de sa maison par la réunion de Bordeaux et de tout le duché de Gascogne à l'Aquitaine : ce vaste duché ne fut plus borné au sud-ouest que par le royaume de Navarre.

quand vous ne devriez songer qu'à répandre vos dons, vous qui violez également les saints canons en recevant comme en ne donnant pas, vous êtes tous maudits! Que tous ceux d'entre vous qui se reconnaissent coupables de ce vice (la simonie) soient dépouillés, selon les lois canoniques, de leur ministère sacré ; car ce sont là certainement les fautes qui ont appelé sur les enfants des hommes tant de calamités diverses, la famine, la mortalité et les ravages du glaive : tous les rangs du clergé, depuis le souverain pontife jusqu'au simple prêtre, sont accablés sous le poids de la même condamnation, et, selon la parole du Seigneur, *un brigandage spirituel s'est emparé de l'Église* ».

Toutes les charges cléricales étaient alors véritablement l'objet d'un trafic « pareil à celui des marchandises qu'on expose au marché ». Les évêques, avouant leur péché, se remirent à la miséricorde de l'empereur, qui voulut bien oublier le passé, mais après avoir publié dans tout son empire un édit par lequel il déclarait qu'aucune fonction tenant au ministère ecclésiastique ne pourrait s'acheter ; que quiconque aurait l'audace d'en faire commerce, ou pour soi-même ou pour d'autres, serait frappé d'anathème.

L'Église de Rome était plus que toute autre en proie à cette « maladie contagieuse » : un enfant de douze ans, Benoît IX, de la maison des marquis ou comtes de Tusculum, avait été élu pape à prix d'or. Chassé du trône pontifical par le peuple romain et remplacé par un homme de « haute vertu », Grégoire VI, ce Benoît IX remonta à diverses reprises sur le siège de saint Pierre, qu'il déshonorait par « l'infamie de ses mœurs », et il en fut autant de fois expulsé, jusqu'à ce que, dans un concile présidé par l'empereur Henri III, on lui eut donné définitivement pour successeur Suggher, évêque de Bamberg (Babenberg), qui prit le nom de Clément II (1046). L'empereur, dans ce même concile, exigea des Romains le serment de ne plus procéder sans son aveu à l'élection des papes.

Henri, excité par des clercs qui aspiraient à régénérer l'Église, entre autres par ce fameux moine toscan Hildebrand, qui devait être Grégoire VII, poursuivit énergiquement la simonie en Allemagne, en Italie et dans les provinces orientales de la Gaule. Le trafic des choses saintes fut bientôt attaqué aussi dans le royaume de France par le pape Léon IX, qui vint tenir en personne un concile à Reims en 1049 : la simonie et les mariages qualifiés d'*incestueux* par l'Église furent les deux principaux objets des opérations de cette assemblée. L'extrême rigueur de l'Église, qui proscrivait les alliances entre parents jusqu'à des degrés très éloignés, et l'ignorance des utiles formalités par lesquelles la législation moderne constate les naissances et les mariages, causaient des perturbations continuelles dans la société : à cette époque, où épouser sa cousine au cinquième ou sixième degré était un inceste, personne n'était assuré de ne pas se trouver incestueux sans le savoir. En exagérant au delà de toute raison un principe d'honnêteté publique, on en avait fait une cause de désorganisation sociale.

La mort du comte de Champagne (en 1037) n'avait terminé la guerre dans la France impériale qu'aux dépens du repos de la France royale. Les vastes possessions d'Eudes II avaient été partagées entre ses deux fils ; sa domination dans la Champagne s'était étendue bien au delà du comté de Troies ; l'évêque de Châlons était son vassal, et il avait eu des forteresses jusque sur la Meuse. Ses fils, Thibaud, comte de Chartres, de Tours et de Blois, et Étienne, comte de Troies et de Meaux, ou de Champagne et de Brie, héritèrent de son génie turbulent : ne s'estimant point assez forts pour disputer le royaume de Bourgogne au monarque germain, ils tournèrent leur activité contre le roi des Français, et poussèrent à la révolte le frère aîné du roi Henri, cet Eudes que son imbécillité avait fait exclure du trône. Ce prince, ennuyé de vivre à Paris en simple particulier, alla se jeter entre les bras des deux comtes, et somma Henri de lui restituer sa part de la succession du feu roi Robert.

Cette entreprise fut malheureuse pour Eudes de France et pour ses alliés : Henri invoqua le secours de son vassal Geoffroi d'Anjou, en lui offrant l'investiture du comté de Tours, qu'il déclara confisqué pour félonie sur Thibaud de Chartres. Les Angevins firent merveille, comme à l'ordinaire : Eudes fut pris et renfermé au château d'Orléans ; les troupes royales défirent le comte Étienne de Champagne, et Geoffroi-Martel ne fut pas moins heureux contre le comte de Chartres : il le battit et le fit prisonnier sous les murs de Tours. La victoire fut attribuée à la protection de saint Martin ; Geoffroi, avant le combat, avait imploré l'assistance du saint, et promis de restituer toutes les possessions qu'il avait pu enlever à ce grand confesseur et aux autres bienheureux. Après quoi, il avait marché à l'ennemi en élevant la bannière de saint Martin au bout de sa lance. Les fils d'Eudes, au contraire, suivant le chroniqueur, n'avaient cessé « d'exercer leurs rapines sur les pauvres du saint confesseur, pour enrichir leurs hommes. »

Le comte Étienne de Champagne mourut peu de temps après, et Thibaud, remis en liberté par Geoffroi, moyennant la cession de Tours, réunit entre ses mains toutes les possessions d'Eudes son père, moins la Touraine [1] (vers 1042).

(1041) Un événement de haute importance avait eu lieu pendant cette guerre : c'était l'institution de la fameuse *Trêve de Dieu*.

La *Paix de Dieu*, proclamée par les évêques des diverses régions de la Gaule, de 1031 à 1025, avait manqué le but en le dépassant. L'Église et la féodalité étaient trop fortes toutes deux pour que l'une de ces deux puissances pût détruire l'autre : vouloir extirper radicalement la guerre d'une société toute fondée sur la guerre, et changer soudain le monde féodal en un monde purement religieux et évangélique, c'était là une de ces sublimes folies qui saisissent et emportent un moment les peuples dans un élan passionné, mais pour les laisser retomber de plus haut dans la réalité. Les forces morales et matérielles dont disposaient les évêques ne suffisaient pas à garantir la Paix et à protéger les « hommes de bon vouloir ». Une mer de passions orageuses eut bientôt renversé cette digue impuissante, et les auteurs de la Paix furent peut-être les premiers à la transgresser. Il n'était pas possible, il n'était pas même juste d'interdire aux particuliers de revendiquer leur droit par la force, là où les pouvoirs sociaux étaient trop faibles et trop déréglés eux-mêmes pour maintenir l'ordre et la justice.

Ce généreux mouvement ne demeura pourtant pas stérile : il rentra seulement dans les limites du possible. Les conciles qui avaient proclamé la « Paix de Dieu » en 1035 s'étaient ajournés à

---

1. Radulf. Glabr. l. V. c. 1-2. — Hug. Floriac.

cinq ans. Dans leur nouvelle session, reconnaissant l'impossibilité d'anéantir la guerre, ils se bornèrent à chercher les moyens d'en adoucir les maux : un synode tenu dans le Roussillon, en 1027, avait décrété que personne n'attaquerait son ennemi depuis l'heure de none du samedi (trois heures après midi) jusqu'au lundi à l'heure de prime (six heures du matin). On prit cette décision pour point de départ, mais en l'élargissant beaucoup. « Les peuples d'Aquitaine, dit Glaber, et toutes les provinces des Gaules, à leur exemple, cédant à la crainte et à l'amour de Dieu, firent un pacte vraiment inspiré du ciel. On décréta que, du mercredi soir au lundi matin, aucun chrétien ne ravirait quoi que ce fût à son prochain par violence, ne tirerait vengeance de ses ennemis, ou même n'exigerait de gage de qui lui aurait donné caution. Les infracteurs de ce pacte furent condamnés à composer pour leur vie[1], ou à se voir bannis de leur pays et de la communion des chrétiens. Cette loi nouvelle reçut le nom de *Treugue* ou Trève de Dieu. Ces jours de paix avaient été choisis en mémoire de la Passion du Sauveur, qui commença de souffrir le mercredi. Les jours de grandes fêtes, et l'Avent et le Carême tout entiers, furent compris dans la pacification : pendant ces deux saintes périodes, il fut même défendu de se livrer à tous travaux guerriers, tels que construction et réparation de châteaux-forts, exercices d'armes, etc. On mit les églises et cimetières non fortifiés sous la sauvegarde perpétuelle de la « Trève de Dieu », ainsi que la personne des clercs et des moines, pourvu qu'ils ne portassent point d'armes. Il fut interdit à l'avenir de tuer, de mutiler, d'emmener captifs les pauvres gens de la campagne, lorsqu'on guerroyait contre leurs seigneurs, et de détruire méchamment les ustensiles de labour et les récoltes. »

La Trève de Dieu, sans être jamais complétement observée, fut un grand bienfait pour l'Occident, et aida notre patrie à gagner l'époque à laquelle un véritable pouvoir public fut enfin constitué en France. Acceptée par acclamation dans le midi et dans l'est, elle fut d'abord repoussée par les princes de l'ouest et du centre. Les Normands regardaient cette convention comme une atteinte

---

1. On voit que le système des *compensations* avait survécu aux lois barbares.

à leur indépendance nationale et au droit qu'ils s'étaient réservé, en se fixant dans la Neustrie, de faire la paix ou la guerre à leur volonté. Le roi Henri, le comte d'Anjou et les fils d'Eudes, qui continuaient encore, en 1041, à brûler et à piller réciproquement les domaines les uns des autres, se refusèrent aussi d'abord à recevoir la trêve sainte. Le chroniqueur prétend qu'ils en furent punis par une maladie cruelle, un *feu mortel,* qui désola la France. Les hostilités cessèrent vers 1042 en France. La Trêve de Dieu fut établie en Angleterre, en 1043, par Edward le Confesseur, qui venait de remonter sur le trône de son père ; car la dynastie danoise avait été expulsée, et le dernier fils d'Ethelred, rappelé par les Anglo-Saxons, en 1041, après la mort de Hardeknut, fils de Knut ou Canut le Grand. La grande monarchie de ce Charlemagne du Nord ne lui avait pas survécu.

Le duché de Normandie, depuis la mort de Robert-le-Diable, avait eu à souffrir beaucoup de misères. Les barons n'avaient pas gardé longtemps les serments prêtés à Robert partant pour la Terre-Sainte : beaucoup d'entre eux, profitant de la jeunesse du duc Guillaume, « renoncèrent à leur fidélité et se bâtirent des forteresses très solides, dont l'asile assuré accrut leur audace ; il s'éleva entre eux toutes sortes de querelles et de dissensions qui coûtèrent la vie à une multitude d'hommes. » Le comte d'Eu, un des tuteurs du jeune duc, fut assassiné par les amis de Raoul de Vacé, fils de l'archevêque Robert. Le précepteur de Guillaume fut de même égorgé traîtreusement, ainsi qu'Osbern, sénéchal du duc : Osbern était couché dans la chambre même du duc, lorsque Guillaume de Montgommeri vint le massacrer dans son lit. Guillaume de Montgommeri ne porta pas loin son crime : Barnon de Glote, prévôt (sous-intendant) d'Osbern, voulant venger la mort injuste de son seigneur, assembla, une nuit, de vigoureux champions, se rendit à la maison où dormaient Guillaume et ses complices, et les tua tous en même temps, « selon ce qu'ils avaient mérité ».

Robert, lors de son départ, avait recommandé son fils au roi de France et au duc de Bretagne : le duc Allan intervint activement dans les affaires de Normandie et défit plusieurs des barons rebelles ; mais une prompte mort, qu'on attribua au poison

(1ᵉʳ octobre 1040), enleva au jeune Guillaume un défenseur aussi dangereux peut-être que ses ennemis eux-mêmes ; car Allan pensait, dit-on, à faire valoir les prétentions qu'il avait sur la Normandie du chef de sa mère, tante de Robert-le-Diable. Le jeune duc, « croissant en force et en sagesse », appela auprès de lui les vassaux de son père, et s'efforça de gagner leur affection. Par l'avis de ses conseillers, il se choisit pour tuteur ce même Raoul de Vacé, son cousin, qui avait fait assassiner le comte d'Eu, et le mit à la tête de toute la chevalerie normande. Quelques-uns des seigneurs demeurèrent attachés à Guillaume ; mais d'autres lièrent des intrigues secrètes avec Henri, roi de France, et l'excitèrent contre leur prince. Le roi Henri, oubliant les services qu'il avait reçus du duc Robert, exigea des conseillers du jeune Guillaume la destruction du fort de Tillières-sur-l'Avre, près Verneuil, qui protégeait les frontières normandes du côté de la France ; puis, contre sa promesse, il releva les ruines de Tillières et y mit une garnison française.

Henri, cependant, se décida enfin à remplir les devoirs de la suzeraineté et ceux de la reconnaissance, lorsque la couronne de Guillaume fut de nouveau sérieusement menacée.

Gui, fils de Renaud, comte de Bourgogne, et d'une fille de Richard II, tenait de Robert-le-Diable plusieurs fiefs considérables en Normandie, et Robert l'avait fait élever avec le petit Guillaume : Gui réclama tout à coup les droits qu'il disait avoir à la couronne ducale du chef de sa mère, et entraîna dans ses intérêts beaucoup de seigneurs. Le duc Guillaume, alors âgé d'environ vingt ans, alla trouver le roi Henri à Poissi, et requit de lui l'assistance que le suzerain devait au vassal troublé dans la possession de son fief (1046). Le roi et les hommes de France opérèrent leur jonction avec les Normands fidèles à leur prince, et rencontrèrent au Val-des-Dunes, près de Caen, les nombreux hommes d'armes de Gui de Bourgogne. Le roi Henri, assailli dans la mêlée par un chevalier du parti de Gui, fut désarçonné et porté par terre : il eût péri sans le prompt secours des siens. Après un grand carnage, l'armée des rebelles fut taillée en pièces, mise en fuite ou précipitée dans les flots de l'Orne. Gui et ses adhérents se soumirent, et livrèrent au duc les « lieux de refuge dans lesquels ils avaient mis leur confiance. Guillaume démolit toutes leurs forteresses, et aucun baron n'osa plus montrer un cœur rebelle contre le duc. »

(1048) La guerre que Guillaume eut à soutenir l'année suivante contre Geoffroi-Martel accrut la précoce renommée du fils de Robert-le-Diable. Geoffroi, toujours vainqueur jusqu'alors dans ses querelles continuelles avec ses voisins, avait augmenté considérablement l'héritage de son père Foulques-Nerra. Depuis sa victoire sur Guilhem VI, duc d'Aquitaine, il avait épousé la belle-mère du prince vaincu (mort en 1038), conservait une grande influence au sud de la Loire, et occupait toujours la Saintonge ; il avait, comme nous l'avons dit, conquis la Touraine sur le comte de Chartres (en 1041 et 1042), et, tournant enfin ses armes contre la Normandie à la faveur des discordes de ce pays, il s'était emparé d'Alençon, et avait laissé dans le château de Domfront une grosse garnison qui portait partout le ravage et l'effroi.

Le jeune Guillaume marcha contre Domfront, et bloqua ce château, bâti au milieu de rochers escarpés, avec toutes les forces de la Normandie. Geoffroi s'avança pour secourir la place, mais, voyant les Normands trop supérieurs en nombre, il battit en retraite, au grand regret de Guillaume.

Le duc de Normandie profita de ce succès peu coûteux pour aller surprendre Alençon. En arrivant au bord de la Sarthe, Guillaume fut arrêté par une redoute qui défendait les approches de la ville. Les soldats qui gardaient ce poste, reconnaissant le duc, se mirent à battre des cuirs et à crier : « La peau ! la peau ! à la peau ! » par allusion au métier de corroyeur qu'avait exercé l'aïeul maternel de Guillaume, le père d'Arlette. Le duc et ses chevaliers attaquèrent la redoute, la prirent et la brûlèrent ; puis Guillaume, en présence des habitans d'Alençon accourus sur les remparts, fit couper les pieds et les mains aux soldats qui l'avaient insulté, et lancer leurs membres avec des frondes par-dessus les murailles. La garnison de la citadelle, saisie de terreur, ouvrit les portes au duc, qui retourna au siége de Domfront. Cette redoutable forteresse se rendit à son tour.

Cinq ans après (en 1053), Guillaume consolida encore sa puissance en s'alliant à Baudouin V, dit de Lille, souverain de la riche et populeuse Flandre. Guillaume alla épouser, à Bruges, Mathilde de Flandre, fille de Baudouin et d'une sœur du roi Henri [1].

(1054) La guerre ne tarda pas à se rallumer en Normandie. Guillaume, comte d'Arques, oncle du duc, après diverses révoltes, avait été privé de ses biens, et s'était retiré en France ; il vint, une nuit, reprendre par trahison son château d'Arques, et s'y établit avec quelques centaines d'aventuriers français et normands, qui exercèrent d'affreuses dévastations aux alentours. Le duc accourut assiéger Arques : là, il fut informé que les Français, « qui jalousaient d'habitude les Normands », avaient excité le léger et versatile Henri à prendre les armes en faveur de Guillaume d'Arques. Le roi se montra, en effet, à la vue de l'armée normande ; mais, son avant-garde ayant été surprise et taillée en pièces, il se retira et abandonna Guillaume d'Arques. La faim força ce seigneur de capituler et d'évacuer la forteresse.

Le roi Henri, excité par ses conseillers, et surtout par Geoffroi-Martel, qui s'était dédommagé de la perte d'Alençon et de Domfront en usurpant la suzeraineté du Maine (1051), mais qui n'en gardait pas moins rancune au duc Guillaume, fit de grands préparatifs pour se venger de l'affront qu'il avait reçu devant Arques : la Normandie fut menacée d'une invasion formidable en apparence. Le roi et Geoffroi avaient entraîné dans leur coalition Guilhem VII, duc d'Aquitaine, les seigneurs qui dominaient la Bretagne pendant la minorité du petit duc Conan, fils d'Allan, le duc Robert de Bourgogne, et jusqu'au comte de Champagne et de Chartres, Thibaud, ce vieil ennemi du roi et du comte d'Anjou : une jalousie commune suscitait tous ces princes et toutes ces populations contre les Normands, et presque tous les vassaux de la couronne de France avaient répondu au ban royal. Les alliés divisèrent leurs forces en deux corps d'armée : les troupes levées entre la Seine et la Garonne, dirigées par le roi et le comte Geoffroi d'Anjou, entrèrent en Normandie par le comté d'Évreux,

---

1. Le chroniqueur de Tours, peu favorable aux princes normands, prétend que Mathilde avait d'abord refusé d'épouser un bâtard, mais que Guillaume, l'attendant à la sortie de l'église, la *battit* jusqu'à ce qu'il eût obtenu son consentement. Il n'est pas besoin d'insister sur l'invraisemblance du fait. — Le concile de Reims, en 1049, avait défendu cette alliance, pour cause de parenté, aux maisons de Flandre et de Normandie, qui finirent par passer outre.

tandis que le pays de Caux était envahi par les guerriers de la France septentrionale, de la Champagne et de la Bourgogne, que conduisait le grand-chambellan Raoul.

Le duc Guillaume se mit en devoir de soutenir cette double attaque assez habilement combinée par Geoffroi-Martel : il détacha quatre de ses barons contre les ennemis qui assaillaient le pays de Caux, et fit face lui-même au roi Henri. Les quatre barons normands mirent en pleine déroute les Français du Nord à Mortemer. Le roi, informé du désastre des siens, n'osa tenter de les venger : perdant courage au premier échec, il évacua la Normandie, déserta la coalition dont il était le chef, et conclut avec Guillaume une paix qu'il devait bientôt violer; mais la guerre continua entre Geoffroi d'Anjou et le duc de Normandie. Guillaume construisit sur les marches du Maine le château fort d'Ambrières; il avait fièrement annoncé au comte d'Anjou, quarante jours d'avance, l'instant où commenceraient les travaux, en le défiant d'y mettre obstacle. Geoffroi ne put en effet ni arrêter cette construction, ni s'emparer du fort après l'achèvement des travaux : il tenta un siège dans lequel l'aidèrent en vain le duc d'Aquitaine et Eudes, comte de Nantes, oncle du duc Conan. Guillaume, poursuivant le cours de ses succès, obligea Geoffroi, comte du Mans, à quitter la suzeraineté de Geoffroi d'Anjou pour subir la sienne. La fortune des Angevins s'était enfin brisée contre les forces supérieures des Normands.

(1058) Le comte d'Anjou, furieux, décida le roi Henri à reprendre les armes contre Guillaume : ils envahirent et pillèrent ensemble les comtés de Hiesmes et de Baïeux; mais, comme ils passaient la Dive, près de Varaville, pour se diriger sur Rouen, le duc Guillaume, renforcé par les Bretons, qui, cette fois, s'étaient déclarés pour lui, tomba tout à coup sur l'arrière-garde du roi : l'arrière-garde fut renversée sur le corps de bataille; le pont rompit sous la foule des fuyards, et tout ce qui était demeuré en deçà fut tué ou pris. Dégoûté par cette suite de revers, le faible Henri plia devant le génie de Guillaume, et arrêta avec lui, l'année suivante, une paix qui ne fut plus rompue pendant le peu de temps que vécut encore le roi de France [1].

---

1. Wilhem. Gemetic. l. VII. — Orderic. Vital. l. I, II, III, — *Chroniq. de Nor-*

Tandis que les Normands triomphaient ainsi de tous leurs ennemis dans la Gaule, des aventuriers de cette belliqueuse nation fondaient un État puissant dans l'Italie méridionale.

Les succès de Raoul Drengott contre les Grecs de la Pouille avaient tourné vers l'Italie les espérances de tout ce qu'il y avait d'hommes braves et pauvres dans la Normandie et la marche de Bretagne. Il y avait quelques années, quarante pèlerins normands, conduits par un certain Tostig ou Toustain Scitel, revenant de Jérusalem, avaient abordé à Salerne au moment où cette ville allait succomber sous les efforts des Sarrasins, qui, maîtres de la Sicile, infestaient sans cesse les rivages napolitains. Les Normands ranimèrent tellement par leur exemple le courage des assiégés, que les Sarrasins furent forcés de se retirer avec perte : Gaimar, duc lombard de Salerne, retint à son service ces hommes intrépides, et envoya, dit-on, des députés en Normandie, avec des citrons, des amandes et d'autres fruits d'Italie, des étoffes précieuses et des harnais dorés pour les chevaux, afin d'exciter d'autres Normands à venir dans un pays qui produisait de « telles richesses [1] ». Les Normands et les Bretons ne cessèrent d'affluer en Italie, et secoururent efficacement les seigneurs qui les soldaient contre les Grecs et les Sarrasins. Mais, lorsque les princes italiens voulurent renvoyer ces dangereux alliés, ceux-ci se retournèrent contre leurs hôtes, s'emparèrent de plusieurs forteresses, et commencèrent à guerroyer aux alentours pour leur propre compte. La puissance des aventuriers alla toujours croissant, lorsqu'ils eurent à leur tête les douze fils de Tancrède de Hauteville, dont les plus renommés furent Dreux de Coutances, Homfroi et Robert Guiscard. Pareils aux « rois de mer » leurs aïeux, ils faisaient la guerre à tout le monde : ils attaquaient tour à tour les Grecs et les Sarrasins, les princes italiens et le Patrimoine de saint Pierre. Leurs progrès devinrent si menaçants, que les ennemis les plus irréconciliables, le pape Léon IX, l'empereur d'Occident Henri III et l'empereur d'Orient Constantin XI, se coalisèrent pour les arrêter. Le pape marcha en personne contre les

---

mandie, dans les *Histor. de France*, t. IX. — Willelm. Malmesbury, l. III. — *Gesta Guillelmi ducis*. — Robert. de Monte.

1. *Chronic. Cassini montis*, l. II, c. 37.

Normands à la tête d'une armée italo-germanique : il fut vaincu (18 juin 1053) à Civitella, dans la Capitanate, et tomba au pouvoir de Homfroi et de Robert Guiscard. Ces deux chefs traitèrent avec respect l'illustre captif ; mais ils ne le remirent en liberté qu'après l'avoir fait consentir à sanctionner leurs usurpations et à quitter l'alliance des Grecs. Homfroi étant mort vers ce temps-là, le pape donna à Robert Guiscard l'investiture de la Pouille, que possédaient les Normands, et celle de la Calabre et de la Sicile, qui appartenaient encore, l'une aux Grecs, l'autre aux Sarrasins. Robert consentit à tenir ces provinces en fief du saint-siége, et se reconnut le vassal du pape, qui s'attribuait ainsi sur l'Italie méridionale une suzeraineté à laquelle ses prédécesseurs n'avaient jamais eu la moindre prétention. Un autre chef normand, Richard, tint en fief du pape la principauté de Capoue.

Robert, qui vécut jusqu'en 1085, mit à profit l'étrange donation du saint-siége, et finit par enlever aux Grecs et aux Sarrasins tout le reste des contrées qui forment aujourd'hui le royaume de Naples ou des Deux-Siciles. La conquête de la Sicile sur les infidèles eut dans la chrétienté un immense retentissement.

Durant les guerres qui avaient agité la France et la Normandie, la Flandre et la Lorraine n'avaient pas été plus tranquilles. Godefroi le Hardi, héritier du duc Gothelon, le vainqueur d'Eudes de Champagne, se révolta contre Henri III de Franconie, qui voulait lui enlever les deux duchés de Lorraine réunis entre ses mains. Ligué avec Baudouin IV, dit de Lille, comte de Flandre, et Thierri ou Théoderik, comte de Hollande, il invita le roi de France à réclamer le royaume de Lorraine, comme ayant appartenu jadis à ses devanciers. Les évèques et les seigneurs du royaume de France engagèrent vivement leur prince à saisir l'occasion de s'agrandir : le roi Henri de Franconie était parti pour se faire couronner empereur à Rome (1046) ; la circonstance semblait favorable. Henri Ier hésitait, lorsqu'il reçut une lettre de Waso, évêque de Liége, sujet de Henri III : ce prélat lui représentait qu'enlever le bien d'autrui, pour un roi comme pour un particulier, était un vol, le plus criminel de tous les vols, lorsque l'incendie, le pillage et le meurtre en accompagnaient l'exécution. « Voilà un vrai prêtre, dit Henri à ses conseillers ; voilà un digne évêque; étranger, il m'a donné un meilleur avis que n'avaient fait mes vassaux, à moi leur seigneur! » Et il refusa l'offre des seigneurs rebelles, ravi sans doute que la vertu fût si bien d'accord avec sa paresse.

Henri III raccourut d'Italie, et, après une lutte assez vive, ôta au duc Godefroi la Haute Lorraine et en investit Gérard, comte d'Alsace, tige de cette célèbre maison de Lorraine dont est issue la dynastie impériale qui règne maintenant sur l'Autriche. Godefroi se soumit en 1051, et rendit hommage à l'empereur pour la Basse Lorraine; Baudouin de Flandre, qui n'avait eu jusque-là d'autre suzerain que le roi de France, fut forcé d'aller à Aix-la-Chapelle rendre hommage à l'empereur. Henri de France n'eut pas le courage de défendre son vassal ni de repousser cette atteinte portée à ses droits. Cependant Godefroi et Baudouin reprirent les armes, et ne les posèrent plus qu'après la mort de Henri III, arrivée en 1056 : ils traitèrent avec les tuteurs de Henri IV, fils de leur ennemi, dans une diète germanique assemblée à Cologne; et Baudouin, le premier, le plus riche, le plus puissant des comtes du royaume de France[1], se reconnut définitivement vassal de l'empereur, moyennant l'investiture du château de Gand et du comté d'Alost, qui auparavant ne faisait point partie du comté de Flandre. Les comtes de Flandre, devenus ainsi vassaux des deux couronnes, se trouvèrent désormais dans une position fort compliquée.

L'histoire ecclésiastique, pendant toute cette période, offre un intérêt bien plus puissant que l'histoire politique.

Malgré le funeste sort des hérétiques d'Orléans, les doctrines hétérodoxes continuaient à se répandre dans l'ombre : l'Occident voyait reparaître cette grande secte des manichéens, héritière du gnosticisme, née autrefois sur les limites du christianisme et de la religion de Zoroastre, et condamnée également au nom de l'Évangile et du Zend-Avesta. Obscurément perpétuée en Orient, elle étonnait maintenant de sa résurrection l'Europe latine, qui l'avait oubliée depuis des siècles. Les chefs des sectaires se signalaient par des mœurs sévères et par l'abstinence de tout aliment

---

1. Du moins, il n'avait d'égal que le comte de Toulouse.

emprunté à la nature vivante ; ils condamnaient le mariage et la procréation des enfants. La pâleur, qui dénonçait l'austérité de leur vie, devint bientôt un titre de proscription : quiconque avait le teint blême et ne mangeait pas de viande fut réputé hérétique. En 1052, l'empereur Henri III étant venu passer les fêtes de Noël à Gotzlar, on découvrit là quelques manichéens, dont l'hérésie fut constatée, parce qu'ils refusèrent de tuer et de manger un poulet sur l'ordre des évêques : l'empereur, de l'assentiment de tous les grands, clercs et laïques, envoya les hérétiques au gibet.

Les accusations portées contre les sectaires semblent se réfuter mutuellement : on reconnaissait que leurs dogmes leur imposaient une austérité outrée, et, en même temps, on leur imputait des débauches honteuses. Tout, ici, n'était pas calomnie. La connaissance de la cosmogonie manichéenne et gnostique peut aider à comprendre cette apparente contradiction. Les manichéens et les gnostiques croyaient le monde extérieur, le monde des corps, créé par une puissance malfaisante et ténébreuse : la chair était maudite et fatalement vouée au mal ; l'union de l'âme et du corps était maudite, et l'âme captive ne devait aspirer qu'à sortir du monde visible, pour aller rejoindre le Dieu de lumière dans la région des essences spirituelles ; tous les actes du corps étaient également mauvais et réprouvés. Les conséquences de cette croyance se devinent sans peine : quelques âmes d'élite s'efforçaient de vivre d'une vie purement intellectuelle et de se séparer en quelque sorte de leurs corps dès ce monde pour retourner au plus vite dans la vraie patrie ; mais tous ceux qui n'étaient point assez forts pour dompter la nature faisaient deux parts de leur existence, et s'abandonnaient sans scrupule aux instincts des sens, en croyant céder à un pouvoir irrésistible.

La répression barbare, à laquelle avaient participé le bon roi Robert et le sage Henri III, trouvait cependant encore quelques adversaires dans le sein même du clergé. L'esprit de saint Martin n'était pas complètement éteint en Gaule. L'évêque de Châlons-sur-Marne, soupçonnant l'existence de beaucoup d'hérétiques dans son diocèse, consulta Waso, évêque de Liége, sur la conduite à tenir. « N'est-il pas juste et convenable de faire mourir les manichéens par le glaive? lui écrivit-il. — Imitez le Sauveur, répondit le vénérable prélat, et tolérez ceux qui s'écartent de la vraie foi. Ce qui n'est que poussière ne doit pas juger la poussière !... Ne cherchons point à ôter la vie aux pécheurs par le glaive séculier; car nous, qui nous intitulons évêques, n'avons pas reçu dans notre ordination le glaive des enfants du siècle. »

Les manichéens étaient, en réalité, pour le christianisme des étrangers, des ennemis du dehors; mais, dans le sein de l'orthodoxie, s'était réveillée, sur ces entrefaites, une grave controverse, qui avait divisé les théologiens deux siècles auparavant, et qui n'avait point été vidée à fond.

Du deuxième au cinquième siècle, les Pères avaient exprimé des opinions fort diverses sur le vrai caractère du rite fondamental de l'Église, de cette *grâce suprême* (Eucharistie), de cette *communion* par laquelle les chrétiens renouvelaient la *cène* du Christ et s'unissaient collectivement au Sauveur. Le *réalisme* platonicien, qui nie toute valeur au témoignage des sens et affirme la réalité des conceptions de l'esprit, avait conduit saint Justin à prendre à la lettre les paroles de Jésus dans la *cène*, et à affirmer la *présence réelle* du Christ dans le sacrement; mais saint Justin n'avait pas expliqué si, dans sa croyance, la substance du pain et du vin consacrés disparaissait ou restait unie à la chair et au sang du Christ. Saint Irénée avait pareillement admis la présence réelle, mais en établissant que le pain et le vin demeuraient unis au corps du Sauveur[1]. Saint Clément d'Alexandrie, Origène, Tertullien, saint Athanase, saint Grégoire de Nazianze, saint Basile n'avaient cru, au contraire, qu'à la présence spirituelle, *mystique* ou *figurée* de Jésus-Christ[2]. Saint Hilaire et saint Ambroise avaient tenu pour la présence réelle. Saint Cyrille, le premier peut-être, avait posé nettement la *transsubstantiation*, qui substitue absolument la substance de la chair et du sang du Christ à la substance du pain et du vin[3]. Saint Jean-Chrysostôme et saint Jérôme avaient suivi saint Cyrille; saint Grégoire de Nysse avait reproduit l'opinion de saint Irénée; enfin, saint Augustin, sans apporter dans ce pro-

---

1. C'est la *consubstantiation* de Luther. Saint Irénée joignait à cette doctrine une opinion fort extraordinaire, à savoir : que l'Eucharistie communiquait au corps humain l'incorruptibilité, et, par suite, la faculté de ressusciter.
2. La doctrine de Zwingle et de Calvin.
3. C'est la doctrine catholique romaine.

blème la décision et l'ardeur passionnée qu'il appliquait à celui de la grâce, s'était prononcé pour le sens figuré. La question était demeurée comme flottante et réservée : nul concile œcuménique n'avait décidé entre les Pères.

Au huitième siècle seulement, les conciles abordèrent le problème en Orient. Le concile iconoclaste de Jérusalem (754) adopta le sens figuré. Le second concile de Nicée (780), en pleine réaction contre le synode de Jérusalem, vota pour la présence réelle, en même temps qu'il décréta l'adoration des images. L'Occident ne suivit pas ce mouvement ; le débat n'y éclata entre les théologiens que dans le cours du siècle suivant. Nous avons vu [1] la querelle suscitée par Paschase Radbert, le partage des évêques et des docteurs, l'intervention du philosophe Jean Scott en faveur du sens figuré d'Origène et de saint Augustin ; mais il n'y avait point eu de décision authentique. La discussion s'était assoupie ; mais l'opinion de l'Église avait marché en fait vers la présence réelle. Cependant, au onzième siècle, suivant un témoignage contemporain, « beaucoup de docteurs français et quelques normands » professaient encore la croyance opposée.

Un esprit supérieur, le Tourangeau Bérenger, archidiacre d'Angers et écolâtre de Tours, qui avait rendu à l'école de Tours l'éclat dont elle brillait au temps d'Alcuin, releva avec un grand retentissement l'opinion du sens figuré, au nom de saint Augustin et de Jean Scott, mais surtout au nom de la raison. Il essaya de faire partager son sentiment à un autre maître dont l'enseignement rivalisait de renommée avec le sien : c'était le moine lombard Lanfranc, alors chef de l'école du Bec, monastère fondé récemment auprès de Brionne en Normandie. Lanfranc se prononça en sens contraire. Bérenger, déféré au pape Léon IX, fut condamné et excommunié dans un concile italien tenu à Rome (avril 1050). Il résista : il accusa lui-même d'hérésie l'Église romaine et le pape. La sentence fut répétée dans un concile provincial de Normandie, à Brionne, puis dans un second concile italien, à Verceil (septembre 1050), puis dans un concile du royaume de France, à Paris (octobre 1050). Verceil et Paris condamnèrent au

---

[1]. T. II, p. 468.

feu le livre de Jean Scott sur l'Eucharistie. Bérenger, abrité à Angers sous la protection de l'évêque, son disciple, et appuyé par un fort parti dans le clergé de Tours, de Chartres et du Mans, n'ayant comparu ni à Verceil ni à Paris, les évêques assemblés à Paris déclarèrent que, s'il ne se rétractait, l'armée de France, avec le clergé en tête, irait le chercher partout jusqu'à ce qu'il fût soumis ou mis à mort.

La menace ne fut pas réalisée : Bérenger ne fut point expulsé de son asile, et ce fut seulement cinq ans après (en 1055) qu'il comparut enfin devant un cinquième concile, réuni à Tours, sous la présidence d'un légat du pape, qui n'était rien moins que ce Hildebrand qui devint Grégoire VII. Bérenger se rétracta, et confessa la présence réelle. Hildebrand le reçut à la communion. En 1059, Bérenger alla se présenter devant le pape Nicolas II, en concile, à Rome, et signa un nouveau désaveu ; mais, à peine de retour en France, sa conscience parla plus haut que la peur du supplice. Il recommença de discuter ; il en appela à la physique, à la grammaire, à toutes les sciences, à la dialectique surtout, contre l'autorité. « Dieu même, s'écrie-t-il, en citant la Bible, a été dialecticien ! » Un déluge de réfutations fondit sur lui ; mais les puissances, qui envoyaient à la mort les manichéens aussitôt que pris, hésitèrent à toucher le défenseur d'une croyance qui avait de si hautes traditions dans l'Église.

Les années s'écoulèrent : Grégoire VII fut élevé sur la chaire de saint Pierre (1073); il semblait que Bérenger dût être à l'instant écrasé sous cette terrible main. Tout au contraire, Grégoire VII montra une surprenante longanimité. La persévérance de Bérenger troublait cette âme forte et sincère. On a prétendu (un ennemi, à la vérité)[1] que Grégoire avait ordonné un jeûne solennel à ses cardinaux afin d'implorer les lumières du Saint-Esprit, avant de se décider entre Bérenger et six conciles. Ce qui est certain, c'est que Bérenger obtint délais sur délais. En 1079, dans un concile à Rome, le troisième assemblé dans la capitale de la catholicité pour cet objet, la question fut remise en discussion par cent cinquante évêques, et il se trouva une minorité pour défendre pendant trois jours

---

1. Le cardinal Benno, qui appartenait à la faction opposée à Grégoire VII.

menu peuple : ce n'étaient pas les laïques qui montaient au niveau du clergé, c'étaient les clercs qui s'abaissaient et se matérialisaient comme le peuple. La fusion menaçait de s'opérer aux dépens de ce qui subsistait d'intelligence et d'élévation morale dans la société. La simonie des prélats et l'incontinence des prêtres furent donc le but des coups incessants de Hildebrand, qui, simple sous-diacre de l'église romaine, était déjà l'oracle de la cour de Rome. L'élection régulière d'un évêque, selon le droit religieux et politique, devait comprendre trois actes différents : 1° l'élection par le clergé et le peuple; 2° l'ordination par les évêques comprovinciaux; 3° l'investiture féodale par le suzerain duquel relevait le domaine épiscopal [1]. Selon le droit, l'ordination (la question sacramentelle à part) et l'investiture ne constituaient qu'un contrôle, qu'un *veto* motivé; dans la pratique, l'investiture envahissait tout. Les suzerains laïques disposaient des prélatures comme de leur bien, réduisaient l'élection à une simple formalité, ou la supprimaient absolument, mettaient les bénéfices ecclésiastiques à l'encan, en investissaient leurs puînés, leurs neveux, leurs alliés, leurs domestiques, en léguaient la collation à leurs filles à titre de dot. Les prélats qui achetaient leurs bénéfices à prix d'or s'indemnisaient en trafiquant à leur tour de toutes les choses sacrées.

Hildebrand et son parti n'attaquèrent pas sur le champ la cause du mal, l'investiture, et commencèrent habilement par entreprendre une guerre acharnée contre la simonie, que personne n'osa défendre ouvertement, et que l'empereur Henri III lui-même les aida à poursuivre avec vigueur, comme nous l'avons montré. On tint concile sur concile pour extirper ce qu'on nommait l'*hérésie simoniaque*. Bruno, évêque de Toul, élu pape sous le nom de Léon IX, vint à Saint-Remi de Reims, malgré le roi Henri et la plupart des évêques français, présider un concile où plusieurs prélats furent déposés et excommuniés pour avoir acheté l'épiscopat ou vendu les ordres religieux [2]. L'Empire eut son tour

---

1. S'il s'agissait d'un abbé, c'était : 1° l'élection par les moines; 2° la bénédiction abbatiale par l'évêque diocésain ; 3° l'investiture.
2. L'archevêque de Tours réclama, devant le concile de Reims, l'antique suprématie de son église sur la Bretagne, suprématie rejetée depuis deux siècles par

après le royaume de France, et Léon IX alla de Reims à Mayence tenir un second synode la même année (1049); puis Hildebrand, qui, également puissant à Rome et à la cour de Germanie, faisait les papes sans chercher encore à l'être, passa les Alpes, comme légat du saint-siège, et dirigea, par lui-même ou par ses collègues, sept conciles assemblés à Lyon, à Tours, à Lisieux, à Rouen, à Toulouse et à Vienne, de 1055 à 1060. Beaucoup d'évêques y furent dégradés, entre autres Gelduin, archevêque de Sens, qui avait acheté sa mitre du roi Henri, et Mauger, archevêque de Rouen, frère du duc Robert-le-Diable et oncle de Guillaume le Bâtard. Guillaume provoqua lui-même la déposition d'un parent qui n'avait été pour lui qu'un ennemi. La terreur qu'inspiraient ces mesures rigoureuses arrêtait presque partout la vente des bénéfices, et ôtait ainsi aux suzerains, sinon l'intérêt politique, au moins l'intérêt pécuniaire qu'ils avaient à envahir les élections épiscopales.

Hildebrand et les papes dont il dirigea successivement les conseils travaillaient en même temps à empêcher les clercs d'entrer dans les ordres sacrés par un honteux trafic, et à les forcer, dès qu'ils y étaient entrés, d'y vivre dans l'ascétique austérité des premiers siècles. Dans les premiers temps du christianisme, où l'immolation de la chair semblait la suprême vertu, les prêtres

les Bretons. V. notre t. II, p. 436. Le pape cita à Rome les évêques bretons et leur métropolitain, « le prétendu archevêque de Dol ». Les Bretons ne comparurent point. Le pape les excommunia, somma le duc Conan de Bretagne de se séparer de leur communion, et déclara que tous les évêques bretons devaient être soumis à l'archevêque de Tours. Les Bretons tinrent bon, et finirent par avoir gain de cause. Le redoutable Grégoire VII transigea avec eux (1078). Il déposa l'archevêque de Dol, qui avait acheté son siège et donné des terres de son église en dot à ses filles (il s'était marié publiquement, étant archevêque); mais il accorda le *pallium*, insigne des métropolitains, au successeur de cet archevêque, moyennant que le duc et les seigneurs bretons renonçassent à imposer aux prélats l'investiture féodale. L'œuvre de Noménoé fut ainsi ratifiée par Rome au bout de deux cents ans, sauf une réserve touchant les droits de l'archevêque de Tours, réserve qui permettait de revenir sur la concession, ce qui eut lieu, en effet, plus tard. Fleuri, *Hist. ecclésiast.* t. XII, p. 570; XIII, p. 358. Nous n'avions pas, à l'époque de Noménoé, indiqué la tradition authentique sur laquelle s'était appuyé le roi breton. Lors de la première fondation de l'évêché de Dol, au sixième siècle, le premier évêque de Dol, saint Samson, s'était désigné pour successeur son neveu, saint Magloire, sans consulter le métropolitain de Tours, qui avait protesté en vain, et les Bretons avaient agi comme pleinement indépendants.

s'imposaient implicitement la continence, que tant de laïques embrassaient avec exaltation. D'ailleurs, les prêtres, comme l'indique leur titre même (πρεσβύτερος, ancien, vieillard), étaient généralement des hommes d'un âge avancé, qui se séparaient de leurs femmes lorsqu'on les appelait au ministère sacré. Cette réaction contre la nature avait eu un terme ; cette puissance de sacrifice s'était amortie, tandis que les ordres ecclésiastiques devenaient une profession, et non plus une mission, et s'ouvraient à des hommes de tout âge et de tout caractère. La conséquence de ce changement semblait devoir être l'admission générale du mariage des prêtres. Il n'en avait été rien toutefois : l'esprit de renoncement et de haine à la chair, si affaibli qu'il fût dans la pratique, n'avait point cessé de dominer en théorie, et il s'était toujours manifesté en sa faveur, dans les hautes régions de l'Église, une opinion arrêtée que n'avaient pu désarmer les efforts des prêtres qui demandaient à ne pas se voir interdire la vie de famille. Cette lutte avait eu les plus déplorables effets : la grande majorité du clergé séculier vivait, ou dans des unions que la cour de Rome et les conciles qualifiaient de concubinage, ou dans le désordre, et se déconsidérait par cette position fausse. Les réformateurs avaient le choix entre deux partis : ou permettre enfin et consacrer le mariage public des prêtres[1], ou prendre contre les *concubinaires* les mesures les plus violentes, et réveiller à tout prix l'exaltation ascétique des anciens jours. Les croyances, le caractère, la politique de Hildebrand et de son parti ne rendaient pas leur choix douteux ; ils étaient entraînés à la fois par la tradition religieuse des premiers siècles et par le sentiment politique que l'Église était perdue et la féodalité maîtresse du monde, si les prêtres se fondaient, par le mariage, dans la société laïque. Ils firent passer dans une multitude d'esprits le zèle impitoyable dont ils étaient animés, frappèrent sans ménagement tout ce qui résista, et excitèrent une telle effervescence parmi les populations, que, dans beaucoup de villes, le peuple se porta aux plus grands excès contre les prêtres qui ne voulaient pas renoncer à

---

1. Il était à peu près général en Bretagne, en Galles, en Irlande : le *concubinage*, entendu dans le sens romain, le mariage *inférieur*, était partout en Normandie, en Lombardie, en Allemagne.

leurs femmes. Le but de Hildebrand fut atteint : le sanctuaire reprit ses mystères et son autorité; la « milice ecclésiastique », qui avait failli s'absorber dans la masse des chrétiens, s'en sépara plus profondément que jamais, et, n'étant retenue par aucuns liens civils et domestiques, forma au milieu des nations comme une nation particulière, qui ne connaissait de chef suprême que le pontife romain; c'était là l'armée avec laquelle Hildebrand espérait conquérir le monde [1].

Il avait fallu d'abord la conquérir elle-même, et les monuments contemporains, surtout l'importante histoire de Raoul ou Radulfus Glaber, écrite à Cluni, sous les auspices de l'abbé Odilon, attestent que la vieille doctrine de l'indépendance épiscopale avait encore des racines dans le clergé; mais cette doctrine était chaque jour plus ébranlée par le principe de la monarchie papale. Rome était présente partout, se mêlait à tout, gouvernait tout; et Hildebrand et son ardent auxiliaire, Pierre Damiani, prêchaient hautement que contester la prérogative de l'église de Rome était crime d'hérésie.

Hildebrand couronna la première partie de son œuvre, la réforme de l'Église, par une « décrétale » qu'il dicta au pape Nicolas II, Bourguignon de naissance, en 1059. Tout l'édifice eût manqué par la base, si la papauté, qu'on faisait régner sur l'Église, eût continué de dépendre de l'Empire; en attendant qu'on pût soumettre l'Empire à la papauté, on arracha l'élection papale des mains des empereurs. Le patronage impérial avait été longtemps plus salutaire qu'onéreux à la papauté, qu'il avait sauvée de la honteuse tyrannie des marquis de Tusculum (Tivoli), et Henri-le-Noir s'était montré l'utile auxiliaire de la réforme ecclésiastique. Ce prince avait laissé élire canoniquement les derniers papes par le clergé et le peuple romain, et confirmé les choix inspirés par Hildebrand; mais l'église romaine était désormais assez forte pour réclamer comme droit ce qu'on semblait

---

1. Les rangs inférieurs de cette armée lui durent un grand bienfait : il enleva aux évêques l'administration arbitraire des biens ecclésiastiques, en attachant à chaque cure ou titre paroissial une portion déterminée de ces biens, ce qui constitua, comme le remarque M. La Ferrière (*Hist. du Droit français*, t. IV, p. 40), les bénéfices ecclésiastiques et releva la dignité du clergé inférieur.

lui accorder par tolérance : dans un concile de cent treize évêques, tenu à Rome, en avril 1059, durant la minorité de Henri IV, roi de Germanie, fils de Henri-le-Noir, qui était mort en 1058, Nicolas II promulgua un décret qui régla pour l'avenir les formes de l'élection papale : « Quand le pape viendra à mourir, les évêques cardinaux [1] traiteront ensemble les premiers de l'élection ; ils y appelleront ensuite les clercs-cardinaux ; puis le reste du clergé et le peuple donneront leur consentement. » La confirmation impériale n'était pas abrogée, mais considérée comme un privilége accordé personnellement aux empereurs par le saint-siége et implicitement révocable. On pensait bien, d'ailleurs, réduire la confirmation impériale à une simple formalité, et s'en passer au besoin. Cette décrétale constituait le nouveau sénat qui devait remplacer le sénat de la vieille Rome.

Telle était la situation de l'Église après la mort de Henri III de Germanie et vers la fin de Henri Ier de France.

En 1059, Henri Ier, se sentant vieillir, avait résolu, à l'exemple des rois ses devanciers, d'associer à la couronne son fils Philippe, âgé de sept ans. Henri avait d'abord épousé une nièce de l'empereur Henri II, qui ne lui avait point donné d'enfant mâle : chagrin de la mort prématurée de la reine (en 1044), et s'imaginant que cette mort avait été peut-être causée par le courroux céleste, pour quelque parenté prohibée qui pouvait se trouver entre lui et cette princesse, il résolut d'envoyer chercher une femme aux extrémités de l'Europe. Il avait ouï parler de quelques négociations entre l'empereur et le chef d'une nation slave qui avait été récemment convertie à la foi chrétienne, et qui demeurait vers l'Orient, au-delà de la Wistule et des monts Karpathes, derniers termes des anciennes expéditions de la race

---

1. Les évêques-cardinaux étaient les évêques de la province archiépiscopale de Rome ; les clercs-cardinaux étaient les curés des paroisses de Rome. Les évêques-cardinaux prenaient ce titre, qui équivalait à celui de principaux (*principalis, cardinalis*), parce qu'ils relevaient de la principale métropole de la chrétienté. Quant aux curés de paroisses ou de *titres*, comme on disait anciennement, ce n'était pas seulement à Rome, mais dans toutes les cités épiscopales, qu'ils étaient qualifiés de clercs-cardinaux ou principaux, pour les distinguer des autres prêtres qui ne desservaient que des églises de villages (*altaria*) ou de chapelles (*oratoria*). Dans plusieurs villes de France, à Sens, à Troies, à Angers, à Soissons, les curés ont conservé le titre de curés-cardinaux jusqu'à la Révolution.

franke. Il envoya donc l'évêque de Meaux et le sire de Chauni à Kiovie (Kiew), résidence de Jaroslaw, tzar des Russiens, pour demander à ce monarque barbare la main de sa fille. Après une longue absence, les ambassadeurs ramenèrent en France, vers 1051, la princesse Anne de Russie. Henri eut de cette étrangère trois fils, dont l'aîné reçut le nom grec de Philippe, en mémoire de l'origine supposée des ancêtres de sa mère. Wladimir, aïeul de Jaroslaw, avait épousé, en 988, la fille de Romanus II, empereur d'Orient, qui passait pour issu de Philippe de Macédoine et des monarques persans de la dynastie arschakienne (arsacide).

Ce fut ce fils aîné que le roi Henri associa solennellement au trône. « Le saint jour de la Pentecôte », rapporte le procès-verbal du sacre, « le roi Philippe fut sacré par Gervais, archevêque de Reims, dans l'église cathédrale, devant l'autel de Sainte-Marie. La messe commencée, avant qu'on lût l'épître, l'archevêque se tourna vers Philippe, puis, exposant à voix haute les dogmes catholiques, lui demanda s'il y croyait et les voulait défendre »; sur sa réponse affirmative, on présenta au prince une profession de foi qu'il lut et signa [1], « bien qu'il n'eût que sept ans », et qu'il remit à l'archevêque, en présence de Hugues, archevêque de Besançon, légat du pape Nicolas II, des archevêques de Tours et de Sens, de vingt évêques et de vingt-neuf abbés. L'archevêque de Reims sacra ensuite Philippe roi des Français.

Après les prélats siégèrent, dans le chœur de l'église de Reims, Gui-Geoffroi, autrement nommé Guilhem VIII, duc d'Aquitaine (il avait succédé, en 1058, à Guilhem VII); Hugues, fils et député du duc de Bourgogne Robert, frère du roi Henri; les envoyés de Baudouin, comte de Flandre, et de Geoffroi-Martel, comte d'Anjou; Raoul, comte de Valois, d'Amiens, etc.; Héribert IV, comte de Vermandois; les comtes de Ponthieu, de Soissons, d'Auvergne, de la Marche d'Aquitaine, d'Angoulême; le vicomte de Limoges, et beaucoup d'autres grands; plus loin étaient les simples chevaliers, et enfin le peuple. « Grands et petits donnèrent leur approbation, et s'écrièrent par trois fois : — Nous approuvons, nous consentons; qu'il soit fait ainsi! » Ensuite Philippe nomma Gervais

---

1. Elle diffère peu de celle de Karle le Chauve, que nous avons citée, t. II, p. 220.

grand-chancelier du royaume, charge attachée à l'archiépiscopat de Reims. Le duc de Normandie, quoiqu'il eût fait la paix avec Henri, les comtes de Chartres-Champagne et de Toulouse, ne s'étaient pas fait représenter dans cette cérémonie, la plus solennelle qu'on eût célébrée depuis longtemps à la cour des rois capétiens.

Le roi Henri mourut de maladie l'an d'après, le 4 août 1060. Le caractère et les mœurs de ce prince sont peu connus, et vraisemblablement méritent peu de l'être : l'indifférence que témoignent à son égard les écrivains contemporains suffit pour le juger [1].

Il laissa deux fils, Philippe et Hugues.

1. Willelm. Gemetic. t. VII, c. 28. — Orderic. Vital. l. III. — Chronic. Alberic. Trium Fontium.

LIVRE XVIII.

FRANCE FÉODALE

(SUITE).

ANARCHIE FÉODALE.   Conquête de l'Angleterre par les Normands. Puissance de Guillaume le Conquérant. — Premières *communes* insurrectionnelles. — Grégoire VII. Apogée de l'ultramontanisme. — Guerre des Investitures. — Conquête du Portugal par les chevaliers français et bourguignons. — Les fils de Guillaume le Conquérant. — Le roi fainéant Philippe Ier. — PREMIÈRE CROISADE. Pierre l'Ermite. Godefroi de Bouillon. Raimond de Saint-Gilles. Conquêtes en Syrie et en Mésopotamie. Prise de Jérusalem.

1060 — 1099.

Les temps où vécurent obscurément les rois Robert et Henri avaient préparé de prodigieux événements qui s'accomplirent pendant le règne et sans la participation de Philippe, successeur de ces rois et non moins obscur qu'eux. Le onzième siècle avait porté dans ses flancs l'âge héroïque de la France : la chevalerie, brillante création de l'esprit guerrier uni à l'esprit religieux, puis fécondé par un autre sentiment d'un ordre tout nouveau ; les communes, réveil, au sein de la féodalité, d'une démocratie très différente de la démocratie antique ; les croisades, tardive et formidable réaction de l'Occident contre trois siècles d'agressions musulmanes ; l'art monumental, expression du génie de la société chrétienne et française ; les nouvelles littératures enfantées par les langues nouvelles ; toutes les grandes choses du moyen âge, enfin, naissaient ou allaient naître presque à la fois.

Les communes et les croisades trouveront leur place dans la suite de notre récit. Nous montrerons l'art ogival à sa naissance, puis dans sa splendeur. La chevalerie et la poésie chevaleresque demandent à être vues d'ensemble, et seront plus convenablement étudiées à l'époque de leur complet épanouissement. Au onzième siècle, les noms de *chevalier* et de *vassal*, de guerrier considéré dans son indépendance abstraite, et de guerrier considéré dans sa dépendance du corps féodal, ont remplacé les vieux noms de *leudes* et de *fidèles*[1] : l'esprit d'aventures est dans toute sa fermentation parmi les chevaliers ; la combinaison de l'élément religieux avec l'élément héroïque s'opère ; mais un troisième élément, le culte de la femme, l'idéal nouveau de l'amour, qui doit imprimer à la chevalerie son caractère essentiel et en faire quelque chose d'absolument différent de toutes les associations militaires qui aient jamais existé dans le monde, ce troisième élément est encore vague, et ne sera pleinement développé que vers le milieu du siècle suivant. Ce sera le moment de revenir sur la chevalerie.

Quelques années, à partir de 1060, se passèrent sans incident considérable en France.

Le jeune roi Philippe avait recueilli sans obstacle l'héritage de son père Henri Ier. Son enfance s'écoula paisiblement sous la tutelle de Baudouin V, comte de Flandre, conformément aux dernières volontés de Henri Ier, qui avait désigné son beau-frère Baudouin préférablement à son frère Robert, duc de Bourgogne, comme *bail* et *mainbourg* (protecteur et tuteur) de la personne et des domaines de Philippe[2]. La mort de Baudouin V (en 1067), laissa au jeune roi la libre jouissance des domaines de la couronne. Philippe, qui n'avait pas quinze ans, put dès lors s'abandon-

---

1. *Chivaler, chevalier*, en langue d'oïl ; *cavaler*, en langue d'oc, *cavaleria*, chevalerie, *ibid.* Chevalier, dérivé du latin *caballus* ; vassal, du gaélique *uasel*, ou du kimrique *gwas*. *Baron*, qui, dans son vrai sens, n'a rien de féodal, dérive du teutonique *ware*, homme complet, homme *viril* ; analogue au *virah* sanscrit, au *vir* latin, au *ver* gaélique, au *gwr* (*gour*) kimrique. Remarquons en passant que le nom de *chevalier* exprime l'identification du noble et de l'homme qui combat à cheval. Ce nom répond exactement au *markhok* celtique, et non à l'*eques* latin, qui exprime la qualité de membre d'un des corps de l'état. L'analogue des deux mots celtiques *uasel* et *gwas*, en langue teutonique, est *ghesel*, beaucoup plus éloigné du français *vassal* ; mais nous devons dire qu'un historien d'une très grande autorité a cherché l'étymologie de *vassal* (*vassus*, en bas latin), dans une autre racine germanique, *vassen, fassen*, lier. *v.* Aug. Thierry, *Considérations sur l'Histoire de France*, p. 188, note 1.

2. Pendant la minorité de Philippe, en 1064, la courageuse bourgeoisie de Cambrai s'insurgea, pour la troisième fois, contre le pouvoir arbitraire de son suzerain épiscopal, fit prisonnier son évêque Liébert, et ne put être ramenée sous le joug que par trois corps d'armée envoyés par l'empereur Henri IV, le comte de Flandre et le comte de Hainaut.

ner librement à ses passions. Énervé de bonne heure par l'abus des plaisirs et par l'oisiveté, il fut encore plus nul que son père et que son aïeul.

La couronne de la France orientale (Lorraine, Bourgogne et Provence) était aussi sur la tête d'un enfant : Henri IV, de Germanie, n'avait que trois ans de plus que Philippe, et sa mère, Agnès de Poitiers, gouverna quelques années sous son nom. Ce fut durant la minorité de Henri IV que s'engagea la terrible lutte entre L'Empire et la papauté, lutte qui devait être si fatale à cet empereur. A la mort du pape Nicolas II (22 juillet 1061), les cardinaux romains, dirigés par Hildebrand, devenu cardinal-archidiacre, et dépassant les termes du fameux décret rendu deux ans auparavant, décernèrent la tiare à Anselme, évêque de Lucques, et le consacrèrent sous le nom d'Alexandre II, sans attendre le consentement de la cour germanique (30 septembre 1061). L'impératrice Agnès et son conseil élurent de leur côté Cadaloüs, évêque de Parme, qui prit le nom d'Honorius II, et qui fut consacré par les évêques de Verceil et de Plaisance, chefs du parti des prêtres mariés, encore puissant en Lombardie et dans le royaume de Germanie, malgré la persécution qu'il avait subie (28 octobre 1061). Les prêtres mariés ou *concubinaires,* les seigneurs et les évêques simoniaques, embrassèrent avec ardeur la cause d'un pape qui, dit-on, était lui-même concubinaire et simoniaque[1]; cependant le parti d'Alexandre II prit bientôt le dessus : l'archevêque de Cologne et les principaux seigneurs de la Germanie ayant arraché la régence à Agnès en 1062, Cadaloüs fut déposé dans un concile germanique et lombard tenu en Saxe. Néanmoins le schisme ne disparut entièrement qu'à la mort de Cadaloüs, en 1067. Alexandre fut alors universellement reconnu; mais la lutte ne tarda pas à se renouveler sur un autre terrain.

L'histoire des contrées au midi de la Loire, durant cette période, est assez stérile : l'événement le plus remarquable qu'elle

---

[1]. C'est Pierre Damiani qui lui fait ce reproche dans une lettre où il représente les évêques-cardinaux, principaux électeurs du pape, comme supérieurs, non-seulement aux autres évêques, mais aux métropolitains, aux primats, et même aux patriarches. Le système papal se déployait rapidement dans toute sa hardiesse. P. Damiani, t. I, ep. 20.

présente est l'expédition de Guilhem VIII, duc d'Aquitaine, contre les Sarrasins d'Espagne. L'exemple des Normands avait enflammé l'émulation des Aquitains et des Gascons : les chrétiens saisissaient partout l'offensive contre l'islamisme, affaibli par la chute du khalifat de Cordoue et par le partage de l'Espagne musulmane entre plusieurs princes. L'esprit militaire s'était d'ailleurs amorti chez les Maures à mesure qu'il se fortifiait dans l'Europe chrétienne, et leur civilisation luxueuse n'augmentait pas leurs moyens de défense à proportion des appâts qu'elle offrait à l'avidité de leurs ennemis.

En 1062 ou 1063, Guilhem VIII, après avoir recouvré la Saintonge, grâce aux dissensions des neveux de Geoffroi-Martel, qui avait démembré ce comté du duché d'Aquitaine[1], invita tous les chevaliers de ses états et des contrées voisines à courir sus aux Sarrasins « pour l'amour de Dieu ». Il passa les Pyrénées à la tête d'une armée, et, secondé par les chrétiens d'Aragon, il prit sur les Arabes la ville de Balbastro, la pilla et en massacra les habitants. Ce fut là le terme de l'entreprise : le manque de vivres et la résistance des musulmans l'arrêtèrent dans les montagnes arides qui séparent l'Aragon de la Catalogne, et il rentra en Aquitaine après avoir perdu la plus grande partie de ses troupes.

Pendant que la couronne de France pesait sur le front d'un roi mineur, pendant que le comté d'Anjou et de Touraine était désolé par la guerre civile, l'Aquitaine, affaiblie par une expédition au delà des monts, et la Bretagne, partagée entre plusieurs seigneurs, Hoël, comte de Nantes et de Cornouaille, Geoffroi, comte de Rennes, Allan, comte de Penthièvre, qui méconnaissaient l'autorité du jeune duc Conan II, la puissance de Guillaume-le-Bâtard allait toujours croissant : les qualités et les vices du redoutable duc de Normandie servaient également sa grandeur. Tous les soulèvements des nobles normands contre Guillaume n'aboutirent qu'à la confiscation des biens des rebelles, et une portion considérable du territoire fut ainsi réunie au domaine

---

1. Après la mort du fameux comte d'Anjou, Geoffroi-Martel, ses deux neveux, Foulques-le-*Réchin* (le revêche) et Geoffroi-le-Barbu se battirent pendant neuf ans pour sa succession (1060-1069). Geoffroi, bien que soutenu par la ville d'Angers, succomba, et, fait prisonnier par Foulques, languit trente ans captif au château de Chinon.

ducal, ou distribuée en fief aux obscurs parents de la mère de Guillaume, sur la foi desquels ce prince avait lieu de compter. Une importante acquisition, celle du Maine, accrut encore la domination de Guillaume, qui avait déjà, en 1060, profité de la mort de Geoffroi-Martel pour arracher à Héribert-le-Jeune, comte du Mans, l'hommage de sa seigneurie [1]. Héribert maria une de ses sœurs à Robert de Normandie, fils de Guillaume, et lui promit son héritage dans le cas où il décéderait sans enfants (1063-4). Héribert mourut en effet sans postérité; mais Gautier, comte de Pontoise et du Vexin français, mari d'une autre sœur de Héribert[2], disputa le Maine aux Normands. Les Manceaux redoutaient la rude domination de Guillaume et se déclarèrent pour Gautier. Les troupes du duc eurent le désavantage dans les premiers combats. Guillaume, alors, invita Gautier et sa femme Biote à une conférence, pour traiter à l'amiable de leurs prétentions : le comte et la comtesse de Pontoise se rendirent à Falaise, et soupèrent avec Guillaume; le lendemain matin, ils n'existaient plus !

Ce second « festin de Falaise » excita plus d'horreur encore que le premier : si l'on avait pu jadis garder quelque doute sur le crime de Robert-le-Diable, on n'en conçut aucun sur l'empoisonnement de Gautier et de Biote par Guillaume-le-Bâtard. Cette infâme trahison eut toutefois un plein succès : la résistance énergique des Manceaux fut inutile, faute d'ensemble et de direction; ils furent obligés de se soumettre, et le Maine fut réuni au duché de Normandie[3].

L'ambition persévérante et sombre du duc normand, soutenue par la turbulente valeur d'une population avide de gloire et de butin, semblait suspendre sur tous les états voisins une menace permanente; mais, depuis plusieurs années, Guillaume, sans négliger ses intérêts en France, nourrissait des espérances plus éclatantes que n'eût été la conquête de quelques lambeaux arra-

1. Nous avons vu que Guillaume avait, une première fois, enlevé au comte d'Anjou la suzeraineté du Maine, mais Geoffroi l'avait recouvrée et gardée depuis, malgré les efforts de Guillaume.
2. On voit que l'idée de la successibilité féminine commence à gagner du terrain.
3. Orderic. Vital. l. III, IV. — Robert. de Monte.

chés à l'Anjou, au comté de Chartres, ou au domaine royal.

Guillaume avait toujours conservé une étroite liaison avec son cousin Edward, qui était monté sur le trône d'Angleterre après que les Anglo-Saxons eurent secoué le joug des Danois. Edward, fils d'une Normande, élevé en Normandie à la cour et sous la protection des ducs, resta plus *Français* qu'*Anglais* de mœurs et d'inclinations. Tous les Normands qui avaient été ses amis dans les mauvais jours de son exil, tous ceux qui avaient soulagé sa détresse par de légers services, passèrent le détroit pour aller réclamer leur récompense du banni devenu souverain. Edward, d'un caractère assez analogue à notre roi Robert, beaucoup plus sensible aux affections privées qu'aux devoirs et aux intérêts politiques, témoigna aux hommes de Gaule un excès de reconnaissance très préjudiciable à ses sujets d'outre-mer; il parut oublier que c'était aux Saxons et non point aux Normands, qu'il devait sa couronne. Les plus hauts emplois du royaume furent prodigués aux étrangers. Quiconque sollicitait « en langue gauloise » était sûr de n'être pas refusé, et l'idiome national était exclu de la cour du roi Edward. On souffrait tout de quiconque venait d'outre-mer; les Normands et les Français, forts de l'ascendant d'une civilisation un peu plus avancée, tournaient en ridicule toutes les coutumes des grossiers Saxons, et agissaient avec autant d'arrogance qu'en pays conquis. Godwin, celui des chefs anglo-saxons qui avait le plus contribué à l'expulsion des Danois et à l'intronisation d'Edward, s'étant mis à la tête du parti national contre les favoris normands, fut chassé du royaume avec sa femme et ses cinq fils. Sa fille Édith ou Éthelswithe, épouse du roi Edward, fut dépouillée de tous ses biens et enfermée dans un couvent. Elle n'était que de nom la femme du monarque, car Edward, sans doute à l'instigation de quelque confesseur normand aposté par Guillaume, avait déjà fait un vœu de continence qui coûta cher au peuple anglais.

Après le bannissement de Godwin, Edward ne garda plus aucune mesure : Robert, moine de Jumiéges, fut nommé archevêque de Canterbury; un autre moine normand fut évêque de Londres; les commandements militaires furent presque tous livrés aux hommes de France.

En 1051, le duc de Normandie, à l'exemple de ses vassaux, vint visiter la cour de Londres, et parcourut l'Angleterre avec une pompe toute royale. Edward lui promit secrètement de le faire son héritier. A peine Guillaume était-il de retour en Normandie, que Godwin et ses fils, qui s'étaient réfugiés, le premier en Flandre, les autres en Irlande, débarquèrent sur les côtes d'Angleterre et marchèrent droit à Londres. Les populations répondirent en masse à leur appel; dans un *wittena-gemot* ou assemblée nationale, la sentence de bannissement portée contre Godwin et les siens fut cassée, et tous les Normands, clercs et laïques, eurent ordre de repasser la mer, « parce qu'ils troublaient la paix du royaume, en excitant le roi contre ses peuples. » L'archevêque primat Robert fut expulsé. Edward se rapprocha donc forcément de Godwin : il rendit à ce seigneur et aux siens le gouvernement des principales provinces d'Angleterre ; mais il exigea pour otages un fils et un petit-fils de Godwin, qu'il remit à la garde du duc de Normandie.

Le temps apaisa l'aversion mutuelle du roi et de la famille de Godwin. En 1065, Harold, l'aîné des fils de Godwin, qui n'existait plus, et le plus renommé des *eorls* (comtes) saxons, pria le roi de consentir à ce que les deux otages revinssent dans leur patrie, et lui demanda la permission de les aller chercher en son nom. Edward ne lui accorda cette permission qu'à contre-cœur, et lui prédit que ce voyage attirerait quelque malheur sur lui et sur l'Angleterre.

Harold n'écouta pas le roi, et partit. Une tempête brisa son vaisseau sur la côte de Ponthieu, près de l'embouchure de la Somme. En vertu du droit barbare de « bris et naufrage », qui faisait considérer les dépouilles du naufragé comme « un bien envoyé de Dieu, » Harold fut saisi et emprisonné par les gens de Gui, comte de Ponthieu : il se réclama du duc Guillaume. Le duc, en effet, le tira des mains du comte Gui, qui ne se dessaisit de son captif qu'à beaux deniers comptants, et le fit amener à Rouen. Harold fut accueilli de la manière la plus honorable : le duc Guillaume le créa chevalier de sa propre main[1], et lui promit de le

---

1. Les rites de la chevalerie, tout récents en France, étaient inconnus des Anglo-Saxons. Nous les indiquerons plus tard.

laisser retourner en Angleterre avec les otages dès que bon lui semblerait.

Guillaume était en guerre avec Conan, duc de Bretagne. Harold, jaloux de se signaler aux yeux des chevaliers de Normandie, suivit Guillaume dans son expédition et s'y comporta vaillamment. Conan assiégeait Dol, occupé par un chef rebelle, qui avait appelé les Normands à son aide ; Conan fut obligé de lever le siége, et Dinan tomba au pouvoir de Guillaume. Le duc de Normandie ne poussa pas plus loin ses avantages, parce que les Bretons s'étaient retirés en masse dans leurs forteresses, et que les envahisseurs ne purent se procurer de vivres. Guillaume, d'ailleurs, avait bien autre chose en tête.

Un jour que Guillaume et Harold chevauchaient côte à côte et s'entretenaient amicalement, le duc fit au chef saxon une confidence bien inattendue. — Quand Edward et moi, dit-il, nous vivions sous le même toit, il me promit, si jamais il devenait roi en Angleterre, de me faire héritier de son royaume. Harold, si tu me veux aider à obtenir l'accomplissement de cette promesse, sois sûr que je t'octroierai telle chose que tu me demanderas. Harold, surpris et troublé, répondit par de vagues paroles, que Guillaume feignit de prendre pour un consentement. — Puisque tu t'engages à me servir, poursuivit-il, il faut que tu jures de livrer à mes gens d'armes le château de Douvres, que tu donnes ta sœur pour épouse à l'un de mes barons, et que tu acceptes toi-même en mariage ma fille Adèle (ou Adelize). Tu me laisseras en garantie l'un des deux otages que tu redemandes, et je te ramènerai moi-même l'autre lorsque j'entrerai comme roi en Angleterre. »

Harold comprit le péril, sans trouver aucun moyen de l'éluder : il adhéra donc aux demandes de Guillaume. Le duc convoqua tous ses barons. Lorsqu'on fut réuni dans la salle du conseil, le duc, assis dans son trône, le cercle à fleurons (couronne ducale) sur la tête, l'épée nue à la main, commanda qu'on apportât deux petits reliquaires de médiocre apparence, et qu'on les posât sur une cuve recouverte de drap d'or. — Harold, dit le duc, je te requiers, devant cette noble assemblée, de confirmer tes paroles par serment. » Le Saxon hésita ; puis, étendant la main avec agitation, il jura d'exécuter ses conventions avec le duc, pourvu qu'il vécût et que Dieu l'y aidât. — *Ke Dex li dont* (Que Dieu lui donne, ou lui aide!) répétèrent les assistants. Alors, sur un signe de Guillaume, on leva le drap d'or qui cachait la cuve : elle était remplie jusqu'au bord des ossements de tous les saints de Normandie, qu'on avait apportés en hâte de leurs églises et de leurs moûtiers. Harold, dit-on, changea de visage en voyant sur quoi il avait prêté le fatal serment. Guillaume ne le retint plus, et le laissa retourner en Angleterre avec un des deux otages.

« Ne t'avais-je pas dit que je connaissais Guillaume? s'écria le roi Edward, lorsque Harold lui raconta ce qui s'était passé. Fasse le ciel que les malheurs que je prévois n'arrivent pas durant ma vie! »

Edward, qui, dans sa vieillesse, était revenu à des sentiments plus patriotiques et se repentait d'avoir laissé concevoir de telles espérances à l'avide Normand, parut saisi d'une profonde tristesse, et l'abattement du roi se propagea dans toute la nation. On exhuma de lugubres prophéties attribuées à des saints d'autrefois. « Malheur à l'Angleterre! disaient-elles : il viendra de France sur la race des *Angles* une domination inattendue, qui abattra pour jamais leur puissance, et dissipera leur gloire sans espoir de retour. » Edward survécut peu au retour de Harold ; il mit en oubli dans ses derniers moments les promesses secrètes qu'il avait faites à Guillaume contre les droits et les intérêts de sa nation, et déclara aux chefs assemblés autour de son lit de mort que le plus digne de régner après lui était, à ses yeux, Harold, fils de Godwin.

(1066.) Harold était déjà choisi par la nation avant de l'être par le roi. Les chefs proclamèrent Harold le lendemain des funérailles d'Edward. Le héros plébéien[1] fut sacré roi par Stigand, archevêque de Canterbury, qui avait remplacé le Normand Robert, expulsé malgré les réclamations de la cour de Rome.

Harold ne demeura guère en paix sur son trône : il vit bientôt arriver à sa cour un messager de Normandie : « Harold, dit l'envoyé, Guillaume, duc des Normands, te rappelle le serment que tu lui as juré, de la bouche et de la main, sur bons et vrais *saintuaires* (reliquaires). — En effet, répondit le roi saxon, j'ai

---

1. Son père, Godwin, était le fils d'un bouvier. La rigueur des castes de la vieille Saxe s'était fort relâchée dans la Saxe insulaire.

prêté ce serment à Guillaume ; mais je l'ai prêté me trouvant sous sa force ; et ce que j'ai promis ne m'appartenait pas, car ma royauté n'est point à moi, et je ne saurais m'en démettre sans l'aveu du pays. De même, sans l'aveu du pays, je ne puis prendre une épouse étrangère. Quant à ma sœur, que le duc réclame pour la marier à un de ses chefs, elle est morte dans l'année : veut-il que je lui envoie le cadavre ? »

« Guillaume annonça qu'il revendiquerait sa dette avec le fer et qu'il poursuivrait Harold « jusqu'aux lieux où celui-ci croirait être le plus ferme sur ses pieds » (Malmesbury, l. III).

Le duc de Normandie s'était depuis longtemps préparé à la crise qui approchait : il publia aussitôt dans toute l'Europe catholique « l'iniquité » de Harold, afin de livrer le parjure à l'indignation universelle, et, portant devant la cour de Rome une accusation de sacrilège contre le roi anglais, il demanda que l'Angleterre fût mise au ban de la chrétienté et déclarée propriété du premier occupant. Il s'appuyait en outre, dans cette requête, sur sa parenté avec le feu roi Edward et sur les intentions de ce prince à son égard. La situation du pape et du sacré collège des cardinaux, vis-à-vis des parties contendantes, ne garantissait pas une grande impartialité. Guillaume, après d'assez longs démêlés avec l'Église à cause de son mariage avec sa cousine Mathilde, fille de Baudouin de Lille, comte de Flandre, avait réussi à faire légitimer cette union par la cour de Rome, grâce à l'entremise du célèbre Lanfranc, abbé du Bec [1], et, dès-lors, il était resté dans les relations les plus amicales avec Hildebrand et les autres chefs du parti papal. Les Anglo-Saxons, au contraire, autrefois si étroitement alliés à la papauté, étaient maintenant fort mal vus à Rome ; pendant la domination danoise, Knut-le-Grand avait établi en Angleterre, au profit du saint-siége, une sorte de tribut ou redevance annuelle appelée le « denier de Saint-Pierre [2] ; » les Anglais, délivrés des Danois, refusèrent cet impôt, que ne rétablit point le roi Edward, tout *saint* et tout *confesseur* qu'il fût. L'ex-

---

1. Il obtint que son mariage fût validé, à condition de fonder deux monastères, et fonda en conséquence les abbayes de Saint-Étienne et de la Trinité à Caen. Saint-Étienne de Caen est la plus grande et la plus belle église *romane* qui subsiste dans le nord de la France.
2. Il consistait dans un denier d'argent par chaque maison habitée.

pulsion de Robert-le-Normand du siége de Canterbury, et l'installation de Stigand, à qui le pape refusa le *pallium*, n'étaient pas de moindres griefs. Le parti de la réforme ecclésiastique avait encore d'autres sujets de courroux : la simonie était plus enracinée en Angleterre que partout ailleurs. Le clergé anglo-saxon, qui avait rempli un rôle glorieux et civilisateur au huitième siècle, était tombé dans une profonde décadence, et demeurait en dehors de la régénération commencée sur le continent ; les conciles provinciaux étaient depuis longtemps interrompus chez les Anglais.

Le procès ne fut point plaidé contradictoirement : Harold et son peuple refusèrent de se reconnaître justiciables du saint-siége et n'envoyèrent aucun ambassadeur à Rome. On passa outre, néanmoins; car le pape Alexandre II, ou plutôt le puissant génie qui gouvernait sous son nom, le cardinal-archidiacre Hildebrand, marchait presque ouvertement au véritable but du parti papal, c'est-à-dire à déduire de la souveraineté spirituelle conquise par les papes la suprématie temporelle sur tous les peuples chrétiens. Déjà l'Italie méridionale relevait du saint-siége, par l'hommage que rendaient au pape les princes normands de la Pouille et de la Campanie, et les rois de Suède payaient un cens annuel au pape depuis qu'ils avaient embrassé le christianisme. Hildebrand espéra que le chef des Normands de France se soumettrait à une semblable vassalité, comme investi par le pape du royaume d'Angleterre, et il seconda de toute son influence le duc Guillaume. Cependant, parmi les cardinaux, quelques voix s'élevèrent en faveur de l'humanité près d'être si cruellement foulée aux pieds. « Eh quoi! murmurèrent-ils, Hildebrand peut-il prêter son aide à l'accomplissement de tant d'homicides? » Hildebrand, absorbé par ses vastes projets, fut sourd à ce cri de la conscience révoltée, et son opinion prévalut. Aux termes de la sentence prononcée par le pape, il fut permis à Guillaume, duc des Normands, d'entrer en Angleterre pour ramener ce royaume sous l'obéissance de Rome et y rétablir l'impôt du denier de Saint-Pierre. Alexandre II envoya au duc la bannière de Saint-Pierre, avec un anneau dans lequel était enchâssé, disait-on, un cheveu de cet apôtre, et une bulle d'excommunication fut lancée contre Harold et ses fauteurs.

Tandis que l'affaire se débattait à Rome, Guillaume avait eu une importante conférence avec ses amis et conseillers. Ils déclarèrent au duc qu'ils le serviraient de corps et de biens jusqu'à vendre ou engager leurs patrimoines. « Mais ce n'est pas tout, lui dirent-ils : il vous faut demander aide et conseil à la généralité des habitants de ce pays, car *il est de droit que qui paie la dépense soit appelé à la consentir.* »

C'est la première fois que nous trouvons dans le moyen âge ce grand principe du droit politique exprimé avec cette netteté[1].

Guillaume convoqua donc une nombreuse assemblée d'hommes de tous états, gens de guerre, d'église et de *négoce*, les plus riches et les plus considérables de la Normandie, et il sollicita leur concours[2]. La discussion, qui se tint en l'absence du duc, fut très orageuse ; la plupart des assistants opinèrent à ne pas seconder Guillaume dans une entreprise qui ruinerait le pays si elle venait à échouer : ils chargèrent le sénéchal de Normandie, Guillaume, fils d'Osbert, de porter la parole pour eux. Quand ils furent devant le duc, le fils d'Osbert commença de parler : « Je ne crois pas, seigneur, qu'il y ait au monde des gens plus zélés que ceux-ci : vous savez les aides qu'ils vous ont accordées, les services onéreux qu'ils vous ont rendus ; eh bien ! ils veulent faire davantage : ils se proposent de vous servir au delà de la mer comme en deçà. Allez donc en avant, et ne les épargnez guère ; tel qui vous a fourni deux bons hommes d'armes à cheval vous en fournira quatre...

— Eh ! non, eh ! non ! crièrent les notables ; nous ne vous avons point chargé d'une telle réponse. Nous n'avons point dit cela : cela ne sera pas ! Nous devons aider le duc à défendre sa terre,

---

1. *Raison est que qui paie l'escot il soit à l'asseoir.* Chroniq. de Normandie, dans les *Histor. de France*, t. XIII, p. 225. — Les sujets de l'Empire romain payaient sans être consultés, et les Barbares ne voulaient rien payer du tout. Le principe de la liberté organisée apparaît après le despotisme et l'anarchie.

2. Par la *généralité des habitants*, le chroniqueur n'entend assurément que les hommes libres ; mais l'admission des *gens de tous états* atteste que la bourgeoisie normande, dès 1066, était arrivée à un assez haut degré de liberté, et qu'on ne croyait pas pouvoir taxer extraordinairement les villes contre leur gré. Les principales villes, Rouen, Caen, etc., étaient certainement déjà organisées en corps municipaux, avec trésor commun, milice, et, peut-être, juridiction plus ou moins étendue. Nous reviendrons là-dessus.

mais nous ne sommes point tenus de l'aider à conquérir la terre d'autrui. D'ailleurs, si nous lui faisions une seule fois double service, et si nous le suivions outre-mer, il érigerait cela en coutumes pour l'avenir, et cela grèverait nos enfants. »

Guillaume n'était pas homme à se décourager facilement : il prit à part, l'un après l'autre, les principaux de l'assemblée, les priant avec instance de l'assister, non point par devoir, mais par amitié et bonne intelligence, offrant de garantir, par des lettres scellées de son sceau, qu'il n'abuserait point à l'avenir de ce secours tout gratuit. Bref, il vainquit isolément ces résistances, dont le faisceau eût brisé sa volonté, si puissante qu'elle fût. L'un promit des vaisseaux ; l'autre, des hommes armés en guerre, beaucoup, leur service personnel ; les clercs donnèrent leur argent ; les marchands, leurs étoffes ; les propriétaires ruraux, leurs denrées. L'entraînement devint universel, lorsque la bannière de Saint-Pierre fut arrivée de Rome avec la bulle qui excommuniait Harold.

« Guillaume fit publier son ban de guerre dans toutes les contrées voisines ; il offrit une forte somme et le pillage de l'Angleterre à tout homme robuste et de haute taille qui voudrait le servir de la lance, de l'épée ou de l'arbalète. Il en vint une multitude par toutes les routes, de loin et de près, du nord et du midi : il en vint du Maine et de l'Anjou, du Poitou et de la Bretagne, de la France et de la Flandre, de l'Aquitaine et de la Bourgogne, du Piémont et des bords du Rhin ; chevaliers et chefs de guerre, piétons et simples sergents d'armes, les uns demandant une solde en argent, les autres seulement le passage et le butin qu'ils pourraient faire : plusieurs voulaient de la terre chez les Anglais, un domaine, un château, une ville ; d'autres souhaitaient simplement quelque riche Saxonne en mariage ; Guillaume ne rebuta personne, *et fit plaisir à chacun selon son pouvoir*. Il alla jusqu'à donner d'avance à un certain Remi, moine de Fescamp, un évêché en Angleterre pour un navire et vingt hommes d'armes[1]. » C'était là de la simonie, et jamais la cour de Rome n'en avait foudroyé de plus flagrante en Germanie ou en France ; mais l'Église

---

1. Aug. Thierry, *Hist. de la conquête de l'Angleterre par les Normands*, t. I, p. 323, édit. de 1838.

ferma les yeux : les intérêts de ce monde pervertissaient déjà cette réforme, qui s'était annoncée si austère et si sainte.

Guillaume ne se contenta pas de grossir ses forces de tant d'intrépides aventuriers ; il voulut s'assurer d'autres alliés en Gaule. Tandis que les préparatifs avançaient avec activité, que l'on forgeait les armes et les harnais, que l'on construisait les navires, le duc Guillaume se rendit en France, à la résidence royale de Saint-Germain-en-Laie, où se trouvait le jeune roi Philippe. « Vous êtes mon seigneur, lui dit-il : s'il vous plaît de m'aider, et que Dieu me donne d'obtenir mon droit sur l'Angleterre, je promets de vous faire hommage de ce royaume, comme si je le tenais de vous. »

Le comte de Flandre, tuteur du roi, vivait encore alors, mais il était absent. Philippe consulta ses principaux barons. « Sire, s'écrièrent-ils tous, vous n'ignorez pas combien peu les Normands vous respectent aujourd'hui : ce sera bien autre chose quand ils auront l'Angleterre. D'ailleurs, secourir le duc coûterait beaucoup ; et, s'il venait à faillir dans son entreprise, nous aurions la nation des Anglais pour ennemie à tout jamais. »

Le comte de Flandre, quoique beau-père de Guillaume, approuva ce refus, et l'imita pour son propre compte ; mais les comtes de Boulogne et de Ponthieu, et le duc d'Aquitaine, entrèrent dans l'alliance normande. Le duc poussait vivement les apprêts de son expédition, lorsqu'il reçut un message alarmant de Conan, duc de Bretagne, qui avait fini par recouvrer entièrement le duché de son père. « J'apprends, mandait le chef breton, que tu es prêt à passer la mer, afin de conquérir le royaume des Anglais : or, l'héritage du duc Robert appartenait à mon père Allan, son parent, et non point à toi ; mais toi et tes complices avez empoisonné mon père ; tu t'es approprié sa seigneurie et l'as retenue contre toute justice, attendu que tu es bâtard. Va donc, si bon te semble, prendre l'Angleterre ; mais rends-moi auparavant la Normandie, qui m'appartient, ou ce sera guerre à mort entre nous. »

« Guillaume, raconte Guillaume de Jumiéges, fut quelque peu étonné des prétentions de Conan ; mais l'événement rendit vaines les menaces du prince des Bretons. Le seigneur de Bretagne qui avait porté les paroles de son chef au duc de Normandie était le chambellan de Conan : ce seigneur frotta de poison l'intérieur du cor de chasse de Conan, ses gants et les rênes de son cheval. Conan était avec ses troupes sur les frontières de l'Anjou, et venait de s'emparer de Château-Gonthier[1] : tandis qu'il prenait possession de cette forteresse, après avoir mis et ôté ses gants et touché les rênes de son cheval, il porta par hasard les mains à sa bouche ; cela suffit pour l'infecter de ce cruel venin et lui donner la mort au milieu des siens en pleurs. Sa sagacité, sa probité et son amour de la justice l'auraient conduit à de grandes choses et lui auraient acquis beaucoup d'honneur, s'il eût vécu. » C'étaient ordinairement les médecins juifs qui prêtaient aux princes leur infâme ministère dans ces sortes de crimes, devenus si communs en Occident à cette époque.

Odon ou Eudes, comte de Nantes, oncle du malheureux Conan, suivit une conduite tout opposée à celle de son neveu. Il devint l'allié de Guillaume, et lui envoya ses deux fils, avec un corps d'hommes d'armes.

La flotte partit de l'embouchure de la Dive. Les vents contraires la forcèrent de relâcher à Saint-Valeri, sur la côte de Ponthieu ; plusieurs navires périrent corps et biens. Le découragement commençait à se mettre dans l'armée. Guillaume fit promener en pompe par tout le camp les reliques de saint Valeri. La nuit suivante, il y eut un changement dans l'atmosphère ; on leva l'ancre. Le 27 septembre 1066, quatre cents navires à voiles et plus de mille bateaux de transport quittèrent ensemble la rive ; le vaisseau du duc allait en tête, portant au haut de son grand mât une bannière blanche bordée d'azur, et ornée d'une croix d'or qu'avait envoyée le pape. Le dragon, antique enseigne des armées impériales romaines, flottait aussi sur la poupe du navire ducal[2]. Guillaume débarqua sans combat sur la côte de Sussex. Ce fut à Pevensey, proche Hastings, le 28 septembre 1066, que l'armée franco-normande descendit sur le sol de l'Angleterre.

---

1. Sur Foulques-le-Réchin, comte d'Anjou.
2. *V.* la tapisserie de Bayeux, publiée par MM. A. Jubinal et Sansonetti. Les Saxons avaient aussi le dragon pour enseigne : Merlin, dans ses prophéties, symbolise les Saxons et les Gallois par le dragon blanc et le dragon rouge.

Le duc prit terre le dernier de tous. Comme son pied touchait la grève, il fit un faux pas et tomba la face contre le sable. « Dieu nous garde, murmurèrent ceux qui entouraient Guillaume; voilà un mauvais présage! — Que dites-vous? répliqua le duc en se relevant vivement; j'ai saisi cette terre de mes mains, et, par la splendeur de Dieu, tout est à nous tant qu'il y en aura! »

L'armée alla camper près de la ville de Hastings, et le camp fut protégé par trois châteaux de bois que l'on construisit à la hâte avec des pièces taillées à l'avance. Ensuite les bandes de Normandie, « avides de gaigner », dit le roman de Rou, se mirent à saccager les environs.

Pendant que les Normands s'embarquaient pour assaillir l'Angleterre, d'autres envahisseurs étaient venus fondre sur elle du côté du nord. Tostig, un des fils de Godwin et des frères du roi Harold, avait été gouverneur du Northumberland au temps du roi Edward : chassé par les habitants à cause de sa tyrannie, et furieux d'avoir vu son expulsion sanctionnée par l'équitable Harold, il s'en était allé chercher partout des ennemis à son frère et à sa patrie. Harold, roi de Norwége, cédant à ces instances, équipa une flotte considérable, et envahit tout à coup le Northumberland et l'Yorkshire. Le roi des Anglais courut au-devant des Norwégiens, et une bataille terrible eut lieu au pont de Stamford, près d'York. Harold le Saxon défit Harold le Scandinave; le roi de Norwége et Tostig furent tués, et leur armée taillée en pièces.

Trois jours après la bataille de Stamford-Bridge, les Normands débarquèrent sur la côte de Sussex. Harold, quoique blessé, partit aussitôt d'York, et revint à grandes journées dans le midi de l'Angleterre. Mais l'espèce de désertion, qui, dans les armées irrégulières, suit toujours les grands chocs, avait réduit de beaucoup les forces de Harold, et, quand il arriva en vue du camp de Guillaume, ses troupes étaient bien inférieures en nombre à celles du duc de Normandie. Les Saxons avaient espéré surprendre leurs adversaires. Lorsqu'ils virent la bonne discipline des Normands, plusieurs des *eorls* conseillèrent au roi de dévaster le pays pour affamer les étrangers, et de se replier sur Londres, où s'organisait la levée en masse de la nation. « Par ma foi! dit

Harold, je ne détruirai pas le pays que j'ai à garder. » Et il se retrancha derrière des fossés et des palissades, sans vouloir reculer devant l'agresseur, ni attendre les grands corps de milice qui étaient en marche. On ne songea plus des deux côtés qu'à combattre [1].

Dans la nuit du 13 au 14 octobre, Guillaume annonça aux Franco-Normands que, le lendemain, on attaquerait les lignes des Saxons, établies sur une chaîne de collines qu'enfermait un rempart de palissades et de claies d'osier. Les Normands passèrent cette nuit à préparer leurs armes et à « purger leurs âmes » en se confessant aux prêtres qui se trouvaient en grand nombre parmi eux. Les Saxons chantaient les vieux chants de leur nation, et, assis autour de leurs feux de garde, vidaient des cornes pleines de bière et de vin. Au point du jour, Eudes, évêque de Bayeux, frère maternel du duc Guillaume, célébra la messe, armé d'un haubert sous son rochet, et bénit les troupes ; puis, montant sur un cheval de bataille, il fit ranger l'armée en bon ordre. Elle se forma en trois corps : le premier, composé des gens d'armes du Boulonnais et du Ponthieu, et des aventuriers à la solde du duc ; le second, des auxiliaires de Bretagne et de Poitou, et des vassaux du Maine ;

[1]. Il est difficile d'apprécier les forces respectives des deux partis : Guillaume comptait dans ses rangs quatre cent deux chevaliers bannerets (chevaliers levant bannière, chefs de troupe), dont chacun était probablement accompagné d'au moins dix écuyers, varlets, sergents ou suivants d'armes, cavaliers pesamment armés, et d'un assez grand nombre d'archers et d'arbalétriers pris parmi les vilains. Beaucoup de bannerets devaient avoir une suite plus considérable, et, en outre, il faut compter nombre de simples chevaliers n'ayant que deux ou trois hommes à leur suite. Les récits qui portent cette armée à cinquante ou soixante mille combattants semblent toutefois exagérés. Les barons et leurs hommes d'armes étaient couverts d'un haubert ou cotte de mailles qui formait comme un pourpoint et une culotte attachés ensemble et descendant, jusqu'aux genoux : leur tête était défendue par un casque ou heaume de forme conique, finissant en pointe aiguë, et protégeant par derrière la nuque. Par devant, une pièce de fer appelée *cache-nez* défendait le nez et les yeux. Sur leurs boucliers, ovales par le haut et terminés en pointes, étaient peintes des figures de lions, de dragons ou d'autres animaux fantastiques adoptés comme insigne distinctif par chaque seigneur. Leurs armes offensives étaient de longues et larges épées, des haches d'armes, et des lances acérées qui se dardaient encore quelquefois comme les javelines des anciens. Les gens de trait, tous à pied, à ce qu'il paraît, portaient des casaques matelassées, des arcs de bois ou des arbalètes d'acier et des massues. Les troupes de Harold ne consistaient guère qu'en infanterie armée d'énormes haches et de boucliers ronds d'où sortait une lame aiguë et tranchante, sans compter quelques jeteurs de traits et de *carreaux* (dard terminé par une pierre ou un fer carré).

le troisième, de la chevalerie normande, commandée par le duc en personne ; les gens de trait flanquaient chaque colonne d'attaque. Le duc, portant suspendues à son cou les plus révérées des reliques sur lesquelles Harold avait juré, parcourut le front de bataille de son armée. « Avisez à bien combattre, criait-il, et mettez tout à mort! Si nous vainquons, nous serons tous riches : ce que je gagnerai, vous le gagnerez ; si je conquiers, vous conquerrez ; si je prends la terre, vous l'aurez ! »

Les prêtres et les moines montèrent sur une hauteur pour prier et contempler le combat. On leva le gonfanon envoyé par le pape, et l'armée s'avança au pas de course. A la vue de l'ennemi, un jongleur normand nommé Taillefer, vaillant et adroit chevalier, poussa son coursier hors des rangs de l'avant-garde, et entonna la *Chanson de Roland* [1] : à chaque tirade terminée par le cri de guerre *Aoi!* il lançait en l'air son épée ou sa lance et la recevait dans la main droite, et les Normands répondaient à ses chants en criant : *Diex aie! Diex aie!* (Dieu aide !)

Les Anglo-Saxons, pressés en rangs épais autour de leur bannière nationale plantée en terre, repoussèrent deux assauts, malgré la grêle de traits qui pleuvait sur eux ; Harold, l'œil crevé par une flèche, ne se retira pas un instant de la mêlée, et les haches saxonnes, brisant d'un seul coup les boucliers et les cottes de mailles, firent un terrible carnage des hommes d'outre-mer. Un moment, la journée parut décidée contre les envahisseurs. Beaucoup de Normands ayant été culbutés avec leurs chevaux au fond d'un grand ravin, proche du camp anglais, le bruit courut que Guillaume venait d'être tué, et la déroute commençait, quand le

---

1.
    Taillefer, ki mult bien cantout,
    Sur un cheval ki tost alout,
    Devant li dus (le duc) alout cantant
    De Karlemaine è de Rollant,
    Et d'Olivier et des vassals
    Ki moururent en Renchevals (à Roncevaux).

Wace, *Roman du Rou*, t. II, p. 189, 190. Ce passage du célèbre poëme historique de Wace ne permet pas de révoquer en doute l'existence des *Chansons de Gestes* dès le milieu du onzième siècle. Les Normands s'étaient si bien francisés, que les traditions poétiques des Franks avaient détrôné chez eux celles des Scandinaves : leur poésie ne devait pas tarder à remonter des traditions frankes aux traditions celtiques. — Nous reviendrons sur la *Chanson de Roland*.

duc lui-même se jeta au-devant des fuyards la tête découverte. « Je vis encore! cria-t-il, je vis, et je vaincrai, avec la grâce de Dieu! »

Les Normands ralliés ne réussirent pas davantage dans une troisième attaque ; alors Guillaume fit tourner bride à une partie de ses chevaliers. Les Saxons, les voyant fuir, sortirent impétueusement des retranchements, et s'élancèrent à la poursuite des Normands : les chevaliers firent volte-face, tandis qu'un autre corps de Normands chargeait en flanc leurs imprudents ennemis. Les Saxons repoussés regagnèrent leurs lignes ; mais les Normands y entrèrent pêle-mêle avec eux, et, dans le camp même, recommença une horrible lutte qui dura jusqu'au soir. Guillaume eut son cheval tué sous lui ; mais Harold et ses deux frères tombèrent morts au pied de leur étendard, qui fut arraché et remplacé par le gonfanon de Saint-Pierre. Les débris de l'armée anglo-saxonne ne se dispersèrent qu'à la nuit, « après avoir fait pour le pays tout ce qu'ils devaient et pouvaient (Malmesbury). »

La victoire avait coûté cher aux Normands, mais elle était complète ; la puissance des Saxons d'Angleterre était abattue pour toujours. Sur le champ de carnage jonché de cadavres des *eorls* et des *thanes* saxons, Guillaume le Bâtard, dont le premier surnom allait être effacé par celui de Conquérant, fit vœu de fonder un couvent sous l'invocation de la Sainte-Trinité et de Saint-Martin de Tours. Le grand autel du moûtier fut élevé au lieu même où avait été renversé l'étendard du roi Harold, et l'on nomma ce monastère *l'abbaye de la Bataille*.

Un écrivain du siècle suivant, Guillaume de Malmesbury, a peint à larges traits la physionomie des deux peuples qui venaient de combattre ainsi, l'un pour l'empire, l'autre pour l'existence nationale : « Les Saxons, dit-il, négligeaient depuis longtemps l'étude des lettres sacrées et profanes : les clercs savaient à peine balbutier les paroles des sacrements, et, si quelqu'un d'entre eux connaissait la grammaire, il était en admiration à tous les autres.....[1] Tous buvaient à l'envi, et consommaient jour et nuit leurs revenus en festins, tandis qu'ils se contentaient d'habita-

---

[1] Ils étaient bien changés depuis le temps d'Alcuin !

tions misérables; tout au contraire des Français et des Normands, qui font peu de dépense dans leurs belles et vastes maisons. L'ivrognerie et les vices qu'elle traîne à sa suite avaient efféminé leurs cœurs; c'est pourquoi ils combattirent Guillaume plutôt avec la témérité et la précipitation de la fureur que selon la science militaire : aussi une seule défaite les livra-t-elle à la servitude, eux et leur patrie. Ils communiquèrent à leurs vainqueurs leur gloutonnerie et leur amour de la boisson. Quant aux Normands, ils sont soigneux dans leurs habits jusqu'à la recherche, délicats dans leur nourriture, accoutumés à la vie des camps, et ne pouvant exister sans guerre. Lorsqu'ils ne se sentent pas les plus forts, ils sont toujours enclins à employer la ruse ou à corrompre leurs adversaires à prix d'or. Jaloux de leurs égaux, ils voudraient égaler leurs supérieurs; ils sont enclins à dépouiller leurs inférieurs, mais ne les laissent point maltraiter par les étrangers; ils aiment leurs princes, mais la moindre offense en fait des rebelles. Ils savent peser la trahison avec la fortune, et mettre en balance le changement de parti avec l'argent qu'il peut rapporter; ils sont très bienveillants et très hospitaliers envers les étrangers, et ne dédaignent pas de contracter des mariages avec leurs sujets (c'est-à-dire les seigneurs avec les filles des vilains). »

Quels que fussent les vices nationaux des Normands, la civilisation était en progrès constant chez eux : la vitalité sociale décroissait, au contraire, chez les Saxons, tant de fois conquis et foulés aux pieds par les pirates du Nord : la lutte n'était point égale entre les deux peuples.

Malgré la consternation que la journée de Hastings avait jetée dans tout le pays, la province de Kent seule fit sur-le-champ sa soumission. Guillaume, en marchant sur Londres, dut s'attendre à livrer une seconde bataille sous les murs de cette vaste cité, où s'étaient réunies ces milices saxonnes que n'avait point attendues le téméraire Harold. Les divisions que souleva, dans le grand conseil national (*wittena-gemot*), le choix d'un nouveau roi, firent évanouir les dernières espérances du peuple anglais. Les habitants de Londres et les chefs des comtés du sud ayant proclamé Edgard Atheling. jeune prince du sang royal, à qui l'on avait naguère préféré Harold, les eorls des provinces du nord quittèrent la capitale, et se retirèrent dans leurs gouvernements. Les longues invasions des Danois avaient laissé dans tout le nord de l'Angleterre une masse de population danoise qui dominait dans plusieurs provinces. Cette absence d'unité nationale contribua à la ruine de la monarchie saxonne. La défection des gens du nord acheva de décourager les Saxons méridionaux : après quelque temps de blocus, Londres se rendit sans autre condition que la promesse que fit le duc « d'être doux et clément ». Le prétendant Edgard, Stigand, archevêque de Canterbury, Eldred, archevêque d'York, les principaux prélats, thanes et bourgeois, allèrent trouver Guillaume dans son camp, lui livrèrent des otages et lui jurèrent paix et fidélité.

Avant de pousser plus loin sa conquête, Guillaume résolut de se faire couronner roi d'Angleterre. Mais, craignant d'effaroucher l'ombrageuse indépendance des Normands, il feignit d'abord d'hésiter à prendre ce titre, et eut l'adresse d'amener ses compagnons à le lui décerner d'eux-mêmes. L'archevêque de Canterbury, primat d'Angleterre, refusa « d'imposer les mains à un homme couvert de sang et envahisseur du droit d'autrui »; mais Eldred, archevêque d'York, « homme prudent et sage », dit une chronique normande, céda aux menaces du vainqueur, et consentit à sacrer Guillaume. La cérémonie eut lieu, suivant l'usage, à Westminster (le monastère de l'Ouest), près de Londres. Au lieu de la grande assemblée des « meilleurs hommes » (*tha bestan menn*) d'Angleterre, qui jadis procédaient dans cette même enceinte aux élections royales, deux cent soixante chefs de guerre étrangers, et quelques Saxons intimidés ou séduits, se réunirent dans l'église du monastère. L'évêque de Coutances demanda aux Franco-Normands, en langue romane, s'ils étaient d'avis que leur seigneur reçût le titre de roi des Anglais ; l'archevêque d'York fit la même question aux Saxons, en langue tudesque. Les acclamations qui s'élevèrent alors furent si bruyantes, que la cavalerie normande postée aux alentours les prit pour des cris de révolte et mit le feu aux maisons de Westminster. Il y eut une confusion inexprimable dans l'église et autour de l'église, les Saxons se croyant près d'être égorgés par les Normands, et les Normands, d'être assaillis par une insurrection saxonne. « L'archevêque d'York et les prêtres qui l'assistaient, ajoute la chronique, tout tremblants, dépêchèrent à la hâte leur office pour la consécration du roi, qui ne tremblait pas moins. »

Ce fut ainsi que Guillaume-le-Bâtard fut établi roi d'Angleterre par l'épée des hommes de France.

Dès qu'il se vit en possession d'une partie considérable du royaume, il leva le masque; bien qu'il invoquât encore dans quelques manifestes son prétendu droit héréditaire, il déclara franchement que « il avait acquis le royaume des Anglais par le tranchant du glaive, » et il agit en conséquence. Jamais conquête territoriale ne fut plus désastreuse pour les vaincus. C'était la conquête normande qui devait fonder la civilisation et la grandeur de l'Angleterre moderne; mais jamais nation ne paya plus cher son avenir. Le sort des classes supérieures, et même de toute la nation saxonne, fut plus misérable sous la domination des chevaliers normands que n'avait été celui des populations gauloises lors de l'établissement des Barbares : ceux-ci avaient laissé aux anciens possesseurs du sol une partie de leurs biens et de leurs terres; les Franco-Normands procédèrent méthodiquement et par degrés à l'exhérédation d'un peuple presque entier. A mesure que les conquérants avancèrent dans les provinces, quelle que fût la conduite des habitants, on dressa, par ordre du nouveau roi, un inventaire exact de toutes les propriétés mobilières et immobilières : toutes celles qui appartenaient à des Anglais échappés de la grande bataille, ou aux héritiers des guerriers morts à Hastings, furent saisies et confisquées; on dépouilla enfin jusqu'aux citoyens qui n'avaient point combattu en faveur de Harold, lorsque des retards involontaires, et non leur intention, les avaient empêchés de rejoindre ses drapeaux. Cette dernière classe dut comprendre la grande majorité des *franklins* ou propriétaires libres.

« Le produit de cette spoliation générale, dit l'historien de la *Conquête de l'Angleterre,* fut la solde des aventuriers de tous pays qui s'étaient enrôlés sous la bannière du duc Guillaume. Celui-ci retint d'abord pour sa part le trésor des anciens rois, l'orfévrerie des églises et ce qu'on trouva de plus précieux et de plus rare dans les magasins des marchands. Il envoya au pape Alexandre une partie de ces richesses avec l'étendard de Harold, et fit de riches dons à toutes les églises d'outre-mer où l'on avait chanté des psaumes et brûlé des cierges pour le succès de l'entreprise. Le roi prit ensuite une large portion du territoire conquis : les barons et les chevaliers eurent de vastes domaines, des châteaux, des bourgades, des villes entières. Les simples vassaux ou sergents d'armes reçurent des terres, des maisons, des meubles *et des hommes* ». Le pauvre fantassin, qui avait passé la mer avec la casaque matelassée et l'arc de bois noirci, revêtit la chemise de mailles et monta le coursier du chevalier ; le simple chevalier devint assez riche pour « lever bannière » et rassembler une compagnie de gens d'armes[1] ; les bouviers de Normandie et les tisserands de Flandre firent souche de nobles hommes, et même de barons : un Guillaume-le-Charretier, un Hugues-le-Tailleur, un Guillaume-le-Tambour, furent créés chevaliers, et investis de fiefs royaux. Les distinctions sociales de l'ancienne patrie disparaissaient dans la nouvelle. Le Conquérant ne pouvait avoir autour de lui trop de feudataires dévoués, et il se souciait peu de leur origine : aussi n'y eut-il si petit homme de guerre présent à la journée de Hastings qui ne devînt noble et feudataire, soit de la couronne, soit des comtes, vicomtes et barons. Les nombreuses recrues qui arrivèrent de tous les points de la Gaule n'eurent pas la chance moins favorable, au moins pendant les premiers temps : on assure que Guillaume distribua jusqu'à soixante mille *fiefs de haubert*. Un seul chevalier normand, appelé Guilbert, déclara qu'il avait accompagné son seigneur à la guerre, suivant son devoir, mais qu'il « ne voulait rien acquérir par rapine ; et, content de son bien, il refusa d'accepter celui d'autrui. »

La désolation du peuple subjugué fut profonde et inexprimable. De riches et puissants thanes étaient réduits en servage par des hommes auxquels ils n'eussent pas confié la garde de leurs trou-

---

1. On distinguait deux classes de chevaliers : le *bachelier*, ou bas-chevalier, qui n'avait point de vassaux nobles ; et le *banneret*, le baron, de qui relevaient plusieurs *fiefs de haubert*, et qui rassemblait un certain nombre d'hommes d'armes sous sa bannière. La bannière du baron était de forme quadrangulaire ; le bachelier n'avait droit de porter à sa lance qu'une espèce de flamme, un panonceau fendu en queue d'hirondelle. Il est douteux que ces distinctions fussent complétement établies au onzième siècle.

peaux ; les plus nobles filles se voyaient livrées, soit en mariage, soit en *amour*, à de misérables valets d'armée. Ces étranges parvenus perdaient la tête d'orgueil et de joie : ils comprenaient à peine d'où leur pouvait venir une telle puissance, en se voyant des serviteurs plus opulents que n'avaient jamais été leurs propres pères en Normandie. « Tout ce qu'ils voulaient, ils se le croyaient permis : ils versaient le sang au hasard, arrachaient le pain de la bouche des malheureux, et prenaient tout, l'argent, les biens, la terre[1] ! »

Guillaume, maître des plus belles contrées de l'Angleterre, ne dirigea point immédiatement ses efforts contre les populations du nord et de l'ouest. Il confia le pays conquis à son frère Eudes, évêque de Bayeux, qu'il fit comte de Kent, et au sénéchal de Normandie, Guillaume, fils d'Osbert; puis il se rembarqua à Pevensey, pour aller mettre en sûreté son riche butin à Rouen et presser en personne l'armement de nouvelles levées. Guillaume fut reçu avec un enthousiasme extraordinaire dans cette Normandie, où il apportait, disait-on, autant d'or et d'argent qu'on en eût pu rassembler dans toutes les Gaules. Une foule de chevaliers français et aquitains accoururent se mêler aux fêtes qui furent données au roi Guillaume : ils admirèrent les vases précieux, les coupes de corne de bœuf sauvage, et toutes les autres raretés anglaises qu'on étalait dans les festins du Conquérant, et, gratifiés par lui de quelques bribes de la grande proie, ils retournèrent raconter sa gloire dans leurs provinces.

L'excès des souffrances de la population saxonne amena bientôt des soulèvements qui obligèrent Guillaume à repartir sans délai. Le Conquérant, « avec une cautèle de renard, » se montra dans Londres plein de douceur et d'affabilité. Il promit solennellement de respecter à l'avenir les lois nationales des Saxons et de « laisser le fils hériter de son père. » Les habitants de Londres et du voisinage, moins maltraités jusqu'alors que les cantons de l'intérieur, prenant confiance dans la parole royale, demeurèrent en repos, et Guillaume put accabler à loisir les insurgés de l'ouest. Il rencontra une résistance plus opiniâtre dans les provinces sep-

1. Orderic. Vital. l. IV. — Villelm. Malmesb.

tentrionales, où s'était réfugié tout ce qu'il y avait en Angleterre de courageux ennemis de la tyrannie étrangère. Néanmoins Lincoln, York et les autres villes du nord succombèrent les unes après les autres ; la domination normande s'étendit enfin jusqu'à la Tweed, qui séparait auparavant le royaume des Anglo-Saxons et celui des Scotts ou Écossais. Les habitations des thanes et des franklins saxons ressemblaient aux *villas* non fortifiées qu'avaient habitées les leudes franks jusqu'au neuvième siècle ; l'absence ou la rareté des châteaux forts avait été pour beaucoup dans la rapidité des succès des Normands.

Les révoltes des Anglo-Saxons, et leurs succès momentanés, expiés par de sanglantes réactions, ne firent qu'appesantir le joug de ce peuple infortuné. Les pertes des conquérants, au contraire, étaient sans cesse réparées par les renforts qu'ils recevaient de toutes parts : des familles entières, hommes, femmes, enfants, venaient, de Normandie, d'Anjou, de Bretagne, de Champagne, s'établir en Angleterre comme dans une île déserte et abandonnée au premier occupant ; des tenanciers vendaient ou cédaient leurs fiefs en Gaule pour chercher fortune « en la nouvelle terre du duc Guillaume. » Les biens de l'église saxonne eurent un sort presque analogue à celui des propriétés laïques : des milliers de clercs, aussi avides de *gaaignier* que les gens d'armes eux-mêmes, passèrent la Manche à la suite des guerriers, et maints chétifs moinillons s'emparèrent de belles églises et de grosses abbayes enlevées aux religieux indigènes. En divers lieux, les bénéficiaires furent mis à mort, les tombeaux des saints profanés, et leurs os jetés au vent. Enfin, en 1071, cette œuvre de destruction fut couronnée par la dégradation de la plupart des évêques saxons, prononcée dans deux conciles que les légats du pape Alexandre II tinrent à Winchester et à Windsor. Lanfranc, abbé du Bec, devint archevêque de Canterbury et primat d'Angleterre.

Le Conquérant, qui n'avait pas même épargné dans ses déprédations les calices et les ostensoirs sacrés, était traité par l'église romaine en fils bien-aimé : les plaintes des vaincus ne parvinrent pas jusqu'à la cour de Rome, ou y furent étouffées par le crédit de Hildebrand, qui fut enfin élevé au siège de Saint-Pierre, en 1073, sous le nom de Grégoire VII, et qui conserva sur le trône pontifical une étroite alliance avec le roi Guillaume. Celui-ci alla jusqu'à promulguer un décret par lequel il défendait aux chapitres et aux couvents d'élever aucun clerc ou moine anglais aux dignités ecclésiastiques. « Les Normands, dit le chroniqueur anglo-saxon Ingulfe de Croyland, avaient les Anglais en telle abomination, qu'ils proscrivirent jusqu'à leur idiome : ils voulurent que les lois du pays et les statuts des rois ne fussent plus rédigés et cités qu'en langue française; dans les écoles cléricales, on n'enseigna plus aux enfants les principes du latin qu'à l'aide du français, et l'on ne se servit plus dès-lors que de cette langue étrangère dans les chartes et les livres [1]. »

Guillaume, grâce à son habileté, et surtout grâce aux circonstances, devint en Angleterre le prince le plus absolu de l'Europe. La hiérarchie féodale, transplantée sur la terre conquise, y changea complétement de caractère, sans changer de forme. Les nouveaux feudataires du nouveau roi, cantonnés au milieu de populations dépouillées et désespérées, comprirent assez généralement quels périls entraînerait toute querelle entre eux, toute insubordination envers leur chef, et la conquête territoriale enfanta un gouvernement militaire et monarchique fortement organisé, dont il n'existait point alors d'autre exemple en Occident. Le roi Guillaume, après avoir obtenu l'élimination des prélats saxons, continua de faire peser son sceptre sur l'église d'Angleterre, et, dans ce même temps où Grégoire VII proclamait qu'il appartenait au pape de déposer les rois et de délier leurs sujets du serment de fidélité, Guillaume ne laissait publier aucun canon, aucune bulle dans ses états sans sa permission ; il empêchait les évêques d'aller à Rome, et leur interdisait d'excommunier personne avant d'avoir obtenu son agrément ; à la vérité, il rétablit l'impôt du denier de Saint-Pierre, mais il refusa de prêter au saint-siége ce serment de vassalité que Grégoire espérait de lui.

---

1. Sur toute l'expédition de Guillaume et ses antécédents, *v.* l'*Histoire de la conquête de l'Angleterre par les Normands*, par M. Aug. Thierry, l. II. V. aussi les principaux monuments qui ont servi de base à cet admirable livre, tels que Guill. de Jumiéges, Guill. de Malmesbury, Orderic ou Ordri Vital, Guill. de Poitiers (*Gesta Guillelmi ducis*), Wace (*Roman de Rou*), Henri de Huntingdon, Roger de Hoveden, Eadmer, Ingulfe de Croyland, la *Chronique* en vers de Geoffroi Gaimar, la *Chronique française de Normandie*, etc.

Cependant la papauté de Grégoire VII et la monarchie de Guillaume le Conquérant, quoique se froissant plus d'une fois, ne s'entre-heurtèrent point ; ces deux hommes, très différents par la moralité, mais très rapprochés par le génie, avaient trop besoin l'un de l'autre. La conduite de Guillaume dut toutefois inspirer à Grégoire de tristes pressentiments sur le succès de ses gigantesques projets.

L'autorité de Guillaume se consolidait en Angleterre, mais ce prince n'avait pas trop de toutes ses forces pour contenir le peuple conquis et repousser les irruptions des Danois, des Gallois et des Écossais, qui voulaient une part dans les dépouilles des Saxons; l'influence des Normands dans la Gaule était momentanément affaiblie, plutôt qu'accrue, et le roi des Anglais était moins redouté de ses voisins que naguère le duc de Normandie.

(1070) Les habitants du Maine avaient subi avec peine le joug des Normands. Cette population courageuse et remuante profita des embarras de Guillaume pour secouer une domination fondée par le plus lâche des attentats. Nobles et bourgeois s'insurgèrent, chassèrent les châtelains et les hommes d'armes de Guillaume, tuèrent le sénéchal qui gouvernait le comté en son nom, et « établirent comte sur eux » le fils d'une sœur du dernier comte du Maine. Le gouvernement du comté, pendant la minorité du jeune Hugues, fut remis au sire Geoffroi de Mayenne, comme tuteur du comte; mais bientôt les bourgeois du Mans trouvèrent les taxes et les tailles du nouveau seigneur aussi lourdes que celles du monarque normand. « Comme Geoffroi de Mayenne, dit la chronique des évêques du Mans, cherchait toutes les occasions de vexer les citoyens et de leur extorquer de l'argent, ils se consultèrent sur les moyens de lui résister et de mettre ordre à ce que lui, ou tout autre, ne pût les opprimer davantage. Ils formèrent donc une conjuration qu'ils nommèrent *communion* (ou commune), se lièrent tous par les mêmes serments, et forcèrent Geoffroi et les autres barons du pays à jurer, bien qu'ils en eussent, fidélité à la *communion* du Mans, » c'est-à-dire à jurer qu'ils respecteraient et défendraient les droits et libertés que venaient de proclamer les bourgeois (1072).

C'est la première apparition de ce grand nom de *commune*.

Le chroniqueur épiscopal, très malveillant pour la « commune », prétend que les citoyens, enhardis par le succès, « commirent des crimes innombrables, condamnant beaucoup de personnes sans procès ni jugement, arrachant les yeux aux uns, pendant les autres, pour des fautes fort légères » : le chroniqueur qualifie vraisemblablement de « fautes légères » les attentats aux propriétés et aux personnes qui se renouvelaient à chaque instant sans aucune répression, et que les bourgeois, une fois organisés en « commune », voulurent réprimer à tout prix par des moyens plus efficaces que les amendes, sans épargner clercs ni gentilshommes. Le chroniqueur leur reproche aussi d'avoir attaqué et brûlé les châteaux du voisinage pendant le saint temps de carême et la semaine de la Passion : ces châteaux étaient des repaires de petits nobles pillards, qui détroussaient les marchands sur la grande route et ne cessaient de ravager le pays. La trahison arrêta enfin les progrès de la « commune » : un des hauts barons du Maine, le seigneur de Sillé, « s'était attiré la colère des conjurateurs par quelques injures qu'il leur avait faites »; les bourgeois dépêchèrent des messagers dans toute la contrée pour armer le peuple en masse, appelèrent à l'aide Geoffroi de Mayenne et les autres nobles qui avaient juré la « commune », et obligèrent l'évêque et les curés de marcher à leur tête avec croix et bannières. Mais l'évêque et Geoffroi étaient secrètement d'accord avec le sire de Sillé : l'évêque, dévoué au roi Guillaume, n'aspirait qu'à la ruine de la « commune ». Quand on fut devant Sillé, la garnison fit tout à coup une vigoureuse sortie, pendant que des gens apostés par Geoffroi criaient qu'on était trahi, que tout était perdu. Une terreur panique saisit les assiégeants : bourgeois, nobles et paysans s'enfuirent à vau-de-route; un grand nombre furent tués ou pris.

La guerre civile rentra au Mans avec les fuyards. Le perfide Geoffroi avait levé le masque; la mère du jeune comte Hugues, la comtesse Guersende, dont il était, dit-on, l'amant, lui livra la citadelle. Les bourgeois exaspérés demandèrent assistance à tous les seigneurs ennemis soit de Geoffroi, soit des Normands; le comte Foulques d'Anjou accourut. Les bourgeois incendièrent eux-mêmes les maisons voisines de la citadelle pour en déloger leurs adversaires. Geoffroi s'évada; la citadelle se rendit au comte Foulques, et fut remise aux bourgeois : les bourgeois rasèrent le rempart intérieur qui commandait la ville, et ne conservèrent que le rempart extérieur, qui pouvait servir à la défendre.

Ils avaient sans doute offert à Foulques de lui rendre la suzeraineté du Maine; mais Foulques n'osa ou ne put les protéger contre un ennemi plus redoutable que Geoffroi. Le roi Guillaume avait convoqué sous ses drapeaux tous les hommes de guerre normands ou saxons qui voudraient le suivre contre les Manceaux. Les Saxons haïssaient tellement cette France, d'où était venue leur ruine, qu'ils accoururent en foule à l'appel de leur tyran, satisfaits seulement de pouvoir ravager une province française, quelle qu'elle fût. Guillaume envahit bientôt le Maine, et ses Anglais pillèrent les petites villes et les bourgades; brûlèrent les hameaux, arrachèrent les vignes, coupèrent les arbres. La province épouvantée se soumit, et les principaux bourgeois du Mans apportèrent les clefs de leur ville au roi, à condition qu'il leur conserverait leurs « anciennes coutumes et justices »; mais la nouvelle « commune » fut abolie et ne se releva point.

(1076) Trois ans après la capitulation du Mans, les Cambraisiens, toujours animés d'une soif de liberté que rien ne décourageait, « jurèrent ensemble, pendant l'absence de leur évêque Gérard, la *commune* qu'ils avaient longtemps désirée. » L'évêque accourut, accompagné de son ami Baudouin de Mons, comte de Hainaut, et de « grande chevalerie. » Les Cambraisiens fermèrent les portes de la ville et s'apprêtèrent à soutenir un siége; alors l'évêque leur manda qu'il « traiterait de ces choses en sa cour (*curia*, cour de justice) en bonne manière », c'est-à-dire qu'il ratifierait la « commune ». On le laissa donc entrer avec toute sa chevalerie; mais, peu de temps après, « grand nombre de chevaliers assaillirent les bourgeois en leurs hôtels, en *occirent* aucuns et blessèrent plusieurs..... Les bourgeois furent pris et menés devant l'évêque [1] ». Le prélat, s'il faut en croire le chroniqueur cambraisien, n'avait point consenti à cette trahison, mais il en profita pour contraindre les bourgeois à renoncer à la « com-

---

1. *Histor. des Gaules et de la France*, t. XII, p. 539, et XIII, p. 476.

mune » et à lui jurer *féauté* (fidélité). Les fruits de cette honteuse victoire furent peu durables.

Les événements qui se passaient au Mans et à Cambrai n'étaient point des faits accidentels, mais les premiers symptômes d'une grande révolution.

Nous dirons plus tard quels sentiments et quelles idées exprimait ce nom nouveau de *commune*, et quel pouvoir magique il exerçait sur les âmes. Nous indiquerons les caractères et les phases de la grande réaction qui s'apprêtait contre la féodalité et qui allait enfanter la société bourgeoise et préparer le monde moderne. Le mouvement populaire ne prend de grandes proportions et n'entre véritablement dans l'histoire générale qu'environ un quart de siècle après les tentatives malheureuses du Mans et de Cambrai : c'est à cette époque que nous en exposerons les origines et les vicissitudes principales.

En présence des grandes choses que venait d'accomplir un vassal de la couronne de France, on oublie l'existence insignifiante du prince qui portait le titre de roi des Français. Le roi Philippe consumait sa jeunesse dans une oisiveté licencieuse, rançonnant ses sujets, dévalisant les marchands étrangers qui passaient sur ses terres, vendant au plus offrant les évêchés et les abbayes dont il avait l'investiture, et défrayant ses débauches avec les produits de cette royale « simonie ». A dix-huit ans, toutefois, il s'arracha un moment à sa « fainéantise » pour intervenir dans les affaires de Flandre.

Cette province et le reste des Pays-Bas [1] étaient alors troublés par une grande guerre civile. Le comte Baudouin de Lille avait eu pour successeur son fils Baudouin VI, qui réunit par mariage le Hainaut à la Flandre [2], tandis qu'un autre fils, Robert, parvenait au gouvernement des comtés de Frise, de Hollande et de Zélande, en épousant la comtesse Gertrude. Ce Robert, espèce de chevalier errant, qui, par son esprit inquiet et aventureux, ressemblait aux héros normands, avait éprouvé d'étranges vicissitudes : il conduisit d'abord une expédition sur les côtes de Galice, et, vaincu par les musulmans d'Espagne, il s'échappa presque

---

1. Nous employons ce nom pour plus de clarté : il n'était pas encore en usage.
2. La succession féminine était déjà établie en Hainaut.

seul ; son père lui équipa une seconde flotte, sur laquelle il tenta de nouveau la fortune ; mais la tempête détruisit ses navires, et il se sauva du naufrage à grand'peine. Dégoûté par d'autres échecs de diverse nature, il renonça enfin aux entreprises lointaines, et attaqua, avec une armée d'aventuriers, la Frise et la Hollande, gouvernées alors par la comtesse Gertrude de Saxe, tutrice de son fils mineur [1]. La guerre se termina par le mariage de Gertrude et de Robert, qui prit le titre de comte de Frise. Robert, à la mort de Baudouin de Lille, laissa Baudouin VI hériter en paix de leur père commun : mais Baudouin, on ne sait pourquoi, chercha querelle à son frère, et envahit la Hollande : Robert « le Frison », comme l'appellent les vieux historiens, se défendit vaillamment, et Baudouin VI fut défait et tué (16 juillet 1070). Robert, après sa victoire, ayant pénétré en Flandre, Richilde, veuve de Baudouin VI, et son jeune fils Arnould, allèrent demander asile et secours au roi Philippe de France. La comtesse implora également l'assistance du sénéchal Guillaume, fils d'Osberne, qui gouvernait la Normandie en l'absence du roi Guillaume, beau-frère de Beaudouin VI. Philippe et le fils d'Osberne, « qui était livré tout entier à l'amour de la comtesse », dit la chronique, accueillirent sur-le-champ la prière de Richilde ; ils pensaient trouver si peu de résistance, que Guillaume vint joindre Philippe avec une simple escorte de dix chevaliers.

Le roi et le sénéchal de Normandie s'avancèrent précipitamment en Flandre, entretenus dans leur sécurité par l'apparent effroi de Robert-le-Frison ; mais tout à coup, engagés au milieu des fossés et des canaux de la West-Flandre, ils furent assaillis et mis en pleine déroute auprès de Cassel (20 février 1071). Guillaume, fils d'Osberne, et le jeune Arnoul de Flandre périrent les armes à la main ; le roi s'enfuit de toute la vitesse de son coursier, et la Flandre, prix du combat, resta au pouvoir de Robert-le-Frison. Les cités flamandes de langue tudesque, Gand, Bruges, Courtrai (Koortrik), Ypres, etc., avaient pris parti dans cette guerre en faveur de Robert-le-Frison, et les villes de langue wallonne ou française, Lille, Douai, Arras, s'étaient déclarées pour

---

1. Voici les femmes exerçant la tutelle féodale.

la cause que soutenait le roi de France. Le comté de Hainaut, patrimoine de Richilde, demeura seul au jeune Baudouin, frère puîné du malheureux Arnoul. Le roi Philippe, la même année, ayant fait la paix avec Robert-le-Frison, épousa Berthe de Hollande, fille du premier mari de cette Gertrude qui était devenue la femme de Robert.

Le jeune roi, lassé de guerre et de chevalerie par le mauvais succès de sa première campagne, se replongea dans sa vie molle et libidineuse; il y fut bientôt troublé par les vigoureuses admonitions du pape Alexandre II, puis du formidable Grégoire VII, qui, après avoir poursuivi si longtemps la simonie, n'était pas homme à se relâcher de sa rigueur en montant sur le siége apostolique. Dès le mois de décembre 1073, Grégoire VII, qui avait été élu le 22 avril, écrivit contre le roi une lettre fulminante à l'évêque de Chalon-sur-Saône.

« Entre tous les princes de notre temps qui, par une cupidité perverse, ont vendu l'Église de Dieu en dissipant ses biens, nous avons appris que Philippe, roi des Français, tenait le premier rang. Notre zèle pour la charge qui nous est confiée nous animait à punir avec sévérité des attentats aussi audacieux ; mais, tout récemment, Aubri, chambellan de ce roi, est venu nous promettre de sa part qu'il se soumettrait à notre censure, qu'il réformerait sa vie et respecterait dorenavant les églises. C'est pourquoi nous suspendons les rigueurs canoniques, et nous consentons à éprouver quelle créance nous devons ajouter à la parole de Philippe. S'il ne la tient point, qu'il sache qu'avec l'autorité des saints apôtres Pierre et Paul, nous réprimerons son endurcissement et sa rébellion. Or, il faudra bien qu'il renonce à son hérésie simoniaque, ou que les Français, frappés du glaive de l'anathème, abjurent son obéissance, s'ils ne préfèrent abjurer la foi chrétienne ! »

Philippe, trop faible pour s'irriter des menaces du pape et trop vicieux pour profiter de ses leçons, s'humilia, et retomba le lendemain dans les mêmes péchés. Grégoire VII nous a laissé un portrait de ce roi, tracé de main de maître, mais avec une plume un peu trop habituée peut-être à prodiguer l'hyperbole : c'est dans une lettre adressée aux prélats francais en novembre 1074.

« Un long espace de temps, dit-il, s'est déjà écoulé depuis que la gloire du royaume de France, autrefois si puissant et si célèbre, a paru décliner; mais ces dernières années ont vu la ruine complète de son honneur. L'autorité royale ayant perdu toute énergie et toute vertu, aucune loi ne subsiste pour prévenir ou châtier les crimes : aussi tout ce qui peut se faire d'ignominieux, de sanguinaire, d'abominable, s'y pratique impunément, et a passé en usage par une longue licence. C'est votre roi, ou plutôt votre tyran, qui, à la persuasion du diable, est la cause de toutes ces calamités. Il a souillé sa jeunesse de mille infamies; aussi faible que misérable, il ne sait point diriger les rênes du royaume qui lui est confié, et non-seulement il abandonne son peuple au vice, en relâchant les liens de l'obéissance, mais il l'encourage par son exemple à tout ce qu'il n'est permis ni de faire ni même de raconter. Il ne lui suffit point d'avoir mérité la colère de Dieu par une multitude de sacriléges, de parjures, d'adultères; il vient, à la manière d'un brigand, d'enlever de grandes sommes à des marchands qui, de toutes les contrées de la terre, se rendaient à je ne sais quelle foire en France. Dans les fables même, on ne trouverait rien de pareil chez un roi ! »

Philippe tâcha de déguiser un peu mieux son commerce de bénéfices ecclésiastiques, et la lutte désespérée qui s'engagea entre Grégoire VII et le roi Henri IV de Germanie empêcha le pape de réaliser ses menaces d'excommunication contre le roi de France.

L'élection de Grégoire VII n'avait pas été le sujet de la querelle : le consentement du roi et des seigneurs du royaume de « Teutonie[1] » (ou de Germanie) avait été demandé et obtenu, et personne n'avait contesté l'élévation de Hildebrand à la papauté; mais les vices monstrueux de Henri, ses excès simoniaques, sa tyrannie envers ses sujets attirèrent bientôt sur lui les anathèmes du pontife qui se croyait le représentant et le vengeur de Dieu. Au reste, quand le roi Henri n'eût point été débauché, cruel et cupide, quand il n'eût point trafiqué des évêchés et des abbayes, la guerre n'en eût pas moins infailliblement éclaté ; car Grégoire n'attaquait plus seulement la simonie, c'est-à-dire l'investiture à

---

1. Le vieux nom de Teutons (*Deutschen*) reparaît comme celui de *Gaulois* ou *Welches*.

prix d'argent, mais l'investiture en elle-même ; et il défendait, sous peine de dégradation, à tout évêque élu de recevoir d'un laïque la crosse et l'anneau ; il annonçait hautement ainsi la résolution de rendre les élections ecclésiastiques tout à fait indépendantes des rois et des suzerains. Les successeurs des apôtres, disait-il, ne doivent point prendre la crosse pastorale et l'anneau mystique d'une main laïque teinte de sang. Du point de vue religieux, les arguments de Grégoire étaient décisifs ; mais ses adversaires lui opposaient des arguments d'une autre nature : la position des prélats était complexe ; ils étaient à la fois princes de l'Église et membres du corps féodal, et ne pouvaient posséder de grandes terres, des bourgs, des cités, sans remplir les devoirs féodaux envers les suzerains desquels relevaient ces possessions ; en les affranchissant de ces devoirs, le pape bouleversait la société politique. Grégoire ne l'ignorait pas : lui qui voulait fonder une société nouvelle, il n'entendait point que les évêques eussent d'autre seigneur que le vicaire du Christ, auquel il prétendait soumettre politiquement les rois eux-mêmes. La question, posée de la sorte, était insoluble et devait enfanter une guerre interminable.

Henri IV, excommunié pour simonie, promit de s'amender, et fut réconcilié à l'Église (1074) ; mais il retomba presque aussitôt dans ses errements, encouragé par la rébellion presque générale du clergé teuton contre le célibat ecclésiastique et contre l'absolutisme papal. La réaction fut si violente en Germanie, en Lorraine et en Lombardie, que les évêques du royaume de Henri IV, assemblés à Worms et à Pavie (1076), déclarèrent Hildebrand déchu de la papauté. Grégoire, qui avait réuni de son côté un concile à Rome, répondit en proclamant la déchéance du roi Henri, et en déliant tous ses sujets du serment de fidélité. Un très grand nombre d'évêques teutons, lombards et français furent en même temps frappés d'anathème, les uns comme schismatiques, les autres comme simoniaques.

On croit que c'est dans cette assemblée de Rome que furent promulguées les fameuses sentences appelées *dictatus papæ* (dictées ou ordonnances du pape), qui devinrent les principes fondamentaux de la doctrine qualifiée plus tard d'*ultramontanisme*. Suivant ces maximes, le pape seul peut déposer et rétablir les évêques, sans avoir besoin de la participation des souverains, ni de celle des conciles généraux ou provinciaux ; lui seul peut faire de nouvelles lois. Ses décrets doivent être reçus de tous sans examen, et lui, au contraire, a mission d'examiner et de réformer les sentences de tous les puissants du siècle, et ne peut être jugé par personne. A lui seul appartiennent les insignes de la dignité impériale ; à lui le droit d'élire et de déposer les empereurs, de délier les sujets du serment de fidélité envers les princes injustes. Les causes majeures de toutes les églises lui doivent être déférées ; tous les princes doivent le saluer en lui baisant les pieds. L'Église romaine n'a jamais erré et ne peut errer. Le pape devient saint, par le seul fait de son ordination canonique, en vertu des mérites de l'apôtre Pierre[1].

L'audace de Grégoire fut d'abord couronnée d'un plein succès. Ses prétentions gigantesques étonnèrent et accablèrent les esprits plutôt que de les révolter. Henri s'était d'ailleurs aliéné la plupart de ses vassaux. Beaucoup d'évêques teutons et lorrains, qui avaient participé aux actes de l'assemblée de Worms, implorèrent le pardon du pape ; un parti formidable s'arma contre Henri ; les Saxons, qu'il avait cruellement opprimés, témoignaient pour la maison impériale de Franconie, issue des Franks orientaux, une aversion qui semblait le reflet des vieilles antipathies nationales : les Saxons entraînèrent les Thuringiens, les Bavarois, les Souabes. Henri, abandonné de presque tous ses barons, fut obligé de jurer qu'il se soumettrait au jugement du pape et renoncerait à la couronne s'il n'était absous. Il passa les Alpes au milieu d'un hiver rigoureux, alla trouver Grégoire VII au château de Canossa, près de Reggio, et là, seul, pieds nus dans la neige, dépouillé de toutes les marques de sa dignité, il passa trois jours à jeûner et à se morfondre dans une des cours de la forteresse, sans obtenir d'être admis en présence de l'im-

---

1. Baronius, *Annal. eccles. ad ann.* 1076. — « Vous (saint Pierre et saint Paul), faites maintenant connaître à tout le monde que, si vous pouvez lier et délier dans le ciel, vous pouvez aussi sur la terre ôter ou donner les empires, les royaumes, les principautés, les duchés, les marquisats, les comtés et les biens de tous les hommes, selon leurs mérites... Que, si vous jugez les choses spirituelles, à plus forte raison les temporelles. » Décret du 7 mars 1080, en concile à Rome ; *ap.* Fleuri, *Hist. ecclés.* t. XIII, p. 377.

placable pontife. Grégoire accorda enfin au monarque vaincu l'absolution qu'il avait si chèrement achetée (28 janvier 1077), mais sans rien décider quant au rétablissement de Henri sur le trône, Grégoire se réservant de prendre une résolution à cet égard dans une diète teutonique convoquée à Augsbourg.

A la nouvelle des humiliations qu'avait supportées Henri et de la soumission qu'il avait montrée envers le pape, les seigneurs et les prélats de Lombardie, presque tous ennemis de Grégoire, témoignèrent tant de colère et de mépris au roi, que celui-ci rompit aussitôt ses engagements avec le Saint-Père. La lutte recommença, et le parti saxon et haut-allemand, sans même attendre l'avis de Grégoire VII, déféra la couronne à Rodolfe, duc de Souabe (15 mars 1077). La Germanie, l'Italie et la France orientale furent bouleversées par une furieuse guerre, et l'exaspération des deux partis fut portée au comble par l'élection d'un anti-pape. Un cardinal, trente évêques et un certain nombre de seigneurs italiens et teutons proclamèrent pape, à Brixen en Tyrol, l'archevêque de Ravenne, Guibert (31 mai 1080). La Saxe, la Thuringe, la Bavière, la Souabe, la Toscane soutenaient la cause de Rodolfe; la Franconie, la Lombardie, la Basse-Lorraine, combattirent pour Henri; le reste des provinces franco-germaniques se divisaient entre les deux factions, mais les amis du roi y étaient supérieurs. Le turbulent comte de Flandre, de Hollande et de Frise, Robert-le-Frison, s'était déclaré contre Henri, que défendait la maison ducale de Brabant ou de Basse-Lorraine. La cité de Cambrai, protégée par Robert, releva sa *commune* au milieu de ces tempêtes. Le chef de la maison de Basse-Lorraine, Godefroi-le-Bossu, avait péri à Anvers, en 1076, assassiné par les gens de Robert; mais il avait laissé un neveu, un fils adoptif, destiné à élever bien haut la gloire de sa race : c'était le jeune Godefroi de Bouillon, fils puîné d'Eustache, comte de Boulogne, et d'une sœur de Godefroi-le-Bossu. Une chronique prétend que son premier exploit fut la mort du roi Rodolfe, tué dans une grande bataille aux bords de l'Elster, le 15 octobre 1080; ce qui du moins est certain et digne de remarque, c'est que Godefroi de Bouillon, l'idéal du héros religieux au moyen âge, commença sa carrière par servir avec une extrême énergie la cause d'un roi excommunié contre l'église de Rome. Henri IV avait fait Godefroi marquis d'Anvers ou de Brabant, après la mort de son oncle.

Rodolfe de Souabe fut remplacé par un seigneur lorrain, Herman de Salm, comte de Luxembourg, et les hostilités continuèrent : l'Italie en était devenue le principal théâtre. Le parti papal, comme il arrive souvent aux partis qui se fondent sur une force d'opinion plutôt que sur une force matérielle, était moins redoutable de près que de loin, et les Impériaux eurent presque constamment l'avantage en Italie. Après trois ans de sièges, de blocus, d'attaques continuelles contre Rome, Henri IV pénétra dans cette grande cité, le 21 mars 1084, et se fit couronner empereur par son anti-pape Guibert, qui prenait le nom de Clément III, tandis que Grégoire VII s'était enfermé au château Saint-Ange. La cause papale semblait désespérée, lorsque Robert Guiscard et ses Normands, qui avaient conquis toute la Pouille, la Calabre, la Sicile et une partie de l'Illyrie, vinrent au secours du pape et repoussèrent les Impériaux ; la moitié de Rome fut saccagée et brûlée au milieu de cet horrible tumulte. Grégoire n'y survécut que peu de mois. Ses derniers jours furent mêlés de grandes amertumes, et peut-être agités par de terribles doutes : où était cette majestueuse monarchie catholique qu'il avait rêvée? Lui qui s'était cru investi de la puissance divine, qui s'était imaginé pouvoir « lier ses adversaires, non-seulement quant à l'âme, mais quant au corps », et leur ôter par ses décrets « la prospérité temporelle et la victoire[1] », avait failli tomber au pouvoir d'un ennemi victorieux, et ne devait la liberté et la vie qu'à la tardive loyauté d'un orgueilleux vassal. Il s'était dit le maître spirituel et temporel de l'empire romain[2], et Rome même lui échappait ; il s'était dit le suzerain de tous les rois chrétiens, et la France lui refusait l'impôt du « denier de saint Pierre », qu'il avait voulu faire passer d'Angleterre sur tout le continent ;

---

[1]. Décret du concile de Rome, année 1078, dans l'*Histoire ecclésiastique* de Fleuri, t. XIII, p. 351.

[2]. Grégoire VII appuyait à ce sujet sa théorie sur ce fait que tous les empereurs d'Occident, depuis Charlemagne, n'avaient pris le titre et les insignes de la dignité impériale qu'après avoir été sacrés à Rome par le pape. Henri IV lui-même ne se qualifiait que de roi des Teutons et des Romains.

et le roi d'Angleterre, accordant à grand'peine ce tribut, lui déniait l'hommage d'une couronne due jadis à l'appui de Hildebrand, et demeurait neutre entre lui et l'anti-pape Guibert! Il avait proclamé la souveraineté de l'*apostoile* (*apostolicus*) de Rome sur tous les évêques, isolés ou réunis en concile, et les trois quarts des évêques d'Italie foulaient aux pieds ses ordres et chargeaient sa personne d'anathèmes. Il avait voulu fonder l'ordre et l'unité, et il ne léguait à ses successeurs qu'une guerre sans fin.

Certes, la lutte des deux pouvoirs spirituel et temporel, la vie tumultueuse de la société chrétienne féodale, avec tous ses désordres, ses misères, ses déchirements, valait encore mieux que l'unité par le despotisme, telle que la concevait Grégoire VII. La souveraineté absolue d'un seul homme, devenu le droit et l'autorité incarnés, sur l'humanité entière, sur les esprits comme sur les corps, sur les pensées comme sur les actions, eût arrêté tout progrès, étouffé tout essor, fixé l'intelligence humaine dans une morne immobilité[1]; un cosmopolitisme écrasant eût tué dès le berceau les jeunes nationalités, instruments nécessaires de la Providence; le triomphe complet d'une telle doctrine eût été bien fatal au monde! Et pourtant le nom de Grégoire VII est un de ces noms qu'on ne saurait prononcer sans admiration et sans respect : cet homme a tenté hardiment de résoudre le plus grand de tous les problèmes sociaux; il a voulu accomplir par le despotisme ce qui n'appartient qu'à la liberté; l'humanité ne pouvait ni ne devait accepter la solution qu'il a essayé d'imposer; mais le problème se débat encore après huit siècles. La juxtaposition de deux sociétés différentes, l'Église et l'État, la distinction du spirituel et du temporel, ignorée de l'antiquité grecque et romaine, mal définie dans la chrétienté, ne parut qu'un fait anormal et anarchique à ce puissant logicien; pénétré de l'unité de la vie, il regarda comme chimérique sa séparation en deux modes d'existence différents : l'un temporel, c'est-à-dire civil et

---

1. Grégoire VII a, le premier, mis obstacle aux traductions des livres saints. «Il paraît, écrit-il, que Dieu a voulu que l'Écriture fût obscure en quelques endroits, de peur que, si elle était claire à tout le monde, elle ne devînt méprisable, et n'induisît en erreur, étant mal entendue par les *personnes médiocres* (les petites gens). — Lettre au roi de Bohême, pour lui défendre de faire célébrer l'office divin en langue slavonne; *ap.* Fleuri, t. XIII, p. 388.

politique; l'autre spirituel, c'est-à-dire moral et religieux, et il ne vit pas que l'homme, responsable de ses actions devant les hommes, ne doit compte de ses pensées qu'à Dieu, sans intermédiaire; que là est la vraie distinction. L'État, le pouvoir temporel, ne fut à ses yeux qu'un reste de l'antique société païenne, que la société chrétienne et ecclésiastique devait absorber dans son sein; et ce ne fut point par une misérable ambition personnelle qu'il s'efforça d'accomplir cette œuvre sous une forme monarchique; depuis plusieurs siècles, tout avait tendu à transformer en monarchie la république représentative de l'Église, et Grégoire ne fit que résumer et formuler dogmatiquement cette inévitable revolution[1].

La doctrine de la suprématie de l'Église sur l'État était, au reste, si bien établie dans la croyance générale, que l'on n'en contestait que l'application : Henri IV ne prétendait point avoir à la couronne un droit inamissible; il disait seulement que l'Église ne pouvait déposer qu'un roi ennemi de la foi, et qu'étant bon catholique, il n'avait point encouru la déposition. Reconnaître la suprématie de l'Église n'était pas, à la vérité, reconnaître la souveraineté absolue du pape, et ce fut sur cette distinction que continua le combat. Grégoire mourut, mais sa doctrine ne mourut pas : elle s'identifia avec la papauté même; elle a rempli tout le moyen âge de bruit et de tempêtes, et ses échos viennent retentir encore aux oreilles des hommes de nos jours. Les papes Victor III et Urbain II, successeurs de Grégoire, continuèrent contre Henri IV et son anti-pape la guerre spirituelle et temporelle, qui se prolongea avec maintes vicissitudes : Grégoire avait reçu, peu avant sa mort, la nouvelle d'une victoire remportée par les Toscans sur les Lombards, et il avait dû trouver aussi des consolations dans la conduite de plusieurs seigneurs de la France méridionale, qui, dociles aux prétentions du saint-siége, lui transférèrent leur hommage féodal. Bertrand (Bertram), comte et marquis de Provence, seigneur direct ou suzerain de tout le pays entre l'Isère et la mer, avait renoncé à l'obéissance de l'Em-

---

[1]. Le monde littéraire attend depuis longtemps la publication d'un important ouvrage, qui popularisera la connaissance de cette époque si diversement jugée : l'*Histoire de Grégoire VII*, par M. Villemain.

pire pour relever de l'église de Rome; quelques années après, Raimond-Bérenger II, comte de Barcelonne, suzerain de Carcassonne, etc., rendit également hommage au pape Urbain II, pour la cité de Tarragonne (1090).

Le dévot comte de Provence conservait assez mal la seigneurie qu'il avait mise sous le patronage papal: plusieurs de ses vassaux se rendirent complétement indépendants : les comtés de Venaissin, d'Orange, de Forcalquier, la vicomté de Marseille, étaient autant de démembrements du comté de Provence. La *Guerre des Investitures*, comme on nomma la lutte de l'Empire et de la papauté, fut très favorable à la féodalité provençale, et acheva de ruiner le pouvoir impérial au midi du Rhône. Les seigneurs de la Provence, du Viennois, de la Savoie, etc., rompirent toutes relations avec Henri IV et avec ses concurrents à l'Empire.

Pendant ce temps, le duché d'Aquitaine était gouverné par Guilhem VIII, qui mourut en 1086, et qui eut pour héritier son fils Guilhem IX, fameux par ses talents poétiques et la singularité de son caractère. Mais une autre maison commençait à éclipser celle de Poitiers dans le midi de la Gaule. Raimond, comte de Saint-Gilles, frère de Guilhem, comte de Toulouse, avait épousé une fille de Bertrand, comte de Provence; à la mort de Bertrand, le marquisat de Provence, qui comprenait, de l'Isère à la Durance, plus de la moitié du pays appelé plus tard Dauphiné, échut à Raimond et à sa femme; Raimond avait déjà recueilli, par l'extinction de la branche cadette de la maison de Toulouse, le Rouergue et le marquisat de Gothie[1]; enfin, en 1088, il acheta de son frère Guilhem, privé d'enfant mâle, le droit de succession aux comtés de Toulouse, de Querci et d'Albigeois : Raimond de Saint-Gilles devint ainsi un des plus puissants princes de la chrétienté, avant d'en être un des plus illustres par ses exploits.

Les princes capétiens de la Bourgogne ducale paraissent avoir été aussi dépourvus de talents et d'activité que leurs parents les rois de France : le duc Robert, dit le Vieux, fils du roi Robert, trépassa obscurément en 1075. Son fils aîné et son successeur,

---

1. Les vicomtés de Narbonne et de Béziers, les cités de Nîmes, d'Usez, d'Agde, etc., relevaient du marquisat de Gothie.

Hugues, abdiqua en 1078, pour se retirer au monastère de Cluni; Eudes, frère de Hugues, régna ensuite, et ne laissa guère plus de traces dans nos annales que son père et son frère. Les habitants du duché de Bourgogne n'imitaient pas l'indolente oisiveté de leurs chefs. Constance, fille de Robert-le-Vieux, ayant épousé en 1078 Alfonse VI, roi de Castille et de Léon, une foule de guerriers bourguignons accompagnèrent en Espagne cette princesse, pour aller combattre les Maures sous les bannières du roi Alfonse et de l'immortel Cid, don Rodrigue de Bivar. L'éternelle guerre religieuse de la Péninsule ibérique avait pris un caractère de grandeur qui disputait l'attention de l'Europe à la *Guerre des Investitures*. Tolède tomba au pouvoir d'Alfonse (1085), et la conquête du Portugal, due aux *chevaliers errants* de France et de Bourgogne, donna bientôt un nouveau royaume à la chrétienté. Plusieurs de ces aventuriers parvinrent à une haute fortune : Henri, neveu, dit-on, des ducs de Bourgogne Hugues et Eudes, devint comte de Portugal et fut la souche de la maison royale de ce pays; Raimond, un des fils de Guillaume, comte de Bourgogne (Franche-Comté), obtint le comté de Galice, avec la main de doña Urraca, fille du roi Alfonse, et fut le père d'Alfonse VII, qui monta sur le trône de Castille après son aïeul. Le onzième siècle fut l'âge d'or de cette chevalerie errante, qui fonda et renversa des royaumes, et dont le type le plus éclatant fut Robert Guiscard, obscur aventurier devenu un grand roi. On conçoit quelle effervescence, quelles ambitions ardentes, inouïes, devaient s'éveiller à de tels exemples dans l'âme des jeunes nobles sans patrimoine, des cadets de famille qui n'avaient que leur haubert et leur coursier.

Tandis que le prince des Normands d'Italie intervenait vigoureusement dans la querelle de l'Empire et de la papauté, le roi des Anglo-Normands gardait la neutralité. Les affaires d'Angleterre et de Normandie se compliquaient assez pour exiger toute son attention; l'esprit inquiet des Normands vivant parmi les Anglais avait quelque peine à se plier au gouvernement monarchique de la conquête. En 1074, tandis que le roi Guillaume était retenu en France par suite de la révolte des Manceaux, un complot fut formé contre lui par Roger, comte de Hereford, fils de

Guillaume fils d'Osbert, et par le Breton Raoul ou Raulfe de-Gaël, seigneur de Montfort, que le roi avait fait comte de Norfolk. Les guerriers bretons fixés en Angleterre haïssaient Guillaume au fond du cœur, à cause de l'empoisonnement de leur brave prince Conan : ils embrassèrent la cause des rebelles, auxquels se joignirent une foule d'Anglo-Saxons. Les insurgés furent vaincus par le frère du roi, Eudes, évêque de Bayeux, gouverneur de l'Angleterre. Roger de Hereford fut pris : Raulfe de Gaël gagna la côte, et se réfugia dans ses terres de Bretagne, où il se joignit aux comtes de Penthièvre et de Rennes, qui guerroyaient alors contre leur duc Hoël. Guillaume entra en Bretagne pour secourir Hoël et poursuivre Raulfe ; mais les rebelles appelèrent à leur aide le roi de France, que sa jalousie contre Guillaume fit sortir de sa torpeur habituelle. Guillaume, serré entre les rebelles bretons et les troupes françaises, fut obligé de lever le siége de Dol et de se retirer avec perte (1075), humilié d'avoir eu le dessous contre de tels ennemis.

A la révolte de Roger et de Raulfe, succédèrent des dissensions violentes dans la famille du conquérant. Guillaume, pendant la campagne de Hastings, avait choisi pour héritier son fils aîné Robert, et les grands avaient acquiescé à la volonté de leur prince. Lorsque la victoire eut donné la couronne royale à Guillaume, le jeune Robert sollicita le gouvernement de la Normandie, ou tout au moins le comté du Maine, qui lui appartenait du chef de sa femme ; mais le roi refusa de se dessaisir d'aucune portion de ses états. Robert garda beaucoup de ressentiment de ce refus ; il s'indignait d'être sans revenus et sans moyens de récompenser ses serviteurs. « C'était, dit Orderic Vital, un prince bavard et prodigue, mais hardi et exercé dans les armes : nul archer n'était plus adroit ni plus sûr de son coup ; sa voix était claire, sonore, son élocution agréable ; mais il avait le visage trop replet, et le corps si gros et si court, qu'on le surnommait communément *gamberon* ou *courte-heuse* (courte-botte). Excité par la jeunesse turbulente qui l'entourait, il tâcha de surprendre la citadelle de Rouen ; il échoua, se réconcilia avec son père, rompit de nouveau, sur un second refus de Guillaume, partit avec les héritiers des plus illustres familles normandes, qui s'attachèrent à sa fortune (1077), et erra longtemps en Flandre, en Lorraine, en Allemagne, en France, en Aquitaine, visitant les seigneurs alliés à sa maison, les ducs, les comtes, les principaux châtelains, leur racontant ses griefs, et sollicitant leur assistance. « Mais, tout ce qu'il recevait, dit Orderic, il le distribuait à des bateleurs, à des parasites et à des femmes de mauvaise vie : son indigence le réduisit à mendier ou à emprunter à d'avides usuriers.

(1079) Après deux années de courses vagabondes, il s'arrêta enfin au château de Gerberoi, en Beauvaisis, et, de concert avec les châtelains du lieu, prit à sa solde beaucoup de gens d'armes français et normands ; le concours des gens de Normandie autour du jeune prince s'accrut au point que le roi, inquiet, repassa la Manche et alla en personne assiéger Gerberoi. Robert se défendit vigoureusement : dans une sortie, il en vint aux mains avec un chevalier dont le heaume et le *cache-nez* couvraient le visage ; ce chevalier fut atteint au bras et renversé de cheval. A l'exclamation qui échappa au blessé en tombant, Robert reconnut la voix de son père. Il mit pied à terre, aida le roi à remonter en selle, et le laissa s'éloigner librement. » La paix se fit ; mais Robert se brouilla pour la troisième fois avec son père, s'éloigna, et ne revint plus en Normandie tant que vécut le roi Guillaume. « C'est pourquoi, dit Orderic, le roi maudit son fils ; et Robert, avant que de mourir, éprouva grandement les effets de cette malédiction [1]. »

Les révoltes tentées contre le roi Guillaume ne servirent qu'à affermir son autorité, et il se sentit assez fort, en 1083, pour assujettir à un impôt régulier tous les tenanciers d'Angleterre, ses compagnons de victoire, qui jusqu'alors avaient regardé les taxes de toute nature comme essentiellement attachées à la condition des seuls vaincus. Ce fut vers ce même temps que Guillaume commença le fameux *terrier* ou rôle cadastral d'Angleterre, appelé par les Anglo-Saxons *Doomesday-Book*, ou livre du jugement dernier, parce qu'il constatait leur irrévocable spoliation : cette vaste opération, dans le cours de laquelle chaque feudataire dut justifier de ses titres, valut d'immenses domaines à la couronne. Guillaume, qui avait dit autrefois à ses frères d'armes : « Ce que

---

1. Orderic. l. IV, V.— Roger. Hoveden. *Annal.*— Henric. Huntingdon.

je prendrai, vous le prendrez! » revint sur ses paroles, et revendiqua toutes les terres qui avaient appartenu, soit au roi Edward, soit à la famille de Godwin et de Harold, soit enfin au domaine public d'Angleterre : ces acquisitions, jointes aux confiscations qui avaient suivi chaque révolte, firent du monarque normand le plus riche des princes chrétiens : son revenu était, à ce qu'on prétend, de 386,900 livres sterling, valant chacune à peu près le neuvième d'une livre sterling actuelle : on comptait vingt livres sterling au marc.

Guillaume, malgré toute sa puissance, ne put réduire le duc de Bretagne à lui rendre hommage : il avait pénétré de nouveau dans cette province en 1085, et assiégé encore Dol, cette petite ville qui était la clef de la Bretagne. Alain ou Allan-Fergant, qui jadis avait accompagné le Conquérant aux champs de Hastings, était devenu duc de Bretagne après la mort de son père Hoël. Allan surprit le camp de son ancien général, le força à la retraite, et lui enleva son bagage et ses trésors. C'était le premier échec sérieux qu'eût éprouvé le roi Guillaume : il souscrivit à une paix honorable et avantageuse pour Allan, à qui il accorda sa fille Constance en mariage.

Guillaume, forcé de renoncer à ses prétentions sur la Bretagne, voulut se dédommager aux dépens du roi Philippe, qui lui avait donné en mainte occasion des preuves de mauvais vouloir. Les populations normandes du comté d'Évreux étaient sans cesse tourmentées par les incursions des chevaliers du pays Mantois et même des bourgeois de Mantes, gens très hardis et très pillards. Guillaume somma le roi de France, à diverses reprises, de réprimer les brigandages des gens de Mantes, puis de restituer à la Normandie le Vexin Français, dont le roi Henri Ier avait jadis cédé la suzeraineté à Robert-le-Diable. Henri avait profité de la minorité de Guillaume pour reprendre ce fief, qui tomba ensuite dans le domaine direct de la couronne par l'extinction de la maison qui le possédait[1]. En attendant l'issue des négociations, le

---

1. En 1076, Simon de Crépi, comte de Valois, d'Amiens, de Vexin, etc., ayant quitté ses seigneuries pour se faire moine à Saint-Claude dans le Jura, son héritage avait été partagé entre la couronne, qui eut le Vexin ; le comte de Vermandois, qui eut le Valois ; le sire de Couci, qui eut Amiens, etc.

roi d'Angleterre était à Rouen, gardant le lit par suite d'une indisposition qu'avait occasionnée son excessif embonpoint. Philippe n'accueillit que par des railleries les demandes du roi Guillaume. — Par ma foi, dit-il en riant de la singulière maladie du roi normand, ce gros homme est long à accoucher ! il y aura belle fête aux relevailles ! — Par la splendeur de Dieu ! s'écria Guillaume lorsqu'il apprit cette plaisanterie, quand je serai relevé de mes couches, j'allumerai une brillante illumination dans le royaume de France ! »

(1087.) La colère lui rendit son activité, et, se jetant sur le Vexin Français au moment où l'on allait entamer la moisson, il fit fouler les blés sous les pieds de sa cavalerie, arracher les vignes, brûler les chaumières, et emporta d'assaut la ville de Mantes, qu'il livra aux flammes. Tandis qu'enivré de vengeance, il galopait à travers les décombres, son cheval glissa sur des débris ardents, s'abattit, et le blessa au ventre. L'échauffement que lui avaient causé le poids de ses armes, ses cris et ses efforts durant l'assaut, aggrava sa blessure ; on le transporta à Rouen, puis au couvent de Saint-Gervais, hors la ville, « parce que le tumulte de Rouen était insupportable au malade. » Il y languit six semaines, en proie à de grandes souffrances physiques et morales ; le souvenir de tous les crimes où l'avait entraîné l'ambition assiégeait son lit de douleur. Il envoya de l'argent à Mantes pour rebâtir les églises incendiées, et ordonna la mise en liberté des Saxons et des Normands détenus dans ses *geôles*. Il ne chercha point à déshériter du duché de Normandie le fils aîné qu'il avait maudit. — Quant au royaume d'Angleterre, dit-il, que je n'ai pas reçu en héritage, mais acquis par de grands combats et une grande effusion de sang humain, je ne le lègue à personne : je le remets entre les mains de Dieu, me bornant à souhaiter que mon fils Guillaume, qui m'a été soumis en toutes choses, l'obtienne et y prospère, s'il plaît au Seigneur. — Et moi, mon père, que me donnes-tu ? s'écria Henri, son plus jeune fils. — Je te donne 5,000 livres d'argent de mon trésor, répliqua le père, qui ne voulait pas morceler sa seigneurie.

Henri, assez mécontent de cette part, se retira sur-le-champ pour aller recevoir ses 5,000 livres. « Il les fit peser en sa présence, de peur qu'il n'en manquât quelque chose, et se procura un coffre-fort muni de bonnes serrures. » L'autre frère, Guillaume, dit le Roux, partit afin de s'assurer le trône d'Angleterre. Le 10 septembre, au lever du soleil, le roi Guillaume fut éveillé par un bruit de cloches : on lui dit que c'était l'office de prime qui sonnait à l'église de Sainte-Marie. Il leva les mains en murmurant : « Je me recommande à madame Marie, la sainte mère de Dieu, » et, presque aussitôt, il expira.

Les assistants, le voyant mort, se hâtèrent de monter à cheval et « coururent veiller sur leurs biens. » Les gens de service, après le départ précipité des officiers du palais, enlevèrent les armes, les vases, les vêtements, le linge, tout le mobilier, et s'enfuirent à leur tour, laissant le cadavre du roi presque nu sur le plancher. Le corps de Guillaume demeura ainsi abandonné « depuis la première jusqu'à la troisième heure » (de six heures du matin à neuf heures); car la plupart des habitants de Rouen étaient étourdis et troublés « comme des gens ivres : on eût dit, à les voir, qu'une multitude d'ennemis menaçaient déjà la cité. » Chacun demandait avis à sa femme, à ses amis, à ses voisins, pour savoir ce qu'il fallait faire. Des clercs et des moines arrivèrent enfin avec les croix et les encensoirs : Guillaume, archevêque de Rouen, commanda de transporter les restes du monarque à la basilique de Saint-Étienne de Caen, qu'il avait fondée; mais les fils, les frères, les parents, les officiers de Guillaume s'étaient tous éloignés, et il ne s'en trouva pas un pour prendre soin des obsèques : un simple chevalier de la campagne, nommé Herluin, s'en chargea, « par bon naturel et pour l'amour de Dieu; » il fit mettre le cadavre dans une barque, et l'envoya par eau, à ses frais, jusqu'à Caen. Tous les évêques et abbés de la Normandie se réunirent pour la cérémonie de l'inhumation : on creusa la fosse dans l'église de Saint-Étienne, entre le chœur et l'autel. Quand la messe fut terminée, à l'instant où l'on allait descendre le corps, un homme, sortant du milieu de la foule, poussa le cri de *haro*. Tout le monde s'arrêta étonné.

— Clercs, évêques, dit l'interrupteur, cette terre où vous êtes fut l'emplacement de la maison de mon père; l'homme pour lequel vous priez me l'a prise de force pour y bâtir son église. Je n'ai point vendu ma terre, je ne l'ai point engagée, je ne l'ai point *forfaite* (perdue pour *forfaiture* ou haute trahison), je ne l'ai point donnée : elle est de mon droit ; je la réclame. De la part de Dieu, je défends que le corps du ravisseur soit couvert de ma glèbe ! »

Les gens du lieu confirmèrent la vérité des paroles de cet homme. Les évêques lui payèrent donc soixante sous pour l'endroit de la sépulture, et lui promirent un dédommagement équitable pour le reste du terrain ; sur quoi il leva son opposition. On voulut alors placer le corps du roi, revêtu de ses habits royaux, dans la fosse préparée à l'avance : elle était trop étroite, « et l'énorme ventre de Guillaume creva. » L'encens et les parfums qu'on brûla ne dissipèrent pas l'odeur infecte qu'exhalait le cadavre, et les prêtres achevèrent la cérémonie en toute hâte. Telles furent les étranges funérailles du guerrier par excellence, du « grand baron, » ainsi que l'appellent les chroniques normandes.[1]

Robert, son fils aîné, accourut d'exil à la nouvelle de sa mort, et prit possession du duché de Normandie. Un parti considérable, ayant à sa tête l'évêque Eudes de Bayeux, frère du feu roi, soutint outre-mer les droits de Robert contre Guillaume-le-Roux, qui s'était fait couronner à Westminster; mais l'inaction de Robert, qui ne secourut point à temps ses partisans, permit à Guillaume de les accabler, et le « roi Roux, » non content de s'être assuré la couronne d'Angleterre, projeta d'arracher la Normandie à son aîné. Le troisième fils du Conquérant, Henri, le plus habile des trois et le plus mal partagé, avait bientôt su réparer l'omission paternelle. Robert, une fois assis sur le trône ducal, eut promptement dissipé la portion qui lui était échue dans le trésor du Conquérant. Il recourut à Henri, qui ne donna son argent comptant qu'en échange d'un grand fief, comprenant les comtés de Coutances, d'Avranches, etc., presque le tiers de la Normandie. Henri se montra peu fidèle à son frère et seigneur, et celui-ci trouva moyen de l'arrêter et de l'emprisonner, pour le punir de ses intrigues avec Guillaume-le-Roux.

Pendant plusieurs années, tout le pays fut en proie à une effroyable confusion; on pillait, on s'égorgeait partout, sous la

---

[1]. Orderic. Vital. l. VIII.

bannière du roi Guillaume ou du duc Robert. La puissante ville de Rouen, dont la population et l'opulence s'étaient considérablement accrues par suite de la conquête de l'Angleterre, fut le théâtre d'une lutte terrible entre les factions des deux souverains. La bourgeoisie conspira en faveur du roi d'Angleterre. Conan, le plus riche et le plus considéré des bourgeois de Rouen, ayant introduit dans la place les troupes de Guillaume-le-Roux, le duc Robert, dont l'audace naturelle était abattue par une maladie, fruit de ses désordres, courut se réfugier au couvent de Sainte-Marie-des-Prés, hors de la ville. Henri, au contraire, qui venait de se réconcilier avec le duc, marcha contre les gens du roi d'Angleterre, les culbuta, les chassa de Rouen, fit prisonnier Conan et le précipita du haut de la grosse tour[1].

Les grands seigneurs du parti ducal emmenèrent dans leurs manoirs les principaux bourgeois, fauteurs du malheureux Conan, et en tirèrent d'énormes rançons par les menaces et par les tortures. La « félonie » des citadins ne fut que le prétexte de ces violences, dont le vrai motif était la rapacité des barons et la jalousie excitée par les progrès de la bourgeoisie (1090).

L'année suivante, le roi d'Angleterre débarqua sur les côtes de Normandie, prit Eu, Fécamp et plusieurs autres places ; mais, tout à coup, il s'accorda avec Robert aux dépens de Henri, à qui Robert reprit les comtés de Coutances et d'Avranches pour les partager avec « le roi Roux ». Henri, après avoir soutenu un siége dans le château du Mont-Saint-Michel, fut contraint de

---

1. L'historien normand Orderic Vital fait un récit dramatique de la mort de Conan : « Henri conduisit Conan au haut de la grosse tour (ou citadelle) de Rouen. « Vois, lui dit-il en souriant, vois au-dessous de toi, comme elle est belle, cette patrie que tu voulais mettre sous le joug ; vois au sud ce beau port, cette forêt abondante en gibier, cette Seine poissonneuse qui baigne nos remparts et nous apporte chaque jour des navires remplis de si riches marchandises ; vois, du côté opposé, comme la ville est populeuse, comme elle est décorée de tours, d'églises, de palais !... »
Conan comprit que c'était un dernier regard, un adieu suprême, que lui permettait le cruel vainqueur. « Grâce ! dit-il, et je donnerai tout ce que je possède aujourd'hui, tout ce qui m'écherra par la suite en héritage. — Par l'âme de ma mère ! répliqua Henri, il n'y a pour un traître d'autre rançon que la mort ! — Pour l'amour de Dieu ! accorde-moi le temps de me confesser. — Pas un instant, » répondit Henri ; et, le poussant des deux mains, il le précipita de la plate-forme sur le pavé, où Conan se brisa la tête.

céder à des forces trop supérieures et se retira sur les terres du roi de France.

Sous le faible gouvernement du duc Robert, qui menait une vie insoucieuse au milieu de jongleurs, de bateleurs, « de filles folles de leur corps », les guerres privées se multiplièrent en Normandie avec un caractère de férocité effrayant. C'est un Ascelin de Goël, qui, ayant pris dans un combat son suzerain, Guillaume de Breteuil, l'expose en chemise, chaque matin, pendant trois mois d'hiver, aux fenêtres septentrionales de son manoir de Breherval, après l'avoir inondé de seaux d'eau froide qui se glace autour de son corps, et cela dans l'espoir de lui extorquer une bonne rançon. C'est un Robert de Geroi, qui fait couper les mains et les pieds ou arracher les yeux à ses captifs. C'est une Albérède, comtesse d'Évreux, qui fait trancher la tête à l'architecte de son château d'Ivri, de peur qu'il n'en révèle les secrètes défenses à quelque ennemi de la maison d'Évreux; puis Albérède est traitée par son mari, le comte Raoul, comme elle avait traité l'architecte, et par le même motif. Les Manceaux profitèrent de ces affreux désordres pour s'affranchir encore une fois de la domination normande; ils proclamèrent comte du Maine le sire Élie de la Flèche, baron angevin, qui était parent, par alliance, des anciens comtes. « Quant au duc Robert, dit la chronique, il laissait impunis les rapts et les pilleries : aussi indulgent pour les crimes des autres que pour ses propres passions, il ne pouvait voir un homme traîné devant lui, chargé de chaînes et versant des larmes, sans pleurer à son tour de commisération et sans délivrer le coupable, celui-ci eût-il les mains teintes de sang. A cette facilité d'attendrissement se joignait en lui une telle *générosité*, qu'il ne regardait jamais au prix d'un faucon ou d'un chien; et, dans le même temps, sa table n'était alimentée qu'avec les fruits des pillages exercés sur les citoyens[1]. »

Cette époque est presque la seule où l'histoire se soit un peu occupée du roi Philippe; mais c'est uniquement le scandale de sa conduite qui détermine les chroniqueurs à rompre leur silence habituel à son égard.

---

1. Orderic. t. VIII. — *Gesta Pontific. Cenomannens.* — Radulf. Cadom. (Raoul de Caen).

Philippe, marié en 1071 avec Berthe de Hollande, qui lui avait donné au moins trois enfants, s'étant lassé de cette princesse, la relégua au château de Montreuil, puis obtint la cassation de son mariage pour une prétendue parenté qu'il était toujours facile d'établir en ce temps-là. Dans un voyage à Tours, en 1092, le roi devint amoureux de Bertrade de Montfort, comtesse d'Anjou[1], « dans laquelle, dit la chronique d'Anjou, un homme de bien n'eût pu rien trouver à louer hormis la beauté. » Foulques, comte d'Anjou et de Touraine, dit le *Rechin*, à cause de son humeur *rechignée*, était également célèbre par sa bravoure, par sa politique, et par l'invention ou du moins le renouvellement de la mode bizarre des souliers dits plus tard *à la poulaine*, dont les longs becs recourbés cachaient la difformité de ses pieds; mais son âge et son caractère le rendaient peu propres à fixer une femme telle que Bertrade, et celle-ci d'ailleurs n'était pas même sûre de la constance de Foulques, déjà deux fois divorcé. L'exagération des rigueurs canoniques contre les mariages entre parents avait fini par favoriser la licence la plus effrénée : ces unions étant défendues jusqu'au septième degré, tout seigneur fatigué de sa femme savait découvrir à propos quelque alliance de famille qui rendait son mariage nul, afin de convoler librement à d'autres noces. Bertrade répondit donc aux désirs du roi, si même elle ne lui épargna les premières avances : durant la nuit qui suivit le départ de Philippe, la comtesse s'échappa de Tours et gagna Meung ou Mehun-sur-Loire, où l'attendait une escorte, qui la conduisit à Orléans. Mais, lorsque Philippe voulut tenir la promesse qu'il avait faite à Bertrade de la prendre pour femme devant l'Église, il éprouva beaucoup d'opposition parmi les évêques du royaume, qui refusaient tous de bénir cette alliance illicite. Enfin Philippe, à force de présents, décida un évêque, on ne sait pas bien lequel, à consacrer son union avec Bertrade.

Foulques-le-Rechin, et Robert-le-Frison, beau-père de Berthe de Hollande, la reine répudiée, attaquèrent les frontières de Philippe, sans autre résultat que quelques dévastations; mais le

1. Sœur d'Amauri, comte de Montfort, qui a donné son nom au château de Montfort-l'Amauri.

roi eut bientôt affaire à des ennemis plus acharnés. Il s'était vengé de l'opposition d'Ives, évêque de Chartres, en lui déclarant la guerre avec l'assistance du sire du Puiset, vicomte de la cité de Chartres, qui arrêta et emprisonna le prélat. Cette violence porta au comble l'irritation du clergé, et le pape Urbain II[1], successeur de Victor III, nomma légat en Gaule Hugues, archevêque de Lyon, avec commission expresse de dissoudre le mariage du roi, ou de l'excommunier s'il ne quittait Bertrade (1094). Philippe, espérant détourner l'orage, fit relâcher Ives, et convoqua à Reims un concile des évêques de France, auxquels il demanda justice de ce prélat, qu'il accusait ridiculement de félonie (septembre 1094). Ives refusa de se reconnaître justiciable de ce concile, et en appela au pape, dont le légat avait réuni de son côté un synode plus nombreux à Autun. Le concile de Reims n'osa lutter ouvertement contre celui d'Autun, qui frappa d'excommunication Philippe et Bertrade (octobre 1094). La mort de la reine Berthe de Hollande ne changea rien à la rigueur de la cour de Rome; mais Philippe, sans défier la papauté, comme avait fait Henri IV de Germanie, ne parut pas s'inquiéter grandement de l'anathème apostolique. Aux termes de l'excommunication, il était privé de la couronne : il prit cet arrêt à la lettre, renonça provisoirement à entourer son front d'un cercle d'or à fleurons aux jours de cérémonie, puis demanda au pape de lui rendre sa couronne, attendu qu'il n'avait plus de commerce criminel avec Bertrade. Urbain II, craignant, s'il poussait à bout Philippe, de le jeter dans la faction de l'anti-pape Guibert de Ravenne, que soutenait toujours le parti impérial, fit droit à sa demande, et lui donna délai jusqu'à la Toussaint de 1095 pour justifier de sa conversion. Philippe n'en justifia point du tout et garda Bertrade. Foudroyé de nouveau par le concile de Clermont, il réitéra la promesse de se séparer de Bertrade, ne tint point parole, fit même sacrer Bertrade par les évêques de Troies et de Meaux, fut excommunié pour la troisième fois, et passa tout le reste de sa vie en rechutes et en simagrées de pénitence.

---

1. Il se nommait Eudes de Lageri : il était Français, né près de Châtillon-sur-Marne, dans le diocèse de Soissons, et avait été archidiacre de Reims, puis moine de Cluni, et enfin évêque d'Ostie.

Il est remarquable que ces anathèmes répétés qui, selon la doctrine de Grégoire VII, impliquaient la déposition du roi, n'aient point excité de troubles en France, et que la papauté n'ait pas cherché à tirer les dernières conséquences de ses actes.

Le concile de Clermont ne traita qu'incidemment l'affaire du roi Philippe : il eut à s'occuper d'intérêts bien autrement émouvants, et de son sein sortit un des plus grands événements de l'ère chrétienne, LA PREMIÈRE CROISADE!

Depuis un siècle, l'ardeur des pèlerinages à Jérusalem avait toujours été croissant : c'était là un des symptômes les plus manifestes de cette vie ardente, passionnée, avide de mouvement et d'émotion, qui fermentait chez toutes les nations occidentales, et qui donnait à la ferveur religieuse un caractère tout actif et tout extérieur. Une expédition militaire contre les Maures d'Espagne ou de Sicile ou un pieux voyage en Terre-Sainte coûtait moins au guerrier féodal que le plus léger effort sur ses passions, et un tel genre de pénitence convenait merveilleusement à son humeur vagabonde. Ce n'étaient plus des individus isolés ou voyageant par petites troupes, mais des milliers d'hommes, qui s'assemblaient en caravanes pour aller visiter le tombeau du Christ. Cette affluence devenait presque comparable à celle des populations musulmanes autour de la *sainte Kaaba* de la Mekke, et les Occidentaux faisaient en Palestine de véritables invasions. Les pèlerins combattaient et traitaient tour à tour avec les cheiks et les émirs arabes, pour obtenir le libre passage. En 1064, sept mille personnes et plus, réunies de tous les points du « pays teuton », partirent en grande pompe pour la Terre-Sainte, sous la conduite de l'archevêque de Mayence et de trois évêques; mais, comme ils faisaient trop parade de leurs richesses, « ils attirèrent les larrons à la proie », et, avant d'arriver à Jérusalem, ils eurent bien des combats à soutenir contre les Arabes errants. Les débris de cette expédition ne durent leur salut qu'aux officiers du khalife d'Égypte, qui, moyennant salaire, prirent le parti des voyageurs contre les tribus indépendantes du désert[1]. Deux mille à peine revirent leur patrie.

---

1. Lambert. Schnafuburg. *Annal.* — Sigebert. Gemblacens. *Annal.*

Mais Jérusalem et la Syrie échappèrent bientôt au khalife d'Égypte : une grande révolution s'était opérée dans l'Asie musulmane ; la puissance turke s'était élevée sur les ruines de la puissance arabe, à peu près comme en Europe les Germains avaient autrefois succédé aux Romains. Des bandes de soldats mercenaires, sortis des sauvages régions du Touran ou Turkestan, après avoir servi longtemps les khalifes de Bagdad, avaient fini par les dominer, par leur enlever tout pouvoir politique en leur laissant le rang de chefs de la religion, et par ouvrir les portes de la Perse et de l'empire musulman aux innombrables hordes qui erraient dans les steppes de l'Asie centrale, à l'orient de la mer Caspienne. Les hordes turkes, récemment converties à l'islamisme, envahirent à la fois les provinces asiatiques de l'empire grec et celles du khalife d'Égypte, que les sectateurs du khalife de Bagdad traitaient d'hérésiarque et de schismatique. Elles fondèrent, sous le commandement des fils de Seldjouk, une formidable monarchie barbare, qui s'étendait du lac des Aigles (*Aral-Nohr*) à l'Archipel, enlevèrent au khalife d'Égypte Jérusalem (en 1076) et la Basse-Syrie, à l'empereur d'Orient Antioche, la Haute-Syrie, presque toute l'Asie-Mineure, et vinrent planter leurs tentes noires sur les collines de Bithynie, en face de Constantinople.

Le cri de terreur et de détresse que poussa l'empire grec retentit dans toute l'Europe, et l'homme de génie qui était alors à la tête de l'Église catholique ne s'abusa point sur la grandeur du péril que courait la chrétienté. Le fanatisme conquérant des premiers musulmans reparaissait chez les Turks, accompagné d'une férocité et d'une brutalité de mœurs inconnues à la brillante race arabe. Dès 1073, l'empereur d'Orient, Michel Ducas, mettant tout son espoir dans l'appui des Occidentaux, avait témoigné à Grégoire VII le désir peu sincère de réconcilier les deux églises grecque et latine, et Grégoire, dans une lettre à Henri IV de Germanie (décembre 1074), avait annoncé le projet de conduire en personne une grande armée de pèlerins au secours des chrétiens d'Orient. La Guerre des Investitures fit avorter les desseins de Grégoire VII, et Urbain II, héritier de la querelle de son illustre devancier, et absorbé par les vicissitudes de cette longue et sanglante lutte, hésitait encore à se charger d'un nouvel et immense fardeau quoique les avantages remportés récemment par les républiques maritimes d'Italie sur les Maures d'Afrique fussent de nature à encourager une attaque générale contre l'islamisme. Les Turks se montraient cependant plus redoutables de jour en jour : les Grecs, tremblant dans Constantinople, élevaient derechef une voix suppliante. Les masses populaires de l'Occident ne se fussent que médiocrement émues des malheurs des Grecs, qu'elles n'aimaient guère, et eussent pu ne pas bien comprendre le danger que la chute de l'empire byzantin allait attirer sur l'Europe; mais elles comprirent, avec une sympathie menaçante, les plaintes des pieux voyageurs qui, échappés des mains des Barbares, revenaient altérés de vengeance après avoir vu les « saints lieux » souillés de mille outrages, et répandaient, jusque dans les plus obscurs hameaux, les lamentables récits des cruautés des Turks envers les chrétiens d'Orient. Un pauvre pèlerin français fit ce que n'osait tenter le souverain pontife. C'est dans les monuments contemporains, et surtout dans la belle *Histoire des Croisades* de Guillaume de Tyr, qu'il faut lire le récit de ce grand événement.

« Après avoir échappé à mille chances de mort, et traversé maintes contrées ennemies, les pèlerins, qui arrivaient enfin aux portes de la ville sainte, n'y pouvaient pénétrer sans payer aux préposés des infidèles une pièce d'or par tête à titre de tribut; mais, ayant tout perdu en chemin, et n'étant parvenus qu'à grand'peine à sauver leur corps, la plupart n'avaient plus de quoi acquitter l'impôt. Il leur fallait donc bivouaquer en dehors de la ville, attendant en vain la permission d'y entrer : ces malheureux, réduits à une nudité absolue, succombaient bientôt de faim et de misère. Si quelques-uns trouvaient moyen d'acquitter le péage et d'être admis dans Jérusalem, ils étaient pour les habitants chrétiens, leurs frères, un sujet de vives sollicitudes. Les « fidèles » du pays craignaient que les étrangers, en se promenant sans précautions, ne fussent frappés, souffletés, conspués, ou même massacrés par les « païens. » Enfin, pour comble de maux, les églises, réparées et conservées avec d'extrêmes difficultés, étaient chaque jour en butte à de violents outrages. Pendant le service divin, les infidèles, entrant avec des cris furieux, venaient s'asseoir jusque sur les autels, sans faire la moindre différence d'une place à une autre; ils renversaient les calices, foulaient aux pieds les vases consacrés, brisaient les marbres, accablaient le clergé d'insultes et de coups. Le seigneur patriarche de Jérusalem était lui-même traité par eux comme une personne vile et abjecte : ils le saisissaient par la barbe ou par les cheveux, le précipitaient du haut de son siége, et le traînaient par terre. Souvent ils s'emparaient de lui, et le jetaient au fond d'un cachot, ainsi qu'un ignoble esclave, sans autre motif que le désir d'affliger le peuple par les souffrances de son pasteur.

« Au temps donc où la ville aimée de Dieu était en proie à tant de douleurs, parmi ceux qui vinrent visiter les lieux saints, se trouva un ermite, appelé Pierre [1], né dans le royaume de France et dans le diocèse d'Amiens. C'était un homme de très-petite stature, et dont l'extérieur n'avait rien que de misérable; mais une grande âme habitait ce corps chétif; son esprit était prompt, son œil perçant, son regard pénétrant et doux, et il parlait avec éloquence. Pierre fut présenté par un ami au patriarche Siméon. Celui-ci, reconnaissant au langage de Pierre que c'était un homme de prudence, expérimenté dans les choses de ce monde, s'ouvrit à lui sans réserve, et lui exposa toutes les calamités qui pesaient sur les serviteurs de Dieu habitant la cité sainte. « Eh quoi! dit Pierre, en versant des larmes de compassion fraternelle, n'est-il aucune voie de salut pour échapper à de telles misères? — Si votre peuple, dont le Seigneur a conservé les forces intactes jusqu'ici, voulait prendre pitié de nous, nous garderions encore quelque espérance de voir prochainement le terme de nos maux. Quant à l'empire des Grecs, quoiqu'il soit beaucoup plus rapproché de nous, il ne peut nous offrir ni ressources ni consolations; à peine cette nation se suffit-elle à elle-même; toute sa force s'est éteinte à tel point que, dans l'espace de quelques années, elle a perdu plus de la moitié de ses provinces [2]. — Sachez, saint-père, répliqua l'ermite, que, si l'église romaine et les princes d'Occident

---

1. Pierre, suivant l'histoire de Guillaume de Tyr, était « l'Ermite de nom et d'effet »; ainsi l'Ermite était son nom et ne désignait pas seulement sa profession : Orderic et les chroniqueurs des comtes d'Anjou, l'appellent Pierre d'Achères (de *Acheris*). On le surnommait « Coucoupiètre » (*Petrus ad cucullum*).

2. Par les conquêtes des sultans turks Alp-Arslan et Malek-Schah.

apprenaient par un homme digne de foi l'excès de vos souffrances, ils tenteraient certainement d'y apporter remède par les paroles et par les œuvres. Écrivez donc au plus tôt au seigneur pape et à l'église romaine, aux rois et aux princes de l'Occident, et à votre témoignage écrit ajoutez l'autorité de votre sceau. Moi, je ne refuse point de m'imposer une tâche pour le salut de mon âme : avec l'aide du Seigneur, je suis prêt à les aller trouver tous, à les solliciter, à leur dépeindre ardemment l'immensité de vos douleurs et à les prier chacun en particulier de hâter le jour de votre délivrance. »

« Peu après cet entretien, un jour que l'ermite Pierre songeait avec inquiétude à son retour en Europe et à la mission qu'il s'était imposée, il entra dans l'église de la Résurrection. La nuit étant survenue, fatigué de ses oraisons et de ses longues veilles, il s'étendit sur le pavé de la nef, et s'abandonna au sommeil qui l'accablait. Tandis qu'il dormait, voici qu'il lui sembla que Notre-Seigneur Jésus-Christ était là devant lui, et lui disait : « Debout, Pierre, et hâte-toi! Exécute avec courage ce qui t'a été prescrit : je serai avec toi, car il est temps de purger les lieux saints et de secourir mes serviteurs. » Pierre se leva, fortifié par cette vision de Dieu, et, suivant l'ordre d'en haut, se disposa sans plus de délai à repartir. Après avoir pris congé du seigneur patriarche et reçu sa bénédiction, il s'embarqua sur un navire marchand, gagna Rome, et remplit sa mission près du pape Urbain avec autant de fidélité que de prudence (1094). »

L'Italie était toujours agitée par la guerre civile, mais le parti de l'Église avait le dessus en ce moment; les principales villes de Lombardie s'étaient révoltées contre l'empereur Henri, et avaient déféré la couronne au jeune Conrad de Franconie, qui s'était déclaré pour le parti papal contre l'empereur son père[1]. Urbain II accueillit favorablement l'ermite amiénois, et lui fit des promesses qu'il eut bientôt l'occasion de remplir. Un concile avait été convoqué à Plaisance pour le 1er mars 1095; deux cents évêques, quatre mille clercs, trente mille laïques de tout rang, accoururent à ce concile, de l'Italie, de la Gaule, de la Germanie, lorsqu'on

---

1. Le concurrent de Henri, Herman de Luxembourg, était mort à Metz en 1088.

eut appris qu'il y serait traité des affaires d'Orient. L'assemblée se tint dans la plaine de Roncaglia, et l'on y jura de porter aide à l'empereur grec, Alexis Comnène, dont les ambassadeurs assistaient à la délibération. Le péril commun rapprochait les deux églises rivales, et les Grecs ne ménageaient pas les promesses [1].

Pendant ce temps, « Pierre, embrasé du zèle divin, dit Guillaume de Tyr, parcourt toute l'Italie, franchit les Alpes, visite tous les princes de la Gaule, prêche, tonne, sur la nécessité de ne pas souffrir que les lieux illustrés par la présence du Seigneur demeurent davantage exposés aux profanations des infidèles. Ce n'est point assez pour lui de porter ses admonitions aux princes, il exhorte pareillement tous les hommes d'une condition inférieure; il évangélise de toutes parts les pauvres et les gens les plus obscurs, non moins que les hauts barons et les chevaliers. Le Seigneur lui avait conféré tant de grâces, qu'il échouait rarement dans ses tentatives auprès des peuples. Il fut donc extrêmement utile au pape, qui avait résolu de le suivre promptement par delà les monts. Pierre servit de précurseur au Saint-Père. »

Le concile de Plaisance n'avait été qu'une réunion préparatoire : les états italiens étaient trop occupés de leurs querelles intestines, de leurs intérêts commerciaux et politiques, pour s'abandonner sans réserve à l'enthousiasme religieux : c'était dans la vieille Gaule, dans le pays des grands élans et des inspirations unanimes, que devait éclater le mouvement décisif. Urbain II passa les Alpes quelques mois après l'ermite Pierre, et convoqua un concile général à Clermont, la cité d'Auvergne, pour l'octave de la Saint-Martin d'hiver (18 novembre 1095). Quatorze archevêques, deux cent vingt-cinq évêques et plus de quatre-vingt-dix abbés ayant droit de porter la crosse formèrent cette imposante assemblée : plusieurs milliers de chevaliers et une multitude immense de peuple encombraient la plaine et les collines qui entourent Clermont, et

---

1. Alexis ne négligea rien pour décider les terribles chevaliers d'Occident à s'armer contre les Turks ; il alla jusqu'à leur vanter, dans ses lettres officielles, les « belles femmes de la Grèce »; ce qui scandalise fort un des historiens contemporains, l'abbé Guibert de Nogent.

passèrent sept jours sous la tente en attendant que le concile eût terminé ses délibérations préalables[1].

« Après avoir, de l'avis des prélats et des hommes craignant Dieu, arrêté les décisions les plus propres à édifier les mœurs et à réformer les énormes délits qui souillaient l'Église[2] ; après avoir prescrit à tous les chrétiens la plus stricte observation de la *treugue* (trêve) de Dieu, trop souvent foulée aux pieds, le Seigneur Urbain sortit sur une place spacieuse, car aucun édifice n'aurait pu contenir ceux qui s'étaient assemblés pour entendre ce qu'il avait à dire[3]. » Les murmures divers de cette foule innombrable s'éteignirent aussitôt dans un profond silence. Le pontife romain peignit d'abord les souffrances intolérables des pèlerins et des chrétiens d'Orient, l'impiété, la barbarie, les sacriléges des Turks, les périls que la puissance grandissante de ces farouches ennemis réservait pour l'avenir aux royaumes d'Occident : Pierre l'Ermite harangua ensuite l'auditoire ; puis Urbain reprit la parole :

« Hommes de France ! s'écria-t-il, peuples élus et chéris de Dieu entre tous, unissez vos forces pour résister aux païens qui ont résolu de détruire le nom chrétien ! que vos cœurs s'émeuvent et que vos âmes s'excitent au courage par les faits de vos ancêtres, par la vertu et la grandeur du roi Charlemagne et de son fils Louis[4], et de vos autres rois, qui ont ruiné la domination des païens et étendu dans les pays infidèles l'empire de la sainte Église !... O très courageux chevaliers, postérité sortie de pères invincibles, rappelez-vous la vaillance de vos aïeux ! Que si vous vous sentez retenus par le tendre amour de vos enfants, de vos parents, de vos femmes, remettez-vous en mémoire ce que dit le Seigneur dans son Évangile : « Quiconque abandonnera pour moi sa maison, ou ses frères, ou ses sœurs, ou son père, ou sa mère,

---

1. Orderic. l. IX.
2. Il y eut divers canons contre la simonie et contre le concubinage des prêtres ; on réitéra la défense d'admettre les fils des prêtres aux ordres sacrés ; on renouvela les anathèmes contre les violateurs du droit d'asile, qui s'étendait, non-seulement aux églises et aux monastères, mais aux croix plantées sur les chemins. La Trêve de Dieu, qui avait fini par être admise, sinon observée universellement, fut déclarée perpétuelle pour les marchands, comme elle l'était pour les clercs, les pèlerins et les femmes. Labb. *Concil. general.* — Baronius.
3. Willelm. Tyr. — Robert. Monach.
4. *Ludovicus,* Loys, Loéis.

ou sa femme, ou ses enfants, ou ses terres, en recevra le centuple, et aura pour héritage la vie éternelle! » Ne vous laissez arrêter par aucun souci de vos biens et de vos affaires de famille; car cette terre que vous habitez tient à l'étroit votre nombreuse population : elle n'abonde pas en richesses et fournit à peine à la nourriture des gens qui la cultivent; c'est pourquoi vous vous déchirez et dévorez à l'envi! Éteignez entre vous toute haine; que les querelles se taisent; prenez la route du Saint-Sépulcre; arrachez le pays d'Israël des mains des ces peuples abominables, et soumettez-le à votre puissance! Aux fidèles chrétiens qui prendront les armes contre les ennemis de Dieu, nous remettrons les pénitences qui leur auraient été imposées pour leurs péchés; tous ceux qui mourront en ce pèlerinage, avec un vrai repentir de leurs fautes, obtiendront l'indulgence du Seigneur, et gagneront les récompenses éternelles! Tous ceux qui participeront à cette expédition sainte, nous les recevons dès à présent sous la protection de l'Église, des bienheureux apôtres Pierre et Paul, et nous les déclarons spécialement à l'abri de toute vexation, soit dans leurs biens, soit dans leurs personnes. Si quelqu'un avait la téméraire audace de leur porter préjudice, qu'il soit frappé d'excommunication par l'évêque de son diocèse, jusqu'à parfaite restitution et indemnité convenable ; que les évêques et les prêtres qui ne réprimeraient pas avec force d'aussi injustes entreprises soient eux-mêmes suspendus de leurs fonctions! Prenez donc la route du Saint-Sépulcre, hommes de France, et partez, assurés de la gloire impérissable qui vous attend dans le royaume des cieux ! »

« A ce discours, tous les assistants, unis dans un même sentiment, s'écrièrent à la fois : « Dieu le veut! Dieu le veut[1]! » Ce qu'ayant ouï le vénérable pontife de Rome, il rendit grâces à Dieu, les yeux élevés au ciel, et, de la main demandant le silence: —Très chers frères, dit-il, aujourd'hui se manifeste en vous ce que le Seigneur a dit dans son Évangile : « Lorsque deux ou plusieurs seront assemblés en mon nom, je serai au milieu d'eux; » car, si le Seigneur n'eût point été dans vos âmes, vous n'eussiez

---

1. *Diex le veult*, en langue d'oïl; *Deus lo volt*, en langue d'oc.

pas tous prononcé une même parole : qu'elle soit donc dans les combats votre cri de guerre, car cette parole vient de Dieu ; lorsque vous vous élancerez contre vos ennemis, que dans l'armée du Très-Haut s'élève ce seul cri ; *Dieu le veut! Dieu le veut!*

« Nous n'ordonnons ni ne conseillons ce voyage, poursuivit-il, aux vieillards, aux impotents, ni à ceux qui ne sont pas capables de porter les armes : que cette route ne soit point prise par les femmes sans leurs maris, leurs frères ou leurs protecteurs légitimes ; que les riches aident les pauvres et emmènent avec eux, à leurs frais, des hommes propres à la guerre ; que le prêtre et le clerc ne partent pas sans le congé de leur évêque, ni le laïque sans la bénédiction de son pasteur. Que tout homme qui voudra entreprendre ce saint pèlerinage en prenne l'engagement envers Dieu, et se dévoue en sacrifice comme une vivante hostie ; qu'il porte le signe de la croix sur son front et sur sa poitrine, et que, lorsqu'il voudra se mettre en marche, il place la croix sur son dos, entre ses épaules, afin d'accomplir par cette action le précepte du Seigneur, qui a dit dans son Évangile : « Quiconque ne prend pas la croix, et ne me suit pas, n'est pas digne de moi ! »

« Alors la multitude entière se prosterna contre terre : un des cardinaux, nommé Grégoire (depuis le pape Innocent II), prononça pour tous le *Confiteor*, et tous, se frappant la poitrine, obtinrent l'absolution des fautes qu'ils avaient commises, et, avec la bénédiction, la permission de retourner chez eux[1]. » Mais, avant de s'éloigner, chaque futur pèlerin fixa sur son épaule et sur son chaperon ou son capuce une croix d'étoffe rouge qui devait lui rappeler son engagement irrévocable : de là le nom de Croisade que porta la « guerre sainte. »

Quand le concile se fut séparé, les évêques commencèrent avec joie à répandre dans leurs diocèses « la parole de vie, » telle qu'ils l'avaient reçue : ceux qui montrèrent le plus de zèle furent Aimar ou Adhémar, évêque du Pui en Velai, à qui le pape et le concile avaient confié la conduite de l'expédition en qualité de légat, et Guillaume, évêque d'Orange. Le pape lui-même demeura huit ou

---

1. Willelm. Tyr. t. I. — Labb. *Concil. general.* t. X. — Robert. Monach. — Robert, dit le Moine, abbé de Saint-Remi de Reims, parle du concile en témoin oculaire.

neuf mois en deçà des Alpes, prêchant la croisade, dédiant des églises, et tenant des conciles[1]. Le premier prince qui « prit la croix » fut le puissant comte de Toulouse, Raimond de Saint-Gilles.

L'Occident, longtemps tourmenté d'obscures agitations et de sourds orages, était arrivé à une de ces situations où les grands hommes et les grandes choses éclosent dans une atmosphère enflammée : la chevalerie était possédée d'une soif inextinguible de gloire, de combats, d'aventures lointaines, et ne demandait qu'à voir de nouvelles terres et de nouveaux ennemis; quant à la masse des serfs et des vilains, l'état de misère et de compression où elle végétait la rendait d'autant plus accessible à l'exaltation religieuse, et devait lui faire considérer tout mouvement et tout changement comme un bienfait. La prédication de Pierre fut l'étincelle qui embrasa une mine dès longtemps préparée et chargée; l'explosion ébranla le monde. Notre France, qui avait sauvé l'Europe de l'agression musulmane au huitième siècle, saisit l'initiative de l'attaque comme elle avait pris jadis celle de la défense, et c'est à juste titre que les exploits de la Guerre Sainte furent appelés les « Gestes de Dieu par les Français » (*Gesta Dei per Francos*). Les Asiatiques ont rendu à nos aïeux un éclatant témoignage en confondant tous les Occidentaux sous le nom de Francs, qui leur était apparu si grand et si terrible dès le temps de Karle-Martel[2]!

La France royale et impériale s'agitait comme une mer soulevée par quelque prodigieux cataclysme et prête à s'élancer tout entière hors de son lit. De la Lorraine et de la Provence, le mouvement gagnait la Germanie et l'Italie; partout où passaient les missionnaires de la croisade, partout où apparaissait Pierre, le crucifix en main, le froc sur le dos, la corde autour des reins, le noble quittait son donjon, le bourgeois son logis, le serf sa cabane, pour se précipiter pêle-mêle autour du prédicateur de la guerre sainte et recevoir la croix de sa main. Les poëtes populaires

---

1. Il en présida deux, à Saint-Martin de Tours et à Nîmes.
2. Aujourd'hui encore, jusqu'au fond de la Perse et de l'Inde, les musulmans ne donnent pas à l'Europe d'autre nom que celui de *Frandjistan* (pays des Franks) et qualifient tous les Européens de *Frandjis* ou *Férindjis*.

que commençaient à enfanter la langue d'oc et la langue d'oïl, les troubadours et les trouvères[1] secondaient de leurs chants les ardents sermons des prêtres et des moines, et toutes les classes de la société étaient emportées ensemble dans ce vaste tourbillon. L'imagination populaire prenait tous les phénomènes de la nature pour autant de prodiges et de glorieux présages; le ciel enflammé par des aurores boréales annonçait le triomphe de la lumière divine; on croyait voir, dans les formes fantastiques des nuées, des cavaliers célestes armés de la croix; on racontait que les saints et les guerriers des anciens temps se montraient en foule hors de leurs tombeaux; l'ombre de Charlemagne, éveillée par les cris de la guerre sainte, était sortie des voûtes sépulcrales d'Aix-la-Chapelle!... Jamais société humaine ne fut prise d'un élan si général : les querelles, les violences, les brigandages, les incendies, avaient brusquement cessé; les plus sauvages bandits quittaient leurs forêts et leurs rochers pour venir confesser leurs péchés et demander la croix. Les rois presque seuls résistèrent à l'entraînement universel : Guillaume-le-Roux était trop rusé politique; Philippe, trop indolent et trop lâche; Henri de Germanie, trop hostile à l'Église pour suivre l'exemple de leurs vassaux; mais presque tous les princes et les barons de la Gaule se « munirent du signe de la croix. » Parmi les seigneurs enrôlés dans le saint pèlerinage, on remarquait Hugues-le-Grand, frère du roi Philippe, devenu en 1081 comte de Vermandois et de Valois, du chef de sa femme Adèle, héritière des fameux comtes de Vermandois[2]; Robert Courte-Heuse, duc de Normandie; Robert, comte de Flandre, fils et successeur de Robert-le-Frison; Étienne-Henri, comte de Chartres, de Blois et de Meaux ou de Brie[3], gendre de Guillaume le Conquérant et fils de ce Thibaud de Chartres à qui Geoffroi Martel avait jadis enlevé la Touraine; Baudouin,

---

1. Nous en parlerons en même temps que de la chevalerie.
2. C'était là le premier accroissement territorial qu'eût reçu la maison de France depuis Hugues Capet.
3. Le partage des domaines de Thibaud III, comte de Chartres et de Champagne, mort en 1089 ou 1090, n'avait point été égal entre ses fils Étienne et Hugues. Ce dernier n'eut que le comté de Troies. Les chroniqueurs prétendent que le puissant comte Étienne possédait « autant de châteaux qu'il y a de jours dans l'année. »

comte de Hainaut ; Isoard, comte de Die ; Raimbaud, comte d'Orange ; Guilhem, comte de Forez ; Rotrou, comte du Perche ; mais surtout les deux hommes dont le souvenir, dans l'histoire comme dans la poésie, domine la gigantesque épopée de la Croisade, Raimond de Saint-Gilles et Godefroi de Bouillon.

Raimond, qui, de simple comte de Saint-Gilles, était devenu marquis de Provence, marquis de Gothie, comte de Rouergue, comte d'Albi, et enfin comte de Toulouse et de Querci, en 1093, après la mort de son frère aîné, le comte Guilhem ; Raimond, possesseur du plus puissant état de la Gaule méridionale, avait atteint le but splendide de son ambition : à l'âge où les hommes ne pensent plus qu'à jouir en paix du fruit de leurs travaux, il allait recommencer sa carrière, s'éloigner de ses domaines sans espoir de retour, et justifier tardivement, par ses grandes actions, les prospérités constantes de sa vie ; « Raimond, dit Raoul de Caen, se distinguait entre tous par ses richesses, sa puissance, sa sagesse et le nombre de ses guerriers : dans le cours de l'expédition, lorsque tout l'argent des autres eut été dissipé, le sien sembla se multiplier : les gens de Provence[1] qui l'accompagnaient, ne prodiguant point leurs ressources, recherchaient l'économie autant que la gloire : effrayés par l'exemple de leurs compagnons, ils mettaient tous leurs soins, non à dépenser, comme les Français, mais à augmenter incessamment leur avoir. Aussi ce peuple, bon ménager et soigneux de l'avenir, ne souffrit pas que son seigneur fût jamais dans la détresse ; et le comte, de son côté, se montra toujours équitable et ennemi de l'oppression, tel qu'un agneau pour les hommes timides, tel qu'un lion pour les orgueilleux. Quant à Godefroi, il était beau de visage, haut de taille, agréable en ses discours, excellemment réglé dans ses mœurs ; son humilité, sa douceur, sa modération, sa justice, étaient grandes : il brillait comme un flambeau parmi les moines, plus encore que comme un chef de guerre parmi les chevaliers ;

---

1. Le nom de Provence (*Proënsa*, en langue d'oc) s'était étendu peu à peu à toutes les régions des deux rives du Rhône : la *Provence*, dans le langage usuel, redevint ce qu'avait été sous les Romains l'antique *Province Narbonnaise*, et l'on qualifiait de Provençaux les Septimaniens et les Toulousains, tout comme les habitants des seigneuries au sud de l'Isère et ceux de la Provence proprement dite.

et néanmoins il savait aussi, mieux que personne, faire les choses qui sont de ce monde, combattre, former les rangs, étendre par les armes l'empire de l'Église, et frapper toujours le premier où un des premiers. »

Il est facile de reconnaître, dans ces passages des chroniqueurs Raoul de Caen et Robert-le-Moine, les sources où puisa le Tasse pour peindre le héros de la *Jérusalem délivrée*. Godefroi, fils puîné d'Eustache, comte de Boulogne, et d'Ide, sœur de Godefroi-le-Bossu, duc de la Basse-Lorraine, avait été adopté par son oncle, qui lui laissa la seigneurie de Bouillon, les comtés d'Ardenne (ou des Ardennes), de Verdun et de Metz[1]. L'empereur Henri l'avait fait marquis d'Anvers ou de Brabant, puis, en 1093, l'avait créé duc des deux Lorraines, après avoir enlevé ces deux duchés à son propre fils Conrad, pour le punir de sa rébellion. Avec Godefroi se croisèrent ses deux frères Eustache, comte de Boulogne, et Baudouin : Baudouin de Boulogne joua dans la croisade un rôle presque aussi brillant que Godefroi lui-même.

Plus de trois cent mille personnes avaient, dit-on, pris la croix avant le printemps de 1096, et le mouvement grandissait toujours. Un bouleversement inouï eut lieu dans le sein de la société féodale : les seigneurs *croisés* vendaient ou engageaient leurs fiefs, et faisaient argent de tout. Les serfs, de leur côté, brisaient les chaînes qui les attachaient à la glèbe, et s'attroupaient par myriades, sans que personne pensât à les retenir. Toutes les passions, bonnes ou mauvaises, contribuaient à grossir cet immense torrent : il est plus aisé de sentir que d'exprimer quel invincible attrait dut transporter ces hommes condamnés à se courber éternellement sur le même sillon, quelle soif de l'inconnu dut s'éveiller dans leurs âmes comprimées, lorsqu'à la voix de l'ermite Pierre, tournant le dos à leurs chaumières et au manoir seigneu-

---

1. Godefroi, « afin que rien ne lui manquât », vendit la seigneurie de Stenai à l'évêque de Verdun, et engagea la seigneurie de Bouillon à l'évêque de Liége. Robert, duc de Normandie, faisant un plus mauvais marché, engagea *sa duché* à son frère le roi Guillaume, qui lui prêta pour cinq ans dix mille marcs d'argent nécessaires à l'équipement de ses gens d'armes ; Guillaume fit main basse sur l'argenterie de toutes les églises d'Angleterre pour rassembler cette somme sans toucher à son trésor. Ce fut surtout le clergé qui profita des besoins et de la précipitation des barons : les possessions territoriales de l'Église s'accrurent prodigieusement par le fait de la croisade.

rial, ils se virent pour la première fois libres au milieu de nouveaux horizons, avec le ciel sur leurs têtes et la terre devant eux.

« L'hiver et les frimas étant passés, reprend Guillaume de Tyr, tous préparèrent leurs chevaux, leurs armes, leurs bagages. Dans les provinces de l'Occident, on ne voyait pas une seule maison en repos : ici le père de famille, là le fils, ailleurs tous les habitants du logis, se disposaient à entreprendre le grand voyage. Le mari s'apprêtait à quitter sa femme; le père, ses fils; le fils, ses parents; aucun lien d'amour n'était assez fort pour résister à ce zèle ardent; les moines mêmes sortaient en foule de leurs cloîtres. Cependant l'amour divin n'était point l'unique motif de cette effervescence universelle, et la prudence, mère de toute vertu, ne fut pas toujours consultée par ceux qui prenaient la croix. Quelques-uns se réunissaient aux fidèles qui devaient partir, pour ne pas se séparer de leurs amis; d'autres, pour ne point être réputés lâches ou paresseux; d'autres enfin, par pure légèreté, ou bien aussi pour échapper à leurs créanciers et à leurs pesantes dettes. De tous côtés on s'envoyait mutuellement des messages : ceux qui devaient faire route ensemble s'invitaient réciproquement à se hâter; ceux qui étaient désignés comme chefs de bandes convoquaient leurs compagnons. Il eût été impossible que tant de milliers de voyageurs entassés en un seul corps d'armée trouvassent en tout pays ce qui était nécessaire pour alimenter leur multitude : on convint donc que les seigneurs les plus considérables guideraient, chacun séparément, les légions qu'ils avaient à leur suite, et prendraient des chemins divers. » Le rendez-vous général fut fixé sous les murs de Constantinople.

Outre les grands corps de voyageurs qui s'assemblaient avec une certaine régularité autour des principaux seigneurs, il s'était formé de nombreux rassemblements de gens de tout âge, de tout sexe, de tout pays, vilains ou serfs pour la plupart, mal armés, à peu près dépourvus de toute autre ressource que la « grâce du Seigneur ». Les préparatifs des pèlerins de cette espèce furent naturellement terminés avant ceux des barons, et, le 8 mars 1096, une première colonne de croisés franco-lorrains franchit le Rhin sous la conduite d'un certain

Gautier, chevalier bourguignon, « plein de force sous les armes », mais si pauvre, qu'on le nommait communément *Gautier Sans-Avoir*. Cette foule désordonnée, qui n'avait dans ses rangs que huit hommes d'armes à cheval, prit sa route par le « royaume des Teutons », grossit chemin faisant, descendit en Hongrie, et traversa ce royaume sans obstacle ; seulement, au passage de la Save, qui séparait alors la Hongrie et la Bulgarie[1], les traînards furent maltraités et dépouillés par les Hongrois de la frontière. Le trajet de la Bulgarie jusqu'aux états de l'empereur grec fut beaucoup plus difficile et plus périlleux. Les croisés, faute de vivres, ayant commencé à s'emparer des troupeaux qu'ils rencontraient, les Bulgares, nation farouche et guerrière, fondirent sur les *Francs* et en tuèrent un grand nombre. Gautier, « sachant bien qu'il avait à conduire des gens grossiers et dépourvus d'entendement, » laissa en arrière ceux qui voulaient se comporter suivant leurs caprices, franchit les vastes forêts de la Bulgarie avec prudence et circonspection, et atteignit enfin les terres de l'Empire, où Alexis lui permit de camper aux environs de Constantinople, en attendant l'ermite Pierre.

Pierre suivit de près Gautier, et passa aussi par la Teutonie et la Hongrie, avec une cohue de quarante mille hommes de races et de langues diverses. Tout alla bien jusqu'à ce qu'on eût gagné le lieu où l'arrière-garde de Gautier avait été pillée par les habitants du pays[2]. Quand les croisés virent les dépouilles de leurs frères suspendues aux murailles de la ville en guise de trophées, ils coururent aux armes, attaquèrent la place, l'emportèrent de vive force, et massacrèrent ou précipitèrent dans la rivière voisine presque tous les habitants, au nombre d'environ quatre mille. Pierre était encore à Semlin, lorsqu'il fut informé que le roi de Hongrie rassemblait des troupes pour tirer vengeance du carnage de ses sujets : il fit réunir tout ce qu'on put trouver de bateaux sur les bords de la Save, et embarqua ses gens avec le butin qu'ils avaient enlevé de Semlin. En s'avançant sur le territoire bulgare,

---

1. La Save sépare l'Esclavonie, province hongroise, de la Servie, qui faisait alors partie de la Bulgarie.
2. C'était à Semlin : les croisés nommèrent cette place Maleville ou *Malheureuse Ville*.

les croisés trouvèrent Belgrade évacuée par ses habitants, qui avaient craint d'éprouver le même sort que ceux de Semlin : après huit jours de marche dans d'épaisses forêts, l'ermite Pierre et les siens, parvenus devant la forte cité de Nissa, traitèrent avec le chef qui y commandait, et obtinrent d'acheter les denrées dont ils avaient besoin ; mais, quand l'armée se fut remise en route, une centaine de *Teutons*[1] allèrent brûler des moulins et quelques maisons des faubourgs. Les gens de Nissa s'élancèrent en masse hors de leurs murailles, assaillirent l'arrière-garde et les bagages, garrottèrent et ramenèrent captifs dans la ville les vieillards, les femmes, les enfants, les malades, qui suivaient à distance le gros des croisés armés. Pierre l'Ermite fit halte avec ses bataillons : lui et les « gens sages » qui l'accompagnaient envoyèrent des députés au gouverneur et aux principaux de la ville. Les envoyés, informés des motifs de l'agression, se bornèrent à demander la restitution du butin et des prisonniers. Tandis qu'on arrêtait les bases de la pacification, « quelques téméraires », voulant venger l'outrage fait à l'armée, provoquèrent les Bulgares : une rixe s'engagea. Pierre, ne pouvant ramener ces furieux à la raison, obtint du reste de l'armée qu'elle ne leur prêterait point de secours. Cependant le tumulte ne fit que s'accroître : un millier de croisés persistaient dans leurs projets de vengeance, et se battaient avec acharnement contre un nombre à peu près égal de Bulgares. Tout le peuple de Nissa sortit de nouveau par toutes les portes, fondit sur les agresseurs, et les tailla en pièces ou les jeta dans la Nissawa. A cet aspect, l'armée cessa d'écouter la voix de Pierre : elle se rua tout entière contre les gens de Nissa ; mais cette indocile multitude, « incapable de soutenir le choc impétueux des Bulgares », fut enfoncée, culbutée, et s'enfuit à la débandade : environ dix mille croisés périrent dans la déroute ; tous les bagages furent pris, avec l'argent donné à Pierre par les « princes fidèles », afin de faire subsister les croisés indigents

---

1. Les noms de *Germains* et de *Germanie* passaient peu à peu d'usage, et le vieux nom de Teuton (*Deutsch* ou *Teutsch*), le seul que se soient jamais donné collectivement les peuples germaniques, prévalait partout. Nous l'avons remplacé improprement par celui d'Allemands, qui n'appartenait qu'aux populations de la Souabe et de la Suisse teutonique.

pendant ce long voyage. Pierre, ayant rallié un certain nombre de fuyards, se retira sur une haute colline et attendit là quatre jours : la foule, qui s'était dispersée çà et là dans les forêts, avertie par le son des clairons et des trompettes, se réunit enfin autour de son chef ; Pierre avait encore près de trente mille personnes à conduire.

Malgré la perte des chariots et des provisions, on poursuivit le pèlerinage : un messager vint, de la part de l'empereur Alexis, offrir à l'expédition des vivres et des moyens de transport, pourvu que les croisés s'engageassent à mieux agir qu'ils n'avaient fait en Bulgarie. Les bandes de Pierre l'Ermite se réunirent à celles de Gautier Sans-Avoir auprès de Constantinople. Comme les pèlerins renouvelaient leurs déprédations aux environs de cette capitale, Alexis se hâta de leur faire traverser le détroit, et de les envoyer sur la côte de Bithynie, où l'Empire avait conservé quelques possessions. L'empereur leur avait instamment recommandé de ne point provoquer les infidèles, jusqu'à la jonction des princes qui devaient arriver bientôt de Teutonie et d'Italie avec de grands corps d'armée. Pendant deux mois environ, les croisés demeurèrent assez tranquilles ; mais, ce temps écoulé, tandis que Pierre était retourné à Constantinople pour adresser quelques requêtes à l'empereur, les plus turbulents de l'armée commencèrent à faire des courses contre les Turks, et leur enlevèrent des troupeaux presque jusqu'aux portes de Nicée, capitale de la Bithynie, et principale résidence de Daoud Kilidje-Arslan (David *le glaive du lion*), sultan seldjoukien de Roum [1] ou de l'Asie Mineure (le Soliman de la *Jérusalem délivrée*), et vassal du grand sultan Berkiarok, qui résidait à Ispahan. Trois mille fantassins et deux cents cavaliers teutons prirent et saccagèrent une bourgade à quatre milles de Nicée.

Kilidje-Arslan, qui connaissait les projets des peuples chrétiens, était de retour à Nicée après une tournée qu'il avait faite dans toutes les régions de l'Asie musulmane pour y rassembler les plus vaillants guerriers : sitôt qu'il apprit l'action audacieuse des Teu-

---

1. Les Musulmans appelaient pays de *Roum* toutes les régions qui avaient fait partie de l'Empire romain, et plus spécialement l'Asie Mineure et la Thrace, qui porte encore aujourd'hui le nom de Roumélie ou Romanie.

tons, il sortit avec des troupes nombreuses, fondit sur les imprudents agresseurs et les passa au fil de l'épée. Le gros de l'armée chrétienne, au récit de ce désastre, se souleva de fureur : les pèlerins, excités par un certain bourgeois d'Étampes, accusèrent de lâcheté leurs chefs, qui voulaient différer la vengeance pour la rendre plus sûre. Ils laissèrent au camp les femmes, les enfants, les invalides et les gens sans armes, et se dirigèrent en assez bon ordre, au nombre de vingt-cinq mille fantassins et cinq cents cavaliers cuirassés, à travers une forêt, vers la montagne au delà de laquelle était Nicée. A peine avaient-ils franchi les bois et les hauteurs, qu'ils virent l'armée de Kilidje-Arslan se déployant dans la plaine. Les chrétiens se précipitèrent impétueusement sur leurs adversaires : la lutte fut terrible, mais courte ; accablés par le poids de la masse qui les pressait de toutes parts, les croisés furent rompus, mis en fuite et poursuivis jusqu'à leur camp, où les Turks entrèrent pêle-mêle avec eux. Le carnage fut effroyable : vieillards, moines, clercs, « femmes d'un âge mûr, » tout tomba sous les coups des vainqueurs ; les enfants et les jeunes filles furent seuls épargnés et réservés pour la servitude. Sur le champ de bataille était resté le général Gautier Sans-Avoir, dont un chroniqueur compare les derniers exploits à ceux d'un ours intrépide assailli par une multitude de chasseurs. Trois mille pèlerins environ, tristes débris de plus de soixante mille personnes parties des Gaules et de la Teutonie, se réfugièrent dans une vieille forteresse à demi ruinée, où ils se défendirent jusqu'à l'arrivée de quelques troupes grecques, devant lesquelles se retirèrent les Turks. « Ainsi périt, dit Guillaume de Tyr, un peuple obstiné et intraitable, qui succomba sans tirer aucun fruit de ses longues fatigues, pour n'avoir pas su se soumettre au joug salutaire de la discipline. »

Un autre corps de quinze mille pèlerins teutons, commandé par un prêtre appelé Gottschalk, fut exterminé tout entier par les Hongrois, en punition des violences qui avaient signalé son passage.

« Vers le même temps, disent Guillaume de Tyr et Albert d'Aix, des bandes innombrables venues de l'Occident, marchant à pied, sans chefs et sans guides, s'avançaient et se répandaient de tous côtés sans la moindre prudence. On vit une multitude insensée prendre pour guides une oie et une chèvre, qu'elle croyait remplies de l'esprit divin... Au lieu de suivre leur entreprise avec le sentiment de la crainte du Seigneur et de se rappeler les préceptes évangéliques, ces pèlerins s'abandonnèrent à l'esprit de vertige, et massacrèrent cruellement tout ce qu'ils rencontrèrent de juifs dans les villes et les bourgs par où ils passèrent. Ces désastres eurent lieu surtout dans les villes de Cologne et de Mayence; là, le comte Émicon, homme puissant et illustre dans ces contrées, se joignit aux croisés; mais, au lieu de blâmer leurs excès, il les excita lui-même au crime[1]. » A Trèves et à Worms, un grand nombre de juifs, à l'approche des bandes croisées, tuèrent leurs enfants et s'entr'égorgèrent ou se précipitèrent dans la Moselle et dans le Rhin, pour aller, disaient-ils, chercher un refuge dans le sein d'Abraham contre la rage des chrétiens; d'autres achetèrent, au prix d'une conversion forcée, la protection des évêques. L'évêque de Spire sauva les juifs sans exiger qu'ils reçussent le baptême, et fit mettre à mort quelques-uns des massacreurs.

Après avoir inondé de sang les villes des provinces rhénanes, ces hordes fanatiques se répandirent en Allemagne : elles étaient, dit-on, agglomérées au nombre de deux cent mille personnes à pied et de trois mille cavaliers français et teutons, lorsqu'elles furent arrêtées, aux frontières de la Hongrie, par les marais que forme la Leytha à son embouchure dans le Danube, près de Mersebourg (aujourd'hui Altenbourg) : le seul chemin praticable était occupé par les troupes du roi de Hongrie, bien résolu cette fois à ne plus accorder le passage. Les croisés voulurent se frayer une route par la force : ils essayèrent de jeter des ponts sur les deux rivières, et donnèrent un furieux assaut à la forteresse de Mersebourg; ils avaient déjà pratiqué plusieurs brèches, et les habitants ne s'attendaient plus qu'à la mort, lorsqu'une terreur panique se répandit tout à coup parmi les assaillants, dont les masses confuses se renversèrent les unes sur les autres et s'enfuirent, au mo-

---

1. L'archevêque de Mayence abrita dans son palais les juifs et leurs richesses ; mais Émicon et les forcenés qu'il conduisait forcèrent l'hôtel épiscopal, et égorgèrent plus de sept cents juifs, sans épargner l'âge ni le sexe. Alb. Aquens.(Albert d'Aix), l. I.

ment où leur victoire paraissait assurée. Les Hongrois, les voyant courir à la débandade, se mirent à poursuivre et à sabrer ces innombrables ennemis ; la multitude fugitive se dispersa dans tous les sens. Le comte Émicon ramena dans son pays la plupart des gens des bords du Rhin ; les autres chevaliers et nobles hommes se rabattirent sur la Carinthie, et entrèrent en Italie, où ils retrouvèrent une des principales divisions de la véritable armée chrétienne, qui s'était rassemblée lentement et en bon ordre pendant les mésaventures de ces turbulentes avant-gardes.

Ces nuées d'hommes, faciles à dissiper, annonçaient un plus terrible orage ; la vraie force militaire européenne, la chevalerie, se réunissait de toutes parts ; trois grands corps d'armée s'étaient formés, le premier dans les deux Lorraines, le second entre l'Escaut et la Loire, le troisième entre la Loire, les Alpes et les Pyrénées. Les trois armées franco-teutonique, franco-normande et aquitano-provençale, se mirent en mouvement d'août en octobre 1096. L'armée du nord, dont le commandement avait été déféré d'une voix unanime à Godefroi de Bouillon, prit, le 15 août, la route qu'avaient ouverte les premières bandes croisées, la route d'Allemagne et de Hongrie. A la fin de septembre, l'armée du centre, l'armée française proprement dite, s'ébranla à son tour ; Robert, duc de Normandie, Allan Fergant, duc de Bretagne, Robert, comte de Flandre, Hugues, comte de Vermandois, Étienne, comte de Chartres, de Blois et de Meaux, Robert, prévôt royal de Paris, etc., se dirigèrent vers les Alpes avec leur puissante gendarmerie couverte de fer et soutenue par une foule d'archers et d'arbalétriers, milice auxiliaire qui était comme l'appendice indispensable de la chevalerie ; derrière les hommes d'armes et les gens de trait marchait une prodigieuse cohue de clercs, de femmes, d'enfants, de vilains et de serfs, armés de piques et de massues ; misérable infanterie, mal exercée aux combats, et propre seulement, suivant l'expression d'un historien (M. de Sismondi), « à augmenter le nombre des morts un jour de bataille. » Adhémar, évêque du Pui-en-Velai, et légat du pape, et le comte de Toulouse, à la tête des « Français méridionaux[1] » ou gens de la

---

[1]. C'étaient les étrangers qui leur donnaient ce titre : eux ne s'appelaient pas Français.

langue d'oc, passèrent le Rhône à la fin d'octobre, franchirent les Alpes à la suite des guerriers de la langue d'oïl; puis, tournant à l'est, se portèrent par la Lombardie vers le Frioul, pour gagner la Dalmatie et les domaines de l'empire d'Orient.

Pendant ce temps, l'armée de la langue d'oïl, s'avançant du nord-ouest au sud-est, traversait l'Italie dans toute sa longueur. A l'approche de ces redoutables pèlerins, l'empereur Henri IV s'était enfui de Lombardie en Allemagne; les croisés réinstallèrent triomphalement le pape Urbain dans Rome, où la faction de l'anti-pape Guibert avait repris un moment le dessus, visitèrent, « selon la coutume, » tous les lieux consacrés de la capitale du monde chrétien, et, après s'être recommandés aux mérites des saints apôtres et des autres bienheureux, après avoir reçu la bénédiction apostolique, ils entrèrent dans la Pouille, où les croisés normands allaient se trouver en terre amie et parmi des frères d'origine. Les Normands d'Italie avaient alors pour principaux chefs les deux fils du conquérant Robert Guiscard, dont l'un, Roger, portait le titre de duc de Pouille; l'autre, qualifié de prince de Tarente, était le célèbre Boëmond. Les expéditions toujours heureuses de ce grand homme de guerre en Épire, en Thessalie et dans tout le territoire de l'empire grec avaient maintes fois fait retentir son nom chez les peuples d'Occident. Boëmond, au bruit de l'approche des croisés, demanda d'abord quelle discipline régnait dans cette grande armée, si elle pillait ou achetait les denrées dont elle avait besoin. « Ces gens-là, lui vint-on dire, marchent avec tant de dévotion et de gravité, qu'on ne trouverait personne à qui ils aient fait tort : ils ont assez d'armes pour frapper de terreur tout l'Orient, si l'Orient venait à leur rencontre, et, pourvus de tant de traits et d'engins de guerre, ils paient, comme de faibles pèlerins, tout ce qui est nécessaire à leur subsistance. — Et à quel signe se reconnaissent-ils entre eux? demanda Boëmond. — Ils se reconnaissent à l'image de la sainte croix qu'ils portent sur le front ou sur l'épaule droite; et, lorsque, s'exerçant dans les champs aux travaux guerriers, ils courent les uns sur les autres et entre-choquent leurs lances par manière de jeu, ils s'écrient tout d'une voix : « Dieu le veut! Dieu le veut! »

Alors Boëmond se fit apporter deux manteaux précieux, et ordonna qu'on les découpât en lanières pour en former des croix ; puis il dit à tous ses hommes, tant cavaliers que gens de pied : « Si quelqu'un appartient au Seigneur, qu'il se joigne à moi. O vous, mes chevaliers, soyez les chevaliers de Dieu, et prenez avec moi la route du Saint-Sépulcre, et servez-vous de tout ce qui m'appartient comme de votre bien ! Ne sommes-nous pas de *race française* aussi[1] ? Nos pères ne sont-ils pas venus de France, et n'ont-ils pas acquis cette terre par les armes ? Eh quoi ! nos parents, nos frères, iraient sans nous au martyre, sans nous au paradis ? nous et nos enfants serions à juste titre accusés dans tous les siècles d'avoir dégénéré du courage de nos aïeux. — Nous irons avec toi, et nous nous engageons irrévocablement au voyage du Saint-Sépulcre, s'écrièrent les assistants. — Si vous voulez joindre les actions aux paroles, reprit-il, prenez chacun une croix, en signe de votre engagement. »

L'empressement fut si général que les croix manquèrent. Les gens de la Pouille, de la Calabre et de la Sicile (cette grande île était gouvernée par Roger, frère de Robert Guiscard, qui l'avait enlevée aux Sarrasins) affluèrent tellement autour du prince de Tarente pour partir avec lui, que le duc de la Pouille fut grandement attristé, « craignant de rester seul dans sa duché avec les femmes et les petits enfants ». Parmi les croisés de Boëmond, on remarquait son neveu Tancrède, qui devait être un des plus illustres champions de la croisade [2].

Boëmond, ayant réparti ses nouveaux compagnons de France dans ses villes maritimes de Brindes, de Bari, d'Otrante, se hâta de tout disposer pour l'embarquement. Cependant Hugues-le-Grand, comte de Vermandois, n'eut pas la patience d'attendre les autres princes : humilié de se voir éclipsé par des rivaux qui

---

1. Ainsi, les Normands s'appelaient *Français*. Tout ce qui parlait la langue d'oïl s'appelait *Français*; le sentiment de nationalité, dans tout le pays au nord de la Loire, était déjà bien plus énergique au onzième siècle qu'on ne le croit communément. Toutes ces populations séparées par les dominations politiques se sentaient une vis-à-vis de l'étranger. Le trouvère normand chante la *doulce France*, tout comme s'il était de Paris ou d'Orléans.

2. *Chronic. Cassini Montis.* l. IV, c. 2. — Robert. Monach. — Guibert. Novigent. (*Gesta Dei per Francos*). — Orderic. l. IX. — Rad. de Cadom. (Raoul de Caen).

n'étaient pas, comme lui, fils et frères de rois, il partit sur-le-champ avec ses seuls vassaux, afin d'aller se mettre à la tête des bandes de Pierre l'Ermite et de Gautier Sans-Avoir; on ne savait point encore la destruction de cette avant-garde des croisés par Kilidje-Arslan. Une tempête brisa les navires de Hugues : le comte de Vermandois parvint à prendre terre auprès de Durazzo, en Albanie; le chef qui commandait dans cette place pour l'empereur Alexis était prévenu des intentions du prince français; il accueillit Hugues très honorablement, et le fit conduire vers Alexis. « Cet artificieux empereur, dit une chronique, avait donné ordre que tous les pèlerins de Jérusalem fussent pris et envoyés vers lui à Constantinople, afin qu'il les pût obliger par serment à *tenir pour sien* tout ce qu'ils viendraient à conquérir. » Les provinces que les croisés allaient conquérir avaient été arrachées à l'empire grec, et il était naturel qu'Alexis cherchât à en recouvrer la souveraineté. Ce n'était pas là toutefois le seul motif de l'empereur; en sollicitant le secours des Occidentaux, il ne s'était point attendu à voir l'Occident s'arracher de ses fondements pour se précipiter sur l'Asie; l'immensité des armements latins frappait de stupeur les populations grecques et orientales. « Les portes des Latins furent ouvertes », dit un auteur arménien, « et il en sortit des soldats aussi nombreux que les sauterelles et les sables de la mer! » Alexis commençait à craindre ses alliés autant que ses ennemis; et, tremblant de voir son empire englouti par une double inondation de Barbares, il était bien aise d'avoir entre les mains quelques illustres otages. Il fit à Hugues une réception très amicale, et obtint de lui, à force de caresses et de belles paroles, un serment de fidélité; mais, lorsqu'ensuite le comte de Vermandois voulut passer le Bosphore et rejoindre les restes des bandes latines, on ne le lui permit pas, et bientôt on cessa de déguiser la captivité dans laquelle on le retenait.

Cependant, Godefroi de Bouillon, comme nous l'avons dit, s'était mis en route, dès le 15 août, avec les croisés des deux Lorraines; il traversa le Rhin, recruta, chemin faisant, beaucoup de guerriers de la Souabe, de la Franconie, de la Bavière et de la Saxe, et se vit, dit-on, à la tête de dix mille cavaliers et de soixante-dix mille personnes à pied. Arrivé, le 20 septembre, à la frontière de l'empire teutonique et du royaume de Hongrie, il envoya des députés à Coloman, roi des Hongrois, pour lui demander des explications sur le massacre de l'expédition de Gottschalk et la déroute de celle d'Émicon. Le prince hongrois, dans une entrevue avec Godefroi, justifia facilement ces rigueurs, trop légitimées par la conduite des croisés. « Le roi et le duc, dit Guillaume de Tyr, lièrent ensemble une parfaite amitié, et il fut convenu que Godefroi entrerait librement dans le pays à la tête de ses légions, à condition qu'il livrerait en otages Baudouin, son frère, la femme et les enfants dudit Baudouin, et quelques autres nobles hommes. Les conventions furent fidèlement exécutées des deux parts : le roi ordonna par des édits à ses peuples de fournir, à prix modérés et à justes mesures, les choses nécessaires à la vie; le duc fit publier par des hérauts, dans son camp, la défense de commettre contre les habitants aucun acte de pillage, d'insulte ou de violence, sous peine de mort et de confiscation des biens. Il en résulta que la miséricorde divine marcha en tête de l'armée, et que les pèlerins traversèrent toute la Hongrie sans qu'il s'élevât la moindre querelle entre eux et les indigènes. » Lorsque l'expédition fut parvenue au delà de la Save, le roi Coloman, qui avait toujours côtoyé l'armée franco-teutonique avec toutes ses troupes, restitua les otages, offrit de riches présents au duc Godefroi et aux autres princes, et rentra paisiblement dans ses États.

Les croisés, après avoir franchi les forêts des Bulgares, pénétrèrent dans la Haute-Macédoine, dont la désolation les frappa vivement. Guillaume de Tyr prétend que les Grecs avaient eux-mêmes changé ce pays en désert, ainsi que la première Épire (partie de l'Albanie), afin d'arrêter les ennemis qui voudraient envahir leur territoire du côté de l'Occident. La chaîne de l'Hémus ou des Balkans ne fut cependant point un obstacle pour les croisés, qui trouvèrent enfin au delà de ces montagnes un pays riche et fertile, la Romanie (l'ancienne Thrace). Ce fut à Philippopolis que le duc Godefroi apprit la détention du comte Hugues : il expédia en toute hâte des messagers à l'empereur pour le sommer de remettre en liberté ce « noble homme » et ses compagnons, et pressa la marche de ses guerriers. Alexis ayant refusé, le duc livra les environs d'Andrinople à la merci des croisés, qui en huit jours eurent complétement ravagé la contrée. L'empereur, effrayé, « fit porter de meilleures paroles » à Godefroi : le duc rappela ses légions sous les drapeaux, s'avança vers Constantinople et dressa ses tentes sous les murailles de cette grande cité. Les mesures vigoureuses de Godefroi avaient produit leur effet : à peine était-il devant Constantinople, que le comte Hugues, relâché par Alexis, arriva au camp avec plusieurs chevaliers du Vermandois et de l'Ile-de-France, qui avaient partagé sa détention, entre autres Guillaume de Melun, dit *le Charpentier*, parce qu'il « charpentait merveilleusement » ses ennemis avec sa bonne hache d'armes. « Ils rendirent grâces à Godefroi, qui les reçut avec une grande tendresse, surtout Hugues, son cousin et ami de cœur. Qui aurait vu le duc Godefroi et Hugues le Grand s'embrasser et se baiser à l'envi, en eût pleuré de joie ».

L'empereur, dissimulant son ressentiment, et espérant amener les chefs croisés à lui jurer « féauté » et à le reconnaître pour « chef de la guerre sainte », invita le duc des Lorrains à se rendre auprès de lui avec les principaux des siens; mais le prudent Godefroi éluda cette proposition. Alexis interdit l'entrée de la ville et des marchés aux croisés : ceux-ci se vengèrent en pillant les faubourgs et les campagnes voisines. Un grand nombre d'archers grecs vinrent un matin harceler les croisés à coups de flèches : les généraux latins incendièrent les palais et les élégantes maisons de plaisance de la rive européenne du Bosphore, et marchèrent contre l'armée impériale, qui, sortie de Constantinople, avait espéré les envelopper entre elle et une autre armée débarquée de la Propontide. On se battit en vue des remparts : les légions efféminées d'Alexis Comnène ne purent soutenir le choc des Lorrains : elles plièrent et rentrèrent en désordre dans Constantinople. « Pendant toute une semaine, les fourrageurs latins coururent la province à soixante milles à la ronde, et ne laissèrent derrière eux ni bétail, ni grains, ni provisions quelconques ». Sur ces entrefaites, Godefroi reçut du prince Boëmond un message qui commençait en ces termes : « Sachez, homme excellent, que vous avez affaire à la plus mauvaise bête féroce et au pire scélérat qui existe : il ne s'occupe que de tromper et de tourmenter par tous les moyens possibles toutes les nations latines ».

Après ce panégyrique d'Alexis, Boëmond, depuis longtemps ennemi mortel du monarque grec, engageait Godefroi à passer le reste de l'hiver aux environs d'Andrinople ou de Philippopolis. « Au printemps prochain, ajoutait-il, je vous offrirai en personne mes conseils et mes secours contre le prince impie qui commande aux Grecs ». Godefroi, qui ne voulait pas détourner la croisade de son but en faisant contre Alexis une guerre de conquête, répondit affectueusement à Boëmond, mais lui déclara franchement qu'il répugnait à diriger contre un peuple chrétien les coups destinés aux infidèles. Alexis, informé que « le seigneur Boëmond » et la seconde armée d'Occident avaient annoncé leur prochaine arrivée, se sentit perdu s'il ne réussissait à apaiser Godefroi avant que ses alliés l'eussent joint : il pria instamment le duc de venir conférer avec lui, et envoya son fils Jean Porphyrogénète comme otage au camp des croisés. La réception de Godefroi fut splendide : le cauteleux Alexis adopta solennellement pour fils le guerrier redoutable qu'il n'avait pu vaincre, et le fit revêtir des habits impériaux. Godefroi et les siens jurèrent ensuite « paix et féauté » à l'empereur, qui les combla de magnifiques présents. « Dès ce moment, dit Guillaume de Tyr, peuple et soldats vécurent assez bien ensemble, et commercèrent mutuellement en toute sécurité ».

(1097) Vers le milieu du mois de mars, le duc Godefroi, informé de l'approche des autres princes, passa le Bosphore avec toutes ses troupes, et assit son camp près de Chalcédoine. « L'empereur, dit Guillaume de Tyr, avait fortement insisté auprès du duc pour obtenir qu'il hâtât le départ de ses guerriers ; mais il ne parlait pas avec franchise, et usait toujours de ses ruses accoutumées : son but était d'empêcher que les troupes de Godefroi se réunissent à celles qui allaient arriver sous les murs de Constantinople ; il usa du même artifice avec les chefs qui vinrent successivement au rendez-vous général, et les obligea de s'éloigner toujours séparément, afin que deux armées latines ne se trouvassent jamais ensemble près de la cité impériale ». La précaution, il faut l'avouer, était suffisamment motivée.

Les Normands d'Italie parurent les premiers sous la conduite de Boëmond, de son neveu Tancrède, et de Richard, prince d

Salerne, neveu de Robert Guiscard. Ayant débarqué et hiverné à Durazzo, ils s'avancèrent par les cantons les plus incultes de l'Albanie et de la Haute-Macédoine, passèrent sur le ventre à un corps de troupes envoyé par l'empereur en embuscade aux bords du Bardax (l'ancien Axius), et atteignirent Constantinople pendant la semaine sainte. Godefroi, à la prière d'Alexis, s'interposa entre ce monarque et Boëmond, et amena le prince de Tarente au palais impérial. Alexis donna le baiser de paix à Boëmond et l'accueillit avec les plus grands honneurs, si bien qu'après plusieurs conférences secrètes entre l'empereur et les deux chefs, Boëmond consentit à « devenir l'homme » d'Alexis; il lui engagea sa foi en lui donnant les mains, et lui prêta serment « corps pour corps, ainsi que le font les fidèles envers leurs seigneurs ». Godefroi fit le même serment. L'empereur s'engagea en retour à fournir aux croisés des denrées de toute espèce pendant le voyage qu'ils allaient entreprendre dans les déserts d'Asie; il jura de leur donner ce qui leur manquait en armes et en vêtements, de ne plus faire ni laisser faire de dommage à aucun pèlerin du Saint-Sépulcre; et de concourir efficacement aux opérations militaires des princes latins. La libéralité d'Alexis, qui offrit à Boëmond de riches vêtements, de beaux chevaux, des vases précieux et « une source intarissable d'or », apaisa les ressentiments de l'avide prince de Tarente, et le détermina à un hommage qu'il comptait ne pas devoir être bien pesant; néanmoins son neveu Tancrède se montra fort chagrin de cet hommage rendu à l'ennemi de leur race, à un ennemi tant de fois vaincu : ce lui sembla chose déshonorante, et, au lieu d'aller à son tour saluer l'empereur, il se hâta de s'embarquer pour la côte d'Asie. Les Normands d'Italie bivouaquèrent auprès des Lorrains de Godefroi.

Robert, comte de Flandre, suivit de près le prince de Tarente. Après les Flamands vinrent les nombreuses légions des « Français méridionaux », que guidaient le comte Raimond de Toulouse, le légat Adhémar, évêque du Pui, l'évêque et le comte d'Orange, le vicomte de Béarn, le comte de Roussillon, le seigneur de Montpellier[1], les comtes de Forez, de Foix, de Clermont, de Forcal-

---

1. Montpellier (*Mons Pitellarius;* plus tard, *Mons Pessulanus*) n'était encore,

quier, les vicomtes de Béziers et de Turenne, etc. Les gens de la langue d'oc n'avaient point franchi l'Adriatique ; ils avaient eu à surmonter les fatigues et les périls de la route de terre, et s'étaient engagés en hiver dans les montagnes et les forêts de la Dalmatie, où ils eurent beaucoup à souffrir des sauvages populations qui les harcelèrent sans cesse. L'armée du comte de Toulouse se rallia et se reposa quelque temps à Durazzo, ce grand passage de tout ce qui venait d'Italie ; puis elle se remit en chemin. Les Bulgares, dont elle longea la frontière, incommodèrent un peu sa marche : le légat Adhémar fut même un instant prisonnier d'une de leurs bandes ; mais on le délivra, et les Provençaux gagnèrent enfin le Bosphore. Le fier Raimond, sollicité de rendre hommage à l'empereur comme avaient fait ses alliés, se révolta contre une telle prétention. Alors Alexis dirigea secrètement son armée contre celle du comte de Toulouse ; il pensait que les princes latins, liés par leur serment, ne prendraient point parti dans la querelle, et que d'ailleurs ils ne pourraient, le voulussent-ils, repasser le bras de mer. Les Grecs assaillirent pendant la nuit les gens de la langue d'oc, et en tuèrent beaucoup avant que l'alarme eût été donnée partout : les gens de Raimond se rallièrent pourtant, et repoussèrent l'attaque ; mais, les hostilités continuant, les Méridionaux, lassés et découragés, commencèrent à murmurer et à dire tout haut qu'ils entendaient retourner chez eux.

Le comte Raimond était à Constantinople pendant ce combat nocturne ; furieux de la trahison des Grecs, il envoya des messagers au delà du Bosphore pour inviter les autres princes à seconder sa vengeance. « L'empereur, voyant que les choses étaient allées trop loin, et se repentant de son action, appela sans délai le duc Godefroi, le prince Boëmond et le comte de Flandre, et réclama leur intervention auprès du comte Raimond. Les princes, si mécontents qu'ils fussent, y consentirent. Raimond, homme d'un bouillant courage, gardait à jamais le souvenir d'un affront,

à la fin du dixième siècle, qu'une obscure bourgade relevant de l'évêché de Maguelonne. Cent ans de plus en avaient fait une populeuse et florissante cité, et l'un des principaux centres commerciaux du Midi. V. D. Vaissette, *Hist. du Languedoc*, t. I.

et, si on l'avait cru, on eût détruit toute la ville de Constantinople avec ses habitants et son empereur ; mais les autres seigneurs le supplièrent de renoncer à sa vengeance, afin de ne point mettre obstacle aux desseins de ceux qui avaient hâte de continuer le saint voyage. Raimond se rendit à leur pieuse intercession ; puis ils vinrent trouver l'empereur tous ensemble, et lui exprimèrent sans ménagement combien ils s'estimaient offensés de ce qui était advenu. L'empereur s'abaissa jusqu'à s'excuser en présence du comte Raimond et de toutes les personnes de la cour ; il jura et protesta qu'il était entièrement étranger à l'agression commise par ses officiers, et offrit toute satisfaction au comte. Raimond alors engagea sa foi à l'empereur en ces termes : « Je jure à l'empereur Alexis qu'il ne perdra, par moi ou les miens, ni la vie, ni l'honneur, ni rien de ce qu'il possède aujourd'hui justement ou injustement, tant que ledit empereur tiendra lui-même ses promesses envers moi[1] ». Alexis réitéra ses serments d'assistance et de bonne amitié envers les croisés, et les « Français méridionaux » rejoignirent leurs alliés en Bithynie. Les chefs, afin de mieux assurer l'effet des paroles d'Alexis, l'avaient pressé de suivre lui-même l'expédition et d'en accepter le suprême commandement ; mais l'empereur motiva son refus sur la nécessité de défendre ses États contre les Bulgares et les Slaves qui infestaient ses frontières. Alexis espérait profiter des efforts des croisés sans être obligé de s'associer à leur fortune. Il donna seulement ordre aux officiers qu'il avait sur la côte d'Asie de se concerter avec les Latins.

La grande guerre allait enfin commencer. Le camp de Chalcédoine fut levé, et les immenses colonnes des chrétiens défilèrent vers Nicée. Auprès de Nicomédie, la place la plus importante qui restât à l'empire d'Orient dans la Bithynie, le « vénérable prêtre » Pierre-l'Ermite vint à la rencontre des légions latines avec le petit nombre de pèlerins qui avaient survécu aux désastres de son expédition. « Les princes, remplis de compassion pour lui et pour ses compagnons d'infortune, les comblèrent de témoignages de

---

1. Guil. Tyr. l. I. — Guibert. Novigent. l. II. — Raimond. Agil. — Raimond d'Agiles, chanoine du Pui, était le chapelain et le compagnon de voyage du comte de Toulouse.

générosité ; puis ils poursuivirent leur marche jusqu'à Nicée, disposèrent leurs tentes en cercle autour de cette ville, en marquant les lignes des campements destinés aux chefs encore absents, et, le 15 du mois de mai, on entama le siége de la cité. » Ils avaient vu, sur la route, les plaines couvertes des ossements des premiers croisés exterminés par les Turks. Comme le bois manquait, on se servit des os, pour la clôture du camp. Le duc de Normandie, le comte de Chartres, le duc de Bretagne, le comte de Boulogne, second frère de Godefroi de Bouillon, le comte du Perche, et le reste des seigneurs français qui avaient hiverné en Pouille et en Calabre et n'avaient franchi l'Adriatique qu'au printemps, arrivèrent bientôt à Nicée, et prirent place « auprès de leurs frères. » « Alors pour la première fois, dit Guillaume de Tyr, les croisés, qui avaient suivi leurs chefs à travers des pays et en des temps divers, se virent réunis, et l'armée du Dieu vivant se trouva au complet. Depuis que chacun des pèlerins avait quitté sa maison et sa terre, les capitaines de tant de légions n'avaient pas encore conféré tous ensemble sur les affaires communes : ils firent donc une revue et un recensement général de leurs bataillons, et ils reconnurent qu'ils avaient avec eux cent mille cavaliers portant le haubert, et six cent mille personnes de pied des deux sexes[1]. » Jamais de telles masses d'hommes ne s'étaient mises en mouvement depuis les jours d'Alarik et d'Attila : l'Europe, tant de fois submergée par les débordements de l'Asie, lui rendait enfin ses terribles visites, et le flot des invasions, qui, depuis l'origine des temps, avait toujours roulé d'Orient en Occident, semblait refluer vers sa source.

Le siége de Nicée dura six semaines. Le sultan Daoud-Kilidje-Arslan, campé dans les montagnes voisines, fondit sur les quartiers des chrétiens avec une armée de cavaliers turks ; il fut repoussé si vigoureusement dans deux combats consécutifs, qu'il dut renoncer à secourir la ville. La garnison ne perdit pas courage sur-le-champ ; les croisés n'avaient pu former exactement le blocus de Nicée, dont les murailles baignaient en partie dans le lac

---

1. Le chevalier Foucher de Chartres, acteur et narrateur de la première croisade dit que six cent mille hommes « propres aux combats (*bellatores*) étaient sortis de leurs maisons » pour le saint pèlerinage.

Ascanius ; mais, lorsque les chrétiens furent allés chercher au bord de la mer des barques grecques qu'ils traînèrent l'espace de sept milles pour les mettre à flot sur le lac, lorsque la plus forte tour des remparts eut été renversée par les machines, il fallut songer à capituler. Grâce à l'adresse des agents de l'empereur Alexis, ce fut à eux, non point aux chefs latins, que la garnison rendit la place. Les princes croisés ne s'opposèrent point à cette capitulation ; car ils avaient promis à Alexis que, « si l'on prenait, avec l'aide de Dieu, quelque ville ayant appartenu à l'Empire sur toute la longueur de la route jusqu'en Syrie, cette ville et son territoire seraient remis à l'empereur, à condition que le butin et tous les objets quelconques pris avec la ville appartiendraient aux croisés, en récompense de leurs travaux et en indemnité de leurs dépenses ». Cette condition fut mal observée. Alexis ne se soucia pas d'abandonner au pillage les biens des habitants de Nicée, chrétiens pour la plupart, et envoya de riches présents aux princes pour les décider à calmer la mauvaise humeur des gens de guerre frustrés de leur « droit. »

L'armée, partagée en plusieurs corps, quitta Nicée, et se porta en avant le 29 juin 1097. Trois jours après, vers l'aurore, les Italo-Normands de Boëmond et de Tancrède furent brusquement assaillis, dans la vallée de Dogorgonhi, par toutes les forces de Kilidje-Arslan, qui brûlait de venger ses premiers revers. Les escadrons des Turks étaient accourus de tous les points de l'empire seldjoukien, et le sultan de Roum était, dit-on, à la tête de cent cinquante mille cavaliers. Criblés de flèches, accablés par le nombre, les guerriers de Boëmond s'estimaient tous perdus, et leur camp était déjà forcé, lorsque Godefroi, Raimond, Hugues-le-Grand, Baudouin, Eustache, Étienne, accoururent avec quarante mille hommes d'armes couverts de mailles de fer. La pesante cavalerie latine enfonça, écrasa les légers escadrons de Kilidje-Arslan : les Turks furent poursuivis jusqu'à leur camp, qui tomba au pouvoir des vainqueurs. Cette bataille, donnée sur les confins de la Bithynie et de la Grande-Phrygie, fut appelée la journée de Gorgoni ou de Dorylée : elle fut tellement décisive, que Kilidje-Arslan, hors d'état de disputer le reste de ses provinces, les livra lui-même à d'horribles dévastations, et quitta l'Asie-Mineure pour aller solliciter les secours de tous les autres princes turks et arabes, et surtout de son suzerain Berkiarok, fils de Malek-schah, qui régnait sur presque tous les états asiatiques de l'ancien khalifat de Bagdad. Les croisés s'avancèrent donc librement dans les provinces centrales de l'Asie-Mineure, mais ils se virent bientôt en proie à un ennemi qu'ils n'avaient pas prévu : la faim et la soif les tourmentèrent cruellement dans la traversée des plaines brûlantes et arides de la Phrygie. Les Grecs tenaient fort mal leur promesse, ne rejoignaient pas l'armée latine, et ne lui fournissaient point de vivres. L'approvisionnement d'une telle multitude n'était pas, à la vérité, chose facile. Les croisés gagnèrent enfin Antioche de Pisidie ou Antiochette, et se reposèrent quelque temps dans les bois et les prairies fertiles qui avoisinent cette cité [1].

D'Antiochette, l'expédition se dirigea sur la Cilicie, en passant par Iconium ou Khonieh, seconde résidence de Kilidje-Arslan. Cette ville ne se défendit pas : les habitants musulmans l'avaient abandonnée. Le vaillant neveu de Boëmond, Tancrède, était déjà parvenu jusqu'à Tarse, métropole de la Cilicie : la garnison musulmane venait de se rendre au chef normand, lorsque Baudouin, frère de Godefroi, arrivant avec des forces supérieures, fit enlever de la principale tour la bannière de Tancrède, et planter la sienne à la place. La conduite arrogante de Baudouin alluma une haine violente entre Tancrède et lui, et ils se livrèrent un combat qui coûta la vie à maints guerriers : ce ne fut pas la seule rixe qu'enfantèrent les prétentions jalouses et l'humeur fougueuse des principaux seigneurs. Une constante union entre Godefroi, Boëmond et le comte de Toulouse, les plus influents de tous par leur illustration personnelle et par le nombre de leurs soldats, aurait pu réprimer ces pernicieuses rivalités ; mais

---

1. Pendant cette halte, Godefroi fut le héros d'une aventure fort célébrée par les chroniqueurs. Un jour qu'il se promenait seul au fond d'une forêt, il entendit des cris d'épouvante et des invocations lamentables : c'était un pauvre pèlerin fuyant devant un ours énorme. Le duc attaque l'ours : son cheval est grièvement blessé ; il met pied à terre, charge la bête féroce l'épée au poing ; l'ours évite le coup et saute au corps de son adversaire : Godefroi eût été étouffé dans cette terrible étreinte, s'il n'avait eu la force de dégager son bras droit et de plonger son épée dans le dos de l'animal. Godefroi, blessé à la jambe, resta plusieurs semaines malade des suites de ce rude combat.

les trois grands chefs étaient aussi souvent en désaccord que les autres capitaines et que les jeunes chevaliers. Baudouin et Tancrède effacèrent par de brillants succès la mauvaise impression que leur querelle avait produite dans l'armée : Tancrède emporta l'une après l'autre les places fortes de la Cilicie, qu'on se crut en droit de ne pas remettre aux Grecs, infidèles à leurs engagements; Baudouin, à la tête d'une poignée d'hommes, franchit la chaîne du Taurus, parcourut la Comagène, et, passant l'Euphrate, entra dans Édesse, sur l'invitation des chrétiens du pays, qui se soulevèrent contre les Turks. Ce fils puîné d'un comte de Boulogne devint, « par la grâce de son épée », comte d'Édesse et seigneur d'une partie de la Mésopotamie. Baudouin resta dans Édesse, et s'occupa d'étendre ses conquêtes : la grande armée, laissant derrière elle le fameux défilé d'Issus (entre la Cilicie et la Syrie), après avoir beaucoup souffert, força le passage de l'Oronte et investit Antioche, qui formait alors, avec son territoire, le domaine d'un khan turk nommé Akhy-Syan. Le siège d'Antioche fut l'épisode capital de cette vaste épopée : il dura huit à neuf mois. Assiégeants et assiégés rivalisèrent d'énergie et de persévérance : aux attaques des chrétiens répondaient souvent des sorties furieuses où les Turks eurent plus d'une fois l'avantage[1].

Cependant la disette et les maladies contagieuses, si dévorantes sous le ciel de la Syrie, ravageaient le camp des croisés : une impitoyable épizootie avait démonté presque tous les hommes d'armes; il ne restait pas deux mille chevaux dans toute l'armée, et les légions du grand sultan Berkiarok s'avançaient à marches forcées au secours d'Antioche. Plus d'un seigneur croisé sentit son cœur faillir : un des plus valeureux, le « rude charpentier » Guillaume de Melun, déserta, non par peur des combats, mais par l'impossibilité de supporter tant de privations. Un esprit de vertige s'empara de la foule des pèlerins : c'était dans des dé-

---

1. Raoul de Caen et le moine Robert attribuent à Godefroi, dans une de ces rencontres, un exploit bien plus extraordinaire que sa victoire sur l'ours. S'il faut les en croire, le duc de Lorraine, après avoir fait voler à coups d'épée les têtes de plusieurs ennemis, poursuivit un cavalier couvert d'une cotte de mailles, et lui porta un si terrible revers qu'il le coupa en deux; le haut du corps tomba par terre, et la partie inférieure demeura sur le cheval, qui l'emporta au galop jusque dans la ville. Ceci est la transition de la chronique au roman de chevalerie.

bauches frénétiques qu'ils cherchaient l'oubli de leurs souffrances. L'exaltation de Pierre l'Ermite ne tint pas contre ce spectacle de vices et de misères : il crut que Dieu abandonnait les siens; il perdit la tête, et s'enfuit. Tancrède courut après lui, le ramena avec Guillaume de Melun, et lui fit jurer sur l'Évangile de ne plus abandonner ceux que ses paroles avaient arrachés de leurs foyers et précipités en Orient. La famine était si affreuse que le menu peuple, à la suite de l'armée, mangeait les cadavres des Sarrasins sur les champs de bataille!

Au milieu de l'abattement général, Boëmond déclara que, si l'on voulait lui abandonner la souveraineté d'Antioche, il se faisait fort d'introduire l'armée dans la ville; tous les chefs consentirent, sauf Raimond de Toulouse. Boëmond alors révéla les intelligences qu'il avait pratiquées avec un des principaux habitants d'Antioche, appelé Fyrouz, « lequel était chrétien de cœur ». Quelques nuits après, Fyrouz livra en effet une des tours à Boëmond, qui entra le premier dans la ville, et qui ouvrit la porte à ses alliés. Antioche resta aux croisés après un grand carnage, et le khan turk Akhy-Syan périt en voulant s'échapper (3 juin 1098); mais l'élite de la garnison parvint à gagner la citadelle, et s'y maintint jusqu'à l'arrivée de l'armée musulmane, qui accourait après avoir essayé inutilement de reprendre Edesse sur son passage.

Le troisième jour qui suivit la prise d'Antioche, Kerbogha, sultan de Moussoul, émir al'omrah ou général en chef de Berkiarok vint bloquer, dans la ville même, les chrétiens qui bloquaient la citadelle; Kerbogha était accompagné de Kilidje-Arslan, des sultans turks de Halep et de Damas, du bey de Jérusalem et de vingt beys turks et émirs arabes; ses forces s'élevaient au moins à deux cent mille combattants[1]; le nombre des croisés était bien diminué, et la position de l'armée, manquant de tout et resserrée étroitement par un ennemi maître de la campagne, devint si déplorable, que le comte de Chartres s'échappa, d'autres princes encore voulurent « abandonner le peuple confié à leurs soins » : Godefroi et l'évêque Adhémar les firent renoncer à cette honteuse désertion. Personne n'était à l'abri de la faim, sauf peut-être le

---

1. Mathieu d'Edesse les porte à 100,000 cavaliers et 300,000 fantassins, sans doute avec exagération.

prévoyant Raimond de Toulouse et ses Provençaux; le comte de Flandre mendiait son pain dans les rues d'Antioche! L'empereur Alexis, qui s'était avancé avec une armée grecque jusqu'à Philomélium, crut les croisés perdus, et se retira, les abandonnant à leur sort.

La multitude, dans son désespoir, élevait la voix contre le ciel même et accusait Jésus-Christ d'ingratitude, lorsqu'un prêtre provençal, appelé Barthélemi, prétendit que le Christ lui était apparu, lui avait annoncé que les chrétiens triompheraient, et lui avait révélé, pour gage de cette promesse, le lieu où se trouvait la lance avec laquelle un soldat avait percé le côté de l'Homme-Dieu sur le Calvaire. On alla au lieu indiqué : c'était une des églises d'Antioche; on fouilla la terre; on découvrit un fer de lance [1]. L'effet produit par ce prétendu prodige fut quelque chose d'inouï : tous ces malheureux, exténués par la faim, et qui n'attendaient plus que la mort, se retrouvèrent soudain pleins de force et de courage; les chefs profitèrent à l'instant de ce paroxysme d'enthousiasme, et, le 28 juin, toutes les légions des croisés, divisées en douze colonnes en mémoire des douze apôtres, sortirent d'Antioche, précédées par la « sainte lance », que portait le chapelain du comte de Toulouse; la plupart des hommes d'armes étaient réduits à combattre à pied par la perte de leurs coursiers; ils marchèrent, l'épée au poing, contre les escadrons de Kerbogha. La bataille fut longue et vivement disputée. Kilidje-Arslan, qui commandait une des ailes de l'armée turke, tourna les croisés avec sa cavalerie, et faillit accabler Boëmond; mais la valeur du sultan de Roum ne fit que retarder la victoire des chrétiens, qui, dans leur exaltation, s'imaginèrent voir une armée céleste accourir à leur secours. Les Turks furent mis en pleine déroute; Kerbogha et Kilidje-Arslan prirent la fuite avec les débris de leurs escadrons, et les Turks ne reparurent plus devant l'armée chrétienne. Le butin fut incalculable; car les Seld-

---

[1]. Ce fer avait été probablement caché par ordre du comte de Toulouse : Foucher de Chartres et d'autres contemporains soupçonnent le fait de fraude; plus tard, de grands débats s'étant élevés à cette occasion entre les gens de la langue d'oc et ceux de la langue d'oïl (ces derniers niaient le miracle), le prêtre Barthélemi fut soumis à l'épreuve du feu. Il en mourut, et la *sainte lance* demeura fort discréditée.

joukiens avaient hérité de toutes les richesses du khalifat. Les discordes des Turks et des Arabes avaient facilité le triomphe inattendu des croisés. La citadelle capitula, et Boëmond s'installa en souverain dans Antioche.

L'armée se reposa plusieurs mois à Antioche : séjour fatal, car une épidémie meurtrière enleva plus de cinquante mille croisés en quelques semaines. L'armée se remit en mouvement à la fin de l'automne : elle avança très lentement, côtoyant presque toujours la mer, et approvisionnée de temps en temps par les navires marchands de Gênes [1] ; elle ne rencontra pas une grande résistance sur la côte phénicienne, et contempla enfin Jérusalem, le 7 juin 1099, du haut des collines d'Emmaüs.

L'armée ne se composait plus que d'environ soixante mille « personnes des deux sexes », suivant le contemporain Albert d'Aix. Guillaume de Tyr prétend qu'on n'en comptait plus que quarante mille, dont quinze cents cavaliers et vingt mille fantassins valides et bien armés; le reste était mort ou dispersé au loin dans l'Asie-Mineure, la Syrie et la Mésopotamie. Le légat Adhémar, l'évêque d'Orange, le comte de Hainaut et bien d'autres chefs avaient succombé aux épidémies ; d'autres s'en étaient allés; Hugues le Grand, envoyé par ses alliés vers l'empereur Alexis, n'était pas revenu. Jérusalem, occupée par les Turks depuis 1076, venait d'être reconquise sur eux, à la faveur de leurs revers, par les troupes du khalife fathimite d'Égypte, qui avait conservé sous sa domination la côte de Palestine et de Phénicie jusqu'à Laodicée; ce khalife, ennemi mortel des Turks, avait eu quelques négociations avec les croisés pendant le siège d'Antioche ; il leur offrit de les laisser « accomplir leur vœu » dans la cité sainte par bandes de deux ou trois cents à la fois. Ce n'était pas là le but des princes chrétiens : ils refusèrent, et assaillirent la ville, où s'étaient réfugiées toutes les populations musulmanes des environs. On assure qu'il y avait dans Jérusalem plus de quarante mille combattants.

---

1. La canne à sucre, cultivée sur la côte de Syrie, fut d'un grand secours aux croisés, et, au siècle suivant, les chrétiens transportèrent ce précieux végétal en Sicile et en Italie, pendant que les musulmans l'introduisaient à Grenade, d'où les Espagnols, au seizième siècle, le transférèrent dans les Antilles.

Une première attaque de vive force ayant été repoussée, il fallut bloquer la ville. Les croisés eurent cruellement à souffrir de la soif pendant un siége de trente-sept jours, entrepris à l'époque de l'année où les torrents sont à sec et les puits presque taris dans les vallées qui entourent la cité de David. Ils avaient rêvé une terre de merveilles, bien différente de l'aride Judée, et parmi eux se renouvelèrent aux portes de la cité sainte les misères d'Antioche; les Provençaux seuls s'étaient ménagé quelques faibles ressources. La nouvelle de la marche d'une armée égyptienne au secours de Jérusalem complétait l'analogie entre les deux siéges, lorsqu'une flotte génoise, qui vint mouiller au port de Joppé, ranima le courage des croisés en leur envoyant des vivres et d'habiles ingénieurs. On découvrit à trente milles de Jérusalem une forêt dont le bois servit à construire des machines de guerre, et surtout des tours roulantes, à la manière des anciens Romains; à l'aide de ces tours, plus hautes que les remparts ennemis, on livra à Jérusalem un grand assaut qui dura deux jours presque sans interruption; sur le soir du second jour, le découragement se glissant dans tous les rangs, le duc Godefroi s'écria qu'il voyait sur la montagne des Oliviers un chevalier agitant un bouclier resplendissant, comme pour donner le signal aux « combattants de Dieu ». Tous crurent que c'était saint Georges, patron de la chevalerie, qui les venait secourir, et retournèrent au combat avec impétuosité : on approcha de nouveau les tours mobiles des murailles de la ville; l'élite des guerriers français franchit les ponts-levis jetés du haut de ces tours sur les remparts, et pénétra enfin dans Jérusalem. Le combat continua longtemps dans les rues, dans les maisons, dans les mosquées : un épouvantable massacre signala l'entrée des pèlerins dans la « ville de paix ». Une grande multitude de musulmans s'étaient retirés au fond de la citadelle, dite *tour de David*, qui occupait l'emplacement du fameux temple de Salomon; cette retraite fut emportée d'assaut, et tout ce qu'elle renfermait fut passé au fil de l'épée. Foucher de Chartres, témoin oculaire, dit que là seulement périrent plus de dix mille personnes. L'abbé de Saint-Remi, Robert le Moine, avoue que « l'on ne pouvait voir sans horreur cette foule de morts, ces milliers de membres épars jonchant la terre de tous côtés, ces flots de sang inondant la surface du sol! On chevauchait dans le sang jusqu'au genou! »

Les croisés, maîtres de la ville, passèrent subitement de cette fureur exterminatrice à la dévotion la plus exaltée et la plus tendre; changeant d'habits, lavant leurs mains sanglantes, déchaussant leurs pieds, ils parcoururent avec de pieuses larmes et de profonds soupirs tous les lieux sanctifiés par les actes et la passion du Sauveur. « Les fidèles, habitants de Jérusalem, qui avaient vu quelques années auparavant le vénérable Pierre l'Ermite, le reconnaissant dans les rangs de l'armée libératrice, fléchissaient le genou devant lui, et baisaient ses vêtements; car c'était à lui seul, après Dieu, qu'ils attribuaient le bonheur d'avoir échappé à la dure servitude sous laquelle eux et leurs pères avaient gémi depuis plusieurs générations [1]. La cité de Jérusalem fut prise l'an de grâce 1099, le quinzième jour de juillet, trois ans après que le peuple fidèle eut entrepris ce long et rude pèlerinage ».

La semaine suivante, les vainqueurs s'occupèrent « à rétablir le royaume d'Israël » sur les bases de la féodalité occidentale : les suffrages paraissaient devoir se balancer entre les deux Robert de Flandre et de Normandie et Godefroi de Bouillon; mais les premiers craignirent plus qu'ils ne désirèrent un si grand honneur : toutes les voix se réunirent donc sur Godefroi. Celui-ci ne voulut pas ceindre un diadème d'or et de pierreries dans la ville où le Christ avait été couronné d'épines, et il prit, au lieu du titre de roi, celui d'*avoué* ou défenseur du Saint-Sépulcre. Ses successeurs devaient être moins scrupuleux (23 juillet 1099). La terre d'Israël

---

1. La conduite des vainqueurs envers les musulmans échappés au carnage offre un lugubre contraste avec ce tableau touchant : le conseil des chefs fit égorger de sang-froid tous ces malheureux, pour ne pas laisser d'ennemis derrière lui pendant qu'on irait combattre l'armée du khalife d'Égypte. On assure que soixante-dix mille musulmans furent exterminés, soit au moment de la prise de la ville, soit par suite de cet ordre atroce. Les places publiques de Jérusalem étaient encombrées de monceaux de pieds, de mains et de têtes humaines! Jamais peut-être la guerre ne s'était faite avec une si impitoyable barbarie, parce que jamais si furieuse haine n'avait jeté l'une sur l'autre deux grandes races d'hommes. Sur les événements de la croisade, *V.* tous les historiens réunis dans la collection latine de J. Bongars, intitulée : *Gesta Dei per Francos;* les traductions françaises insérées dans la collection des *Mém. sur l'Hist. de France*, publiée par M. Guizot; l'*Hist. des Croisades*, de Michaud; et les *Historiens byzantins*.

et de Juda, dont la plus grande partie était encore occupée par les musulmans, fut ensuite partagée en comtés, en baronnies, en fiefs de haubert, comme une seigneurie de France ou d'Allemagne : on créa des marquis de Ptolémaïs et de Joppé, des comtes de Bethléem et de Nazareth ; l'archevêque de Pise fut élu patriarche de Jérusalem, au détriment des chrétiens orientaux. L'expérience avait démontré aux nobles hommes la nécessité de faire une place à cette bourgeoisie commerçante d'Italie et de Provence qui avait été si utile au succès de la croisade. Les droits et coutumes des bourgeois furent reconnus, et une cour de justice fut instituée pour eux à côté de la « cour des barons [1] ».

L'épopée de la croisade fut dignement terminée par une dernière victoire, qui inaugura le nouveau royaume, trois semaines après que Godefroi eut été proclamé dans Jérusalem : Godefroi, Raimond de Toulouse, les deux Robert et Tancrède attaquèrent, près d'Ascalon, avec 5,000 cavaliers et 15,000 fantassins, l'innombrable armée que le khalife d'Égypte envoyait pour secourir ou pour reprendre Jérusalem : bien que les chefs turks et arabes de Syrie et de Palestine, réunis par une commune soif de vengeance, se fussent ralliés aux bataillons africains, ce ramas d'hommes, pour la plupart inaguerris, fut renversé et dissipé au premier choc par une poignée de guerriers accoutumés à vaincre. Les libérateurs de Jérusalem se séparèrent enfin après avoir affermi leur ouvrage dans les champs d'Ascalon : les deux Robert, Allan de Bretagne, Eustache de Boulogne, le vicomte de Béarn, qui avait dirigé les travaux du siége de la ville sainte, et une grande partie des combattants d'Ascalon, se rembarquèrent pour l'Europe, en promettant à leurs frères d'armes d'envoyer promptement de nouveaux défenseurs au Saint-Sépulcre ; avec eux repartit le promoteur de la croisade, Pierre l'Ermite, qui passa ses dernières

---

1. La « cour des bourgeois » était présidée par le vicomte de Jérusalem. Après la rédaction « des coutumes d'outre-mer », les cas non prévus par « le droit des barons », et ceux qui intéressaient à la fois des nobles et des bourgeois, se décidèrent par la « cour des bourgeois ». Ainsi « le droit des bourgeois » était le droit commun ; ce qui est très remarquable dans une constitution d'ailleurs si énergiquement féodale. *v.* La Ferrière, *Hist. du droit français*, t. IV, p. 475-535. — Dans les « coutumes d'outre-mer », le mari peut divorcer si la femme devient lépreuse, épileptique, ou même soumise à certaines infirmités moins graves. Il n'y a point de réciprocité, comme dans le droit celtique.

années au fond d'un monastère, près de Hui, dans le pays de Liége. Godefroi et Tancrède restèrent dans le royaume de Jérusalem, avec trois cents chevaliers seulement; d'autres croisés s'étaient fixés près de Boëmond et de Baudouin, dans la principauté d'Antioche et le comté d'Édesse; le comte de Toulouse, qui avait juré de consacrer le reste de ses jours à la défense des saints lieux, demeura pareillement en Syrie, où il se fit, à Laodicée et aux environs de Tripoli, une petite principauté bien inférieure aux vastes seigneuries qu'il avait laissées outre-mer.

Parmi les populations de toute race et de tout pays qui s'agglomérèrent autour des princes latins d'Orient, parmi cet assemblage de Français, de Teutons, de Provençaux, d'Italiens, de Grecs, de Syriens, d'Arméniens, etc., il y eut une singulière fusion de tous les idiomes et de tous les usages d'Orient et d'Occident. Les médailles des rois de Jérusalem, héritiers de Godefroi, les représentent vêtus à l'orientale et coiffés d'amples turbans. Les communications si largement rouvertes entre l'Orient et l'Occident devaient exercer une grande influence sur la civilisation générale; mais ce résultat ne pouvait être immédiat; les deux mondes s'étaient rapprochés sous de trop sanglants auspices. Le résultat direct et glorieux de la première croisade fut d'arrêter le torrent de l'invasion seldjoukienne, qui menaçait de rouler au delà du Bosphore; ses conséquences indirectes, dans l'intérieur de l'Europe, et surtout de notre France, furent moins apparentes, mais non pas moins considérables et moins heureuses : la fureur des guerres particulières, mal contenue par l'insuffisant obstacle de la Trêve de Dieu, diminua un peu lorsque les violentes passions de la chevalerie eurent ainsi au dehors un but d'activité permanent, car il fallut combattre pour défendre le Saint-Sépulcre après avoir combattu pour le délivrer. La croisade favorisa beaucoup le mouvement d'affranchissement des classes inférieures. De ces multitudes de vilains et de serfs qui s'étaient mises en chemin vers le soleil levant, prenant les astres pour guides, ou demandant leur route à l'instinct des animaux comme dans les migrations des races primitives, bien peu revirent le sol natal : ils semèrent le monde de leurs os sans sépulture ; mais le fruit du grand pèlerinage ne fut pas perdu pour les frères et les fils qu'ils avaient laissés dans la patrie. Les vides des rangs populaires furent bientôt comblés par cette fécondité réparatrice de la nature qui se déploie avec une si étonnante puissance après les guerres et les épidémies ; mais le baronnage, qui continua pendant tout le douzième siècle, à s'apauvrir et à s'épuiser pour aller guerroyer en Orient, ne répara pas ses pertes comme le peuple ; ce grand corps anarchique de la noblesse, qui pesait si lourdement sur notre Gaule, qui arrêtait à la fois tout essor de liberté populaire et toute reconstruction du pouvoir central, commença de s'affaiblir, et la bourgeoisie et la royauté surgirent simultanément, secouant le poids qui les étouffait. Le servage rural commença de se transformer. Les besoins des seigneurs multiplièrent les affranchissements collectifs et individuels : la liberté fut souvent mise à prix d'or. Le commerce reçut dans les républiques d'Italie une forte impulsion qui se communiqua à nos cités maritimes ; la circulation du numéraire prit une activité inconnue ; enfin la société fut profondément modifiée par une foule d'idées et de faits nouveaux [1].

1. On croit communément que les armoiries durent leur origine à la nécessité où furent les barons croisés de se reconnaître entre eux et de se faire reconaître de leurs vassaux par certaines marques distinctives au milieu des immenses cohues de la croisade. La science du blason serait donc née dans ce prodigieux camp de Nicée, où se trouva réunie presque toute la chevalerie de la chrétienté. C'est une pure hypothèse. Les héros de tous les temps avaient eu généralement des insignes personnels. La transformation des insignes personnels en insignes héréditaires adoptés par les familles seigneuriales était essentiellement conforme à l'esprit de la féodalité. Ces insignes devinrent une propriété de famille, aussi sacrée que le fief lui-même, et les hérauts furent chargés, dans les tournois et dans toutes les grandes assemblées, d'empêcher les usurpations, et de juger les contestations à cet égard. La connaissance des armoiries fut une science difficile et compliquée ; l'art héraldique et les fonctions des hérauts devinrent une véritable magistrature.

LIVRE XIX.

FRANCE FÉODALE

(SUITE).

Commencements de la monarchie féodale. — Henri Ier, roi d'Angleterre et duc de Normandie. — Croisade du duc Guilhem d'Aquitaine. — Premiers exploits de Louis le Gros. Armement des serfs d'église contre les seigneurs brigands. — Révolution municipale. Villes de consulat. Villes de commune. Villes de bourgeoisie. — Commencement de transformation du servage de glèbe. Les roturiers ou paysans libres. Droit coutumier des non nobles. Progrès social. — Politique de Louis le Gros. — Lutte entre Louis le Gros et Henri Ier d'Angleterre. — Progrès de la royauté. — La couronne acquiert l'Aquitaine par mariage.

1097 — 1137.

Pendant le fracas de la croisade, un profond silence avait régné en Occident : nul événement intérieur ne semblait digne de l'attention des peuples, et la France ne prêtait une oreille anxieuse qu'aux bruits qui venaient d'Asie. Les esprits ne s'émurent guère qu'à l'occasion des entreprises de quelques seigneurs, qui profitèrent de l'éloignement des croisés pour envahir les terres des absents, malgré les anathèmes pontificaux. Ainsi le duc d'Aquitaine, Guilhem IX, en 1097, enleva Toulouse et le Rouergue à Bertrand, fils du grand comte Raimond : Guilhem revendiquait ces deux comtés du chef de sa femme, fille du frère aîné de Raimond de Saint-Gilles. La question de la successibilité des femmes n'était pas encore tranchée dans le midi.

Il y eut aussi, dans le Nord, de 1097 à 1099, quelques hostilités entre les rois de France et d'Angleterre, à l'occasion du Vexin Français : Guillaume-le-Roux réclamait ce comté comme appartenant à la Normandie, qu'il tenait en gage de son frère Robert Courte-Heuse, et qu'il espérait bien ne jamais rendre ; il exigeait particulièrement les villes de Pontoise, de Chaumont et de Mantes. Philippe ne voulut point céder ces places, et ne sut pas les défendre. « Tout le poids d'une guerre sanglante, dit Orderic Vital (l. X), tomba alors sur les chevaliers français ; car leur roi Philippe, par sa paresse et sa corpulence, n'était pas propre à la milice, et son fils Louis était trop jeune pour combattre et commander ; le roi d'Angleterre, au contraire, uniquement adonné aux armes, était toujours entouré d'excellents chevaliers ». Le biographe de Louis de France assure, au contraire, que ce prince, tout jeune qu'il fût, prit une part très active et très honorable aux exploits de quelques châtelains du Vexin, qui, lâchement abandonnés par le roi Philippe, résistèrent avec succès à un ennemi très supérieur en forces. Bien que les seigneurs de la frontière, feudataires des deux rois, se fussent tournés, pour la plupart, du côté du plus fort, les sires de Chaumont, de Serrans et quelques autres tinrent bon, et le Vexin ne fut qu'un peu entamé par les Normands, sans doute parce que Guillaume était préoccupé en même temps d'une autre conquête. (1099) Guillaume-le-Roux dirigeait aussi ses armes contre Hélie, comte du Maine, que la crainte des Normands avait empêché de partir pour la croisade : Hélie, fait prisonnier, fut obligé de se racheter par la cession du Mans et de toutes ses places fortes, sauf Château-du-Loir et quatre autres châteaux ; il continua bravement la guerre, mais il ne pouvait que retarder sa perte. La puissance du monarque normand allait recevoir encore un vaste accroissement : Guillaume venait d'accueillir avec empressement les propositions du duc d'Aquitaine, qui, tout à coup décidé à prendre la croix, lui offrait son duché en gage d'un emprunt considérable, lorsqu'il périt par accident en chassant dans la forêt de Southampton. Sa mort sauva le royaume de France de nouvelles agressions, et délivra la Normandie d'un tyran « qui l'avait durement foulée aux pieds cinq années » (2 août 1100).

Robert Courte-Heuse, qui ne s'était guère pressé de réclamer son duché et qui avait passé plus d'une année en Sicile et en Italie, reprit enfin possession de la Normandie; mais sa négligence lui coûta une seconde fois le trône d'Angleterre. Son plus jeune frère, Henri, qu'on surnommait *Beau-Clerc*, à cause de son savoir et de sa faconde, s'était saisi hardiment du trésor et du sceptre de Guillaume-le-Roux. Henri avait eu le temps de s'affermir et de comprimer les partisans de Robert; car celui-ci ne reparut en Normandie qu'au mois de septembre 1101. Les courses lointaines du duc Robert ne l'avaient pas rendu plus sage ni plus actif; il se replongea dans la débauche, et une anarchie sanglante remplaça en Normandie le despotisme farouche de Guillaume-le-Roux. Le brave Hélie, comte du Maine, favorisé par la paresse de Robert, reconquit sa seigneurie, avec le secours de Foulques-le-Rechin, comte d'Anjou, qu'il avait reconnu pour suzerain. Cependant la garnison normande du Mans, retirée dans la citadelle, s'y défendit avec courage, et envoya un député au duc Robert pour lui demander assistance. « Vous pouvez faire la paix si bon vous semble, répondit le duc; je suis las de mes longs travaux, et le duché des Normands me suffit. D'ailleurs les seigneurs anglais m'invitent à passer la mer en toute hâte, parce qu'ils me veulent recevoir comme roi ».

L'envoyé s'en alla trouver le roi Henri en Angleterre, et n'en obtint pas de meilleures paroles; il revint donc vers les siens. Ceux-ci prièrent Hélie d'entrer seul dans la forteresse. « Blanc *bachelier*, lui dirent-ils (Hélie portait une cotte blanche en signe de paix), si vous avez dans votre coffre une grande somme d'argent, vous pouvez conclure avec nous un marché. — Comment cela? dit Hélie. — Parce que nous manquons d'un maître légitime à qui nous puissions consacrer le service de nos bras. Ainsi, vaillant homme de guerre, nous vous élisons pour chef, et, en vous rendant cette place, nous vous constituons aujourd'hui comte des Manceaux ».

Hélie, dès lors, ne fut plus troublé dans la possession de « sa comté ». Après lui, par le mariage de sa fille Éremburge avec Foulques V d'Anjou, fils de Foulques-le-Réchin (mort en 1109), le Maine fut réuni à l'Anjou.

L'indolent Robert, excité par quelques barons d'Angleterre, tentait en ce moment un faible effort pour réunir une couronne royale à cette couronne ducale déjà trop lourde pour lui. Il débarqua en 1102 à Portsmouth, et fut joint par les seigneurs ennemis de son frère. Le roi Henri s'avança contre Robert, mais on ne livra pas de bataille, et, dans une conférence, l'habile monarque amena Robert à se désister de toutes prétentions au trône, moyennant une rente de trois mille livres sterling par an et la cession du comté de Coutances, que Henri avait conservé en Normandie.

Henri observa mal ce traité, et chassa d'Angleterre les seigneurs qui avaient soutenu Robert. Le retour de ces turbulents barons dans leurs fiefs du continent fut une nouvelle cause de trouble en Normandie : l'un d'eux surtout, Robert de Bellesme, comte d'Alençon, était un monstre de perfidie et de férocité. « Il tourmentait, dit Orderic, jusqu'à la mort ou à la perte des membres, les chevaliers ou autres personnes qui tombaient entre ses mains, et il aimait mieux livrer ses captifs aux tortures que s'enrichir de leurs rançons. Presque toute la Normandie se conjura contre le comte Robert; mais toutes les tentatives furent vaines, parce qu'on manquait d'un bon chef qui pût dompter un si grand brigand ». La Normandie avait un voisin trop intelligent et trop ambitieux dans le roi Henri d'Angleterre pour demeurer longtemps dans un tel chaos : Henri se prépara bientôt à s'approprier les États que son frère était incapable de gouverner. Rompant la paix sous prétexte d'une agression des gens du duc Robert, Henri descendit avec des troupes nombreuses à Barfleur, vers la fin du carême de 1106, et marcha, par Carentan, sur Bayeux [1].

Le monarque anglo-normand, appuyé par le clergé, ne conquit

---

[1]. Orderic donne des détails très curieux sur les incidents du séjour de Henri à Carentan. « Le vénérable Serles, évêque de Séez, accourut le premier de tous les Normands offrir ses services à Henri. Comme il entrait dans l'église, revêtu de ses habits pontificaux, à l'instant de commencer l'office, le prélat s'aperçut que le saint temple était encombré de meubles de paysans, et de toute sorte de hardes et d'ustensiles. A cet aspect, poussant de longs soupirs, il dit au roi Henri, qui était assis avec quelques grands dans un endroit peu convenable, au milieu des paniers de ces laboureurs : « Les cœurs de tous les fidèles ont bien raison de s'affliger en voyant l'avilissement de l'Église, leur sainte mère, et l'abattement de ce peuple affligé. La maison de la prière, autrefois appelée la basilique de Dieu, est maintenant remplie d'un immonde attirail, comme vous le pouvez contempler de vos yeux, parce que ce peuple sans défense y entasse tout ce qu'il possède pour le soustraire aux scélérats qui désolent la contrée. L'Église est devenue l'asile et le magasin des pauvres gens; et, pourtant, elle-même ne peut goûter une sécurité parfaite; car, cette année même, Robert de Bellesme a brûlé dans mon diocèse l'église de Tournai, près d'Argentan, où il a fait périr quarante-cinq personnes des deux sexes. Seigneur roi, conquérez avec le glaive de la justice l'héritage paternel; arrachez de la main des méchants le patrimoine de vos aïeux. Votre frère, engourdi dans la nonchalance, ne possède pas la Normandie : il dissipe en bagatelles et en frivolités les richesses de son duché : les bouffons et les filles de joie, qui composent sa cour, lui dérobent la nuit ses vêtements pendant qu'il dort, cuvant son vin, si bien que, la plupart du temps, il ne peut se lever de son lit avant la sixième heure (midi), ni aller à l'église faute de chausses et de *houseaux* (bottes). Il est souvent, faute de pain, obligé de jeûner jusqu'à nones (trois

pas la Normandie sans résistance; plusieurs des principaux barons, soit amour de l'indépendance, soit plutôt, comme Robert de Bellesme, par crainte d'une sévère répression de leurs atrocités, défendirent le terrain pied à pied contre les Normands, les Anglais, les Bretons et les Manceaux, qui affluaient sous le gonfanon de Henri. Henri, après avoir saccagé Bayeux et reçu Caen à composition, envoya au duc Robert un message d'un style assez singulier. « Mon frère, lui mandait-il, ce n'est point par cupidité des biens terrestres que je suis venu en ces lieux, et je n'ai point résolu de vous ravir les droits de votre duché; mais, appelé par les plaintes et les larmes des pauvres, je désire seulement secourir l'Église de Dieu. Quant à vous, vous ne tenez de place sur la terre que comme un arbre stérile, et vous n'offrez en sacrifice à notre Créateur aucun fruit d'équité. Profitez, je vous prie, de mes conseils, et vous connaîtrez par expérience que l'ambition ne me fait pas agir, mais que mes intentions sont bonnes. Abandonnez-moi

heures)... Généreux monarque, prenez donc les armes pour le salut de la patrie, et non pour accroître votre pouvoir terrestre.

« — Au nom du Seigneur, s'écria le roi Henri, je chercherai donc soigneusement, avec votre aide, à rendre le repos à l'Église de Dieu. — Il convient d'abord, reprit le prélat, de retrancher de nous ce qui est contre la loi de Dieu. Vous et les vôtres, vous portez tous de longs cheveux comme les femmes : l'apôtre Paul, ce docteur des nations, a enseigné aux Corinthiens qu'il était inconvenant et détestable que les hommes portassent de longs cheveux. Les prévaricateurs qui laissent croître leur barbe ressemblent aux boucs; ils ne se rasent point, de peur de piquer dans leurs baisers la peau délicate de leurs maîtresses, et ils ont sur la la tête des chevelures flottantes, tandis qu'ils attachent au bout de leurs pieds des queues de scorpions (les souliers à la poulaine), se montrant ainsi femmes par la mollesse, et serpents par l'aiguillon. Cette espèce d'hommes a été annoncée sous le nom de sauterelles, il y a mille ans, dans l'Apocalypse de Jean l'évangéliste, qui les a décrits d'une manière évidente. C'est pourquoi, glorieux monarque, je vous prie de donner à vos sujets un louable exemple, afin qu'ils voient d'après vous-même comment ils doivent se coiffer ».

« Le roi et tous les grands y consentirent : aussitôt le zélé prélat tira des ciseaux de sa manche, et tondit de ses propres mains d'abord le roi, puis le comte de Meulan (seigneur d'une partie du Vexin, qui avait renoncé à l'obéissance du roi de France pour accepter celle de Guillaume-le-Roux) et plusieurs autres seigneurs : toute la suite du roi et les assistants se firent ensuite tondre à l'envi ». Orderic. l. X-XI. — Willelm. Malmesbur. l. V.

Le clergé, après avoir échappé à l'absorption féodale, prétendait maintenant à son tour forcer les chevaliers à suivre les modes cléricales. Ce qu'il y a de piquant, c'est que les zélés avaient changé radicalement de principes en matière de costume depuis un siècle. Vers l'an mille, c'étaient les barbes rasées et les cheveux courts qui étaient *abominables*. V. ci-dessus.

toutes vos places fortes, toute la « justice » et le gouvernement du pays, avec la propriété de la moitié « de la duché », et possédez l'autre moitié sans soucis et sans travaux : je vous paierai chaque année, sur mon trésor, le revenu de la moitié « de la duché » à moi concédée. Vous pourrez alors banqueter et vous divertir à votre aise. Quant à moi, je supporterai le pénible fardeau qui me menace, et je veillerai à empêcher les méchants d'opprimer le peuple de Dieu ».

« Les conseillers du duc Robert le détournèrent, par des discours violents, d'accepter ces conditions de paix. » On en vint aux mains le 28 septembre 1106, auprès de Tinchebrai. Le duc Robert fut vaincu et fait prisonnier avec presque tous ses chefs. Ce fut un certain Gaudri, chapelain du roi d'Angleterre, qui fit le duc prisonnier; cet homme, promu plus tard à l'évêché de Laon, était destiné à une tragique célébrité. La journée de Tinchebrai suffit pour ruiner le parti ducal. Robert montra dans son infortune beaucoup de résignation, ou plutôt d'insouciance; il envoya sans difficulté aux gouverneurs de toutes ses places l'ordre de les remettre au roi son frère, qui entra ainsi sans coup férir en possession de Falaise, de Rouen et de tout le reste du duché. Robert de Bellesme, comte d'Alençon, encore maître de trente-quatre châteaux, se soumit, et fut reçu en grâce. Henri convoqua les grands de la Normandie en *concile* à Lisieux. Il décida dans cette assemblée, « en vertu de son autorité royale », que la paix (*la Trêve de Dieu*) serait immuablement observée dans toutes les terres du duché, et que les propriétés légitimes seraient désormais respectées, sous des peines rigoureuses; puis il annula les aliénations du domaine ducal faites « imprudemment et sans raison » par son frère Robert. Il envoya ensuite ce prince en Angleterre, et le consola de son détrônement « en lui procurant en abondance toute sorte de délices ». Robert vécut encore vingt-sept ans de la sorte, sans se trouver trop malheureux. « Henri, dit Orderic, affermi dans son pouvoir des deux côtés du détroit de la Manche, sut contenir adroitement les plus puissants comtes, les châtelains et les tyrans audacieux : il soutint et protégea les gens paisibles, les religieux, le pauvre peuple, et punit rigoureusement les transgresseurs de la paix ».

Tandis que la Normandie était absorbée dans ses discordes civiles, le reste de la France avait toujours les yeux fixés sur la Terre-Sainte ; à la nouvelle des victoires de la croisade, ceux des princes d'Occident qui n'avaient pas quitté leurs domaines furent saisis d'émulation. En novembre 1100, deux légats du pape Pascal II, successeur d'Urbain II, et, comme lui, ancien moine de Cluni, vinrent tenir un concile à Poitiers dans la célèbre basilique de Saint-Hilaire : là, en présence de quatre-vingts archevêques et évêques et de soixante abbés mitrés, ils exhortèrent les fidèles des Gaules à marcher au secours du royaume de Jérusalem. Le concile de Poitiers se termina par un incident assez étrange : les légats ayant voulu renouveler l'excommunication du roi Philippe, parce qu'il avait repris Bertrade malgré ses promesses, le duc Guilhem IX, dont les mœurs étaient plus élégantes, mais tout aussi licencieuses que celles du roi[1], prit le parti de son suzerain et ameuta ses Poitevins contre les prélats ; les pierres volèrent dans l'église ; le sang coula, et une partie des évêques s'enfuirent ; les autres restèrent avec les deux légats, et prononcèrent courageusement la sentence au milieu du tumulte. Cette action du duc d'Aquitaine, de même que sa vie habituelle, n'annonçait pas un prince bien dévot : Guilhem de Poitiers, entreprenant et brave, gai, libertin, rivalisant d'esprit et de verve galante avec les troubadours, brillait plus auprès des dames ou dans les tournois que sur le banc d'œuvre des cathédrales. Cependant, au moment même où il témoignait si peu de respect aux chefs de l'Église, il portait sur sa poitrine le signe révéré de la croisade, soit que l'enthousiasme des pèlerins eût fini par le gagner, soit que l'honneur de commander en chef une grande armée chrétienne eût séduit son amour-propre ; il avait reçu la croix à Limoges, et, en 1101, il se mit à la tête d'une nouvelle expédition organisée en France, en Teutonie et en Italie, après avoir restitué ou revendu à Bertrand, fils de Raimond, les comtés de Toulouse et de Rouergue.

Les régions qui n'avaient fourni que de faibles contingents à la première croisade s'ébranlaient en masse à leur tour. Cinquante

---

[1]. Il avait fondé à Niort une « maison de plaisir » sur le plan d'un monastère.

mille croisés de Lombardie partirent les premiers sous la conduite de l'archevêque de Milan, du comte de Parme, etc.; puis quelques milliers de Français dirigés par le comte de Nevers et par Herpin, comte de Bourges, qui avait vendu sa seigneurie soixante mille sous d'or au roi Philippe. La royauté mit ainsi le pied au midi de la Loire [1]. Après ce second corps venait enfin l'armée du duc Guilhem [2]; cent cinquante mille pèlerins, entre lesquels dominaient les Aquitains, les Gascons, les Bourguignons, les Bavarois et les Souabes, reconnaissaient, à ce qu'il semble, la suprématie du duc d'Aquitaine. Près de Guilhem chevauchaient Guelfe ou Welf IV, duc de Bavière; Étienne, comte de Bourgogne; Humbert, comte de Savoie, et bien d'autres hauts barons. Hugues-le-Grand, comte de Vermandois, et Étienne, comte de Chartres, Blois et Meaux, se réunirent à l'armée pour retourner en Orient : leur désertion leur avait valu à leur retour la réprobation universelle; Étienne surtout, qui s'était fait descendre avec des cordes par-dessus les murailles d'Antioche pour s'échapper de cette ville assiégée par Kerbogha, s'était vu en butte au mépris de tout le monde, même de sa femme, Alix d'Angleterre, et la honte le décidait à reprendre la croix. Les nouveaux croisés suivirent la route de la Dalmatie : à Constantinople, ils retrouvèrent le comte Raimond de Toulouse, qui, après avoir eu autrefois une si violente querelle avec l'empereur Alexis, était devenu le meilleur ami de ce prince et s'était fixé auprès de lui.

Les pèlerins sollicitèrent Raimond de se joindre à Guilhem et de diriger leur marche; il n'accepta pas sans répugnance : les excès de l'armée autour de Constantinople faisaient pressentir à ce prudent capitaine ce qu'on pouvait attendre d'une telle cohue. Ses pressentiments ne se vérifièrent que trop : les premiers croisés n'ayant conservé que les places maritimes de l'Asie-Mineure,

---

1. Le comté de Bourges ne comprenait que le canton, le *pagus* de Bourges, et non la province du Berri.
2. On a conservé son *chant du départ* en vers provençaux : « Fidèle à l'honneur et à la vaillance, je m'arme; partons!... Adieu, brillants tournois; adieu, grandeurs et richesses; adieu, tout ce qui enchaînait mon cœur; je vais aux champs où Dieu promet la rémission des péchés, etc. » v. Raynouard, *Poésies des Troubadours*, t. I. Guilhem ne renonçait que dans ses vers « à tout ce qui enchaînait son cœur », car il emmena avec lui des essaims de jeunes beautés (*examina puellarum*), qui allèrent, après sa déroute, orner les harems asiatiques.

le sultan de Roum était rentré dans Iconium et dans une partie de ses possessions : les Turks seldjoukiens, revenus de la stupeur où les avaient jetés leurs désastres de Dorylée et d'Antioche, réunirent tout ce qui leur restait de forces, et Kilidje-Arslan et Kerbogha assaillirent successivement les trois divisions des croisés dans le centre de l'Asie-Mineure : les deux premiers corps furent écrasés ; le troisième, beaucoup plus nombreux, pouvait venger ses devanciers : son indiscipline le perdit. Après plusieurs jours de combat, aux bords du fleuve Halys, près d'Héraclée, le désordre le plus effroyable ayant commencé parmi les chrétiens, le comte Raimond se retira avec ses soldats et les troupes de l'empereur grec, son allié ; le reste fut dispersé, taillé en pièces ou réduit en esclavage. Le duc d'Aquitaine arriva à Antioche presque seul, laissant à Tarse en Cilicie Hugues-le-Grand, qui y mourut de ses blessures. Les comtes de Bourgogne et de Chartres s'étaient sauvés vers le nord ; ils gagnèrent Sinope, et de là Constantinople, avec un assez grand nombre de leurs compagnons d'infortune, entre autres l'un des deux chefs du précédent corps d'armée, Herpin de Bourges. L'autre, Guillaume de Nevers, était parvenu à atteindre Antioche. Les indigènes chrétiens de l'Asie-Mineure sauvèrent beaucoup de fugitifs ; mais l'armée ne se rallia plus, et le royaume de Jérusalem ne retira presque aucun fruit de cette grande levée d'hommes.

Le duc Guilhem s'en alla d'Antioche à la ville sainte : « Après qu'il eut terminé ses prières à Jérusalem, il retourna chez lui en Gaule, et, par la suite, au sein de la prospérité, comme il était enjoué et beau discur, il raconta souvent, devant les rois, les grands et les assemblées chrétiennes, les déplorables aventures de son pèlerinage, en vers agréablement cadencés et sur des airs touchants ». Les deux Étienne et Herpin de Bourges furent moins heureux : de Constantinople, s'étant rendus par mer à Jérusalem, ils combattirent vaillamment en faveur du roi Baudouin, frère et successeur de Godefroi de Bouillon[1], contre les troupes du khalife d'Égypte : Étienne de Bourgogne fut tué, Étienne de Chartres et Herpin furent pris dans la malheureuse journée de Ramla. On

---

1. Godefroi était mort dans le mois de juillet 1100, après un an de règne.

n'eut jamais de nouvelles d'Étienne; Herpin, après une longue captivité au Kaire, délivré par les bons offices de l'empereur Alexis, revint mourir en Bourgogne au couvent de Cluni. Eudes de France, duc de Bourgogne, qui n'était parti qu'après l'expédition, trépassa aussi dans la Terre-Sainte en 1102 : il eut pour successeur son fils Hugues. Quant à Raimond de Toulouse, il mourut en 1105, dans ses terres de Syrie, à l'âge de soixante-quatre ans. Son fils aîné, Bertrand, qui avait hérité de ses grands domaines en France, suivit l'exemple paternel, et passa en 1109 dans la Palestine, où il prit Tripoli. Il y mourut en 1112, et laissa la principauté de Tripoli à son fils Pons; son frère Alphonse-Jourdain, le plus jeune des fils de Raimond, eut alors toutes les seigneuries de France.

La Terre-Sainte avait besoin de ces généreux dévouements : les petits états latins d'Orient, à peine assis sur leur base, semblaient déjà près de s'écrouler; les colonies latines, perdues au milieu de populations musulmanes qui n'aspiraient qu'à leur extermination, et de molles populations chrétiennes-grecques, qui ne savaient pas les aider à se défendre, eussent été anéanties en peu d'années, si le flot incessant de la croisade n'eût jeté sur la côte de Palestine des renforts toujours renouvelés. La destruction de l'armée du duc Guilhem avait ranimé le courage et l'espoir des musulmans, et ils reprenaient l'offensive en Syrie comme dans l'Asie-Mineure. Boëmond, prince d'Antioche, qui avait été quelque temps prisonnier des Turks, arriva en France dans le courant de 1106, sous prétexte de s'acquitter d'un vœu à l'église Saint-Léonard de Limoges, mais, en réalité, pour ranimer l'enthousiasme de la croisade, et pour nouer avec la France des liens utiles à sa politique. Il demanda pour son neveu Tancrède une fille du roi Philippe et de Bertrade, et pour lui-même une autre fille du roi, qui avait été mariée à Hugues, comte de Champagne, et séparée de ce seigneur pour cause de parenté. Après avoir parcouru les principales villes, haranguant le peuple avec une mâle éloquence, Boëmond épousa la princesse Constance à Chartres, où la comtesse Adèle (ou Alix), veuve du comte Étienne, traita magnifiquement la cour de France. Après la cérémonie des épousailles, Boëmond, debout sur les gradins de l'autel de la Vierge, raconta, devant une nombreuse et illustre assemblée, ses aventures, ses exploits, les magnificences de l'Orient, et promit à tous les vaillants hommes qui s'armeraient du signe de la croix, des châteaux, des cités, de riches possessions en Asie. La plupart des barons et des chevaliers qui remplissaient la cathédrale de Chartres se « croisèrent » aussitôt, et, « courant comme à un festin », prirent la route de Syrie à la suite de Boëmond. Boëmond n'eut pas moins de succès dans un concile réuni à Poitiers quelques semaines après (juin 1106).

Les colonies latines trouvèrent bientôt une assistance plus stable et plus régulière dans les redoutables milices religieuses de l'Hôpital Saint-Jean de Jérusalem et du Temple [1], ordres de moines-soldats créés en 1104 et 1118 par quelques nobles français, pour protéger les pèlerins et défendre les « saints lieux ». Un grand nombre de gens de guerre entrèrent dans cette chevalerie monastique, qui fut la croisade incarnée et perpétuelle, mais qui eût bien étonné les pacifiques fondateurs du monachisme [2]. Le christianisme romain et féodal du moyen âge a eu une grandeur incontestable, mais il y a un abîme entre lui et le christianisme évangélique. Dans ces ordres militaires, créés pour combattre Mahomet, il y avait beaucoup plus de l'esprit de Mahomet que de l'esprit de Jésus-Christ. Quoi qu'il en soit, il importait de remarquer que cette institution extraordinaire est émanée du génie guerrier de la France.

Il se passait, sur ces entrefaites, dans l'intérieur du domaine royal, des événements qui n'avaient peut-être qu'une faible importance aux yeux des contemporains, mais sur lesquels l'historien doit arrêter ses regards avec intérêt, car ces événements annoncent une phase nouvelle de l'histoire de France. La royauté, ce fantôme immobile et muet, va se mouvoir et vivre ; la vie politique, qui n'apparaissait qu'aux extrémités du royaume, à Rouen, à Lille, à Poitiers, à Toulouse, va commencer à refluer vers le

---

1. Ainsi nommées, parce que l'une avait son centre et son quartier général dans un hôpital consacré sous l'invocation de saint Jean, et l'autre dans une maison située sur l'emplacement du temple de Salomon.
2. Willelm. Tyr. l. X-XI. — Orderic. l. X-XI. — Albert. Aquensis. — Fulcher. Carnot.

centre, vers Orléans et vers ce Paris, qui semblait, depuis un siècle, dormir dans son île avec ses rois fainéants. La royauté était descendue au dernier terme de dégradation et de nullité sous Philippe[1] : elle allait remonter la pente opposée sous son fils Louis. La royauté était demeurée jusqu'alors étrangère à l'esprit chevaleresque. Louis fit asseoir la chevalerie sur le trône et en réalisa les préceptes la lance au poing.

Le roi Philippe, tourmenté par quelques infirmités, fruit de sa vie crapuleuse, et se sentant accablé par le double poids du mépris public et de l'excommunication renouvelée contre lui au concile de Poitiers, se décida, vers l'an 1100 ou 1101, à associer Louis au trône, malgré les remontrances de Bertrade, qui eût bien voulu trouver moyen d'arracher le sceptre au fils de Berthe de Hollande. Philippe, espérant apaiser ainsi l'Église, abandonna dès lors complétement le soin des affaires à ce fils, âgé de vingt à vingt-deux ans. Louis, gai, agile, maniant habilement l'épée et la lance, doué d'« une bonté qui passait pour simplicité aux yeux de quelques-uns », mais qui lui conciliait l'affection de la plupart, Louis, sans avoir une capacité supérieure, joignait un sens droit aux vertus militaires qui manquaient à ses devanciers : « il mérita bientôt les surnoms d'*Éveillé* et de *Batailleur;* il fut, pour le royaume de son père, un défenseur illustre et intrépide, portant assistance aux églises, et, ce qui avait été négligé durant longues années, veillant à la tranquillité des laboureurs, des artisans et de tout le pauvre peuple [2] ».

Le domaine de la couronne se composait de l'ancien duché de France, comprenant le Parisis, le Hurepoix, le Gâtinais et l'Orléanais[3]; le roi Robert y avait ajouté la moitié du comté de Sens, et Philippe avait acquis le Vexin français et le comté de Bourges. La royauté avait conservé, de plus, des droits assez mal définis sur

1. Il est cependant essentiel de rappeler que le droit féodal de la royauté n'était jamais nié. Ainsi, nous voyons, dans un traité passé entre le roi d'Angleterre et le comte de Flandre, vers 1101, que le comte n'ose s'engager à refuser le service féodal au roi de France, si ce roi a guerre avec le roi anglo-normand. Il promet seulement de fournir au roi de France le moindre nombre d'hommes possible pour ne pas *forfaire* son fief, c'est-à-dire dix chevaliers. *v.* Rymer. *Act. Fœdera.* t. I, p. 1.

2. Suger. *Vita Ludovici Grossi.* — Orderic. l. VIII.

3. Ce n'était plus le vaste duché de France du neuvième siècle, mais la partie de ce duché demeurée en domaine immédiat au roi.

les cités dont les évêques étaient seigneurs, telles que Reims, Beauvais, Laon, Noyon, Soissons, Amiens. Le domaine royal était donc inférieur en étendue et en population à plusieurs des grandes seigneuries de la Gaule; mais le pouvoir réel des rois ne répondait pas même à l'étendue de leur domaine : grâce aux concessions forcées de Hugues Capet, mais surtout à la faiblesse et à l'incapacité des trois derniers monarques, les comtes, vicomtes et barons qui relevaient immédiatement du duché de France s'étaient rendus à peu près indépendants de leur suzerain, et le roi était incomparablement moins respecté et moins obéi sur ses terres que le duc de Normandie ou le comte d'Anjou sur les leurs. Les petits seigneurs français, perchés dans leurs donjons comme des oiseaux de proie dans leurs aires, s'en élançaient sans cesse pour promener aux alentours le pillage et l'incendie : les routes étaient sans cesse interceptées; les bourgeois qui voyageaient pour leurs affaires, les marchands ambulants qui se rendaient aux foires des villes ou des bourgades, ne pouvaient passer en vue de ces repaires de brigands sans être assaillis, dépouillés, mis à rançon, parfois même égorgés. Le roi Philippe, dans sa jeunesse, n'avait pas eu honte d'imiter ces ignominieux exploits. Les barons n'épargnaient pas plus les biens de l'Église que ceux des vilains; ils harcelaient les couvents par des usurpations continuelles, tourmentaient par mille exactions les « hommes de corps », les serfs de l'Église, s'installaient dans les monastères et s'y faisaient défrayer de force, eux et leurs gens d'armes : les abbayes ne trouvaient plus dans leurs avoués et leurs vassaux nobles que des spoliateurs et des tyrans. Ce n'était qu'un long cri de détresse parmi les clercs et le menu peuple.

Louis y répondit en se déclarant le champion de l'Église et des opprimés, le redresseur des torts, et, soit équité instinctive, soit politique, il identifia le rétablissement de l'ordre avec celui du pouvoir royal. Ses moyens d'action furent d'abord très médiocres : il n'avait guère de troupe permanente que deux ou trois cents hommes d'armes, formant ce qu'on nommait déjà « la maison du roi », jeunes gens attirés à la cour par l'espoir des offices de la couronne ou des fiefs qui venaient à vaquer, *damoiseaux* [1]

---

1. *Domicellus*, diminutif de *dominus*, petit seigneur.

que leurs parents envoyaient achever leur éducation auprès de l'héritier du trône, gentilshommes sans fortune que captivait le prestige du nom de roi. Les *gestes* belliqueux du « royal damoisel », comme on appelait Louis, grossirent peu à peu cette clientèle guerrière, et ses forces s'accrurent avec sa renommée. La plaine Saint-Denis et la vallée de Montmorenci furent le théâtre de ses premiers exploits : on pouvait presque voir ses champs de bataille du haut des tours du Châtelet, forteresse qu'il bâtissait pour protéger la ville de Paris, tant furent faibles les commencements de notre grande unité française! Le premier adversaire de Louis fut le sire de Montmorenci, et la lutte s'engagea d'une manière tout à fait caractéristique. L'abbé de Saint-Denis ayant porté plainte au roi contre les déprédations de Bouchard de Montmorenci, vassal rebelle de la grande abbaye, Bouchard comparut au château de Poissi devant la cour (*curia*) du roi, composée de barons du duché de France, pairs du sire de Montmorenci. Bouchard, condamné par ses pairs à faire réparation à l'abbé, son suzerain, refusa d'exécuter l'arrêt, et se retira librement, selon les coutumes féodales; Louis requit l'assistance des barons contre le rebelle, et, assisté de quelques troupes que lui envoya son oncle maternel Robert, comte de Flandre, il envahit les domaines du sire de Montmorenci et de ses alliés, Mathieu, comte de Beaumont-sur-Oise, et Dreux, sire de Mouchi-le-Châtel. Bouchard, assiégé dans son manoir seigneurial de Montmorenci, après avoir vu ses villages, ses châtelets et ses tours ruinés, fut contraint de satisfaire au roi et à l'abbé de Saint-Denis. Louis força ensuite le château de Mouchi, et celui de Luzarches, occupé par le comte de Beaumont; mais il essuya un échec dans l'attaque de Chambli en Beauvaisis, autre forteresse de ce seigneur, et Mathieu de Beaumont en profita pour obtenir une paix honorable (1101).

« La noble église de Reims, poursuit le biographe de Louis le Gros, voyait ses biens et ceux des églises qui relevaient d'elle désolés par la tyrannie d'Èbles, comte de Rouci, baron si remuant et si belliqueux qu'il était allé précédemment avec toute une armée combattre les Maures en Espagne. Les plaintes les plus lamentables ayant été adressées contre lui au roi Philippe et à Louis son fils, le jeune prince, à la tête de sept cents chevaliers d'élite, marcha vers Reims, et, après deux mois de guerre, contraignit Ebles à demander la paix et à donner des otages, bien que ce seigneur fût assisté par tous les barons de la contrée et par beaucoup de nobles lorrains. Louis ne s'illustra pas moins en prêtant le secours de ses armes à l'église d'Orléans, opprimée par Léon, châtelain de Meung (ou Mehun) ». Léon fut vaincu et tué.

La renommée qu'acquérait Louis exaspérait sa marâtre Bertrade. Louis, en 1102, ayant fait un voyage à la cour de Henri « Beau-Clerc », qui venait d'être couronné roi d'Angleterre, un courrier de Bertrade suivit le prince à la piste, et remit au roi Henri des dépêches portant le sceau de Philippe, roi des Français. Henri prit lecture de ces lettres, et vit que le roi de France lui mandait d'arrêter son fils Louis, et de le garder en prison toute sa vie. Henri avait accueilli le prince français en fils de roi, « l'avait traité fort amicalement en toute circonstance », et lui avait, à ce qu'on croit, conféré l'ordre de chevalerie. Il repoussa bien loin l'action déloyale qu'on sollicitait de lui ; « il engagea Louis à se retirer en paix, et le fit reconduire en France avec ses compagnons, après les avoir honorés de grands présents. Louis arriva fort en courroux auprès du roi Philippe, qui nia formellement avoir eu connaissance de cette trahison. Le jeune prince, enflammé de colère, projeta de tuer Bertrade ; mais celle-ci s'occupa de le prévenir. Elle appela d'abord trois clercs, habiles sorciers, et leur offrit une grande récompense s'ils donnaient la mort au prince par leurs maléfices : ils promirent à cette cruelle adultère l'accomplissement de son désir, pourvu qu'ils pussent terminer leurs opérations diaboliques avant neuf jours ; mais, l'un d'eux ayant révélé le complot, les autres furent arrêtés, et le sortilège demeura inachevé. L'audacieuse marâtre employa ensuite des empoisonneurs : l'illustre jeune homme tomba malade, et, pendant quelques jours, ne put ni manger ni dormir. Les médecins de France échouèrent tous dans sa guérison. Alors il se présenta un certain homme qui avait longtemps séjourné chez les païens (les musulmans), et avait appris les profonds secrets de la physique sous quelques maîtres versés dans la connaissance de toutes choses. Grâce à la science de cet homme, le malade, qu'on croyait perdu sans ressource, se rétablit ; mais il demeura pâle le reste de sa vie. La marâtre, qui avait espéré placer sur le trône un de ses deux fils adultérins, Philippe et Florcs (ou Florus), s'affligea beaucoup de la convalescence de Louis. Cependant le roi implora et supplia son fils en faveur de Bertrade, lui demanda pardon pour elle, et se rendit garant de la conduite de sa femme. Bertrade, tremblante d'effroi et couverte d'ignominie, se soumit comme une servante, et obtint merci, et le roi céda Pontoise et le Vexin à son fils en gage de réconciliation[1]. »

Philippe se fit relever de son excommunication dans un concile assemblé à Paris le 2 décembre 1104, par Lambert, évêque d'Arras et légat du pape. S'étant présenté les pieds nus, la barbe et les cheveux longs et négligés, comme il était prescrit aux pénitents, il jura de cesser tout commerce charnel avec Bertrade, et fut réconcilié à l'Église. Dès lors, il reprit les insignes de la royauté, qu'il avait quittés derechef, et le clergé cessa de le tourmenter. Bertrade, néanmoins, ne tarda pas à se décorer comme lui du diadème, et porta toujours le titre de reine. Les évêques fermèrent les yeux sur les nouveaux parjures de Philippe. Cette Bertrade semble avoir eu quelque chose du diabolique génie de Frédegonde : elle fut fortement soupçonnée d'avoir fait assassiner Geoffroi Martel, fils aîné de son premier mari, Foulques le Rechin, pour assurer le comté d'Anjou à un fils qu'elle avait eu de Foulques, et qui portait le même nom que son père. Elle eut l'adresse de réconcilier ses deux maris, et l'impudence d'aller avec le second visiter le premier dans la ville d'Angers, en octobre 1106. Ce dut être un spectacle assez scandaleux que de les voir tous trois siéger à une même table dans le château, ou sur un même banc d'honneur à l'église. Elle faisait asseoir le roi à ses côtés, et Foulques à ses pieds, sur un escabeau[2].

Louis, sorti vainqueur de ses démêlés avec sa belle-mère, continuait par tous les moyens la difficile entreprise de dompter les barons du domaine. Les Truxel ou Troussel infestaient le pays au sud de Paris, comme les Montmorenci au nord. Leurs châteaux, surtout la fameuse tour de Montlhéri, commandaient la route de Paris à Orléans, et coupaient si bien les communications

---

1. Suger. *Vita Ludovici Grossi*, c. 1-6. — Orderic. l. XI.
2. Orderic. l. VIII. — *Chronic. Sanct. Albin. Andegav.*

entre ces deux cités royales, qu'à moins d'avoir une armée pour escorte, on ne pouvait aller d'une ville à l'autre sans le bon plaisir des châtelains. La croisade délivra enfin Philippe et Louis du pire de ces dangereux voisins : Gui Troussel, châtelain de Montlhéri, s'en alla au grand pèlerinage ; mais le cœur lui faillit à Antioche : comme le comte de Chartres, il descendit avec des cordes par-dessus les murailles à l'approche du terrible Kerbogha, revint chez lui, et là, chagrin et honteux, raillé de chacun, il s'estima heureux de marier sa fille unique à un fils du roi et de Bertrade, nommé Philippe, encore enfant, avec son château pour dot. « Le roi Philippe et Louis son fils, raconte l'abbé Suger, s'en réjouirent comme si on leur eût ôté une paille de l'œil, ou comme si l'on eût brisé des barrières qui les retenaient emprisonnés. Louis ne laissa pas l'importante position de Montlhéri entre les mains de son jeune frère : il lui donna en échange la ville et le comté de Mantes, partie de son comté de Vexin. Gui, comte de Rochefort (entre Dourdan et Limours), « homme habile et vieux guerrier, » plus heureux que son neveu Gui Troussel, était revenu de Jérusalem couvert de gloire et chargé de richesses : il aurait pu reprendre d'une terrible façon ses traditions de famille ; mais il avait rempli autrefois la principale charge de la maison du roi, celle de sénéchal : Louis rendit au comte Gui sa sénéchaussée, lui confia l'« administration de l'État »[1], et se fiança à sa fille, afin d'obtenir « paix et loyal service » de ce seigneur pour le comté de Rochefort et Châteaufort, « ce qui n'avait pas eu lieu jusque-là ». Cette alliance délivra, du moins momentanément, le midi de l'Ile-de-France des brigandages féodaux. L'ardeur incessante de la croisade servit peut-être Louis plus efficacement encore que son épée ou que sa politique.

La France impériale était toujours agitée par l'interminable guerre des Investitures : le roi et les princes de la France royale avaient renoncé, sinon à influencer les élections ecclésiastiques,

---

1. C'est-à-dire l'administration du domaine, la présidence des plaids royaux (qu'il ne faut pas confondre avec la cour féodale du roi, présidée par le roi en personne), et le premier rang entre les officiers de la couronne. Le sénéchal remplissait en même temps l'office domestique de maître-d'hôtel, et c'était lui qui portait les plats sur la table du roi.

du moins à donner aux prélats élus l'investiture par la crosse et l'anneau : le roi d'Angleterre, après de longs débats, en fit autant ; mais la lutte continuait dans la Germanie et la Lorraine. Le jeune Conrad, qui avait enlevé l'Italie à son père Henri IV, était mort en 1101, sans profit pour la cause de Henri ; le second fils de l'empereur fut gagné, comme l'aîné, par les ennemis de son père, et se fit proclamer roi sous le nom de Henri V : la Bavière, la Saxe, presque toute la Teutonie reprit les armes. Le malheureux monarque, abandonné par ses barons, arrêté en trahison par son fils, forcé d'abdiquer, parvint à s'échapper et à se réfugier dans les provinces cis-rhénanes et le Brabant, qui lui restaient toujours fidèles, et, là, il essaya d'intéresser en sa faveur les princes *welches,* « le roi des Celtes », ainsi qu'il nomme le roi de France dans une lettre ; mais sa santé était minée par le chagrin, et il mourut bientôt à Liége, le 7 août 1106. Son triste sort n'apaisa point l'implacable ressentiment du parti papal ; comme il était encore sous le poids de l'excommunication, on déterra son corps, qui avait été inhumé en terre sainte ; on le transporta à Spire, et, durant cinq ans entiers, on laissa ses restes maudits dans un cercueil de pierre, en dehors de l'église.

La fin déplorable de cette grande victime fut pour la papauté une victoire stérile : à peine Henri V vit-il son père expiré, et se crut-il affermi sur le trône, qu'il changea de rôle vis-à-vis de l'Église, et revendiqua le droit d'investiture. Pascal III fit demander une conférence au nouveau roi à ce sujet, et désigna Châlons-sur-Marne pour le lieu de la discussion : les papes s'accoutumaient à choisir leur point d'appui en France plus qu'en Italie même. Pascal fut accueilli avec les plus grands honneurs dans le duché de Bourgogne, la Touraine et le domaine royal ; les rois Philippe et Louis le saluèrent à Saint-Denis en se prosternant à ses pieds ; de là, Pascal se rendit à Châlons, où il reçut l'archevêque de Trèves, le duc de Bavière, et d'autres prélats et seigneurs teutons envoyés comme ambassadeurs par Henri V.

L'archevêque de Trèves prétendit qu'on devait porter l'élection de tout évêque ou abbé à la connaissance du souverain avant de l'annoncer publiquement, et s'assurer du consentement « dudit seigneur » ; que le prélat, ainsi élu « librement et sans simonie », devait se présenter ensuite au prince, lui jurer fidélité, lui prêter foi et hommage, pour obtenir la jouissance des *régales* (c'est-à-dire des bénéfices ecclésiastiques octroyés par les rois), et recevoir l'investiture par la crosse et l'anneau. « Nul, dit l'ambassadeur, ne peut être admis autrement à jouir de cités, de châteaux, de péages, de fiefs quelconques relevant de la couronne ». L'évêque de Plaisance répéta, au nom du pape, toutes les objections alléguées naguère par Grégoire VII, et dans lesquelles il n'était tenu aucun compte des devoirs féodaux. La conférence se termina par une rupture complète : « Ce n'est pas ici, dirent en partant les envoyés impériaux, ce n'est pas ici, mais à Rome, et par l'épée, que se décidera ce différend. »

En effet, quatre ans après, en 1111, Henri V descendit en Italie avec une puissante armée, marcha sur Rome sous prétexte de se faire couronner empereur par le pape, avec qui il avait feint de conclure un accommodement, fit prisonnier Pascal dans l'église même de Saint-Pierre, et le contraignit d'acheter sa liberté par la reconnaissance du droit d'investiture. Mais, l'année suivante, cette concession forcée fut cassée, du consentement du pape, par un concile assemblé à Rome ; puis un autre concile, tenu à Vienne sur le Rhône, en l'absence de Pascal, excommunia l'empereur.

Pascal, en 1107, avant de quitter la France, avait présidé à Troies un concile où l'on renouvela les anathèmes contre les violateurs de la Trève de Dieu, et où l'on défendit de brûler les maisons des pauvres gens dans les guerres féodales. Cette assemblée fut témoin d'un incident qui ralluma la guerre dans l'intérieur du domaine royal. Louis de France obtint du pape et du concile la dissolution de son mariage avec Lucienne, fille du comte Gui de Rochefort, ce mariage n'ayant point été consommé à cause de la grande jeunesse de la fiancée. Le comte Gui, indigné de cet affront, se révolta, avec ses amis et ses parents, et il y eut de grands faits d'armes à Gournai-sur-Marne, manoir situé à quelques lieues à l'est de Paris. Louis y vint assiéger le châtelain Hugues de Pomponne, allié de Gui. Le comte Gui avait entraîné dans son alliance un des grands vassaux, le jeune Thibaud IV, fils et successeur d'Étienne, comte de Chartres, de Blois et de Meaux. Thi baud et Gui s'avancèrent ensemble pour secourir Gournai. Louis soutint bravement le choc des deux comtes, les mit en déroute, et prit Gournai. Louis marcha ensuite en Berri, nouvelle acquisition de la couronne, et y affermit l'autorité royale en soumettant par force le seigneur de Sainte-Sévère, qui refusait de remplir ses devoirs féodaux envers son suzerain.

« L'an de l'Incarnation 1108, le roi Philippe, dit le chroniqueur, se voyant gravement malade et en danger de mort, convoqua les grands de ses états et ses amis particuliers, puis leur parla en ces termes : Je sais que la sépulture des rois français est à Saint-Denis ; mais, comme je sens que je suis un grand pécheur, je n'ose me faire inhumer auprès du corps d'un si glorieux martyr, et je tremble que mes péchés ne me livrent en proie au démon, ce qui, suivant l'histoire, est advenu à Charles Martel. J'ai toujours aimé et honoré grandement saint Benoît ; j'implore humblement ce vénérable père des moines, et je désire être inhumé dans son église de Fleuri-sur-Loire ; car il est clément, plein de bénignité, et propice à tous les pécheurs qui cherchent à se réconcilier avec Dieu selon la règle qu'il a établie ». Philippe expira peu de jours après à Melun, le 29 juillet 1108, revêtu de l'habit de moine bénédictin. Avec lui finirent les rois fainéants de la troisième race. La maison de Hugues Capet allait désormais marcher à d'autres destinées. Philippe avait régné, ou du moins porté la couronne, pendant quarante-huit ans : il n'en avait guère plus de cinquante-six. Louis, surnommé *l'Eveillé, le Batailleur,* puis *le Gros,* à cause de la corpulence qu'il hérita de son père, malgré l'activité d'une vie passée sous le harnais, se fit couronner à Orléans le dimanche qui suivit le décès de Philippe : il était seul roi de fait depuis sept à huit ans [1].

La précipitation avec laquelle Louis s'était fait sacrer à Orléans par l'archevêque de Sens [2], cinq jours après la mort de son père,

---

1. Orderic. l. XI. — Suger. *Vita Ludovici Grossi,* c. 10-12. « Il rejeta, dit son biographe et son ami Suger, l'épée de la milice du siècle pour ceindre l'épée ecclésiastique destinée à la destruction des méchants ; il reçut en même temps le sceptre et la verge, qui représentent la défense de l'Église et des pauvres, et il entoura son front du diadème « avec l'approbation du clergé et du peuple ». Louis le Gros est compté pour le sixième du nom, à partir de *Louis le Débonnaire.*
2. L'archevêque de Reims protesta contre « l'usurpation de ses droits ».

annonçait une prise de possession entourée de troubles et de périls. L'impolitique rupture de Louis avec l'audacieux Gui de Rochefort devait susciter bien des embarras à ce prince ; la prise de Gournai n'avait fait qu'irriter les Troussel et leurs alliés, et Louis, en ôtant au comte Gui la charge de sénéchal pour la donner au sire de Garlande, avait redoublé l'exaspération de ses adversaires. Bertrade tenta de tirer parti de cette révolte pour renverser Louis du trône et y placer son fils Philippe, comte de Mantes, à qui Louis avait eu l'imprudence de restituer Montlhéri. Amauri, comte de Montfort, frère de Bertrade, et Foulques, comte d'Anjou, successeur de Foulques-le-Rechin, entrèrent dans le complot : ils espéraient enfermer le roi entre les seigneuries de Montlhéri, de Rochefort, de Montfort, de Mantes, de Montmorenci, et l'assaillir jusque dans Paris. Mais Louis déjoua leurs projets : il cita son frère Philippe devant les pairs du duché de France, et, sur son refus de comparaître, il prit l'offensive, s'empara de Mantes et d'Arpajon, principale place de la châtellenie de Montlhéri, et détermina les habitants de Montlhéri à chasser les gens de Philippe et à prendre pour seigneur un des Troussel, appelé Miles ou Milon de Brai, qui embrassa le parti royal. Bertrade, voyant ses desseins avortés et son fils dépouillé, prit le voile, de dépit, et mourut, au bout de peu de temps, au couvent de Haute-Bruyère, une des dépendances de la grande abbaye de Fontevrauld. Ce monastère, ou plutôt cette ville monastique si singulière, venait d'être fondé en 1106 dans une lande du Poitou par le mystique Robert d'Arbrisselles[1].

[1] Robert d'Arbrisselles fut le chevalier errant du monachisme ; après avoir longtemps parcouru la France, prêchant partout la réforme et la sainteté, et entraînant sur ses pas une foule de disciples des deux sexes, il avait fini par ériger à Fontevrauld, à l'imitation des anciens couvents d'Irlande, un double monastère d'hommes et de femmes où se réunirent jusqu'à trois mille personnes : les femmes étaient cloîtrées, chantaient et priaient ; les hommes travaillaient ; les frères étaient soumis aux sœurs, et les deux congrégations étaient régies par une abbesse. C'est là ce qui fut fait de plus hardi en faveur des femmes dans le sein du christianisme orthodoxe. L'institut de Fontevrauld ne fut pas condamné par le pape. Le temps des grandes fondations était revenu. En 1084, saint Bruno, archidiacre de Reims, avait établi la Grande-Chartreuse dans les Hautes-Alpes, au-dessus de Grenoble. En 1098, Cîteaux avait été institué, à cinq lieues de Dijon, par Robert, abbé de Molesme. Cette nouvelle réforme de l'ordre de Saint-Benoît rivalisa bientôt avec Cluni. Quant à Fontevrauld, il eut sa plus grande extension en Bretagne : il compta trente abbayes. v. Daru, *Hist. de Bretagne*, t. I, p. 321.

Les revers du prince Philippe ne terminèrent cependant pas la guerre. Gui de Rochefort, son fils Hugues de Créci, les Montmorenci, et plusieurs autres barons, continuèrent à se battre avec acharnement contre le roi, que soutenaient Eudes, comte de Corbeil, le sénéchal Anselme, sire de Garlande en Brie, et ses deux frères, sages et hardis chevaliers. Eudes de Corbeil et Anselme de Garlande furent faits prisonniers par Hugues de Créci, et enfermés au château de la Ferté-Baudouin; Louis les délivra, et mit Hugues en fuite. Cette guerre de sièges, d'embuscades et d'escarmouches, qui se prolongea durant toute la première partie du règne de Louis le Gros, rappelait, par le petit nombre des troupes engagées et par la nature des faits d'armes, les dissensions féodales des derniers règnes carolingiens; mais les résultats furent bien différents : la royauté, victorieuse ou vaincue, faisait désormais un pas en avant à chaque campagne, et puisait dans la lutte même une vigueur qui devait croître lentement, mais incessamment.

(1111).—La plus difficile des entreprises de Louis fut l'attaque du château du Puiset. Hugues-le-Beau, neveu du comte de Corbeil, seigneur du Puiset et vidame de Chartres, profitait de la forte position qu'il occupait sur les confins de la Beauce ou Pays Chartrain et de l'Orléanais, pour désoler à la fois le domaine du roi, celui de la maison de Chartres, et toutes les terres ecclésiastiques de la province. La comtesse douairière de Chartres, Adèle d'Angleterre, se rendit, avec son fils, le comte Thibaud, auprès de Louis, pour l'engager à s'unir à eux contre cet « impie déprédateur », et le clergé en masse requit pareillement justice contre Hugues. Louis, qui cherchait à donner à toutes ses exécutions militaires un caractère de répression légale, cita le sire du Puiset à comparaître devant ses pairs assemblés en *parlement* à Melun[1]. Hugues fit défaut : le roi partit aussitôt avec ses hommes d'armes, auxquels se joignirent ceux du jeune comte Thibaud, et emporta le manoir du Puiset après plusieurs assauts meurtriers. Hugues fut emmené prisonnier et jeté dans la Tour de Château-Landon.

---

1. Parlement (*parliamentum*), analogue à plaid; assemblée où l'on *parle*, où l'on discute. On donna longtemps ce nom à toute espèce d'assemblée avant de le restreindre aux assemblées judiciaires.

Ce n'était pas seulement à la tête d'une troupe de chevaliers et d'archers que Louis avait assailli le Puiset : des milices d'une autre nature avaient suivi sa bannière; les paysans des domaines ecclésiastiques que ravageait sans cesse le sire du Puiset avaient été armés, organisés en *communautés* paroissiales, et amenés au siège par leurs curés. Un pauvre prêtre de village, conducteur d'une de ces bandes rustiques, arracha le premier les palissades ennemies et pénétra dans l'enceinte du château maudit avant les hommes d'armes. Cette intervention des masses populaires en faveur de la royauté, sous les auspices du clergé, est un des faits capitaux du règne de Louis le Gros : sans une telle assistance, les succès de Louis n'eussent peut-être fait que le pousser à sa perte; ces progrès excitaient l'inquiétude de grands feudataires bien plus puissants que leur suzerain, surtout du roi d'Angleterre; et, si Louis n'eût eu d'autre ressource que la chevalerie de son domaine, toujours prête à la révolte, il eût promptement succombé sous les coalitions qui se formèrent dix fois contre lui. En se déclarant l'appui des marchands et des laboureurs, le libérateur des grandes routes, le patron des chaumières, il fit sortir de terre des légions mal armées et peu aguerries à la vérité, mais redoutables par leur nombre et par la violence de leurs justes ressentiments. « Louis, dit l'historien normand Orderic Vital (l. XI), réclama l'assistance des évêques, dans toute la France, pour réprimer la tyrannie des brigands et des séditieux. Alors les évêques instituèrent en France la « communauté populaire, » afin que les prêtres (les curés) accompagnassent le roi aux siéges et aux batailles avec leurs bannières et leurs paroissiens ». Ainsi, tous les serfs d'Église (c'est d'eux seuls évidemment qu'il s'agit ici) devinrent autant de soldats du roi contre les barons : ce fut là le secret de la force de Louis le Gros. Ces malheureux campagnards ne combattaient pas même pour s'affranchir de leurs maîtres, mais pour défendre eux et leurs maîtres contre l'ennemi commun, contre la noblesse; tout ce qu'ils demandèrent d'abord, ce fut de ne plus se voir exposés journellement au pillage, à l'incendie, à la captivité, à la mort; mais leur condition devait s'améliorer par le fait de leur armement, et, bientôt, nos fastes provinciaux nous montreront beaucoup de villages et de bourgades participant, dans une certaine mesure, à l'affranchissement des cités. Le mouvement se communiqua des serfs de l'Église aux serfs des seigneurs laïques, et par une autre cause sur laquelle nous reviendrons, et qui se rattachait aux croisades. Telle fut la première initiation du peuple des campagnes aux armes, et son premier pas vers la liberté, après tant de siècles d'esclavage et de souffrance passive.

Louis avait grand besoin de ce secours extraordinaire, car il n'avait plus seulement à guerroyer contre les barons rebelles de France et de Champagne. Une lutte inévitable, retardée jusqu'alors par la faiblesse même du roi de France et par les suites de la conquête de l'Angleterre, s'engageait peu à peu entre les deux couronnes française et anglo-normande; la jalousie des autres princes contre le monarque normand ne fut pas, il est vrai, moins propice à Louis que les communautés populaires.

Louis et le comte Thibaud n'avaient pas tardé à se brouiller au sujet du Puiset, leur commune conquête, que le roi voulait détruire, que le comte voulait garder. Thibaud eut recours à son oncle maternel, le puissant roi d'Angleterre, qui avait déjà eu des démêlés avec Louis à l'occasion de Gisors-sur-Epte. Cette forteresse commandait les frontières du Vexin normand et du Vexin français; les rois de France et les ducs de Normandie se l'étaient disputée à plusieurs reprises : on avait fini par convenir que Gisors serait neutre, et on l'avait remis en garde à un baron nommé Pains ou Païen, qui n'y devait laisser entrer ni Français ni Normands. Cependant le roi Henri parvint à surprendre Gisors en 1109. Louis convoqua ses grands vassaux : le comte de Flandre, le duc de Bourgogne et le comte d'Anjou accoururent avec des forces considérables, et les deux rois, s'avançant sur les deux rives de l'Epte, s'envoyèrent des députés. Ceux de Louis proposèrent au monarque anglo-normand l'alternative de détruire les fortifications de Gisors, ou de se mesurer corps à corps avec le roi de France[1]. « Quelques Français, dit le chroniqueur, sommèrent même les deux rois de combattre sur un pont trem-

---

1. Robert de *Jérusalem*, ainsi qu'on surnommait le comte de Flandre depuis son illustre pèlerinage, avait d'abord offert de terminer le différend par un duel judiciaire où il combattrait le champion du roi Henri.

blant qui semblait menacer ruine. Le « seigneur Louis », autant par légèreté que par vaillance, y consentit sur-le-champ ; mais le roi des Anglais répondit : — Je n'ai pas la jambe assez sûre pour aller m'exposer ainsi à perdre, sans compensation, un noble *châtel* qui m'est si grandement utile ». Henri accepta la guerre, non le duel : il n'y eut point de bataille, mais on se fit de part et d'autre tout le mal qu'on put pendant deux saisons. Le plus faible finit par céder ; Louis octroya en fief le château de Gisors à Guillaume, fils de Henri, moyennant l'hommage que lui en fit ce jeune prince.

La paix fut courte : Thibaud de Chartres, en querelle avec Louis, obtint sans peine l'assistance du roi d'Angleterre, et la France fut de nouveau en feu. Quelques mois après la prise du Puiset, « le roi, dit Orderic, entreprit une incursion dans le pays de Meaux contre le comte Thibaud, qui en était seigneur ; attaqué vigoureusement par les gens du comte, il en tua ou en jeta dans la Marne un grand nombre ; mais il se vit enfin contraint de prendre la fuite. Robert, comte de Flandre, qui accompagnait Louis, tomba de cheval dans un étroit sentier, et, foulé sous les pieds des chevaux, les membres tout fracassés, il expira…. Ce belliqueux croisé, qu'on avait surnommé le *Hiérosolymitain*, fut pleuré de beaucoup de gens, et ses Flamands emportèrent son corps avec un grand deuil à l'église de Saint-Waast d'Arras (1111) ». Robert eut pour successeur Baudouin VII, dit *Hapkin* (à la Hache)[1], à peine âgé de dix-huit ans.

Louis se retrouva bientôt dans une situation assez critique. Thibaud avait renoué contre le roi la ligue des barons français : ce seigneur adroit et remuant gagna Milon de Montlhéri, en lui donnant sa sœur pour épouse ; il s'unit étroitement avec les seigneurs de Dammartin, de Montjai, de Rochefort, de Créci, et avec son oncle Hugues, comte de Troies ou de Champagne. Cernant ainsi les territoires de Paris, d'Orléans, d'Étampes et de Senlis, « il reporta dans le cœur de la France les tempêtes qui

---

1. On lui donna ce surnom, parce que, plus zélé encore que Louis de France contre les gentilshommes pillards, Baudouin de Flandre, grand justicier et ami du pauvre peuple, frappait de sa propre main, avec sa bonne hache d'armes, les nobles brigands qui tombaient à sa merci.

l'avaient désolée précédemment ». Le château du Puiset fut, pour la seconde fois, le théâtre de cette lutte obstinée. Eudes, comte de Corbeil, étant venu à mourir, Thibaud prétendit à sa succession ; l'héritier légitime était Hugues du Puiset, que le roi Louis retenait toujours en prison. Louis offrit la liberté à son prisonnier, pourvu qu'il cédât Corbeil à la couronne et renonçât à relever les murs du Puiset, qui avait été démantelé. Hugues promit tout ; mais, une fois libre, il se hâta de restaurer son château, et se réunit à Thibaud. Louis raccourut de Flandre, où il était allé donner l'investiture à Baudouin Hapkin, et attaqua le Puiset avec une fougue imprudente. Hugues et Thibaud, aidés par un renfort de Normands, culbutèrent les troupes du roi et faillirent le prendre lui-même. Cependant Louis, avec sa ténacité habituelle, rallia promptement ses hommes d'armes, opéra sa jonction avec son cousin-germain Raoul, comte de Vermandois et de Valois (fils et successeur de Hugues-le-Grand), et, au bout de peu de jours, vengea sa défaite dans un second combat. Le comte Thibaud, bloqué dans le Puiset, capitula, et n'obtint la faculté de se retirer à Chartres qu'en abandonnant son allié Hugues à la discrétion du roi. Louis ruina le manoir, abattit les murailles, combla les puits, et traita le Puiset « comme un lieu dévoué à la malédiction divine ».

Ce succès fut contre-balancé par l'alliance du comte d'Anjou avec le roi d'Angleterre. Foulques d'Anjou, secondé par son oncle le seigneur de Montfort, par le trop fameux Robert de Bellesme, comte d'Alençon, et par d'autres barons normands révoltés, avait inquiété les domaines du roi Henri, de manière à l'empêcher de secourir activement Thibaud ; mais Henri dompta les rebelles, prit le farouche Robert de Bellesme, et le jeta au fond d'un cachot après l'avoir fait condamner par ses pairs, les barons de Normandie, comme coupable de haute trahison. Henri invita ensuite Foulques à une conférence, lui demanda sa fille en mariage pour le prince héritier du trône d'Angleterre, Guillaume, et le décida non-seulement à faire la paix, mais à se reconnaître vassal de la Normandie pour le comté du Maine, qu'il avait hérité de son beau-père, le comte Hélie. Louis sentit la nécessité de détourner les coups de la puissante coalition qui pouvait l'écraser : il se rendit, vers la fin de mars 1114, au château de Gisors, où Henri eut avec lui plusieurs entretiens, et ils conclurent un « traité amical, à la satisfaction universelle. » Le plus faible, comme de coutume, avait fait toutes les concessions : Louis abandonnait au monarque normand la suzeraineté du Maine, de la Bretagne et de la seigneurie de Bellesme, domaine patrimonial que le comte Robert possédait dans le Perche, hors des frontières de Normandie. Allan Fergant, duc des Bretons, avait déjà précédemment soumis sa patrie à cette suzeraineté normande si souvent contestée, en mariant son fils Conan avec une fille naturelle du roi Henri.

Le roi Louis épousa, l'année suivante, Adélaïde de Maurienne, sœur d'Amé III, comte de Maurienne et de Savoie (1115).

Les événements qui se passèrent dans les provinces d'outre-Loire, durant les premières années du douzième siècle, sont peu connus. Les Aquitains et les Provençaux n'ont point de grandes chroniques comme les Français proprement dits et les Normands ; la vie politique est chez eux éparpillée et confuse. On ne voit pas là se former de vraie nationalité. Il y eut quelques mutations dans les principales seigneuries : la partie de la Provence au nord de la Durance, qu'on nommait la Marche ou marquisat de Provence, et qui renfermait le Valentinois, le Diois, le Venaissin et les Hautes-Alpes, avait été réunie par Raimond de Toulouse à ses vastes possessions ; le reste de la Provence passa par mariage sous la domination de Raimond-Bérenger III, comte de Barcelonne (en 1112), avec la vicomté de Gévaudan. Une maison princière d'outre-Pyrénées vint rivaliser ainsi dans la Gaule méridionale avec les familles de Poitiers et de Toulouse, et les liens étroits qui unissaient nos provinces du sud à la Catalogne et à l'Aragon se trouvèrent encore resserrés. Les mœurs et la langue étaient à peu près semblables des deux côtés des montagnes : la langue d'oc et ses troubadours florissaient à Barcelonne, aussi bien qu'à Montpellier et à Marseille. Le prince catalan eut cependant à disputer la Provence contre la famille indigène des comtes des Baux, qui se disait descendue de l'antique race des Balthes [1],

---

1. La famille royale des Wisigoths.

et qui prétendait avoir des droits à la moitié du comté. La guerre fut prolongée avec des chances diverses. Les Baux dominaient aux bords de la Durance, dans le haut pays ; les Catalans, dans les grandes villes et sur la côte.

Bertrand de Saint-Gilles, comte de Toulouse, suivant les traces de son père, le grand comte Raimond, était allé mourir dans la Terre-Sainte en 1112, après avoir érigé aux bords du Rhône un hospice destiné à recueillir les pèlerins qui entreprendraient ou auraient accompli le voyage de Palestine : l'hôpital de Saint-Gilles, érigé depuis en grand-prieuré des chevaliers de Saint-Jean-de-Jérusalem, fut la plus ancienne maison appartenant en Europe à cet ordre célèbre. Ce dévouement héréditaire des comtes de Toulouse à la cause de la croisade affaiblissait singulièrement la puissance de leur maison : après la mort de Bertrand, elle ne fut plus représentée que par deux enfants, Pons, comte de Tripoli en Syrie, fils de Bertrand, et Alphonse-Jourdain, dernier fils du grand Raimond, né pendant la vieillesse de son père. Alphonse-Jourdain eut toutes les possessions de France : mais le duc d'Aquitaine, revenant sur d'anciennes prétentions, envahit de nouveau Toulouse et tous les domaines toulousains à l'ouest du Rhône (1114). Alphonse se réfugia dans la Marche de Provence ; après diverses aventures, l'enfant, devenu homme, réussit, en 1120, à recouvrer ses terres sur Guilhem IX et à relever sa maison.

Simultanément avec ces querelles dynastiques, il se produisait alors, dans le Midi, des mouvements politiques d'un autre ordre, qui remuaient bien plus profondément la société : c'était l'établissement du régime consulaire dans les villes. De même, dans le Nord, les régions entre la Loire et la Somme étaient en proie à deux grandes crises politiques et sociales qui coïncidaient sans se confondre : l'une était la lutte de la royauté, assistée par le clergé, contre le baronage ; l'autre était la formation des communes. La formation des communes et celle des consulats étaient, pour la France, les deux phases principales de la révolution européenne, qui, sous des formes et à des degrés divers, relevait partout les cités abaissées depuis l'établissement des Germains ; révolution mère de toutes les révolutions modernes, et qui a préparé le berceau de la société qui devait remplacer le monde féodal.

Pour en bien comprendre les caractères très divers, il n'est pas inutile de remonter jusqu'aux diversités du régime municipal romain; car des traces notables de ce passé déjà lointain apparaissent dans les formes variées de la révolution bourgeoise.

Personne n'ignore que les cités gallo-romaines, pour ne parler que de ce qui regarde notre patrie, étaient divisées en plusieurs catégories; mais on n'a pas toujours suffisamment défini les caractères qui distinguaient ces catégories entre elles. Il y avait, 1° les cités alliées et les cités libres [1] : deux classes différentes quant aux priviléges, mais conservant également leurs vieux sénats gaulois, choisis dans les familles des chefs de cantons et de clientèles, puis recrutés de grands propriétaires de nouvelle origine et de fonctionnaires impériaux émérites. Ces sénats avaient le pouvoir administratif et judiciaire, sauf appel au gouverneur ou président provincial. 2° Les colonies romaines, latines ou italiques de la Narbonnaise et de Lyon, ayant pour base une *curie* ou *ordre* composé des propriétaires de vingt-cinq arpents; c'était, comme le remarque un historien du droit [2], un élément de classe moyenne qui n'existait pas dans les constitutions aristocratiques du dernier âge de l'indépendance gauloise, et nous devons ce progrès aux Romains. La curie, le corps des citoyens actifs, avait pour conseil municipal un sénat de *décurions* (*minor senatus*) ou *honorés* (*honorati*), en nombre fixe, formé originairement d'un dixième des citoyens fondateurs de la colonie ou de leurs descendants, et postérieurement recruté par les élus que la curie choisissait dans son sein et par les citoyens qui avaient rempli des fonctions de l'Empire. Des *duumvirs* ou *consuls*, ou des *quatuorvirs*, annuels comme les consuls de Rome, étaient le pouvoir exécutif de ce conseil, administraient et rendaient la justice. La constitution curiale et consulaire se propagea, par imitation, de la Narbonnaise dans la Seconde Aquitaine, dont les cités [3] n'avaient pas rang de colonies. 3° Dans la Gaule centrale et septentrionale, les cités, sauf les alliées et les libres, n'avaient plus de juridiction, et les

---

1. Reims, Autun, etc., alliées; Trèves, Bourges, Auvergne, Chartres, etc., libres.
2. M. La Ferrière.
3. Bordeaux, Vésone (Périgueux), Poitiers, etc.

lieutenants du président provincial rendaient la justice chez elles. Il restait à leurs sénats l'administration. La curie, qui finit par devenir le régime commun, fut introduite, par raison fiscale, dans ces cités ; mais non pas, avec la curie, le régime consulaire. L'ancien sénat aristocratique subsista comme fonds d'un conseil de *principaux*, analogue à ce qu'était ailleurs le conseil des décurions, et modifié et renforcé de la même manière. Les *principaux* fonctionnaient quinze années durant ; au lieu de *duumvirs*, ils avaient pour pouvoir exécutif des *decemprimi*, qui étaient les dix citoyens inscrits les premiers sur l'*album* (le registre) de la curie. En 409, un décret d'Honorius affaiblit l'élément aristocratique en remplaçant les *decemprimi* par deux magistrats inégaux (*primus, secundus*), que la curie entière choisit pour quinze années entre les *principaux*[1].

Nous retrouverons tout à l'heure les vestiges du régime consulaire et ceux du régime des *principaux* (qui paraît s'être étendu aux anciens *libres* et *alliés*) dans deux des trois grandes catégories de la révolution bourgeoise.

La domination franke eut des effets contradictoires sur la condition des villes gauloises. Les cités perdirent la meilleure partie de leur éclat et de leurs richesses : elles virent la prépondérance passer aux campagnes, où résidaient tous les hommes puissants de la race conquérante, et où les débris de l'aristocratie gallo-romaine retournaient pour imiter les Germains. Cet abaissement ne fut pourtant pas sans compensations. Les présidents provinciaux avaient disparu avec leurs lieutenants, leurs *juges pédanés*, et les curies, soulagées du poids de ce pouvoir absorbant, avaient partout étendu leurs attributions et saisi la justice civile. Le comte frank lui-même appelait les curiales à rendre la justice avec lui

---

1. Les deux magistrats passaient sénateurs d'Empire après quinze ans de magistrature. *V.* l'exposé du régime municipal gallo-romain dans M. La Ferrière, *Hist. du Droit français*, t. II, p. 227-247. La pleine justice que nous rendons aux travaux si étendus et si nouveaux de cet écrivain sur les origines de notre droit, nous oblige à quelques réserves sur cette même époque gallo-romaine. Nous regrettons que M. La Ferrière, qui a montré une si saine critique sur certains points de l'histoire religieuse, sur les Fausses Décrétales, par exemple, ait cru devoir, pour les origines du christianisme en Gaule, tenter de réhabiliter des traditions du moyen âge rejetées comme apocryphes par la science ecclésiastique elle-même depuis deux siècles.

en matière criminelle dans les villes, comme il y appelait les *re-kin-burgs* (*boni homines*) dans les mâls cantonnaux des Germains. Les corps municipaux, tout fiers de cet accroissement de puissance, s'attribuaient les titres les plus fastueux de l'Empire écroulé : *le sacré-sénat, la république, les clarissimes décurions*; ils nommaient le commandant de leur garde urbaine *le maître des milices* ou *le spathaire*[1].

Ce qui était plus sérieux, ce qui compensait véritablement l'appauvrissement des cités et tendait à le réparer, c'est que la terrible chaîne fiscale de la curie était brisée avec le système d'impôts de l'Empire : d'une autre part, la condition des vingt-cinq arpents était tombée en désuétude, et les clercs, les petits propriétaires, les membres des corporations industrielles avaient fait invasion dans le corps municipal démocratisé. Non-seulement les magistratures étaient devenues toutes électives et le plus souvent annuelles[2]; mais la cité délibérait parfois en assemblée générale sous la présidence de l'évêque.

L'évêque, là, est tout à la fois le point d'appui et l'écueil de cette démocratie. L'évêque a subalternisé le *défenseur*, cette espèce de tribun chrétien suscité par l'esprit de la religion nouvelle en face des magistrats de l'Empire et des curies semi-aristocratiques[3]. Très souvent même l'évêque cumule les fonctions de défenseur. Sa prépondérance, excessive et déjà sujette à de grands abus, est néanmoins encore, à tout prendre, un bienfait pour les populations. L'*immunité* ecclésiastique, fréquemment accordée par les rois à des évêques, non-seulement pour les domaines de leurs églises, mais pour des cités entières, couvre la population tout à la fois contre les exacteurs et contre les juges royaux, contre les officiers *barbares*, et ne lui laisse que des charges municipales et des magistrats municipaux. L'*immunité* fait un droit de la prétention des

---

1. Aug. Thierry, *Considérations sur l'Hist. de France*, p. 199-200; 7ᵉ édit. 1846.
2. Des titres nouveaux s'introduisent avec une situation nouvelle : ce sont des *jurats* (*jurati*, assermentés), des *syndics*, des *prud'hommes* (*prudentes homines* ou *probi homines*), qualification correspondante aux titres tudesques de *rekin-burghe* et de *beste manne*. A Toulouse, les magistrats s'appellent *capitouls*, c'est-à-dire membres du chapitre (*capitulares*, de *capitulum*).
3. Le défenseur était élu, d'abord pour cinq ans, puis pour deux ans, par la plèbe unie aux curiales. *Cod. Theodos.* Ed. Ritter, t. VI, *pars* III, p. 153.

cités à ne plus payer d'impôts directs qu'à elles-mêmes. Les officiers du roi n'ont plus que les impôts indirects. L'*immunité* équivaut à ce qu'avait été jadis le droit *italique* pour les colonies et les cités assimilées aux colonies.

Sous Charlemagne, cependant, une institution nouvelle fut introduite simultanément dans les villes et dans les cantons ruraux. C'étaient les *skepene, scabini* ou échevins, choisis de concert par le commissaire du prince (*missus*), le comte et le peuple. Simples juges dans les cantons, les échevins furent juges et administrateurs dans les cités; on les prit d'ordinaire parmi les décurions, et leur introduction changea peu les formes municipales, mais en altéra l'indépendance par l'atteinte portée à l'élément électif.

Cette atteinte ne profita guère au pouvoir central, sitôt brisé après Charlemagne. L'ère féodale arriva. Les *missi dominici* de Charlemagne disparurent comme avaient disparu les anciens présidents impériaux. L'échevinage échappa au peuple comme au prince, et tomba dans les mains, ici du comte, là de l'évêque. Dans celles des cités qui ne furent point usurpées héréditairement par les comtes, les évêques se firent *seigneurs*[1]; les évêques transformèrent leur suprématie municipale en suzeraineté féodale, et s'emparèrent des impôts municipaux comme des offices. En Lombardie, en Germanie, quelquefois en France[2], les empereurs et les rois donnèrent aux évêques ce qu'eux-mêmes ne pouvaient garder immédiatement sous leur main, plutôt que de le laisser envahir aux grands laïques. Que le suzerain fût laïque ou ecclésiastique, le choix des magistrats municipaux fut presque généralement enlevé au peuple, et les magistratures, perdant tout caractère représentatif, furent, dans la meilleure partie de la Gaule, données en fiefs héréditaires aux plus notables habitants, introduits de la sorte dans la hiérarchie féodale au détriment de la masse de leurs concitoyens. Les corporations industrielles fu-

---

1. Le titre de seigneur (*dominus, domnus*) était donné aux évêques dans leurs cités dès avant l'époque féodale. M. Aug. Thierry cite un exemple du temps de Charlemagne. v. *Essai sur l'Hist. du Tiers-Etat*, p. 15. Paris, Furne, 1853.
2. A Reims, par exemple, et dans la plupart des cités de l'ancienne Seconde Belgique. Il en fut de même, pour les royaumes de Germanie et de Lorraine, dans les cités du Rhin, de la Moselle et de la Meuse.

rent refoulées dans un demi-servage par un système d'exactions arbitraires.

Des noms nouveaux marquent cette triste phase, particulièrement dans la France proprement dite : c'est *le maire* ou *mayeur* (*major*), titre d'origine servile et domestique, et qui rappelle les intendants des grands propriétaires romains; on en fait le chef des échevins; ce sont les *pairs*, titre féodal, dans ce sens que les juges qui le portent jugent comme *pairs* entre eux et vassaux du commun seigneur, et non comme *pairs* du reste de leurs concitoyens. Ces titres ne tarderont pas à changer de caractère.

Du dixième au onzième siècle, le mal est arrivé au plus haut degré. Après l'ordre matériel de l'Empire romain, la demi-liberté, la demi-démocratie de l'époque barbare a succombé. La tyrannie et l'anarchie règnent associées.

Tout est frappé d'impôts, les meubles et les immeubles, les denrées et les objets fabriqués, la terre et l'eau : ce ne sont que péages aux portes, sur les ponts et même au passage d'un quartier dans un autre, quand la ville est partagée entre plusieurs seigneurs, ce qui n'est pas rare ; ce ne sont que droits de toute sorte sur les ventes et mutations, droits sur les récoltes et profits; on ne peut adopter telle ou telle profession, ni bâtir, ou relever une maison, ni faire, en quelque sorte, aucun acte de la vie civile, sans payer un droit au seigneur ; on ne peut moudre son blé qu'aux moulins du seigneur, cuire son pain qu'au four banal ; on est enchaîné à son logis comme le serf à sa glèbe; on doit payer *cens* et *taille* pour sa maison, pour son terrain, pour sa personne et celles de sa femme et de ses enfants. Toute la fiscalité impériale est ressuscitée au profit des seigneurs féodaux! La population urbaine supporterait peut-être les impôts qui présentent quelque apparence de régularité et qui se peuvent évaluer à l'avance, si pesants qu'ils soient; mais la mesure est comblée par les *toltes* et *questes* extraordinaires, et par des corvées et des exactions, ou plutôt des brigandages intolérables. Les seigneurs et leurs gens prennent continuellement à crédit chez les bourgeois toute espèce de denrées et de marchandises, et ne paient presque jamais; les chevaux et charrettes sont mis en réquisition; les meubles, la literie, les fourrages sont saisis pour l'usage du seigneur et de sa suite quand il fait son entrée dans la ville ou dans la bourgade : c'est ce qu'on nomme le *droit de prise et de chevauchée*. En théorie, les seigneurs voudraient qu'il n'y eût que deux classes d'hommes : les nobles et les serfs. En fait, ils admettent tout au plus, entre les bourgeois libres et les *hommes de corps et de poëste*, la différence de la *main-morte* et du *for-mariage*, c'est-à-dire que les hommes libres puissent se marier à leur gré et disposer par testament, ce qui est interdit aux *hommes de corps* ou *main-mortables* [1].

La mesure est comblée, disions-nous : il y a pis encore ; il est une forme d'exaction plus odieuse et plus criminelle ; car elle est la profanation de ce qu'il y a de plus saint, de la justice. L'iniquité des judicatures privilégiées n'a point de bornes ; le citoyen n'est jamais sûr de n'être pas condamné, écrasé d'amendes jusqu'à la confiscation, jusqu'à la ruine, pour l'accusation la plus absurde. Les prétendus magistrats partagent les amendes avec le seigneur. Le chaos est tel, qu'il y a quelquefois dans la même ville cinq ou six officiers portant le même titre et jugeant chacun de leur côté : acquitté ou rançonné par l'un, on est ressaisi par l'autre [2].

Si le serf lui-même, éveillé au sentiment de la dignité humaine, pousse vers le ciel ce cri : « Nous sommes hommes comme ils sont ! » si celui qui n'a jamais possédé la liberté civile y aspire avec ardeur, qu'on juge de la fermentation de ces populations urbaines qui ont pour elles non-seulement le droit abstrait, mais le droit positif, qui ont eu la liberté de leurs biens, de leurs personnes, et qui veulent à tout prix la défendre ou la recouvrer. Les révoltes campagnardes de Normandie et de Bretagne [3] nous ont montré les aspirations des masses agricoles. Les mouvements du Mans et de Cambrai nous ont révélé le fond du cœur de la bour-

---

1. Lorsqu'un main-mortable mourait sans enfants, le seigneur héritait ; lorsqu'il y avait des enfants, le meilleur meuble de la succession échéait au seigneur : si le défunt ne laissait rien, dans certains pays, on portait au seigneur sa *main droite coupée*, pour annoncer au maître que son serf ne pouvait plus lui *faire service*. Des chroniques liégeoises et belges, citées par Ducange, prétendent que de ce hideux symbole féodal provient le mot de *main-morte*. v. Ducange, et. *Manusmortua*.
2. V. la *Monographie de la constitution communale d'Amiens*, à la suite de *Essai sur l'hist. du Tiers-État*, par M. Aug. Thierry, p. 320 et suiv.
3. V. ci-dessus, p. 57-60.

geoisie. Les grandes explosions sont encore exceptionnelles; mais la lutte sourde est partout et de tous les moments.

Partout, disons-nous, mais non pas avec une égale intensité; toutes les cités, toutes les seigneuries, ne sont pas opprimées au même degré. Les différences de leurs conditions importent à constater et doivent avoir de notables conséquences. Dans les seigneuries ecclésiastiques, il y a peu d'esprit de suite : le sort des sujets varie selon le caractère personnel de l'évêque ; si l'évêque est mondain, il est pire que le seigneur laïque, parce qu'il n'a pas de famille, au moins légitime, ni d'avenir dynastique à assurer. S'il est pieux, tantôt il traitera doucement ses sujets par esprit évangélique ; tantôt il sera plus âpre que le prélat dissolu à maintenir ce qu'il appelle *la liberté de son église,* c'est-à-dire *la liberté de disposer sans réserve des personnes et des biens de ses sujets*[1].

Quant aux grands laïques, les plus puissants ne sont pas toujours les plus tyranniques. Certaines des dynasties féodales se font une tradition politique intelligente et cherchent, jusqu'à un certain point, à concilier leurs moyens de grandeur et de force avec les conditions nécessaires aux progrès de la richesse et de la population dans leurs villes. Elles ménagent les centres industriels et commerciaux anciens et nouveaux. Ainsi font les comtes de Flandre, et, à leur exemple, quelques princes de la Basse-Lorraine, vassaux de l'empire germanique. Les nouvelles et florissantes cités, que l'époque franke a vu éclore entre les marais des Pays-Bas changés en splendides pâturages, empruntent les habitudes municipales aux vieilles villes gallo-romaines d'Arras et de Tournai, e transforment ces habitudes par des traditions toutes différentes sur lesquelles nous reviendrons tout à l'heure. Les magistrat sont encore, le plus communément, nommés par le suzerain mais ces magistrats rencontrent devant eux des corporations in dustrielles déjà puissantes et dont il leur faut tenir grand compte

Les comtes de Vermandois et ceux de Champagne ont la mêm politique et jouissent d'une popularité relative. Le comté de Chan

---

1. Quelques villes épiscopales ont gardé une certaine part à l'élection de leu magistrats. A Metz, le collège des échevins et le *maître-échevin,* qui a le pouvo exécutif, sont choisis par l'évêque et par le peuple. Plusieurs villes du Rhin so dans le même cas, ainsi que Reims.

pagne ou de Troies est peut-être la seigneurie de la France proprement dite où la féodalité est la plus tempérée [1]. Les ducs de Normandie, qui ont réprimé cruellement le soulèvement des campagnes, traitent les grandes villes avec égards. Nous avons vu Guillaume-le-Conquérant appeler, dans des espèces d'États Généraux de la Normandie, sinon peut-être les délégués directs des cités, au moins les plus notables de leurs habitants [2]. Il n'y a pas à douter qu'en Normandie, comme dans les autres contrées que nous venons de citer, les principales villes, anciennes et nouvelles, n'aient, les unes, continué, les autres commencé de *faire corps*, d'avoir des conseils et des assemblées, lors même qu'elles n'ont pas l'élection de leurs magistrats ni la juridiction.

Dans le domaine royal même, il y a des cités qui non-seulement *font corps*, mais ont conservé leurs magistrats électifs partageant les fonctions judiciaires avec les officiers du royal suzerain. Orléans est administré par dix *prud'hommes* (*probi homines*), qui rappellent les *decemprimi* du régime des *principaux*, avec cette différence capitale qu'ils sont élus annuellement par tous les bourgeois. Bourges, récemment acquis par le roi, a quatre prud'hommes rappelant les *quatuorvirs* gallo-romains : ces quatre prud'hommes électifs et annuels comme les dix d'Orléans. Les quatre prud'hommes font pareillement la constitution de Tours et de plusieurs autres villes moins importantes en dehors du domaine royal. Chartres a les dix, comme Orléans. Dans les quatre cités que nous venons de mentionner, le pouvoir politique de l'évêque ou de l'archevêque a été étouffé sous celui du roi ou du comte, et la liberté municipale en a profité [3] par des transactions dont les détails nous sont inconnus.

Dans la capitale, dans la ville de Paris, la municipalité est annihilée par les officiers du roi et des seigneurs ecclésiastiques [4] ;

---

1. C'est là que le droit d'aînesse est le plus limité.
2. Dans une autre occasion (*v.* p. 149), de grandes violences sont commises par les princes et les nobles contre les bourgeois de Rouen ; mais c'est un fait de guerre civile, et qui atteste l'importance de la bourgeoisie rouennaise.
3. A des degrés fort inégaux : Tours et Bourges ont plein droit de jugement, les officiers du roi ou du comte n'ayant que l'instruction criminelle. A Orléans et à Chartres, les officiers du roi ou du comte rendent la justice, et la liberté municipale est faible.
4. L'évêque est seigneur de la Cité : l'abbé de Saint-Germain-des-Prés, l'abbé de

mais une grande corporation commerçante, l'antique compagnie gallo-romaine des *nautes* de la Seine, transformée sous le nom germanique de *hanse* (association) parisienne, puis sous celui de *compagnie de la marchandise de l'eau,* tient, en quelque sorte, la place du corps de ville, comme influence, sinon comme droit positif.

La persistance des corps municipaux n'est nulle part aussi incontestable que dans la région de l'extrême sud, où les traditions romaines sont bien plus fortes, la féodalité moins complète et moins radicale dans ses prétentions, le vieux patriciat municipal en très grande partie conservé, et la différence de mœurs et de rang beaucoup moindre entre les notables des villes et les châtelains des campagnes. Plusieurs des cités de Provence, de Septimanie et d'Aquitaine n'ont jamais perdu entièrement l'élection de leurs juges ni, par conséquent, la juridiction. Quant à l'administration, cela ne fait pas question. Arles, Marseille, Toulouse ont, au onzième siècle, des corps municipaux délibérant, agissant, traitant avec les seigneurs. Ces corps s'appellent ordinairement *l'université* (*universitas*), c'est-à-dire la totalité des citoyens, équivalent de ce titre de *commune* que nous avons commencé de voir surgir dans le nord. En 1080, le corps des citoyens de Narbonne, dans une assemblée convoquée par l'archevêque[1], délibère sur une question de dîmes avec l'archevêque, les évêques d'Agde et de Béziers, et un grand nombre de clercs, de seigneurs, de chevaliers et de bourgeois de la province ecclésiastique de Narbonne. C'est déjà une assemblée des *trois ordres*, comme on dira plus tard. En 1083, à la mort de Raimond-Bérenger II, comte de Barcelonne et de Carcassonne, le lien étant rompu entre ces deux comtés accidentellement réunis, la cité de Carcassonne et la noblesse du Carcassez se disputent à qui disposera de l'héritage. La cité, grâce à sa situation presque imprenable, repousse les chevaliers qui avaient planté le siège au pied de son rocher, et défère, malgré eux, l'administration du comté au vicomte de

Saint-Martin-des-Champs, l'abbé de Sainte-Geneviève sont les principaux seigneurs des bourgs des deux rives.

1. Karle le Chauve, en 843, avait donné à l'église métropolitaine de Narbonne, la moitié de la cité, tours et remparts compris, avec tous les impôts indirects et les droits sur les salines que levait le comte. *Hist. du Languedoc,* t. I. p. 80.

Beziers, qui demeure suzerain du Carcassez. Les bourgeois de Carcassonne réussissent où avaient échoué les Manceaux.

La région du sud-est, de Lyon à la Durance, présente cette particularité que les corps municipaux, dépouillés de toute juridiction, s'efforcent avec énergie de maintenir les droits civils, l'administration des villes par elles-mêmes, et jusqu'à l'exemption d'impôts directs envers le suzerain, qui remonte à la vieille *immunité* de l'époque franke. Ainsi, pour résumer la situation des villes au onzième siècle, les unes défendent les libertés qu'elles ont gardées, au moins en partie; les autres aspirent ardemment à recouvrer les libertés qu'elles ont perdues.

Deux grands événements européens, la lutte des papes contre les empereurs et la croisade, donnent l'impulsion et déterminent l'explosion générale. La Guerre des Investitures soulève les cités lombardes et toscanes contre leurs évêques suzerains, et provoque, dans la Haute Italie, la formation de véritables républiques, alliées du pape contre l'empereur, qui remuent, par leur exemple, les régions de Gaule et de Germanie en contact avec l'Italie. La croisade, si elle ne fait pas un appel aussi direct aux passions politiques dans certaines contrées, ébranle plus universellement encore les esprits et les choses, et le prodigieux déplacement d'intérêts et de personnes qu'elle produit, ne se fait sentir nulle part aussi fortement que dans les régions sur lesquelles la féodalité pesait davantage. L'immense expatriation des nobles, qui doit se renouveler longtemps de génération en génération avec le flot incessant de la guerre sainte, les nombreuses ventes de fiefs par les seigneurs croisés aux grands suzerains, aux églises, même aux bourgeois, les ventes de droits, de priviléges, les affranchissements à prix d'argent, diminuent en nombre et en puissance cette caste féodale qui couvrait tout. L'agitation universelle se reporte, comme toujours, sur la préoccupation dominante; le désir de liberté augmente dans les masses en même temps que les chances heureuses de conquérir la liberté.

« La foule urbaine s'agite bruyamment : les villes machinent la guerre[1]. »

---

1. Urbica turba strepit : machinantur et oppida bellum. (*Versus Salomonis*, Constant. episc. ap. Canisii *Lectiones antiquas*, t. II, pars III, p. 341.)

Un double mouvement part du nord et du sud, différent d'origine et de forme, tendant au même but.

Un double idéal apparaît, guidant les populations vers la terre promise, vers la terre de *franchise*[1].

Dans le midi, l'attachement à la liberté civile, jamais prescrite, les souvenirs, non-seulement d'administration, mais de justice municipale, ininterrompus depuis l'Empire romain, se mêlent à des réminiscences de pleine liberté politique, remontant, par delà l'Empire, aux républiques de la Grèce et de l'Italie.

Dans le nord, les traditions municipales gallo-romaines, très affaiblies, mais non pas complétement effacées, s'absorbent dans les traditions des amitiés ou confréries germaniques, qui ont réveillé l'esprit des antiques fraternités gauloises. Ainsi se forme l'idéal de la COMMUNE, nom latin qui enveloppe une pensée gallo-germanique, une pensée où s'allie le sentiment chrétien avec les inspirations primitives des peuples d'Occident. Cet idéal du nord, antique dans son esprit, est moins historique dans sa forme que celui du midi, mais plus démocratique et plus passionné.

Ces deux mouvements parallèles doivent être étudiés séparément.

Avant la fin du onzième siècle, comme nous l'avons dit tout à l'heure, les villes lombardes et toscanes, à la faveur de la Guerre des Investitures, avaient secoué le joug de leurs évêques, et s'étaient donné des constitutions pleinement libres. Elles empruntent le vieux titre de *consul* aux villes de l'exarchat, devenu l'état pontifical ; mais les consuls des villes papales n'étaient que de simples conseillers municipaux ; les consuls des cités affranchies deviennent le pouvoir exécutif de véritables républiques, exerçant tous les attributs de la souveraineté. Un esprit républicain à la fois antique et nouveau vivifie les formes empruntées aux souvenirs de l'Empire.

La Provence reçoit immédiatement le contre-coup. Ses cités, déjà plus libres que celles du reste de la Gaule[2], s'élancent vers

---

1. *Frankise, franchise*, est devenu synonyme de liberté, depuis que ce terme n'est plus une qualification de race.
2. L'*université* de Marseille, en 1108, concluait des traités de commerce avec les cités maritimes de Gênes, de Pise, de Gaëte.

cette liberté plus grande et plus hardie. Le consulat, institué à Milan vers 1093, à Gênes, en 1100, passe les Alpes dès les premières années du douzième siècle. Après des agitations et des luttes dont nous connaissons mal les phases, le comte de Provence, l'archevêque d'Arles, et les autres seigneurs, sont obligés de subir et de ratifier l'institution consulaire, en tâchant du moins de conserver cette suzeraineté féodale qui a été radicalement détruite dans la Haute Italie, et que les principales cités aspirent à rejeter de nom comme de fait. L'établissement définitif du consulat à Arles est de 1131 : il paraît plus ancien à Marseille et à Avignon.

Comme il avait passé les Alpes, le consulat passe le Rhône : l'élan est plus général encore en Septimanie qu'en Provence. L'institution consulaire apparaît à Béziers en 1131; établie à Montpellier en 1141, elle est renversée en 1143 par le seigneur, qui parvient à relever le vieux régime des prud'hommes; mais la pleine liberté consulaire doit renaître soixante ans après. Le consulat est fondé à Nîmes en 1145, à Narbonne en 1148; à Toulouse enfin en 1188. Toulouse avait été la moins empressée, parce qu'elle possédait de longue date des franchises qui pouvaient lui faire prendre patience. Son chapitre électif, que le comte présidait en personne, avait grande autorité, et le corps des citoyens toulousains se qualifiait superbement de « barons de Toulouse [1] ».

Du Languedoc, le consulat se répand, d'un côté, dans la Haute-Guyenne, dans le Limousin et jusqu'en Auvergne; de l'autre part, dans les cantons des Pyrénées-Orientales. En atteignant l'Auvergne, le flot de la révolution consulaire commence à perdre de sa force : les consuls des villes auvergnates n'ont pas la plénitude du pouvoir judiciaire et militaire. Le régime consulaire garde au contraire toute sa vigueur dans le Roussillon et le comté de Foix [2].

1. *Los baros de Tolosa.* Barons est ici dans le sens primitif; les hommes, les « vrais hommes ». Les citoyens de Bourges, la plus libre des villes du centre, prenaient le même titre.
2. Le consulat date, à Perpignan, de 1196. Il avait été précédé, dans les villes roussillonnaises, par un régime où ces villes avaient le droit de guerre et n'avaient point de juridiction. — Une des villes de la Haute-Guyenne, Périgueux, offre cette singularité, que la vieille cité romaine resta longtemps sous forme de corporation

Le nom de consulat pourrait induire en erreur. Les consuls du douzième siècle ne sont pas des duumvirs : ce sont des commissions exécutives qui varient depuis cinq jusqu'à vingt-quatre membres et qui en comptent le plus souvent douze. Ce pouvoir exécutif est ordinairement assisté de deux conseils : l'un, peu nombreux et vaquant aux affaires courantes ; l'autre, beaucoup plus considérable (quatre-vingts, cent, cent cinquante, jusqu'à trois cents membres), appelé dans certains cas seulement ; enfin, dans les plus grandes affaires, les pouvoirs constitués réfèrent à l'*université* des citoyens, à tous les chefs de famille réunis en assemblée générale appelée parlement.

La noblesse est associée à la bourgeoisie dans le corps municipal : une partie de la noblesse, qui habite les villes et qui représente les anciens *honorati*, les races sénatoriales mêlées de quelques éléments gothiques et franks, a pris part à la révolution consulaire, et, dans quelques villes, a même droit à un nombre fixe de représentants entre les consuls[1]. Il y a ainsi, dans les villes, trois classes, quelquefois ayant chacune leur représentation particulière concourant avec les deux autres[2] : la noblesse, la bourgeoisie propriétaire et commerçante, et les artisans. Les classes sont inégales, mais toutes ont des droits. Une hiérarchie, où se trouvent associées les deux aristocraties de naissance et de fortune, est assise sur une base démocratique. C'est là une société urbaine bien différente de celle que nous allons voir se former dans le nord. Les combinaisons et les combats des éléments divers ou contraires réunis dans ces corps mixtes suscitent de très grands efforts de l'esprit politique[3]. Parmi les con-

---

aristocratique avec la suzeraineté de l'évêque, tandis que la nouvelle ville, le bourg, appelé le Puy-Saint-Front, se donnait la constitution consulaire. Après de très longues querelles entre les deux villes juxta-posées, le bourg l'emporta, et s'adjoignit la ville (en 1240). Périgueux ne reconnut plus d'autre suzerain que le roi. Le corps de ses bourgeois, à l'exemple des républiques italiennes, s'intitulait les « citoyens seigneurs de Périgueux ».

1. A Aix, quatre sur douze. A Brignolles, par exception unique, tous les consuls doivent être nobles (cela dure jusqu'en 1222).

2. A Perpignan, par exemple, où, selon la langue politique de l'Aragon et de la Catalogne, on nommait les trois classes *main majeure* (ma major), *main moyenne*, *main mineure*.

3. Dans les villes maritimes, la démocratie prit ordinairement la prépondérance sous la direction de la classe active et énergique des armateurs.

stitutions que se donnent nos cités méridionales, du douzième au treizième siècle, on trouve de vrais chefs-d'œuvre d'organisation, ensevelis au fond des archives de telle ville de troisième ou de quatrième ordre, et l'on est saisi d'étonnement et d'admiration en voyant quels trésors d'intelligence ont été dépensés sur de si étroits théâtres, et quelles capacités développait la vie orageuse et variée du moyen âge [1].

Dans les trois grandes villes provençales de Marseille, Arles et Avignon, la constitution consulaire, dont les rouages étaient déjà communément assez multipliés, se compliqua encore par l'introduction d'une nouvelle et singulière institution italienne superposée aux grand et petit conseil et au consulat : c'était le *podestat* (*podestà*), ce chef suprême, cette espèce de dictateur, qui ne pouvait être élu que parmi les étrangers, et dont le nom exprimait la personnification même du pouvoir (*potestas*).

Dans la partie de la Gaule méridionale qui relevait du royaume de France, le régime consulaire s'est établi par voie de lutte et de transaction avec les seigneurs. La royauté n'a pas essayé d'intervenir. Dans les provinces qui relèvent de l'Empire, le pouvoir impérial, qui a systématiquement livré les cités à l'autocratie des évêques, pour s'en faire des grands vassaux plus traitables que les laïques, s'efforce d'intervenir contre la révolution municipale. Au midi de la Durance, son action lointaine expire dans l'impuissance. Au nord de ce fleuve, son opposition est plus efficace, et concourt à empêcher les cités de conquérir l'indépendance municipale. Sauf de rares exceptions (à Die, par exemple), dans la contrée qui portera plus tard le nom de Dauphiné [2],

---

1. « Cette région (l'extrême sud), où la persistance du régime municipal depuis les temps romains se montre plus clairement que partout ailleurs, est celle qui présente les plus grands monuments de la législation urbaine : lois de justice et de police, lois d'élection pour les magistratures et lois organiques pour des réformes constitutionnelles. Les anciens statuts, correspondant aux chartes de commune des villes du Nord, sont rédigés avec plus d'ampleur, de science et de méthode. Un grand nombre d'entre eux sont de véritables codes civils et criminels, débris de la loi ou de la jurisprudence romaine conservés isolément comme droit coutumier. » Aug. Thierry, *Tableau de l'ancienne France municipale*, ap. *Essai sur l'hist. du Tiers-État*, p. 242.

2. Elle est alors partagée entre le marquis de Provence, le dauphin de Viennois, l'archevêque de Vienne, les évêques de Valence, de Die, etc.

ainsi que dans le Lyonnais, le Forez, la Bresse, les corps municipaux ne recouvrent jamais la juridiction, et, lorsque le titre de consul apparaît tardivement dans ces provinces, il n'y implique nullement les attributions quasi souveraines des magistrats provençaux et languedociens. La grande cité de Lyon elle-même se contente de défendre et d'assurer, par des efforts persévérants, ses immunités traditionnelles contestées par son archevêque et par ses chanoines-comtes [1], sans aspirer à la liberté républicaine de Marseille ou d'Avignon. Il est vrai que, si les droits politiques sont très bornés à Lyon, les droits civils y sont plus complets que nulle part ailleurs, et qu'aux droits civils est jointe l'exemption de tout impôt direct envers le seigneur. A Vienne et Valence, l'exemption est absolue : pas même d'impôts indirects. Le seigneur n'a plus que les amendes et les droits de justice. On comprend que la féodalité ait presque autant combattu contre une telle émancipation financière que contre l'entière émancipation politique.

La constitution de Lyon, avec ses magistrats annuels élus directement par la masse des bourgeois, et son droit exclusif de taxer ses citoyens et de se garder elle-même, devient le but de l'ambition des villes et même des bourgs lyonnais, foréziens, bressans, qui s'en rapprochent dans la mesure de leurs forces [2]. Un grand souffle de droit romain, suivant l'expression d'un illustre historien [3], respire dans les chartes d'affranchissement ou de coutumes, conquises, achetées ou octroyées dans ces pays. Là, comme chez les méridionaux, maintes chartes, pour les cas non prévus, s'en réfèrent au « droit écrit », comme coutume générale.

Le consulat s'étend, mais comme un flot affaibli et mourant, bien loin au nord de la région du haut Rhône. Il apparaît, mais comme un vain titre, jusque dans les cités germaniques ou wallonnes du Rhin, de la Lorraine, du Hainaut. C'est sous une autre

---

1. Le chapitre, toujours en lutte à la fois avec l'archevêque et avec les bourgeois, prétendait exercer en corps les droits du comte de Lyon.
2. Ces corps municipaux eurent, en général, quatre magistrats : Lyon en avait eu d'abord cinquante, puis douze.
3. M. Augustin Thierry.

forme que s'opéreront les vrais progrès de ces populations dans la liberté. Il importe seulement de remarquer ici la surprenante conservation des traditions municipales et juridiques gallo-romaines dans ces vieilles cités de Cologne, de Trèves, de Mayence, de Strasbourg, où la langue teutonique avait remplacé les langues latine et celtique, sans effacer les idées que ces langues exprimaient [1]. Cologne a gardé une espèce de curie héréditaire ; Strasbourg a aussi un sénat, mais exclusivement composé des officiers et des vassaux nobles de l'évêque : à partir de la fin du douzième siècle, la bourgeoisie commencera de réagir contre cette aristocratie, jusqu'à ce que l'élément démocratique des métiers prenne la prépondérance ; mais la noblesse, à Strasbourg et dans les autres villes alsaciennes, continuera, comme en Provence et en Languedoc, à faire partie des corps municipaux, particularité fort opposée au vieil esprit germanique. Ce n'est aussi que vers la fin du douzième siècle que commencera l'émancipation de Besançon et des villes comtoises.

Du CONSULAT, passons maintenant à la COMMUNE. Passons au nord, dans ces villes d'entre Loire et Somme qui n'ont conservé, ni, comme dans le midi, la liberté romaine, ni, comme en Flandre, la liberté germanique ; qui n'ont pas eu, comme en Normandie, à traiter avec un pouvoir central intelligent et fort. Leur oppression, nous l'avons décrite [2] ! Leurs espérances, quelle forme prendront-elles, et quels moyens d'action ?

Ces formes et ces moyens n'auront rien de classique, et ne procéderont pas de la Rome impériale ou républicaine. Il n'y a point là de vestiges ni d'idée de liberté hiérarchisée ou aristocratique. Il n'y a qu'une masse opprimée en face de ses maîtres.

Cette masse évoquera des traditions d'une autre origine.

Nous avons beaucoup parlé de la *truste* germanique et du patronage (*nawd*) gaulois ; cette bande d'hommes de guerre groupés autour d'un chef par la foi du serment n'était pas la seule forme d'association jurée existant chez les anciens peuples d'Occident.

---

1. Aug. Thierry, *Considérations sur l'Hist. de France*, ch. V. ap. OEuv. complèt. t. VII, p. 208. La même observation, dans de certaines limites, peut s'appliquer aux cités du haut Danube.

2. *V.* ci-dessus, p. 220, 221.

Il y avait une sorte de pacte fondée sur un autre principe, la société des égaux, la *fraternité* (*brodeurde*) celtique, l'*amitié* (*minne*) ou *communion* (*ghilde*[1]) germanique, espèce de petite république composée d'hommes engagés à s'entr'aider vis-à-vis de toutes personnes et de toutes choses, et formée par libre adhésion en dehors de toutes conditions de naissance et de territoire. Dans le patronage, le chef était le principe de l'association; dans la *fraternité*, il n'en était que l'instrument élu et révocable.

Le dernier âge de l'indépendance gauloise, dominé par l'élément aristocratique, avait vu le patronage absorber la fraternité; plus tard, chez les Germains, la truste, puissante machine de guerre offensive et de conquête, avait également primé la ghilde, la société des frères du banquet. Elle ne l'avait pas étouffée toutefois, et les Scandinaves, les Normands, chez qui la ghilde s'était maintenue dans toute son énergie, en ravivèrent l'esprit par leur exemple dans l'Occident tout entier. Ce fut là une des grandes compensations des maux qu'ils avaient infligés à la chrétienté.

L'association jurée, constituée en dehors de l'État, de la société générale, avait été souvent un principe de désordre sous la royauté franke, et Charlemagne l'avait sévèrement prohibée; mais, dans l'anarchie qui suivit la dissolution de l'empire frank, elle devint l'asile et l'espoir des pauvres et des faibles, qui commencèrent d'y chercher un principe de résistance et d'affranchissement. Dès la fin du neuvième siècle, les *villains* des campagnes faisaient *ghilde* contre ceux qui les pillaient[2] ; un siècle après, la conjuration des paysans normands ne fut qu'une vaste ghilde jurée par des sujets gaulois contre les fils des conquérants scandinaves[3]. La société de fraternité échoua parmi les populations trop dispersées des campagnes : elle devait trouver un terrain plus favorable dans les villes.

---

1. Littéralement, « banquet à frais communs ». Sur la *ghilde*, *v.* Aug. Thierry, *Considérations sur l'Hist. de France*, ch. V, ap. Œuv. *complètes*, t. VII, p. 217.

2. Un capitulaire du roi Karloman, de 884, défend ces associations, et enjoint aux *villains* de porter plainte au prêtre délégué de l'évêque et à l'officier du comte, au lieu de se faire justice à eux-mêmes. Baluz. t. II, col. 290.

3. *V.* ci-dessus, p. 57.

Elle s'y montra d'abord parfois sous un aspect qui n'avait rien de menaçant, sous la forme « d'associations de paix » contre l'anarchie intérieure, qui concourait avec la tyrannie seigneuriale à combler les misères publiques. Les officiers des seigneurs s'occupaient beaucoup de pressurer les villes et fort peu d'y maintenir l'ordre. Le pacte d'Amiens et de Corbie (vers 1025) est un exemple remarquable de ces confréries. Les habitants des deux villes, réunis en masse, se jurèrent une paix perpétuelle, sous l'invocation de leurs patrons, et statuèrent qu'en cas de querelle, aucun d'eux ne se ferait justice par le pillage et l'incendie, mais que le débat serait plaidé en présence de l'évêque et du comte, devant le porche de l'église (*antè ecclesiam*). Le pacte devait être confirmé chaque année dans une grande assemblée des deux villes, le jour de la fête de Saint-Firmin, apôtre et patron d'Amiens [1]. La confraternité d'Amiens et de Corbie fut un des symptômes précurseurs de la Paix et de la Trêve de Dieu, qui appliquèrent la même forme d'association par serment sur une si grande échelle et sous les auspices des évêques.

La Trêve de Dieu ne remédia point à la tyrannie féodale, que les évêques eux-mêmes exerçaient comme les seigneurs laïques, et la société de fraternité dut se donner un autre caractère, celui de conjuration contre le despotisme seigneurial. Elle l'avait eu accidentellement [2] : elle le prit d'une manière générale. Le peuple des villes avait perdu patience, et, ce qu'il avait toujours rêvé, il trouva enfin le moyen de l'accomplir. « De temporaires qu'elles étaient d'abord, ces associations de défense mutuelle devinrent permanentes; on s'avisa de les garantir par une organisation administrative et judiciaire, et la révolution fut accomplie [3] ». Toutes ces aspirations, toutes ces douleurs, tous ces justes ressentiments se confondirent en un seul mot, en un seul cri : la COMMUNE ! la *commune* ou *communion*, nom tout chrétien, traduisant une idée gallo-germanique! nom le plus fort qui

---

1. *Miracul. S. Adalhardi abbat. Corbeiensis*, ap. *Histor. des Gaules et de la France*, t. X, p. 378.

2. Cambrai s'était insurgé trois fois ainsi contre son évêque, en 957, 1024, 1064.

3. Aug. Thierry, *Lettres sur l'Hist. de France*, p. 265, éd. de 1836.

puisse exprimer l'union des frères et des égaux [1]. Ce mot renferme l'idéal d'une société d'égaux, se jugeant, s'administrant, se protégeant eux-mêmes par les armes, et ne reconnaissant tout au plus au-dessus d'eux qu'un suzerain ayant droit à des services déterminés, au lieu d'un maître absolu.

Le Mans et Cambrai ont vaillamment donné le signal [2], et il n'a pas fallu moins que l'intervention de deux puissants monarques, le roi des Anglo-Normands et l'empereur, pour abattre ces deux premières *communes*. Leur chute ne décourage pas la bourgeoisie : de toutes parts se reproduisent des mouvements du même ordre, moins éclatants et dans de moindres proportions. Ils échouent encore : ils renaissent ; ils réussissent enfin. Ces hommes libres d'origine et ces hommes de *poëste* (*de potestate*), ces hommes de *chef* et ces main-mortables, qui souvent, dans une même cité, sont possédés par indivis ou partagés comme des troupeaux entre quatre ou cinq seigneurs, mettent en commun leurs bras et leurs âmes : ils se saisissent par force ou par surprise des tours et des murailles de leurs villes ; ils se réunissent en armes sur les places publiques, et, là, en face du soleil, ils se jurent assistance et fraternité ; s'appropriant les titres des magistratures féodales, ils élisent des mayeurs (maires, *majores*), des échevins, des pairs, des jurés, chargés de veiller au maintien de cette sainte conjuration ; ils promettent de n'épargner ni biens, ni veilles, ni sang, pour échapper au despotisme de leurs maîtres ; et, non-contents de se défendre à l'abri des barricades de leurs rues, fermées par des chaînes de fer, ou derrière les murs épais de leurs maisons changées en forteresses, ils prennent courageusement l'offensive contre ces sombres châteaux, ces fières résidences seigneuriales qui commandent leurs villes, et devant lesquelles ont si longtemps tremblé leurs pères. Les villes ne se coalisent point d'une part et les seigneurs de l'autre ; la lutte n'a point un caractère si large et si simple : chaque commune, chaque seigneur agit pour son compte ; il y a autant de révolutions ou de tentatives de révolutions qu'il y

---

1. Le sceau de la commune de Mantes rend cette idée palpable, dans une image énergique : il représente une multitude de têtes pressées dans un même champ. On le voit au Musée de Rouen.
2. *V.* ci-dessus, p. 128-131.

a de cités; mais partout le but est le même; partout on combat et on négocie pour substituer le régime régulier d'une charte, d'une constitution écrite, au régime de la force et de l'arbitraire.

Les moyens d'atteindre ce but et de s'y maintenir, ce sont la possession des remparts de la ville, les barrières et les portes intérieures qui protègent chaque quartier, chaque rue, et le trésor commun, et la milice permanente, et les magistrats municipaux chargés de prévoir et de repousser le péril. Les insignes de la commune sont le sceau républicain gardé dans la maison de ville pour sceller les actes municipaux, et la bannière aux armes de la ville, et surtout la tour des signaux, le beffroi, où les guetteurs veillent éternellement, et du haut duquel éclate la voix mugissante du tocsin (*toque-seing*, frappe-signal), lorsqu'un danger menace la cité[1].

Les circonstances et les résultats se diversifient à l'infini : ici, on conquiert la charte communale par le fer; là, on l'achète à prix d'or; ailleurs, le seigneur prévient la guerre civile par un octroi volontaire; dans d'autres lieux, enfin, les efforts de la bourgeoisie ne sont point heureux; mais les villes les moins favorisées finissent toujours par obtenir quelques exemptions, quelques franchises, quelques statuts de corporations, à défaut d'une charte de commune, l'objet suprême des vœux des populations urbaines. Ce mot de commune exerce sur les passions des hommes de ce temps un effet magique; il enflamme toutes les âmes d'enthousiasme ou de colère. La plupart des barons ont en horreur ce « nom abominable », et les mêmes prélats qui arment volontiers leurs paysans contre les nobles spoliateurs de l'église, ne voient qu'avec indignation les coalitions des citadins. Se soustraire aux prises et tailles arbitraires des évêques, des chapitres et des abbés, c'est révolte contre les sacrés canons, c'est hérésie, ou peu s'en faut. Ives, évêque de Chartres, l'oracle de l'église gallicane au onzième siècle, déclare hautement, dans une lettre écrite de

---

1. A cet appel, chacun devait, sous peine d'amende, se rendre en armes sur la place publique. Les tours du beffroi, ces donjons de la liberté, furent pour les bourgeois du moyen âge des édifices aussi sacrés que les clochers des cathédrales : lorsque l'art monumental eut atteint tout son développement, les grandes cités d'Italie et des Pays-Bas firent de leurs beffrois de véritables merveilles d'architecture.

1096 à 1099, que les clercs ne sont point obligés à tenir les serments extorqués par les « ligues tumultueuses » des bourgeois. « *Commune*, dit, dans ses mémoires, Guibert, abbé de Nogent-sous-Couci, *commune* est un nouveau et très méchant mot, et voici ce qu'on entend par ce mot : les hommes de *chef* (*capite censi*) ne paient plus qu'une fois l'an à leur seigneur la redevance à laquelle ils sont assujettis ; s'ils commettent quelque délit, ils en sont quittes pour une amende (*pensio*, une compensation) légalement fixée[1], et, quant aux autres levées d'argent qu'on a coutume d'infliger aux serfs, ils en sont entièrement exempts. » L'ambition des bourgeois allait plus loin que ne le dit Guibert de Nogent ; l'idéal de la commune était, comme celui du consulat, de s'affranchir de toute redevance seigneuriale.

L'instinct des deux partis ne se trompait pas sur la portée de ce nom de commune. L'idée qu'il contenait devait briser un jour la féodalité et l'aristocratie ; ce n'était rien moins que l'application de la fraternité et de l'égalité chrétiennes à l'ordre politique, que la création d'un nouveau principe de gouvernement, la volonté générale, l'unité dans l'égalité ! Ces petites *communions* locales étaient l'emblème et le présage de la grande *communion* nationale destinée à remplacer la hiérarchie des priviléges et les distinctions héréditaires du moyen âge.

L'histoire abrégée de quelques fondations de communes, et quelques extraits de leurs chartes, révéleront mieux la physionomie si variée de cette grande crise, que ne le peuvent faire des considérations générales.

La partie de la France proprement dite où commença la révolution communale, et où elle eut les résultats les plus décisifs, fut la contrée nommée plus tard Picardie, qui forme le bassin de la Somme, une partie de ceux de l'Oise et de l'Aisne, et dans laquelle étaient compris les évêchés de Beauvais, Noyon et Laon, les comtés et évêchés d'Amiens et de Soissons, les comtés de Vermandois et de Ponthieu. Les circonstances de l'établissement des communes sont là, mieux que partout ailleurs, détaillées par les chroniques, et les historiens monarchiques ont attaché plus d'im-

---

1. C'est le rétablissement des « compensations » invariables des lois celtiques et germaniques.

portance à en conserver le souvenir, à cause de l'intervention qu'exerça la couronne dans les démêlés des bourgeois de ce pays avec leurs suzerains. C'est cette intervention, manifestée dans huit ou dix villes tout au plus, et d'une manière très irrégulière et très contradictoire, qui a longtemps valu à Louis le Gros le renom peu mérité de fondateur des communes. Les communes ne furent fondées par personne : elles se fondèrent elles-mêmes, sauf à faire ensuite reconnaître et ratifier leur existence par les princes qui se partageaient la France.

Cambrai, intermédiaire par sa position entre les nouvelles villes flamandes nées libres et croissant chaque jour en liberté, et nos vieilles cités françaises tombées en servitude, fut l'émule des unes et l'exemple des autres. Les Cambraisiens, subjugués par trahison en 1076, avaient profité de la Guerre des Investitures pour s'affranchir de nouveau, aidés par le comte de Flandre, ennemi de l'empereur, et maintinrent la commune vingt-cinq ou trente ans; mais, le comte s'étant accommodé avec Henri V, « l'empereur vint à Cambrai très terriblement », avec une grande armée, et força les citoyens « à requérir merci ». Il déchira la charte de commune qu'ils avaient rédigée, et les obligea de jurer que « jamais autre ne feroient. » Ce serment, extorqué par la violence, fut bientôt oublié; la commune de Cambrai fut restaurée sur les bases les plus larges, malgré les efforts des évêques. « Que dire de la liberté de cette ville ? s'écrie un ancien écrivain : ni l'évêque ni l'empereur n'y peuvent lever de taxes ; aucun tribut n'y est exigé, et l'on n'en fait jamais sortir la milice, si ce n'est pour la défense de a cité[1] ». C'est là, en effet, la pure république : ni impôt ni service militaire qu'à soi-même. La suzeraineté n'est plus qu'un mot.

La commune de Cambrai était régie par un corps de quatre-vingts *jurés,* qu'élisaient tous les citoyens, et qui, chaque jour, tenaient conseil dans un hôtel de ville appelé « la maison du jugement ». Chaque juré s'engageait à entretenir un valet et un cheval de selle, afin d'être toujours prêt à se rendre sans retard partout où l'appelleraient les devoirs de sa charge; car ces magistrats, comme les consuls du midi, remplissaient tout à la fois

---

1. *Gest. episc. Camerac.,* dans les *Histor. des Gaules et de la France,* t. XIII, p. 481.

les fonctions de juges, d'administrateurs et de chefs militaires, et, de plus que les consuls, ils étaient tout ensemble pouvoir exécutif et sénat.

Souvent attaquée, deux fois vaincue et abolie de nouveau (en 1138 et en 1180), la commune de Cambrai se releva toujours plus indomptable, et chassa plusieurs fois évêque et chanoines, lorsqu'ils voulaient porter atteinte à ses franchises.

Dans les cités françaises du Nord, durant le cours des dixième et onzième siècles, les bourgeois avaient fait fréquemment avec les seigneurs des pactes, qui, n'étant pas garantis par l'organisation d'une force permanente, n'étaient presque jamais observés; une anarchie sanglante désolait les villes qui avaient plusieurs suzerains, les seigneurs étant toujours en querelle, et les bourgeois prenant parti pour celle des factions belligérantes qui promettait quelque amélioration à leur sort. Ils se lassèrent de combattre pour les intérêts des autres, et prirent les armes pour leur propre compte.

A Beauvais, le principal seigneur était l'évêque : le chapitre avait sa juridiction et sa seigneurie distinctes de celles du prélat, et le châtelain, officier d'origine royale, qui résidait dans un portail flanqué de tours, à l'entrée de la ville, prétendait aussi avoir droit de lever des péages et des exactions, et d'exercer une certaine juridiction sur les habitants. Les évêques et les châtelains guerroyaient sans cesse entre eux, et le chapitre ne vivait guère mieux avec les évêques que ceux-ci avec les châtelains. Un beau jour, les bourgeois se levèrent en armes, occupèrent les hautes et fortes murailles de la ville, et se prêtèrent les uns aux autres le « serment de la commune » (*conjuratio communionis*). D'après une lettre du célèbre Ives de Chartres [1], cet événement eut lieu de 1096 à 1099, et l'évêque Ansel ne s'y opposa point : il jura d'observer la constitution municipale que s'étaient donnée les bourgeois, et fit cause commune avec eux contre le châtelain et contre les chanoines. Les troubles ne cessèrent pas : les chanoines ne renoncèrent point à leurs prétentions, à leurs habitudes violentes et tracassières; le châtelain se maintint dans sa forteresse; mai

---

[1]. *Histor. des Gaules et de la France*, t. XV, p. 105.

la commune subsista, et les successeurs de l'évêque Ansel, moins populaires que lui, s'efforcèrent en vain d'abolir la constitution municipale. On ne possède point la charte originale de Beauvais, mais seulement une confirmation royale donnée par le fils de Louis le Gros, Louis VII, laquelle reproduit probablement à peu près la teneur des dispositions primitives. En voici quelques articles :

« Tous les hommes domiciliés dans l'enceinte du mur de ville (*lorica*, la cuirasse de la ville) et dans les faubourgs, de quelque seigneur que relève le terrain où ils habitent, prêteront serment à la commune[1]; dans toute l'étendue de la ville, chacun prêtera secours aux autres, loyalement et selon son pouvoir. — Treize pairs seront élus par la commune[2]. — Tous ceux qui ont juré la commune jureront d'obéir aux pairs et de prêter main-forte à leurs décisions. — Si quelqu'un forfait envers un membre de la commune, les pairs, sur la plainte qui leur en sera portée, feront justice du corps et des biens du coupable. — Si le coupable se réfugie dans quelque château, les pairs parlementeront avec le seigneur châtelain ; et, si satisfaction leur est donnée de l'ennemi de la commune, cela suffira ; mais, si le seigneur refuse satisfaction, ils se feront justice à eux-mêmes sur les biens et sur les hommes dudit seigneur. — Nul homme de la commune ne devra prêter ni créancer son argent aux ennemis de la commune, tant qu'il y aura guerre avec eux ; s'il le fait, il sera parjure, et justice sera faite de lui, selon que les pairs en décideront. — S'il arrive que le corps des bourgeois marche hors de la ville contre les ennemis, nul n'entrera en pourparler avec lesdits ennemis, si

---

1. Ceci est très important. L'association jurée passe ici à l'état de loi territoriale, sans cesser d'être avant tout une société de personnes et sans devenir une société de *choses* comme la féodalité.

2. En 1182, sentant l'utilité de concentrer l'exécution, on ajouta aux pairs un ou deux mayeurs ou maires, élus par tous les citoyens entre les treize pairs. Les maires furent les présidents des pairs. « Les pairs de Beauvais semblent un ancien conseil des *principaux* de la cité, assujetti plus tard au vasselage de l'évêque, puis redevenu, par une révolution, municipal et électif. » Aug. Thierry, *Consid. sur l'hist. de France*, ap. Œuv. compl. t. VII, p. 233. — La charte de Beauvais est dans le Recueil des *Ordonnances des rois de France*, t. VII, p. 622. — M. Guizot a donné, dans le t. V de son *Hist. de la civil. en France*, l'histoire détaillée des révolutions de Beauvais.

ce n'est du consentement des pairs. — Pour aucune cause, la présente charte ne sera transférée hors des murs de la ville, etc. »
Les pairs de Beauvais ont, comme on voit, haute et basse justice.

A peine la commune de Beauvais avait-elle surgi, que le contre-coup s'en fit ressentir dans toute la contrée : Adèle, comtesse de Vermandois, veuve de Hugues-le-Grand, qui était mort en Asie, inquiète de l'agitation qui régnait parmi les habitants de Saint-Quentin, leur octroya une charte de commune, et prévint ainsi les réclamations qui eussent pu être faites à la pointe de l'épée (vers 1102). Cet acte politique fut entouré d'une grande solennité : tous les pairs de Vermandois, c'est-à-dire les barons relevant immédiatement de la comtesse et composant sa cour de justice, tous les clercs et tous les chevaliers, jurèrent de maintenir fermement cette charte, faisant seulement réserve, les clercs, des droits de leur ordre, les nobles, de la foi qu'ils devaient à la comtesse. Le corps municipal de Saint-Quentin se composa d'un mayeur ou maire, de deux ou trois échevins, qui étaient les anciens juges du comte, devenus électifs, et d'un certain nombre de jurés[1]. Voici les principales dispositions de la charte saint-quentinoise :

« Les hommes de cette commune demeureront entièrement libres de leurs personnes et de leurs biens : ni nous, ni aucun autre (c'est la comtesse qui parle), ne pourrons réclamer d'eux quoi que ce soit, si ce n'est par jugement des échevins; ni nous, ni aucun autre, ne réclamerons le droit de main-morte sur aucun d'entre eux. — Si quelqu'un a commis un délit dont plainte soit faite par-devant le mayeur et les jurés, la maison du malfaiteur sera démolie[2], ou il paiera pour racheter sa maison, à la volonté du mayeur et des jurés. La rançon des maisons à démolir servira à la réparation des murs et fortifications de la ville. Si le malfaiteur n'a pas de maison, il sera banni de la ville, ou paiera de son argent pour l'entretien des fortifications. — Quiconque aura for-

---

1. Ici, l'organisation est un peu plus complexe qu'à Cambrai. Le mayeur et les échevins semblent former une petite commission exécutive auprès du corps des jurés.

2. Ce genre de châtiment est remarquable : c'est une sorte de symbole en action; en démolissant la maison, on supprimait les droits civils, les droits de bourgeoisie dont la maison était le siège.

fait à la commune, le mayeur pourra le sommer de comparaître en justice ; et, s'il ne se rend pas à la sommation, le mayeur pourra le bannir : le banni ne rentrera dans la ville que par la volonté du mayeur et des jurés. Si le malfaiteur a une maison dans la banlieue[1], le mayeur et les gens de la ville pourront l'abattre, et, si elle est fortifiée de manière à ne pouvoir être abattue par eux, nous leur prêterons secours et main-forte. — Si un homme étranger vient en cette ville afin d'entrer dans la commune, de quelque seigneurie qu'il soit, tout ce qu'il aura apporté sera sauf, et tout ce qu'il aura laissé sur la terre de son seigneur sera audit seigneur, excepté son héritage, pourvu qu'il en ait disposé sans porter atteinte au droit du seigneur (c'est-à-dire, apparemment, que le mobilier délaissé devait appartenir au seigneur, et les immeubles aux héritiers désignés par le propriétaire). — Tout bourgeois pourra être cité en justice partout où il sera rencontré, soit en jardin, soit en chambre, soit ailleurs, à toute heure du jour ; mais il ne pourra être cité de nuit[2]. — Si nous faisons citer en justice quelque bourgeois de la commune, le procès sera terminé par le jugement des échevins dans l'enceinte des murs de Saint-Quentin[3]. — Si un *vavasseur* (arrière-vassal de la comté) ou un sergent d'armes doit quelque somme à un bourgeois, et qu'il ne veuille pas se soumettre au jugement des échevins, le mayeur doit lui commander de trouver, dans le délai de quinze jours, un seigneur qui réponde pour lui comme pour son homme, et soit capable de faire droit au bourgeois relativement à la dette : si, après ce délai, il n'a point de répondant, justice sera faite par les échevins. — Partout où le mayeur et les échevins voudront fortifier la ville, ils le pourront sur quelque terre que ce soit. — Nous ne pourrons refondre la mon-

---

1. *Bannum-leugæ, banleuga*; littéralement « juridiction de la lieue ». La juridiction des magistrats communaux s'étendait d'ordinaire à peu près à une lieue à la ronde autour de la ville. *v.* Ducange, *Glossar.* art. *Bannum*. Au delà de ce rayon, on retombait sous les juridictions féodales et cléricales, maîtresses de tout le plat pays. Les villes étaient comme des îles parsemées dans l'océan féodal, qui les assiégeait de toutes parts.

2. Disposition en vigueur dans notre Code.

3. Un des abus qui désolaient le plus les bourgeois, c'était d'être arrachés à leurs familles et à leurs affaires pour aller comparaître à la cour de justice du suzerain, qui les traînait souvent à sa suite de château en château.

naic ni en fabriquer de neuve sans le consentement du mayeur et des jurés. — Nous ne pourrons mettre ni *ban* (contribution de guerre) ni assise de deniers sur les propriétés des bourgeois[1]. — Les hommes de la ville pourront moudre leur blé et faire cuire leur pain partout où ils voudront (tout seigneur forçait les serfs et les vilains à apporter leur blé aux moulins et leur farine aux fours seigneuriaux). — Si le mayeur, les jurés et la commune ont besoin d'argent pour les affaires de la ville, et qu'ils lèvent un impôt, ils le pourront asseoir sur les héritages et l'avoir des bourgeois, et sur toutes les ventes et profits qui se font dans la ville. — Nous avons octroyé tout cela, sauf notre droit et notre honneur, sauf les droits de l'église de Saint-Quentin et des autres églises, sauf le droit de nos hommes libres, et aussi sauf les libertés par nous antérieurement octroyées à ladite commune ».

Ces dernières paroles attestent, comme on le sait d'ailleurs, que Saint-Quentin jouissait de certaines franchises avant d'obtenir une constitution quasi-républicaine[2].

De Saint-Quentin, la révolution communale gagna Noyon, qui était le chef-lieu ecclésiastique du Vermandois, comme Saint-

---

1. Ainsi Saint-Quentin a l'exemption d'impôt direct comme Cambrai.

2. *Ordonnances des rois de France*, t. XI, p. 270. — Les bourgeois de Saint-Quentin étendirent encore les franchises de leur charte, comme le montre la note des *establissements* de leur commune, rédigée pour servir de modèle à la commune d'Eu, sur la demande de cette petite ville normande.

« Ensemble (*ensement*) avons établi que quiconque en notre commune (*quemune*) entrera et aide du sien nous donnera, soit par cause de fuite ou de peur des ennemis ou de autre *forfait* (*forfait* ne veut dire ici qu'acte commis au dehors, *foris-factum*), mais (pourvu) qu'il ne soit accoutumé à *mauvaiseté* (*mauvestiés*), en la commune entrer pourra, car la *porte est ouverte à tous* ; et, si son seigneur à tort ses choses aura détenu, et ne le voudra détenir à droit (ne veut plaider en justice), nous en exécuterons justice.

« Et, s'il étoit ainsi que le seigneur de la commune (le comte) eût dedans le bourg ou dedans la ville aucune forteresse, et voulût mettre gardes (*wardes*) dedans, il y mettroit gardes qui seroient de la commune par la volonté et par l'octroi du maire et des échevins (*eskevins*), car autres pour la destruction des bourgeois (*bourgois*) mettre ne pourroit ».

v. Aug. Thierry, *Tableau de l'ancienne France municipale*, ap. *Essai sur l'Hist. du Tiers-État*, p. 203.

Ainsi, voilà la commune s'érigeant en asile, *ouvrant la porte à tous*, et s'engageant hardiment à faire justice, même au dehors, et pour les droits antérieurs à l'entrée du nouveau membre dans l'association communale.

Quentin en était le chef-lieu féodal ; mais, là encore, la prudence du seigneur évita l'effusion du sang. A Noyon ainsi qu'à Beauvais, à Laon, à Reims, à Châlons, à Langres, les droits du comté avaient été réunis à ceux de l'évêché, et l'évêque-comte ne relevait que de la couronne de France. L'évêque de Noyon et de Tournai, Baudri de Sarchainville, avait été chanoine du chapitre de Cambrai pendant les agitations politiques de cette cité : c'était un homme de savoir et de sens : les leçons de l'expérience ne furent pas perdues pour lui[1] ; parvenu à l'évêché de Noyon en 1098, il retrouva dans cette ville les discordes qui avaient frappé ses yeux ailleurs : bien que les bourgeois n'y eussent pas proclamé la commune, ils étaient sans cesse en guerre avec les évêques et surtout avec le chapitre ; c'était un fait presque général que cette lutte entre la bourgeoisie et les chapitres des cathédrales, aristocratie ecclésiastique très tyrannique et très arrogante. Baudri, de son propre mouvement, convoqua en assemblée générale tous les gens de la ville, clercs, nobles, marchands et artisans, et leur présenta une charte qui constituait le corps des bourgeois en association perpétuelle, sous des jurés électifs comme à Cambrai.

« Quiconque, disait cette charte, voudra entrer dans la commune, ne pourra être reçu par un seul individu, mais en la présence des jurés. La somme d'argent qu'il donnera pour son admission sera employée pour l'utilité de la ville et non au profit particulier de qui que ce soit.—Si la commune est violée, tous ceux qui l'auront jurée devront marcher à sa défense, et nul ne pourra demeurer au logis, à moins qu'il ne soit infirme, malade, ou tellement pauvre qu'il ne puisse payer personne pour garder à sa place sa femme et ses enfants malades. — Si quelqu'un a blessé ou tué quelqu'un sur le territoire de la commune, les jurés en tireront vengeance. » Les autres articles se rapprochent de ceux des chartes précédentes : Les Noyonnais aussi étaient affranchis de toute autre juridiction que celle de leurs magistrats. La constitution de l'évêque Baudri fut acceptée

---

1. Il a écrit une intéressante *Chronique des évêques de Cambrai,* qui se trouve par extraits dans le *Recueil des historiens de France.*

par acclamation, et il la promulgua dans un mandement épiscopal.

« Baudri, par la grâce de Dieu, évêque de Noyon : — Très chers Frères, sachent tous les chrétiens, présents et à venir, que j'ai établi à Noyon une commune, constituée par le conseil et dans l'assemblée des clercs, des chevaliers et des bourgeois; que je l'ai confirmée par serment, par l'autorité pontificale et par le lien de l'anathème, et que j'ai obtenu du seigneur roi Louis qu'il ratifiât cette commune et en corroborât la charte par le sceau royal.... Que nul ne soit assez hardi pour détruire ou altérer cet établissement; j'en donne l'avertissement de la part de Dieu et de la mienne.... Que celui qui transgressera et violera la présente loi subisse l'excommunication; que celui qui, au contraire, la gardera fidèlement, demeure sans fin avec ceux qui habitent dans la maison du Seigneur ! »

Cette pièce est datée de l'an 1108. La charte communale de Noyon fut la première où figura le nom du roi de France, appelé à intervenir comme garant par le suzerain qui octroyait la commune [1].

L'importante ville de Laon, cette capitale des derniers Carolingiens, ne pouvait rester étrangère à la métamorphose politique qui transformait autour d'elle maintes cités. Comme Beauvais et Noyon, Laon avait pour principal seigneur son évêque, qui battait monnaie avec son effigie sur une face et celle du roi sur l'autre: l'administration épiscopale y était particulièrement dure et désordonnée; plusieurs évêques illettrés, cupides et corrompus s'étaient succédé sur ce riche siège, objet de mille ambitions et de mille intrigues, et avaient fait du palais épiscopal une vraie caverne de brigands. Les nobles établis dans la ville [2] se joignaient aux dignitaires ecclésiastiques, leurs parents et leurs amis, pour pressurer les bourgeois, et partageaient le fruit des exactions

---

1. *Ordonnances des rois de France*, t. XI, p. 224; sur l'établissement des communes en général, *v.* les *Lettres sur l'Hist. de France* de M. Aug. Thierry, et son *Essai sur l'Hist. du Tiers-État.*

2. Beaucoup de gentilshommes *sans avoir*, de cadets de la petite noblesse, qui n'avaient pas de château et n'étaient pas assez riches pour en bâtir un et pour entretenir des sergents d'armes, se retiraient dans les villes, et y servaient habituellement d'auxiliaires aux seigneurs contre les bourgeois.

cléricales ; les bourgeois, à leur tour, étaient entraînés par l'exemple de ces mœurs violentes et dépravées, et parfois ils emprisonnaient et rançonnaient les étrangers, les paysans, qui venaient à la ville. Tous les excès de l'anarchie et de la tyrannie se réunissaient pour bouleverser cette malheureuse cité. La situation de Laon devint intolérable après l'avènement de l'évêque Gaudri, ce belliqueux chapelain de Henri d'Angleterre, qui avait pris le duc Robert Courte-Heuse à la bataille de Tinchebrai[1]. L'évêché vaquait depuis deux ans : le roi Henri appuya les prétentions de Gaudri, et par son argent, et par son influence, qui était grande dans toute la Gaule. Le roi Philippe et son fils Louis consentirent aux désirs de Henri, et Gaudri fut élu quelques semaines après la bataille (fin 1106). « Il n'aimait à parler que de combats, de chiens et de faucons », dit Guibert de Nogent ; c'était un soldat déguisé en prêtre, et un soldat brutal, avide, vindicatif et sanguinaire. Il écrasait de tailles les bourgeois. Il mettait à mort ou aveuglait les gens qui censuraient sa conduite. Il fit assassiner dans la cathédrale de Laon un chevalier fameux par ses hauts faits dans la première croisade.

Les bourgeois, las de souffrir, saisirent le moment où Gaudri était allé visiter son ancien maître en Angleterre ; et, s'adressant aux archidiacres et aux chevaliers qui gouvernaient en l'absence du prélat, ils leur promirent de grandes sommes d'argent s'ils voulaient reconnaître, par acte authentique, « le droit de commune » de la ville de Laon. « Les clercs et les nobles acceptèrent et jurèrent, le peuple n'épargnant point les monceaux d'argent qu'il avait en réserve pour fermer toutes ces bouches dévorantes. » La commune fut donc établie avec scel et beffroi, un mayeur et douze jurés ; on imita les constitutions de Noyon et de Saint-Quentin ; mais les franchises furent moins étendues ; car, si l'on abolit la main-morte et la taille arbitraire, on maintint les cens et les tailles fixes et payables en plusieurs termes. « Les hommes de la commune, disait la charte, seront libres de prendre pour femmes les filles des vassaux ou des serfs de quelque seigneurie que ce soit, à l'exception des seigneuries et des églises renfermées dans

---

1. *V.* ci-dessus, p. 199.

cette commune ; auquel cas ils ne pourront épouser ces filles sans le consentement du seigneur. — Aucun étranger censitaire des églises ou des chevaliers de la ville ne sera admis dans la commune que du consentement de son seigneur. — Tout étranger qui sera reçu dans la commune bâtira une maison dans le délai d'un an, ou achètera des vignes, ou apportera dans la ville assez d'effets mobiliers pour que justice puisse être faite si quelque plainte s'élève contre lui ». Les délits secondaires devaient être jugés par le mayeur et les jurés ; en matière capitale, la plainte devait d'abord être portée devant le seigneur justicier dans le ressort duquel aurait été pris le coupable, ou devant le bailli[1] du seigneur, si celui-ci était absent ; mais, si le plaignant n'obtenait pas justice du seigneur ou du bailli, il pouvait s'adresser aux jurés.

L'évêque, à son retour d'Angleterre, se montra d'abord très irrité ; mais « sa voix retentissante, dit Guibert, s'apaisa promptement à l'offre de beaucoup d'or et d'argent, et il renonça par serment aux droits absolus de sa seigneurie pour lui et ses successeurs. » Les bourgeois usèrent du même moyen afin d'obtenir du roi une confirmation de leur charte, comme nouvelle garantie. « La largesse plébéienne força la main au roi ». Louis jura de maintenir la charte laonnoise, et la scella du grand sceau de la couronne, moyennant que les bourgeois lui donnassent trois gîtes par an (le défrayassent pendant trois visites dans leur ville), ou bien lui payassent, en compensation, vingt livres pour chaque gîte (1109)[2].

---

1. Le bailli (en provençal *bayle*), titre dérivé du mot latin *bajulus*, tuteur, gardien, était le représentant du seigneur, présidant sa cour de justice et exerçant ses droits en son absence. Cet office était d'abord transitoire et accidentel ; plus tard il devint permanent, lorsque les seigneurs cessèrent de rendre la justice en personne.

2. La confirmation royale fait connaître que le roi avait conservé quelques droits utiles sur les cités soumises à des évêques qui relevaient immédiatement de la couronne. Les bourgeois lui payaient une certaine somme quand il tenait sa « cour plénière » dans leur ville, et ceux qui ne se rendaient pas à son ban de guerre devaient une amende, qualifiée « de droit d'ost et de chevauchée ». L'auteur de la plus récente *Hist. de Laon*, M. Melleville, nie que l'évêque ait eu les droits de comte à Laon : les faits prouvent contre cette opinion. Suivant l'article 15 de la charte laonnoise, si le roi a sujet de plainte contre un membre de la commune, justice sera faite par les jurés ; si c'est contre tous, contre la commune elle-même, justice sera faite par la cour de l'évêque. L'évêque était donc bien seigneur et comte de la ville.

Trois années se passèrent ainsi ; cependant l'évêque, les nobles et les clercs de Laon n'avaient pas tardé à se repentir du traité qu'ils avaient conclu avec les bourgeois ; ils songèrent donc à ramener « les serfs émancipés à leur premier état ». Gaudri invita le roi à venir célébrer les fêtes de Pâques 1112 à Laon, et, aussitôt après son arrivée, il lui proposa nettement de rétracter sa promesse royale. La négociation fut vivement débattue deux jours durant : les bourgeois tâchèrent de détourner le coup, et offrirent quatre cents livres d'argent au roi et aux gens du roi ; mais l'évêque et les gentilshommes promirent sept cents livres : cette enchère emporta la balance du côté du parjure, et Louis dérogea ainsi honteusement à son rôle de défenseur de l'ordre et de la justice. Gaudri, en vertu de son autorité pontificale, délia Louis et se délia lui-même des serments prêtés aux bourgeois ; puis on signifia, de par le roi et l'évêque, l'ordre aux magistrats municipaux de cesser leurs fonctions, de remettre le sceau et la bannière de la ville, et la défense de sonner à l'avenir la cloche du beffroi communal, qui annonçait l'ouverture et la clôture de leurs plaids.

Cette proclamation excita parmi le peuple une agitation menaçante : le roi, qui était descendu dans une maison de la ville, n'osa coucher en son logis, et alla passer la nuit dans les murs du palais épiscopal ; il partit, le lendemain au point du jour, sans attendre la fête de Pâques. Les boutiques, les ateliers, les auberges étaient fermés : les nouvelles qui circulaient de rue en rue portaient au comble l'exaspération des *communiers ;* on apprit que l'évêque et les nobles se disposaient à lever une *aide* extraordinaire, afin d'acquitter les sept cents livres qu'ils devaient au roi : ils voulaient, disait-on, pour payer à Louis le Gros et à ses courtisans l'anéantissement de la commune, exiger de chaque bourgeois la même somme qu'il avait déboursée afin d'obtenir l'établissement de cette même commune. Des assemblées secrètes furent tenues, où l'on mit en avant les plus terribles projets de résistance et de vengeance, et quarante bourgeois jurèrent la mort de l'évêque et des nobles ses complices. L'évêque Gaudri reçut quelque avis de ce qui se tramait : mais il n'en fit que rire, ne pouvant croire qu'un homme tel que lui pût mourir « de la main de telles gens. »

Quoique les fêtes de Pâques ne se fussent pas terminées sans troubles, l'explosion ne fut pas immédiate; l'évêque triomphait, mais, le jeudi suivant, « voici qu'il s'éleva par la ville un grand tumulte de gens criant : « Commune ! Commune ! » et, au même instant, une multitude de bourgeois, armés d'épées, de lances, d'arbalètes, de haches et de massues, s'emparèrent de la cathédrale et assaillirent le palais de l'évêque. Les nobles, au premier bruit de l'émeute, accoururent en hâte de tous côtés pour secourir leur allié; mais, à mesure qu'ils arrivèrent, ils furent enveloppés et massacrés par le peuple; le manoir épiscopal fut forcé; Gaudri se réfugia au fond d'un cellier. Un serviteur révéla sa retraite. On le tira par les cheveux hors d'un tonneau où il s'était blotti, et on l'entraîna dans la rue en l'accablant de coups. « Faites-moi merci, s'écriait le misérable prélat; je vous donnerai des sommes infinies; je quitterai la ville. — Tu tiendrais ta parole comme devant! » lui fut-il répondu. Et deux coups de hache lui fendirent la tête.

Les nobles, qui avaient participé aux crimes de l'évêque, partagèrent son châtiment : leurs maisons furent saccagées et la plupart d'entre eux furent tués ou emprisonnés. Les bourgeois ayant mis le feu à l'hôtel du trésorier de l'évêque, l'incendie dévora tout un quartier habité principalement par le clergé; la cathédrale s'écroula dans les flammes.

Quand l'ivresse de la vengeance satisfaite fut dissipée, les bourgeois, songeant aux conséquences de ce qu'ils avaient fait, furent saisis de stupeur et de crainte. Il leur semblait déjà voir le roi et toute sa chevalerie au pied de leurs murailles : ils n'imaginèrent d'autre ressource que de solliciter à prix d'argent quelque puissante alliance au dehors. Les principaux barons du Laonnois étaient alors Enguerrand de Boves, seigneur de Couci et comte d'Amiens, et son fils Thomas de Marle, seigneur de Vervins, de Créci-sur-Serre et de Nogent-sous-Couci. Ils avaient tous deux la plus détestable renommée : Thomas de Marle surtout joignait une odieuse férocité à l'amour du pillage ordinaire aux châtelains. On racontait mille histoires tragiques de marchands et de pèlerins morts de misère et de tortures dans les cachots des donjons de Créci et de Nogent. Les Laonnois n'avaient pas le choix des moyens : ils recoururent à Thomas, comme à un des ennemis les plus acharnés de Louis le Gros. « Laon est *le chef du royaume* [1], leur dit ce baron : je ne suis pas en état de tenir cette ville contre le roi ; mais, si vous voulez me suivre dans ma seigneurie, je vous y défendrai selon mon pouvoir. »

Consternés de cette réponse, mais obligés de s'en contenter, et n'osant, malgré la force de leur ville, attendre l'attaque du roi, les meneurs de l'insurrection quittèrent Laon, et se réfugièrent, soit à Créci, soit à Nogent. Les gens des bourgades et des villages environnants, sachant la ville abandonnée de ses principaux citoyens, s'y rendirent par bandes, de cinq ou six lieues à la ronde, et la pillèrent[2], excités par les nobles, qui, échappés de prison et renforcés par tous leurs parents et alliés, égorgèrent ou pendirent beaucoup de bourgeois demeurés dans leurs logis ou retirés au fond des églises. Les nobles enfoncèrent les portes de l'abbaye Saint-Vincent, dont les religieux étaient demeurés neutres et avaient accueilli chrétiennement beaucoup de fugitifs ; les moines faillirent être massacrés avec leurs hôtes[3].

Le roi, dont le parjure avait été la première cause de tant de calamités, mit enfin un terme par sa présence à cette cruelle réaction, et l'archevêque de Reims, Raoul-le-Verd, un des plus opiniâtres adversaires de la liberté bourgeoise, vint « réconcilier » les églises profanées par le sang et par les flammes : il célébra une messe expiatoire pour le repos des victimes de la rébellion, et prononça un sermon fait pour la circonstance : « Serfs, dit-il, soyez soumis en toute crainte à vos seigneurs, et, suivant les paroles de l'apôtre, obéissez, non-seulement à ceux qui sont bons et doux, mais même à ceux qui sont rudes et fâcheux ; car des canons authentiques frappent d'anathème quiconque engagerait

1. *Caput regni* : Laon, tout éclipsé qu'il fût par Paris, passait encore par tradition pour une espèce de capitale.

2. C'est là le signe le plus caractéristique du chaos de ce temps, que ces opprimés qui se pillent les uns les autres, au lieu de s'entendre contre leurs oppresseurs.

3. Les événements de Laon forment l'épisode capital du livre de Guibert, abbé de Nogent (*Guibert. de Vitâ suâ*), un des plus importants monuments du siècle, et les plus anciens de nos *Mémoires* historiques proprement dits, branche si riche de notre littérature. C'est le même Guibert qui écrivit l'histoire de la croisade, sous le titre de *Gesta Dei per Francos.*

des serfs à désobéir à leurs maîtres en quelque manière que ce fût, et surtout à leur résister par la force... »

Tandis que la masse de la population laonnaise retombait ainsi sous le despotisme du successeur qui fut donné à Gaudri, des anathèmes terribles étaient lancés par les évêques contre les meurtriers de Gaudri et contre le seigneur qui leur avait accordé un asile. Thomas de Marle répondit aux sentences d'excommunication en commettant d'affreux ravages sur les terres de toutes les églises de la province. Les principaux barons du Laonnois et le propre père de Thomas, Enguerrand de Couci, s'armèrent en vain contre lui. Louis le Gros, alors en guerre avec le roi d'Angleterre et la maison de Chartres, n'avait pas trop de toutes ses forces pour sa propre défense, et ne pouvait tourner ses armes contre Thomas; le farouche sire de Marle, secondé par la petite noblesse, et même par ses sujets, qu'il ménageait adroitement [1], tout en traitant les sujets des autres seigneurs avec une atroce barbarie, se soutint avec avantage pendant près de trois ans, et prit même l'offensive à Amiens contre son père.

(1113) La révolution communale éclatait en ce moment à Amiens, la plus grande et la plus populeuse des villes de la Somme. Amiens était partagé inégalement entre quatre seigneurs, l'évêque, le comte, le vidame et le châtelain [2], sans parler des droits du chapitre et des monastères. Ce morcellement, qui avait occasionné tant de troubles et de vexations, favorisa l'établissement de la liberté : les bourgeois gagnèrent deux de leurs quatre seigneurs, élurent un mayeur et vingt-quatre échevins, et proclamèrent la commune. L'évêque Godefroi ou Geoffroi, homme vertueux, humain, équitable, dont l'Église a fait un saint, aima mieux suivre l'exemple de Baudri de Noyon que de Gaudri de Laon, et accorda gratuitement son consentement; le sire de Picquigni, vidame d'Amiens, vendit le sien; puis on acheta par une forte

---

1. Il avait donné aux Vervinois des franchises et des coutumes assez libérales.
2. Le *vidame* n'était primitivement que le vicaire laïque du seigneur-évêque (*vice-dominus, vicarius-domini*), le défenseur, l'avoué de l'évêché : mais il s'était attribué une juridiction distincte de la « cour de chrétienté », et les droits de seigneurie sur un quartier de la ville, pour lequel il rendait hommage à l'évêque. Le châtelain, seigneur d'une grosse tour dite *Castillon*, avait été institué par le roi dont il relevait.

somme d'argent la ratification et la garantie du roi, quoique les événements de Laon eussent prouvé que les serments de Louis le Gros n'étaient rien moins qu'inviolables. Le comte Enguerrand, principal seigneur, et le châtelain Adam refusèrent de ratifier la charte municipale[1], et l'institution de la commune fut suivie d'une guerre si acharnée et si sanglante, que le bon évêque Godefroi, désolé de ne pouvoir porter remède aux calamités de sa ville diocésaine, déposa la crosse et l'anneau, et alla s'enfermer au sombre couvent de la Grande-Chartreuse, fondé en 1084 par saint Bruno, archidiacre de Reims, dans les solitudes des Hautes-Alpes, près de Grenoble. Les bourgeois, assaillis par le comte Enguerrand et par le châtelain, avaient appelé à leur aide Thomas de Marle contre son propre père, et chassé Enguerrand; mais ils ne purent prendre la grosse tour du *Castillon*, située à l'une des extrémités de la ville, et bientôt Enguerrand, voulant se venger d'eux à tout prix, se raccommoda avec son fils : les deux Couci se réunirent alors contre la commune ; les gens d'armes du Castillon faisaient sans cesse des sorties dans la ville, et promenaient partout le pillage, le meurtre et l'incendie.

Sans une diversion efficace, les Amiénois eussent été peut-être réduits à la nécessité de capituler et de se soumettre à la tyrannie des Couci; mais le roi, ayant fait la paix, en 1114, avec Henri d'Angleterre, écouta enfin les cris des clercs et du pauvre peuple contre Thomas de Marle. Dans un concile présidé à Beauvais[2], le 6 décembre 1114, par un cardinal-légat, après avoir

---

1. « Chacun, dit la charte d'Amiens, gardera fidélité à son *juré* (à son associé par serment) et lui prêtera secours et conseil en tout ce *qui est juste*. » La charte d'Amiens condamne le *juré* qui aura blessé avec armes un autre *juré* à perdre le poing ou à payer 9 livres : elle défend d'admettre au combat judiciaire un champion à gages contre un membre de la commune; elle autorise l'accusateur, l'accusé « et même les témoins » à s'expliquer par avocats en toute espèce de causes, etc. La dernière partie de cette clause attestait l'inexpérience judiciaire d'une société naissante. Le nom de *jurés* ne désigne pas ici les magistrats, mais tous les membres de la commune associés par serment. — La charte d'Amiens, suivant la tradition romaine, rend les fonctions municipales obligatoires. Le maire ou échevin élu qui refuserait le serment de mairie ou d'échevinage verrait sa maison abattue et paierait amende au jugement des échevins. *Recueil des monuments inédits de l'Hist. du Tiers-État*, t. I, p. 187.

2. Pendant son séjour à Beauvais, le roi se décida pour les bourgeois contre le châtelain de Beauvais, et donna une charte contre les prétentions et les entreprises de ce seigneur.

renouvelé les anathèmes lancés à Vienne contre l'empereur Henri V, toujours aux prises avec le Saint-Siége, les évêques des trois provinces de Reims, de Sens et de Bourges excommunièrent derechef Thomas, le déclarèrent infâme, tant pour l'assistance prêtée aux meurtriers de Gaudri que pour d'innombrables méfaits, le dégradèrent de l'ordre de chevalerie (*de cingulo militari*, de la ceinture militaire) et de tous ses *honneurs*; puis le roi marcha sur le château de Créci à la tête d'une nombreuse armée. Beaucoup de grands vassaux s'étaient rassemblés sous la bannière royale, et la population des campagnes dévastées par Thomas se leva en masse à l'appel du clergé, qui, prêchant une véritable croisade contre cet ennemi de Dieu et des hommes, octroyait absolution de tous péchés à quiconque prendrait les armes. Thomas, qui s'était jeté dans Créci, se défendit vigoureusement : la chevalerie de la province seconda le roi avec assez de tiédeur ; mais « la multitude des vilains armés à la légère » attaqua le château si furieusement, que Thomas fut réduit à livrer Créci et à se racheter par une bonne rançon et des otages. Comme c'était un haut baron, il fut reçu à merci et admis à jurer féauté au roi, pendant que les malheureux émigrés de Laon, bien moins coupables que lui, furent attachés au gibet et laissés en pâture aux corbeaux. Nogent-sous-Couci fut pris ensuite, et ceux des meurtriers de Gaudri qu'on y trouva n'eurent pas un meilleur sort que leurs compagnons.

De Nogent, le roi se dirigea vers Amiens, où le comte Enguerrand et le châtelain Adam continuèrent la guerre après la soumission de Thomas. L'évêque Godefroi, qui avait été rappelé et renvoyé malgré lui à Amiens par le concile de Beauvais, prêcha dans sa cathédrale, le dimanche des Rameaux de 1115, un sermon digne de Pierre l'Ermite, promettant le royaume des cieux à tous ceux qui mourraient à l'assaut du Castillon. Les hommes d'armes du roi, les bourgeois, les femmes mêmes, se précipitèrent à l'attaque : quatre-vingts femmes furent blessées en lançant des pierres du haut des tours roulantes qu'on avait poussées contre les murs du Castillon, et le roi reçut une flèche dans sa cotte de mailles. Malgré l'énergie et l'enthousiasme des assiégeants, l'assaut fut repoussé, et les bourgeois, assistés d'une troupe de gens d'armes que le roi laissa dans Amiens, convertirent le siége en blocus : le Castillon, souvent ravitaillé du dehors, ne se rendit qu'au bout de deux ans, et fut enfin démoli et mis à ras de terre par la commune triomphante. Les Couci ne ressaisirent jamais Amiens. La cloche du beffroi démocratique salua de ses joyeux carillons la chute de la tour féodale, et les mayeur et échevins d'Amiens gardèrent en main le scel communal et le glaive de justice : dans les cérémonies publiques, ils faisaient porter devant eux deux grandes épées en signe du droit de haute justice [1].

Quant à la commune de Laon, au bout de seize années, on la vit renaître de ses cendres. En 1128, après de nouvelles agitations, le successeur de Gaudri fut forcé de consentir à la restauration de l'ancienne charte, que Louis le Gros ratifia à Compiègne : seulement, au nom de commune, qui rappelait de si terribles souvenirs, on substitua celui d'*institution de paix*. Toutes les forfaitures passées furent amnistiées par ce traité, et les bannis eurent permission de rentrer dans la ville et de reprendre leurs biens, sauf treize bourgeois qui demeurèrent exceptés du pardon.

Soissons, aussi, s'était érigée en commune pendant la guerre d'Amiens (en 1116, à ce qu'on croit) : le principal seigneur de la ville était l'évêque ; le comte de Soissons, qui avait un château dans l'intérieur de la cité, rendait hommage au prélat. Le comte était un enfant ; l'évêque un vieillard : l'évêque, effrayé de la catastrophe de son voisin Gaudri, donna ou vendit son consentement à l'institution d'une municipalité libre, et l'on acheta la garantie du roi. La charte de Soissons eut une grande renommée, quoiqu'elle ne fût pas la plus libérale des constitutions

---

1. Cet usage subsista jusqu'à la Révolution, bien que le corps de ville eût perdu, depuis Henri IV, la juridiction en matière capitale. La plupart des grandes communes avaient des insignes analogues : à Toulouse, le cimeterre qui se portait devant les capitouls existe encore. Aug. Thierry, *Lettres sur l'Hist. de France*, p. 371, 392, édit. de 1836. — *V.* la révolution d'Amiens dans Guibert de Nogent, l. III. — Le comté d'Amiens rentra dans la maison de Vermandois, à laquelle il avait déjà appartenu. Les anciennes juridictions seigneuriales ne furent pas complétement abolies, mais subalternisées, et les seigneurs conservèrent les droits de cens, les impôts indirects et banalités, sauf rachat par la commune. *v.* Aug. Thierry, *Monographie de la constitution communale d'Amiens*, ap. *Essai sur l'Hist. du Tiers-État*, p. 336.

municipales[1]; plusieurs de ses articles sont curieux : elle borne à trois mois le crédit illimité qu'usurpait l'évêque chez les fournisseurs de pain, de viande et de poisson; au bout des trois mois, s'il ne payait pas sa dette, il n'avait plus droit à aucune fourniture. Toutes les *forfaitures,* sauf l'effraction des murs de la ville et la *haine invétérée* (le meurtre avec préméditation), doivent être punies par une amende de cinq sous (d'argent)[2]; la juridiction ecclésiastique des archidiacres de la cathédrale subsiste en certains cas; le corps de ville, composé d'un mayeur, de douze jurés et de deux procureurs, n'a pas juridiction entière et générale.

Le mouvement communal s'était propagé de Saint-Quentin et d'Amiens sur la Basse-Somme. Les villes abbatiales de Corbie et de Saint-Riquier avaient obligé leurs abbés de consentir à des chartes qui furent confirmées par le roi. Quelques années après (1130), Abbeville eut aussi sa commune, consentie, sans doute à prix d'or, par le comte de Ponthieu et d'Alençon, Guillaume Talvas, fils du cruel Robert de Bellesme[3]. Doullens eut une charte à son tour. Il importe de remarquer que la sanction du roi, requise dans les villes épiscopales et abbatiales qui relevaient de la couronne, ne l'était nullement, à cette époque, dans les domaines des grands vassaux laïques, où l'intervention royale eût été tout à fait contraire aux maximes féodales. Cette intervention vint plus tard.

Sur les domaines ecclésiastiques, l'arbitrage du roi était au contraire invoqué, soit par les nouvelles communes, soit plus

1. Elle n'affranchissait pas les main-mortables compris dans la commune, et la main-morte ne disparut totalement à Soissons qu'en 1181, lors de la confirmation de la charte communale par Philippe-Auguste.

2. Evidemment, il s'agit seulement des *forfaitures* envers les suzerains ou envers la commune; les crimes privés, tels que le rapt et le vol, ne pouvaient pas être punis d'une simple amende de cinq sous. Cette amende était imposée, par exemple, au membre de la commune qui, dans l'enceinte de la commune, épousait une femme d'une autre seigneurie, sans l'aveu de son seigneur. Ainsi, les droits des seigneurs étaient limités, non abolis.

3. Abbeville, simple *villa* de l'abbé de Saint-Riquier, était devenue, sous Hugues Capet, une place forte et le chef-lieu du comté de Ponthieu, conféré à l'*avoué* de Saint-Riquier. Ponthieu (*Ponticum*) est la traduction latine du vieux nom celtique de *Morinie.*

souvent par leurs anciens maîtres; car d'autres luttes succédaient généralement à la conquête de la charte communale. Les bourgeois voulaient étendre, les seigneurs, restreindre les droits nouveaux. A Saint-Riquier, les communiers ne voulaient plus participer au paiement de la taille due par l'abbaye pour l'armée du roi, ni payer à l'abbé les droits de mesurage et de *relief*[1]. A Soissons, les seigneurs des terres voisines se plaignaient que la commune protégeât de vive force leurs serfs qui refusaient tailles et corvées, et s'agrégeât leurs sujets sans leur aveu. L'évêque réclamait contre l'invasion des bâtiments épiscopaux par la commune. Le roi, à Laon, en 1112, avait agi sans « aucun respect de l'honnêteté », comme le reconnaît Guibert lui-même, le grand ennemi des communes. Ici, il procéda plus régulièrement. Il évoqua devant sa cour les débats des seigneurs et des communes, et, s'il prononça en faveur des seigneurs (à Saint-Riquier en 1126, à Corbie en 1128, à Soissons en 1136), s'il resserra dans les termes stricts de leurs chartes les droits des bourgeois associés, du moins ces chartes furent maintenues sans conteste[2].

Les chartes d'Amiens et de Saint-Quentin servaient de modèle dans le bassin de la Somme. Reims imita Laon en 1138. La constitution de Soissons fut imitée non-seulement dans l'île de France et la Brie[3], mais dans des contrées beaucoup plus éloignées de la ville type. La métropole ecclésiastique du centre, la ville de Sens se donna cette charte qu'elle perdit dans des circonstances tragiques, rappelant la révolution de Laon (1146), et qu'elle recouvra plus tard. Vers la fin du douzième siècle, la capitale du duché de Bourgogne, Dijon, adopta la charte soissonnaise avec le consentement du duc Hugues III[4]. Beaune, Montbard, Semur, suivirent l'exemple de Dijon.

1. Droit de mutation. Il était dû également par les vassaux nobles.
2. *Histor. des Gaules et de la France*, t. XIV, p. LXXIII, *Præf.* — « Si quelque *vilain libre* veut entrer dans la commune, qu'il rende à son seigneur ce qui est de son droit, et quitte sa terre; et, ainsi, il entrera dans la commune. » Charte de Saint-Riquier; ap. *Ordonn. des rois*, etc., t. XI, p. 184. Il était interdit aux serfs d'en faire autant, et même aux *tributaires* (*tributales*) de l'abbé de Saint-Riquier.
3. A Crespi en Valois, Compiègne, Senlis, Meaux, etc.
4. 1181-1187. — L'autorité royale avait fait des progrès. La garantie du roi fut requise. Dijon dépassa plus tard les libertés soissonnaises, et modifia sa charte dans le sens des constitutions méridionales, c'est-à-dire qu'elle ajouta à ses jurés

Les révolutions communales du nord de la France avaient promptement réagi sur cette Flandre qui avait donné l'exemple aux villes de la Somme et de l'Oise : les libertés flamandes prirent généralement la forme radicale de la commune, et les grandes cités de la Flandre Teutonique, fourmillante d'une population aussi énergique qu'industrieuse, dépassèrent, en indépendance de fait, les villes de la France proprement dite. Les comtes de Flandre avaient essayé de faire prévaloir une liberté moins républicaine, et de répandre, au lieu de la commune, l'*institution de paix*, cette association jurée dont nous avons vu un exemple dans le vieux pacte d'Amiens et de Corbie, et qui n'était qu'une application locale du principe de la *Trêve de Dieu*, sous des magistrats élus qu'on nommait *apaiseurs*. L'*institution de paix* n'arrêta pas le mouvement communal, mais se combina avec lui. Ainsi, à Lille[1], il y eut à la fois une commune jurée et une *institution de paix*; de plus, le comte garda la nomination des échevins. La loi municipale de cette ville wallonne portait le titre des vieilles ghildes germaniques, *loi de l'amitié*, et le chef de la magistrature urbaine s'appelait le *gardien de l'amitié*[2], titre teutonique emprunté à Gand et à Bruges[3].

L'*institution de paix*, qui donnait aux bourgeois la force morale d'un corps constitué, mais non des garanties politiques définies, se propagea sur les terres de l'Empire; Valenciennes, par exemple, n'eut pas d'autre constitution. Mais les villes des deux Lorraines voulaient, et, pour la plupart, obtinrent davantage. La

---

ou échevins un conseil de ville. Il y avait de plus quatre *prud'hommes*, reste de l'administration antérieure à la commune, en sorte que Dijon réunissait presque tous les éléments divers du régime municipal. *v*. Aug. Thierry, *Tableau de l'ancienne France municipale*; ap. *Essai sur le Tiers-État*, p. 260.

1. Et aussi dans la ville épiscopale de Tournai, qui ne relevait que du roi seul, par une exception remarquable.

2. La charte communale d'Aire en Artois est celle où sont le mieux conservés l'esprit et les formes fraternelles de l'ancienne *ghilde*. « Tous ceux qui appartiennent à l'*amitié* de la ville ont promis et confirmé, par la foi et le serment, qu'ils s'aideraient l'un l'autre comme frères, en tout ce qui est utile et honnête. — Si quelqu'un a eu sa maison brûlée, ou si, tombé en captivité, il paie pour sa rançon la plus grande partie de son avoir, chacun des *amis* donnera un écu en secours à l'*ami* appauvri. » *Ordonn. des rois de France*, t. XII, p. 563. — La commune de Saint-Omer fut ratifiée par le comte de Flandre en 1127.

3. En flamand, *reward*, *ruwaert*; en wallon, *regard*.

commune se propagea de Flandre en Brabant. Les cités lorraines proprement dites, Metz, Toul, Verdun, Metz surtout, « présentent, avec des institutions qu'on ne trouve point ailleurs, le caractère le plus marqué d'indépendance municipale [1] »; mais ce ne fut pas sans avoir longtemps combattu. Leur métropole, Trèves, s'érigea en commune; mais la commune y fut violemment abolie par l'empereur (en 1161). La politique impériale se montra fort hostile aux communes et parvint à les étouffer ou à les prévenir dans la majeure partie de l'Austrasie et de l'Allemagne : le progrès y prit une autre forme, et la plupart des cités gallo-teutoniques finirent par obtenir la transformation de leurs magistratures impériales ou seigneuriales en magistratures municipales, et par relever immédiatement de l'Empire. Seulement, par une anomalie singulière, une partie des magistratures municipales demeurèrent héréditaires dans les villes de langue teutonique.

La révolution communale eut meilleure chance en Normandie que sur les terres de l'Empire. Elle y fut une réforme plus qu'une révolution. Les principales villes, Rouen en tête, se donnèrent ce régime, et les rois anglo-normands, qui avaient besoin du concours de cette bourgeoisie commerçante et *marinière*, ratifièrent les communes; ils firent plus : afin de se populariser, ils en favorisèrent l'institution dans les provinces qui leur échurent au midi de la Loire par des événements que nous aurons bientôt à raconter.

Le régime communal ne fut point toutefois adopté purement et simplement dans l'ouest et le sud-ouest. Il y devint plus savant, plus complexe, et la commune jurée s'y combina avec les institutions consulaires. Ainsi Rouen, le grand type de l'ouest, eut un maire, c'est-à-dire un président, une commission exécutive (douze échevins), un petit conseil (douze conseillers ou consuls), un grand conseil (soixante-quinze à cent pairs).

Dans la seconde moitié du douzième siècle, époque d'intimes relations politiques entre la Normandie et l'Aquitaine, les principales villes du Poitou et du bassin de la Charente imitèrent les institutions rouennaises. Poitiers et Niort dépassèrent même les

---

1. Aug. Thierry, *Tableau de l'ancienne France municipale*; ap. *Essai sur le Tiers-État*, p. 241.

libertés normandes. La mairie communale gagna Bordeaux, auparavant administré par des *jurats* analogues aux *prud'hommes* de nos cités du centre. Bordeaux, en se donnant un maire et un sous-maire, qui rappelaient les *primus et secundus* gallo-romains du cinquième siècle, garda ses jurats, au nombre de cinquante, comme commission exécutive, avec un petit conseil de trente, et un grand conseil de trois cents *défenseurs*. Les villes de la Gironde, de la basse Dordogne, des Landes, se modelèrent sur Bordeaux, dont elles se disaient les *alliées et filleules*. Bayonne copia directement Rouen. Ce mouvement communal s'arrêta au pied des Pyrénées occidentales, où les montagnards du Béarn et de la Basse Navarre gardèrent leurs vieux *jurats* et leurs *fors*, analogues aux *fueros* d'Espagne[1].

Les empereurs combattaient l'établissement des communes; les rois anglo-normands l'avaient accepté, pas partout cependant, puisque Guillaume-le-Conquérant avait étouffé la révolution communale dans le Maine, pays conquis et toujours agité. Le roi de France ratifiait assez volontiers les communes sur les terres d'Église, tout en arrêtant parfois leurs progrès; dans son domaine direct, il les empêchait de naître. Le simple exposé des faits montre à quel point est peu fondée l'opinion vulgaire qui a fait de Louis le Gros le fondateur des communes[2]. Il n'eut aucune initiative à cet égard: il ne chercha pas systématiquement à propager les communes chez les autres, et n'en voulut pas chez lui. Il accorda aux bourgeois de Paris la réforme de quelques abus, à quelques petites villes et bourgades la suppression des tailles et des corvées arbitraires, et d'autres libertés civiles dont il ne faut pas méconnaître l'importance, mais il n'octroya de charte de commune qu'à la seule ville de Mantes, population belliqueuse, qui était sa garde avancée contre les Normands, et qu'il avait besoin de s'affectionner à tout prix.

Le régime communal ne parvint donc pas à s'implanter entre Seine et Loire. Nous verrons plus tard les efforts malheureux d'Orléans. Hors du domaine royal, Angers, après un premier succès insurrectionnel contre le comte d'Anjou (en 1115), reper-

---

1. *Fors*, de *Forum*.
2. V. le préambule de la *Charte de* 1814.

dit sa commune comme avait fait le Mans. Châteauneuf, le grand bourg de Saint-Martin de Tours, ne réussit pas non plus à maintenir sa commune, établie par voie d'insurrection, contre le chapitre de Saint-Martin (vers 1125), mais finit par obtenir d'être réuni à la municipalité de Tours, assez libre sous ses vieux prud'-hommes. Ces prud'hommes, réunissant les divers pouvoirs, sans conseil de ville à côté d'eux, et sauf appel, dans les grandes occasions, à l'assemblée générale des habitants, ressemblaient, pour la forme, au corps des jurés ou des pairs de Cambrai, de Noyon, de Beauvais, moins l'énergie de la commune jurée. A Bourges, surtout, cette constitution, ravivée par l'exemple des nouvelles libertés communales, eut assez de force d'expansion pour devenir type dans plusieurs provinces du centre. Les villes du Berri, du Nivernais, du Bourbonnais, et celles de la Bourgogne qui ne purent s'élever à la commune, imitèrent Bourges de leur mieux[1]; mais toutes n'arrivèrent pas à conquérir la juridiction. L'antique cité d'Autun fit sa révolution d'une manière toute particulière : elle obtint la transformation du vicaire ou viguier ducal en chef électif de la municipalité, et, dans ce chef, qualifié de *vierg*, elle se glorifia de retrouver le successeur des *vergobrets* éduens.

Chose singulière, la Bretagne, cette terre au génie énergique et libre, resta en dehors de la révolution urbaine du douzième siècle. L'esprit de cité avait péri chez les vieux Kimris avec les traditions gallo-romaines, et la féodalité, qui envahissait de plus en plus le sol breton, y comprimait violemment les souvenirs de ces *fraternités* celtiques qui eussent pu se transformer en communes, mais qui n'aboutirent qu'à des révoltes de paysans, et ne purent reprendre corps dans les villes. Nulle part, pas même dans les grandes cités *françaises* de Nantes et de Rennes, les faibles municipalités bretonnes n'obtinrent la juridiction. Dans la plupart des villes, et surtout dans les simples bourgs, « la municipa-

---

1. En général, les villes de ces provinces étaient régies par quatre prud'hommes ou élus (les *quatuorvirs*); celles de la Touraine, par deux élus (les *duumvirs*). M. Aug. Thierry rapporte le nombre de quatre, pour les officiers municipaux, « à une division en quatre quartiers, qui remonte très haut et semble appartenir au *castrum* des temps romains. » On pourrait même remonter plus haut encore ; les nations gauloises se divisaient fréquemment en quatre cantons (*cantref*).

lité traditionnelle fut un régime à la fois ecclésiastique et civil, où l'église paroissiale était le centre de l'administration, et où le conseil de fabrique remplissait l'office de conseil commun[1]. » La Bretagne, le pays de la Gaule que l'Église avait le plus tardivement saisi, fut celui qu'elle tint le plus fortement. Le régime tout paroissial des municipalités bretonnes était ailleurs celui des humbles villages formés autour des églises et chapelles rurales, avec cette différence qu'en Bretagne, clercs, nobles et bourgeois remplissaient en commun les fonctions municipales : l'esprit d'égalité celtique s'était ouvert cette issue.

A travers cette extrême diversité de degrés et de formes, le progrès est partout au douzième siècle; partout le mouvement, la vie, et l'espérance. La féodalité est encore le fait dominant, mais il est décidé qu'elle ne deviendra pas le fait absorbant et unique. Elle a en face d'elle un principe nouveau, destiné à grandir à mesure qu'elle décroîtra. Des profondeurs de ces masses populaires qui n'avaient presque été, depuis l'origine du régime féodal, que l'appendice inerte des deux ordres ecclésiastique et nobiliaire, surgit un troisième ordre, la bourgeoisie ou classe des hommes libres (car ces deux mots vont devenir synonymes), le *Tiers-État*, qui doit reprendre, avec un esprit plus démocratique, les traditions de la civilisation et de l'unité romaines, engager contre les deux premiers ordres une lutte de sept siècles, abaisser à son niveau la noblesse et le clergé, y élever le peuple des campagnes, et fondre dans son sein la nation tout entière. Le grand rôle des villes recommence, sans pompe et sans éclat encore, il est vrai, au moins dans le nord. Ces agrégations de marchands et d'artisans illettrés et grossiers ne ressemblent guère aux sénateurs et aux curiales des élégantes cités romaines. Mais, si les bourgeois sont inférieurs en développement intellectuel aux anciens citadins de la Gaule romaine, ils les surpassent de beaucoup en force morale et en patriotisme; la petite commune du douzième siècle, bloquée de toutes parts dans son étroite banlieue, est cent fois plus forte et plus vivace que la cité romaine avec son vaste territoire: ce n'est plus une tourbe de prolétaires et d'es-

---

1. Aug. Thierry, *Tableau de l'ancienne France municipale*, p. 263.

claves régis par quelques aristocrates écrasés à leur tour par une monarchie oppressive : c'est, comme l'indique son noble nom, une communauté démocratique d'hommes libres et égaux en droits et en devoirs. Si de durs labeurs entremêlés de périls incessants arrêtent chez elle la culture des esprits, si l'on n'y connaît point l'élégance des mœurs qui naît du loisir et de la paix, l'austère poésie du dévouement et de l'héroïsme civique n'y fait pas défaut, et bien des actions sublimes sont ensevelies dans les ténèbres du moyen âge[1].

Ce n'est pas de bien des générations que le peuple des campagnes pourra, comme nous l'annoncions tout à l'heure, s'élever au niveau des nouvelles libertés bourgeoises : la différence des situations et des moyens d'action fera, durant des siècles, la différence des destinées. Les insurrections des paysans avaient commencé aussi

1. Les villes libres du moyen âge ne nous ont pas donné seulement des exemples d'énergie patriotique. « Toutes les traditions de notre régime administratif sont nées dans les villes; elles y ont existé longtemps avant de passer dans l'État; les grandes villes, soit du Midi, soit du Nord, ont connu ce que c'est que travaux publics, soin des subsistances, répartition des impôts, rentes constituées, dette inscrite, comptabilité régulière, bien des siècles avant que le pouvoir central eût la moindre expérience de cela. Les municipes romains ont conservé, comme un dépôt, la pratique de l'administration civile; ils l'ont transmise, en la propageant, aux communes du moyen âge, et c'est à l'imitation des communes que le gouvernement des rois de France s'est mis à procéder, dans sa sphère, d'après les règles administratives, chose qu'il n'a faite que bien tard, et d'une façon incomplète. L'ancienne royauté, incertaine de son principe, appuyée sur des traditions divergentes et inconciliables, ballottée, pour ainsi dire, entre l'idée féodale du domaine universel et l'idée impériale de la chose publique, ne put réussir à doter les pays de ce système d'administration, embrassant tous les intérêts sociaux, prévoyant, exact, scrupuleux, économe, que Napoléon qualifiait admirablement par l'épithète de municipal; la Révolution seule en eut le pouvoir. Si la philosophie moderne a proclamé comme éternellement vrai le principe de la souveraineté nationale, la vie des municipalités a formé les vieilles générations du Tiers-État. L'égalité devant la loi, le gouvernement de la société par elle-même, l'intervention des citoyens dans toutes les affaires publiques, sont des règles que pratiquaient et maintenaient énergiquement les grandes communes; nos institutions présentes se trouvent dans leur histoire, et peut-être aussi nos institutions à venir. »
Aug. Thierry, *Considér. sur l'Hist. de France*, p. 246, 247. Quand il s'agit des communes et du Tiers-État, on ne peut que citer ou résumer M. Aug. Thierry. L'illustre historien, après avoir ramené la vie dans ces importantes études par les dramatiques récits des *Lettres sur l'Hist. de France*, a donné le dernier mot de la science dans le chap. V. des *Considér. sur l'Hist. de France*, dans le chap. I de l'*Essai sur l'Hist. du Tiers-État*, et dans le large *Tableau de l'ancienne France municipale*, que la *Monographie de la constitution communale d'Amiens* a complété par de nouveaux traits.

anciennement que celles des villes : elles se renouvelleront plus d'une fois sans jamais réussir. Les transactions sourdes, lentes, individuelles ou locales seront plus efficaces. Nous avons dit que la transition de la barbarie à la féodalité, en abaissant les colons, avait élevé les serfs; qu'on n'usait plus que rarement du droit de séparer les familles et d'arracher le laboureur à son foyer et à son champ; que la terre avait fini par appartenir de fait au serf comme le serf à la terre. Le mouvement continue. Le vilain, l'ancien colon, fait constamment effort pour repousser l'arbitraire; le serf, pour s'en délivrer et pour transformer sa condition de taillable à merci en celle de tributaire. Au douzième siècle, le progrès se manifeste dans des proportions considérables : l'exemple des villes excite les paysans, et la croisade offre à beaucoup d'entre eux une chance inespérée. Bien des seigneurs, faisant argent de tout, vendent la liberté aux serfs qui peuvent l'acheter de leur humble pécule ; d'autres même, particulièrement par testament, affranchissent gratuitement des serfs, « pour l'amour du Christ et le remède de leur âme. » Ainsi sortent du servage bon nombre d'individus et aussi de ces petits groupes de mainmortables qui vivent en communauté[1], et même des villages entiers. Une fois affranchi, il faut vivre. Le laboureur ne peut vivre que de la terre et sur la terre; or, la terre est au seigneur. Le seigneur, de son côté, a besoin de bras qui cultivent pour lui. Delà, des transactions nouvelles. Le serf émancipé reprend la terre servile à titre de terre tributaire, puis il demande les terres vaines et vagues, la lande, le hallier, la brande à défricher moyennant cens, redevances et corvées fixes, plus un droit de rachat à chaque génération[2] : c'est une liberté du plus bas degré, mais enfin, ce n'est plus le servage, dès qu'il y a un pacte et un droit reconnu, dût-il être cent fois violé. Cela s'opère sur une grande

---

1. Les *mas* ou *meix* (*mansus*, maison avec lot de terre labourable) serviles étaient occupés, tantôt par une seule famille, tantôt par deux, trois ou quatre. Certains de ces groupes maintinrent leur communauté après l'affranchissement ; mais ce fut l'exception.

2. On a cru que delà venait le nom de roturiers, c'est-à-dire *rompturiers* (*ruptuarii*), ceux qui *rompent* la glèbe, les défricheurs. Les concessions individuelles coïncident avec des concessions collectives d'où proviennent en partie les *communaux*.

échelle, et, à partir du douzième siècle, la culture et la population grandissent rapidement en France. C'est l'ère du défrichement laïque, comme le septième siècle a été l'ère du défrichement monastique, et le travail normal de l'homme constitué en famille donne des résultats bien autrement vastes et durables que le travail exceptionnel des associations de célibataires. Il reste à celles-ci l'honneur de l'exemple.

A mesure que les campagnards participent à l'affranchissement civil, ils commencent d'aspirer à l'affranchissement politique, à *faire corps*, à administrer leurs intérêts en commun, ainsi que font les gens des villes. Les villages, anciens et nouveaux[1], sont devenus des *paroisses*, titre donné d'abord exclusivement au centre épiscopal, puis descendu partout où s'est formée une administration religieuse. L'*autel* (*altare*) ou chapelle rurale est devenu une église, une communauté religieuse organisée; puis la communauté religieuse s'est faite communauté civile. Il naît là, « sous l'autorité de l'intendant (l'intendant du seigneur) unie à celle du prêtre, des ébauches toutes spontanées d'organisation municipale où l'église reçoit le dépôt des actes qui, selon le droit romain, s'inscrivaient sur le registre de la cité[2]. » L'intendant et le curé choisissent parmi les paysans, l'un, des assesseurs, l'autre, des marguilliers. Les paysans portent plus haut leurs ambitions. Ils rêvent, eux aussi, des assemblées, des chefs élus. Ils n'atteindront ce but que bien lentement et bien incomplètement; il faudra plus de deux siècles pour que les paroisses rurales obtiennent à peu près généralement, non pas même l'élection de leurs maires ou de leurs syndics, mais au moins des assemblées, des délibérations en commun[3].

Pendant que la masse avance d'un pas si lent et si pénible, quel-

1. *Tre*, *trew*, *ple*, *plo*, en kimrique; *clac'han*, en gaélique; *vicus*, *villa*, en latin.
2. Aug. Thierry, *Essai sur l'Hist. du Tiers-État*, p. 9. C'est là l'origine de l'invasion de l'état civil par le clergé. Le clergé crée l'état civil là où il n'existait pas, là où il n'y avait eu que les registres patrimoniaux du propriétaire, du maître; puis il l'envahit là où la civilisation antique l'avait créé; cette invasion a pour instrument le caractère sacramentel donné tardivement au mariage et qui finit, mais fort avant dans le moyen âge, par étouffer le mariage civil.
3. Beugnot, *Des municipalités rurales en France*; ap. *Revue française*, août, sept. octobr. 1838.

ques groupes de paysans, favorisés par les circonstances locales, se jettent hardiment en avant, et poussent jusqu'aux premiers rangs de la révolution bourgeoise; dans le nord du royaume, on voit, soit des villages isolés, soit des groupes de villages unis sous des chefs élus en commun, conquérir la commune avec tous ses droits : le Soissonnais, le Laonnois, le Ponthieu donnent ce glorieux exemple à la France[1].

Cet exemple ne peut se propager. La commune rurale demeure une rare exception; mais les affranchissements ou rachats collectifs de mainmorte, de tailles ou corvées arbitraires se multiplient à partir des dernières années de Louis le Gros, et un élément nouveau accélère le progrès. Par le même principe qui porte les plus intelligents entre les petits seigneurs à concéder des terres incultes à des serfs qui cessent d'être serfs, les princes fondent des *villes neuves*, des *villes franches*, où ils attirent les populations par l'appât d'une liberté civile qui n'astreint l'habitant qu'à des charges définies et limitées. Il est essentiel de ne pas méconnaître l'importance historique de ces affranchissements purement civils ou individuels, qui ne font pas des citoyens, des *communiers*, mais qui font des bourgeois, c'est-à-dire des hommes placés dans une meilleure condition que n'étaient jadis les sujets de l'empire romain; car ceux-ci subissaient un système d'impôt mobile et arbitraire, et ceux-là ne sont assujétis, au moins en principe, qu'à des droits fixes. La charte de coutumes accordée par Louis le Gros à la *paroisse* de Lorris en Gâtinais (*Lorriacht parrochia*) offre le type le plus remarquable des petites villes ou bourgades qui ne font pas corps, sont administrées seigneurialement, mais jouissent, en droit, de la pleine liberté civile quant aux personnes et quant aux biens. La charte de Lorris devient, dans le centre de la France, l'objet de l'ambition de tous les groupes de population qui ne peuvent atteindre à la *loi de Bourges*[2]. « Sa nature

---

1. Dans le Soissonnais, Vaisli, Condé, Chavonnes, Celles, Pargni, Filain, se réunissent en commune. Dans le Ponthieu, c'est tout le canton de Marquenterre. Nous reparlerons de la commune du Laonnois.

2. Au dix-septième siècle, près de trois cents villes, bourgs ou villages étaient en possession de cette charte. *V.* le texte dans les *Ordonn. des rois de France*, t. XI, p. 200.

exclusivement civile la rendant propre à passer de l'état de loi urbaine à celui de coutume territoriale, elle prit ce rôle dans la jurisprudence, et finit par régler non-seulement la condition des bourgeois de tel ou tel lieu, mais le droit *roturier* de toute une province[1] ».

Le *droit roturier* : le *droit coutumier!* Nous touchons ici à l'un des grands faits de notre histoire. Il ne s'agit pas seulement, en effet, pour la masse non noble d'échapper au despotisme seigneurial, d'assurer ou d'affranchir les personnes et les biens : il s'agit aussi de régler les rapports des hommes et des choses ; d'avoir une législation civile. Quelle sera la loi de ces fils des Gaulois, devenus les Français après avoir passé par les mains de Rome et de la Germanie?

Deux droits ennemis se forment en face l'un de l'autre : le droit noble, le droit roturier ; le droit du grand nombre et le droit du petit nombre ; le droit commun et le droit exceptionnel, qu'on appellera bientôt hardiment le droit *haineux*. Nous avons indiqué l'esprit du droit noble ou féodal[2] : quel sera l'esprit du droit plébéien? Les variétés et même les oppositions de détail sont sans nombre dans ces mille coutumes locales obscurément formées du mélange de toutes les traditions et de toutes les races qui ont passé et se sont combinées sur notre sol ; dans ces lois orales d'abord pour la plupart, parmi lesquelles celles-ci régissent quelques bourgades, celles-là, de vastes provinces, et qui se réfèrent les unes aux autres parfois à plusieurs degrés. Les diversités sont grandes ; mais il ne faut pas s'y tromper, l'unité morale est au fond. Il y a là, comme dans le droit féodal, un esprit général, mais en sens contraire.

Nous ne pouvons nous lancer dans l'océan des Coutumes. La marche des événements ramènera occasionnellement sous nos yeux, tantôt l'une, tantôt l'autre. Indiquons seulement ici ce qu'il y a de moins connu et ce qui reste de plus utile à connaître pour éclairer la chaîne ininterrompue de la tradition; c'est-à-dire les

---

1. Aug. Thierry, *Tableau de l'ancienne France municipale* : ap. *Essai sur l'Hist. du Tiers-État*, p. 258.
2. *V.* ci-dessus, p. 16 et suivantes.

rapports principaux du droit coutumier avec les institutions purement celtiques.

Les co-jureurs du droit celtique, tombés en désuétude dans les coutumes féodales[1], subsistent dans certaines coutumes roturières. Dans la coutume de Reims, au civil comme au criminel, l'*escondisseur* (le défendeur), en cas de serment contradictoire, doit faire son *escondit*[2] avec six bourgeois jurant qu'ils croient qu'il a fait bon serment. En Bretagne, même formule, mais le nombre des co-jureurs est variable. Les six co-jureurs se retrouvent dans la loi de Galles. En Bretagne comme en Galles, le mineur peut jurer à quatorze ans, l'âge de l'admission à la fraternité militaire chez les Gaulois.

Le *pleige*[3], caution en cause criminelle ou civile, est un usage celtique conservé par la France du moyen âge. Le pleige, dans notre droit coutumier comme en Galles, se donne en mettant la main dans la main de la personne à laquelle on promet garantie. Le mot *garant* (*gwarant*; *goarand*; gallois et breton) exprime également la garantie par un fidéjusseur et l'autorisation par un père, un mari, un tuteur. Le mot *gage*[4] veut dire à la fois l'objet donné en garantie et la personne qui donne la garantie ou se donne en garantie, en otage; la chose otage dérive de la personne otage.

La possession d'an et jour, produisant saisine, a passé des coutumes gauloises dans le droit coutumier. La prescription foncière ne s'acquiert que par trois générations dans notre droit coutumier comme en Galles. La tradition de propriété par la *coupe de vin* se retrouve en Bretagne : la tradition par le *bâton*, par le *rain* (*ramus*), en Vermandois, Reims, Clermont, Valois, Paris.

L'émancipation de plein droit par mariage est étrangère au droit romain : on la trouve spécialement dans les coutumes de Bretagne, le pays resté purement celtique, et dans celles de Reims, Clermont, Troies, Nivernais[5], Berri, Chartres, Meaux,

---

1. Ils avaient subsisté dans l'empire romain : une loi du code Grégorien les proscrit. *v.* La Ferrière, t. II. p. 412.
2. Du kimrique *es-cod.*; « aussi du cœur, d'un même cœur. »
3. En basse latinité, *plegium, prægium,* de *præs,* caution.
4. Basse latinité, *guadium, gagium;* du kimrique *gwysdl.*
5. La coutume de Nivernais, protestant fièrement contre la maxime féodale :

pays libres ou alliés sous l'empire romain. Toutefois, il semble que, chez les Gaulois, c'était plutôt la réception au nombre des guerriers qui émancipait le fils de famille.

La communauté gauloise entre mari et femme, qui n'est pas la communauté moderne de notre Code civil (mise en commun des biens sous l'administration du mari, avec partage entre l'époux survivant et les héritiers du prédécédé), mais une donation égale et mutuelle entre époux avec inaliénabilité ou remploi et accumulation des fruits, le tout restant au survivant, est maintenue dans les coutumes de Bretagne, de Paris, d'Anjou, de Troies, avec interdiction de donation testamentaire en sus de la communauté, ce qui a pour but de conserver les biens fonds dans les familles, tradition de l'esprit de clan.

Chez les peuples celtiques, la propriété foncière appartenant à la famille plus qu'à l'individu, le père ne pouvait donner son fond; il ne pouvait le vendre sans le consentement des enfants, si ce n'est par nécessité de vivre ou de payer ses dettes; mêmes dispositions, à ce sujet, en Galles, en Bretagne et dans les coutumes de France, au onzième siècle, sur les alleux. La coutume de Paris, pas plus que celle de Bretagne, ne permet d'exhéréder ses enfants ni d'avantager l'un aux dépens des autres. L'ÉGALITÉ DES PARTAGES a passé des vieux Gaulois aux Français roturiers : elle est le droit commun des non nobles. Mais le droit romain a modifié et complété, durant ce passage, la vieille *loi de la famille* (*Gabhail-cyne*) par l'admission des filles sur le pied de l'égalité, à la propriété foncière, et par la suppression du préciput accordé au *juveigneur*, au puîné, qui ne subsiste qu'en Bretagne [1].

Le *retrait lignager*, retrait par les collatéraux du bien aliéné en payant le prix de la vente, est encore une coutume celtique conservée en Bretagne, Auvergne, Beauvaisis, Péronne, etc. Les lois romaines avaient essayé en vain de la faire disparaître [2].

« Point de terre sans seigneur! » établit que « tous héritages sont censés francs et allodiaux, qui ne montrent du contraire. » La Ferrière, t. II, p. 123.

1. En Bretagne, l'esprit celtique repousse le droit d'aînesse, même dans la noblesse, jusqu'à la fin du douzième siècle.
2. V. les citations et les développements dans l'*Hist. du Droit français* de M. La Ferrière, t. II, l. II, *époque celtique*. Nous n'avons eu qu'à extraire ce travail si intéressant et si neuf. Les nombreuses communautés de laboureurs, for-

En résumé, l'égalité celtique et l'équité de la raison écrite, du droit stoïcien, s'unissent dans le chaos fécond de nos vieilles coutumes. Le premier de ces éléments est puisé dans le cœur même de notre peuple : l'autre est ravivé par la grande renaissance du droit romain au douzième siècle. L'un appartient surtout au nord, comme la commune ; l'autre au midi, comme le consulat. La féodalité, c'est le privilége partout : la roture, c'est l'égalité des droits dans la famille, avec tendance à la même égalité dans la cité. Une partie des traditions celtiques conservées par le moyen âge, c'est-à-dire les restes de l'esprit de clan, la tendance à immobiliser la terre dans la famille, disparaîtront dans le mouvement rapide et complexe de la vie moderne; mais l'esprit d'égalité deviendra de plus en plus l'essence même de cette vie.

Nous avons vu quel avait été le rôle d'abord assez modeste de la royauté française dans l'immense mouvement que nous venons de décrire. L'exposé des faits a manifesté ce qu'il y a d'erroné et ce qu'il y a de réel dans le rôle que la tradition monarchique attribue à Louis le Gros. Louis ne fut pas du tout le fondateur ni le propagateur systématique des communes; mais il fut le champion des idées d'ordre et de paix intérieure qui avaient inspiré la Trêve de Dieu, le protecteur actif et zélé des agriculteurs, des artisans, des marchands ambulants, de toutes les classes laborieuses, contre les déprédations et les cruautés des nobles brigands; il se montra disposé à donner aux seigneurs l'exemple de changer le régime des exactions arbitraires en celui des redevances fixes et régulières. Quelques manques de foi, quelques actions malhonnêtes où l'entraîna sa pénurie financière, ne doivent pas faire méconnaître le caractère général d'une vie employée à servir sinon la liberté politique, au moins la civilisation.

Pendant que la révolution municipale agitait violemment le nord de la France, les hostilités avaient recommencé entre Louis

---

mées par an et jour de co-demeurance, avec mélange de meubles, entre mainmortables ou roturiers (coutumes de Beauvaisis, de Poitou, etc.), sont encore d'origine celtique. Ce sont les communautés de *taeogs* vivant par indivis sur les terres des chefs gallois. Seulement le droit celtique est toujours moins dur que le droit féodal. En Galles, l'homme libre qui a demeuré l'an et jour sur le fonds d'autrui en faisant œuvre servile, peut s'en aller en payant 30 deniers : chez les féodaux, il ne peut plus partir, il est enchaîné à la glèbe. *Ibid.* p. 126.

et le roi Henri d'Angleterre : leurs intérêts se touchaient par trop de points pour qu'il ne s'élevât pas entre eux de continuels sujets de discorde. « Louis, dit Suger, se prévalait de sa dignité de suzerain contre Henri ; à son tour, le monarque anglais, à qui la grandeur de son royaume et la merveilleuse abondance de ses richesses rendaient toute infériorité insupportable, ne négligeait rien pour troubler le royaume de France et tourmenter le roi. » Thibaud, comte de Chartres, de Blois et de Meaux, neveu et allié dévoué du roi Henri, avait traîtreusement arrêté et retenait en prison un vassal fidèle de Louis, Guillaume, comte de Nevers, d'Auxerre et de Tonnerre. Louis, de son côté, avait contre Henri une arme redoutable : ayant recueilli le jeune Guillaume Cliton, fils de l'ancien duc de Normandie, Robert Courte-Heuse, il s'efforça de lui rendre son héritage, de concert avec une grande partie des barons normands. Guillaume, encore enfant lors de la défaite et de la captivité de son père, avait d'abord été traité fort humainement par son oncle Henri ; mais, lorsque ce jeune prince avança en âge, Henri, inquiet des intrigues que l'on commençait à tramer au nom de l'héritier dépossédé, voulut le faire conduire en Angleterre : le gouverneur du jeune Guillaume prévint les envoyés du roi, s'enfuit avec son élève, et obtint asile et secours en France.

Cette lutte fut beaucoup plus sérieuse que la première querelle des deux rois : Louis, soutenu par Baudouin à la Hache, comte de Flandre, par Foulques V, comte d'Anjou, par le comte de Ponthieu, par le comte Amauri de Montfort, seigneur très puissant dans le duché de France, qui, après avoir été longtemps l'ennemi du roi, s'était rallié à lui, et par une faction très considérable en Normandie même, put non-seulement tenir tête au roi d'Angleterre, mais prendre l'offensive contre lui avec vigueur. Foulques d'Anjou était entré dans cette coalition contre Henri, sous une condition qui prouve que la royauté commençait à se relever dans l'opinion. La charge de sénéchal de France avait été attachée autrefois à la tenure du comté d'Anjou, premier fief du duché de France ; mais les prédécesseurs de Foulques, par mépris ou par indifférence, avaient cessé depuis longtemps d'en remplir les fonctions, que Louis-le-Gros avait conférées successivement aux seigneurs de Rochefort et de Garlande. Foulques V réclama ses droits par ambassadeur, et ce puissant prince se fit réintégrer titulairement dans une charge dont le possesseur était tenu, aux banquets d'apparat, de porter les plats sur la table du roi[1]. Le sire de Garlande continua d'exercer habituellement la sénéchaussée, mais en rendant hommage à Foulques, comme tenant de lui son office en fief. Le comte d'Anjou voyait un grave intérêt politique dans la possession d'un office qui donnait au titulaire la présidence des plaids royaux et le commandement des troupes royales.

La guerre s'engagea sous des auspices très menaçants pour le roi d'Angleterre : les Français entrèrent en Normandie par le comté d'Évreux; les Flamands, par le pays de Caux (*Caletes*); les Angevins et les Manceaux, par Alençon; la Normandie, « enrichie par plusieurs années de paix », fut dévastée et incendiée dans tous les sens, malgré les efforts du roi Henri, que le sort trahissait pour la première fois. Abandonné par dix-huit des principaux barons normands, trahi par ses amis, par ses proches mêmes, le roi Henri n'osait plus se fier qu'aux Anglais et aux Bretons qu'il avait à sa solde. « Sans cesse en proie, dit Suger, aux chagrins domestiques et aux frayeurs que lui causaient les complots de ses chambellans, il changeait fréquemment de lit, multipliait autour de lui les sentinelles armées, ordonnait que, chaque nuit, son épée et son bouclier fussent placés à son chevet durant son sommeil. » Amauri de Montfort prit Évreux; Alençon se livra au comte d'Anjou; les Andelis furent surpris par les Français, qui s'y introduisirent en criant : *Diex aie!* cri de guerre des Normands, puis se firent tout à coup reconnaître par le cri d'armes de France : *Monsgoy (Montjoie)*[2] ! Les Flamands s'emparè-

---

1. Dans les titres latins, le sénéchal est souvent qualifié de *dapifer* (porte-mets). V. dans le t. XIII des *Histor. des Gaules*, etc., le mémoire écrit par Hugues de Cléri, *de Majoratu et Senescalciâ Franciæ*, pour soutenir les prétentions du comte d'Anjou.

2. Ce cri de guerre si célèbre est contemporain de l'oriflamme, et se rapport également à Saint-Denis. Le Normand Orderic, qui n'en connaissait pas bien le sens, traduit en latin par *meum gaudium* (ma joie) : c'est *mons-gaudii* qu'il e dû écrire. Les *monts-joie*, dérivés des *cairns* de Teutatès ou *acervi Mercurii*, étaie des tas de pierres surmontés de croix, qu'on plaçait sur les chemins pour enseigne

rent de plusieurs forteresses presque jusqu'aux portes de Rouen ; la Normandie semblait près d'échapper au roi Henri, malgré l'assistance que lui prêtait son neveu, le comte de Chartres ; mais la fortune changea bientôt. Le comte Baudouin de Flandre fut blessé mortellement à l'attaque du château de Bures ; il languit huit ou neuf mois avant d'expirer, en juin 1119, à l'âge de vingt-six ans. Sa succession fut vivement disputée par deux de ses cousins, et les Flamands, tout occupés de leurs propres affaires, ne donnèrent plus d'aide au roi de France. Avec Baudouin finit la première maison de Flandre, qui datait de Karle le Chauve. Bientôt après, l'habile Henri parvint à détacher le comte d'Anjou de l'alliance française. Guillaume, fils de Henri (surnommé *Atheling* ou *le Fils de Prince* par les Anglais de race, dont sa mère lui avait transmis le sang), épousa à Lisieux Mathilde d'Anjou, qui lui avait été fiancée quelques années auparavant. Foulques entraîna dans sa défection le comte de Ponthieu [1].

Le roi Louis, quoique privé de ses principaux alliés, continua de désoler la Normandie ; mais il ne put empêcher Henri de brû-

aux voyageurs leur route : on nommait *mont-joie-Saint-Denis* les croix plantées sur la route de Paris à Saint-Denis, ainsi que la tombe même de ce martyr.

1. Pendant la campagne de 1119, il se passa, dans la famille du roi Henri, une des plus horribles tragédies des temps féodaux. Le comte de Breteuil, mari d'une fille naturelle de Henri, avait maintes fois demandé en fief à ce prince le château d'Ivri, situé au milieu des terres de la maison de Breteuil : Henri n'y consentit point ; mais, afin d'ôter à son gendre tout sujet d'inquiétude relativement à ce château, il donna en otage au comte le fils du gouverneur d'Ivri, et prit en échange auprès de lui deux petites filles que sa fille Juliane avait eues du comte de Breteuil, comme garantie de la sûreté de l'enfant du châtelain. Un jour, le comte de Breteuil se présente devant Ivri, et somme le châtelain de livrer son donjon, en lui montrant les épées levées sur la tête de son fils. Le gouverneur refuse : Breteuil, par le conseil du féroce Amauri de Montfort, fait arracher les yeux à l'enfant et les envoie dans un coffret au malheureux père. Le châtelain part, va se présenter au roi Henri, et réclame de lui les otages qui répondaient de la sûreté de son fils : Henri, n'osant refuser de tenir ses serments, livre son propre sang, ses deux petites-filles, au père désespéré, qui venge son enfant par la loi du talion sur les petites-filles du roi ! Breteuil se jeta dans le parti de Louis-le-Gros, et la comtesse Juliane attira le roi son père dans une embuscade, et lui décocha, presque à bout portant, un trait d'arbalète qui ne le manqua que par miracle. *v.* Orderic. l. XIII. Ce mélange d'atroce barbarie et de respect inviolable pour la foi jurée est quelque chose de terrible et caractérise singulièrement l'époque. Le respect du serment fut la vertu par excellence des temps féodaux, vertu compatible, chez les hommes peu éclairés, avec les plus monstrueuses violations de la morale et de l'humanité.

ler Évreux et d'en chasser la garnison qu'y avait placée Amauri de Montfort. Le 20 août 1119, Louis et Henri se trouvèrent inopinément en présence dans la plaine de Brenmule ou Brenneville, à trois lieues des Andelis. Henri descendit de la hauteur de Verclive avec ses fils Richard et Robert, cinq cents hommes d'armes, et quelque infanterie. Louis, « voyant approcher ce qu'il avait longtemps désiré », marcha droit à l'ennemi à la tête de quatre cents chevaliers, accompagné de Guillaume Cliton, « qui s'était armé pour délivrer son père d'une longue captivité et reconquérir le patrimoine de ses aïeux ». Guillaume de Crespigni, chevalier normand du parti de Cliton, chargea le premier, avec quatre-vingts hommes d'armes, pénétra jusqu'au roi Henri, et lui porta sur la tête un coup d'épée qui lui eût fendu le crâne sans son chaperon de mailles; mais Crespigni fut aussitôt renversé de cheval et fait prisonnier avec la plupart des siens. Les chevaliers du Vexin et les autres Français fondirent alors impétueusement sur les Anglo-Normands, et les firent d'abord plier, mais les soldats de Henri, resserrant leurs rangs, pressèrent entre eux et culbutèrent les assaillants mis en désordre par la violence même de leur charge. Le roi Louis, voyant les siens en désarroi, et sollicité de faire retraite « pour éviter une perte irréparable, » s'enfuit au galop, laissant aux mains des vainqueurs sa bannière royale et cent quarante de ses chevaliers. « Sur neuf cents chevaliers qui se trouvèrent à ce combat, dit Orderic, il n'y en eut que trois de tués; car ils étaient complétement couverts de fer, et, de plus, s'épargnant réciproquement, tant par la crainte de Dieu qu'à cause de la fraternité d'armes[1], ils s'appliquaient bien moins à tuer les fuyards qu'à les prendre. Le roi des Français, séparé de ses compagnons dans sa fuite, s'égara dans une forêt (celle de Lions), où un paysan, qui ne le connaissait pas, le conduisit jusqu'aux Andelis, dans l'espoir d'une forte récompense. Le roi Henri acheta vingt marcs d'argent l'étendard de Louis à un homme d'armes qui s'en était emparé, et le garda en témoignage de sa victoire; mais il renvoya, le lendemain, au roi Louis son cheval avec la selle, le frein et tout le harnais royal (Louis

---

1. Comme étant tous membres du « saint ordre de chevalerie ».

avait apparemment changé de cheval, pour s'enfuir sans être reconnu), et Guillaume Atheling fit reconduire à son cousin Guillaume Cliton le palefroi que celui-ci avait perdu dans la bataille, avec d'autres présents que le roi Henri avait jugés nécessaires à un exilé[1] ».

« Le roi Louis retourna vers Paris, fort triste de la perte des cent quarante chevaliers qu'il avait conduits si gaiement en Normandie. Alors Amauri de Montfort, qui n'avait point assisté au combat, alla lui rendre visite afin de le consoler.— « Je vais, lui dit-il, vous donner un avis salutaire pour réparer l'échec fait à votre gloire. Que les évêques, les comtes et les barons de vos états se réunissent autour de vous; que les prêtres, avec tous leurs paroissiens, vous accompagnent où vous l'ordonnerez, afin qu'une armée composée du menu peuple vous venge des ennemis publics. » Et il se mit à la disposition du roi, avec tous les habitants des grandes terres que lui et ses parents possédaient dans la France et la Normandie. Le roi suivit ce conseil avec empressement : battu avec la chevalerie, il s'adressa au peuple. « A la voix des évêques, dit le normand Orderic, les peuples de la Bourgogne et du Berri, du Sénonais, de la France[2], de l'Orléanais, du Vermandois et du Beauvaisis, du Laonnois et du Gâtinais, accoururent avidement, comme des loups à la proie, et, à peine sortis de leurs demeures, se mirent à piller tout ce qu'ils purent dans leur pays même. Cette multitude effrénée, ne songeant qu'au butin, dépouillait sans respect sur sa route églises et monastères. La justice du roi et des prélats fut tout à fait impuissante à réprimer ces excès; l'évêque de Noyon, celui de Laon et plusieurs autres assistèrent à l'expédition, et, à cause de la haine qu'ils portaient aux Normands, ils permirent à leurs gens toute sorte d'attentats. » Ce n'était qu'une irruption de vengeance et non de conquête; cet orage se dissipa sans autre résultat que la dévastation des campagnes normandes.

La présence du pape en France et la convocation d'un concile à Reims ralentirent les hostilités : les deux rois parurent disposés

---

1. Ces progrès de la *courtoisie* chevaleresque sont à remarquer comme contraste avec les exemples de férocité que nous avons cités tout à l'heure.
2. *France* n'est plus ici que l'*Ile de France*.

à accepter l'arbitrage du chef de l'Église. C'étaient encore les vicissitudes de la guerre des Investitures qui amenaient le pontife romain de ce côté des Alpes. Gélase II, successeur de Pascal II, chassé de Rome par l'empereur Henri V, qui lui opposait un antipape[1], était venu mourir en France au monastère de Cluni, le 29 janvier 1119 : six cardinaux, ses compagnons d'exil, élurent à sa place Gui de Bourgogne, archevêque de Vienne, sous le nom de Calixte II. Calixte fut reconnu en France, en Angleterre, en Espagne et dans une partie de l'Allemagne et de l'Italie. Calixte ouvrit donc à Reims, au mois d'octobre 1119, un concile général composé de six cardinaux, de quinze archevêques, de deux cents évêques et d'un grand nombre d'abbés, « lequel fut si imposant, » dit Orderic, « qu'il donna par avance une idée du jugement dernier, où le Seigneur viendra juger avec les vieillards et les princes du peuple. Après qu'on eut débattu les affaires de l'Église, le roi Louis entra dans le concile avec les principaux barons de France; il monta au consistoire, où le pape était au-dessus de toute l'assemblée. Ce prince avait le visage pâle; sa taille était élevée, mais épaisse, et il parlait éloquemment ». Louis exposa ses griefs contre « le roi des Anglais », et requit conseil « du seigneur pape et de la sainte assemblée ». L'archevêque de Rouen et l'évêque d'Évreux répondirent pour leur prince. Le Saint-Père prescrivit provisoirement l'observation de la Trêve de Dieu. « Je vais, dit-il, me rendre à Pont-à-Mousson, où l'empereur des Teutons m'a mandé, afin de conclure la paix avec lui pour le plus grand bien de l'Église notre mère. A mon retour, j'irai trouver le roi des Anglais, et je le sommerai, ainsi que les autres belligérants, de rendre justice à tout le monde, et de la recevoir de tous. Quant à ceux qui persévéreront avec endurcissement dans leurs entreprises contre le droit et le repos public, je les frapperai de la sentence de l'anathème s'ils ne viennent à résipiscence ».

L'entrevue du pape et de l'empereur n'eut point lieu : les cardinaux, effrayés à la vue des troupes nombreuses que Henri V avait amenées sur les confins de la Lorraine et de la Champagne, craignirent quelque violence de la part de ce prince sans foi, et

---

1. Maurice Bourdin, Limousin de naissance, qui avait été le premier archevêque de Braga, dans le nouveau royaume de Portugal.

empêchèrent Calixte II d'aller au rendez-vous convenu. Le pape revint à Reims, excommunia de nouveau l'empereur et son antipape Bourdin, et fit publier les actes du concile, où furent renouvelés les anathèmes contre les investitures et contre les prêtres concubinaires, et la défense aux clercs d'exiger aucune rétribution pour conférer les sacrements aux fidèles. Les efforts inouïs de Grégoire VII et de ses successeurs n'avaient rien moins qu'extirpé complétement le mariage des prêtres ; il y avait même une réaction violente à cet égard : dans toute la Normandie et l'Angleterre, les prêtres se mariaient publiquement, et laissaient leurs églises à leurs fils par droit héréditaire [1].

Calixte II alla ensuite, au commencement de novembre, conférer à Gisors avec le roi d'Angleterre. Les affaires de Henri s'amélioraient de jour en jour : Amauri de Montfort s'était accommodé avec lui, et les seigneurs rebelles de la Normandie avaient été forcés de se soumettre les uns après les autres ; le pape, après avoir demandé en vain la mise en liberté de Robert Courte-Heuse et la restitution du duché de Normandie à ce prince et à son fils, se borna à obtenir de Henri qu'il traitât avec le roi de France. Louis abandonna la cause de Guillaume Cliton, et consentit à recevoir l'hommage de Guillaume Atheling comme héritier du duché de Normandie; on se restitua de part et d'autre les captifs et les forteresses « enlevées par violence ou par ruse », et la paix fut pour un moment rétablie en Gaule [2]. Avant de quitter la France, le pape Calixte II donna à son ancien archevêché de Vienne la primatie de la Gaule méridionale, c'est-à-dire de toutes les provinces au sud de la Loire et à l'est du Rhône. Cette primatie ne fut pas maintenue.

La pacification conclue, le roi Henri se rembarqua à Barfleur pour l'Angleterre, avec sa famille et sa cour. Ce passage devait garder dans l'histoire une tragique célébrité. Un vaisseau qui portait les jeunes princes et princesses et l'élite de la cour anglo-normande sombra en mer [3]. Cette affreuse cata-

---

1. Fleuri, *Hist. ecclésiastique*, t. XIV, p. 18.
2. Orderic. l. XII, XIII, — Willem. Malmesbur. l. V.
3. « Au moment de mettre à la voile, raconte Orderic, un Normand, appelé Thomas, fils d'Étienne, alla trouver le roi, et, lui offrant un marc d'or, lui dit :

strophe avait enveloppé les deux fils, la fille et la bru du roi, Mathilde d'Anjou, le comte de Chester et sa femme, sœur du

« Étienne, fils de Hérard, était mon père, et, toute sa vie, il servit le vôtre sur mer : ce fut lui qui, sur son navire, porta le roi Guillaume en Angleterre, quand ce grand chef y passa pour combattre Harold. Seigneur roi, je requiers de vous même faveur : j'ai pour votre service royal un vaisseau parfaitement équipé, qu'on nomme la *Blanche-Nef*. — J'agrée votre demande, répondit le roi : toutefois, j'ai choisi un navire qui me convient, et n'en changerai pas ; mais je vous confie mes fils, Guillaume et Richard, que j'aime plus que moi-même, ainsi que beaucoup des premiers du royaume.

« Les matelots de Thomas, comblés de joie, demandèrent du vin au roi Henri, qui leur en fit donner trois muids, et ils burent si abondamment, qu'ils s'enivrèrent tous. Une foule de jeunes nobles des deux sexes, la fleur de l'Angleterre et de la Normandie, montèrent sur la *Blanche-Nef* avec les fils du roi et sa fille Mathilde, femme de Rotrou, comte du Perche et de Mortagne : ces passagers, au nombre de près de trois cents, aveuglés par une folle gaieté, chassèrent, par leurs huées et leurs éclats de rire, les prêtres qui venaient consacrer le vaisseau avec de l'eau bénite ; puis ils pressèrent Thomas de rejoindre la nef du roi, qui déjà fendait les flots. Thomas, que le vin avait privé de sa raison, promit hardiment de dépasser tous les pilotes qui le précédaient, et excita les matelots à saisir leurs rames et à pousser impétueusement le navire. Les rameurs déployant toutes leurs forces, et le misérable pilote dirigeant mal son gouvernail, le flanc gauche de la *Blanche-Nef* toucha violemment sur un grand rocher que tous les jours le reflux met à nu, et que recouvre ensuite la marée montante : deux planches furent enfoncées du choc, et le vaisseau sombra au moment même. Guillaume Atheling était descendu en hâte dans la chaloupe, et pouvait se sauver ; mais, entendant la voix suppliante de sa sœur Mathilde, il refusa de s'éloigner sans elle, et tant de gens se précipitèrent dans le frêle esquif, qu'il s'abîma avec son fardeau. Deux hommes seuls parvinrent à s'attacher à la grande vergue, et y restèrent suspendus une grande partie de la nuit, tandis que la lune brillait sur les flots... Cependant le pilote Thomas, après avoir plongé dans les ondes et s'être débattu longtemps, revint sur l'eau, et, levant la tête, il ne vit plus que les deux hommes qui se tenaient à la grande vergue. « Qu'est devenu Guillaume, fils du roi ? leur cria-t-il. — Lui et tous les autres sont morts ! — Alors, reprit-il, je ne saurais plus vivre, » et il se laissa couler au fond de la mer.

« La nuit fut froide et glacée pour les deux naufragés survivants, Béraud, boucher de Rouen, et Geoffroi, fils du Gilbert de l'Aigle. Le jeune Geoffroi, après avoir beaucoup souffert de la rigueur du temps, recommanda son compagnon à Dieu, et, s'abandonnant à la vague, il ne reparut plus. Béraud, qui était un pauvre homme, protégé par son habit de peau de mouton, conserva seul la vie entre tant de monde : il fut recueilli, le matin, par trois pêcheurs qui passaient dans leur barque, et ce fut par lui qu'on connut ce triste événement. Le roi et ses compagnons, déjà loin en pleine mer, avaient ouï, dit-on, les horribles cris des naufragés ; mais, ignorant la cause de ce bruit, ils restèrent dans l'inquiétude jusqu'au lendemain. Une rumeur lugubre se répandit promptement parmi le peuple du rivage de la mer ; elle parvint à la connaissance du comte Thibaud de Chartres et des autres seigneurs de la cour ; mais, ce jour-là, personne n'osa en faire part au roi, et chacun, pleurant à l'écart le trépas de ses proches, dévorait à grand'-peine ses larmes en présence de Henri. Enfin, le lendemain, par l'ordre du comte Thibaud, un enfant se jeta tout en larmes aux pieds du roi, et lui révéla le nau-

comte Thibaud de Chartres, un neveu de l'empereur Henri V, les plus renommés chevaliers et les héritiers des plus illustres maisons de toute la race normande. Un chroniqueur anglo-saxon, malveillant pour les princes normands, Henri de Huntingdon, prétend que ce fut un châtiment de Dieu, « parce que toute ou presque toute cette jeunesse était entachée du crime contre nature [1] ». Il ne restait plus au souverain de l'Angleterre et de la Normandie qu'un enfant légitime, Mathilde ou Mahaut, femme de l'empereur Henri V. On put prévoir les crises sanglantes qui suivraient la mort de Henri Ier, lorsque ce prince se fut remarié sans obtenir d'enfants mâles de sa seconde femme, fille d'un duc de Basse-Lorraine.

Louis-le-Gros continuait à étendre ses prérogatives et son influence : ce petit roi de Paris, qui, peu d'années auparavant, promenait ses expéditions militaires autour du clocher de Saint-Denis, faisait désormais respecter son titre de suzerain dans les pays d'outre-Loire. Déjà, en 1115, il avait contraint les prétendants à la succession du sire de Bourbon d'obéir à son arbitrage ; en 1121, il intervint dans une querelle entre Guilhem VI, comte d'Auvergne, et l'évêque de Clermont. Le comte avait envahi la justice de l'évêque et changé la belle église de Notre-Dame-du-Port en forteresse : le roi somma Guilhem de comparaître devant sa cour, bien que ce comte ne relevât point immédiatement de la couronne. Guilhem n'ayant pas comparu, Louis publia son ban de guerre, auquel répondirent le comte Foulques d'Anjou, Conan, duc de Bretagne (successeur d'Allan Fergant), Guillaume, comte de Nevers, et on le vit marcher vers les bords de l'Allier à leur tête, et soumettre ce fier comte d'Auvergne, qui, depuis longtemps, jouissait d'une indépendance presque absolue. Cette expédition au midi de la Loire fut un fait considérable ; depuis Hugues-Capet, aucun roi de France n'avait paru dans ces contrées.

Foulques d'Anjou, après cette campagne, s'en alla en Palestine,

frage de la *Blanche-Nef*. Le roi tomba par terre, comme s'il eût été mort aussi ; puis, relevé par ses amis, il fut conduit dans son appartement, où il donna un libre cours à l'amertume de ses plaintes ; alors tous les fils du royaume cessèrent de dissimuler leurs douleurs, et ce deuil dura un grand nombre de jours ».

1. Suivant Orderic et Guillaume de Malmesbury, la catastrophe eut lieu le 25 novembre 1119 : Huntington, Florent de Wigorn et Simon de Durham la placent au commencement de 1120.

où il prit l'habit et prêta les vœux des chevaliers du Temple. Il revint ensuite chez lui, « avec leur permission », et s'engagea volontairement à leur payer un tribut annuel de trente livres angevines : exemple qui détermina beaucoup de seigneurs français à faire des donations aux templiers et aux hospitaliers, voués à la défense du Saint-Sépulcre.

La Guerre des Investitures se termina enfin, en 1122, par un traité conclu à Worms entre l'empereur Henri V et les légats de Calixte II : l'empereur renonçait à la prétention d'accorder les investitures aux bénéficiaires ecclésiastiques « avec la crosse et l'anneau », et restituait les biens de l'Église qu'il avait confisqués. Le pape, en récompense, reconnaissait à l'empereur le droit d'assister aux élections des prélats de l'Empire, et de leur donner « par le sceptre » l'investiture des bénéfices annexés à leurs dignités. Il avait fallu un demi-siècle de scandales et de massacres pour arriver à cet accommodement, dans lequel le pape eut les honneurs, et l'empereur le profit : les principes étaient sauvés, mais l'empereur gardait son contrôle et son influence sur les élections ; cette paix ne devait être qu'une trêve. Au reste, de leur côté, les rois de France, tout en renonçant facilement à l'investiture « par la crosse et l'anneau », n'avaient jamais cessé d'influencer ou même de faire les élections dans les diocèses qui leur étaient soumis.

Des troubles graves ne tardèrent point à se rallumer en Normandie : tandis que le roi Henri était en Angleterre, ses prévôts et ses intendants, « pires que des larrons », tourmentaient les peuples par des exactions immodérées ; les grands, de leur côté, étaient mécontents que ce roi, n'ayant plus de fils, ne rappelât pas Guillaume Cliton, et destinât leur patrie en héritage à la femme d'un monarque étranger. Normands et Français craignaient également de voir l'empereur devenir roi d'Angleterre et duc de Normandie : une partie des barons normands reprirent les armes, soutenus par les comtes de Montfort et de Meulan, et par Foulques d'Anjou ; mais Henri repassa la mer, poussa vigoureusement les rebelles, et empêcha le roi de France de les secourir, en armant l'empereur, son gendre, contre Louis le Gros.

« L'empereur Henri, dit Suger, conservait un vif ressentiment de ce que le seigneur Louis l'avait laissé anathématiser en plein concile par le pape Calixte : d'après le conseil du monarque anglais Henri, il rassembla donc une grande armée de Lorrains, d'Allemands, de Bavarois et de Saxons, et se proposa de fondre sur la cité de Reims, théâtre de son injure. Le roi Louis, à cette nouvelle, appela vers lui tous ses barons et pressa sans délai la levée de toutes ses troupes ; sachant que le bienheureux saint Denis est, après Dieu, le patron spécial du royaume, il se rendit en hâte dans son monastère, et l'intéressa, tant par prières *que par présents,* à défendre le royaume, à préserver la personne royale, et à résister, comme à son ordinaire, aux ennemis de la France. Ensuite, prenant sur l'autel la bannière du comté de Vexin, pour lequel il relevait de l'église de Saint-Denis, et la recevant, pour ainsi dire, des mains de son bienheureux suzerain avec un respectueux dévouement, le roi vola au-devant des ennemis avec une poignée d'hommes, pour parer aux premiers besoins de la guerre, et invita fortement toute la France à le suivre ».

Cette bannière, c'était l'*oriflamme*. Ce célèbre étendard de la royauté française ne fut donc primitivement que celui d'une simple seigneurie, et les rois, en réunissant à la couronne le comté de Vexin et de Pontoise (en 1077), avaient hérité à la fois de l'oriflamme et du titre d'*avoués* ou défenseurs de l'abbaye de Saint-Denis. Saint Denis remplaçait, dans le rôle de patron de la France, l'antique saint Martin de Tours. L'oriflamme était un *panonceau* de soie ou de *cendal* (taffetas) rouge, fendu en queue d'hirondelle et attaché transversalement à une pique dorée : on la nommait ainsi, parce qu'elle semblait une flamme d'or (*auri flamma*), quand elle voltigeait au soleil. Ce nom poétique ne lui était point particulier, et les chroniques et les romans le donnent à toute sorte d'étendards et de bannières, ce qui fait qu'on a voulu faire remonter l'oriflamme jusqu'à Charlemagne.

Cependant presque toutes les populations de la France septentrionale avaient entendu l'appel du roi Louis et s'étaient levées en masse par un grand mouvement national. Quand l'armée de France fut réunie à Reims, « il se trouva, poursuit le biographe de Louis le Gros, une si grande quantité de cavaliers et de gens de pied, qu'on eût dit des nuées de sauterelles qui couvraient la surface de la terre. Le roi et les grands barons divisèrent cette multitude en huit corps : le premier, composé de gens levés dans les diocèses de Reims et de Châlons-sur-Marne, au nombre de plus de soixante mille; le second, de ceux du Soissonnais et du Laonnois; le troisième, des Orléanais, des Parisiens, des hommes du pays d'Étampes et des vassaux de Saint-Denis. — C'est avec ceux-ci que je combattrai hardiment et sûrement, dit le roi; outre la protection du saint, mon seigneur, je trouve parmi eux des compatriotes qui m'aiment chèrement, qui me seconderont vivant ou me rapporteront mort, et ne délaisseront pas mon corps ». Thibaud de Chartres, qui, malgré son alliance avec le roi d'Angleterre, avait répondu au ban du roi Louis, et remplissait son devoir féodal contre l'ennemi du dehors, commandait la quatrième division, avec son oncle, le comte Hugues de Champagne; le duc de Bourgogne et le comte de Nevers dirigeaient le cinquième corps; puis marchait le comte Raoul de Vermandois avec une grosse troupe, tirée de Saint-Quentin, de Péronne, et de tout le pays d'alentour; venaient enfin les hommes du Ponthieu, de l'Amiénois, du Beauvaisis, et dix mille guerriers de la Flandre, sous les ordres du comte Charles-le-Bon, qui, après bien des désordres, avait succédé à Baudouin-Hapkin. Guilhem IX, duc d'Aquitaine, Conan, duc de Bretagne, et Foulques, comte d'Anjou, étaient venus peu accompagnés, soit à cause de l'éloignement de leurs états, soit pour ne pas exposer leurs terres aux attaques du roi Henri.

Tout annonçait une lutte terrible entre ces masses réunies pour repousser l'invasion et les forces de Henri V. Le choc n'eut pas lieu : l'empereur, arrêté à la fois par les redoutables préparatifs des Français et par une insurrection qui venait d'éclater derrière lui à Worms, se retourna contre cette ville rebelle, et mourut avant d'avoir pu la réduire, le 22 ou 23 mai 1125. Avec lui s'éteignit la maison impériale de Franconie, et l'empire, héréditaire de fait pendant plusieurs générations, échappa aux descendants des Franks orientaux pour passer aux fils des Saxons, qui l'avaient déjà possédé au dixième siècle, puis aux fils des Allemans ou des Suèves. Le roi Louis, vainqueur sans combat, vint remercier saint Denis dans son « moûtier », et reporta lui-même sur ses épaules, jusqu'à leur place accoutumée, les châsses d'argent contenant les corps des saints martyrs Denis, Rustique et Eleuthère : les « corps saints » étaient demeurés sur le maître-autel, invoqués nuit et jour par les religieux et par le peuple, tant que l'armée avait été sur pied.

La paix fut conclue, peu de temps après, avec le roi d'Angleterre, qui avait vaincu ses vassaux révoltés et contre qui Amauri de Montfort avait défendu le Vexin. Louis, ensuite, convoqua de nouveau ses vassaux pour marcher contre le comte d'Auvergne, violateur du traité qu'il avait conclu de force, cinq ans auparavant, avec l'évêque de Clermont. Le duc de Bretagne, les comtes de Flandre, d'Anjou, de Nevers, de Montfort, et un corps de Normands envoyé par le roi Henri d'Angleterre en sa qualité de vassal, accompagnèrent le roi de France, qui mit le siège devant le château de Montferrand, près de Clermont. Cependant le duc d'Aquitaine Guilhem IX trouva mauvais que le roi s'immisçât ainsi dans des différends dont il s'estimait le seul juge, comme suzerain de l'Auvergne : il s'avança suivi de ses Aquitains. Mais, lorsque, du haut des montagnes, il eut vu se déployer dans la plaine de Clermont les bataillons du roi, il se sentit trop faible pour secourir son vassal par les armes, et alla trouver en personne Louis le Gros avec des paroles de paix. « Ton duc d'Aquitaine, seigneur roi, lui dit-il, te souhaite santé, gloire et puissance. Il t'offre, comme il le doit, son hommage et son service, et compte que, de ton côté, tu lui seras un suzerain équitable. Le comte d'Auvergne tient de moi l'Auvergne, comme je la tiens de toi ; s'il s'est rendu coupable, je dois le présenter au jugement de ta cour quand tu l'ordonneras ; je m'engage à le faire, et te donnerai tous les otages que tu croiras nécessaires pour t'assurer de ma foi ».

Le roi, ayant délibéré sur ces propositions avec les grands du royaume, reçut du duc d'Aquitaine la foi, le serment, des otages en nombre suffisant ; puis il fixa un jour pour tenir parlement à Orléans, et y décider, en présence du duc, les sujets de contestation qui existaient entre l'évêque de Clermont et le comte d'Auvergne ; ensuite il ramena glorieusement son armée en France ».

Il y avait enfin un roi de France, et la monarchie féodale commençait à s'asseoir sur ses bases. Les ducs de Normandie eux-mêmes, malgré l'immense accroissement de leur puissance et leur titre de rois, avaient cessé de refuser le service militaire à leurs suzerains, lorsqu'ils n'étaient point en guerre avec eux, et quelquefois même lorsqu'ils l'étaient.

L'actif et remuant Louis ne tarda point à faire retentir de nouveau en Normandie le nom de Guillaume Cliton. Le jour de Noël 1126, il eut un parlement avec les grands de sa cour, les pressa vivement de compatir au sort du prince exilé, « jeune homme distingué, beau, brave et entreprenant, mais depuis sa naissance accablé de toute sorte d'infortunes ». Guillaume, à qui le roi Louis avait fait épouser une sœur de sa femme, et donné en fief Pontoise, Mantes, Chaumont et tout le Vexin, se présenta bientôt lui-même les armes à la main sur les frontières normandes; mais un événement tragique rompit brusquement la coalition qui s'était formée en sa faveur.

Charles ou Karle, fils de Knut ou Canut III, roi de Danemark, et d'une fille de Robert-le-Frison, avait été élevé en Flandre à la cour de son oncle, Robert *de Jérusalem*, et de son cousin Baudouin-Hapkin : Baudouin expirant l'appela à recueillir sa succession. Vainqueur de son cousin Guillaume ou Wilhelm de Loo, qui lui avait disputé ce riche héritage, Charles s'était fait chérir des clercs par sa dévotion, ainsi que du peuple par l'humanité qu'il montra dans un temps de famine, et par le soin extrême qu'il mettait à maintenir la tranquillité publique. Tandis que, partout ailleurs, chacun ne sortait que la dague à la ceinture, prêt à attaquer ou à se défendre, le comte Charles avait défendu dans ses états le port d'armes pendant les jours consacrés à la Trêve de Dieu, et était parvenu à faire respecter presque généralement cette prohibition, bien que la Flandre fût peut-être le pays de France où les mœurs étaient les plus violentes : les bourgeois, en raison même de leur force et de leur liberté, avaient l'humeur aussi batailleuse que les chevaliers. La conduite de Charles lui avait valu un renom si honorable, qu'après la mort de l'empereur Henri V, les grands d'Allemagne lui offrirent la couronne impériale et royale; mais il n'accepta point, en voyant le grand chagrin que ses Flamands auraient de le perdre. Il refusa également, vers 1125, le trône de Jérusalem, où les barons de la Terre-Sainte l'avaient invité à s'asseoir, lorsque leur roi Baudouin II (du Bourg), successeur du frère de Godefroi, eut été pris par les infidèles. Cependant les moyens qu'employait le comte Charles pour soulager « le pauvre peuple » ne satisfaisaient pas tout le monde, et froissaient des intérêts considérables ; pendant la disette, il imposa un *maximum* sur diverses denrées, défendit la fabrication de la *cervoise* (bière), afin de changer les houblonnières en terres à blé, fit ouvrir de force tous les greniers des marchands de blé et vendre les grains au prix qu'il fixa arbitrairement. Il s'aliéna ainsi une partie de la bourgeoisie ; mais des actes d'une autre nature lui attirèrent de plus implacables haines.

La Flandre, durant bien des années, avait été livrée à des agitations continuelles : dans ce pays de liberté, où les bourgeois s'estimaient les égaux des nobles, le régime féodal était moins bien assis, l'état des personnes, plus confus, plus mobile que partout ailleurs ; une foule de serfs s'étaient affranchis eux-mêmes, et mêlés, pendant les troubles, aux hommes libres des villes. Le comte voulut faire cesser cet état de choses et rétablir ce qu'il appelait l'ordre, en ramenant sous le joug tous les hommes d'origine servile, et il remit en usage une loi par laquelle un homme libre ou même noble qui épousait une fille serve tombait en servage. Il y avait alors à Bruges une famille bourgeoise très riche et très puissante, les Van-der-Straten, dont le chef, Bertholf, prévôt du chapitre de Saint-Donatien de Bruges, était l'homme le plus considérable de la Flandre après le comte. Les Van-der-Straten s'alliaient aux plus fiers barons du pays, et l'on vit une fois cinq cents gentilshommes s'armer pour eux dans une querelle qui remua la province entière. Mais, un jour, un chevalier qui avait épousé une nièce du prévôt Bertholf ayant appelé au duel judiciaire un autre chevalier, celui-ci refusa le combat en affirmant que son adversaire avait perdu et le droit de provoquer un noble homme et même la liberté, qu'il était le mari d'une fille serve. Cet homme disait vrai : les Van-der-Straten étaient d'origine servile, et n'avaient jamais été affranchis légalement; mais tant d'années s'étaient écoulées, que presque personne n'avait souvenir du premier état de leurs parents. Le comte Charles, déjà mal disposé pour les Van-der-Straten, dont l'orgueil l'avait souvent heurté, saisit l'occasion de les perdre, et, sans tenir compte ni des services que lui avait rendus le prévôt Bertholf pendant sa guerre contre Guillaume de Loo, ni de la prescription, il ordonna une espèce d'enquête parmi les anciens du pays pour constater l'origine de cette famille, et revendiqua les Van-der-Straten comme « hommes de corps » de son domaine. Les Van-der-Straten firent à sa sommation une réponse terrible.

Le 2 mars 1127, au point du jour, tandis que Charles, prosterné en oraison, se préparait à ouïr la messe du matin dans l'église de saint Donatien, « les yeux fixés sur son missel et la main droite étendue pour distribuer ses aumônes aux pauvres, selon sa coutume, » Burkhard, neveu du prévôt Bertholf, entra, suivi de beaucoup de gens armés, et, s'approchant sans bruit du comte, lui piqua le cou avec la pointe de son épée. Comme Charles se redressait vivement, Burkhard lui fendit la tête d'un revers; les meurtriers massacrèrent ensuite quelques seigneurs, amis de Charles, puis se fortifièrent dans l'église et dans le château de Bruges, pensant bien qu'ils auraient à essuyer de rudes assauts. En effet, au récit de cet attentat, la plupart des barons de Flandre coururent aux armes et appelèrent à leur aide le roi Louis le Gros, suzerain du comte assassiné. Louis et son protégé, Guillaume Cliton, abandonnant aussitôt la petite guerre qu'ils avaient entamée contre les partisans de Henri d'Angleterre et de Thibaud de Chartres, arrivèrent avec un corps de troupes françaises. Le roi, du consentement des états de Flandre, investit du comté vacant Guillaume Cliton, parent des derniers comtes du côté de son aïeule, Mathilde de Flandre, femme de Guillaume-le-Conquérant; puis, se mettant à la tête des vengeurs de Charles-le-Bon, il cerna les meurtriers dans l'église et la tour de Bruges, et les réduisit à une telle extrémité, que Bertholf, Burkhard et leurs principaux complices, cherchèrent à s'échapper isolément. Ils furent pris et livrés aux supplices les plus atroces. Le reste des assiégés, au nombre de cent onze, se rendirent à discrétion, et furent précipités du haut de la tour de Bruges. Louis le Gros s'empara ensuite du château d'Ipres, et bannit le seigneur de cette ville, Guillaume de Loo, accusé d'intelligences avec les meurtriers de Charles-le-Bon, son ancien compétiteur[1].

Le châtiment des Van-der-Straten ne termina point les troubles de la Flandre ; la cruauté même de ce châtiment amena dans les esprits une de ces réactions si fréquentes au sein de cette terre orageuse : les parents des gens mis à mort entraînèrent à la révolte les puissantes communes de Gand, de Lille, de Furnes, d'Alost, qui renoncèrent à l'obéissance de Guillaume Cliton, et offrirent la couronne de comte à Théoderik, comte d'Alsace, fils d'une fille de Robert-le-Frison, et cousin-germain de Charles le Bon. Guillaume Cliton fut blessé mortellement dans un combat sous les murs d'Alost, et expira après avoir dicté une lettre où il priait le roi d'Angleterre de bien accueillir ses compagnons d'exil, s'ils retournaient en Angleterre ou en Normandie. Henri eut égard au dernier souhait de son infortuné neveu, et reçut en grâce les bannis normands qui voulurent rentrer dans leur pays ; d'autres refusèrent de revoir la Normandie sans leur jeune prince, et prirent la croix pour s'en aller à Jérusalem. Théoderik d'Alsace fut reconnu comte de Flandre, sans opposition de la part du roi de France, qui était engagé dans de nouveaux démêlés avec quelques seigneurs du domaine de la couronne et des contrées voisines.

Amauri de Montfort et les Garlande, longtemps dévoués à Louis le Gros, s'étaient brouillés avec lui à l'occasion d'une atteinte portée par eux à la prérogative royale. Étienne de Garlande, sous-sénéchal de France, avait transmis son office, sans l'aveu du roi, à Amauri, époux de sa nièce. C'était d'abord au comte d'Anjou, sénéchal titulaire, qu'il eût dû, à ce qu'il semble, demander permission. Ces barons se soumirent en 1129, et le roi se tourna contre Thomas de Marle, qui, après avoir hérité des possessions de son père Enguerrand, recommençait de plus belle les brigandages qui lui avaient valu une si déplorable célébrité. Louis se joignit à son cousin Raoul, comte de Vermandois, et

---

[1]. *Vita Sancti Caroli Boni*, ap. Bolland. 12, Mart. t. VI, p. 164. — Suger. *Vita Lud. Grossi.*

marcha contre le château de Couci, sans être découragé par les rapports qu'on lui fit sur la force de cette place presque imprenable; malgré l'obésité qui le fatiguait, il s'avança rapidement à travers les ravins et les forêts épaisses qui séparent Couci de la plaine de Laon. Près du château, Thomas de Marle avait dressé une embuscade. Le comte Raoul, averti, fit tourner l'ennemi par quelques-uns de ses chevaliers et les suivit de près : quand il arriva, Thomas de Marle était déjà blessé et renversé par terre. Le comte fondit sur Thomas, lui passa son épée à travers le corps, et l'eût achevé si l'on n'eût arrêté sa furie. « Thomas, dit Suger, prisonnier et blessé à mort, fut conduit au roi Louis et transporté à Laon, à la satisfaction presque universelle tant des nôtres que des siens mêmes. Ni ses blessures ni ses chaînes, ni menaces ni prières, ne purent déterminer cet homme perdu de crimes à mettre en liberté des marchands qu'il retenait captifs après les avoir dépouillés sur le grand chemin : la perte de la rançon qu'il avait espérée de ces prisonniers paraissait l'affliger plus que celle de sa propre vie. Quand il eut exhalé son âme noire et atroce, le roi, satisfait d'avoir rendu la paix à l'Église par la mort de ce tyran, se contenta d'exiger la mise en liberté des marchands, et d'enlever à la veuve et aux enfants de Thomas la plus grande partie des trésors que le défunt avait si mal acquis (1130) ».

Cette même année et la suivante furent signalées par quelques combats entre le roi et Thibaud de Chartres, dont la puissance s'était fort accrue par l'héritage qu'il avait fait, en 1125, du comté de Troies ou de Champagne. Enguerrand de Couci, fils aîné de Thomas de Marle, suivit bientôt l'exemple de son père : le roi l'ayant inutilement assiégé dans La Fère en 1132, prit le parti de se l'attacher en le mariant à la fille du comte de Vermandois.

Louis le Gros, à peine âgé de cinquante ans, sentait déjà quelques-unes des infirmités de la vieillesse : inquiet de sa corpulence apoplectique, dont tant de travaux et de fatigues n'avaient pu arrêter le progrès, il avait, en 1129, associé son fils aîné à la couronne, avec le consentement des grands, suivant l'exemple de ses devanciers. Le 14 avril 1129, il avait fait sacrer, par l'archevêque de Reims, le jeune Philippe, le plus âgé des huit enfants que lui avait donnés sa femme Adélaïde de Savoie, et les barons français avaient juré fidélité « au roi Philippe ». Philippe ne devait pas succéder à son père. Deux ans après, le jeune prince, qui avait environ seize ans, se promenait un jour à cheval dans un faubourg de Paris (rue du Martroi-Saint-Jean, près de la Grève) : un pourceau se jette entre les jambes du cheval qui s'abat, brise son cavalier contre une borne, et l'étouffe sous le poids de son corps. Philippe « rendit l'âme » au bout de quelques heures (13 novembre 1131).

Quand le malheureux père fut un peu remis du premier accès de sa douleur, l'abbé de Saint-Denis, Suger, et ses autres amis lui conseillèrent de « faire ceindre du diadème royal et oindre de l'huile sainte son second fils, Louis, afin de déjouer ses ennemis dans leurs projets de trouble ». Le monarque suivit cet avis, et, dans un concile général réuni à Reims par le pape Innocent II, il éleva « Louis le Jeune » à la dignité royale (25 novembre).

L'Église était derechef divisée par un schisme : à la mort d'Honoré ou Honorius II, les cardinaux romains n'avaient pu s'entendre, et ils avaient élu, les uns, Innocent II, les autres, Anaclet II. Le parti d'Anaclet fut le plus fort à Rome ; mais Innocent fut reconnu par presque toute la chrétienté. Chassé de Rome, il passa en France, où il fut reçu avec les plus grands honneurs, grâce surtout à l'influence d'un homme extraordinaire qui dominait alors l'église gallicane, de saint Bernard, abbé de Clairvaux. Innocent tint à Reims un concile très nombreux. Orderic (liv. XIII) dit que l'archevêque de Reims, au nom du roi, de la reine et de tout le baronage, pria le concile de « consacrer pour roi le jeune Louis » ; ce qu'Innocent effectua, « non sans opposition et sans trouble ». Une partie des grands avaient, à ce qu'il paraît, refusé leur aveu.

Bien que Louis le Gros eût commencé à faire respecter sa suzeraineté au midi de la Loire, l'histoire du Midi avait continué d'être le plus souvent, durant toute cette époque, séparée de celle du Nord. Les princes du midi se mêlaient assez rarement aux événements d'outre Loire ou à la rivalité des couronnes de France et d'Angleterre, et prenaient plus de part aux affaires de l'Espagne qu'à celles de la France royale. Guilhem IX, duc d'Aquitaine,

Gaston, comte de Béarn, Centulle, comte de Bigorre, et même un haut baron du nord de la Loire, Rotrou, comte du Perche, se croisèrent contre les musulmans d'Espagne dans un concile assemblé à Toulouse en 1118, et contribuèrent puissamment à la prise de Saragosse par Alphonse-le-Batailleur, roi d'Aragon et de Navarre, ainsi qu'à la victoire d'Arinzol, remportée par ce prince sur le roi maure de Cordoue (1118-1120). Le comte du Perche devint prince de Tudela-sur-Èbre, et reçut de plus en fief une rue de Saragosse. Gaston de Béarn obtint un semblable salaire. Alphonse-Jourdain, marquis de Provence, profita de l'absence du duc Guilhem IX pour se remettre en possession des domaines que lui avait ravis ce prince. Les Toulousains chassèrent les officiers poitevins du duc Guilhem, et rappelèrent l'héritier du grand Raimond. Les comtes de Foix et de Comminges, le puissant Bernard-Atto, vicomte de Béziers, de Carcassonne, de Nîmes, d'Agde, se déclarèrent aussi en faveur d'Alphonse-Jourdain. Raimond-Bérenger, comte de Barcelonne et de Provence, prit en vain le parti du duc d'Aquitaine : les Toulousains et les barons, leurs alliés, marchèrent au secours d'Alphonse, assiégé dans Orange par le comte de Barcelonne, le délivrèrent et le ramenèrent en triomphe. Guilhem IX, revenu d'Espagne, ne fut pas plus heureux que Raimond-Bérenger de Barcelonne, et mourut, le 10 février 1127, sans avoir pu reconquérir Toulouse.

Guilhem X succéda à son père, qui fut assez regretté, surtout par les troubadours, dont il était le patron et l'émule. Guilhem X conserva les prétentions paternelles sur le comté de Toulouse et sur la Septimanie, sans les faire valoir avec beaucoup d'énergie; quant au comte de Barcelonne, Raimond-Bérenger III, il avait traité séparément, dès 1125, avec Alphonse Jourdain. Les limites des deux moitiés de la Provence n'avaient point été fixées jusque-là, et les maisons de Barcelonne et de Toulouse prétendaient toutes deux à la souveraineté de cette région tout entière. On procéda enfin à un partage régulier, chacun gardant à peu près ce qu'il possédait : la Provence septentrionale, depuis l'Isère jusqu'à la Durance, resta, sous le titre de marquisat, à Alphonse-Jourdain; *la comté* de Provence, depuis la Durance jusqu'à la mer, au comte de Barcelonne. Les comtés Venaissin et de Forcalquier furent assurés à des cadets de la maison de Barcelonne. Les vastes domaines de Raimond-Bérenger III, après sa mort (en 1131), furent partagés entre ses deux fils : le second eut le comté de Provence et la vicomté de Gévaudan, et l'aîné, Raimond-Bérenger IV, comte de Barcelonne, suzerain de Carcassonne et de Rhodez, parvint, en 1137, au trône d'Aragon, que lui céda le frère d'Alphonse-le-Batailleur. Ce vaillant monarque était mort, trois ans auparavant, du chagrin d'avoir perdu contre les Maures, à Fraga, entre l'Èbre et la Sègre, une grande bataille où périrent les comtes de Bigorre et de Béarn, le vicomte de Narbonne, et beaucoup d'autres chevaliers français[1]. La Catalogne fut ainsi réunie à l'Aragon, et ce royaume, allié au comté de Provence, aspira à dominer tout le midi de la Gaule.

De grands mouvements eurent lieu, durant cette période, dans la partie de la France qui dépendait de l'Empire. Lother ou Luther, duc de Saxe, ayant été élevé à l'Empire par la plupart des princes et des prélats teutons, et couronné à Aix-la-Chapelle, le 13 septembre 1125, Frédéric de Hohenstauffen, duc d'Alsace et de Souabe, qui avait disputé la couronne à Lother, se révolta contre la décision de la diète électorale de Mayence, et les hostilités commencèrent en Alsace. Le parti qui avait soutenu les empereurs franconiens contre les papes se rallia au duc de Souabe ; les défenseurs du pouvoir ecclésiastique appuyèrent Lother, et ce fut alors qu'apparurent pour la première fois les trop fameuses qualifications de *Guelfes* et de *Gibelins*, appliquées, celle-ci, à la faction allemande ou souabe, celle-là, à la faction saxonne. Welf ou Guelfe était le nom de la famille qui régnait en Bavière, alliée des Saxons et ennemie mortelle des princes souabes ; Gibelin (Ghibeling ou Weiblingen) était celui d'un château d'où la maison de Souabe tirait son origine. La Franche-Comté de Bourgogne et les seigneuries voisines furent cruellement dévastées dans cette longue et opiniâtre lutte : Guillaume VI, dit l'Enfant,

---

1. Alphonse légua son royaume aux ordres militaires du Temple et de l'Hôpital : les cortès d'Aragon cassèrent ce testament, et élurent roi le moine Ramire, frère d'Alphonse, qui épousa une fille du duc d'Aquitaine, en eut une fille, la fiança, dès l'âge de deux ans, à Raimond-Bérenger IV, puis céda sa couronne à son gendre pour retourner dans son couvent. La Navarre se sépara de l'Aragon, pour redevenir un royaume indépendant.

comte de Bourgogne, dont le père, Guillaume III, passait pour avoir été emporté par le diable en 1107, fut assassiné en 1126; son oncle paternel Renaud se saisit de la Comté, et refusa d'en faire hommage à l'empereur Lother, prétendant avec raison que le monarque saxon n'avait point droit à cet hommage, dû à ses devanciers, les princes franconiens, comme héritiers des anciens rois de Bourgogne, et non comme empereurs. Lother, à la diète de Spire, mit Renaud au ban de l'Empire, et investit de la Comté le duc Conrad de Zæhringen ; on se battit presque continuellement, non-seulement dans la Franche-Comté, mais dans tout le pays entre l'Isère et le Haut-Rhin, pendant vingt-deux ans consécutifs de (1126 à 1148) ; Renaud resta enfin maître de la Franche-Comté, et Conrad, de la Bourgogne transjurane ou Helvétie.

Le roi Henri avait obtenu des seigneurs anglo-normands qu'ils reconnussent pour son héritière sa fille Mathilde, veuve de l'empereur Henri V (Noël 1126). Il leur avait promis, en récompense, de ne pas la remarier sans leur consentement; mais il ne tint point parole, et, en 1129, il obligea Mathilde d'épouser Geoffroi, fils et héritier de Foulques V, comte d'Anjou, de Touraine et du Maine, qui abandonna ses possessions à Geoffroi pour retourner en Palestine, où l'appelait le roi Baudouin II. Le vieux Foulques, âgé de près de soixante ans, épousa Mélisende, fille du roi de Jérusalem, et succéda, en 1131, au trône de son beau-père. Geoffroi, plus jeune de huit années que *l'emperière* (l'impératrice) Mathilde, avait été surnommé Plantagenèt ou Plante-Genêt, à cause de sa passion pour la chasse, qui l'entraînait sans cesse à travers les bruyères et les genêts de l'Anjou : il légua ce surnom à la famille célèbre dont il fut la souche. Henri avait pensé par cette alliance réunir sans effusion de sang les états angevins à la monarchie anglo-normande ; son espoir fut trompé dans les résultats immédiats qu'il attendait, et le mariage de Mathilde avec Geoffroi enfanta, au bout de peu d'années, de terribles dissensions, quoique les seigneurs anglo-normands eussent renouvelé, dans un parlement à Southampton en 1131, le serment de fidélité qu'ils avaient prêté à Mathilde.

Henri mourut, le 1ᵉʳ décembre 1135, au château de Lions (sur l'Andelle, entre Rouen et Gournai), des suites d'une indigestion de lamproies, suivant la relation d'Orderic. « D'après l'avis de l'archevêque de Rouen, il pardonna aux coupables leurs forfaitures, rendit aux exilés leurs revenus, et, à ceux qu'il avait déshérités, le patrimoine de leurs pères; puis il quitta cette vie mortelle ». Avec lui finit la dynastie de Rollon : les fils de Guillaume-le-Conquérant n'avaient pas longtemps joui du fruit de ses conquêtes!

Le lendemain, on transporta le corps du roi de Lions à Rouen, et vingt mille hommes l'accompagnèrent afin d'honorer ses obsèques : on le conduisit ensuite à Caen, où on l'embarqua pour l'Angleterre; il fut inhumé en grande pompe dans l'église de Reading. Les obsèques de Henri Ier furent bien différentes de celles de son père, Guillaume-le-Conquérant, mais les suites de la mort de ces deux princes se ressemblèrent plus que les circonstances de leurs funérailles.

Peu de jours après que Henri eut fermé les yeux, beaucoup de barons normands, ne voulant pas devenir sujets de l'Angevin, leur vieil ennemi, et repoussant la succession féminine, encore mal assurée dans le droit féodal, allèrent trouver au Neufbourg, près de Louviers, Thibaud de Chartres, comte de Champagne, pour lui déférer la succession du roi son oncle; mais, tandis qu'ils étaient assemblés, un moine, envoyé d'Angleterre, leur annonça qu'Étienne de Chartres, comte de Boulogne[1], frère cadet de Thibaud et possesseur de grands fiefs en Angleterre, avait passé la mer en toute hâte, s'était emparé du trésor royal[2], et avait été proclamé roi à Londres le 26 décembre. Étienne avait commencé par obtenir de l'archevêque de Canterbury la dispense de ses serments de *féauté* envers Mathilde. Les barons normands résolurent d'obéir au même maître que les Anglais, « à cause des biens qu'ils possédaient des deux côtés de la mer »; Thibaud, délaissé, retourna chez lui et ne s'occupa plus des affaires de la Normandie. Geoffroi

---

1. Le comté de Boulogne, berceau du grand Godefroi, était passé par mariage dans la maison de Chartres.
2. Orderic. l. XIII. — Malmesbur. l. I. — Huntingdon. l. VII. — Henri avait légué à ses serviteurs et à ses hommes d'armes un autre trésor de 60,000 livres d'argent, gardé dans l'inaccessible forteresse de Falaise.

Plantagenêt et sa femme, la fière Mathilde, n'étaient pas d'humeur à se laisser ainsi arracher, sans coup férir, l'héritage du roi Henri; mais la prompte mort du roi les avait pris au dépourvu : ils n'étaient pas prêts à la guerre, et Étienne sut leur susciter des embarras qui les retinrent chez eux plusieurs mois. Le comte d'Anjou ne put saisir l'offensive qu'après avoir soumis plusieurs barons angevins et manceaux qu'avaient soulevés les instigations d'Étienne.

Enfin, le 20 septembre 1136, Geoffroi Plantagenêt passa la Sarthe et entra en Normandie avec ses confédérés, Guilhem X, duc d'Aquitaine, le comte de Vendôme, le fils du comte de Nevers, le comte de Ponthieu. Argentan, Exmes, Séez, Domfront et d'autres places ouvrirent aussitôt leurs portes au gendre de Henri Ier; mais les violences des soldats de Geoffroi soulevèrent promptement contre eux les populations qui avaient paru le plus favorablement disposées. Les Angevins s'avancèrent jusqu'à Lisieux : la garnison, composée d'auxiliaires bretons, brûla la ville plutôt que de la rendre, et les envahisseurs ne passèrent pas outre. « Les Angevins », dit Orderic, « restèrent treize jours en Normandie, et, par leurs excès, méritèrent une haine éternelle; mais ils n'obtinrent pas la conquête du pays. Comme les Normands n'avaient point de chef, les ennemis n'eurent pas à soutenir une guerre générale, mais, pendant qu'ils s'éparpillaient çà et là pour voler et incendier, ils furent battus en détail par les paysans, et perdirent un grand nombre de soldats. Le 1er octobre, à l'attaque de la forteresse du Sap, le comte Geoffroi fut blessé grièvement au pied droit, et, malgré le secours de plusieurs milliers d'hommes de guerre, que sa femme lui amena le soir même, il ordonna la retraite : lui, qui était entré en Normandie, la menace à la bouche et bondissant sur un coursier écumant, s'en alla, pâle, dolent et couché sur une litière ». Le roi Étienne, qui, attaqué par David, roi d'Écosse, allié de Mathilde et de Geoffroi, n'avait pu défendre en personne la Normandie, ne vint que l'année suivante dans le duché, en fit hommage au roi Louis le Gros, reçut de lui l'investiture sans difficulté, et s'engagea de payer 3,000 marcs d'argent par an à son frère Thibaud, pour qu'il renonçât à ses prétentions sur la couronne anglo-normande. Une extrême sécheresse, durant le printemps et l'été de 1137, fit plus de mal à la Normandie que cette courte guerre[1].

Les sacrilèges et les crimes de tout genre commis par les alliés dans la campagne de 1136 inspirèrent de vifs remords au plus puissant d'entre eux, au duc d'Aquitaine : Guilhem X, « touché de repentir à cause du mal qu'il avait fait en Normandie », partit pour aller en pèlerinage à Saint-Jacques-de-Compostelle, église qui jouissait d'une haute renommée dans toute l'Espagne et la France méridionale ; mais, avant de s'éloigner, tourmenté par le pressentiment d'une fin prochaine, quoiqu'il n'eût pas plus de trente-huit ans, il régla le sort de ses états, et légua au roi Louis la tutelle de sa fille, « la très-noble damoiselle Éléonore » (Aliénor, Aanor), unique héritière du vaste duché d'Aquitaine. Louis, du reste, avait droit de réclamer cette tutelle, d'après les principes de la féodalité.

Le roi Louis, lorsqu'il fut informé de ce legs qui l'autorisait à marier la princesse à son fils, n'était plus que l'ombre de lui-même ; non que son énergie l'eût abandonné, mais « la graisse qui surchargeait son corps » le forçait, bien malgré lui, au repos : il était si gras, qu'il lui fallait se tenir presque droit dans son lit. Cet énorme embonpoint semblait alors le signe caractéristique de la royauté : tous les princes de ce temps étaient gens d'infatigable appétit, et Guillaume-le-Conquérant ou Louis-le-Batailleur, les plus alertes des hommes, avaient le ventre aussi gros que Philippe-le-Fainéant ; apparemment que les excès de table et l'exercice continuel du cheval faisaient chez les uns ce que faisait l'oisiveté chez les autres.

La dernière expédition militaire de Louis avait été contre le sire de Saint-Brisson-sur-Loire, chevalier-brigand, qu'il fit prisonnier, et dont il saisit le château-fort (en 1133) : à son retour, attaqué de la dysenterie, il se trouva si mal qu'il remit l'anneau royal à son fils Louis-le-Jeune, partagea entre les églises et les indigents tout son mobilier, jusqu'à ses manteaux et habits royaux, « sans se réserver même sa chemise », et envoya au trésor de Saint-Denis tous les vases et les précieux ornements de

---

1. Orderic. l. XIII. — *Hist. de Geoffroi, duc des Normands.*

sa chapelle royale. Il se rétablit toutefois, mais incomplétement. Ce fut au château de Béthisi en Valois qu'il reçut les députés aquitains ; il accepta avec grande joie l'offre du duc Guilhem, qui mourut, le 9 avril 1137, dans l'église même de Saint-Jacques-de-Compostelle. Impatient de conclure le mariage de son fils Louis avec la princesse Éléonore, le roi réunit cinq cents chevaliers, « des meilleurs du royaume », leur donna pour chefs Thibaud, comte de Chartres et de Champagne, avec qui il s'était enfin réconcilié et qui portait le titre de comte du palais ou palatin, et Raoul, comte de Vermandois ; il adjoignit à ces deux princes les conseillers dans lesquels il avait le plus de confiance, entre autres Suger, abbé de Saint-Denis, et leur ordonna d'accompagner Louis-le-Jeune en Aquitaine; de peur que les hommes d'armes de l'escorte n'exerçassent quelques déprédations « et ne se rendissent ennemis des peuples amis », il commanda que toute la troupe fût défrayée, pendant le voyage, aux dépens du trésor royal.

« Après avoir traversé le Limousin », raconte l'abbé Suger, « nous arrivâmes sur les frontières du pays de Bordeaux : nous dressâmes nos tentes en face de cette cité, dont le grand fleuve de la Garonne nous séparait ; de là, nous passâmes dans la ville sur des vaisseaux. Le dimanche suivant, le jeune Louis épousa et couronna du diadème royal la noble damoiselle Éléonore, en présence de tous les grands de Gascogne, de Saintonge et de Poitou réunis. » Les deux époux, bien qu'ils se fussent mis en route pour « la France » aussitôt après leur mariage, ne retrouvèrent plus le roi Louis le Gros : en arrivant à Poitiers, Louis-le-Jeune reçut la nouvelle de la mort de son père, qui avait succombé à une violente attaque de dysenterie, le 1er août 1137. Louis le Gros, âgé de cinquante-huit à cinquante-neuf ans, en avait régné plus de trente-six depuis que Philippe Ier l'avait associé à la couronne. La situation politique de la France avait bien changé dans le cours de ces trente-six années, et Louis le Gros voyait en mourant la grandeur de sa race dépasser toutes ses espérances. Le domaine de son fils s'étendait maintenant presque sans interruption des bords de l'Oise à ceux de l'Adour.

Louis le Gros laissait, outre Louis-le-Jeune, cinq fils : Henri, qui se fit moine à Clairvaux, devint évêque de Beauvais, puis archevêque de Reims; Robert, comte de Dreux; Pierre, seigneur de Courtenai; Philippe, qui entra dans les ordres comme Henri; Hugues, qui mourut jeune, et une fille, nommée Constance. Fidèle à ses devoirs de roi, il avait eu la prudence et le bon sens de ne donner à ses fils que de faibles apanages et de ne pas démembrer pour eux le domaine de la couronne.

LIVRE XX.

FRANCE FÉODALE

(SUITE).

MŒURS, IDÉES, LETTRES ET ARTS AUX XI⁰ ET XII⁰ SIÈCLES. — Philosophie scolastique. Saint Anselme. Héloïse et Abeilard. Saint Bernard. — Chevalerie et poésie chevaleresque. Formation de la langue d'oïl et de la langue d'oc. Troubadours et trouvères. Première période de la chevalerie purement guerrière et religieuse. Élément gallo-frank. Cycle épique de Charlemagne et des douze Pairs. La chanson de Roland. — Grandes chroniques de Saint-Denis. — Deuxième période de la chevalerie. Élément celtique pur. Le néo-druidisme; les traditions bardiques et les *Mabinogion*. Cycle d'Arthur ou de la Table-Ronde. Le prophète Merlin. Chrestien de Troies et ses émules. Invasion générale des romans celtiques. Idéal moral nouveau. Rôle des femmes dans la chevalerie. — Cycle du saint Graal. Fin de l'architecture romane. Naissance et caractère national de l'architecture ogivale.

(XI⁰ et XII⁰ siècles.)

Nous avons vu quel puissant intérêt l'époque de Louis le Gros, ou, pour parler en termes plus généraux, la première moitié du douzième siècle, offre à l'histoire politique. Cette époque, précédée de la conquête de l'Angleterre, ouverte par la première croisade, est signalée par deux faits capitaux dont le développement remplira les fastes entiers de la France, du douzième au dix-huitième siècle; à savoir : la formation de la bourgeoisie et le mouvement ascendant de la royauté.

L'histoire des idées, des lettres et des arts n'est pas moins féconde que l'histoire politique durant cette période éminemment créatrice. On a dit qu'il y avait eu trois Renaissances, celle de Charlemagne, celle du douzième siècle, et la grande Renaissance du seizième. La Renaissance du douzième siècle est bien plus étendue et plus vivace que sa devancière : elle n'a plus besoin d'être suscitée et personnifiée par un grand homme; elle naît spontanément; elle est partout; et, ce qui fait à nos yeux son plus beau titre, ce qui la distingue de la Renaissance toute classique du seizième siècle, elle est toute nationale : elle est moins une renaissance du passé que la naissance même de l'esprit français. Fils de la Gaule, élève de la Grèce et de Rome, ravivé au contact énergique de la barbarie tudesque, l'esprit français manifeste dès son premier éveil sa vraie nature, et fait du douzième siècle une grande ère dans l'histoire de l'esprit humain, et, pour dire plus, de l'âme humaine. Nous verrons bientôt de quel torrent de sentiments nouveaux ce siècle couvrira le monde.

Deux littératures, complétement séparées par la langue et par l'objet, s'y manifestent : la savante ou latine ; la vulgaire, romane ou *romanesque* : la première, continuant des phases antérieures ; la seconde, absolument nouvelle. La première, venant de nos maîtres, quant à la forme et à l'objet, mais appliquant à cette forme et à cet objet notre génie propre ; la seconde, venant de nos pères et de notre propre fonds. La première est théologique et dialectique ; l'autre est poétique. La première est surtout enseignée par la parole ; la seconde est chantée. Le *livre* n'est ici, des deux côtés, que secondaire : il n'est que l'auxiliaire, l'aide-mémoire de la parole.

La littérature savante s'épanouit avant l'autre : elle est dans tout son éclat dès le commencement du douzième siècle : c'est vers le milieu seulement que se déploie pleinement la littérature vulgaire. Suivons donc, dans notre coup d'œil sur toutes deux, la loi de la chronologie.

L'érudition est faible dans la littérature que nous sommes obligé d'appeler savante, puisqu'elle parle et écrit dans une langue qui n'est comprise que des lettrés[1]. L'étude du grec est tout à fait tombée. Une partie des monuments de l'antiquité, qu'on possédait encore sous Charlemagne, sont rentrés dans l'ombre. Il n'y a donc nullement progrès de savoir sur le neuvième siècle ; mais il y a progrès littéraire, progrès dans le goût. Un certain nombre d'écrivains font effort pour se dégager de la rouille barbare, et arrivent à la correction, au moins relative, à la clarté, sinon à la belle latinité. Toutefois, la forme, qui dominera

---

1. Depuis très longtemps, la population des villes, la masse entière des laïques avait cessé d'entendre le latin. Un passage de Richer atteste que Hugues Capet ne le comprenait pas.

dans la grande Renaissance, est secondaire ici. L'esprit scientifique du douzième siècle cherche le vrai et non le beau. Ses coryphées sont des logiciens et non des grammairiens ou des rhéteurs.

Nous avons dit que la[1] philosophie était retombée dans les ténèbres après Jean Scott Érigène. Les ténèbres ne furent jamais complètes. La célèbre école du palais avait disparu ; mais les écoles des cathédrales et des monastères subsistaient, au moins en partie. Durant les plus mauvais jours, quelque nom de maître, ayant joui d'une réputation plus ou moins méritée, surnage çà et là dans l'histoire littéraire, et l'on remarque que le peu de mouvement d'esprit qui se produit est surtout porté vers la dialectique. Ce phénomène n'était pas nouveau. Des arts de l'intelligence, c'est l'art de raisonner qui attire, le premier, l'esprit de l'homme au sortir de la barbarie. La grossièreté du barbare se transforme vite en subtilité[2].

Bien que Jean Scott n'eût pas été suivi dans son audacieuse théosophie, les écoles, après lui, ne s'étaient pas renfermées dans la pure logique abstraite. Il n'y avait pas de limites posées entre la logique et l'ontologie, entre la science qui définit les catégories de la pensée et la science qui cherche à saisir les réalités auxquelles s'appliquent ces catégories[3]. On passa de l'une à l'autre, et l'on se heurta à l'un des plus grands problèmes de l'ontologie et de toute la philosophie. Tout le moyen âge devait s'y débattre. C'est donc ici, dès l'origine, qu'il faut essayer de s'en rendre compte.

L'*École* du moyen âge, la philosophie *scolastique*, comme on l'appelle généralement, ayant emprunté d'Aristote ses formules et ses procédés, prenons comme elle, sans discussion, chez le Stagirite, le système ontologique, ce qu'on peut nommer les degrés de l'être.

Tout être est matière et forme[4] : la matière est ce qui fait qu'il

1. T. II, p. 470.
2. Ou plutôt elle en est mêlée d'avance. Cette observation appartient, à ce qu'il nous semble, à M. Ozanam, qui l'a appuyée sur des faits intéressants, dans le t. II de ses *Études germaniques*.
3. Nous n'avons point à examiner ici si ces deux sciences doivent être séparées ou unies.
4. A cette définition répondent plus ou moins complétement les notions d'étendue et de force, de passivité et d'activité.

est d'une façon absolue : la forme est ce qui fait qu'il est d'une façon particulière et déterminée; qu'il est telle chose et non telle autre.

L'être *est* donc : il est *un certain être :* de plus, il a telle qualité, telle situation, telle relation; il est dans tel lieu, dans tel temps, etc.; ce sont là les attributs fondamentaux et nécessaires de tout être. On les nomme *catégories* ou *prédicaments*.

Maintenant, l'être n'a pas seulement des attributs nécessaires à tout être; il en a qui n'appartiennent qu'à certains groupes d'êtres, groupes qui se décomposent en d'autres; il en a, enfin, qui n'appartiennent qu'à sa propre individualité. L'échelle métaphysique, par exemple, si, comme Aristote, on prend pour point de départ la matière, descend de la matière à la *corporéité*, de la corporéité à l'*animalité*, de l'animalité à l'*humanité*, de l'humanité à l'*individualité*, à l'homme individuel; et chacun de ces degrés a ses attributs distinctifs. Les deux derniers degrés, avant l'individu, s'appellent le *genre* et l'*espèce;* le *genre* animal; l'*espèce* humaine.

Toutes les catégories, depuis l'être en général jusqu'à l'espèce, tout ce qui n'est pas l'individu, s'appelle, au moyen âge, *universaux*, c'est-à-dire, idées universelles ou générales.

Qu'est-ce que les universaux? A quoi répondent, dans la réalité, ces conceptions de notre esprit?

L'antiquité donne à cette question trois réponses diverses.

Les idées universelles, suivant Platon, sont les types et les essences de tous les êtres particuliers, l'unité réelle cachée sous la pluralité des phénomènes; elles sont les causes efficientes et permanentes des effets accidentels qui font le mouvement de ce monde : elles sont éternelles et immuables; les individus sont muables et transitoires. Les idées universelles sont les véritables réalités.

Selon Aristote, les idées universelles, l'idée même de l'être ou de la substance exceptée, n'ont pas la vraie réalité; elles ne sont pas des êtres; elles ne sont pas substance; il n'y a de parfaitement réel que l'individu. Les idées universelles ont cependant une certaine existence; elles existent, comme formes et notions nécessaires dans notre esprit, et, dans les choses, comme attributs nécessaires dont les notions de notre esprit sont la représentation.

Selon les Stoïciens et les Épicuriens, si opposés en morale, mais rapprochés en métaphysique, les idées universelles n'ont pas même l'existence relative et modale que leur accorde Aristote : elles n'expriment aucune réalité en dehors de nous ; elles ne sont que des produits purement subjectifs de notre esprit ; elles ne sont rien.

La solution platonicienne, poussée à la rigueur, mène au panthéisme, contradictoirement au sentiment personnel de Platon sur l'individualité de l'âme, qui a préexisté à cette vie et subsistera après cette vie. L'individu, selon cette solution, n'est pas réellement ; et, quant aux idées universelles, seules réelles, dit-on, quelle est donc la nature de cette réalité ? L'espèce est un être ? le genre, un être ? la qualité, un être ? la quantité, un être ? où sont, comment sont ces êtres ? Est-ce qu'ils ont quelque part, en ce monde, une existence personnelle et locale ? — Non. Ils sont dans un monde supersensible. Ils sont en Dieu. Ils sont des pensées de Dieu ; des modes de Dieu. Ils sont Dieu. Tout se résout en Dieu.

Platon n'assure pas l'individu, la personne humaine. Aristote n'assure pas Dieu. Il ne nie pas sans doute la réalité au premier des *universaux*, à l'être en soi, à la substance, mais il ne reconnaît positivement cette réalité que dans la substance individualisée. Il n'a pas essentiellement tort ; car Dieu est personnel, c'est-à-dire individuel, comme il est universel : Dieu est à la fin aussi bien qu'au commencement de l'échelle des catégories (*alpha* et *oméga*, suivant le profond symbole chrétien) ; mais cette idée est la transfiguration et non l'expression directe du système ontologique d'Aristote : il ne l'y avait pas vue, et personne ne l'y voyait. La dialectique tendait plutôt à tirer de cette ontologie une sorte de panthéisme à rebours, c'est-à-dire l'idée d'une substance commune dont tous les individus sont faits[1].

---

1. Selon le panthéisme néo-platonicien, les individus et les divers universaux se résolvent dans l'intelligence divine. Selon le panthéisme péripatéticien, la substance, au contraire, aveugle et latente, ne se connaît que dans l'intelligence humaine. Spinosa procède du premier, Hegel du second.

Quant aux stoïciens, plus contradictoires encore que Platon, cette secte, fondée en morale sur la plus haute idée du devoir, par conséquent sur la loi de relation la plus fortement conçue, adopte en métaphysique une voie qui mène le stoïque à l'individualisme absolu et au pur scepticisme sur tout ce qui est extérieur à notre esprit, et qui conduit l'épicurien au matérialisme atomistique [1].

On peut dire, à ce qu'il semble, en laissant la sphère des abstractions pour celle de la vie, que l'universel est réel par essence; que l'individu, l'homme individuel, est réel par participation; mais qu'il n'y a qu'un seul véritable universel; c'est le Verbe de Dieu, archétype de la créature. Entre l'archétype universel et l'homme, il n'y a que des conceptions nécessaires de l'esprit, des modes de l'être, mais non pas des êtres.

Le moyen âge n'arrivera pas jusqu'à cette conclusion. Il ne poussera même pas clairement à leurs dernières conséquences les trois solutions antiques; cependant, ces trois solutions enfanteront les trois sectes de la scolastique, le *réalisme*, le *conceptualisme* et le *nominalisme,* en combinant le problème des *universaux* avec le problème du *critérium* de vérité, qui y tient de si près : « Doit-on chercher la *réalité*, la vérité, dans les conceptions abstraites de notre raison ou dans le témoignage de nos sens [2] ? »

Les écoles du moyen âge ne commencent point par se poser la question des universaux dans toute son étendue. Elles ne possèdent que des fragments de Platon et d'Aristote, un peu plus d'Aristote que de Platon, et, encore, dans des traductions latines. Ce n'est pas aux deux grands maîtres de la Grèce qu'elles vont demander directement le principe du débat. Elles trouvent, dans un philosophe grec du quatrième siècle, Porphyre, traduit en

---

1. En ne considérant l'homme qu'au point de vue du corps, de ce qui tombe sous les sens, le corps, étant divisible, n'est pas le véritable individu, et il faut remonter jusqu'où s'arrête la divisibilité de la matière, jusqu'à l'atome; mais le scepticisme pur aurait beau jeu, à son tour, à nier l'atome, qui ne tombe pas sous les sens et n'est pas démontrable.

2. Nous indiquons le problème du *critérium* tel qu'il était posé, non tel qu'il est; car, en sus du raisonnement abstrait et de l'observation expérimentale, il y a la conscience, le sentiment intérieur.

latin par Boëce, au sixième, la phrase suivante : « Je ne dirai pas si les genres et les espèces existent substantiellement ou consistent seulement en de pures pensées [1] ; ni s'ils sont, au cas où ils existeraient, corporels ou incorporels ; ni enfin, s'ils existent, séparés des choses ou des objets [2], ou forment avec eux quelque chose de co-existant [3] ».

On discute là-dessus obscurément, du neuvième au onzième siècle, en commentant les commentaires de Boëce et d'autres commentaires faussement attribués à saint Augustin. Puis, tout à coup, la question sort brusquement des écoles dialectiques pour éclater dans la théologie positive avec Bérenger, qui combat la transubstantiation en appelant au témoignage des sens, selon la maxime de toutes les écoles non platoniciennes [4], et en niant la réalité des universaux, pour ne voir qu'une figure, qu'un concept de l'esprit dans la parole : « Ceci est mon corps [5] ».

Par une telle application, la doctrine opposée à la réalité des universaux alarme l'Église, et jette les esprits soucieux, avant tout, de l'orthodoxie dans le camp du réalisme. Une noble intelligence, une belle âme, honore ce parti, et laisse dans l'histoire des idées une trace lumineuse. C'est cet Anselme, que l'Église a canonisé et que la philosophie révère.

Né en Piémont, dans la vallée d'Aoste, il passe son enfance à contempler les sommets sublimes des Alpes : dans ses rêves, il monte sur la plus haute cime pour y trouver Dieu ! Jeune homme déjà plein de grandes pensées, il vient en France : nos écoles renaissantes attirent déjà les étrangers. Il entre à l'abbaye du Bec, sous Lanfranc (1060). Prieur, puis abbé du Bec, puis archevêque de Canterbury après Lanfranc, son cœur n'est pas là, comme celui du politique Lanfranc : son cœur est dans son école et dans les livres où il guide l'esprit humain vers Celui qui est la vie et

1. Opinion stoïcienne.
2. Opinion platonicienne.
3. Opinion péripatéticienne.
4. « Il n'est rien dans l'intelligence qui n'ait été auparavant dans la sensation (*in sensu*). »
5. L'*universel* corps n'existe pas substantiellement : il n'existe que des corps particuliers, qui ne peuvent être que ce que nous les voyons être. Voilà la doctrine de Bérenger, qui, du reste, ne nie pas la valeur idéale des concepts de l'esprit.

l'éternel idéal. Sa protestation contre la brutale éducation du moyen âge[1], atteste sa raison pratique et sa bonté : ses traités philosophiques attestent l'élévation de son génie.

Son point de départ, cependant, n'est pas celui de la philosophie, celui de Jean Scott et de Bérenger, la suprématie de la raison sur l'autorité. Il accepte le dogme comme au-dessus de la discussion. « Je ne cherche pas à comprendre pour croire, mais je crois afin de comprendre, car je crois à ce que je ne pourrai comprendre si je ne crois ». Et il se résume par cette définition : « La Foi cherchant l'Intelligence[2] ». Définition que la philosophie ne devrait pas rejeter, si l'on entendait par là, non point, comme le fait Anselme, l'adhésion préalable à un dogme particulier, mais l'adhésion spontanée de la conscience, du sentiment, aux vérités nécessaires, aux principes qui sont au-dessus de la démonstration.

Le point de départ une fois admis, le dogme catholique hors de cause, la méthode d'Anselme est vraiment libre et philosophique : il croit d'avance ce qu'il veut démontrer, mais ce n'est point à coups de citations et d'autorités qu'il procède à la démonstration : c'est à la raison et à l'évidence qu'il fait appel. Il ne fait point du présent l'esclave du passé. Par là, il se distingue essentiellement de l'esprit qui a dominé avant lui, qui dominera encore après lui dans le moyen âge, et qui ne sera vaincu définitivement que par Descartes. Il n'existe peut-être nulle part un plus beau développement du platonisme que ce *Monologium* où Anselme remonte du fini à l'infini, de l'imparfait au parfait, à un idéal suprême qui est la vraie réalité. On peut douter que l'homme ait jamais parlé plus dignement de l'Etre *ineffable,* du Dieu vivant qui n'est point

---

1. Un certain abbé, parlant avec lui des enfants confiés à leurs soins, lui disait : « Ils sont méchants et incorrigibles. Jour et nuit nous ne cessons de les frapper, et ils empirent toujours ». Anselme répondit : « Eh, quoi! vous ne cessez de les frapper! Et quand ils sont grands, que deviennent-ils? idiots et stupides... Voilà une belle éducation, qui d'hommes fait des bêtes!... — Et qu'y pouvons-nous? Nous les violentons par tous les moyens pour qu'ils profitent, et ils ne profitent pas! » Anselme lui adressa cette question : « Si tu plantais un arbre dans ton jardin, et si tu l'enfermais de toutes parts, de sorte qu'il ne pût étendre ses rameaux, quand tu le débarrasserais au bout de plusieurs années, que trouverais-tu? Un arbre dont les branches seraient courbées et tordues; et ne serait-ce pas ta faute pour l'avoir ainsi resserré immodérément? » Eadmer. *Vit. S. Anselm.* p. 8.

2. Anselm. *Oper.* p. 29.

un infini et un absolu abstrait, mais dont tous les attributs ont la réalité substantielle, et qui est le principe de tout bien et de tout vrai parce qu'il est le bien et le vrai même. Sur l'omni-présence et le présent éternel de Dieu, sur le Verbe archétype qui est la *vérité des choses*[1], sur la génération du Verbe en Dieu[2], sur la création, Anselme est d'une souveraine hauteur. Il a une parole très hardie sur la conquête du ciel : « Si l'âme désire Dieu, la justice de Dieu exige qu'il se donne à elle ».

Ce n'est pas toutefois dans le *Monologium*, mais, dans un second traité, le *Proslogium*, qu'Anselme couronne l'œuvre transcendante de sa pensée par ce fameux argument que Descartes répètera un jour en le perfectionnant. Après avoir montré ce que l'esprit humain peut concevoir de Dieu, il montre que « la pensée de Dieu prouve la nécessité de l'existence de Dieu. » Quand il s'agit de *l'universel* suprême, le possible et le réel se confondent. On ne peut penser, dit-il, que Dieu n'est pas. Comment, en effet, penser que l'*Être* n'est pas? Son argument ne porte point seulement, ainsi qu'on l'a prétendu, sur l'existence abstraite d'une substance nécessaire, mais sur l'existence vivante et personnelle : qui dit l'*Être*, dit la plénitude et la perfection de l'Être. Le tort est peut-être d'employer l'argument pour ce qui est au-dessus de tout argument, et c'est ici que la *Foi préalable* posée par Anselme est admissible.

Anselme était jeune encore lorsqu'il écrivit ces deux ouvrages : bien que, mêlé, malgré lui, aux événements politiques, il tint constamment son âme attachée à tous ceux des problèmes de la sphère intellectuelle que ne lui interdisait pas absolument l'orthodoxie. Quand il termina sa longue et pure carrière, à soixante-seize ans (en 1109), il n'exprima qu'un regret à ses disciples; c'était de mourir sans avoir eu le temps de résoudre la question de l'*origine de l'âme* : « Je ne sais, disait-il, si quelque autre pourra la résoudre après ma mort[3] ».

---

1. « Les choses lui ressemblent à proportion qu'elles sont élevées et bonnes, et offrent à peine de son essence véritable une imitation imparfaite. » Anselm. *Oper.*
2. « L'esprit divin, qui est éternel, se comprend éternellement : s'il se comprend éternellement, il se *dit* éternellement; son Verbe est éternellement en lui; son Verbe est donc co-éternel à lui. » *Ibid.*
3. Eadmer, *De vitâ Sancti Anselmi*, p. 25. — Guillaume de Champeaux l'essaya.

Il avait raison de douter : personne ne la résolut dans l'église du moyen âge.

Saint Anselme avait eu toutes les grandeurs du platonisme. Il n'en évita pas les périls ; il alla même se jeter contre un écueil où ne conduisait pas le vrai réalisme. Après avoir si bien établi que les *qualités* sont en essence des modes de Dieu, il revint avec inconséquence sur cette doctrine, au moins dans les termes, et, posant que les qualités sont des êtres, des réalités, il donna naissance à toutes ces entités imaginaires au milieu desquelles devait finir par se perdre la scolastique. Lorsqu'il soutint, à plus forte raison, l'existence réelle des genres et des espèces, et affirma que « les hommes, dans l'espèce, sont un seul homme, » il fit quelque chose de plus sérieux et de plus redoutable : il rouvrit la voie du panthéisme, où le grand Scott Érigène avait fait naufrage.

L'Église ne voyait pas où menait cette voie : ses craintes continuaient de se porter exclusivement du côté opposé, et l'on ne peut s'en étonner, quand on regarde le caractère de la protestation qui éclata sur ces entrefaites, avec tant de violence, contre le réalisme. C'est à Compiègne, la ville où avaient brillé Jean Scott et l'École du Palais, qu'est arborée la bannière de la secte anti-réaliste : un maître fameux, le breton Rosselin, écolâtre de Saint-Corneille, déclare que nous ne connaissons la vérité que par le témoignage des sens, qu'il n'existe que des individus, traite de purs mots (*nomina*), de vains *sons de la voix* (*flatus vocis*) tous les universaux, les idées de rapports, de tout et de parties, sans même y reconnaître des formes nécessaires de l'esprit. C'est à partir de Rosselin que cette secte prend le titre de *nominalisme*[1]. Rosselin entend, comme Anselme, appliquer sa doctrine à l'interprétation des mystères : il aborde le dogme de la Trinité, avance que, l'unité individuelle étant la seule réalité et les parties n'étant que des mots, si Dieu est un, les Trois Personnes ne sont que des mots ; que, si les Trois Personnes sont réelles, comme l'Église l'enseigne, il y a trois substances divines distinctes et séparées, trois dieux.

Un autre réaliste, Bernard de Chartres, rappela, dans un poëme symbolique, la préexistence platonicienne. Sur saint Anselme, *v.* l'important ouvrage de M. de Rémusat ; Paris, 1853. M. Ampère avait déjà donné un très bon chapitre dans le t. III de son *Hist. littéraire de la France avant le douzième siècle*.

1. *Sententia vocum*, dans la langue de la scolastique.

Le scandale fut immense : Rosselin, traduit devant un concile provincial à Compiègne (en 1092), fut obligé de se rétracter pour échapper au bûcher ; mais il rétracta bientôt sa rétractation, et mena, durant de longues années, une vie errante et misérable plutôt que de renoncer à ce qu'il croyait la vérité : il ne se soumit que dans son extrême vieillesse. Le nominalisme resta accablé sous l'anathème qui avait foudroyé Rosselin, et l'enseignement réaliste se déploya, au contraire, en toute liberté dans les écoles renommées de Paris, de Laon, de Tournai, etc. Le sceptre du réalisme avait passé des mains du vieil Anselme dans celles de l'écolâtre de la cathédrale de Paris, Guillaume de Champeaux, vigoureux logicien, qui développa hardiment l'axiome d'Anselme ; que « les hommes, dans l'espèce, sont un seul homme » ; l'espèce humaine, pour lui, était une substance une et identique à elle-même dans tous les hommes ; les individus, identiques par l'essence, ne différeraient que par des formes accidentelles. Il n'y avait qu'un pas de cette affirmation à la négation de l'immortalité individuelle ; au second pas, on devait logiquement résoudre l'espèce humaine à son tour dans un *universel* supérieur et aboutir à tout fondre en Dieu.

Guillaume de Champeaux ne fit pas comme Rosselin : il ne tira point les conséquences de son principe, et l'Église n'aperçut pas ces conséquences. Un philosophe les reconnut pour elle.

Vers l'an 1100, on vit apparaître, sur les bancs de l'école du cloître Notre-Dame, un jeune homme de vingt ans, un moment disciple, bientôt rival du maître. Beau de visage, plein d'une grâce hautaine, éloquent de parole et de geste, subtil et fort dans l'argumentation, il annonçait dès le début une de ces natures faites pour charmer et dominer les intelligences et les imaginations. Il se nommait Pierre Abélard[1]. Né, en 1079, au Pallet, entre Nantes et Clisson[2], il était le fils aîné d'un chevalier breton, qui, lettré lui-même, voulut, chose en ce temps-là remarquable et rare, que ses enfants reçussent une éducation littéraire avant

---

1. Abélard, Abailard, Abeillard, etc. L'orthographe est aussi incertaine que l'origine même de ce surnom, car ce n'est point un nom propre.

2. On aperçoit encore, sur une petite colline, les ruines du château du Pallet ou Palais (*Palatium*), qui, suivant la tradition, aurait vu naître Abélard.

l'éducation chevaleresque. Le jeune Pierre, une fois entré dans la sphère des lettres, n'en sortit plus. Il préféra les joûtes de la pensée à celles du glaive : il céda à ses frères sa part d'héritage, et, s'adonnant tout entier à la dialectique, il se mit à parcourir les provinces, étudiant et disputant d'école en école. Il entendit, il compara Rosselin persécuté et Guillaume triomphant, et, sans renouveler les excès du nominalisme, il prit en main contre le coryphée du réalisme la cause de l'individualité humaine. C'était bien à un fils de la Bretagne qu'il appartenait de revendiquer la tradition essentielle de notre race. Après avoir combattu Guillaume dans sa propre école, il enleva, en dépit de tous les obstacles, l'autorisation d'ouvrir une école nouvelle à Melun, et ce fut là que, passant de la critique au dogmatisme, il fonda à son tour sa doctrine. (Vers 1102). Il n'avait pas plus de vingt-trois ans! Qu'était-ce que cette doctrine, qui n'était ni le réalisme ni le nominalisme? Les universaux, suivant Abélard, ne sont ni des êtres réels ni de vains mots : ce sont des conceptions fondées sur les réalités et exprimant des rapports véritables entre les êtres. Tous les hommes sont formés d'une matière semblable; mais chacun a son essence individuelle, et l'espèce n'est qu'une collection d'individus semblables. Cependant toutes les essences individuelles procèdent d'une essence pure et simple, qui est au delà des espèces, des genres, des catégories, de la matière et de la forme (nous dirions de l'étendue et de la force), au delà de la substance elle-même, et dans laquelle l'esprit ne peut plus distinguer aucun attribut; qui est enfin le seul universel véritable. A travers l'abîme de l'abstraction, Abélard atteint finalement ce qui est le contraire de l'abstraction, la réalité absolue, l'être en soi.

Abélard arrive ainsi à reconnaître deux réalités, l'individuel et l'absolu; et, entre les deux, des concepts nécessaires de l'esprit, ce qui fera nommer sa théorie le *conceptualisme*. Il arrive au vrai entre les deux erreurs opposées du réalisme et du nominalisme; toutefois, arrivé par la voie purement logique, qui entraîne toujours vers l'identité, il n'aurait pas suffisamment assuré un de ses deux termes, l'individu, et l'on pourrait, lui aussi, le réduire au panthéisme, l'obliger à résoudre l'individu dans l'universel, s'il n'était bien entendu que cet universel, cette essence pure, dès qu'on veut la définir, apparaît d'une part comme l'absolu, comme l'indéterminé, comme le souverainement libre, et, par conséquent, n'est pas *nécessitée* à produire le contingent et le relatif; d'une autre part, qu'elle apparaît comme personnelle, comme individuelle aussi bien que comme universelle, puisqu'elle est le réel par excellence et que toute réalité est individuelle. Cette définition exclut le panthéisme. Abélard pose en effet très nettement la personnalité de Dieu.

Il s'était élevé d'un magnifique élan au-dessus des deux sectes qu'il combattait à la fois. Durant dix ans et plus, la victoire lui fut constamment fidèle dans les combats de l'ontologie. De Melun, il avait transféré son école à Corbeil; il rentra bientôt dans Paris. Guillaume de Champeaux s'était retiré au prieuré de Saint-Victor, dans un faubourg de Paris, et y avait établi une nouvelle école (1108). Abélard alla le provoquer et le vaincre dans Saint-Victor même, puis vint s'asseoir dans l'ancienne et illustre chaire où Guillaume avait longtemps brillé. Guillaume recourut à l'autorité, et parvint, par des moyens détournés et peu dignes d'un philosophe, à faire fermer la chaire de Notre-Dame au *péripatéticien du Pallet*. Abélard, chassé de la cité, s'établit sur la montagne Sainte-Geneviève, hors de l'enceinte qu'élevait en ce moment Louis le Gros autour de Paris[1] : « il assit son camp », comme il le dit, sous les murs de la ville; c'était l'intelligence elle-même qui frappait aux portes de la future capitale de la civilisation. Champeaux abandonna définitivement le champ de bataille, et cacha sous la mitre épiscopale de Châlons les blessures de son amour-propre (1113). Après lui, dans cette maison de Saint-Victor où il avait porté ses doctrines, le réalisme logique abdiqua devant le mysticisme.

Abélard régnait en monarque absolu sur l'enseignement dialectique; mais, déjà, cette couronne ne suffisait plus à son front. Il voulait envahir un domaine plus périlleux pour le philosophe :

---

1. « Cette colline, destinée à devenir comme le Sinaï de l'enseignement universitaire, était alors l'asile où se réfugiait l'esprit d'indépendance... Des écoles privées, plutôt tolérées qu'autorisées par le chancelier de l'église de Paris, s'y ouvraient aux auditeurs innombrables que ne pouvaient contenir ou satisfaire les écoles de la Cité ». Rémusat. *Abélard*, t. I, p. 23.

il prétendait, à son tour, appliquer la dialectique à la théologie positive; il quitta ses disciples, à trente-cinq ans, pour redevenir écolier à Laon sous le maître de théologie de la cathédrale, le docte archidiacre Anselme. Comme à Paris, l'écolier battit bientôt le maître. Anselme commentait l'Écriture sainte à l'aide d'une érudition traditionnelle; Abélard entreprit d'en faire autant avec d'autres instruments, et d'expliquer les prophètes avec son génie et sa raison. Anselme lui défendit d'enseigner: Abélard, banni de Laon, rentra en triomphe à Paris, et s'installa dans la chaire du cloître Notre-Dame, aux acclamations universelles, comme professeur de dialectique et de théologie tout ensemble. Sa célébrité grandissait toujours; de tous les pays d'Occident accouraient vers lui des milliers d'élèves avides d'entendre cette prodigieuse éloquence. Rome même envoyait ses enfants à Paris comme dans une nouvelle Athènes. Paris voyait affluer dans ses murs une population nouvelle qui ne connaissait de maître et de prince que le nouvel écolâtre de la cathédrale, et les bords de la Seine, naguère encore à demi barbares, ne retentissaient plus que de paroles qui semblaient échappées aux échos du Portique ou de l'Académie. Aucun des grands philosophes de la Grèce n'avait exercé un tel empire. La lettre morte des écrits d'Abélard ne peut nous donner aucune idée du magnétisme de sa parole vivante, de sa voix, de sa rayonnante physionomie.

L'Église, jusqu'ici, l'acceptait ou le tolérait. Il n'avait plus l'attrait de la lutte. A trente-six ans, il avait épuisé les joies de l'intelligence, épuisé la gloire. Une jeunesse tardive éclate dans son cœur. Il veut connaître d'autres émotions. Il veut vivre. Le drame que la poésie doit reproduire dans le fabuleux *Faust* se passe alors dans le monde réel; mais les figures de l'histoire sont ici bien plus grandes et plus poétiques que celles de la fiction. Grandes et poétiques, disons-nous; elles ne le sont pas également, toutefois. Le dominateur intellectuel du siècle, le roi de la pensée est bien petit par le cœur auprès de la sublime enfant qu'il enchaîne à sa destinée et qui est à son niveau par l'esprit. Dans ces amours à jamais fameuses d'ABÉLARD et d'HÉLOÏSE, l'un ne cherche que l'émotion égoïste, qu'un nouveau développement de sa personnalité[1]; l'autre offre au monde l'exemple de l'amour véritable, de ce don entier de soi-même, de ce dévouement sans fin et sans bornes qui confondrait deux existences en une seule[2], s'il était réciproque, s'il portait sur son véritable objet, c'est-à-dire sur une affection pareille. L'importance du personnage d'Héloïse, dans l'histoire morale de l'humanité, ne tient pas seulement à ces facultés extraordinaires, qui, dès l'enfance, l'avaient rendue célèbre « par tout le royaume », ni à telles circonstances touchantes et tragiques de sa vie, ni même à ces traits de caractère et à ces habitudes d'esprit qui la font ressembler aux femmes célèbres de l'antiquité et de la renaissance, dont aucune ne l'égale peut-être, bien plus qu'à une femme catholique du moyen âge. Le trait essentiel est dans ceci, qu'entraînée dans la catastrophe de son amant, volontairement ensevelie au fond d'un monastère, à vingt ans, pour l'imiter et lui obéir, respectée, admirée de l'Église entière dans cette austère condition qu'elle illustre par la pureté de ses mœurs, par l'étendue de son savoir, par la douce et sage dignité de son caractère, elle ne change pas *intérieurement* : elle ne subit pas la mort mystique du cloître; elle ne se repent jamais, sinon des fautes, au moins de l'amour[3]; sa conscience n'accepte jamais l'ascétisme monastique; elle ne sait pas, elle ne trouve pas la loi de vie à opposer à l'ascétisme, et ce n'est point Abélard qui la trouvera pour elle; mais elle proteste éternellement dans son

---

1. Il ne faut pas se méprendre toutefois ni ravaler Abélard jusqu'à croire qu'il n'ait cherché dans l'amour qu'un *passe-temps*; il a été tout entier quelque temps à sa passion, mais à la manière des artistes des époques raffinées. Il a donné un mouvement à son cœur et à son imagination : il ne s'est pas donné. Ce n'en est pas moins une des périodes essentielles de sa vie; car il y apparaît sous un aspect nouveau : le philosophe, l'orateur est devenu un poëte. Négligeant sa chaire, n'abordant plus d'idées nouvelles, il dépense toute la vivacité de son esprit à composer des chansons d'amour en langue vulgaire (*barbaricè*, dit-il lui-même), et le héros de la philosophie scolastique est ainsi un des créateurs de notre poésie nationale, un des premiers de nos trouvères. Ses vers *romans*, chantés de son temps par toute la jeunesse française, ne sont malheureusement point parvenus jusqu'à nous.

2. L'*Androgyne* de Platon. Abélard eût dû mieux comprendre les symboles de son maître.

3. Le repentir des fautes mêmes est douteux. « J'ai été grandement coupable..., Non, je suis grandement innocente; le crime n'est pas dans l'acte, mais dans l'intention, et la justice ne pèse pas ce qui a été fait, mais le cœur de celui qui l'a fait. Or, ce qu'a toujours été mon cœur pour toi, tu le sais. » Abélard. *Oper.* epist. II, p. 46. Ainsi, dès que son cœur a toujours été ce qu'il devait être pour l'objet de son amour, elle se juge innocente.

cœur[1]. Si bien faite pour l'amour divin, elle n'est point à Dieu, parce qu'elle ne veut ni ne peut renoncer à l'amour humain ; parce qu'elle sent que la femme ne doit pas s'élever seule à Dieu ; parce qu'elle ne connaît pas cet ordre véritable où l'on est à la fois à Dieu et à la créature, ou, pour mieux dire, à la créature en Dieu. Inconsolée et insoumise, elle apparaît debout, comme une grande figure voilée, à l'entrée du nouveau monde moral qui va éclore, qu'elle a préparé, et qu'elle pourra entrevoir avant de mourir[2].

La France a toujours senti la grandeur d'Héloïse, et le juste instinct du peuple a fait de l'amante d'Abélard une de nos gloires nationales. Comme par un dernier effet de son dévouement au delà du tombeau, elle a fait partager dans les siècles son indestructible popularité à celui qu'elle aimait. Seul, le nom d'Abélard ne serait plus aujourd'hui connu que des lettrés : uni au nom d'Héloïse, il est dans toutes les mémoires. Paris surtout, « la ville de toutes les gloires, mais aussi de tous les oublis[3], » a gardé au souvenir de la fille immortelle de la Cité[4] une fidélité exceptionnelle et inaltérable. Le dix-huitième siècle et la Révolution, si impitoyables pour le moyen âge, ont ravivé cette tradition avec la même passion qui les emportait à effacer tant d'autres souvenirs. Les enfants des disciples de Rousseau viennent encore en pèlerinage au monument de la grande sainte de l'amour, et chaque

---

1. Une seule fois il laisse échapper le même cri qu'elle : « L'entraînement de l'amour sanctifie la faute. »

              Amoris impulsio
              Culpæ sanctificatio...

C'est dans des *Lamentations* (*odæ flebiles*), en vers latins, écrites par Abélard sur des sujets bibliques, pendant l'époque la plus tourmentée de sa vie. Dans ses lettres à Héloïse, lettres de direction *spirituelle*, réponses compassées et calculées à ces épîtres de flamme qui resteront le type éternel de l'inaltérable constance dans la passion, il étouffe ou cherche à étouffer l'homme sous le prêtre.

2. Nous disions tout à l'heure que le trait essentiel d'Héloïse n'était pas sa ressemblance avec les héroïnes de l'antiquité ; néanmoins son énergique sentiment de la personnalité antique l'aida évidemment beaucoup à se défendre de l'ascétisme et de l'absorption claustrale. Ce ne fut pas en sainte de la légende, mais en Romaine de Corneille, des vers de Lucain à la bouche, qu'elle monta à l'autel où elle consomma le sacrifice de sa vie.

3. M. de Rémusat n'hésite point à nommer Héloïse « la première des femmes. »

4. Suivant la tradition, la maison qu'habitait Héloïse était au coin de la rue des Chantres et du quai Napoléon ; elle donnait sur l'ancien port Saint-Landri.

printemps voit des mains pieuses renouveler les couronnes de fleurs sur la tombe où la Révolution a réuni les deux amants.

Nous avons anticipé sur l'ordre des temps : il nous faut revenir à la seconde moitié de la vie d'Abélard, vie séparée en deux par la sauvage vengeance de l'oncle d'Héloïse.

Dans le premier accablement de sa catastrophe, Abélard n'avait songé qu'à fuir le monde. Il était allé prendre à Saint-Denis cet habit monastique qu'Héloïse se laissa en même temps imposer par ses ordres à Argenteuil. Mais la solitude n'est pas faite pour de tels hommes : ils y portent avec eux une éternelle tempête. Ils ne peuvent se sauver d'eux-mêmes que par l'action. Toute autre issue étant fermée à Abélard, la dévorante inquiétude de son esprit se tourna tout entière vers la théologie. Il est permis de croire qu'il porta dans cette suprême étude des dispositions nouvelles ; que le sentiment religieux, violemment éveillé par le malheur, avait touché à fond cette âme jusqu'alors idolâtre d'elle-même. Abélard ne put toutefois se passer d'auditoire ; d'une foule à remuer de son regard et de sa parole. On ne saurait le lui imputer à crime : Dieu l'avait fait pour cette œuvre de mouvement et de retentissante initiative.

Il ne veut, il ne peut rentrer à Paris ; mais, autorisé de son abbé, il va rouvrir son école dans un village de la Brie, à Maisoncelle (1120). Trois mille disciples accourent aussitôt et font de cette humble bourgade un camp de la science. Cette fois, plus de tournois dialectiques, plus d'ontologie abstraite, plus de commentaires ingénieux des obscures visions des prophètes : c'est la théodicée chrétienne ; ce sont les mystères de la foi que le maître aborde ouvertement. Il ne dit pas, comme saint Anselme, « croire afin de comprendre, » mais « comprendre afin de croire ». Il veut aller, non de la foi à la raison, mais de la raison à la foi ; et, au fond, on pourrait dire qu'il les identifie, car la foi est, pour lui, « l'estimation (l'examen, l'appréciation) des choses invisibles ». La métaphysique aurait à faire, sur cette identification, d'importantes réserves [1] ; mais il y a dans tout cela une grande hardiesse d'esprit.

---

1. Saint Bernard, qui n'est pas un métaphysicien, définit plus exactement la foi une acceptation volontaire, une *jouissance par avance* (*prælibatio*) d'une vérité non encore manifeste.

La raison est, pour Abélard, une révélation intérieure et permanente, « la lumière qui éclaire tout homme venant en ce monde » : elle a guidé vers Dieu les sages de l'antiquité ; on peut espérer leur salut. Le Verbe est *la sagesse* (*sophia*) ; les *amis de la sagesse* (philosophes) sont ses amis ; les logiciens sont les hommes du Verbe (*logici*, de *Logos*). Ainsi Abélard pose la révélation universelle et intérieure en face de la révélation extérieure et spéciale du dogme positif.

Cette apothéose de la raison, cette raison qui traite d'égale à égale avec la foi et tend à l'absorber, soulève dans l'Église une inquiétude, une agitation extraordinaire. Malheureusement, Abélard donne des armes aux passions jalouses et aux alarmes sincères. « Comprendre pour croire », a-t-il dit ; il ne *comprend* pas assez et se hâte trop d'appliquer sa logique à l'interprétation des dogmes. Dans son *Introduction à la Théologie*, résumé de son enseignement, il ne pénètre pas le mystère de la Trinité comme l'ont fait plusieurs de ses illustres devanciers, saint Augustin et saint Anselme, par exemple. Il ne paraît y voir que le ternaire psychologique : la puissance engendrant la sagesse, puis l'amour procédant de la puissance et de la sagesse. En prenant cela à la rigueur, le Père ne serait que puissance, le Fils ne serait que sagesse, l'Esprit ne serait qu'amour ; les Trois Personnes ne seraient véritablement que trois attributs. Le mystère auguste de la vie en Dieu, tel que l'a entrevu la théodicée chrétienne, est bien autre chose. Ici l'auteur du conceptualisme semble tomber dans l'extrémité opposée à celle où s'est jeté Rosselin.

Abélard fut cité devant un concile provincial, réuni à Soissons par un légat du pape. On pouvait discuter et condamner sa doctrine. On le condamna sans l'entendre. On frappa en lui non l'erreur, mais la raison, mais le principe du libre examen. On le frappa non pour ce que renfermait le livre, mais pour avoir écrit et répandu le livre sans l'autorisation du pape et de l'Église[1]. Il fut condamné à jeter de sa propre main son ouvrage dans les

---

1. Ceux qui le condamnèrent étaient fort peu capables, à ce qu'il paraîtrait, de savoir en quoi il errait. Comme un des prélats l'accusait d'avoir dit que le Père seul était tout-puissant : « Ce serait là une erreur inconcevable, s'écria le légat ; la foi universelle professe qu'il y a trois Tout-Puissants !... » Abélard. *Epist.* I, p. 20-25.

flammes et à être enfermé à perpétuité dans l'abbaye de Saint-Médard de Soissons (1121).

Le cri public s'éleva contre cette sentence. Il y avait maintenant une opinion avec laquelle il fallait compter. L'esprit humain était debout. La condamnation était inique, même au point de vue strictement orthodoxe, puisque, selon la doctrine ecclésiastique, l'opiniâtreté seule fait l'hérésie, et qu'Abélard n'avait pas décliné le jugement de l'Église. Le légat, honteux de ce qu'il avait fait ou laissé faire, leva la réclusion d'Abélard, et lui permit de retourner à Saint-Denis. Mais la guerre suivait partout cet homme, qui semblait la polémique incarnée. Il s'avisa de démontrer la fausseté de la légende qui confondait saint Denis, l'apôtre de Paris, avec saint Denis d'Athènes, ou l'*Aréopagite*, auteur supposé d'un fameux livre mystique cent fois commenté. Les moines, furieux qu'on diminuât la gloire de leur saint, du patron de la France, traitèrent Abélard en ennemi du royaume. Menacé, flagellé même, à ce qu'on prétend, par ordre de l'abbé, il s'enfuit, et, après de longues négociations, l'avènement du célèbre Suger au gouvernement de l'abbaye lui valut enfin l'autorisation de vivre où il voudrait, sans quitter l'habit de son ordre.

Il se retira dans un lieu désert du diocèse de Troies, sur la petite rivière d'Ardusson[1]. La solitude s'anima aussitôt autour de lui. Ses disciples surent bien retrouver sa trace, et obliger à se rouvrir cette bouche mal résolue à se taire. Une foule toujours croissante de jeunes enthousiastes vinrent se bâtir des cabanes autour de la cabane du maître, et l'ermitage devint une cité. La rustique cité eut pour temple un oratoire dédié à la sainte Trinité : Abélard, comme pour protester contre l'accusation d'avoir nié la réalité des personnes divines, y fit sculpter une image de la sainte Trinité, unique dans la symbolique chrétienne. C'étaient trois figures adossées, sculptées dans la même pierre : Le Père portant la couronne fermée et le globe, insignes de la puissance suprême; le Fils, portant la couronne d'épines, emblème de sa passion; le Saint-Esprit, avec la couronne d'olivier, comme pa-

---

1. C'était dans la paroisse de Quincei, près de Nogent-sur-Seine.

cificateur et consolateur. C'est, à ce qu'il semble, la première fois qu'on ait représenté le Saint-Esprit sous forme humaine[1]. Un peu plus tard, l'oratoire fut spécialement consacré au Saint-Esprit, sous le titre de *Paraclet* ou *Consolateur*.

Le sentiment d'Abélard n'était point d'accord, en effet, avec sa logique, qui tendait à nier la réalité des personnes divines, et la manière dont il concevait l'action du Saint-Esprit, de ce Dieu-amour qui est la vie du monde (*spiritus vivificans*), l'*âme du monde* (terme qu'il n'entendait pas dans le sens panthéiste), se rapportait à une personne réelle et non à un simple attribut. Le Saint-Esprit, l'amour divin, est le centre de toute sa théologie et de toute sa morale, et c'est à l'apôtre de la raison que remonte en principe cette mystique *religion du Saint Esprit* qui doit agiter longtemps les profondeurs du moyen âge. Le rationalisme aboutit à une théorie toute fondée sur l'amour. C'est ici qu'on peut soupçonner bien des mystères dans l'âme orageuse d'Abélard, et entrevoir l'influence inavouée d'une autre âme plus forte et plus tendre, qui put rendre bien des inspirations en échange de bien des lumières.

On ne saurait exposer ici cette immensité de questions morales et religieuses qu'Abélard agita au Paraclet et développa tout le reste de sa vie. Indiquons seulement les points les plus saillants, les vues les plus hardies.

Le péché n'est que le mépris de Dieu, c'est-à-dire le consentement à ce qu'on sait contraire à la loi de Dieu : le bien et le mal ne sont que dans l'intention. Pour mériter le salut, il faut vouloir le bien par amour pour Dieu même, non pour des récompenses extérieures. L'amour divin est sa propre récompense. La substance du bien, c'est l'amour. En prêchant le pur amour, l'amour désintéressé, Abélard enseigne ce qu'il a vu pratiquer; c'est une autre qui parle par sa voix !

Le mal sans volonté et sans connaissance, poursuit-il, n'est pas le mal. Dieu juge les cœurs et non les actions[2].

---

1. Ce monument extraordinaire a été malheureusement détruit pendant la Révolution. *v.* Rémusat, *Abélard*, t. I, p. 110.
2. «Le mal n'est pas substance», dit-il. Il n'y voit qu'une négation, comme saint Anselme, comme Jean Scott, comme saint Augustin. Il aboutit à l'optimisme, absolument dans le même sens que Leibniz. « Tout ce que Dieu fait est aussi bien que

Nous portons, dit-il, la peine et non la *coulpe* du péché d'Adam. Le péché originel est pour lui un état d'ignorance et d'impuissance qui n'a rien d'absolu, bien plus qu'une corruption effective, qu'une altération substantielle de la nature humaine. C'est un état moral qu'améliorent, par un effet moral, par l'exemple le plus sublime de l'amour et du dévouement, la prédication et la passion du Christ; mais on pouvait déjà se sauver auparavant par la loi naturelle, que la loi de grâce a seulement perfectionnée et complétée. Saint Bernard reprocha par la suite à Abélard de placer le salut non dans la vertu miraculeuse de la croix et dans *le prix du sang*, mais dans les progrès de notre conversion, et dans notre imitation du Christ. En effet, Abélard établissait que Jésus-Christ nous a *initiés* plutôt que *restaurés* (*instituit potiùs quàm restituit*).

Il est à peine nécessaire d'ajouter que ce grand défenseur de l'individualité soutient pleinement le libre arbitre, et qu'il est, sur ce point, de la vieille doctrine bretonne et gauloise, tout au moins de l'école de Lérins. Il parle bien de la grâce *prévenante*, mais sa grâce est, au fond, la grâce universelle : offerte à tous, tous peuvent l'accepter. Il appelle même grâce tout don de Dieu. « C'est la grâce, dit-il, qui fait le philosophe, puisqu'il faut du génie pour la dialectique ». Nous sommes loin de saint Augustin.

La nature humaine n'étant pas essentiellement corrompue par le péché originel, le plaisir charnel n'est pas le péché et peut être goûté sans péché, quand l'acte n'est pas contre la loi. Les penchants naturels sont légitimes en eux-mêmes. La concupiscence n'est point péché, sinon quand elle s'applique à un objet illicite et que notre volonté y consent[1].

Nous avons dit qu'Héloïse ne savait pas et qu'Abélard n'était pas capable de trouver la vraie loi de la vie, la loi religieuse de l'amour humain. La réhabilitation de la nature[2] ne donne pa

possible ». Le mal que Dieu permet, par les causes finales, concourt au bien de l'ensemble.

1. V. l'analyse des doctrines théologiques et morales d'Abélard, dans Rémusat *Abélard*, t. II, c. IV-VII.
2. Nous ne disons pas *réhabilitation de la chair*, formule mauvaise en elle-même et déshonorée par l'abus qu'on en a fait.

cette loi, mais elle est le premier pas qu'il faut faire pour s'y élever. Il n'est pas besoin d'insister sur la portée d'une doctrine qui, mettant toute sanctification dans l'homme intérieur, et niant toute valeur intrinsèque aux actes purement extérieurs, renverse toutes les superstitions et subalternise toutes les pratiques, relève la liberté humaine comme étant et comme ayant toujours été capable de gagner Dieu par la raison et par l'amour, sape l'ascétisme par la réhabilitation de la nature et tend à transformer Jésus-Christ de rédempteur en initiateur. Ce christianisme moral et rationnel, bien que voilé et atténué par toute sorte de réserves, de restrictions, de contradictions mêmes, et de contradictions sincères chez un homme qui fait tous ses efforts pour rester orthodoxe, cette philosophie chrétienne échappe par toutes les issues au cadre de la théologie positive.

Les alarmes et les clameurs recommencent. De nouvelles tempêtes s'amoncèlent. Un grand choc se prépare, non plus seulement entre l'esprit libre et l'autorité officielle, mais, ce qui est un plus imposant spectacle, entre deux forces morales. Deux écoles sont en présence : non pas le scepticisme et la foi, comme on l'a trop dit; mais l'école qui veut aller de la raison à la foi, et celle qui, partie de la foi pour aller à la raison, avec saint Anselme, se contente, au besoin, de la foi seule et s'attache avec passion à l'ascétisme, à la théologie positive dans le sens le plus littéral et le plus dur à l'esprit, mais illumine ses sombres doctrines par cet amour divin qu'invoque aussi Abélard.

L'enthousiasme est égal des deux côtés. Dans l'école d'Abélard, l'esprit humain s'éveille à l'amour de la vérité et de la liberté avec une jeune et naïve ardeur que l'on ne pourra même plus comprendre lorsque l'esprit sera fatigué et amorti par des siècles de combats. Ces néophytes aiment la raison comme les chevaliers, dont nous parlerons tout à l'heure, aiment « la dame de leurs pensées. » Beaucoup sont plus résolus que le maître lui-même à mourir pour leur idée. Certes, ce ne sont pas des sceptiques que ces jeunes disciples qui abandonnent famille, patrie, biens et plaisirs, pour suivre le *péripatéticien du Pallet* dans cet aride désert de la Champagne, devenu la Thébaïde de la philosophie. Était-ce un sceptique que ce magnanime Arnaldo de

Brescia, le compagnon fidèle, l'*écuyer d'Abélard*, le Savonarola du douzième siècle, que cet homme qui semble ignorer les besoins de la matière[1], qui parle d'un ton de prophète aux cardinaux de Rome, qui, appliquant à la politique la doctrine d'émancipation qu'il a reçue de son maître, prêche aux cités d'Italie tout à la fois l'Évangile et la république, s'efforce d'arracher Rome et la péninsule au pape et à l'empereur, et meurt sur le bûcher en martyr de la liberté, après avoir vécu en tribun et en saint?

Le camp de la raison est au Paraclet : le camp de l'ascétisme et de la foi absolue est à Clairvaux; nouveau centre d'action seul assez fort pour combattre de tels adversaires. Tous les vieux centres monastiques y échoueraient. Saint Bernard est le seul homme de l'Europe qui soit digne d'être le rival d'Abélard. Bernard, né en 1091, près de Dijon, du sire de Fontaines et d'une fille du sire de Montbard, avait douze ans de moins que Pierre Abélard; il montra dès l'adolescence un esprit exalté et contemplatif, tendre et violent, en même temps qu'une horreur des voluptés charnelles, qui lui faisait employer, pour vaincre ses sens, les moyens les plus acerbes et les plus étranges[2]. Tourmenté par le problème de la vie, il se demandait souvent : « Bernard, qu'es-tu venu faire ici-bas? (*Bernarde, ad quid venisti?*) Il trouva bientôt la réponse. Il ne passa point, comme Abélard, par la cléricature séculière et le professorat; il se fit moine à vingt-deux ans (1113) dans le sévère couvent de Cîteaux, entraînant avec lui dans le monachisme son oncle, ses six frères, son père, sa sœur, ses amis[3]. La vie chrétienne n'existait pas pour lui hors du célibat et de la retraite monastique; il eût changé, s'il eût pu, la terre en un couvent universel, et forcé, pour ainsi dire, Dieu à donner le signal de la fin du monde. Il exerçait sur les âmes une attraction si terrible, il inspirait à ses auditeurs un tel dégoût des choses temporelles, que ceux qui l'entendaient quittaient tou-

---

1. *Abeilardi armiger... neque manducans, neque bibens.* Sanct. Bernard. Epis. CLXXXII-CLXXXVII.
2. Cependant il paraîtrait qu'il fit, lui aussi, des vers amoureux.
3. Un monastère fut fondé à Juilli, dans le diocèse de Langres, pour les femmes dont Bernard avait entraîné les maris à Cîteaux et à Clairvaux.

pour s'ensevelir dans les monastères. Les mères cachaient leurs enfants, les femmes retenaient leurs maris, les amis emmenaient au loin leurs amis, de peur qu'ils n'allassent ouïr Bernard. Un mélange de charme et de terreur indicible environnait cet homme nerveux et pâle, au regard profond, qui ne mangeait ni ne dormait; qui, absorbé dans une perpétuelle extase, voyait sans voir, entendait sans entendre, goûtait sans savourer; qui, dans son faible corps, semblait animé d'une force surnaturelle, et qui, racontait-on, guérissait les malades par l'imposition des mains!

« Épuisé par les jeûnes et les privations du désert, rapportent les biographes contemporains, n'étant plus animé que d'un souffle, il persuade d'avance par la vue avant de persuader par la parole. Son érudition est si vaste, il cite les Écritures si à propos et avec tant de facilité, qu'il semble, non pas suivre le texte, mais le deviner et le recréer par l'inspiration de l'Esprit-Saint qui l'a dicté. Sa voix est forte dans un corps frêle, sa prononciation est claire, et il met toujours ses discours à la portée des auditeurs. S'il parle aux rustiques habitants de la campagne, on dirait qu'il n'a jamais vécu qu'aux champs; de même qu'il est simple avec les simples, il est lettré avec les érudits, et abondant en instructions pleines de science et de vertu avec les hommes d'un esprit élevé; enfin il approprie son langage à l'intelligence et aux besoins de tous. La grâce répandue sur ses lèvres, la véhémence de ses discours, ne sauraient même se deviner à la lecture de ses écrits; car sa plume, si parfaite qu'elle soit, ne peut conserver ni exprimer tant d'ardeur et de mansuétude : c'est comme une loi de feu qui sort de sa bouche ».

En 1115, à vingt-quatre ans, il avait été placé par l'abbé de Cîteaux à la tête d'une colonie monastique, qui alla peupler une solitude du diocèse de Langres, appelée la *Vallée d'Absinthe*. Bernard valut à ce triste lieu le nom de *Clairvaux* ou l'*Illustre-Vallée (Clara Vallis)* [1]; mais il n'y ensevelit point sa vie dans le silence et l'ombre, comme il l'eût d'abord souhaité; jamais homme ne parut moins aspirer à dominer les hommes et ne les

---

1. Clairvaux fut ainsi une réforme de Cîteaux, qui était lui-même une réforme de Cluni.

domina davantage[1] ; la prodigieuse influence qu'il conquérait de près par sa parole, sa renommée la lui gagnait au loin; il ne quittait jamais qu'avec larmes ses bois et ses rochers, qui lui avaient, disait-il, appris plus de choses que les livres sur les vérités divines; et pourtant il les quittait sans cesse, invoqué comme un arbitre, ou plutôt comme un oracle, dans toutes les grandes affaires du siècle, par les princes, par les rois, par les évêques, par les papes eux-mêmes! En 1128, il est appelé au concile de Troies pour rédiger la règle de l'ordre religieux et militaire du Temple; en 1130, un schisme s'élève dans l'Église; « tandis qu'Anaclet règne à Rome, Innocent II se réfugie en France. Le roi d'Angleterre, Henri Ier, hésite à le reconnaître; Bernard se rend en Normandie, et l'y décide en quelques entretiens. L'empereur Lother (de Saxe), qui s'est rangé aussi du parti d'Innocent, veut en profiter pour reconquérir le droit d'investiture : les Romains pâlissent et se taisent; mais Lother cède aux instances de Bernard ce que ses prédécesseurs avaient défendu contre les foudres du Vatican, au péril de leur couronne (cette scène se passa à Liége). Le pape retourne en Italie, où une foule de villes, de monastères, de princes, refusent encore de le reconnaître. Bernard passe les Alpes et entreprend de lui tout conquérir. La cité de Milan se rend la première, puis les moines du Mont-Cassin (métropole des bénédictins), puis le cardinal de Pise, jusque-là le plus ferme défenseur d'Anaclet, qui en meurt de chagrin ; puis enfin le nouvel anti-pape lui-même, Victor, que Bernard conduit aux pieds d'Innocent II, et le schisme, qui durait depuis huit ans, est éteint (1138). L'abbé de Clairvaux revient en France; des évêchés (ceux de Langres, de Châlons, de Gênes), des archevêchés (ceux de Reims et de Milan) lui sont offerts : il les refuse, et son empire s'en accroît[2]!... »

1. Ne *parut*, disons-nous; car qui peut sonder les mystères du cœur et dire l'attrait de la domination une fois goûtée, quand il s'y joint la conviction d'un devoir, d'une mission!

2. Guizot, *Mémoires relatifs à l'Hist. de France*, t. X, p. 137; *Introduction à la vie de saint Bernard*, par Guil. de Saint-Thierri, Arnaud de Bonneval et Geoffroi de Clairvaux. Quand Bernard repassa les Alpes, en 1135, « les pasteurs des troupeaux et les paysans de la montagne descendaient du haut de leurs rochers pour accourir sur son passage; de si loin qu'ils le voyaient, ils poussaient des cris

La lutte devait infailliblement s'engager entre le monastère de Clairvaux et l'école du Paraclet : la consécration de Bernard, en qualité d'abbé de Clairvaux, par les mains de l'évêque de Châlons, Guillaume de Champeaux, fut le présage de ce grand combat. Guillaume léguait sa vengeance à un génie plus fort que le sien. L'opposition était radicale sur tous les points entre Bernard et Abélard. En ontologie, Bernard était réaliste. En morale, il poussait si loin la condamnation de la chair, que toute sensation agréable était un crime aux yeux des moines de Clairvaux ; ils s'imputaient à péché de trouver plaisir à apaiser leur faim avec leur pain noir. Sur la question de la grâce, Bernard professait la doctrine de saint Augustin, comme Abélard tendait à celle de Lérins, sinon de Pélage : Bernard opposait la prédestination dans toute sa rigueur à l'audacieux libre arbitre de son rival. Bernard eut pour principal auxiliaire, contre le parti de la dialectique, le célèbre Norbert, abbé de Prémontré[1]. L'hostilité fut longtemps sourde et implicite, pour ainsi dire, avant d'éclater. Abélard, qui savait ses adversaires peu amis de la discussion, crut qu'ils se préparaient à l'accabler par les armes de l'autorité ; que le concile de Soissons allait se renouveler. La terreur le prit : il avait plus de hardiesse dans l'esprit que dans le cœur. Il se déroba à l'orage prévu, abandonna le Paraclet, et se retira dans sa patrie, en Bretagne, où les moines de Saint-Gildas venaient de l'élire pour abbé (1125).

Il n'y trouva que des misères nouvelles. Abbé, il fut en guerre

---

éclatants pour demander sa bénédiction, et, se retirant ensuite dans les cavernes qu'ils habitaient au flanc des montagnes, ils se réjouissaient innocemment tous ensemble, et se félicitaient qu'il eût étendu sa main sur eux pour les bénir !... » Arnald. de Bonâ Valle, *Sancti Bernardi Vita*. Par une dernière victoire du christianisme sur le vieux paganisme, le nom de saint Bernard remplaça celui de Jupiter au sommet des Alpes. Le *Mont-Joux* (*Mons-Jovis*) devint le *Grand-Saint-Bernard*.

1. Saint Norbert, noble *teuton* du pays de Clèves, avait fondé, en 1120, l'abbaye des clercs réguliers de Prémontré dans une sombre vallée de la forêt de Couci, à une lieue du château de ce nom. Les religieux de Prémontré, qui, de même que tous les chanoines réguliers, suivirent la vieille règle de saint Augustin, attirèrent à leur observance un très grand nombre de communautés en France, en Allemagne et dans toute la chrétienté, et Prémontré devint un des principaux chefs d'ordre monastiques. Norbert, avec moins de génie et de sens pratique que saint Bernard, était, comme lui, un thaumaturge et un extatique, et c'est à tort qu'Abélard l'accuse d'imposture.

avec ses moines, de même que, moine, il avait été en guerre avec son abbé. Il faillit dix fois périr de la main de ces rudes religieux bas-bretons, qui n'entendaient nullement se soumettre au célibat ni à la réforme ecclésiastique. Après avoir plusieurs fois quitté son abbaye, il finit par être obligé de s'enfuir pour n'y plus rentrer (1134).

Dans l'intervalle avait eu lieu un des grands événements de sa vie, la remise du Paraclet entre les mains d'Héloïse, et le renouvellement de leurs relations dans des conditions si différentes (1129)! La direction spirituelle des religieuses du Paraclet fut la consolation des dernières années d'Abélard, et valut à la postérité les immortelles lettres d'Héloïse, provoquées par cette *Histoire de mes malheurs*[1], qui rappelle saint Augustin et annonce Rousseau, comme le remarque l'historien d'Abélard, et qui montre au moyen âge surpris cette mélancolique et subtile analyse de l'âme par elle-même, caractère d'une tout autre époque et d'une tout autre littérature[2]. Les lettres d'Héloïse, bien supérieures, n'ont le cachet d'aucune époque : comme tout ce qui est vraiment grand, elles sont au-dessus des temps ; ce n'est plus une forme accidentelle de l'âme, c'est le fond éternel qui s'y révèle.

Il semble, malgré l'exclusion systématique des souvenirs de la passion, que la correspondance d'Abélard, purement intellectuelle, mais si suivie, si pleine de sollicitude, décèle une amélioration et comme un certain attendrissement secret dans cette âme si personnelle. Le prêtre écartait le mariage du cœur : l'homme se donnait, autant qu'il en était capable, au mariage de l'esprit.

Il ne s'y donna pas tout entier : le vieux tribun de la philosophie fut saisi une dernière fois de la soif de parler, d'argumenter, de passionner la foule. Il reparut sur le premier théâtre de sa gloire, dans les écoles de Paris (1135, 1136), et une immense acclamation lui prouva que sa popularité n'avait pas cessé de grandir. Il ne reprit qu'un moment sa chaire ; mais ses livres, rédigés et répandus, sur ces entrefaites, les uns publiquement, les autres sous le manteau, allèrent partout où ne pouvait aller sa

---

1. *Historia calamitatum*, écrite par Abélard vers 1134.
2. Rémusat, *Abélard*, t. I, p. 137.

parole. Dans un de ses ouvrages, le *Sic et Non* [1], il posait le doute méthodique comme le chemin de la vérité; dans un autre, le *Scito te ipsum (Connais-toi toi-même)*, il abordait des questions plus pratiques et plus brûlantes. Il attaquait avec une extrême virulence le trafic des absolutions à l'article de la mort et les autres abus qui, dans la pratique, ôtaient trop souvent à la religion tout caractère de moralité. « Le pouvoir de lier et de délier, disait-il, n'appartient qu'aux dignes [2]: le pénitent peut quitter son supérieur indigne pour chercher un meilleur médecin de l'âme ».

La tempête, ajournée naguère par sa retraite à Saint-Gildas, éclata enfin. Un docteur réaliste, Guillaume, abbé de Saint-Thierri, dénonça l'imminence du péril à saint Bernard, et le somma de prendre « la défense de Dieu et de l'Église ».—Les livres d'Abélard, dit-il, passent les mers et volent au delà des Alpes; ses dogmes se répandent dans toutes les provinces; on les publie, on les enseigne, on les soutient librement; sa doctrine est en faveur jusque dans Rome ». — « Dans presque toute la Gaule, dit un autre témoignage, les écoliers, non-seulement dans les écoles, mais dans les carrefours, et non-seulement les écoliers, mais les enfants et les simples d'esprit, dissertent en tous lieux touchant la sainte Trinité!... » Saint Bernard répondit à l'appel de l'abbé Guillaume en dénonçant à son tour Abélard au pape et au sacré collége: c'était l'esprit humain lui-même qu'il dénonçait. « L'esprit humain, s'écriait-il, usurpe tout, ne laissant plus rien à la foi. — On fouille jusqu'aux entrailles les secrets de Dieu [3] ! »

Rome n'était que trop disposée à frapper. Le concile de Latran venait de condamner, en 1139, Arnaldo de Brescia, qui parcourait l'Italie en prêchant aux clercs de renoncer aux bénéfices féodaux et de vivre des dîmes et des oblations volontaires: la condamnation du disciple annonçait assez le péril du maître. Abélard alla au devant de l'ennemi, et, sachant qu'un grand nombre d'évêques allaient se réunir à Sens, il offrit à l'archevêque de Sens de défendre publiquement l'orthodoxie de ses livres contre l'abbé

---

1. *Le oui et le non*, publié, en 1836, par M. Cousin.
2. « Songez à lier justement, car la justice rompra les liens injustes. » Saint Augustin, cité par Abélard; *Scito-te-ipsum*, c. XXVI.
3. Sanct. Bernard. op. *Ep.* CLXXXVIII; *v.* aussi *Ep.* CLXXXIX, CXCV, CCCXXVI, CCCXXX.

de Clairvaux. Saint Bernard accepta le défi, bien qu'avec crainte et répugnance : il sentait que l'espèce de fascination qu'il était habitué à exercer resterait sans pouvoir sur son redoutable rival, et craignait d'être enlacé dans la dialectique serrée du philosophe, comme dans un réseau de fer. Le concile s'ouvrit, le 2 juin 1140, en présence du roi Louis le Jeune, successeur de Louis le Gros, et de plusieurs autres princes ; mais le débat solennel auquel on s'attendait n'eut pas lieu, et, chose singulière, ce fut Abélard qui le déclina, soit que le cœur lui eût failli, soit qu'il eût été informé que sa condamnation était arrêtée d'avance et que la défense ne serait pas libre. Au moment où on lisait les chefs d'accusation formulés par saint Bernard, il appela au pape et se retira. Le concile déféra à l'appel quant à la personne, mais condamna les ouvrages. Le faible espoir qu'Abélard fondait sur Rome fut trompé. Beaucoup de clercs de l'église romaine et même des cardinaux avaient été ses élèves ; mais leur appui ne le sauva pas : le pape Innocent II, qui devait la tiare à saint Bernard, répondit à l'appel du philosophe en confirmant la sentence portée par le concile de Sens contre ses ouvrages, en lui imposant un perpétuel silence, et en ordonnant qu'on l'enfermât dans un monastère pour le reste de ses jours, ainsi que son disciple Arnaldo de Brescia. Arnaldo s'échappa, et continua la lutte jusqu'au martyre. Abélard courba la tête. Sa condamnation ne fut point exécutée à la rigueur. L'Église était peuplée de ses élèves, et ses vainqueurs eux-mêmes se troublaient devant une telle renommée. Ce fut à l'illustre monastère de Cluni, et non dans quelque obscure *obédience*, qu'il passa le reste de ses jours, près de l'abbé Pierre-le-Vénérable, un des esprits les plus éclairés et une des plus belles âmes de ce siècle, l'admirateur et le digne correspondant d'Héloïse. Pierre-le-Vénérable réconcilia Abélard avec saint Bernard. Abélard mourut au bout de deux ans, au prieuré de Saint-Marcel de Chalon, qui dépendait de Cluni (21 avril 1142) ; il était âgé de soixante-trois ans. Il avait cessé de parler, mais, jusqu'à son dernier jour, il n'avait pas cessé d'écrire, et il avait gardé intacte sa foi dans la raison et dans la liberté de l'intelligence. L'esprit qui l'avait animé ne fut point enseveli dans son sépulcre, et sa forte trace ne s'effaça jamais.

Cinq siècles après, la France vit Abélard renaître et vaincre avec le grand Descartes.

Les idées d'Abélard eurent assurément, en elles-mêmes, assez d'étendue et de hardiesse pour justifier sa gloire; cette gloire, cependant, fut davantage encore dans le mouvement extraordinaire qu'il imprima aux esprits; elle fut dans l'éloquence et dans la méthode plus encore que dans les idées. On n'a rien revu de semblable à de tels effets de la parole! L'admiration redouble quand on songe aux obstacles que devait opposer aux mouvements et aux impressions de l'éloquence l'usage artificiel d'une langue qui n'était plus pour personne la langue maternelle.

La dernière volonté d'Abélard avait été de reposer au Paraclet. Il avait pensé du moins, en mourant, à celle qui n'avait jamais eu de pensée que pour lui. L'Église elle-même respectait le lien mystique du philosophe et de la grande abbesse. Pierre-le-Vénérable, qui avait écrit pour Abélard une épitaphe où il l'appelait le Socrate gaulois, le Platon et l'Aristote de l'Occident, remit ses restes mortels à Héloïse. « Le Seigneur », écrivait-il à l'abbesse du Paraclet, comme entrevoyant un autre ciel que celui des ascètes, « le Seigneur vous le garde pour vous le rendre par sa grâce. »

Héloïse survécut, en silence, jusqu'au 16 mai 1164. Ce fut seulement au bout de vingt-deux ans qu'on l'inhuma près de son époux [1].

---

[1]. On a conservé un chant funèbre en vers latins, qu'on peut attribuer, avec vraisemblance, à Héloïse elle-même :

..... Avec toi j'ai subi la rigueur des destins ;
Avec toi je dormirai fatiguée.
Avec toi j'entrerai dans Sion.
Soulage-moi de ma croix ;
Conduis vers la lumière
Mon âme délivrée.

Puis un chœur de religieuses reprend :

Qu'ils se reposent de leur labeur
Et de leur douloureux amour !
Ils demandaient l'union des habitants des cieux :
Déjà ils sont entrés dans le sanctuaire du Sauveur. »

Moriz Carrière, *Abaelard und Heloïse*, p. 96, cité par M. de Rémusat ; *Abélard*, t. I, p. 261-262.

La philosophie scolastique avait été abattue, mutilée par la condamnation de son héros, mais non point anéantie. Elle devint, dans les mains du plus grand nombre, une simple machine dialectique, et, comme on l'a dit, une *simple forme au service de la foi*, ou, du moins, elle tenta de le devenir. D'autres, à leurs risques et périls, recommencèrent à se donner libre carrière. Le nominalisme et le conceptualisme avaient été condamnés : le réalisme le fut à son tour. Toutefois, aucune idée, aucune secte ne périt. Nous indiquerons rapidement, selon l'ordre des temps, les principales phases de l'histoire scolastique; mais nous n'y retrouverons plus de telles figures ni de tels drames [1].

Nous aurons, disons-nous, à revenir sur les diverses phases de la scolastique, mais très brièvement; car la vraie grandeur de la philosophie du moyen âge est dans sa première période. Là sont personnifiés, dans cet enseignement éclatant [2] d'Abélard, les principes qui doivent exercer une incalculable influence sur les destinées de l'esprit français, et imprimer à cet esprit des habitudes qu'il conservera jusqu'à nos jours. Nous répéterons, de cette influence qui développe exclusivement un des deux éléments principaux du génie national au détriment de l'autre, ce que nous avons dit de l'éducation romaine imposée à la Gaule : il y a là de grands bienfaits chèrement achetés. La scolastique est une vigoureuse gymnastique qui discipline, assouplit, fortifie l'esprit

1. Sur la philosophie scolastique, *v. Ouvrages inédits d'Abélard*, publiés par M. Victor Cousin; Paris, Imprimerie royale, 1836; et la grande *Introduction* de M. Cousin. — *Études sur la Philosophie dans le moyen âge*, par M. Xavier Rousselot. Paris, 1840-1842, 3 vol. in-8°. — *Abélard*, par M. Charles de Rémusat, 2 v. in-8°; Paris, 1845. — *S. Anselme*, par le même; 1 vol. in-8°, 1853. — *Tableau de la Philosophie scolastique*, par M. B. Hauréau; Paris, 1853, 2 vol. in-8°. — M. Cousin a inauguré l'étude de la philosophie du moyen âge par sa belle publication de 1836. M. Rousselot donne une foule d'analyses, de citations précieuses, de vues intéressantes sur les diverses périodes de la scolastique. M. Hauréau, avec sa méthode ferme et sa grande aptitude à manier l'abstraction et l'érudition, avait exposé, dans l'*Encyclopédie nouvelle*, dès 1840, le large plan d'une histoire de cette philosophie, plan qu'il a développé depuis d'une main si vigoureuse et si hardie. — Mais nous sommes surtout redevable à M. de Rémusat pour son *Abélard*, qui nous a fourni la plupart des éléments de notre récit et de notre exposition. M. de Rémusat a donné le dernier mot sur Abélard, sur ses amis et ses ennemis, sur ses doctrines et sur sa vie : la sagacité, la délicatesse de l'esprit ne peuvent aller plus loin.

2. Pour parler plus exactement, dans la première partie de l'enseignement d'Abélard, dans l'enseignement dialectique, car sa théologie n'est plus en question ici

français, lui apprend à diriger son activité, et à se poser, dans toutes ses opérations, des limites et un but, le rend enfin essentiellement propre au combat, en lui imposant la forme précise et tranchante du syllogisme ; mais elle est aussi une mécanique rationelle qui fait trop souvent prendre à l'esprit français le moyen pour le but, aimer le combat pour le combat, étouffer le sentiment intérieur sous l'art extérieur du raisonnement, et méconnaître, pour une logique à la fois étroite, inférieure et usurpatrice, disposée à rejeter tout ce qui la dépasse, la logique supérieure et vivante qui sait reconnaître les bornes du raisonnement et les droits du sentiment, qui sait enfin se résigner aux contradictoires.

La même influence qu'exerce la scolastique sur les habitudes de l'esprit français, elle la saisit également sur les formes du langage par lequel cet esprit va s'exprimer. Abélard, ses disciples, ses rivaux écrivent tous dans la langue savante, mais leur méthode dictera la syntaxe de la langue vulgaire. Là encore, la prépondérance du génie scolastique ne sera pas sans inconvénients ; mais le bien l'emportera incontestablement sur le mal. Le génie logique et analytique de l'École préside à la construction de la phrase française et détermine le caractère plus philosophique que poétique de la langue. De ce caractère, on a souvent tiré des conclusions erronées sur le fond du génie national, génie double, qu'on envisage trop fréquemment sous un seul, et non point sous le principal de ses aspects. Il était nécessaire que la logique prédominât dans la langue française : la langue d'un peuple initiateur et médiateur, d'un peuple placé au centre d'action de l'humanité, devait être claire avant tout, claire aux dépens même de certaines qualités et de certaines richesses ; mais cette langue, si elle n'a pas la poésie extérieure des langues musicales et des langues synthétiques, si elle n'a pas la poésie de sons et d'images qui peut presque se passer de la pensée, cette langue n'en est pas moins propre à exprimer tous les sentiments, comme toutes les vérités ; elle l'a prouvé avec assez de gloire!

Nous voici arrivés de la littérature latine et cléricale à la littérature laïque et française : deux mondes complètement différents, que relient toutefois les deux grandes figures d'Abélard et d'Héloïse ; Abélard par l'esprit, Héloïse par l'âme ; Héloïse surtout, qui a vécu dans le premier des deux mondes dont nous parlons, mais qui semble inspirer l'autre de son souffle.

La littérature vulgaire ou laïque, diverse de formes, est une, au fond, dans cette période créatrice : elle n'est autre que la poésie chevaleresque [1]. On ne saurait parler de la poésie chevaleresque, sans montrer en même temps la chevalerie elle-même, qui est le principe de cette poésie, et que cette poésie transforme à son tour.

Aujourd'hui, dans notre France moderne, une impopularité indélébile pèse toujours sur le souvenir de la féodalité : la société moderne, qui l'a si longtemps combattue et enfin terrassée, ne lui a point pardonné encore, et elle poursuit de sa haine tout ce qui lui rappelle un régime détesté, tout, excepté les traditions de la chevalerie. La chevalerie qui, pourtant, dans la plus grande partie de la France et de l'Europe, rejetait presque sans exception de sa milice l'homme étranger à la caste nobiliaire, a trouvé grâce dans l'opinion du peuple; son nom est resté quelque chose de national en France, et n'éveille dans la mémoire populaire que de vagues souvenirs de courage, de loyauté, de générosité, d'amour idéal et constant; le fantôme chevaleresque apparaît, à travers les nuages du passé, abritant sous son écu sans tache les veuves, les orphelins, les opprimés, et consacrant sa force à la défense de la faiblesse et du droit outragé.

Le sentiment public ne se trompe jamais complètement : la distinction que l'opinion a établie d'instinct entre la féodalité et la chevalerie semble, à un coup d'œil superficiel, mal justifiée par les faits extérieurs; mais on lui reconnaît une valeur très réelle, si l'on ne s'arrête pas à la surface de l'histoire, et si l'on pénètre un peu avant dans la vie morale et intérieure du moyen âge.

On a beaucoup discuté sur l'origine de l'ordre de chevalerie et sur la date précise de son établissement. Pour répondre à ces questions, il est nécessaire de définir d'abord ce qu'on entend par chevalerie; c'est l'admission du jeune noble au rang des guerriers, à la suite d'un noviciat militaire; admission entourée de cer-

---

1. Il y a pourtant une autre chose qui commence, en dehors de la poésie chevaleresque : c'est la poésie familière, morale et satirique du peuple, la littérature des *fabliaux*; mais elle est encore peu développée, et nous n'en parlerons pas maintenant.

taines cérémonies symboliques, les unes guerrières, les autres religieuses, et accompagnées de certains engagements moraux contractés par le récipiendaire. La question de l'origine, ainsi posée, n'est pas difficile à résoudre : en tant qu'institution militaire, la chevalerie descend en droite ligne des coutumes celtiques et germaniques.

Les Gaulois et les Germains considéraient la réception du jeune homme parmi les guerriers comme l'acte le plus solennel de la vie, et c'était au milieu de l'assemblée nationale, du *conseil armé*, que le nouvel homme de guerre était investi, par la lance et le bouclier, du droit de partager les périls et la gloire de ses égaux. Cet usage, tombé en désuétude parmi les populations gallo-romaines, se conserva, d'une part, chez les peuples restés purement celtiques, de l'autre part, chez les conquérants germains. Après la dispersion des Franks sur le vaste territoire qu'ils avaient conquis, la coutume dut se modifier et perdre de sa solennité, au moins pour les guerriers de condition inférieure ; mais elle ne disparut jamais, et des exemples assez nombreux attestent sa persistance sous les deux dynasties frankes. La féodalité s'en empara, et lui donna ce nom significatif de *chevalerie,* qui indiquait que la possession d'un cheval de guerre était le signe distinctif du noble homme. La *chevalerie* du fils d'un baron fut célébrée par des fêtes, des banquets et des jeux militaires auxquels prirent part tous les parents, les alliés, les feudataires du seigneur, et dont ses vassaux et ses sujets payèrent les frais. C'était là une des rares circonstances où les vassaux nobles devaient à leur sire autre chose que le secours de leur épée. L'admission au nombre des guerriers n'avait point été une simple formalité chez les Germains ; on exigeait du récipiendaire des preuves de valeur données à la chasse ou ailleurs, une sorte de noviciat ; le même principe reparut sous d'autres formes qui semblent calquées sur les degrés de la hiérarchie ecclésiastique : le jeune noble, avant de parvenir au grade de chevalier, de guerrier complet, eut à subir plusieurs années d'apprentissage et d'épreuves, sous les titres de page, de *varlet,* de *damoiseau,* d'*écuyer*[1]. Les fils des petits tenan-

---

1. Vaslet, vasselet, varlet, petit vassal, fils de vassal ; damoiseau, de *domicellus*,

ciers ne faisaient guère ce noviciat dans les tours isolées que leurs pères habitaient au fond d'un bois ou au sommet de quelque rocher; le suzerain les attirait dans son château pour s'assurer de la foi des parents, qui, de leur côté, se prêtaient volontiers à ces relations, à mesure que la sociabilité faisait des progrès, et que les châtelains se fréquentaient davantage dans les intervalles ou même à l'occasion de leurs innombrables querelles. Les jeunes nobles remplissaient dans la maison du seigneur toute sorte d'offices domestiques, auxquels la féodalité, conservatrice des traditions celtiques et germaniques, n'attachait aucune idée de servilité; et, le plus souvent, c'était de la main du suzerain qu'ils étaient armés chevaliers, ce qui établissait un nouveau lien entre eux et leur parrain en chevalerie. Souvent, à leur tour, les hauts barons envoyaient leurs fils à la cour des princes souverains, du roi ou de l'empereur, et le résultat était le même sur une plus grande échelle.

Mais la chevalerie, en se régularisant ainsi, ne conserva point un caractère exclusivement militaire : la religion, qui présidait à tous les autres actes de la vie sociale, intervint pour consacrer la réception du néophyte, en fit une espèce de sacrement, et imposa au nouveau chevalier des engagements moraux de nature à développer chez lui la charité chrétienne envers ses égaux et ses inférieurs, à adoucir l'orgueil et la dureté féodale. Cela n'arriva point par mesure générale : ce ne fut pas l'œuvre de quelque concile acceptée par la noblesse; on ne saurait assigner une date précise à cette innovation si importante; mais il y eut évidemment coïncidence avec le mouvement religieux qui produisit la *Paix de Dieu* et la *Trêve de Dieu*. Le clergé bénit les armes qu'il n'avait pu arracher des mains de la noblesse, et s'efforça de tourner cette insatiable soif de guerre contre les musulmans et contre tous les ennemis de l'Église. La fusion des deux éléments guerrier et religieux dut être accomplie, et le pieux cérémonial de la chevalerie fut sans doute en pleine vigueur vers le milieu du onzième siècle. Ce cérémonial était grave et austère : la veille

---

diminutif de *dominus*, petit seigneur; écuyer, *scutifer*, porte-écu. L'écuyer portait le bouclier de son seigneur, veillait sur sa personne dans les combats, etc. comme dans l'ancienne *trimarkisia* gauloise; *v*. t. I, p. 25.

du jour de réception, le jeune écuyer prenait un bain en signe de purification ; puis on le revêtait d'une tunique blanche, d'une robe vermeille et d'une saie ou cotte noire, couleurs symboliques qui indiquaient l'engagement de mener une vie chaste, de verser son sang pour la foi, et d'avoir toujours présente la pensée de la mort. Le récipiendaire jeûnait jusqu'au soir, et passait la nuit en prières dans une église ou dans la chapelle du château ; puis, le matin, il purifiait son âme par la confession, comme il avait purifié son corps par le bain, entendait la messe, et se présentait à la table sainte. La messe finie, le récipiendaire s'agenouillait devant le parrain qui devait lui conférer l'ordre, et qui lui rappelait brièvement les devoirs du guerrier : « Tout chevalier doit avoir droiture et loyauté ensemble ; il doit *garder* (protéger) les pauvres gens pour que les riches ne les puissent fouler, et soutenir les faibles pour que les forts ne les puissent honnir. Il se doit éloigner de tout lieu où gît la trahison ou le *faux jugement* (l'injustice). Il doit jeûner tous les vendredis, ouïr la messe chaque jour, et y faire offrande s'il a de quoi. Les chevaliers doivent garder la foi inviolablement à tout le monde, et surtout à leurs compagnons ; ils se doivent aimer, honorer et assister les uns les autres en toute occasion[1] ».

Le récipiendaire prêtait serment ; alors on apportait toutes les pièces de l'armure qu'il allait avoir droit de revêtir : quand on lui avait passé le haubert, ceint l'épée, chaussé les éperons d'or, son parrain en chevalerie lui donnait un soufflet[2] et trois coups de plat d'épée sur le cou, en lui disant : « Au nom de Dieu, de Saint-Michel[3] et de Notre-Dame (ou de saint Michel ou de saint Georges[4]), je te fais chevalier ! »

---

1. *V.* Vulson de la Colombière, *le Vrai Théâtre d'honneur et de chevalerie*; La Curne de Sainte-Palaye, *Mémoires sur la Chevalerie*; Guizot, *Hist. de la Civilis. en France*, t. IV, sixième leçon. Nous avons déjà rencontré des exemples de cette espèce de fraternité que les chevaliers gardent les uns envers les autres, même quand ils sont engagés dans des partis ennemis. *V.* ci-dessus, p. 279. C'est ce qu'on devait revoir chez les francs-maçons modernes.
2. Le soufflet (colée, *colaphus*) n'entraînait autrefois aucune idée de déshonneur, et, dans les transactions de quelque importance, on appliquait d'habitude une *colée* aux témoins pour que le fait se gravât mieux dans leur mémoire.
3. Chef de la chevalerie céleste, de l'armée des anges.
4. Chef de la chevalerie terrestre.

Les cloches sonnaient à joyeuses volées; l'église retentissait de fanfares; on apportait un heaume au jeune chevalier, on lui amenait un cheval de guerre; il s'élançait sur le coursier, et, faisant flamboyer sa lance au soleil et fendant l'air de son épée, il parcourait au galop les cours du château et les préaux verdoyants qui s'étendaient au pied des remparts, tandis que les acclamations populaires saluaient son entrée dans l'association des *preux*[1].

La chevalerie, la *milice* par excellence, comme on l'appelle, a donc ses règles d'initiation et ses règles de conduite, ses règles dans la guerre, tempérant la guerre : c'est son esprit qui défend de frapper l'ennemi réduit à demander merci, qui adoucit le sort des prisonniers, et tend à soumettre les rançons à des coutumes fixes et modérées. Comme pour les faits de guerre, elle a des règles pour les exercices de la paix, pour ces jeux qui sont l'image des combats et qui tiennent une si grande place dans les mœurs du moyen âge. Les jeux guerriers des Gaulois et des Germains, conservés et modifiés par les Franks[2], s'agrandissent, se systématisent, se codifient, pour ainsi dire, vers le même temps où s'introduit le cérémonial religieux de l'initiation. Suivant les chroniques de Tours, ce fut un seigneur tourangeau, Geoffroi de Preuilli, qui formula le code des *tournois*, au milieu du onzième siècle[3]. Les tournois et leurs règlements se propagèrent

---

1. Preux, *probi homines.* 2. V. t. II, p. 418.
3. Le *tournoi* se divisait ordinairement en deux parties : la joûte, combat entre deux chevaliers qui couraient l'un contre l'autre, la lance en arrêt, et qui cherchaient à se faire vider les arçons; et le *tournoi* proprement dit, mêlée général de deux escadrons d'hommes d'armes. Le nom de *tournoi* (tournoiement) rappelle cet exercice, si usité chez les Gaulois, dans lequel le cavalier faisait tourner son cheval en cercle. Joûte vient du latin *juxta*, qui exprime l'action de s'approcher de se joindre, le choc. Il y avait aussi des combats *à la barrière*, où deux troupes de chevaliers combattaient à pied avec la hache, le sabre et la masse d'armes, jusqu'à ce que l'un des deux partis eût été repoussé par l'autre au-delà de la barrière qui fermait la lice. Les *behours* ou *behourdis* étaient des sièges simulés, où les deux partis assaillaient et défendaient une espèce de citadelle en bois. Un autre jeu fut ajouté plus tard, le *pas d'armes* : un ou plusieurs chevaliers choisissaient un lieu, un *pas* ou passage quelconque en pleine campagne, y plantaient leur bannière, et ne permettaient à personne de traverser sans avoir combattu contre eux; mais ceci, qui exprime essentiellement le génie de l'aventure, le génie romanesque, provient d'une autre origine.

Les règles de Geoffroi de Preuilli prescrivirent que les lances n'eussent point

rapidement dans toute la France, puis dans toute l'Europe latine, et le nom de *Jeux français*, qu'ils conservèrent chez les autres nations, attesta que leur origine n'était contestée par personne [1].

Le *saint ordre de chevalerie* paraît ainsi complétement constitué dès le onzième siècle, avec des règles positives et deux puissants mobiles moraux, le principe religieux et le principe héroïque. Cette première période de la chevalerie est déjà assez caractérisée pour enfanter sa poésie, et une grande poésie ; et, cependant, la vraie chevalerie n'existe encore qu'en germe, comme nous ne tarderons pas à le reconnaître. La chevalerie n'a point encore ce troisième principe qui la rendra essentiellement différente de tout ce qui a paru jusque-là dans le monde.

Arrêtons-nous toutefois sur la première période de la poésie chevaleresque. Une place considérable lui appartient dans les souvenirs de la France. Elle a créé des types que l'imagination des peuples n'oubliera jamais : c'est à elle que nous devons l'Achille français.

Quelques mots d'abord sur la langue, ou plutôt sur les langues qui servirent d'organe à cette poésie.

Nous avons indiqué la disparition commune du latin et du celtique, absorbés tous deux dans une langue nouvelle, où les vocables empruntés au latin dominent, principalement par l'influence de l'Église, qui, n'ayant pas réussi à imposer sa langue liturgique aux masses, rapproche au moins tant qu'elle peut de cette langue le langage vulgaire [2]. La langue vulgaire, pour la majo-

---

er, et qu'au lieu d'épées de combat, on se servit de bâtons ou de glaives de bois 'if ou de sapin ; cependant on employa plus tard les armes de guerre, « pourvu u'elles ne fussent affilées ni émoulues ». On institua dans chaque tournoi des *iseurs* ou juges du camp, choisis parmi les plus anciens et les plus honorables hevaliers. Ces diseurs réglaient les contestations des jouteurs, s'interposaient entre ux, empêchaient qu'aucun homme non noble, aucun noble indigne de sa naissance e glissât parmi les preux gentilshommes, et décernaient les prix. Les hérauts d'armes aient subordonnés à ces magistrats, dont l'autorité finissait avec les joûtes et urnoiements qu'elle avait régis.

A ces jeux dangereux étaient joints des exercices de pure adresse : la bague envée au galop à la pointe d'une lance ; la *quintaine*, où l'on abattait une tête de ois à coups de javelots, etc.

1. *v.* Ducange, sixième et septième *Dissertations sur les Mémoires de Joinville*.
2. C'est M. Fauriel, si nous ne nous trompons, qui a le premier signalé cette tion décisive de l'Église sur la formation de la langue.

rité de nos populations rurales, paraît avoir été encore, au sixième siècle, un celtique plus ou moins altéré : elle ne l'est plus au neuvième; les septième et huitième siècles semblent l'époque de transition. L'Église fait ce que n'a pu faire l'Empire : elle fait plus que les Césars pour nous enlever le verbe primitif de nos pères, ce qu'un de ses grands évêques appelle « la rouille du langage celtique[1]. »

Le terme de *langue nouvelle*, de *langue romane*, a besoin d'explication. Quand on parle du celtique, on ne parle pas d'une langue unique : il y avait deux langues sœurs, subdivisées en nombreux dialectes. Il n'y a jamais eu non plus une langue romane universelle et régulièrement identique : il existe certainement, dès l'origine, divers dialectes formés dans des conditions analogues, sous l'empire d'une même situation générale, mais différenciés par les circonstances et les habitudes locales. Assez rapprochés d'abord dans leurs formes vagues et flottantes, pour qu'on puisse les confondre sous une même dénomination, comme l'attestent les fragments *romans* qu'on a conservés du neuvième et du dixième siècles[2], ils se séparent de plus en plus à mesure qu'ils s'élaborent et se déterminent ; deux génies différents se dégagent des langes de cette confuse enfance, et deux langues, indépendantes l'une de l'autre, apparaissent, subdivisées en dialectes provinciaux. La langue du Nord et celle du Midi sont parfaitement tranchées au onzième siècle. On les appelle encore collectivement langue *romane* ou *gauloise*[3], par opposition au latin ; mais la première porte déjà son nom propre, qu'elle ne quittera plus : elle s'appelle déjà LANGUE FRANÇAISE. L'autre, signe frappant de l'absence de centre qui ne permettra pas la formation d'une vraie

---

1. Littéralement, l'*écaille; squamam celtici sermonis.* Sidon. Apollin. Epist. III l. III.

2. Le serment de Lodewig-le-Germanique (842); les vers sur sainte Eulalie retrouvés à la bibliothèque de Valenciennes; le poëme sur *Boëce*. Ce poëme est en vers de dix syllabes et rimé. Nous n'avons parlé que de la Gaule ; mais la langue romane, ou l'ensemble de dialectes très voisins qu'on peut désigner sous ce nom, s'étendait sur toutes les parties de l'ancien empire romain où l'établissement latin avait une base celtique; c'est-à-dire depuis le Portugal jusque sur le bas Danube. Les plus récentes observations physiologiques et linguistiques signalent l'importance de l'élément gaulois chez les Roumains (Valaques, Moldaves).

3. *Romana; Gallica;* en allemand, *Rœmische; Welsche.*

nationalité dans le Midi, n'a point de nom bien déterminé; on l'appellera tantôt langue *limousine*, à cause des poëtes illustres nés dans le Limousin, tantôt langue *provençale;* le nom plus général de langue d'*oc*, par opposition à la langue d'*oïl* (oui), ne passe guère en usage qu'au quatorzième siècle, et nous ne l'employons avant cette époque que pour la clarté du récit.

C'est cependant la langue du Midi qui se polit et s'assouplit la première aux rythmes poétiques, comme par compensation de ce que la littérature savante des écoles est presque exclusivement concentrée dans le Nord depuis Charlemagne. Le soleil du Midi mûrit plus vite les fruits délicats du laurier poétique. Le français, plus clair, plus simple, plus naïf, plus rapproché de l'ancienne prononciation celtique[1], fort adoucie, à la vérité, car il rachète l'absence de sonorité par une douceur presque enfantine qu'il ne conservera pas dans sa maturité, le français s'essaiera longtemps avant d'atteindre cette précision et cette fermeté logique qui seront ses caractères essentiels. La langue du Midi, plus sonore, plus musicale, plus riche en voyelles, plus rapprochée du génie grec et latin, acquiert de très bonne heure une variété, une flexibilité, une grâce, un coloris, un mouvement lyrique surprenants : elle combine, dans des formes bientôt complexes et savantes, les rhythmes des chants d'église, où la rime celtique a depuis longtemps pénétré, avec ceux de la poésie arabe, et la musique arabe avec nos primitives mélodies celtiques. La poésie du Midi, avec ses *canzos* (chants d'amour et de guerre), ses *tensons*, ses *sirventes*[2], qui renouvellent l'ode, l'élégie, l'églogue et la satire antiques, est probablement en pleine vigueur dès le commencement du onzième siècle : elle donne à la famille des poëtes qu'elle inspire un nom nouveau, le beau nom de *trobadors* ou *trobaires*[3] (troubadours), que le Nord adopte, de son côté, sous la forme de *trouveors* ou *trouveres* (trouveurs, par corruption *trouvères*).

On n'a gardé aucuns chants lyriques ou familiers des trouba-

1. Notre Midi et même l'Italie du Nord ont pourtant gardé de très fortes traces de cette prononciation.
2. *Tenson*, contention, dialogue, débat poétique entre deux personnages; *sirvente* (de *serviens*), suivante; poésie d'ordre inférieur, relativement aux *canzos* ou chants chevaleresques.
3. Ποιητής, poëte, celui qui *fait*; *trobador*, celui qui *trouve*; l'inventeur.

dours qui soient antérieurs aux poésies de l'avant-dernier duc indépendant d'Aquitaine, Guilhem IX (né en 1071, mort en 1127); mais ces poésies mêmes attestent que Guilhem IX chantait au milieu de coutumes poétiques tout établies et n'y exerça aucune initiative. On ne peut douter que les poëtes du Midi ne se fussent déjà également essayés dans un autre genre, et qu'il n'existât des chants de proportions plus étendues et de forme moins élégante et moins recherchée, des récits en vers sur des sujets guerriers ou religieux; néanmoins, il n'y a guère d'apparence qu'il se fût là rien produit de très considérable, et, si la royauté de la lyre doit rester incontestablement aux troubadours, c'est à d'autres qu'appartient la gloire d'avoir réveillé la trompette de l'épopée. Les trouvères eurent moins de feu, mais plus d'haleine que les troubadours. Moins vifs et moins subtils, avec une force et une sensibilité plus contenues, ils eurent davantage l'inspiration soutenue des grandes compositions. La France, à qui l'on a contesté le génie épique, durant le long oubli où est restée ensevelie sa vieille poésie, la France est précisément la nation qui a renouvelé l'épopée en Europe, et c'est dans celle de ses deux langues du moyen âge, qui était déjà et devait rester la *langue française,* qu'a été créée la *Chanson de Geste* (chanson de hauts faits, chanson historique et guerrière). L'Europe du moyen âge l'a hautement reconnu en nommant ce nouveau genre de poëme héroïque *chanson à la française,* comme elle nommait *jeux français* les joûtes et les tournois[1].

L'origine des Chansons de Geste est gallo-franke : elle n'est pas dans ces vieux chants germaniques recueillis par Charlemagne,

---

1. Un troubadour du treizième siècle, Ramon Vidal, tranche fort bien la question des deux littératures du Nord et du Midi : *La parladura francesca val mais et es plus avinenz a far romanz et pasturellas; mas cella de Limosin val mais per far vers et cansons et serventes.* « Le langage français vaut mieux et est plus avenant à faire romans et pastourelles; mais le langage de Limousin vaut mieux pour faire vers et chansons et sirventes. » Il prend ici le mot de chanson dans le sens des *canzos* méridionaux, et remplace celui de *chanson de geste* par le nom de *roman* ou récit en langue *romane.* Les *vers* par excellence sont les vers à rhythmes savants et compliqués. La question de l'origine *française* ou provençale des *Chansons de Geste* a soulevé de très longues et de très vives discussions entre nos érudits. Qui ne se rappelle combien M. Fauriel a dépensé de savoir, d'esprit et d'imagination pour établir la suprématie épique de ses chers Provençaux! La cause du Nord, dans la défense de laquelle s'est signalé M. Paulin Pâris, devait vaincre, appuyée qu'elle était sur des monuments chaque jour plus nombreux et mieux connus; mais les erreurs même d'un homme tel que M. Fauriel fécondent la science.

et qui, perdus sous leur forme première, revivent en partie dans les *Nibelungen* allemands. Ce premier cycle épique, qui roulait principalement sur la lutte des Germains contre Attila, disparut de notre sol avec la langue tudesque[1] : il fut remplacé par une nouvelle tradition poétique, formée sur les souvenirs de Charlemagne lui-même et de sa race, mais d'un Charlemagne *francisé* par cette société nouvelle, qui ne distinguait pas entre Français et Franks et ne savait plus que Charlemagne n'eût point parlé français. La chevalerie naissante, fort préoccupée de ces guerres contre les musulmans d'Espagne et des îles méditerranéennes, qui préludaient à la croisade, s'attacha, non pas exclusivement, mais principalement à ceux des souvenirs de Charlemagne qui coïncidaient avec cette préoccupation. La poésie préluda sans doute par plus d'un essai perdu. Au milieu du onzième siècle, simultanément avec la constitution de l'initiation chevaleresque et des tournois, et avec les premières expéditions des Normands en Italie, des Français, des Bourguignons, des Aquitains en Espagne, éclate au nord de la Loire la Chanson de Geste. La date est certaine. Aux champs de Hastings (1066), devant le front de l'armée prête à charger, le *jongleur*[2] normand Taillefer entonne les strophes de la CHANSON DE ROLAND, qu'il entremêle aux jeux d'une adresse hé-

1. Il y a laissé un monument fort curieux : c'est le *Walther d'Aquitaine*, récit épique, écrit en latin, à un point de vue gaulois, par un moine de Saint-Benoît-sur-Loire, du neuvième au dixième siècle, et qui mêle les souvenirs récents des luttes des Aquitains contre les Franks aux vieilles traditions de la guerre d'Attila. *v*. Fauriel, *Hist. de la Poésie provençale*, t. I, c. IX-XII. Le héros est un homme de langue gauloise, vainqueur des Franks.

2. *Jonglere*; *jongleor*; Geoffroi Gaimar, *Chron. anglo-normandes*, t. I, p. 7. Les jongleurs (*joculatores*) avaient précédé les trouvères et les troubadours et leur survécurent. Ils avaient autrefois diverti les rois et les chefs des conquérants barbares avec leurs tours d'adresse entremêlés de vers et de musique. Après la naissance de la grande poésie romane, ils chantèrent dans les châteaux et sur les places publiques les tirades des Chansons de Geste, en s'accompagnant de la rotte ou harpe celtique, du rebec, *reboy* ou *rebeb*, espèce de violon d'origine arabe, de la harpe teutonique, ou, plus communément, de la vielle. On peut se faire quelque idée de cette récitation, si l'on a entendu les conteurs arabes sur les places des villes d'Afrique ou d'Orient, avec les instruments qui soutiennent leurs voix et qui jettent une ritournelle plaintive dans les intervalles du récit. — Quant aux tours d'adresse des jongleurs, Taillefer les ennoblit par sa mort héroïque : il lança en l'air, tour à tour, à plusieurs reprises, sa lance et son épée, les rossaisissant à la volée, puis darda sa lance sur les Saxons, et se jeta après elle dans leurs rangs où il tomba percé de mille coups.

roïque. Nous avons retrouvé la CHANSON DE ROLAND. Nous possédons, sinon le texte primitif absolument pur, du moins le texte un peu augmenté, peut-être, mais antérieur, en tout cas, à la première croisade et à la fin du onzième siècle[1].

On se rappelle le cri d'admiration qui s'éleva, lorsqu'il y a peu d'années, le poëme du trouvère Théroulde[2] se dégagea enfin, dans toute sa vigueur et son originalité natives, de dessous les couches successives d'imitations amoncelées sur lui durant cinq siècles. Quelle force dans cette simplicité! quelle hauteur de sentiments exprimée dans cette langue informe encore! quelle grande ordonnance! quelle unité dans le plan et la marche du poëme! quelle vérité, quelle profondeur dans les caractères! quelles figures que celles de Charlemagne, de Roland, d'Olivier, de Guénelon, si différent du traître vulgaire des romans postérieurs! La poésie héroïque a-t-elle, dans aucun temps et dans aucun pays, rien de plus émouvant et de plus grandiose que les incidents relatifs au cor et à l'épée de Roland, que ce bouleversement de la nature s'ébranlant tout entière en signe de deuil au moment où le héros va mourir[3], que le tableau de la mort de Roland et des *douze pairs!*

---

[1]. La *Chanson de Roland*, publiée par Francisque Michel; 1837. — La *Chanson de Roland*, poëme de Théroulde, publiée par F. Génin; Paris, 1850. Que ce poëme soit antérieur à la première croisade, c'est ce dont il est impossible de douter, quand on l'a lu attentivement. *V.* sur toutes les questions relatives à ce poëme, l'*Introduction* de M. Génin et l'excellent article de M. Vitet, *Revue des Deux Mondes*; 1852, p. 817.

[2]. *Turoldus*. Il latinise son nom dans le dernier vers du poëme :
« Ci fault (finit) la Geste que Turoldus décline. »
MM. Génin et Vitet le croient Normand; M. Génin, d'après quelques indices, en ferait le précepteur même de Guillaume le Conquérant. La prédilection que Théroulde témoigne pour les Normands ne nous paraît pas aussi décisive qu'à M. Vitet; car il est bien favorable aussi aux Angevins, rivaux des Normands.

[3].
« En France en a moult merveilleux tourment;
Ores y a de tonnerre et de vent,
Pluies et grésils démesuréement;
Chiedent (tombent) y foudre et menu et souvent,
Et *terremote* (tremblement de terre) ço y a vèrement
De Saint-Michel de Paris jusqu'à Sens,
De Besançon *tresqu'as* (jusqu'au) port de Guissant :
N'en a *recet* (logis) dont les murs ne *cravent* (ne croulent).
Contre midi ténèbres y a grands!
N'y a clarté si le ciel n'en y fend!
Homme ne l'vit qui moult ne s'espouvant!
Dient pluseurs : « C'est le définement (la fin du monde).

Il manque là, sans doute, l'inépuisable variété, le savoir encyclopédique d'Homère, la langue d'Homère, surtout; mais, quant à l'art de la composition, Théroulde atteint, du premier élan, la vraie forme épique, que le roman du moyen âge ne saura plus retrouver après lui; et, quant à l'âme, le trouvère du onzième siècle est au niveau de tout. Ce poëte à demi-barbare[1] a déjà dans la poitrine le cœur du grand Corneille. Sa lecture rehausse l'âme. Ce n'est pas seulement une impression générale de force et d'excitation morale, un *sursùm corda* indéterminé, qui résulte de son œuvre : cette impression aboutit à un sentiment très arrêté; on croirait que ce doit être l'enthousiasme religieux; il y est sans doute, mais il n'y est ni seul ni même dominant. Chose surprenante! le souffle du poëme est le patriotisme! le patriotisme, quand il n'y a encore qu'une simple communauté de mœurs et de langue, quand il n'y a point de patrie politique! La pensée du poëte crée en arrière ce qui sera en avant, une vraie France, cette *doulce France*, pour laquelle ses héros expriment une tendresse si touchante, et c'est Charlemagne qui en est pour lui la majestueuse personnification. La royauté réelle n'est qu'un vain nom : le poëte invente un éclatant idéal de monarchie féodale qu'il fait planer sur cette humble réalité. Par une réaction singulière, lorsque la royauté commencera de tendre avec énergie et succès vers l'idéal du poëte, la poésie chevaleresque, sous l'influence des grands vassaux, deviendra hostile aux souvenirs de Charlemagne, attaquera dans sa personne l'esprit d'unité, et ravalera systématiquement le grand empereur devant ses barons rebelles. Le cycle épique *carolingien* reproduira la fortune de la race de Charlemagne. Commencé par la glorification du monarque frank, il finira par le

> La fin del siècle qui nous est en présent! »
> Ils ne l'savent ne dient vrai néant... »
> C'est le grand deuil pour la mort de Roland! »
> (Chant II, vers 763 et suivants.)

Nous rajeunissons un peu l'orthographe dans nos citations des poëmes.

1. Il y a dans ses personnages un singulier mélange de tendresse de cœur et de barbarie. A la prise de Saragosse, les Français pendent ou brûlent les Sarrasins qui ne veulent pas se convertir. Quand on fait justice de Guénelon, avec lui on pend tous ses parents qui ont *plaidé pour lui* (qui l'ont cautionné). C'est l'esprit de l'ancien droit barbare quant aux otages. Le garant partage le sort du garanti.

renversement de son empire. L'idée de la patrie s'effacera de cette poésie avec la grandeur du monarque national, et les poëtes féodaux, marchant à rebours des faits, ne célèbreront plus que des héros de localité ou des exploits de chevalerie errante. L'un sera le chantre des *Loherains* (Lorrains); l'autre, de Gérard de Roussillon; un troisième, des quatre fils Aimon, Renaud de Montauban en tête, l'idéal de l'anarchie féodale. Dans le cycle carolingien, Théroulde restera le seul chantre de la France.

Il ne l'avait peut-être pas seul chantée. D'autres poëmes contemporains, que nous n'avons plus [1], pouvaient être animés du même esprit. Quoi qu'il en soit, la première impression, en dépit de tout ce que purent faire les poëtes féodaux, subsista chez les masses. L'opinion favorable à Charlemagne fut soutenue par un livre, d'ailleurs fort peu recommandable, qui, au grand détriment de notre littérature, substitua bientôt son autorité usurpée à celle de l'œuvre de Théroulde. Nous voulons parler de la chronique latine faussement attribuée à Turpin, archevêque de Reims, un des personnages de la *Chanson de Roland*, et très vraisemblablement forgée par Gui de Bourgogne, archevêque de Vienne. Gui de Bourgogne, depuis devenu pape sous le nom de Calixte II, « mit hardiment sa compilation romanesque au rang des livres canoniques [2] », en foudroyant ceux qui écouteraient ou répéteraient « les chansons menteuses des jongleurs », c'est-à-dire les Chansons de Geste, qui n'étaient pas d'accord avec le faux *Turpin* (1122). Des fables nouvelles s'introduisirent ainsi sous le couvert pontifical, et gâtèrent la haute et simple donnée de la *Chanson de Roland*, qui n'avait fait que grandir démesurément un épisode vrai de la vie de Charlemagne.

La popularité du personnage de Roland ne se ressent pas des alternatives que subit la mémoire de Charlemagne. Cet Achille

---

1. Le *Faux Turpin*, qui parut en 1092, cite un *Garin le Loherain* et un *Oger de Danemark*, premières versions des romans des douzième et treizième siècles que nous avons sous ces titres.

2. Génin, Introduction à la *Chanson de Roland*, ch. II. M. Génin établit fort bien que le *Faux Turpin* a été composé pour accréditer le pélerinage de Saint-Jacques-de-Compostelle; que ce livre a paru pour la première fois à Vienne, en 1092, et que la maison de Bourgogne, qui montait en ce moment, par mariage, sur le trône de Castille, avait le plus grand intérêt à attirer en Espagne le flot des chevaliers et des pèlerins français.

français envahit toutes les langues, toutes les littératures, toutes les imaginations de la chrétienté : il sort même du monde chrétien ; on retrouve des légendes de Roland chez les Turks de l'Asie mineure et jusqu'au fond du Caucase. L'admiration des châteaux peut bien se partager entre Roland et vingt autres romanesques héros ; le peuple ne lui connaît pas de rival parmi les douze pairs ni les *paladins*[1], depuis le jour où Théroulde a consacré son généreux trépas jusqu'au temps où Arioste rajeunira son immortalité en la rendant moins austère.

Les trouvères et les troubadours célèbrent pourtant bien d'autres gloires. La Chanson de Geste se multiplie indéfiniment dans les deux langues du Nord et du Midi, le Nord gardant toutefois la prééminence numérique après l'initiative. Le roman carolingien est comme un arbre immense qui jette dans diverses directions de vastes branches subdivisées en nombreux rameaux. La branche des *Loherains*, en nous montrant les *Wandres* (Wandales), qu'elle mêle aux Sarrasins, jette, au moyen âge, un dernier écho des antiques invasions barbares : *Raoul de Cambrai* rappelle les traditions des Héribert de Vermandois ; *Guiteclin de Sassoigne*, ou la *Chanson des Saisnes*, n'est autre que Witikind, ou le chant de la guerre des Saxons étrangement transformé ; Witikind, aussi bien que le roi Marsile, de Saragosse, adore Mahomet et Apollon. La branche de *Guillaume-au-court-nez* évoque les guerres de l'Aquitaine franke contre les musulmans d'Espagne ; *Gérard de Roussillon* et les *Quatre Fils-Aimon* célèbrent la féodalité glorieusement rebelle à la monarchie[2]. Ces poëmes embrassent en général un cycle historique qui va de Charles-Martel aux derniers Carolingiens ; quelques-uns le dépassent en avant jusqu'aux premiers Capétiens[3] ; d'autres retournent en arrière jusqu'aux temps mérovingiens[4], et servent d'intermédiaire entre le cycle carolingien

---

1. De *palatini* ; les chevaliers du palais. Le mot est italien, et, relativement, moderne.

2. Nous ne citons que des poëmes écrits, ou du moins commencés au douzième siècle ; nous dirons un mot plus tard de ceux du treizième. L'*Hist. littér. de la France*, t. XXII, en cite près de *cent* de l'un et de l'autre siècle, dont trois ou quatre seulement appartiennent à la langue d'oc ; beaucoup de poëmes provençaux sont perdus.

3. Le roman de *Hues Capet* ; le roman du *Chevalier au Cygne*, etc.

4. *Parthenopex de Blois*.

et un groupe de poëmes empruntés aux souvenirs de l'antiquité, le roman de *Troie-la-Grand*, le *Jules-César*, l'*Alexandre*, etc. étranges classiques, qui vont chercher le siége de Troie non dans Homère, mais dans des livres apocryphes, œuvres des Grecs du Bas-Empire [1].

Il y a de très belles parties dans plusieurs des poëmes carolingiens, mais aucun ne présente ce puissant ensemble, cette coulée en bronze d'un seul jet qui caractérise la *chanson de Roland*. Comme l'a très bien dit un judicieux critique [2], l'œuvre de Théroulde est une épopée; les autres sont des romans. Quant à la langue, quant à l'expression et à la versification, il y a, de Théroulde à ses successeurs, ce progrès inévitable qui n'a rien d'individuel et tient au bénéfice du temps; mais c'est dans le moule robuste donné par Théroulde que s'opèrent ces perfectionnements: jusque bien avant dans le treizième siècle, se répète l'écho de sa longue tirade monorime [3] en vers de dix syllabes résonnant comme le trot pesant et allongé des *scares* frankes [4].

Le mouvement poétique des *chansons de Geste* suscite un mouvement historique qui est loin d'avoir le même éclat, mais dont il faut cependant tenir compte. La jeune nationalité française, à mesure qu'elle acquiert plus énergiquement conscience d'elle-même, tourne davantage ses regards vers le passé : elle veut savoir d'où elle vient et quels sont ses pères; elle a une langue et une poésie; elle veut avoir une histoire et connaître dans leur ensemble ces traditions d'où la poésie tire de si brillants épisodes. Un homme qui tient lui-même une place considérable dans nos fastes par ses services politiques fut, selon toute apparence, l'in-

---

1. Les livres publiés sous les noms de *Darès le Phrygien* et de *Dictys de Crète*, et traduits du grec en latin. Le trouvère Benoît de Sainte-More aime bien mieux croire ces deux personnages qu'Homère, attendu qu'ils étaient au siége de Troie et qu'Homère n'y était pas. V. le curieux prologue de *Troie la grand*, cité par M. Leroux de Lincy; *Analyse du Brut*, p. xix.

2. M. Vitet.

3. *Monorime*. A peine peut-on employer ce terme en parlant des vers de Théroulde; car il en est encore aux simples assonances. La rime véritable ne vient dans la Chanson de Geste qu'au douzième siècle.

4. E. Quinet, *Rapport à M. le Ministre des travaux publics sur les épopées françaises du douzième siècle*, 1831. Nous reviendrons sur cette pièce si intéressante et par le sujet et par la date.

terprète de l'instinct public qui aspirait à voir nos fastes réunis. L'abbé Suger paraît avoir été le fondateur des fameuses *Chroniques de Saint-Denis*[1]. La rédaction et la conservation de ce corps d'histoire officiel appartenaient bien au caractère politique et monarchique de la grande abbaye qui recevait, au nom de son patron, l'hommage du roi lui-même et avait donné sa bannière à la royauté. Suger fit fondre en un seul corps un certain nombre des chroniques relatives aux fastes des Franks et de la France, depuis les premiers princes franks jusqu'au temps du roi Philippe, et il écrivit lui-même l'*Histoire de Louis le Gros* pour faire suite à cette compilation. A partir de cette *Vie de Louis le Gros*, les *Chroniques de Saint-Denis* se composent d'une série non interrompue d'ouvrages contemporains des règnes qu'ils racontent. Chaque génération apporte sa pierre.

Par malheur, l'édifice était bâti sur le sable. Le choix et la fusion des sources anciennes étaient une œuvre qui dépassait les facultés du douzième siècle. Pour la compilation qui forme la base des *Chroniques de Saint-Denis*, on avait préféré Aimoin à Grégoire de Tours, et placé respectueusement le *faux Turpin* entre Frédegher et Eginhard[2]. On avait retranché d'Aimoin les passages empruntés à César sur la Gaule primitive, pour conserver précieusement les contes sur l'origine troyenne des Franks[3]. Le

---

1. C'est l'opinion, très bien motivée, de La Curne Sainte-Palaye et de D. Bouquet.
2. On avait de bonnes raisons, à Saint-Denis, pour priser haut le prétendu Turpin : il raconte que Charlemagne, en mourant, donna toute la France à Saint-Denis.
3. Ce n'est pas Aimoin, chroniqueur du dixième siècle, qui a inventé cette fable; elle est beaucoup plus ancienne, et Frédegher, trois cents ans auparavant, racontait déjà que les Franks étaient issus des Troyens. Paul Diacre va jusqu'à retrouver le nom d'*Anchise* dans celui d'Anseghis, fils de saint Arnoul de Metz, et un des ancêtres de Charlemagne. Les Franks, comme autrefois les Gaulois, avaient voulu avoir les mêmes aïeux que les Romains, et se distinguer par là des autres Germains, des autres Barbares. Il y aurait un livre curieux à faire sur l'influence historique et politique qu'a exercée l'*Énéide*. La croyance à l'origine troyenne des Franks a régné sans contestation pendant neuf cents ans, et n'a été enfin ébranlée que par l'érudition de la Renaissance. Elle était encore assez répandue, à la fin du seizième siècle, pour que Ronsard en fît la base d'un poëme épique (*la Franciade*). — Ce qui est très singulier, c'est que Frédegher qui, le premier, adopte cette chimère, attribue une commune origine troyenne aux Franks et aux Turks, race qui devait être alors presque absolument inconnue aux Franks et à tous les Occidentaux. Il y avait là une vague réminiscence du commun berceau asiatique.

patriotisme du douzième siècle s'était égaré dans la recherche des origines : la confusion des Franks et des Français obscurcissait tout. La Germanie, à cette époque, pèse encore non-seulement sur les faits sociaux, mais sur l'esprit de la France. Il faut qu'un autre souffle renaisse de plus grandes profondeurs et affranchisse du génie teutonique tout au moins notre âme, notre vie morale.

L'histoire, au point de vue frank et monarchique des *Chroniques de Saint-Denis*, point de vue d'accord avec celui de la *Chanson de Roland*, est d'un grand secours à la royauté. Les *Grandes Chroniques* deviennent les archives officielles du royaume ; leur témoignage, avec le temps, acquiert force de loi dans les plus graves questions d'État et de jurisprudence féodale ; et ce témoignage, grâce à l'esprit des rédacteurs, est rarement défavorable à la couronne. L'anarchie des premiers temps féodaux, revendiquée et poétisée dans une partie des *Chansons de Geste*, s'efface dans les *Chroniques de Saint-Denis*; il semble là que la hiérarchie féodale ait toujours fonctionné régulièrement à tous les degrés, à commencer par les *douze pairs*. C'était à juste titre que les rois capétiens avaient pris saint Denis pour patron : ils avaient trouvé en lui un puissant et fidèle auxiliaire.

Nous avons constaté l'influence politique des poëmes français d'origine gallo-franké ; nous avons reconnu la haute valeur littéraire de ces poëmes, surtout du plus ancien de tous. Il faut bien, néanmoins, reconnaître que la *Chanson de Roland* n'ajoute rien d'absolument neuf au domaine de la poésie. Cette harpe guerrière fait vibrer admirablement les cordes héroïques qui avaient déjà résonné depuis la Perse jusqu'à la Scandinavie, en passant par la Grèce d'Homère ; mais elle n'a point de corde nouvelle et inconnue. Où est la différence essentielle entre Roland et ses frères en vaillance, Achille, Sigurd ou Roustem ? Chacun d'eux a ses traits particuliers, sans doute [1] ; mais ils sont tous de la même famille. Ce n'est pas de cette famille poétique que sortira le principe véritablement distinctif de la chevalerie, la conception d'un nouvel idéal dans les rapports de l'homme et de la femme. Voyez

---

1. Le trait le plus caractéristique, chez le chantre de Roland, c'est de célébrer la mort glorieuse et non la victoire et la joie : c'est là un sentiment tout chrétien, comme le remarque M. Vitet.

expirer Roland! Il n'a pas même, en mourant, une pensée pour la femme qui va mourir de sa mort. Il se souvient de ses combats, de sa *douce France*, de *Carles son sire*, de tout, excepté d'elle. Tout ce qu'il a de fortes affections est pour sa patrie, ses frères d'armes et son chef. Il n'y a qu'un éclair d'amour dans ce poëme, mais il est sublime. C'est la fiancée qui meurt, quasi sans une parole, en apprenant que son fiancé n'est plus. Par la femme, l'amour commence.

Une autre race poétique va paraître, et, avec elle, un nouveau monde moral.

Ce que nous n'avons pas trouvé dans l'épopée guerrière du Nord, le chercherons-nous dans la poésie lyrique ou élégiaque du Midi? Celle-ci est moins belliqueuse et plus amoureuse ; mais a-t-elle bien une conception nouvelle de l'amour? Où irait-elle, livrée à elle-même et aux inspirations qu'elle a pu recevoir jusqu'au commencement du douzième siècle? Elle a deux sources à sa disposition : les Latins et les Arabes. Elle peut s'inspirer de deux ordres de qualités littéraires fort opposés ; mêler la clarté, la précision, la volupté mobile et fort peu chaste des Latins, et leur vif sentiment de la nature extérieure, avec l'imagination ardente et passionnée, et l'ingénieuse subtilité des Arabes. Il peut sortir, il est sorti de là des combinaisons intéressantes à étudier, des formes brillantes et animées, mais pourtant rien de véritablement créateur. Il y a dans notre Midi une terre merveilleusement préparée ; mais c'est d'ailleurs qu'elle doit être fécondée ; c'est d'ailleurs que doit jaillir le flot de sentiments nouveaux que nous attendons.

Nous allons chercher ce flot à sa vraie source. Il nous faut, pour la trouver, sortir un moment, non pas de notre famille, non pas de notre race gauloise, mais de notre territoire français. Gaulois mélangés et modifiés par les races étrangères, il nous faut retourner puiser l'inspiration chez les Gaulois restés purs de mélange.

Les Gaëls chrétiens, les Scotts d'Irlande ont eu sur la Gaule franke, comme on l'a vu plus haut, une grande influence religieuse, du sixième au huitième siècle[1]. La révolution morale et

---

1. Et même jusqu'au neuvième. V. ci-dessus, t. II, p. 114, 127, 469.

littéraire du douzième siècle, bien plus vaste et plus durable, appartiendra exclusivement aux Kimris.

Des poésies d'une incontestable authenticité nous font connaître l'état moral des restes du druidisme dans les deux Bretagnes au sixième siècle. En Armorique, un groupe de défenseurs du pur druidisme, personnifié dans le sublime et sombre Gwenkhlan, jette encore des cris de colère contre les novateurs chrétiens. Dans la Grande-Bretagne, Taliésin, Liwarkh-le-Vieux, Aneurin, et sans doute ce mystérieux Merlin[1], dont nous ne possédons rien de bien authentique, flottent sur la limite des deux religions. Il commence à s'opérer dans leur esprit d'obscures combinaisons; mais cela est vague; le côté religieux et idéal est secondaire dans celles de leurs poésies qui n'ont point été interpolées. Ce qui domine, c'est la guerre, c'est le patriotisme, c'est le sombre enthousiasme d'une résistance désespérée contre les Saxons et les Gaëls barbares d'Écosse. Dans leurs âmes comme dans leur malheureuse patrie, c'est un chaos où ne brillent que les éclairs du glaive heurté contre le glaive.

Ces générations orageuses ont passé : une situation nouvelle se fait, très différente dans l'une et dans l'autre Bretagne. En Armorique, les institutions chrétiennes règnent seules : le druidisme se dissout là où il avait résisté avec le plus de violence ; ses croyances tombent à l'état de légendes et de superstitions populaires; la poésie du peuple, à la vérité, en reste tout imprégnée, et l'esprit de la religion antique laisse des traces ineffaçables chez nos Bretons; mais il ne subsiste parmi eux aucun vestige de son organisation.

Il n'en est pas de même dans la Grande-Bretagne. Quand les Saxons se sont établis définitivement dans la Loëgrie (Angleterre orientale), et les Kimris indépendants concentrés dans la Cambrie[2], qu'au chaos de l'invasion succède en Cambrie un état de choses qui dure plusieurs siècles, il s'opère, dans ce coin reculé du monde, des phénomènes historiques d'un immense intérêt. Il se refait là une petite Gaule, image de la grande Gaule d'avant César[3]; image

---

1. Merddhyn, Merszyn.
2. Le pays kimrique, le pays de Galles.
3. Un des indices de cette fidélité envers l'antiquité celtique est ceci : le *pen-*

incomplète sans doute, car les druides n'y sont plus, au moins de nom ; mais les bardes y sont toujours, et ils partagent et disputent les attributions des druides avec le clergé chrétien, et ils gardent fidèlement les croyances fondamentales du druidisme combinées avec la théologie chrétienne. Le trouble qui agitait leurs devanciers du sixième siècle a passé : l'ordre s'est fait dans leur esprit. A côté de l'enseignement public du clergé[1], les bardes ont donc un enseignement secret inconciliable, non pas avec la métaphysique chrétienne, mais avec le christianisme romain du moyen âge, et avec une grande partie des doctrines accréditées dans l'Église, surtout depuis saint Augustin. Ils ont conservé les symboles et les rites d'initiation du druidisme primitif. La grande fée de la Nature, Koridwen, le Hu cosmogonique, ce génie de la Force, sauveur de la terre, qu'il arrache au déluge[2], et Gwyon, le *voyant*, le *guide*[3], président toujours aux mystères ; et des monuments bardiques attestent que, jusqu'au quinzième siècle, il y a des esprits qui acceptent ces symboles au pied de la lettre. Cependant ces figures mystiques, étrangement mêlées à des évocations de l'Ancien et du Nouveau Testament, ne gardent que l'en-

teyrn, ou chef suprême de la confédération cambrienne, réside à Aberfraw, dans l'île sainte de *Mona* (Anglesey), c'est-à-dire là précisément où a eu lieu le grand massacre des druides et des druidesses sous Néron.

1. Ce clergé lui-même, il ne faut pas l'oublier, avait rompu tout lien avec la grande église romano-teutonique : chrétien, mais non latin ni romain, il était très influencé par ses rivaux les bardes, et il y avait dans son sein des traditions particulières fort singulières sur lesquelles nous aurons à revenir.

2. Le Hu-le-Puissant de la tradition historique passait, selon toute apparence, pour une incarnation du personnage cosmogonique. — L'Être Suprême, chez les bardes gallois, ne s'appelle plus *Esus*, le Terrible, mais il continue à se nommer l'*Inconnu* (*Dianà*), et « Celui qui n'a ni commencement ni fin » (*Crom*, le Cercle). Le principe de *force*, qui se montre chez Hu, a contribué à le faire confondre avec Ésus par les modernes, quoiqu'il n'ait nulle part le caractère de l'Être Absolu. — A ce propos, nous devons consigner ici une observation importante : le sens du nom de *Baath*, *Bioth*, *Beath* ou *Bith*, que les anciens Gaels donnaient à l'Être Suprême, et qu'on retrouve dans les traditions irlandaises, nous avait échappé (*V*. t. I, p. 58 : il signifie l'*être*, *celui qui est*; c'est le même radical que le Bios grec, *la vie*. Comme il signifie en même temps l'*univers*, *tout ce qui est*, on pourrait, à la rigueur, en induire que les Gaels primitifs ne distinguaient pas clairement le Créateur de la création, et que le principe de la personnalité divine ne s'est pleinement dégagé qu'avec les druides kimris. En kimrique, *bed* ou *byd*, l'analogue du *bith* gaélique, signifie le Monde, mais ne signifie pas Dieu. *v*. W. F. Edwards, *Recherches sur les langues celtiques*, p. 170-171.

3. Gwyon ou Gwydion. En français du douzième siècle, on disait encore *guyon* pour guide. *V*. le *Brut*, t. I, p. 144.

trée du temple. Si l'on pénètre plus avant, si l'on soulève le voile du sanctuaire, on est ébloui de la splendide apparition qui rayonne sur l'autel. Là reposent ces *arcanes*, qui, transmis durant des siècles par la tradition orale, seront enfin, grâce à une heureuse transgression des antiques maximes, livrés à l'écriture au moment où les rites bardiques seront sur le point de disparaître. Le Livre des Arcanes (*Cyfrinac'h*) vient d'être révélé au monde moderne. C'est là que la pensée druidique, avant de dépouiller ses formes particulières et périssables, a déposé ce qu'elle contenait d'immortel, son grand et antique système des destinées de l'âme et de la personnalité divine et humaine, ravivé par une flamme d'amour divin allumée au flambeau du Christ[1].

La terrible personnalité druidique est enfin adoucie par la charité chrétienne. Par la combinaison de ces deux principes, le génie celtique pourra enfin atteindre ce plein développement qui ne lui a pas été donné dans la vieille Gaule.

Ce n'est pas l'idée théologique qui préside directement à la nouvelle expansion du génie celtique. Cette idée reste secrète et enfouie pour des siècles dans un coin de la Grande-Bretagne; c'est un sentiment moral, procédant de la même cause et trouvant sa forme chez le même peuple, qui se répand sur la France et, par la France, sur le monde.

Le christianisme primitif avait fait de grandes choses pour les femmes. Ce n'est pas que l'antiquité ait entièrement méconnu la dignité de la femme; la vierge est respectée des anciens; la matrone grecque et romaine est digne; la mère juive et arabe est digne; mais, enfin, la femme est là entièrement dépendante de l'homme; elle n'a pas cette égalité morale ni ce règne à l'inté-

---

1. *V.* notre t. I, p. 71, sur ce qu'il y a de purement druidique dans le *Livre de Mystères*. La vraie grandeur du druidisme est d'avoir affirmé l'activité indéfectible de l'âme, le progrès éternel de l'âme dans le ciel, probablement au moment même où le bouddhisme, poussant aux dernières conséquences les principes brahmaniques de la béatitude inactive et de l'absorption finale en Dieu, faisait de l'absorption en Dieu l'absorption dans le *néant*, le souverain bien du dieu bouddhique étant non plus seulement le *non-agir*, mais le *non-être*. Par *l'activité indéfectible*, le druidisme est supérieur non-seulement au brahmanisme et au bouddhisme, mais à la théologie du moyen âge, qui, n'absorbant pas ses élus en Dieu, mais leur ôtant l'activité, leur fait une existence incompréhensible, une individualité sa[ns] la condition fondamentale de l'individualité.

rieur qui compense pour elle la dépendance extérieure. Le christianisme primitif, par l'esprit beaucoup plus que par la lettre, élève moralement la femme ; il l'affranchit, mais il l'affranchit en la séparant de l'homme par l'ascétisme. Il fallait que l'esprit fît cette violence à la nature éternelle des choses, pour qu'il fût bien constaté que la femme est une personne devant Dieu et non point un appendice de la personne de l'homme ; mais, ceci établi, la vraie loi des sexes reste à établir ; la femme est une personne, une âme libre, mais cette personne est créée pour l'association avec une autre personne, et non pour la solitude ascétique ; il est faux que le célibat, l'exception à la loi, soit supérieur à l'union, c'est-à-dire à la loi. Le christianisme des Orientaux et des Latins, en proposant pour modèle à la femme la vierge ascétique, n'est donc point arrivé à un idéal vrai.

Au fond de l'Occident, chez les peuples celtiques, le christianisme rencontre des éléments nouveaux. Il se manifeste là, même dans l'état de demi-barbarie, les germes d'une sensibilité, d'une délicatesse morale inconnue aux Latins et aux Germains. La même générosité de cœur qui produit la loi du juveigneur en faveur du dernier né, et qui porte le Gaulois à prendre parti pour les faibles dans la guerre, le dispose à un intérêt tendre pour la femme en raison même de sa faiblesse et des souffrances auxquelles son sexe l'expose. Il sent, sous cette faiblesse physique, la force de l'âme, et le principe du sentiment, qui prédomine dans sa propre nature, le rend plus apte que les autres peuples à comprendre la nature de la femme. Le contraste est éclatant sur ce point entre le Gaulois et le Germain. Celui-ci se fait de la femme un idéal d'une sauvage grandeur : il a même une aperception d'union perpétuelle outre-tombe dans le mythe barbare, mais élevé des Walkyries, ces chastes et farouches houris du paradis d'Odin ; mais son idéal est faux ; il n'y a là aucune tendresse, aucun sentiment de la femme véritable ; la femme de la poésie germanique, en réalité, n'est qu'une espèce d'homme, par conséquent un homme inférieur. Le Gaulois, lui, aime la femme telle qu'elle est et telle qu'elle doit être[1].

1. Nous sommes heureux, dans cette appréciation du génie celtique, de rencontrer pour point d'appui une autorité qui ne saurait être suspecte, celle d'un écri-

Le druidisme cependant fait obstacle, sous ce rapport, au développement de la Gaule. Si opposé au brahmanisme et au néoplatonisme par son principe d'activité et d'individualité, il s'en rapproche par ceci, qu'il est, lui aussi, une religion de l'intelligence, et non une religion de l'amour, et que, par conséquent, il tend à retenir la femme dans l'infériorité, tendance balancée seulement par le sentiment d'une puissance mystique et obscure dans ce sexe. Ce sont les forces de la nature que le druidisme salue dans la femme, beaucoup plus que la personne morale [1]. Cet esprit n'est pas propice aux vrais rapports des sexes : il pousse les *sages* à une orgueilleuse spiritualité, et ne refrène pas chez les *héros* l'amour sensuel et mobile, les divorces faciles et fréquents, quoique les femmes aient pris, d'une façon toute spontanée, un admirable essor moral dans la vieille Gaule : les historiens classiques leur ont rendu pleine justice.

L'invasion du christianisme balaie l'idée systématique qui entravait les élans du cœur. L'amour chrétien, en touchant la Gaule, fait jaillir un immense flot de tendresse de cette grande âme longtemps inféconde et vainement agitée. L'amour pour Dieu et pour l'humanité s'épanouit. L'amour de l'homme pour la femme tend à s'épurer en s'agrandissant [2]. L'ascétisme chrétien, à son

---

vain qui appartient à l'Allemagne par sa naissance, par son éducation et par la première partie de sa carrière, quoiqu'il ait choisi notre langue comme interprète. Il y a vingt-cinq ans que le savant et profond baron d'Eckstein caractérisait les Celtes presque dans les mêmes termes. V. le *Catholique*, t. XVI, décembre 1829, p. 712, 717.

1. Il y a dans Plutarque (*Traité de la face qui paraît sur la lune*) des détails curieux, mais qu'il faut se garder d'accepter sans réserve, sur la psychologie druidique. Un des interlocuteurs du traité, le philosophe Sylla, expose les doctrines d'un prêtre de l'île de Bretagne qu'il a connu à Carthage. Les druides auraient cru que l'homme était composé de trois parties : le corps, fourni par la terre ; l'âme (sensitive), descendue de la lune ; l'intelligence (âme raisonnable), émanée du soleil. La raison résultait de l'union de l'*âme* avec l'*intelligence*; la passion procédait de l'attachement de l'*âme* pour le corps. L'*intelligence* résidait dans le cerveau, l'*âme* dans le cœur ; l'*âme* était dans le sang, croyance commune aux Égyptiens et aux Juifs. Les êtres inférieurs avaient l'âme sensitive et non l'âme intellectuelle, et la femme aurait été assimilée aux êtres inférieurs! Ceci est mêlé de données sur la vie future évidemment altérées et tronquées, et le système des deux âmes sensitive et raisonnable, très en vogue dans l'antiquité et le moyen âge, est très peu en rapport avec l'esprit général du druidisme. Peut-être le prêtre breton n'est-il là qu'un prête-nom ; néanmoins, la prédominance exclusive du principe intellectuel est bien druidique.

2. On peut remarquer sur les sépultures de famille des épitaphes d'un caractère

tour, est un obstacle; mais il se fait en Gaule, au sein de la plus extrême exaltation chrétienne, des efforts surprenants pour séparer l'ascétisme de l'esprit monastique oriental, de l'esprit d'isolement devant Dieu, et pour allier avec l'ascétisme une certaine union conjugale des âmes[1]. Ces héroïques témérités, si dignes d'admiration quoiqu'elles se rattachent à une inacceptable condamnation de la nature, ne peuvent cependant produire un effet étendu ni durable sur les idées ni sur les mœurs, et notre Gaule romaine, que se disputent tour à tour le matérialisme latin, l'ascétisme oriental et la barbarie germanique, est trop troublée par tous ces éléments étrangers pour produire spontanément, au seul contact du sentiment chrétien, la fleur du génie celtique, c'est-à-dire une conception de l'amour où l'homme et la femme soient réciproquement un but idéal l'un pour l'autre, et où l'amour devienne un principe de force, un mobile d'héroïsme. C'est une branche de notre race, demeurée purement celtique, qui aura la gloire de préparer, à l'ombre du vieux chêne gaulois, l'éclosion de cette fleur éclatante.

La pensée kimrique présente quatre formes, quatre degrés en quelque sorte superposés.

1º Les arcanes, où la doctrine théologique et métaphysique est enseignée sans voile à un petit nombre d'initiés.

2º Les poésies bardiques, devenues surtout mystiques et symboliques, sans perdre leur vieux caractère de patriotisme.

3º Les traditions en prose, composées partie de triades destinées à l'enseignement, partie de récits développés (*Brut*, tradition).

4º Les *Mabinogion*, contes populaires dont le nom signifie *enfances*, récits que les parents font aux enfants; les symboles bardiques y paraissent encore, mais le sens en est inconnu ou défiguré. Par compensation, le sentiment celtique s'y développe en toute liberté.

Le cycle de la pensée kimrique est complet au commencement du douzième siècle.

---

lus touchant et tout autre que sur les sépulcres romains. *v*. particulièrement les scriptions du musée de Lyon.

1. *V*. t. I, p. 474, l'histoire de sainte Scholastique et celle de l'évêque Rhéticius.

Il faut voir, dans les monuments gallois, se transformer progressivement les types symboliques dont s'est enveloppée cette pensée, du sixième siècle jusqu'à la prodigieuse explosion du douzième.

Au sixième siècle, les monuments[1] font apparaître Arthur, Pérédur, Maël-Gun comme chefs de guerre, soit dans la lutte contre les Saxons et les Scotts, soit dans les guerres civiles entre Bretons; à côté d'eux, Taliésin et Merddhyn (Merlin), comme bardes guerriers et patriotiques.

Du septième siècle au dixième siècle, ces personnages historiques sont absorbés par le symbolisme des bardes et identifiés à des types mythologiques sans doute antérieurs.

Arthur n'est plus seulement un héros national, c'est le « fils de la nuée, » le fils d'Uter-à-tête-de-Dragon, « roi des ténèbres, être mystérieux et voilé, ordonnateur des batailles, » supérieur à Hu lui-même, d'Uter, qui a pour bouclier l'arc-en-ciel, et qui a pris la forme de la nuée pour engendrer son fils. Arthur a reçu de son père la *grande épée* : il parcourt l'univers en vainqueur : il es proclamé empereur du monde. Enlevé au ciel après qu'il a été blessé mortellement à la bataille de Camlan, il réside dans la constellation qui porte son nom, (le *chariot d'Arthur ;* la Grande Ourse) : il en redescendra un jour sur la terre. Il est devenu l type même du génie héroïque des Celtes, type élevé jusqu'à l substitution d'Arthur à l'ancien Bel, comme *Taureau du tumulte* génie du soleil et de la guerre.

Comme Arthur est le type du génie héroïque, Merlin et Taliési deviennent les types du génie idéaliste, scientifique et prophétique de la doctrine secrète et du néo-druidisme. Pérédur devient l type de l'initié aux mystères. Le sens de leurs noms contribu certainement au choix que l'on fait de leurs personnes. *Merddhy* est un des noms de Teutatès ou de Gwyon : Taliésin, un des nom du soleil, de Bel comme lumière matérielle, et de Gwyon comm lumière intellectuelle. Pérédur (*Per-gedur*) signifie le chercheu du *per* ou du bassin, et le bassin est le symbole dans lequel s concentrent les mystères : c'est l'antique chaudière de Koridwe

---

1. Poésies bardiques, passim ; Gildas, *De Excidio Britanniæ*, etc.

la chaudière entourée de perles et de diamants, gardée par la prêtresse au fond du sanctuaire [1]; l'eau du bassin donne l'inspiration (*awen*) aux bardes, dévoile l'avenir et la science universelle. Le *per* est l'emblème du *cyfrinac'h*, de l'ensemble des arcanes. L'eau du *per* guérit et *ressuscite*, c'est-à-dire élève l'initié à une vie nouvelle, à la vie de l'esprit [2]. Les méchants ne peuvent toucher au *per* sans qu'il éclate.

Un nouveau personnage apparaît à côté des grandes figures que nous venons d'indiquer. C'est Tristan, le héraut des mystères, un des gardiens des marcassins sacrés, c'est-à-dire des élèves des druides, rival de son oncle *Markh*, le roi-cheval, et amant d'Essylt [3], la belle fée venue d'Irlande, la cavale aux crins blancs, forme sous laquelle Koridwen elle-même se manifeste à Taliésin. La rivalité du gardien des sangliers, ou du sanglier lui-même, contre le cheval, est un symbole mythologique et historique à la fois, sous lequel on entrevoit des luttes politiques et religieuses entre les peuples celtiques [4].

Les héros historiques, transformés en héros mystiques, vont subir une seconde métamorphose et devenir les héros de la poésie romanesque. Cette transformation s'opérera en quelque sorte sous les auspices de l'un d'eux, qui reliera le monde des romans au monde mystique, et qui gardera dans le premier tous les caractères du second; nous parlons de Merlin le devin, de Merlin le prophète. Ce mouvement a lieu du neuvième au douzième siècle. La poésie mystique continue de se produire parallèlement aux légendes romanesques, de même que les traditions

---

1. *V.* notre tome I, p. 55, sur le mythe de Gwyon incarné dans Taliésin.
2. Le ressuscité *perdait la parole*, c'est-à-dire était tenu de garder le silence sur ce qu'il avait appris. — *V.* le *Myvyrian*, t. I, p. 1, 17, 18, 19, 20, 37, 45.
3. Ce nom paraît signifier *spectacle mystérieux, objet de contemplation*.
4. M. R. Southey et d'autres critiques superficiels avaient beaucoup raillé les chimères du bon Edward Davies, qui a eu, le premier, le mérite de pénétrer dans ces obscurités, et qui s'y est parfois égaré, chose alors inévitable; mais on ne peut plus douter de la valeur historique du symbole que nous venons de mentionner, depuis que M. de la Villemarqué a retrouvé le chant où Gwenkhlan personnifie, dans le cheval de mer et le sanglier, la lutte des Bretons armoricains contre les Gallo-Franks. (*v. Barzaz-Breiz, Chants populaires de la Bretagne*, t. I, p. 29.) Le cheval, qu'on retrouve sur d'antiques monnaies armoricaines, semblerait ici l'emblème particulier des deux Cornouailles, opposé au sanglier, emblème général des races celtiques.

historiques ou censées historiques s'étaient conservées à côté de la poésie mystique. Le roman et l'histoire arrivent à se confondre.

Des sentiments inconnus aux bardes du sixième siècle ont commencé à poindre dans les poëmes bardiques plus récents, parfois même dans les Triades, et se développent dans les récits populaires des *Mabinogion*.

Arthur demeure, avec Merlin, le centre de ce nouveau cycle poétique. Il préside à la *Table Ronde*. La *Table Ronde*, autour de laquelle Posidonius avait vu s'asseoir les héros de la *brodeurde* (fraternité) cent ans avant Jésus-Christ[1], symbole d'égalité pour les guerriers au collier d'or, symbole cosmogonique de l'orbe du monde pour les druides[2], est encore entourée du cercle des frères d'armes, mais, entre les chevaliers, s'asseient les dames, signe qu'une société nouvelle succède à la vieille Gaule. Arthur est toujours le chef du monde héroïque, l'empereur des îles et du continent, mais il n'est plus le fils d'un dieu : il n'est plus que le fruit des amours illégitimes d'un héros. Il n'est plus enlevé entre les constellations. Toutefois, sa disparition reste toujours voilée de surnaturel : il n'est pas mort, il ne mourra pas; *neuf fées*[3] le gardent dans l'île sainte d'Avallon, d'où il reviendra venger son peuple, ses deux Bretagnes.

Pérédur reste aussi lié au monde mystique, mais obscurément : il cherche encore le *bassin;* mais les conteurs ne savent pas le sens du symbole, et le bassin ne représente pour eux qu'un vulgaire secret magique. Pérédur cherche autre chose : « monter en prix par le commerce des femmes; » au lieu du barde initiateur, c'est sa mère qu'il prend pour guide.

Comme nous l'avons indiqué tout à l'heure, c'est Merlin qui do-

---

1. *V.* notre t. I, p. 45.
2. C'est dans un trouvère français du douzième siècle, traducteur d'une légende celtique, que nous trouvons cette révélation :
           La Table Réonde
      Qui tornoie comme le monde.
         Le Roman de Tristan, p. 161.
La Table Ronde avait le même sens symbolique que le *Crom-Lekh* ou cercle de pierres.
3. Les neuf fées bienfaisantes du *Brut* et de la *Vita Merlini* ne sont autres que les neuf *Vierges de Sein* (*v.* notre t. I, p. 63). — Dans certains des *Mabinogion*, où la tradition est plus altérée, on en fait, au contraire, neuf sorcières.

mine tout. Il concentre en lui les mystères qui se retirent du reste du cycle. Il prend des proportions immenses. Le fils du sylphe et de la vestale [1] exprime à la fois l'idéal patriotique et l'idéal métaphysique et moral, non plus seulement des Bretons, des Kimris, mais de toute la race celtique. Comme prophète politique, il prédit la réunion des Ecossais, des Irlandais, des Gallois, des Cornouaillais et des Armoricains, de tous les hommes qui parlent les langues celtiques, sous une même bannière [2], et l'expulsion des Germains de la Grande Bretagne, prophétie qui s'agrandit encore sous la forme d'un récit rétrospectif, quand il montre le symbolique Arthur, à la tête des deux Bretagnes, chassant les Romains de la Gaule [3]. Comme représentant de l'esprit intérieur, de l'âme gauloise, ce *sauvage* [4] devin qui s'enfuit toujours sous les chênes, qui n'aime que les abîmes de verdure de la forêt, les claires fontaines, les pierres antiques; ce chantre extatique, que les animaux des bois suivent comme Orphée; ce sage, qui se fait bâtir tout au fond de la forêt par excellence (Celyddon) une grande maison de verre pour observer les astres, personnifie tout ensemble la science traditionnelle, la vie contemplative des anciens druides dans le sanctuaire du chêne [5], et la communion tendre du génie celtique avec la nature.

1. Les bardes, sous ce nom emprunté à la tradition romaine, désignent sans doute une druidesse. Plus tard, on en fait une nonne. Le père de Merlin est un de ces esprits qui habitent les régions éthérées, entre la lune et la terre. *v. Vita Merlini Caledoniensis* (publiée par Francisque Michel), et le *Brut*, t. I, p. 356. C'étaient ces génies de l'air, et non les *noirs*, les *nains*, comme le dit saint Augustin, qui passaient pour avoir commerce avec les filles des hommes.

2. « ..... Pariter Scotos, Cumbros et Cornubienses,
Armoricosque viros sociabunt fædere firmo.
Vita Merlini, p. 39.

Il symbolise l'union des Gaëls et des Kimris par une image vraiment colossale. La légende lui fait transporter d'Irlande dans la Grande Bretagne le *korol* (danse) *des géants*, c'est-à-dire le grand cercle de pierres de Stone-Henge.

3. *Ibid.* p. 43.

4. Sauvage, dans le sens littéral; *Sylvestris*, de *sylva*; *Caledoniensis*, de *coillte*, qui veut dire forêt, en gaëlique.

5. L'étonnant entretien de Merlin et de Taliésin, où les deux devins conversent sur les mondes, sur la création, sur les divers ordres de créatures, est comme un écho de l'antiquité druidique; toutefois, l'écho paraît infidèle sur bien des points. *Vita Merlini Caledon.* p. 29 et suivantes. Les deux devins montrent une connaissance assez précise de la forme de la terre, ronde et divisée en cinq zônes, une torride, deux tempérées et deux glaciales, et de la manière dont l'air atmosphérique nous transmet le son et la lumière.

Mais cette nature qu'adore Merlin, cette âme de la solitude à laquelle il unit son âme, elle est personnifiée dans les poésies bardiques : c'est une fée ; c'est une femme : « La fée des bois, la jeune fille plus belle que le cygne blanc de neige. » Elle lui rend amour pour amour ; elle craint qu'il ne s'en aille, et l'enferme dans un cercle enchanté. Lui, qui sait tout, sait le projet de sa Vivyan ; et, de son plein gré, il entre dans le cercle : il se dévoue, pour lui complaire, à une éternelle captivité. Mythe touchant, qui transforme le vieux et rigide druidisme, et fait éclore, dans l'antique religion de l'esprit et de la nature, le nouvel idéal celtique et chrétien de l'amour ! C'est là, on peut le dire, que le mystère est accompli [1].

Un second emblème de cette transformation, moins idéal et moins pur, mais non pas moins caractéristique, c'est le *breuvage de science*, l'eau du bassin sacré, devenant le *boire amoureux*, le philtre fatal de Tristan et d'Essylt, ces êtres symboliques du bardisme, qui vont être dorénavant les types romanesques de l'amour [2].

Dans les *Mabinogion* en prose et dans les poëmes, dans les dialogues en vers [3] qui les ont précédés et engendrés, s'épanouissent de toutes parts ces gracieuses figures de femmes qui ouvrent le monde de la vraie chevalerie ; la charmante et railleuse Gwenhyvar (Genièvre) ; la douce Énit (Énide) ; Essylt aux blonds cheveux (Iseult), la passion, la tendresse incarnée ; la fière dame de la Fontaine ; la fidèle Brongwenn (Brangien) ; la vive Luned (Lunette) : créations sans modèles dans le passé, mais qui rempliront de leur postérité toute la poésie de l'avenir.

Même aux âges relativement barbares, le goût des peuples celtiques pour la vie sociale, et particulièrement pour la société

---

1. Dans la forme primitive du mythe, il n'est pas question du cercle magique. Le dévouement de Merlin a une autre forme. « Merszyn, au gracieux visage, » dit un barde, « s'embarque dans la maison de verre, par amour pour sa compagne. » Le vrai sens de cette *maison de verre* est dénaturé par la *Vita Merlini*, ce poëme latin où les symboles sont fort altérés. La *maison de verre* s'en va dans les nuages : c'est le vaisseau de la mort qui mène au cercle céleste, au Gwynfyd.
2. Cette indication appartient à M. de la Villemarqué.
3. V. entre autres les Dialogues d'Arthur et de Gwenhyvar, de Tristan et de Gwalhmai, ap. la Villemarqué, *Contes bretons*, t. I, p. 20, 82 ; deuxième édition.

des femmes, avait amené entre les sexes des rapports différents de ceux qui existaient chez les autres races. Le progrès complétement original des mœurs celtiques paraît avoir atteint son apogée au commencement du douzième siècle, alors que la Cambrie avait pour chef suprême (*pen-teyrn*) Griffith-ap-Conan [1]. Ce fut, dit-on, ce prince, passionné pour les traditions de sa race, qui fit rassembler et rédiger en prose les *Mabinogion*. A cette époque, tous les germes sont éclos. Une vraie société est formée entre les deux sexes. « Les hôtes qui arrivent le matin, dit Giraud le Cambrien [2], sont reçus par les jeunes filles, dont l'aimable conversation leur fait passer agréablement la journée. » Les jeunes filles accueillent, désarment les chevaliers voyageurs, les endorment par leurs chants. Un des grands principes de la chevalerie est posé dans le *Mabinoghi* de *Pérédur*. Sa mère lui enseigne que le commerce des dames est la source de la vaillance et la source de l'estime du monde. La fleur de la poésie amoureuse brille déjà dans le *Pérédur*, avec une sorte de grâce sauvage et tendre à la fois qu'on n'égalera pas [3]. Toutefois l'unité dans l'amour n'y est pas encore : c'est la transition de la passion mobile des anciens héros à l'amour ayant trouvé son objet réel et unique. L'amour unique apparaît avec Tristan et Essylt, avec Maël et Gwenhyvar ; ici, en guerre avec les lois sociales, et fidèle seulement à sa

1. De 1079 à 1137. 2. *Itinerar. Cambriæ*, c. X.
3. « Pérédur vit de la neige qui était tombée pendant la nuit, et, devant l'ermitage, une sarcelle qu'un faucon venait de tuer, et le bruit du cheval avait fait fuir le faucon, et un corbeau s'était abattu sur la sarcelle pour en dévorer la chair. Pérédur s'arrêta, comparant la noirceur du corbeau et la blancheur de la neige, et la rougeur du sang, aux cheveux de sa bien-aimée, qui étaient plus noirs que jais, à sa peau, qui était plus blanche que neige, et aux deux pommettes roses de ses joues, qui étaient plus roses que le sang sur la neige. » Et il tombe dans une si profonde rêverie, que, sans sortir de son extase, il abat successivement de leurs chevaux vingt-cinq chevaliers qui étaient venus le sommer de leur dire son nom. Le majordome d'Arthur, Kaï-le-Long, vient à son tour l'apostropher rudement ; Pérédur l'enlève par-dessous le menton avec le fer de sa lance, le jette à terre et le foule vingt et une fois sous les pieds de son cheval, le tout sans se réveiller. Sur quoi Gwalhmaï à la langue d'or, le sage de la Table Ronde, conclut par cette maxime morale : « qu'il ne convient pas de détourner, en mal-appris, un honorable chevalier de sa rêverie ; car ou il pèse quelque insulte qu'on lui a faite, ou il pense à sa bien-aimée. » *v. Contes populaires des anciens Bretons*, traduits par M. de la Villemarqué, t. II, p. 176 et suivantes. Nous citons ce passage comme caractérisant de la manière la plus remarquable la transition de la vieille poésie bardique à la poésie chevaleresque.

propre loi[1]; ailleurs, légitime avec Gheraint et Énit, avec Owenn et la dame de la Fontaine. Dans *Énit*, la femme est encore soumise: c'est presque une *Grisélidis*. Dans la dame de la Fontaine, la femme commande. Tristan, que les Triades appellent un des trois fidèles amants de l'île de Bretagne, et Owenn errent tous deux pendant trois ans dans les bois, menant la vie *sauvage*, l'un par douleur de la séparation, l'autre par regret d'avoir été infidèle et repoussé par sa dame : c'est presque la pénitence chrétienne.

Nous touchons au point le plus élevé où soit parvenu l'esprit celtique dans la chevalerie. « A la cour d'Arthur, écrit le Gallois Gautier d'Oxford, il n'y avait pas une femme ou une jeune fille qui accordât son amour à un chevalier qui n'avait pas subi *trois* épreuves chevaleresques, et l'amour, *en les rendant plus chastes, rendait les guerriers plus vertueux et plus fameux*[2]. »

---

[1]. A ce propos, on ne peut se dispenser de mentionner le rôle messéant que le roman de *Brut* fait jouer à Merlin au sujet de la naissance d'Arthur. Dans une légende scandaleuse qui semble empruntée aux *Métamorphoses d'Ovide*, Merlin remplit les fonctions d'un Mercure sorcier auprès d'Uter-Pen-Dragon, devenu un roi, un simple mortel; et cela, quelques pages après un passage où Merlin s'était montré imposant et sévère comme un prophète d'Israël, en refusant au roi Aurèle de lui dévoiler indiscrètement l'avenir.

« Le roi

    Moult le pria, moult le requist
    Qu'il lui enseignast et déist (dît)
    Du temps qui estoit à venir;
    Moult en vouloit par lui ouïr.
    — Sire, dist Merlin, non ferai;
    Ja ma bouche n'en ouvrirai,
    Se n'est par grand' nécessité,
    Et dont par grand' humilité.
    Si en parloie par vantance
    Et par *eschar* (escart) et par bobance,
    Li esperites (l'esprit) que je sai,
    Par qui je sai ce que je sai,
    De ma bouche se retrairoit,
    Et ma science me tolroit (m'ôterait),
    Ne ma bouche ne parleroit
    Plus que bouche d'autre feroit.
    Laisse estre les devins *secrois* (secrets).
    Pense de ce que faire dois. »

(*Li romans de Brut*, t. I, p. 384, II, p. 18 et suivantes.)

Il y a ici le bizarre mélange d'une infiltration de mythologie classique avec l'austère tradition druidique.

[2]. *Brut y Brenyned*, etc., ap. *Myvyrian*, cité par la Villemarqué, *Contes Bretons*, t. II, p. 262.

La chevalerie est ici tout entière.

Nous voici arrivés, avec Gautier d'Oxford, à l'heure solennelle où, par l'intermédiaire des Normands, les Gaulois romanisés et germanisés, les Néo-Latins, les FRANÇAIS, se retrouvent en contact avec la branche de leur race qui a gardé le dépôt inviolé des traditions. Le contact de la Bretagne armoricaine avait bien fait filtrer quelques données de la poésie celtique en France, à côté des souvenirs conservés en droite ligne de la Gaule antique, tels que la féerie populaire de nos campagnes, mais tout cela était vague et obscur. Notre Bretagne, chez laquelle la poésie populaire, d'ailleurs florissante, n'était plus immédiatement entretenue par le foyer bardique, n'avait pas à elle seule une force d'expansion suffisante. Il faut, pour que la poésie française reconnaisse son vrai génie, que la France et la Cambrie se donnent la main par-dessus les Saxons; que l'Angleterre germanique soit sous les pieds des hommes de langue française.

La conquête de l'Angleterre donne le signal. La forte imagination que les Normands joignent à leur esprit pratique et positif est vivement remuée, dès la première rencontre, par le caractère des légendes galloises. Avant qu'un demi-siècle se soit écoulé, une curiosité extraordinaire pousse tous les esprits de ce côté. Vers 1125 ou 1130, le Gallois Gautier Callen, archidiacre d'Oxford, retrouve, au fond de la Bretagne armoricaine, « un très ancien livre en langage breton [1] », le *Brut y brenyned* (la tradition des *brenyns*, des chefs), contenant toute une histoire aux trois quarts fabuleuse de l'île de Bretagne et de ses héros, depuis *Brut* ou Brutus (le Prydain des Triades), type de la race britannique [2]. Gautier emporte le précieux livre en Galles, l'amplifie à l'aide des légendes galloises, et un autre Gallois, Geoffroi, archidiacre de Monmouth, le traduit en latin (de 1140 à 1145), accru d'une partie des pro-

---

1. *Britannici sermonis librum vetustissimum; v.* Galfrid. Monemut. *Historia Britonum; proëmium.* Il ne faut pas confondre Gautier Callen avec le romancier Gautier Map, qui écrivit un demi-siècle après.
2. Ce personnage symbolique, dont le nom signifie *tradition*, n'a aucun rapport, bien entendu, avec les deux Brutus de l'histoire romaine; mais le *Brut* et Nennius, chroniqueur gallois du dixième siècle, en font un petit-fils d'Énée, se rattachant ainsi aux origines troyennes, comme avaient fait les Franks, et, avant les Franks, les Arvernes.

phéties attribuées à Merlin. Plusieurs trouvères *translatent* ou imitent aussitôt en vers français la version latine. Le Normand Wace[1] ne se contente pas de traduire et de développer Geoffroi : il ajoute des traits essentiels d'après d'autres monuments venus de Galles, par exemple ce qui regarde la Table Ronde et Taliésin. Son poëme, terminé en 1155, devait survivre aux œuvres des autres imitateurs de Gautier et de Geoffroi. Les *Mabinogion*, dont les principaux types avaient déjà commencé à se répandre, arrivent à leur tour sur le continent, escortés de toute la poésie, de toutes les légendes populaires des deux Bretagnes. Tous les trouvères et les troubadours accourent puiser à la source intarissable qui vient de jaillir du Parnasse celtique. Le cycle de la Table Ronde déborde avec une rapidité inouïe et submerge le cycle de Charlemagne, qui ne surnage que transformé et rendu méconnaissable par l'invasion d'idées et de sentiments nouveaux, et par le mélange des deux traditions celtique et franke. Le génie des trouvères et des troubadours, s'inclinant devant le vieux génie bardique, semble lui dire ce que Dante dira à Virgile :

Tu se' lo mio maestro, e'l mio autore[2] !

Le torrent de l'*awen*, qui descend du Snowdon[3], remplit le monde[4].

1. Né à Jersey, élevé à Caen, puis en *France*. Il fut chanoine à Bayeux. Le *Brut de Wace* a été publié en 1836, à Rouen, par M. Leroux de Lincy.
2. *Inferno*, cant. I, v. 85.
3. La montagne sacrée des bardes gallois ; qui s'endormait sur la cime du Snowdon, se réveillait inspiré. — Le Ménez-Bré de notre Bretagne n'avait guère moins de renommée dans l'antiquité celtique.
4. Nous avons constaté, d'après les notions que nous devons aux récents progrès de la science, l'origine celtique des romans de la *Table Ronde*. Ce n'est que justice de rappeler ici qu'il y a vingt-quatre ans déjà, un illustre écrivain, bien jeune encore, conjurait le pouvoir, en vertu des mêmes sentiments qui commençaient à couvrir d'une juste protection l'architecture du moyen âge, d'exhumer de la poussière des bibliothèques les poëmes oubliés, « en qui, disait-il, nous trouvons les types les plus purs du génie de la France. » M. Quinet avait parfaitement reconnu le caractère tout celtique de ces poëmes, comme l'atteste le beau passage où il combat si énergiquement « cette incroyable opinion... que la poésie française n'a commencé qu'au seizième siècle, et qu'excepté les troubadours de la langue provençale, tout ce qui a précédé n'est que barbarie et basse latinité. — Les poëmes que j'ai sous les yeux, continue-t-il, sont destinés à établir un fait précisément contraire, à savoir, qu'avant le siècle de Louis XIV, une grande et magnifique ère de poésie a éclaté en France dans le courant du douzième siècle, et que c'est dans ces monuments d'art indigène, moitié celtiques, moitié français,

INVASION DES LÉGENDES CELTIQUES.

Ce ne sont pas seulement des formes littéraires, des types poétiques, que l'on emprunte à la race bretonne[1]. Les traditions galloises ne s'emparent pas de notre moyen âge seulement par ce que leur poésie a d'universel, d'indéterminé, d'attrayant pour le cœur et l'imagination de l'homme en général, sans condition de temps ni de lieu[2]; elles ne conquièrent pas les âmes seulement par cette sensibilité naïve, par ce naturel exquis, associé à ce prodigieux élan dans un merveilleux qui est moins du surnaturel qu'une animation enchanteresse de la nature ; elles saisissent nos pères avec tout autant de puissance par ce qu'elles ont de plus spécialement, de plus énergiquement celtique. Le néo-druidisme, personnifié dans Merlin, impose, avec empire, non pas sa métaphysique ensevelie dans l'ombre des *Arcanes,* mais son mysticisme inspiré. Une vague aspiration à tout embrasser dans le christianisme avait déjà fait adjoindre les sibylles et parfois Virgile aux prophètes d'Israël. On leur adjoint avec bien plus d'éclat le fils du sylphe et de la vestale. La France, et, après elle, tout le continent, interroge d'une âme anxieuse les oracles de la Cambrie : la race cambrienne est reconnue pour l'héritière de l'esprit de prophétie qu'avaient eu les anciens Hébreux. Quelques écrivains ecclésiastiques[3] protestent avec courroux contre

---

que se retrempera à une autre époque le génie national. » M. Quinet n'a pas moins bien vu les différences essentielles, de forme comme de fond, qui séparent le cycle de Charlemagne du cycle de la Table Ronde. Peu importe qu'il se soit exagéré la valeur historique *positive* du *Brut,* et qu'il soit tombé dans quelques erreurs sur la transmission des monuments druidiques primitifs, son brillant et hardi rapport de 1831 n'en est pas moins la prophétie de tout ce que l'étude des monuments a démontré depuis. *v. Rapport à M. le ministre des travaux publics sur les épopées françaises du douzième siècle,* par M. E. Quinet ; 1831.

1. Non sans regimber contre elle. Normands et Français la raillent en la dépouillant. L'esprit critique se révolte parfois chez les trouvères mêmes, au moment où ils sont entraînés par l'enthousiasme et par l'amour du merveilleux que leur imposent les Bretons.

> ..... Gallois sont tous par nature
> Plus fous que bestes en pasture,

fait dire Chrestien de Troies à un des personnages de son *Perceval. Bruti Britones,* disait-on déjà du temps d'Abélard. *v.* Rémusat, *Abélard,* t. I, p. 3. Leur disposition rêveuse et visionnaire excitait tour à tour la vénération et la moquerie.

2. Sur les caractères de la poésie galloise, *V.* les pages si délicates et si profondes de M. Renan ; *la Poésie des races celtiques,* ap. *Revue des Deux Mondes,* 1ᵉʳ février 1854.

3. Guillaume de Newbridge ; Pierre de Blois, Guillaume de Malmesbury, etc.

les *fables* de Merlin ; d'autres confessent qu'il n'est guère question de la sainteté ni de la dévotion de ce grand prophète, et qu'on n'est pas bien sûr qu'il ait été chrétien (*fidelis*) ; « mais Dieu, disent-ils, prophétise par qui il veut[1]. » Les papes et les conciles se taisent. Tout est emporté. Avant le milieu du douzième siècle, le Grégoire de Tours de la Normandie, Orderic Vital, et un historien bien plus imposant encore, le biographe de Louis le Gros, le chef de la grande abbaye, le régent du royaume, l'abbé Suger, citent Merlin comme une irréfragable autorité[2]. Bientôt après, le docteur scolastique le plus renommé de la génération qui suit Abélard, Alain de Lille (ou des Iles) commente les prophéties du devin breton. Tous nos chroniqueurs, tous nos poëtes, tous nos docteurs, s'y réfèrent à tout événement. Pas une guerre, pas une mort illustre, par un changement notable dans le monde, que Merlin n'ait prédit. Il plane sur tout le reste du moyen âge, avec le livre des destinées dans la main. Le poëte provençal de la croisade des Albigeois fait invoquer le témoignage de Merlin par le pape Innocent III. Les Franciscains du treizième siècle mettent sous son patronage la révolution religieuse et sociale qu'ils rêvent[3]. Au quatorzième siècle, Édouard III, roi d'Angleterre, réclame la couronne de France au nom des prédictions de Merlin[4] ; et c'est au nom de Merlin que, cent ans après, on chassera les Anglais de France. Le plus grand honneur du prophète qui personnifie le génie celtique sera d'avoir annoncé la venue de celle qui devait être la manifestation la plus sublime de ce génie, de cette JEANNE qui fut le Messie féminin de la grande nation gauloise. La Renaissance, tout exclusivement grecque et romaine qu'elle soit, loin d'affaiblir la popularité de Merlin, y mettra le sceau en multipliant ses prédictions par l'imprimerie ; il faudra, pour faire rentrer dans l'ombre le grand devin, les

---

1. Girald. Cambrens. *Descriptio Cambriæ*, ap. Camden ; *Anglica, Hibernica, Normannica, Cambrica*, etc. p. 889, 890 *bis* ; in-fol. — Vincent. Belvacens. *Speculum histor.* l. XX, c. xx.

2. Orderic. Vital. l. XII, ap. Duchesne ; *Normann. Scriptor.* p. 887 (Orderic Vital est mort en 1143) ; Suger. *Vit. Ludovic. Gross.*

3. Ils attribuèrent au fameux extatique Joachim de Flore un commentaire de Merlin, pour relier ensemble ces deux prophètes.

4. Mézerai, *Hist. de France*, t. I, p. 384, in-fol.

tardives proscriptions de la réaction catholique au seizième siècle : le génie romain, alors vaincu de nouveau par les Germains dans la moitié de la chrétienté, semblera vouloir se venger une dernière fois sur le génie gaulois en le frappant de son glaive à demi brisé [1] ; encore lui faudra-t-il, pour vaincre, l'alliance de son ennemi, du puritanisme protestant, ce néo-judaïsme si grand persécuteur des traditions.

Le symbole a enfin disparu, mais l'esprit que voilait ce symbole est immortel.

Nous ne pouvons nous lancer sur l'océan des romans français de la Table Ronde [2], romans imités, à leur tour, dans toutes les langues de l'Europe, et qui, de même que les traditions épiques de Roland, pénétrèrent jusqu'en Grèce et en Asie. Les traits généraux en sont indiqués d'avance par tout ce que nous venons de dire sur les origines de ces poëmes. L'amour, à peine indiqué dans les plus anciens poëmes du cycle de Charlemagne, règne en souverain dans le cycle d'Arthur, avec des caractères entièrement nouveaux. L'héroïsme, associé à l'amour, a des mobiles également nouveaux, dont le premier est l'amour même, dont l'autre est la passion de l'aventure, la soif de l'inconnu, du merveilleux, l'émotion cherchée pour elle-même, et remplaçant la soif des conquêtes et l'enthousiasme des guerres religieuses. Au chevalier conquérant et politique, fils des Franks, succède le chevalier errant, fils des Gaulois, poursuivant par le monde la poésie du danger et l'idéal de l'amour, ayant pour champ de ses exploits la nature entière, animée et comme illuminée par la féerie, parmi les oiseaux fatidiques, les nains, les géants, les fées protectrices, les monstres ennemis et les animaux frères d'armes de l'homme. Tout

---

1. Les prophéties de Merlin furent frappées de prohibition par le Saint-Siége après le concile de Trente.

Merlini angli liber obscurarum prædictionum prohibetur. — *Index librorum prohibitorum*, etc.; *pro catholicis Hispaniarum regnis, jussu et studiis Antonii à Sotomaior vigilantissimè recognitus*, etc. 1667. C'est un résumé des censures de tous les papes et de tous les conciles.

2. Le titre d'*Enfances*, que portent quelques romans ou de ce cycle ou de celui de Charlemagne, est la traduction du nom de *Mabinogion. Les Enfances Ogier* ne signifient pas *l'enfance d'Ogier*, mais *le récit sur Ogier*. Un poëme sur la vie et la passion du Christ s'appelle *les Enfances Jésus*.

un monde enchanté environne les héros de la Table Ronde[1].

Les versions en vers et en prose[2] remplissent la seconde moitié du douzième siècle, puis tout le treizième. La longue série s'ouvre par le *Brut* de Wace, qui contient l'ensemble, ou du moins la plupart des traditions; puis chacun des héros *bretons*[3] fournit le thème de vastes compositions qui se relient toutes au cycle général, et tournent toutes autour de la Table Ronde. Tous les poëmes de ce cycle adoptent un rythme nouveau, d'un effet complétement différent de la tirade monorime, en vers de dix syllabes, usitée dans les poëmes carolingiens. C'est le vers de huit syllabes, rimant par couple[4], mètre facile, gracieux, doucement harmonique, apte à exprimer les sentiments tendres, les nuances délicates, et à donner un vif mouvement au récit, mais d'une facilité qui tend au relâchement et à la diffusion. Ce sont là, en effet, les qualités et les défauts du grand trouvère champenois, Chrestien de Troies, qui domine la poésie française, durant la seconde moitié du douzième siècle, par le nombre et l'éclat de ses productions[5]; écrivain d'un talent fécond, élégant, souple et varié plutôt qu'écrivain de génie. Il développe, parfois délaie, et n'invente pas.

---

1. Les poëtes français modifient les noms celtiques sans les rendre méconnaissables : Artus, Genièvre, Merlin, Tristan, Iseult, Gauvain, Brangien, Kès, Erec, Enide, Ivain, etc. Un seul nom est traduit : *Maël* devient *Lancelot*, ou plutôt l'*Ancelot* (*Ancellus*), nom qui signifie, comme Maël, serviteur noble, varlet, damoiseau. v. La Villemarqué, *Contes bretons*, t. I, p. 65.

2. Nous parlons des versions primitives en prose, de Luces de Gast, Gautier Map, Robert et Hélie de Borron, etc., qu'il ne faut pas confondre avec les amplifications du quatorzième au quinzième siècle.

3. Nous employons ici le mot dans son acception générale.

4. Le vers de huit syllabes était déjà employé par les troubadours. V. les fragments de Guillaume ou Guilhem IX, ap. *Hist. littér. de la France*, t. XIII, p. 4

5. *Erec et Enide*; *Tristan et Iseult* (perdu); *Cligès*; l'*Ars d'amor*, traduit d'Ovide, et autres traductions; *le Chevalier au Lion*; *Guillaume d'Angleterre*; *Perceval le Galois*; *le Chevalier de la Charette* (Lancelot du Lac), etc. — Il écrivit plupart de ses romans pour le comte Philippe de Flandre, qui régna de 1168 1191, et fut le tuteur de Philippe-Auguste. *Le Chevalier de la Charette* fut écr pour une comtesse de Champagne, qu'on croit être Marie de France, fille de Lou le Gros et tante de Philippe-Auguste. — *Erec et Enide* a été publié en Allemagn *le Chevalier au Lion*, en Angleterre; *le Chevalier de la Charette*, en France; Reim 1849. On croit que les *Mabinogion* arrivèrent du Glamorgan en Flandre par l'i termédiaire d'une colonie flamande et wallonne établie dans ce pays d'Arthur de Merlin, en 1108. La Flandre et la France les auraient eus aussitôt que la N mandie. V. La Villemarqué. *Contes bretons*, I, 227. M. de La Villemarqué a pub *le Chevalier au Lion* dans le beau recueil des *Mabinogion*, de lady Charlotte Gue

C'est lui, pourtant, qui résume la pensée de la chevalerie dans cette belle parole :

« Amour, qui est chose si haute[1]..... »

Un Normand inconnu, dont l'œuvre ne nous est point parvenue entière, nous semble surpasser Chrestien : plus simple, plus sobre, plus rapide soit dans l'action, soit dans le style, d'un chaud coloris et d'une sensibilité profonde, son *Tristan*[2], tout mutilé qu'il est, est peut-être celui des poëmes de la Table Ronde qu'on peut citer comme le type le plus accompli. Le dénoûment, le

1. *Le roman du Chevalier au Lion*; ap. *Mabinogion*, edit. by lady C. Guest; t. I, p. 150.
2. *Tristan : Recueil de ce qui reste des poëmes relatifs à ses aventures*, publié par Francisque Michel; Londres, W. Pickering; Paris, Techener, 1835 ; 2 volumes in-12. Le savant éditeur attribue à deux auteurs différents les deux grands fragments qui commencent le premier et le deuxième volumes de *Tristan*, et qui se rajustent si bien; nous inclinons à les croire du même auteur, d'un trouvère normand appelé Thomas, et peut-être le Bérox et le Bréri auxquels se réfère notre poëte, ce Bréri,

> Qui sait les gestes et les contes
> De tous les rois, de tous les comtes
> Qui eurent esté en Bretagne. (II, 40.)

seraient-ils un seul et même personnage, un conteur gallois du nom de Beroc'h ou Breroc'h, auteur du *Tristan* celtique qui n'a pas encore été retrouvé. Nous n'avons pas non plus l'original celtique de *Lancelot*. Les *Mabinogion* sont loin de nous être arrivés au complet. Au *Tristan* normand est joint un troisième fragment (t. II, p. 89), peut-être du même auteur, et qui, plus celtique que la plupart des *Mabinogion* eux-mêmes, contient des allusions directes aux mystères bardiques, allusions que le trouvère répète sans les comprendre. Ainsi, lorsque Tristan se travestit en fou pour pénétrer auprès d'Iseult, ses prétendues folies sont purement symboliques. Comme Taliésin, qui a été « vipère dans le lac, daim tacheté sur la montagne, » Tristan dit avoir été engendré par une baleine, nourri par une tigresse. Il veut emmener sa bien-aimée dans une belle *maison de verre* qu'il a au-dessus des nuages, une grande maison de cristal et d'ambre, où le soleil va rayonnant à grande clarté. *v. Tristan*, II, p. 102-104. Or, nous avons dit plus haut (p. 362) ce que signifiait la *maison de verre* dans la langue des symboles. C'est au *Gwynfyd*, au ciel, où montent aussi Arthur et Merlin, que Tristan veut enlever Iseult. Dans un autre épisode sur le même sujet, qui paraît un peu moins ancien et d'un dialecte plus français et moins normand (*Tristan*, t. I, p. 222), Tristan ne parle plus que de faire à Iseult, entre la nue et le ciel, une maison de fleurs et de roses où il ne gèle pas. Ici le symbole a disparu. — Une dernière observation sur le *Tristan*, au point de vue moral; c'est que les amours de Lancelot et de Genièvre sont franchement illégitimes, et n'ont d'excuse que dans leur constance; mais que, pour la passion de Tristan et d'Iseult, les trouvères, et, sans doute, avant eux, les conteurs gallois, font le *boire amoureux* seul coupable de l'adultère, et qu'une fois l'effet du philtre épuisé, les amants s'efforcent de dégager leur amour du péché et de s'élever à l'amour idéal. — Il a paru récemment un troisième volume du *Tristan*, renfermant un nouveau fragment de Thomas.

récit de la mort de Tristan et d'Iseult, est d'une beauté sans égale. Il n'est rien de plus touchant dans aucune poésie. C'est là, pour la chevalerie amoureuse, ce qu'est la catastrophe du *Roland* pour la chevalerie purement guerrière [1].

Les troubadours qui, dès le milieu du douzième siècle, présentent des allusions aux héros de la Table Ronde, ont aussi écrit des romans en vers et en prose, appartenant à ce cycle. Quelques-uns nous sont parvenus. Le Périgourdin Arnaud Daniel, que Dante et Pétrarque proclament le plus grand des troubadours, avec les poésies lyriques que nous avons en partie conservées, avait composé, d'après le témoignage du Tasse, un *Lancelot*, perdu pour nous, mais qu'on croit retrouver dans une traduction allemande. Néanmoins, dans le cycle d'Arthur comme dans celui de Charlemagne, dans les poëmes d'*aventures* comme dans les Chansons de Gestes, les trouvères l'emportent par le nombre et la fécondité. La muse des longs récits favorise décidément le Nord.

Les troubadours se dédommagent glorieusement par l'éclatante efflorescence, par l'élan universel de leur lyrisme amoureux, qu'enlève à des hauteurs inconnues le grand souffle venu de la Cambrie. Ici, à leur tour, ils triomphent, ils sont rois, et, bien que la poésie du Nord s'essaie avec succès dans un lyrisme tempéré élégiaque [2], elle n'a rien de comparable à ces flammes sans cesse jaillissantes dont la muse d'outre Loire remplit l'étincelante atmosphère du Midi.

C'est, en effet, dans nos régions méridionales, que la société chevaleresque prend le plus brillant aspect, le développement le plus étendu et le caractère le plus populaire qu'il lui soit donné d'atteindre. Là, toutes les circonstances favorisent son essor. Avant la société vraiment chevaleresque, la société polie s'es-

---

1. Ce qui est vraiment surprenant, c'est que le même sujet ait fourni deux dénoûments complètement différents et tous deux admirables. *V.* les dernières pages de la plus ancienne version en prose, citées dans le t. I du *Catalogue des Manuscrits de la Bibliothèque du Roi*, par M. Paulin Paris; 1836. Il y a là, dans la bouche de Tristan mourant, un : *Je suis vaincu!...* qui est digne de Corneille. C'est comme un éclat de tonnerre au milieu de toute cette tendresse.

2. Chrestien de Troies lui-même en donne l'exemple; puis le châtelain de Coucy, célèbre par ses tragiques amours; puis une femme d'un remarquable talent, Marie de France, qui a mis en *lais* français beaucoup de *guerz* ou chants populaires bretons et gallois.

reformée de bonne heure dans ces contrées où les traces de l'antiquité sont plus fortes et les traces de la barbarie germanique plus faibles que partout ailleurs. Elle s'est reformée sous l'inspiration latente de la civilisation antique, mais sans reproduire les caractères extérieurs de cette civilisation, et dans une condition toute originale. Le mélange social des sexes, que l'antiquité classique n'a pas connu, et qui procède, comme nous l'avons dit, de l'instinct gaulois combiné avec le christianisme, ce mélange, principe fondamental de la civilisation moderne, s'est montré en même temps dans la France du Nord, mais avec moins de délicatesse et d'élégance. Dans le Nord, les seigneurs et les dames s'asseient aux mêmes banquets, et commencent à entendre ensemble, après le repas, des fragments des Chansons de Gestes. Dans le Midi, ils s'associent plus activement et plus spécialement pour les plaisirs de l'esprit. Dès le onzième siècle, les troubadours improvisent, devant de nobles assemblées, des dialogues en vers appelés *tensons* ou *jeux-partis,* et les seigneurs et les dames décernent un prix au *mieux-disant*[1]. Avec une culture littéraire naissante, qui n'a rien de classique, se combine déjà la galanterie, dans le sens qu'on donnera plus tard à ce mot[2]. La galanterie précède l'idéal de l'amour : le spirituel et licencieux Guilhem IX d'Aquitaine, dont les poésies ne témoignent d'aucune idéalité, étale sur son écu le portrait d'une de ses maîtresses. Les formes chevaleresques sont là ; l'esprit n'y est pas encore ; mais, quand il souffle de la Cambrie, il embrase, il ravit au-dessus d'elles-mêmes toutes ces âmes vives et passionnées. Le terrain du Midi était admirablement préparé pour recevoir la semence de la plante qui y pousse plus rapide, plus feuillue, plus chaudement colorée, mais non pas toutefois plus haute ni plus fortement enracinée que sur la terre du Nord.

A tous égards, le Midi était bien préparé. Là, moins d'éléments

---

1. *Hist. littér. de la France*, t. XIII, p. 42.
2. Ce mot, qui a beaucoup changé d'acception, est d'origine celtique. De *gall*, énergie, pouvoir (en gallois), dérivent *galac'h* et *galawnt*, brave. Un bon *galant*, primitivement, voulait dire un *brave ;* tout brave, selon la morale chevaleresque, devait être amoureux. Dans la décadence de l'esprit chevaleresque, le langage de l'amour survit à l'amour et s'adresse banalement à toutes les femmes. On voit comment le sens du mot se transforme.

étrangers ou contraires au mouvement de la chevalerie. Le Midi est moins féodal, moins ecclésiastique, moins scolastique. Dans la France proprement dite, dans l'Angleterre normande, en Allemagne, l'institution chevaleresque ne s'étend pas en dehors de la caste nobiliaire. Dans nos provinces aquitaniques, septimaniennes, provençales, ainsi qu'en Italie et en Espagne, l'institution n'est point fermée aux patriciens des villes, ni même, d'une manière absolue, aux hommes sortis des classes inférieures, et les sentiments chevaleresques pénètrent fort avant dans la bourgeoisie et affectent plus ou moins la masse entière du peuple. Les troubadours ne parlent guère d'un honorable bourgeois en d'autres termes qu'ils feraient du gentilhomme le plus accompli. Les rapports des villes et des châteaux sont là tout autres qu'ailleurs. La bourgeoisie du Nord ne participa que plus tard, et moins directement, à la civilisation morale issue de la chevalerie[1].

L'existence des troubadours est plus animée, plus brillante que celle des trouvères : leur personnalité est plus marquée dans l'histoire. La tradition a conservé les aventures plus ou moins authentiques d'un grand nombre d'entre eux avec un soin qu'on ne retrouve pas dans le Nord pour leurs rivaux, si dignes pourtant de mémoire. La plupart des trouvères, au douzième siècle, sont des clercs, déserteurs de la scolastique, contraste qui rend d'autant plus admirables la grâce et la douceur de leurs chants. Les troubadours, eux, sortent de toute origine : beaucoup de nobles, beaucoup de bourgeois, quelques clercs, plusieurs enfants de la dernière classe du peuple[2]. Sous le laurier poétique disparaissent les distinctions de naissance. Beaucoup de troubadours de la moyenne ou parfois de la plus basse condition passent leur vie à chanter leurs vers, sur la harpe, de château e

---

1. C'est la bourgeoisie flamande, si rude pourtant, qui fait exception. Sa puissance lui valait les mêmes égards qu'obtenait l'élégant patriciat de Provence ou de Septimanie, et ses chefs reçurent parfois l'ordre de chevalerie.

2. Dans le Limousin, ce pays pauvre et pittoresque qui est le grand centre de la poésie méridionale, dans le Périgord, le Querci, la Gascogne, la haute bourgeoisie et la plèbe luttent de talents littéraires avec la noblesse. Dans le Toulousain, la Septimanie et la Provence, la noblesse et la bourgeoisie rivalisent. En Auvergne, un seul poëte notable, Pierre Rogiers, appartient à la bourgeoisie. Dans le Poitou, la Saintonge, la Guyenne, la noblesse seule a les honneurs poétiques.

château, de cour en cour[1], fêtés, récompensés avec magnificence, traités avec déférence par les grands barons, par les princes, qui se disputent l'honneur d'attacher à leur personne les poëtes les plus renommés. Les femmes accueillent avec plus d'enthousiasme encore ces chantres qui élèvent si haut la gloire de leur sexe. Maint troubadour est le rival des princes auprès des plus hautes dames[2], et plus d'un prince soutient dignement la lutte avec les propres armes du poëte. Bon nombre de petits seigneurs font plus, et quittent leurs manoirs pour mener la vie des troubadours. Une confraternité poétique s'établit entre tous ces chanteurs de conditions si diverses : tous y gagnent, et la société plus que tous. Malgré ces dissonances et ces contradictions qu'il faut toujours présupposer quand on parle du moyen âge, il s'épanouit dans les mœurs une fleur d'élégance, une grâce inconnues.

La fraternité poétique n'est, en quelque sorte, qu'une des formes de la fraternité chevaleresque[3], principe dont l'action est bien autrement étendue. Les premiers romans du cycle de Charlemagne proposaient pour idéal social une hiérarchie féodale, une série de *pairs* de divers degrés, aboutissant aux douze *pairs* que préside le roi[4]. C'est l'esprit hiérarchique des Germains. La Table Ronde remplace la hiérarchie germanique par l'égalité gauloise. Le nombre des chevaliers de la Table Ronde est illimité, et, autour de cette table symbolique, « tous sont *à chef*, tous

---

1. Les troubadours issus des classes les plus pauvres avaient ordinairement commencé par être jongleurs à la suite des troubadours, c'est-à-dire par réciter, pour vivre, les poésies d'autrui avant de réciter les leurs.
2. Bernard, dit de Ventadour, fils d'un *fournier* (boulanger), fut aimé de la vicomtesse de Ventadour; puis il porta ses vœux, avec succès, jusqu'à la reine Éléonore. Pierre Vidal, si connu par ses grands talents, mais aussi par ses folies, était le fils d'un pelletier de Toulouse. Giraud de Borneil, à qui les contemporains donnent la palme des chansons d'amour, était sorti de la plus infime condition; l'éclatant Élias Cairel était un artisan de Sarlat. On en pourrait citer bien d'autres.
3. Beaucoup de troubadours, étrangers à la noblesse, reçurent, d'ailleurs, l'ordre de chevalerie.
4. Ce nombre *douze* ne vient pas seulement des *douze apôtres* : il se retrouve dans beaucoup de traditions germaniques, juives, celtiques, etc., particulièrement dans les institutions judiciaires. On l'affectionnait dans les cours de pairie féodales des divers degrés comme dans la cour du roi. Les *douze juges* étaient une espèce d'idéal. Nos *douze jurés* en viennent encore.

sont au milieu, » dit énergiquement le *translateur* des traditions celtiques, maître Wace[1]. Aussi est-il facile de reconnaître, sur ce point, un grand progrès d'idées et de mœurs du dixième siècle au douzième ou au treizième. Le simple chevalier est à bien moindre distance du grand suzerain.

Dans le Midi, le développement de la chevalerie pousse à l'égalité entre noble et bourgeois; dans le Nord, à l'égalité seulement entre nobles, ce qui tient précisément à ce que les municipalités du Midi, plus aristocratiques que celles du Nord, ont beaucoup plus de points de contact avec la noblesse. Au nord de la Loire, la noblesse et la bourgeoisie sont deux mondes à part.

Malgré les nuances qui distinguent la France proprement dite de la Gaule méridionale, malgré la supériorité sociale du Midi sous certains rapports, les principes, les sentiments, les formes, le langage de la chevalerie sont identiques des deux côtés de la Loire. C'est une révolution générale et simultanée que celle qui introduit, dans les usages comme dans les idées de la société du moyen âge, un élément nouveau, et presque aussitôt dominateur, à côté de l'élément purement guerrier et de l'élément religieux. Le cérémonial de l'initiation chevaleresque, profondément modifié par l'Église au onzième siècle, est modifié non moins profondément, au douzième, par les nouvelles idées relatives aux femmes. La semonce du parrain au récipiendaire sur les devoirs du chevalier prend un caractère tout différent des premiers ser-

---

[1] Pour les nobles barons qu'il *ot* (eut),
Dont chacun *mieldre* estre *quidot*,
(croyait être le meilleur)
Fist Artus la Roonde Table
Dont Breton dient mainte fable.
Iloc séoient li vassal
(Là siégeaient les vassaux)
Tot chievalment et tot ingal
(Tous en chef et tous également);
A la table *ingalment* séoient,
Et *ingalment* servi estoient.
Nul d'eux ne se pooit (pouvait) vanter
Qu'il *séist* (siégeât) plus haut que son pair;
Tuit estoient assis moiain
(Tous étaient assis au milieu)...

Wace, *li Romans de Brut*, t. II, p. 74.

ments imposés par les prêtres d'après les principes de la Trêve de Dieu.

« Lorsque dames ou damoiselles ont *mestier* (besoin) de lui, il les doit aider de son pouvoir, s'il veut gagner *los et prix* (louange et mérite); car il faut honorer les femmes et porter grand faix pour défendre leur droit[1]. »

Après le serment prêté, ce sont maintenant des dames qui arment le chevalier : une dame l'aide à passer le haubert; une dame lui ceint l'épée; une dame lui chausse les éperons d'or, emblème de la rapidité avec laquelle il doit voler au secours du sexe le plus faible et de tous les opprimés. Les dames ont aussi désormais tous les honneurs des tournois et des fêtes chevaleresques. L'émulation qu'excite leur présence imprime à ces jeux belliqueux un caractère sans exemple dans le passé : leurs applaudissements et leurs sourires sont la plus précieuse récompense des *mieux faisants;* on porte à la joûte, et de là sur le champ de bataille, un ruban, une tresse de la bien-aimée; on combat pour faire triompher ses couleurs; la gloire n'est plus que le chemin de l'amour; et les femmes sont, d'ailleurs, les arbitres de la gloire. C'est de la main d'une dame, de la reine du tournoi, que le vainqueur reçoit solennellement le prix conquis dans la lice[2].

Si l'on compare à ces luttes généreuses, à ces périls cherchés et partagés avec enthousiasme, les jeux atroces de l'amphithéâtre et la cruelle dépravation qu'y étalaient les dames romaines, la civilisation antique ne brillera pas devant le moyen-âge.

Une série de locutions absolument originales exprime l'idéal de la moralité chevaleresque et, pour ainsi dire, les vertus cardinales de cette espèce de religion. Presque tous ces termes sont communs à la langue d'oc et à la langue d'oïl.

Le mot *courtoisie* (*cortesia*) désigne la bonne grâce, l'élégance de manières, la politesse bienveillante envers les hommes, respectueuse envers les femmes, le désir constant de plaire et d'obliger, l'ensemble des qualités sociales, nées du commerce habituel des

---

1. Vulson de la Colombière, *le Vrai Théâtre d'honneur et de chevalerie*.
2. Le mot *lice*, qui désigne le champ-clos du tournoi, est celtique. Le cri : Lis ! lis ! lis ! est encore, en Bretagne, le signal du combat au bâton qui se livre pendant la *nuit des morts*. La Villemarqué, *Contes bretons*, t. II, p. 287.

deux sexes dans les châteaux où la jeunesse noble est élevée au service des grands suzerains et des hautes dames.

Le mot *courtoisie* vient de *court*, la *cour d'honneur*[1] du château où s'exercent les jeunes gens, où se donnent les tournois sous les yeux des dames. Il caractérise une civilisation d'un tout autre ordre que celle à laquelle se rapportent les termes de *politesse*, de *civilité*, d'*urbanité*, et les habitudes qu'il exprime tiennent peut-être de plus près aux qualités de l'âme.

Le beau nom de *parage* comprend, avec la courtoisie, les vertus morales dont la courtoisie ne doit être que le signe et l'efflorescence extérieure; la noblesse du cœur, la dignité de la vie, la générosité dans tous les sens du mot, vaillance, élan secourable, libéralité, hospitalité[2]. L'opposé de *parage* est *orgueil* (*orgolh*, en langue d'oc), qui implique égoïsme et dureté, cœur et main fermés, âme sans amour.

La droiture (en langue d'oc, *dreytura*), qui, dans la langue ordinaire, désigne l'attachement au juste en général, au droit (*rectum*), devient, dans la langue chevaleresque, l'amour fidèle avec les qualités qu'il produit; car la constance envers un digne objet est, selon cette morale, ce qui est souverainement juste. Par *droiture* et *parage*, qui ne vont pas l'un sans l'autre, on acquiert *prix, valeur* et *merci* (*prets, valensa, merces*), c'est-à-dire mérite et estime près de sa dame, ce qui est l'essentiel, et par surcroît dans le monde.

Les tendances celtiques, dont nous avons suivi le mouvement progressif, ont donc abouti à une théorie qui conçoit la femme comme « un idéal de douceur et de beauté, but suprême de la vie[3]. » L'amour est, pour le chevalier, le principe de toute vertu, de tout mérite moral et de toute gloire.

---

1. *Curtis, cortis*, plus anciennement *coors* ou *cohors*, enclos, espace entouré de murs ou de bâtiments. On devrait écrire la court d'une maison, la court d'un prince, comme l'indique le mot de *courtisan*; et la cour de parlement, la cour des pairs, la cour de justice; cour, dans ces derniers cas, ne venant point de *coors*, mais de *curia*, sénat, assemblée.

2. Sur l'hospitalité, les maximes de la chevalerie sont toutes celtiques. « Dépensez largement et ayez une belle maison sans porte ni clef, » dit un troubadour. *v.* Fauriel, *Hist. de la poésie provençale*, t. I, p. 493. Dans les *Mabinogion*, la maison d'Arthur est toujours ouverte. « La maison d'un chef est sans portier », dit un proverbe gallois.

3. F. Renan, *De la poésie des races celtiques*.

La première des vertus qu'engendre l'amour, celle dont procèdent toutes les autres, s'appelle la *joie* (*joy* et *jóia*, en langue d'oc). C'est ici que nous voyons encore éclater le génie de notre race. Les Gaulois, avons-nous dit ailleurs, étaient à la fois toujours prêts à jouer avec la mort, et plus joyeux dans la vie que les autres hommes. On se rappelle la *gaîté terrible* chantée par les bardes : c'est des vieux Gaëls que les fils d'Odin avaient appris à rire en mourant. La joie gauloise, cette vivacité expansive, cette exaltation habituelle de l'âme du héros est toujours aussi héroïque[1], mais attendrie et humanisée par un sentiment plus doux, par une flamme qui épure le cœur des sentiments haineux et sombres, des tristesses malsaines, de la paresse, de l'avarice et de la dureté. Cet état souverainement actif de l'âme chevaleresque est tout opposé à la *mélancolie* (humeur noire) des temps de décadence et de scepticisme, qui est une impuissance de vie et d'amour, une solitude égoïste de l'âme s'agitant sur elle-même dans le vide. Le chevalier ne peut être arraché à la *joie*, son état normal, que par un malheur réel. La *joie d'amour* est un enthousiasme continu qui provoque perpétuellement l'action, la vie ; c'est un soleil intérieur qui anime tout.

On voit maintenant le sens élevé de ce nom si connu de *gaie science* (*gai saber*), attribué à l'art des trouvères et des troubadours[2].

---

1. Le cri de guerre français : *Mont-joie!* est bien gaulois. *Gai, gaîté*, sont celtiques. *Gair*, rire, en gaélique ; *çwerthin*, id., en gallois.

2. Il y aurait une comparaison intéressante à faire entre l'état de *joie* de la chevalerie et l'état de *grâce* de la religion. Voici la définition de la *joie* par un trouvère picard :

> A la joie appartient
> D'amer moult finement
> (D'aimer très parfaitement);
> Et, quand li lieus en vient
> (Quand il y a lieu),
> Li donners largement
> (La largesse, la libéralité).
> Encor plus y convient
> Parler cortoisement.
> Qui ces trois voies tient,
> Ja n'ira malement
> (N'ira pas dans la mauvaise route).

Ces vers, qui ont le mérite de la précision plutôt que de la poésie, sont de Blondel

L'ensemble des sentiments et de la situation du chevalier vis-à-vis de sa dame est enfin désigné par le terme caractéristique de *donnoi* (*domnei*, en langue d'oc [1]) qui signifie, à parler très sérieusement, l'état d'être « en puissance de dame. » Le chevalier, accepté pour *ami* (*druz*, dans les deux langues), prête foi et hommage à sa dame dans les formes de l'hommage-lige, à genoux, les mains dans les mains. Le tendre intérêt de la force généreuse envers la faiblesse et la grâce est ainsi devenu la soumission volontaire du fort au faible, ou, pour mieux dire, la soumission de la puissance physique à une puissance toute morale, et du raisonnement au sentiment. La révolution est complète contre l'antiquité tant barbare que civilisée; révolution bien étrangère à l'Église, mais non pas à l'esprit du christianisme [2].

Fidélité, obéissance à sa dame [3], libéralité, hospitalité, bonté secourable envers tous, sont les devoirs du chevalier; il est tenu de servir sa dame, de défendre la justice et de *redresser les torts*, à quelque prix et à travers quelques périls que ce soit, sans tenir compte ni de sa fortune ni de sa vie.

La chevalerie ne se contente pas d'une morale enseignée par la poésie, et propagée par l'opinion : elle crée une institution qui concentre la force de l'opinion et qui donne une sanction à cette morale, aussi différente de l'enseignement ecclésiastique que des maximes féodales.

---

de Nesle, le trouvère de Richard Cœur-de-Lion, immortalisé par Grétri. *v. Hist. littér. de la France*, t. XV, p. 127.

On trouve, dans le recueil de lois et coutumes d'Alfonse X de Castille (*Las Siete Partidas*), un règlement très intéressant sur les chevaliers volontaires au service du roi. Il leur est prescrit de porter des couleurs éclatantes telles que rouge, jaune ou vert, les couleurs sombres étant ennemies de la *joie*. Un *brenn* des anciens Gaulois n'eût pas dit autrement. *v.* Fauriel, *Hist. de la poésie provençale*, t. I, p. 527.

1. De *domina*, *domna*, dame.
2. Cette révolution, l'on a vu que Robert d'Arbrissel a essayé de l'introduire dans l'Église, dans la société monastique, indépendamment de l'amour, ce qui est bien plus étrange.
3. L'orgueil, interdit au chevalier pour lui-même, lui est permis pour sa dame. Il cherche l'occasion de soutenir, les armes à la main, que sa dame est la plus belle et la plus vertueuse de toutes. Les anciens héros gaulois se battaient pour établir leur supériorité personnelle; les chevaliers se battent pour la supériorité de leurs dames : le vieil orgueil celtique n'est que déplacé; car l'amour, par lui-même, ne songerait guère à des triomphes de ce genre.

Cette institution est en pleine vigueur dans la seconde moitié du douzième siècle, mais elle est trop extraordinaire et se heurte contre trop d'obstacles pour pouvoir se généraliser et subsister longtemps : ce sont les *cours d'amour*, issues de ces assemblées de seigneurs et de dames, qui, dans les pays d'outre Loire, jugeaient les *tensons* des troubadours, luttes poétiques déjà qualifiées de *jeux d'amour* (*juec d'amor*) dans les chansons du duc d'Aquitaine Guilhem IX. Au lieu de simples jugements littéraires, on soumet à ces réunions des questions de morale chevaleresque, puis des questions de personnes, et les assemblées de plaisir se changent en véritables tribunaux, infligeant, à défaut de peines matérielles, des peines morales fort graves, telles que l'exclusion du commerce de tous *preud'hommes*, de toutes *preudes femmes*. Les cours d'amour, méridionales dans leur première forme, se produisent simultanément, avec leur nouveau caractère, des deux côtés de la Loire, et, conformément aux principes du *donnoi*, sont maintenant présidées par une dame, et, le plus souvent, exclusivement composées de dames.

Un écrivain de la fin du douzième siècle ou du commencement du treizième[1] a cité leurs principales maximes et quelques-uns de leurs arrêts. Ces maximes, qu'on accrédite en les supposant émanées de la suprême autorité chevaleresque, des dames et des chevaliers de la cour d'Artus, séant à la Table-Ronde, sont diverses et même contradictoires. Là, comme dans les romans, l'amour inférieur dispute encore le terrain à l'amour idéal[2]. Il en est de

---

1. Maître André, chapelain de la cour de France. Son livre est intitulé : *De arte amatoriâ et reprobatione amoris*; mss. de la Bibliothèque, n° 8758; fonds de Baluze. Il cite les cours d'amour des dames de Gascogne, d'Ermengarde, vicomtesse de Narbonne (*amie* du troubadour plébéien Pierre Rogiers), de la reine Éléonore, de la comtesse de Champagne (probablement celle à laquelle Chrestien de Troies a dédié *le Chevalier de la Charette*); de la comtesse de Flandre. Les troubadours, et Nostradamus leur historien, parlent des cours établies en Provence à Pierrefeu, à Signe, à Romanin, à Avignon. Beaucoup plus tard, Phanette de Gantelmes, femme poète, tante de la Laure de Pétrarque, tenait encore une cour d'amour à Avignon. Raynouard, *Choix des poésies des Troubadours*, t. II, p. lxxxix.

2. A côté de ces axiomes d'un esprit élevé :

« La vertu seule (*probitas*, preud'hommie) rend digne de l'amour;
« Personne ne peut avoir deux amours;
« Celui-là ne sait pas aimer que la soif insatiable des voluptés possède;

même quant aux arrêts des cours d'amour ; certains sont d'une grande élévation morale [1] ; d'autres sont bizarres ou fort opposés aux idées reçues, et quelquefois, il faut bien l'avouer, au sens commun ; mais, ce qui est surtout remarquable, c'est la logique hardie avec laquelle cette judicature féminine pousse devant elle sans tenir compte ni de l'Église ni de la féodalité. Ainsi la décision de la cour des dames de Gascogne contre les révélateurs des secrets d'amour ne souffre aucune exception. C'est la morale du roman de *Tristan* proclamée en loi. Selon la morale féodale, le vassal doit dénoncer au seigneur tout ce qui est contre son droit ou contre son honneur : il est *félon* [2], s'il ne le fait pas. Dans le *Tristan*, trois barons dénoncent Iseult au roi Marc : selon la féodalité, ils sont *féaux* et loyaux ; selon la chevalerie, ils sont *félons*, et le trouvère, auteur du *Tristan*, épuise sur eux les anathèmes. Toute la société chevaleresque lui fait écho.

Ceci nous amène à ce qu'il y a de plus extraordinaire dans la chevalerie, les idées sur le mariage.

Dans les *Mabinogion*, et dans les plus anciens romans français qui

« Le véritable amour ne désire rien sinon de celle qu'il aime ; »

on trouve celle-ci, proclamée par la cour de la reine Éléonore :

« L'amour ne peut rien refuser à l'amour »,

contraire à l'esprit du *donnoi*, qui veut que, de la part de la dame, tout soit grâce et rien ne soit dû :

Et même celle-ci :

« Un nouvel amour chasse l'ancien » ;

à laquelle Rousseau devait répondre un jour dans la *Nouvelle Héloïse* :

« L'amant qui change ne change pas : il commence ou finit d'aimer » ;

Et :

« Rien n'empêche qu'une femme soit aimée de deux hommes et un homme de deux femmes. »

Une autre maxime prescrit un *veuvage* de deux ans à l'amant qui survit : c'est encore là un abaissement de l'idéal que d'appliquer à l'amour qui, théoriquement, doit être unique, une loi imitée des institutions positives et qui est une capitulation avec la vie réelle. Ces contradictions impliquent une compilation de diverse origine. *v.* Raynouard, t. II, p. cv.

1. Jugement de la cour de la comtesse de Champagne contre une dame qui a abandonné son *ami* à cause d'une longue absence. — Jugement de la cour de la comtesse de Flandre contre un chevalier infidèle, qui est déclaré exclus de l'amour de toute *preude femme* ; ap. Raynouard, t. II, p. cxiv-cxvj.

2. *Fel*, traître, fourbe, en kimro-gallois.

en sont imités, il n'y a point d'opposition systématique entre l'amour et le mariage, qu'on y voit quelquefois en guerre, souvent associés. C'est l'amour dans le mariage, qui fournit les péripéties dramatiques d'*Erec et Énide,* et surtout du *chevalier au Lion,* où les relations, après le mariage, restent dans les conditions les plus complètement chevaleresques. On raffine bien vite sur cette simplicité première. Les cours d'amour, à peine en vigueur, posent des principes nouveaux ; les romans celtiques et français sont dépassés par le mouvement que suscite dans les idées et dans les mœurs l'esprit exalté et subtil des troubadours. L'amour avait été érigé en institution positive, nous avons vu avec quels engagements formels ; on arrive à faire consacrer ces engagements par un prêtre. Ce n'est plus l'Église qui pénètre dans la chevalerie, c'est la chevalerie qui entraîne le prêtre sur un terrain absolument étranger[1]. La loi de l'amour est constituée en dehors du mariage, puis bientôt contre le mariage : on ne tient compte des droits du mariage dans cette autre union, dont les droits sont réputés d'un ordre plus élevé ; puis on en vient à déclarer nettement l'amour et le mariage incompatibles[2] ; c'est-à-dire à arracher à l'union conjugale toute idéalité.

Le mariage féodal, nous l'avons dit plus haut[3], méritait parfaitement cet anathème. On épousait un fief, et, souvent, sous le prétexte si facile d'*inceste,* pour quelque insaisissable degré de cousinage, on divorçait d'avec ce fief pour en épouser un autre[4].

1. On appelle le prêtre et à consacrer l'union chevaleresque et à la dissoudre en cas de rupture. *V.* l'anecdote du troubadour Pierre de Barjac, ap. *Hist. littér. de la France*, t. XV, p. 448. La dame était mariée.
2. Jugement de la cour de la comtesse de Champagne ; *id.* de la reine Éléonore ; ap. Raynouard, t. II, p. cxvij.
3. *V.* ci-dessus, p. 16.
4. « Dans la caste féodale, le mariage n'était d'ordinaire qu'un traité de paix, d'amitié ou d'alliance entre deux seigneurs, dont l'un prenait pour femme une fille de l'autre. Des unions ainsi fondées sur les intérêts d'une ambition effrénée, sur des calculs compliqués de convenances, étaient nécessairement très fragiles. Elles se trouvaient à chaque instant en opposition avec des intérêts nouveaux, avec des convenances imprévues. A cela il n'y avait qu'un remède, mais un remède facile et toujours prêt, la répudiation. Un seigneur déjà marié avait-il en vue quelque arrangement politique qui ne pouvait avoir lieu qu'à l'aide d'un nouveau mariage, il n'avait qu'à se prétendre parent au quatrième degré de la femme dont il ne voulait plus ; l'Église était là pour prononcer son divorce, pour lui donner la liberté d'entrer, par un nouveau mariage, dans une nouvelle situation politique. Il serait

Quant à la personne de la femme enchaînée à ce fief, quant à l'âme humaine qu'on garrottait dans ces liens tout matériels et tout politiques, c'était ce dont on se préoccupait le moins. L'énergie de la réaction est bien concevable; mais la guerre au mariage avait d'autres causes encore : l'une était l'incompatibilité de l'antique théorie du mariage, qui fait de la femme la *propriété* de l'homme [1], avec le principe chevaleresque suivant lequel, de la part de la dame, tout, excepté la fidélité promise, est grâce et faveur; l'autre cause était l'élan idéal qui voulait séparer l'amour des vulgarités de la vie conjugale, et qui refusait de se plier au mélange des réalités inférieures avec le développement des sentiments de l'âme, mélange qui est la condition imposée à notre vie actuelle. Il y avait là une révolte contre la nature des choses; une sorte de manichéisme dans la religion de l'amour. Ce dualisme se manifeste sous deux formes : selon la première, la moins morale comme la moins logique, la femme, à l'exemple de Genièvre et d'Iseult, a réellement deux maris : celui de l'amour et celui de la loi sociale. Des maximes complaisantes autorisent; mais l'idéal condamne, et arrive à se formuler en une dualité toute différente; c'est le double mariage du corps avec le mari, de l'âme avec l'amant. De ce qui peut être un fait anormal, l'accident douloureux d'existences mal ordonnées, on fait un système [2]. On va plus loin, et,

difficile de dire à quel point les papes et les évêques du moyen âge contribuèrent à la misère et à l'avilissement de la condition des femmes dans le mariage, tantôt en favorisant, tantôt en provoquant les répudiations les plus déhontées. » Fauriel, *Hist. de la poésie provençale*, t. I, p. 497, 498.

Il y a des réserves à faire sur ce jugement, puisque l'histoire offre d'éclatants exemples de luttes pontificales contre les capricieux divorces des princes; mais on doit reconnaître que les folles exagérations sur l'inceste défaisaient continuellement en pratique l'indissolubilité du mariage, proclamée en droit par Rome.

1. V. sur ce sujet les dernières pages de l'*Émile*, si délicates et si profondes.

2. L'exemple le plus frappant est dans le roman provençal de *Gérard de Roussillon*, qui appartient, par le sujet, au cycle de Charlemagne, mais, par les mœurs et les idées, au cycle de la Table-Ronde, parvenu à son dernier développement. L'impératrice, femme de l'empereur Charles (Charles *Martel*, confondu avec Charles *le Chauve*), immédiatement après son mariage, en présence de témoins et en attestant *Jésus rédempteur*, donne son amour au comte Gérard, avec son anneau et une fleur de son collier. « Et toujours, ajoute le romancier, toujours dura leur amour, sans qu'il y eût jamais entre eux rien de mal. » v. Fauriel, *Hist. de la Poésie provençale*, t. I, p. 509. — Si nouvelle et si surprenante qu'elle fût, on peut très bien concevoir cette association des sentiments religieux avec un amour idéal qui cherchait un point d'appui dans la religion pour garder sa pureté; mais ce qui est tout

par le même principe qui a posé l'incompatibilité de l'amour et du mariage, on va jusqu'à soutenir que, dans tous les cas, « il ne sait de *donnoi* vraiment rien, celui qui désire l'entière possession de sa dame. Cela n'est plus amour qui tourne à la réalité¹. »

La religion de l'amour, arrivée à son exaltation suprême, rejoint ici, par le fait, son point de départ, le mariage ascétique de sainte Scholastique, après d'immenses développements de l'âme humaine dus à un mobile tout différent du primitif ascétisme chrétien.

Est-il besoin de dire à quel point la réalité différait des conceptions morales de la chevalerie? Les faits de cette histoire ne l'attestent que trop! Jamais l'écart qui existe toujours entre l'idéal et le réel n'a été plus grand sur la terre. Quel contraste entre cette couronne de vertus que la chevalerie veut poser sur son front, et la brutalité, l'avidité, la tyrannie, la versatilité déloyale que le monde féodal a héritées des barbares! La chevalerie prétend faire naître le ciel du milieu de l'enfer. Le christianisme n'a réussi que bien incomplètement à transformer la barbarie : cette nouvelle religion de l'amour et de l'honneur sera-t-elle plus heureuse?

Le contraste dont nous venons de parler est dans les promoteurs mêmes des idées et des institutions chevaleresques, emportés par la violence et la mobilité de leurs passions aux actes les plus opposés à leurs principes. Geoffroi de Preuilli, le législateur des

---

a fait inconcevable, ce qui révèle les combinaisons d'idées les plus incompatibles, c'est que l'autre dualisme chevaleresque réclama aussi l'alliance de la religion chrétienne. Les exemples en abondent. Citons seulement le châtelain de Couci, resté fameux par sa tragique aventure posthume : le châtelain de Couci, dans ses poésies remarquables par la grâce, par le naturel et par la passion, met hardiment sous l'invocation du ciel un amour fort tendre, mais point du tout platonique, pour une femme mariée, et dit qu'en Terre-Sainte,

« On y conquiert paradis et honor
Et prix et *los* (louange) et l'amour de s'amie. »

Il parle de la « *chastée* (chasteté) et loyauté que tiendront les dames à ceux qui vont au saint voyage. » La *chasteté* est ici uniquement la fidélité envers l'amant. v. *Hist. littér. de la France*, t. XV, p. 582.

Il y a un exemple plus extraordinaire de ces idées dans les *lais* de Marie de France. V. le *lai* du chevalier magicien qui se change en oiseau pour pénétrer dans la tour où est enfermée sa dame (*Lai d'Iwenec*).

1. Fauriel, *Hist. de la Poésie provençale*, t. I, p. 512.

tournois, le *maître de toute courtoisie*, avait péri, en 1068, pour s'être rendu coupable d'une insigne *félonie* : il avait livré, par trahison, son seigneur, Geoffroi-le-Barbu, à Foulques-le-Réchin, qui disputait le comté d'Anjou à Geoffroi. Les bourgeois d'Angers massacrèrent le traître. Mêmes oppositions quant à la dissolution des mœurs. Quelle présidente de cour d'amour que cette reine Éléonore, si effrénée, si violente et si volage! Et son époux Henri II, le patron de Wace et des romans de la Table Ronde; quel débordement de voluptés furieuses, insensées, poussées jusqu'au crime! Ce chef de la chevalerie d'Occident est accusé du forfait le plus grand de tous devant la morale chevaleresque : de viol!

Ce sont là des parjures et des sacrilèges contre la religion de la chevalerie. Mais il est aussi des tragédies qui résultent de l'application même des maximes chevaleresques et de la résistance provoquée par ces maximes. Il était bien difficile à la faiblesse humaine de soutenir l'idéal du pur amour, et, d'ailleurs, comme nous l'avons montré, une grande partie de la chevalerie professait des sentiments moins ascétiques. De là les adultères et les vengeances sanglantes. Un exemple éclatant est celui de l'infortunée comtesse de Flandre, Élisabeth de Vermandois. Son mari, Philippe, comte de Flandre, célébré dans les principaux romans de Chrestien de Troies, avait été le protecteur du grand trouvère, tandis qu'Élisabeth présidait une cour d'amour renommée. Mais, un jour, un jeune homme est surpris auprès de la comtesse. Le barbare reparaît aussitôt sous le chevalier; Philippe se venge comme eût fait un chef de Germains, en faisant pendre par les pieds son rival, qui demande en vain à se justifier par les armes. Élisabeth survécut peu à cette horrible scène [1].

D'autres anecdotes de jalouses fureurs nous ont été conservées à cause de leurs circonstances extraordinaires. Qui ne se rappelle la double aventure du châtelain de Couci et du troubadour Cabestaing, aboutissant au même dénouement? le mari faisant manger à la femme le cœur de l'amant dans un nouveau festin d'Atrée! Cette étrange concordance a fait révoquer en doute

---

1. *Histor. des Gaules et de la France*, t. XIII, p. 163, 198.

[XIIᵉ siècle.] LES REDRESSEURS DE TORTS. 387

l'une et l'autre histoire; et pourtant, la première, au moins, paraît certaine [1].

Si la seconde, celle de Cabestaing, était bien authentique [2], elle attesterait, ce qu'on sait d'ailleurs, que les vengeances qui s'attaquaient à la chevalerie pouvaient être fort périlleuses, si l'on n'était pas un puissant souverain comme le comte de Flandre. La chevalerie de Roussillon et de Cerdagne courut aux armes contre le seigneur de Castel-Roussillon, meurtrier de Cabestaing; le roi d'Aragon Alfonse II fit démolir Castel-Roussillon, emprisonna le seigneur, et réunit dans le même tombeau Cabestaing et sa dame, en mémoire desquels un service solennel fut célébré chaque année à Perpignan.

Quoi qu'il en soit des détails de cette aventure, d'autres faits incontestables montrent que les chevaliers qui prenaient leur idéal au sérieux (et ils étaient en grand nombre, malgré les contrastes monstrueux que nous avons signalés) ne connaissaient d'autre loi que cet idéal et n'hésitaient pas à combattre à force ouverte les lois positives qui y étaient contraires. Cette disposition, fort commune dans la petite noblesse, où elle se combinait avec des mobiles qui n'étaient pas tous également chevaleresques, fut partagée par plus d'un prince qui sacrifiait à ses sentiments, à sa foi, peut-on dire, ses intérêts féodaux. Les *redresseurs de torts* ont été des personnages parfaitement historiques. Une belle dame, maltraitée par son mari, s'enfuit avec un troubadour; le dauphin d'Auvergne protége les amants par les armes contre le mari que

1. Le châtelain ou gouverneur de Couci, le premier chevalier de haute noblesse qui ait figuré parmi les trouvères, mourut à la croisade, de 1190 à 1191, et le poème sur ses amours avec la dame de Fayel (ou Fayet) fut écrit dans la première partie du treizième siècle. C'est dans ce poème que se trouve toute l'histoire du cœur envoyé à la dame par ordre du chevalier mourant. Le mari intercepte le message et fait servir le cœur à sa femme, qui, avertie de ce qu'elle a mangé, déclare qu'après viande si délicieuse, elle ne touchera jamais plus à aucune autre; elle se laisse mourir de faim. Le *Roman du chastelain de Couci et de la dame de Fayel* a été publié, en 1829, par M. Crapelet, Paris, in-4°; les *Chansons* du châtelain l'ont été en 1830, par M. Francisque Michel.

2. L'existence de Cabestaing, qui a laissé quelques poésies, et son meurtre par le mari de sa dame, ne semblent pas douteux; mais la légende du terrible festin peut avoir été empruntée au *Roman du chastelain de Couci*. Voici maintenant qu'on retrouve cette légende dans des traditions celtiques indiquées par le trouvère Thomas. v. *Tristan*, t. III.

soutient en vain l'Église. Boniface, marquis de Montferrat, quitte ses domaines en *chevalier errant* pour enlever des filles retenues en *chartre* par leurs familles et les donner à ceux qu'elles aiment, ou pour défendre des pupilles contre les tuteurs qui les oppriment.

La chevalerie pratiquée à la pointe de la lance n'était pas ce qui coûtait le plus à des hommes d'action et d'aventure; mais le pur amour de l'âme, l'esprit de la vie intérieure et contemplative appliqué à la passion, a existé, lui aussi, ailleurs que dans les livres. Il y a eu, dans la réalité, d'autres amours aussi célèbres et plus irréprochables que ceux dont nous avons cité les souvenirs. Qu'il suffise de rappeler, pour montrer à quel degré d'exaltation morale pouvait porter une telle idéalité, l'histoire du troubadour Geoffroi Rudel, qui s'éprit de la comtesse de Tripoli sur la seule renommée de sa beauté et de ses vertus, en fit désormais l'unique pensée de sa vie, passa la mer pour aller trouver sa dame en Syrie, et, atteint, durant la traversée, d'une maladie mortelle, ne put soutenir les émotions de sa première, de son unique entrevue avec la comtesse. Il expira à ses pieds. Elle entra dans un cloître le jour même [1].

Nous avons essayé de montrer ce que fut la vraie chevalerie [2]. On

---

1. *Hist. littér. de la France*, t. XIV, p. 559. Geoffroi, ou Geoffre Rudel, avait été l'élève de Guilhem d'Agoult, qui avait chanté la théorie de l'amour idéal, sous le titre de *la Manera d'amor dal temps passat*. Ajoutons seulement que les exemples de dames entrant au couvent à la mort de leurs chevaliers, et de chevaliers allant mourir en Terre-Sainte après avoir perdu leurs dames, sont fréquents dans l'histoire de ce temps. La comtesse de Die, la plus célèbre des femmes poëtes de la Provence, se fit, dit-on, religieuse à la mort du troubadour Guilhem Adhémar.

2. Nous ne saurions trop reconnaître ce que nous devons à cet égard à l'ingénieux et délicat esprit de M. Fauriel. M. Fauriel n'a pas vu d'où venait la chevalerie; mais il a très bien vu ce qu'elle était. — Ajoutons ici, d'après lui, un point essentiel que nous avons omis en analysant l'idéal chevaleresque : c'est que, selon cet idéal, le *trouver*, le don des troubadours et des trouvères, l'inspiration poétique, procède de l'amour, comme les autres *vertus*; que, pour bien *chanter*, il faut bien *aimer*. « Le *trouver*, dit le troubadour Giraud de Borneil, s'attache aux nobles cœurs, et le bien dire suit le droit penser. » Fauriel, *Hist. de la poésie provençale*, t. III, p. 274, 275. Ce livre, où tant de notions précieuses se trouvent mêlées à de grandes erreurs, ne contient pas le dernier mot de M. Fauriel. L'excellente notice que M. Victor Leclerc a consacrée à son regrettable collègue nous apprend que M. Fauriel, dans les dernières années de sa vie, était arrivé à admettre la simultanéité et l'égale originalité des deux poésies française et provençale. *v. Hist. litt*, t. XXI. — Nous devons encore mentionner, sur la chevalerie, les intéressantes études de M. Ampère.

a pu juger à quel point elle différa de tout ce qui avait existé avant elle dans le monde. C'est une des grandes phases du développement de l'âme humaine. L'amour de la femme est l'idéal du moyen âge chevaleresque, comme l'amour de la patrie est l'idéal de l'antiquité classique, comme l'amour divin, exclusif, est l'idéal des premiers siècles chrétiens. C'est ici qu'aboutit la marche ascendante des idées relatives au rang de la femme dans l'humanité : la barbarie, soumettant la faiblesse à la force, fait de la femme une esclave. La civilisation, soit théocratique, soit philosophique de l'antiquité, qui méconnaît le principe du sentiment, fait d'elle l'être inférieur, la représentation de la matière, de la passivité[1]. Le christianisme, réaction du sentiment contre l'intelligence abstraite autant que contre la sensualité, tend, par l'esprit, à réhabiliter la femme; mais, par la lettre héritée du judaïsme, l'Église continue à la déprimer. Enfin, la chevalerie, poussant à bout la logique du sentiment, abaissant hardiment la raison devant l'amour, passe par-dessus l'égalité normale des sexes[2], élève la femme au-dessus de l'homme, et en fait une sorte de divinité terrestre. Le *vase d'infirmité* (*vas infirmius*) de l'Église est devenu le *vase d'élection* devant lequel s'agenouille l'orgueil masculin.

L'exagération, l'excès de la chevalerie, c'est de porter la *dame* à une hauteur où il est presque impossible de se soutenir. On lui demande d'être instantanément, dès cette vie, tout ce qu'une créature peut être. C'est une excitation morale très puissante pour la femme; mais cela dépasse les forces de la nature, et introduit nécessairement beaucoup d'illusion et de convention dans l'amour, qui doit être le vrai par excellence; cela amène bien des désabusements et des inconstances. Le chevalier veut une dame toute parfaite, au lieu de chercher dans l'amour le perfectionnement mutuel sous l'empire d'un commun idéal. Il quitte à tort, sur ce point, l'esprit de la morale chrétienne.

Quelles qu'aient pu être les erreurs ou les témérités de la chevalerie, en faisant de l'amour un principe de perfectionnement

---

1. Le Dieu Esprit est masculin; le Dieu Nature ou Matière est féminin, dans les théogonies.

2. Cette égalité est exprimée par une énergique locution : *ma per* (ma pareille, mon égale), pour : ma femme. La chevalerie va plus loin.

pour l'homme, elle s'est élevée à une grande hauteur au-dessus des anciens. L'amour antique n'est qu'une *passion,* dans le sens propre du mot, un état passif de l'âme.

« Il est une faiblesse et non une vertu » :

comme dit le classique Boileau. Il absorbe l'homme dans une idée fixe, dans un violent et aveugle désir; il concentre sa vie dans un objet, dans un instant. Les anciens admettaient parfaitement qu'on mourût pour cet objet, si la passion était assez intense; ils ne comprenaient pas qu'on en pût vivre; c'est-à-dire qu'il y eût là un but non plus sensuel, mais moral, un principe d'action. Les données idéales de Platon n'aboutissent pas à une réalisation : le sentiment ne les vivifie pas; ce n'est qu'une vue de l'esprit. L'antiquité n'arrive pas à voir une loi morale dans l'amour; elle n'y voit qu'une fatalité, et dans l'amant qu'un malade, diminué de sa qualité d'homme et de son activité de citoyen, moins propre ou impropre à ses devoirs.

Pour la chevalerie, au contraire, qui n'aime pas n'est qu'un demi-homme : l'amour, comme nous l'avons dit, est la vertu par excellence, centre et mobile de toutes les autres vertus, lumière et flamme de la vie. Plus on aime et plus on est capable d'agir, de remplir tout devoir d'homme[1]. De là naissent ces maximes qui, détachées de la haute idéalité qui les justifiait, ne sont arrivées qu'affadies et dégénérées à l'esprit romanesque moderne : « Tout homme doit aimer : chacun doit avoir son heure, etc. »; ce que Boileau, si parfaitement ignorant du moyen âge et des traditions nationales, appelle, en style de séminaire :

« Ces lieux-communs de morale lubrique; »

Mais ce qu'on savait encore comprendre de son temps, à l'hôtel de Rambouillet, où venait mourir le dernier écho des cours d'amour.

L'idéal chevaleresque est trop hardi, et ne l'est pas assez. Il ne justifie pas ses audaces et ne sait pas aller à toutes ses conséquences.

---

1. On a voulu faire dériver la chevalerie des Arabes; nous n'avons pas eu besoin de discuter directement cette opinion. Ce qu'on peut accorder aux Arabes, c'est de se distinguer des anciens par un des sentiments qui ont conduit nos pères à la chevalerie : le désir de briller par des exploits aux yeux des femmes; mais il leur manquait beaucoup d'autres choses pour atteindre l'idéal chevaleresque!

Il veut s'affranchir des conditions nécessaires de la vie terrestre, en scindant cette vie contrairement à la nature des choses, et, en même temps, il ne poursuit point hardiment son but au delà de cette terre : il laisse dans le vague les relations d'outre-tombe : tout idéal, procédant de ce qui ne passe pas, doit cependant aboutir à une doctrine d'immortalité. Si la pensée chevaleresque, au lieu de s'inspirer seulement de la poésie celtique, eût été en contact immédiat avec la doctrine cachée sous cette poésie, elle eût pris sans doute un tout autre essor : elle eût transformé cette doctrine en s'en inspirant; elle eût compris que la perfection qu'elle rêvait instantanée en ce monde était l'œuvre de la vie éternelle; elle eût sans doute ressaisi, sous la forme vivante et active de l'éternité des sexes[1], le vague mariage céleste rêvé par certains des premiers chrétiens, et peut-être associé à cette idée l'idée platonicienne de l'être créé double ou de la prédestination réciproque des âmes. Mais ce contact direct entre l'esprit de la Gaule et l'esprit du moyen âge n'eut pas lieu. Dante et Pétrarque, qui couronnèrent toute la poésie chevaleresque, étaient dignes de trouver dans leur âme, indépendamment de toute tradition, une religion de l'amour; ils semblent l'entrevoir, Dante surtout; mais la religion du moyen âge les arrête et tend devant eux ses voiles épais qu'ils n'osent qu'à demi soulever.

Depuis, le grand courant de l'esprit humain s'est porté ailleurs et n'a plus avancé dans cette voie. On n'a rien ajouté à nos vieux poëtes et aux deux immortels Italiens, leurs disciples; mais la poésie chevaleresque a laissé une empreinte ineffaçable, une forme que rien n'a pu briser. C'est d'elle que dérivent toutes les habitudes de sentiment et de langage qui font que notre théâtre, nos livres, toute notre littérature diffèrent essentiellement de ceux des anciens, lors même que nous semblons imiter le plus systématiquement l'antiquité. C'est d'elle que provient tout ce qui subsiste de délicatesse morale dans le monde moderne, et c'est à ce qui nous reste de cette tradition, combinée avec l'esprit général du christianisme, que nous devons de ne pas retomber complétement, aux plus mauvais jours, dans les mœurs de la décadence

---

1. L'éternité des sexes est soutenue par un docteur orthodoxe du treizième siècle, Évrard de Béthune. v. *Hist. litt. de la France*, t. XVII, p. 131.

du monde païen. Cette tradition, enfin, on peut l'affirmer, aura une part très considérable dans tout progrès ultérieur qui tendra à relever les âmes.

Nous n'avons pas tout dit sur la chevalerie. Ce grand arbre de la poésie chevaleresque, qui a couvert l'Europe de son ombre, nous en avons montré les deux principales branches; mais il y en a une autre encore, entée sur la seconde, sur celle qui est, à nos yeux, la vraie tige de l'arbre, et si bien entée sur elle qu'on les a souvent confondues. C'est le rameau du *saint Graal*.

Ceci n'a pas pour nous la même importance et ne tient pas de même au développement moral essentiel de la France; ce nouvel élément poétique est toutefois trop curieux par lui-même et par tout ce qui s'y rattache pour ne pas mériter un coup d'œil.

Il y aurait une étude intéressante à faire sur le rôle des évangiles apocryphes dans les traditions du moyen âge. Rejetés du corps des Écritures lors de la grande recollection qui dégagea les Quatre Évangiles d'entre cette multitude de documents enfantés ou transformés par l'imagination naïve de la foule, par le mysticisme savant des gnostiques et par le symbolisme des rabbins convertis, ces monuments des premiers siècles chrétiens restèrent à l'état de légendes dans la mémoire populaire, et bien des trésors de poésie religieuse sortirent de cette mine toute pleine des pierres précieuses de l'Orient. Non-seulement les hérétiques, mais les mystiques orthodoxes du moyen âge y puisèrent à pleine main, et l'on en retrouve la trace évidente dans des dévotions très considérables, très autorisées, mais très étrangères et d'esprit et de forme aux Quatre Évangiles et aux Pères.

Une de ces légendes arriva à une grande fortune. Il lui suffit de s'enraciner dans ce sol de la Cambrie qui fécondait tout germe poétique.

Le christianisme avait été porté dans l'île de Bretagne vers le même temps où se fonda notre glorieuse église de Lyon, sans doute aussi par des mains plutôt grecques que romaines. Les évangiles apocryphes étaient arrivés en même temps que les véritables. Un de ces monuments, l'*évangile de Nicodème*, paraît avoir obtenu une grande et durable popularité. Un des caractères de ce livre était l'extrême importance accordée au personnage de ce

Joseph d'Arimathie, qui détacha Jésus de la croix et lui donna la sépulture. Joseph est là le grand disciple, au-dessus de Pierre et de tous les autres. Une légende extraordinaire se construisit sur cette base. A côté du néo-druidisme ou druidisme mêlé de christianisme, il s'était établi, dans l'église galloise, un christianisme modifié par le druidisme, anti-augustinien, anti-romain. Dans un coin de ce christianisme gallois, à une époque que nous ne saurions déterminer, fut couvée la légende en question. Toute la religion reposait là sur une forme particulière et toute symbolique du mystère eucharistique. Joseph d'Arimathie avait recueilli le sang des plaies du Sauveur dans le vase qui avait servi à la Cène : Jésus-Christ lui-même avait confié à perpétuité la garde de ce vase à Joseph et à sa race, et le neveu de Joseph, Allan (*Alain*, en français), l'avait porté dans l'île de Bretagne. Ce vase avait des propriétés incomparables : il assurait à ceux qui le contemplaient la *compagnie du Seigneur Jésus* et les joies indicibles du ciel; il les nourrissait d'un aliment délicieux et intarissable; il les mettait à couvert de l'injustice et de la violence des hommes. Mais on ne pouvait le contempler sans être en état de grâce. Il disparaissait aux regards des pécheurs, et les initiés à ses mystères devaient être muets devant les profanes.

Ce vase mystérieux, ne l'a-t-on pas déjà reconnu ! n'a-t-il pas eu un autre maître, avant le *Seigneur Jésus?* n'est-ce pas le vase dont l'*Enfant lumineux, le petit Gwyon*, l'initiateur, a dérobé les secrets à la déesse Nature? Ce n'est pas de Judée qu'il vient. Il est indigène dans l'île de Bretagne. C'est la troisième forme du bassin sacré; vase de science divine chez les bardes, simple bassin magique chez les conteurs, il devient chez les prêtres chrétiens le vase d'amour divin, le vase de la Cène et de la Passion[1].

---

1. M. d'Eckstein l'avait vu clairement dès 1829; *Catholique*, t. XVI, p. 707.— M. de la Villemarqué l'a démontré; *Contes bretons*, t. II, p. 181-219. Avec le bassin, les légendaires chrétiens ont emprunté un autre symbole qui l'accompagne. La *lance sanglante*, emblème de la seconde des vertus druidiques, de la *force*, comme le bassin est l'emblème de la première vertu, de la science, la *lance sanglante*, qui est le signe de la guerre à mort contre les Germains, devient la lance avec laquelle a été percé le flanc du Sauveur, et que l'on garde avec le saint vase. Toutefois, la tradition druidique ne se perd pas et se mêle à la nouvelle interprétation chrétienne. Chose très singulière et qui atteste la variété des documents celtiques parvenus à nos trouvères, Chrestien de Troies en sait plus sur ce point

Les premiers introducteurs des traditions bardiques et du cycle d'Arthur en France, Geoffroi de Monmouth, Wace, l'auteur, quel qu'il soit, de la *Vie de Merlin* en vers latins, l'auteur ou les auteurs des fragments du *Tristan* en vers français, et même Chrestien de Troies, dans le *Chevalier au Lion et le Chevalier de la Charette*, n'avaient pas dit un mot de cette légende. Elle paraît être arrivée parmi les clercs et les trouvères de la cour de Henri II quelques années après la rédaction du *Brut* par Wace.

L'histoire du saint vase avait été, dit-on, écrite en latin par un ermite breton du huitième siècle, à qui Dieu même l'avait révélée. Elle était intitulée *Historia de Gradal*. On n'a plus cet original latin, et la date du huitième siècle est fort suspecte. Ce qui est certain, c'est que, vers 1160 à 1170, époque à laquelle la légende commença de se répandre, on donnait au vase mystique le nom de *gradalis* ou *gradale* en latin et de *graal* en français. « Graal, » dit le moine Hélinand, « signifie, en français (*gallicè*), un bassin (littéralement, une écuelle large et un peu profonde) où l'on fait cuire des mets recherchés[1]. — « *Gradl* appelle-t-on le *vaissel* (le vase), » dit l'auteur du *Saint-Graal* en vers français ;

« Car nul le *Graal* ne verra,
Ce croi-je, qu'il ne lui *agrée*[2]. »

Cette seconde étymologie ne semble pas pouvoir être prise au sérieux ; néanmoins, ce double sens, propre et figuré, le bassin

que le *Mabinoghi* original de *Peredur*, qu'il imite dans son *Perceval*. Dans le *Peredur* gallois, la *lance sanglante* ne se rapporte, comme le bassin, qu'à un merveilleux assez vulgaire. Chrestien de Troies, au contraire, dans son *Perceval*, cite en propres termes une prophétie attribuée à Taliésin sur la délivrance de l'île de Bretagne par cette lance.

Il est escript qu'il est une ore (heure)
Où tout le royaume de Logres
(des Anglo-Saxons)
. . . .
Sera destruit par ceste lance.

1. V. la *Chronique* d'Hélinand, ap. D. Tissier; *Biblioth. patr. cisterc.* t. VII. Hélinand est un ancien trouvère picard devenu moine de Cîteaux. Son témoignage décide contre l'opinion de M. Fauriel, qui voulait que le mot *Graal* ou *Grazal* appartînt exclusivement à la langue d'oc. Hélinand écrivait au commencement du treizième siècle.

2. Le *Roman du Saint-Graal*, publié par Francisque Michel; Bordeaux, 1841, p. 112.

et la chose *agréable*, suave, se retrouve précisément dans le mot gallois *per*, dont *graal* semblerait n'être que la traduction ; d'une autre part, le mot *grëal* se retrouve lui-même en kimro-gallois, où il signifie réunion, combinaison de principes élémentaires. Ceci convient parfaitement à l'eau du bassin de Koridwen, qui symbolise, par l'infusion des six plantes mystiques, le mélange des éléments de la nature, et révèle, à qui s'en abreuve, les principes des choses. *Grëal* aurait-il donc été, dans les mystères bardiques, une dénomination plus profonde et plus secrète que *per*[1]? C'est là un cercle d'idées et de termes fort singulier et fort curieux.

A peine la légende est-elle dans les mains des lettrés de la cour anglo-normande, parmi lesquels, chose remarquable, figurent plusieurs chevaliers, qu'ils la développent en vastes amplifications, et opèrent, entre elle et le cycle de la Table Ronde, une combinaison qui n'avait jamais eu lieu chez les Gallois. Sous la direction, à ce qu'il semblerait, d'un chapelain de Henri II, Gautier Map[2], ils ajustent, tant bien que mal, une préface et une conclusion dévotes à ces romans d'amour, créés dans un esprit si différent, qu'ils contribuent eux-mêmes à propager, tout en entrant dans une voie opposée. La France proprement dite et la Provence reçoivent presque aussitôt la légende. Peu à peu, à mesure que les versions en prose et en vers se remanient et se succèdent, l'écart augmente entre les deux esprits qu'on a mis aux prises dans la littérature chevaleresque ; dans les romans du *Saint-Graal,* la Table-Ronde finit par n'avoir été fondée, par Uter et Arthur, que pour la recherche du château mystérieux où l'on garde le saint vase, et qui ne peut être retrouvé que par le plus pieux et le plus chaste des chevaliers. Tous les héros de la Table-

---

1. *Gwlad Grëal* veut dire *pays des éléments*, monde élémentaire : ce nom est synonyme d'*annwn* ou *annwfen*, l'abîme des germes. *v.* Owen's *Welsh Dictionn.* v° *Grëal* et *Per*. Le mot *Grëal* a une série de dérivés se rapportant à son sens de collection, de combinaison d'éléments divers, ce qui semble démontrer son ancienneté dans la langue kimrique.

2. Suivant M. Paulin Pâris, Gautier Map aurait développé la légende en latin, et Luces de Gast, Robert de Borron, etc., l'auraient traduite et paraphrasée de nouveau en prose française. Il paraît toutefois certain que Map a lui-même écrit en français diverses parties de ces romans. *V.* les notices très intéressantes, avec citations, que donne M. Paulin Pâris dans le t. I de ses *Manuscrits français de la Bibliothèque du Roi*, et *Hist. litt. de la France*, t. XV, p. 491.

Ronde, devenus les *poursuivants du Graal*, sont de la race de Joseph d'Arimathie, comme les chevaliers gardiens du *Graal* eux-mêmes. Le prophète Merlin reparaît au centre de ce cycle tout chrétien. Le Sauveur a changé la nature diabolique que Merlin avait reçue de son père l'*incube*, le démon de l'air, ainsi que les gens d'Église appellent nos sylphes; et Merlin a provoqué la sainte destination de la Table Ronde.

Chrestien de Troies, lui-même, le poëte de l'amour chevaleresque, prend une certaine part, assez faible, il est vrai, à ce mouvement. Esprit ouvert à tous les souffles, il a chanté l'amour sensuel des anciens en traduisant Ovide, et il effleure aussi l'ascétisme, quoique sa véritable inspiration ne soit ni païenne ni ascétique. Le *Perceval*, dans les mains des continuateurs de Chrestien, personnifie d'une manière frappante les transformations d'un grand type dont nous avons parlé [1]. Le *Peredur* bardique était le type de l'initié : l'homme sauvage et animal s'élevant à la lumière de la vie spirituelle, à la science. Le *Pérédur des Mabinogion* est l'enfant grossier s'élevant à l'héroïsme chevaleresque et amoureux. Le *Perceval* français, dans lequel Chrestien, et surtout ses continuateurs, combinent les *Mabinogion* avec le *Saint-Graal*, part du même point que le *Peredur* des conteurs, arrive d'abord au même but, puis, de la perfection chevaleresque, passe à la perfection ascétique chrétienne, et devenu le gardien du *Graal*, reprend là, sous d'autres formes, le caractère mystique qu'il avait eu chez les bardes.

En résumé, le cycle du *Saint-Graal* est une tentative de réaction ascétique contre la morale de la chevalerie. Les principales aventures et les principaux personnages de la chevalerie amoureuse y sont enveloppés, avec conclusion à la pénitence et à la fin monastique [2] ; mais il importe d'observer que cette tentative, pour venir de l'esprit ascétique, ne vient nullement de l'Église. On a vu qu'elle procède d'une origine non-seulement étrangère à

---

1. *V.* ci-dessus, p. 358.
2. Il n'y a que *Tristan* et *Iseult* qu'on n'ait osé faire renoncer à l'amour en mourant. On a respecté ce suprême idéal de la passion. Pour *Lancelot* et *Genièvre*, les romanciers du *Saint-Graal* pouvaient s'autoriser des Triades, qui font finir *Gwenhyvar* dans un monastère.

Rome, mais hétérodoxe, et ce caractère indépendant, sinon hostile, ne s'efface pas à mesure que le cycle s'étend et se modifie[1].

La légende du *Graal* a une dernière phase très intéressante, après une transition dont nous n'avons pas les monuments. Les troubadours paraissent lui avoir imprimé certaines modifications, et, en même temps que Chrestien de Troies s'en empare, elle est remaniée par un autre trouvère champenois, Guyot de Provins, qui, après avoir pris la robe de Bénédictin à Cluni, écrit, sur la fin de sa vie (vers le commencement du treizième siècle), une espèce de grande satire intitulée la *Bible Guyot*, où il attaque, avec une virulence extrême, le pape et les cardinaux[2]. Nous n'avons pas

---

[1]. Saint Pierre est introduit tant bien que mal dans la légende; mais ce n'est point à son avantage : il ne commence pas par s'installer à Rome pour envoyer de là ses missionnaires. Subordonné à Joseph d'Arimathie, qui reste toujours hors ligne, il est d'abord chargé d'aller droit aux *vaux d'Avaron* (à la vallée druidique d'Avallon), pour convertir l'île de Bretagne (v. le *Saint Graal* en vers français, p. 131), et y attendre Alain, le gardien du *Saint Graal*. Encore, dans une autre version, sans doute la primitive, est-ce Joseph en personne qui convertit le roi de Bretagne. v. Paulin Pâris, *Catalog. des Mss.*, t. I, p. 126. Pierre, dans le *Saint-Graal* en prose, est assez maltraité; il manque de foi, n'ose *marcher sur les flots* à la suite de Joseph et des autres; on le laisse sur le rivage, et il lui faut faire pénitence, etc. Il est à remarquer qu'on attribue à Gautier Map, en dehors des romans, des satires très âpres contre Rome et le haut clergé.

[2].
« Molt est l'estoile et belle et clère;
Tel devroit estre nostre père;
Clers devroit-il estre et estable
Qué jà *pooir* (pouvoir) n'éust *déable* (diable)
En lui, n'en ses commandements.
Quand le père occist ses enfants,
Grand péchié fait. Ha! Rome! Rome!
Encore occiras-tu maint homme!
Vous nous occiez chascun jour;
Chrestientez a pris son tour.
  (a fini son temps).

. . . .
Tout est perdu et confondu,
Quand *li chardenal* (les cardinaux) sont venu,
Qui viennent çà *tuit* (tout) allumé
Et de convoitise embrasé.
Çà viennent plein de simonie
Et comble de malvaise vie;
Çà viennent sans nulle raison,
Sans foi et sans religion...
Rome nous suce et nous *englout* (engloutit);
Rome détruit et occist tout;
Rome est la *dois* (la maison) de la malice

son poëme sur le *Saint Graal*[1], et nous ne connaissons son intervention dans ce cycle que par le témoignage du célèbre templier souabe Wolfram d'Eschenbach, qui, dans son *Parcival*, déclare avoir suivi *Kiot* et non Chrestien de Troies. C'est hors de la France et de la littérature française, c'est dans les deux poëmes de cet imitateur allemand, surtout dans le *Titurel*, que la légende du *Graal* atteint sa dernière et splendide transfiguration, sous l'influence d'idées que Wolfram semblerait avoir puisées en France et particulièrement chez les templiers du midi de la France. Ce n'est plus dans l'île de Bretagne, mais en Gaule, sur les confins de l'Espagne, que le *Graal* est conservé. Un héros appelé *Titurel* fonde un temple pour y déposer le saint *vaissel*, et c'est le prophète Merlin qui dirige cette construction mystérieuse, initié qu'il a été par Joseph d'Arimathie en personne au plan du temple par excellence, du temple de Salomon[2]. La chevalerie du *Graal* devient ici la *Massenie*, c'est-à-dire une franc-maçonnerie ascétique, dont les membres se nomment les *templistes*, et l'on peut saisir ici l'intention de relier à un centre commun, figuré par ce temple idéal, l'ordre des templiers, parvenu, en France surtout, à une grande puissance et à une grande richesse, et les nombreuses confréries de constructeurs qui renouvellent alors l'architecture du moyen âge. On entrevoit là bien des ouvertures sur ce qu'on pourrait nommer l'histoire souterraine de ces temps, beaucoup plus complexes qu'on ne le croit communément. Il y aurait des aperçus à suivre d'une part sur le mouvement de l'architecture ogivale, de l'autre sur les tendances indépendantes et hétérodoxes

<blockquote>
Dont sordent <i>tuit li malvais</i> (tous les mauvais) vice.....
Contre l'Escripture divine
Et contre Dieu sont <i>tuit</i> leur fait. »
</blockquote>

Il ne maltraite guère moins le reste du clergé et certains des princes. v. *Hist. litt. de la France*, t. XVIII, p. 812-814. Hélinand, que nous avons cité plus haut, ne ménage pas plus Rome dans son remarquable poëme moral, en vers français, sur la *Mort*. Ibid., p. 100. C'est dans le morceau de Guyot sur le pape que se trouvent les vers, souvent cités, qui attestent que la boussole était alors déjà connue.

1. A moins qu'on ne lui attribue le grand fragment publié par M. Francisque Michel; le *Roman du Saint-Graal*; Bordeaux, 1841.

2. Perceval finit par transférer le *Graal* et rebâtir le temple dans l'Inde, et c'est le *Prêtre-Jean*, ce chef fantastique d'une chrétienté orientale imaginaire, qui hérite de la garde du saint *vaissel*.

des templiers, qui, malheureusement pour eux, ne devaient pas rester sur les hauteurs de l'ascétisme poétique où les montrait leur confrère Wolfram, et qui ne descendirent que trop vite à des hérésies d'une autre nature.

Ce qui est bien curieux, et ce dont on ne peut guère douter, c'est que la franc-maçonnerie moderne, instrument, durant quelque temps, si efficace de la philosophie du dix-huitième siècle, ne remonte d'échelon en échelon jusqu'à la *Massenie* du *saint Graal*. Les propagateurs de Voltaire, héritiers en ligne directe des ascètes du moyen âge, c'est là une des transformations les plus singulières qu'offre l'histoire.

La tentative de la chevalerie du Graal pour se substituer à la chevalerie amoureuse échoua. Dans sa dernière période surtout, la légende du Graal avait posé nettement sa chevalerie en face de l'autre, qu'elle ne voulait plus seulement dominer, mais supprimer. L'une était la chevalerie de Jésus-Christ, toujours en état de grâce; l'autre, la chevalerie du monde et de Satan, toujours en état de péché mortel; et ce n'était plus seulement l'amour charnel, mais l'amour de la créature qui était le péché. La vraie chevalerie ne se soumit pas : elle garda, dans l'idéal et dans l'histoire, son caractère propre, c'est-à-dire la nouvelle conception de l'amour, et la chevalerie du Graal disparut devant elle.

La pensée du Graal, nous l'avons assez fait voir, ne procédait pas du grand centre ecclésiastique. Quelle est donc l'attitude de l'Église, en présence de la chevalerie, qui lui échappe après l'avoir servie? Hostile à l'idée chevaleresque, elle doit l'être; hostile non pas seulement à la théorie qui met l'amour en guerre avec le mariage, mais à l'amour même : l'Église pense, sur ce point, comme les ascètes hétérodoxes du Graal[1]. Elle ne reconnaît pas le sentiment par lequel l'homme et la femme se prennent pour idéal et pour but réciproque de la vie. Elle fait du mariage un moyen, non un but. Le but est uniquement, à ses yeux, la transmission de la vie, la succession des générations. Occasionnellement, le

---

1. Quand nous disons l'Église, nous disons l'opinion dominante dans l'Église, l'interprétation reçue de la doctrine chrétienne parmi le clergé. Il ne s'agit point ici de décisions des grands conciles, de dogmes constitués. Beaucoup de clercs pensaient individuellement d'une autre façon.

mariage est un moyen d'éviter aux faibles le péché de la concupiscence, en tournant exclusivement leur intention à l'œuvre nécessaire, mais subalterne de la génération. L'union des sexes est, en deux mots, suivant l'expression de Pascal, la plus basse des conditions du christianisme; le refuge des faibles qui ne savent pas s'élever à la sainteté du célibat[1]. Les conceptions ecclésiastiques sur cette vie et sur l'autre sont incompatibles avec le nouveau monde moral qui commence.

L'Église n'attaque pas de front la chevalerie. Nous connaissons, il est vrai, des prohibitions de conciles contre les tournois, à cause des blessures quelquefois mortelles qui résultent de ces jeux périlleux; nous n'en connaissons point qui ait un caractère général contre les romans, contre les cours d'amour, etc. L'Église eût pu s'approprier le mouvement du saint Graal, faire faire des romans orthodoxes pour disputer le terrain aux poëmes de la Table-Ronde[2]; mais tout cela était peu efficace. On s'y prit avec plus d'habileté, avec une habileté d'autant plus profonde qu'elle était d'instinct, de sentiment même plus que de calcul. L'agitation morale qui attendrissait les âmes, qui élevait si haut la femme, le flot du génie féminin, peut-on dire, était entré aussi dans l'Église. Le monde ecclésiastique accepte ou subit la réaction contre la dure maxime du *vas infirmius*. Rome n'ose condamner ce Robert d'Arbrissel, qui, dans ses doubles monastères renouvelés de la vieille Irlande, soumettait les hommes au gouverne-

---

1. « Le mariage est un désinfectant, » a-t-on dit de nos jours, en traduisant dans un cynique langage la parole de saint Paul : *Il vaut mieux se marier que de brûler*. Ce cynisme n'est ici qu'une affectation de mauvais goût; mais il est assez commun, de fort bonne foi, chez les vieux écrivains ecclésiastiques, quand ils parlent de ce qui touche aux relations des sexes. Ne connaissant que deux termes extrêmes, l'ascétisme et la luxure, *aut cælum, aut cœnum*, toute mesure leur échappe pour juger la vraie valeur morale des sentiments et des actions. Il nous revient à la mémoire un exemple dont nous ne pouvons retrouver la source, mais dont l'authenticité est certaine. Un prince du midi de la France avait rompu avec sa femme pour une maîtresse. La femme délaissée fait enlever sa rivale et la livre aux outrages d'une troupe d'hommes d'armes. L'amant, exaspéré, commence contre sa femme, princesse souveraine elle-même, une guerre à mort qui embrase tout le pays. L'Église s'interpose pour engager le prince à se réconcilier avec sa femme et à lui pardonner une *faute légère !* dit le chroniqueur ecclésiastique.

2. « Ce poëme latin (l'*Alexandreïs*) ne fut répandu dans les écoles que pour affaiblir le renom des Chansons de Geste. » P. Paris, *Manuscrits de la Bibliothèque*, t. III, p. 92.

ment des femmes[1]. Les femmes à extase prennent une autorité croissante. Le célèbre docteur Gautier de Saint-Victor consulte la visionnaire Hildegarde sur un point capital de théologie scolastique contre Gilbert de la Poirée. Au siècle suivant, ce sera sur les révélations d'une autre extatique, la Liégeoise Julienne de Mont-Cornillon, que l'on établira la fête du Saint-Sacrement. L'Italie ne tardera pas à avoir à son tour ses saintes mystiques, bien plus éclatantes.

Ce mouvement, au sein de l'Église, se concentre dans une forme qui est là toute préparée et qui s'agrandit pour le recevoir et l'accroître.

Il y avait dans la religion un type féminin très naturellement et très légitimement vénéré dès l'origine : la mère du Sauveur. Mais la personne de Marie était plus indiquée que manifestée, plus révérée que connue dans les monuments authentiques de la foi. Les évangiles apocryphes présentaient, au contraire, des traditions poétiques très développées sur son enfance, sur toute sa vie, sur son assomption au ciel. Ces traditions continuèrent à se propager et servirent d'aliment à la dévotion croissante des masses envers la Mère de Jésus, envers la Mère de Dieu, ainsi qu'on nomma définitivement Marie après une grande controverse qui ébranla l'église grecque au cinquième siècle. Un mouvement impétueux entraînait alors les populations orientales vers le culte de la Vierge, et, si ce titre de Mère de Dieu (Θεοτόκος) fut adopté par les Pères des conciles grecs comme une protestation contre Nestorius, qui séparait dans Jésus la personne humaine de la personne divine, ce fut par un tout autre sentiment que les foules asiatiques s'y attachèrent avec fanatisme. C'était la renaissance de ces anciens cultes du principe féminin, si chers aux peuples de l'Orient, et

---

1. *V.* ci-dessus, p. 214. Dans sa dernière maladie, il appelle ses moines, et leur dit : « Délibérez entre vous, tandis que je vis encore, si vous voulez persister dans votre résolution, à savoir, pour le salut de vos âmes, d'obéir au commandement des servantes du Christ ; car sachez que tout ce que j'ai édifié, en quelque lieu que ce soit, je l'ai soumis à leur puissance et à leur domination. » Presque tous acclamèrent d'une même voix. « J'ai soumis à leur service, dit-il encore, et moi et mes disciples ». Il mourut en laissant tout pouvoir à une abbesse. *Acta SS. Februar.* t. III, p. 607. — Son dévouement à la réhabilitation de la femme était tel qu'il pénétrait jusque dans les bouges des prostituées pour les entraîner à sa suite et en faire des saintes.

qui, momentanément comprimés, mais non pas déracinés des instincts populaires, reparaissaient épurés et transformés dans le sein du christianisme.

En Occident, ce fut à un mobile bien différent que le culte de la Vierge, qui avait été longtemps grandissant, dut l'immense développement qu'il reçut à partir du douzième siècle. Ce ne fut plus là le retour de l'instinct vers les vieux cultes naturalistes, mais, au contraire, l'élan de l'âme vers la nouvelle idéalité qui reconnaissait dans la femme la grande puissance morale de la création. L'essor du culte de la Vierge procéda chez nous de la même cause que le culte de la *dame*, que la chevalerie. C'est sur ce terrain si favorable que l'Église va porter toutes ses forces. C'est là qu'elle trouve le grand moyen d'action sur les imaginations et sur les cœurs; le seul dérivatif qui puisse être efficace contre la religion de la chevalerie. Les femmes aimeront le culte d'une femme, de la Mère par excellence. Parmi les hommes, les âmes délicates, rêveuses et froissées, celles qui n'ont pas rencontré ce qu'elles cherchaient sur la terre, pourront être détournées de l'amour humain par l'adoration de ce chaste type, qui va perdre, dans les visions des extatiques, puis sous la main des artistes, la sombre austérité de l'art byzantin et roman pour devenir touchant et tendre[1]. L'Église va avoir des chevaliers de la sainte Vierge, qui serviront beaucoup mieux la cause ecclésiastique que les chevaliers du Graal ou que leur prototype réel, les chevaliers du Temple. Les dominicains et les franciscains vont paraître.

En somme, l'Église accepte le mouvement irrésistible qui relève la femme, mais sans en accepter les conséquences logiques : elle met sur les autels la Vierge et la Mère, mais elle continue à tenir l'amante, l'épouse en dehors de son idéal.

La ferveur croissante du culte de la Vierge amène, avant le milieu du douzième siècle, les premières manifestations notables d'une idée qui sera, dans le catholicisme romain, le terme extrême de la réhabilitation de la femme. Le renversement des opinions antiques sur l'infériorité du sexe féminin diminue nécessairement,

---

1. Comparer la dure *Vierge de Chartres* avec les vierges moins anciennes d'Amiens, de Paris, de Reims, etc.

dans les sentiments du moyen âge, la distance entre Marie et Jésus. Le dogme positif ne permet pas aux esprits d'aller jusqu'au bout de cette tendance et de se demander si Dieu ne s'est pas manifesté personnellement dans la Mère comme dans le Fils; mais, ne pouvant voir Dieu même dans Marie, beaucoup y voient du moins une créature au-dessus de toutes les créatures, une médiatrice créée à côté du Médiateur incréé. C'est là ce qu'on a nommé la doctrine de l'*Immaculée-Conception*. Dès les temps anciens, la plupart des chrétiens avaient cru que Marie avait été sanctifiée dès le sein de sa mère, privilége partagé avec saint Jean Baptiste et Jérémie, et qu'elle était *immaculée*, c'est-à-dire qu'elle n'avait jamais péché, privilége accordé à elle seule [1]; mais personne n'avait songé (du moins il n'en existe point de trace) à la mettre hors de la solidarité d'Adam, hors de la condition humaine. Les textes de saint Paul [2] et de saint Augustin sont formels sur ce point : « Que Jésus-Christ seul est né d'une femme sans participer au péché d'Adam [3]. » Au neuvième siècle, Paschase Radbert, que nous avons vu soutenir la *présence réelle* contre Jean Scott, avance que la Vierge a été conçue sans la tache originelle. C'est la première apparition certaine de cette opinion. La proposition de Paschase retentit peu et couve assez obscurément. Au onzième siècle, Pierre Damiani, le grand champion de la papauté, et saint Anselme parlent sur ce point comme saint Augustin : ils affirment et ne discutent pas. Au douzième, l'opinion de Radbert se relève : les circonstances semblent devenues propices. Les chanoines de Lyon établissent une fête de *l'Immaculée-Conception de Notre-Dame* (1140). Mais saint Bernard, aussitôt, leur écrit une lettre fort vive contre cette innovation [4], et Rome, à qui il s'en

---

1. Cette croyance n'était pas universelle : saint Basile, saint Jean Chrysostôme, Tertullien ne la partageaient pas.
2. *Epist. ad Roman.* c. v.
3. La fête de la Conception de la Vierge, établie dans l'église grecque, simultanément avec celle de la Conception de saint Jean-Baptiste, du septième au huitième siècle, n'a encore rien de commun avec *l'Immaculée Conception*.
4. « Cette fête nouvelle, l'usage de l'Église l'ignore; la raison ne l'approuve pas, la tradition ne l'autorise point. La Vierge reine n'a pas besoin d'un faux honneur; elle ne peut pas se plaire à ce qu'introduit, contre les usages de l'Église, la nouveauté, sœur de la superstition, fille de l'inconstance. » Il se plaint de « surprendre la superstition chez les sages, » et réfute longuement l'idée de l'Imma-

réfère, ne le désavoue nullement : la doctrine de saint Bernard est la doctrine reçue parmi les théologiens d'un côté comme de l'autre des Alpes. Les hommes de la tradition et de la théologie positive, les docteurs en masse, depuis les dialecticiens purs jusqu'aux mystiques eux-mêmes, secondent saint Bernard et refoulent les sympathies d'instinct qui se produisent en faveur de la nouveauté. Le treizième siècle reste sur le même terrain; ses docteurs les plus renommés pour leur dévouement au culte de la Vierge, ceux qu'on peut appeler les moines chevaliers de Marie, ne croient pas que l'orthodoxie permette l'hésitation [1].

Ce n'est qu'au commencement du quatorzième siècle que l'opinion des écoles de Paris, si longtemps et si violemment hostile [2], se modifie en faveur de la nouveauté que tant de réprobations illustres avaient comprimée sans l'anéantir. Il n'est pas de notre sujet de dire ici comment l'opinion repoussée durant les âges encore voisins de l'antiquité chrétienne devint peu à peu l'opinion prépondérante dans le catholicisme moderne, jusqu'à ce que la papauté se fût enfin décidée à en faire un article de foi par un coup d'autorité sans exemple dans les temps de sa plus grande, de sa plus réelle puissance [3].

Le progrès du culte de la Vierge au douzième siècle n'avait été nullement arrêté par l'opposition victorieuse faite à la *Conception immaculée*. Ce culte manifeste partout son influence. Il altère, comme le lui reprocheront les protestants, le sévère théisme des premiers chrétiens, en interposant entre Dieu et l'homme cette rayonnante figure qui attire à elle les hommages et les cœurs; mais il contribue puissamment à l'adoucissement des mœurs, à l'accroissement de la charité, et il devient, pour l'art chrétien,

---

culée Conception, en établissant que « cette qualification ne peut convenir qu'au Christ seul. » S. Bernard. ep. 174; éd. Mabillon.

1. « Si Marie, dit saint Thomas d'Aquin, eût été conçue sans péché, elle n'aurait pas eu besoin d'être rachetée par Jésus-Christ. — « C'est là, dit saint Bonaventure, une opinion qu'on ne peut soutenir sans impiété ». *V.* les textes rassemblés par M. Ed. La Boulaye. — *Journal des Débats* des 7 et 19 novembre 1854.

2. Les théologiens de Paris ne se contentaient pas de voir la fête de *l'Immaculée Conception* prohibée par les évêques : Jean de Pouilli, docteur en renom, alla jusqu'à demander le *feu* pour ces *hérétiques*.

3. Aucun dogme, à aucune époque, n'avait jamais été proclamé que par les conciles.

une source presque intarissable d'inspiration. Il est, sinon le principe essentiel, du moins le principe occasionnel du glorieux renouvellement de l'art. Dans la sculpture et la peinture, la modification du type de la Vierge entraîne une modification analogue du type du Christ, et il se forme ainsi un double idéal de beauté qui est, aux dures et immobiles figures des vieilles basiliques[1], ce qu'est l'idéal de Phidias et des grandes écoles grecques aux antiquités d'Égine et d'Étrurie. Cette beauté chrétienne, majestueuse encore, alors, mais adoucie par une tendresse ineffable[2], c'est celle que nos sculpteurs français, nos grands artistes inconnus du treizième siècle, ont trouvée avant Giotto, qui procède d'eux comme Dante et Pétrarque procèdent de nos troubadours et de nos trouvères. Ni eux ni même les immortels Italiens qui les suivront pour les dépasser, de Giotto à Raphaël, ne réaliseront la perfection de leur idée au même degré qu'ont fait les Grecs pour un autre idéal; mais ceux-là ont mérité un impérissable honneur qui, les premiers, ont cherché à exprimer des mystères de beauté morale inconnus à la beauté plastique des anciens[3].

La révolution des arts qui prennent pour sujet la figure humaine a été précédée par la révolution de l'art qui enveloppe tous les autres arts dans son vaste sein, c'est-à-dire de l'architecture. Le même sentiment, le même élan moral renouvelle à la fois l'art et la poésie. L'architecture ogivale éclot en même temps que le cycle de la Table-Ronde, et que cette théologie d'Abélard, fondée sur le principe de l'amour, qu'il faut bien distinguer de sa dialectique.

Nous avons montré l'architecture romane dans sa puissance au onzième siècle[4]. Elle a commencé par la force pesante et

---

1. Les images du Christ et de la Vierge avaient été d'abord de simples copies de types païens, puis on avait passé par une véritable laideur pour arriver à une majesté sombre. V. les mosaïques de Ravenne (du cinquième au septième siècle).
2. V. l'admirable Christ de la cathédrale d'Amiens.
3. « Giotto », dit le Vasari, avec une simplicité pleine de profondeur, « a renouvelé l'art, en mettant plus de bonté dans les têtes. » Ce n'est pas un homme, c'est tout un siècle, qui a opéré ce renouvellement de l'art. Giotto est le plus grand, mais non pas le premier en date parmi les ouvriers de ce grand œuvre.
4. Nous avons omis de dire que le mouvement byzantin, si remarquable dans le sud-ouest de la France, paraît y avoir été donné par un exilé vénitien, par le doge Orseolo. Le savant fondateur du Musée de Cluni, M. Dusommerard, nous l'avait

sombre; puis elle a tendu à rehausser ses piliers et ses voûtes, ses tours et ses flèches; elle a atteint une élégance relative; elle arrive à la recherche, à la richesse, au luxe de l'ornementation. Toute forme de l'art parcourt ces trois phases. On peut citer comme spécimens de cette période somptueuse Notre-Dame de Poitiers, l'église de Saint-Gilles, en Languedoc, la façade de Saint-Denis. L'abbé Suger nous a conservé des détails d'un grand intérêt sur son église de Saint-Denis. Sous son administration, les tours et la façade construites par le roi Dagobert menaçaient ruine. Il rebâtit les tours, les flèches, le grand portail, tels qu'on les voyait encore il y a peu d'années, avant le déplorable écroulement de la grande flèche. Les matériaux furent pris dans une nouvelle carrière découverte près de Pontoise : les vassaux de l'abbaye et les habitants des seigneuries voisines, nobles et non nobles, s'attachaient, des bras, de la ceinture et des épaules, « en place de bêtes de trait », aux colonnes taillées dans la carrière, et les amenaient ainsi de Pontoise à Saint-Denis. Les enfants, les malades mêmes, voulaient faire partie du pieux attelage. Le jeune roi Louis VII, qui venait de succéder à son père, la reine Aanor (Éléonore), et plusieurs prélats et seigneurs, vinrent poser les premières pierres; quelques-uns des assistants jetèrent des pierreries entre les fondements, en répétant les paroles du Psalmiste : « Tous tes murs sont bâtis de pierres précieuses! » La consécration eut lieu en 1140. Grâce au zèle général, cette grande entreprise avait été achevée en trois ans et trois mois, célérité tout à fait exceptionnelle dans les constructions du moyen âge[1].

Le portail de Saint-Denis, et, plus encore, les façades des autres

---

démontré par des rapprochements décisifs de faits et de dates. Il rattachait à la même influence l'introduction, à Limoges, de l'art byzantin des émaux sur cuivre, qui y fut cultivé avec un si grand éclat, et qui remplit tout l'Occident de ses produits. — Nous devons aussi réparer une inexactitude : nous avons dit que la coupole centrale, au-dessus du transept, était rare dans la France du nord. Elle est, au contraire, assez commune en Normandie, et se rencontre çà et là dans les autres provinces, jusqu'en Flandre et en Brabant. La cathédrale d'Anvers en possède une très élevée.

1. Suger. *Lib. de Consecratione ecclesiæ Sancti Dionysii*; dans les *Scriptores Rer. Francic.* de Duchesne, t. IV, p. 350. Suger dit que, dans son église, les colonnes du milieu représentaient le nombre des apôtres; celles des ailes, le nombre des prophètes. — Saint-Denis devait avoir six tours. Il n'y en a jamais eu que deux de construites.

édifices que nous avons cités, offrent une profusion extrême d'ornements. Non-seulement les tympans, les voussures, les entre-colonnements, les bases et les chapiteaux disparaissent sous l'entassement éblouissant des motifs de décoration, figures humaines ou animales, naturelles ou fantastiques, végétales ou géométriques, mais jusqu'aux fûts des colonnes et des pilastres sont fouillés, évidés, brodés en losanges, en pointes de diamants, en fleurons, en lignes brisées de toute forme.

Ce luxe de la sculpture romano-byzantine excite les plaintes du spiritualisme ascétique. Saint Bernard réclame vivement contre ces simulacres bizarres, ces « singes grimaçants, ces centaures furieux », tous ces rêves de l'imagination des artistes qui altèrent la sévérité et troublent en quelque sorte la paix des « lieux réguliers ». Cîteaux en vient à proscrire les vitraux peints, dont les éclatantes images donnent des distractions aux religieux (1134). Le bel art de la peinture sur verre doit heureusement triompher de cette réaction passagère [1].

Dans l'architecture, cependant, se prépare une révolution qui va changer non le système général des édifices, que réclamait le culte chrétien, et qu'avait formulé l'art roman et byzantin; non les éléments essentiels de construction concourant à ce système; mais le caractère, l'aspect, l'esprit, en quelque sorte, des monuments, et ce qu'on peut appeler la tendance des grandes lignes architecturales. Issue d'un mouvement très complexe, et, pourtant, marquée du cachet le plus spécial, de la plus forte unité qui ait existé, l'architecture ogivale apparaît.

On a longtemps débattu l'origine de l'ogive. La question est de peu d'intérêt [2]. Ce qui importe, ce n'est pas l'apparition accidentelle d'une ligne, d'une courbe quelconque, mais l'usage qu'on

---

1. *V*. L. Batissier, *Hist. de l'art monumental*, p. 651. — Il y a de beaux échantillons de vitraux de ce temps au chevet de Saint-Denis, à Saint-Maurice d'Angers, à Saint-Père de Chartres, etc.

2. Le mot *ogive*, dans le sens que l'usage lui assigne, c'est-à-dire dans le sens d'arc brisé ou à angle curviligne, est un terme impropre. *Ogive* ou *augive* désignait primitivement les nervures diagonales qui renforcent les voûtes d'arêtes ou à berceaux croisés, à partir du douzième siècle. On appelait les voûtes d'arêtes *voûtes d'ogives*. *V*. un article de M. F. de Verneilh, dans les *Annales archéologiques* de M. Didron, nov. 1844, t. I, p. 209.

en fait, mais la physionomie qu'on imprime aux constructions par l'emploi de cette courbe. L'arc brisé s'est montré çà et là en Orient, et même dans l'antiquité classique : les Arabes l'ont employé avant nous dans certaines mosquées d'Égypte, de Syrie, de Sicile, et nos conquérants normands l'ont introduit, à l'imitation des Arabes, dans quelques églises siciliennes; mais, la physionomie de ces édifices n'ayant pas le moindre rapport avec celle de nos églises ogivales, il n'y a point à tenir compte de ces rapprochements. Pour le dire en passant, nous n'avons emprunté aux musulmans, durant les croisades, que quelques détails d'ornements, quelques arabesques. Cherchons donc d'où vient le système ogival, plutôt que d'où vient l'ogive; ou, si nous tenons absolument à trouver une réponse à cette dernière question, ne cherchons pas hors de chez nous. Suivant une opinion d'un grand poids[1], l'arc brisé aurait été en usage chez nous, de temps immémorial, dans les constructions en bois; les Gaulois, imitant en bois les arcades de pierre qu'élevaient les Romains, auraient substitué au cintre l'ogive, procédé plus simple et plus facile dans la charpente que le cintre. Les *villas* des rois franks, et une grande partie des basiliques gallo-romaines et surtout gallo-frankes, bâties en bois, comme l'attestent les historiens, auraient eu pareillement des arcades à ogives. Si c'était là l'ogive, ce n'était pas encore le système ogival. Toutefois la tendance à hausser hardiment les voûtes des édifices en bois conduisait à ce système[2].

Selon toute apparence, c'est de ces anciennes bâtisses en charpente que l'ogive commence à passer dans les édifices construits en matériaux plus solides, lorsque l'architecture se relève sur notre sol et qu'on remplace par des voûtes les plafonds de bois si communs dans les vieilles basiliques en pierre. L'ogive apparaît de temps à autre, pour raison de solidité, dans les voûtes d'arêtes ou arcs croisés des églises du onzième siècle, dans les

---

1. Celle du savant architecte Mazois, que partage, nous le savons, M. Augustin Thierry, et sur laquelle M. Thiers s'est appuyé dans une remarquable étude sur l'architecture, publiée, avant 1830, dans les *Archives philosophiques* de Coste.

2.   Æthera mole suâ tabulata palatia pulsant...
  Altior innititur, quadrataque porticus ambit,
  Et sculpturatâ lusit in arte faber.
    (Venant. Fortunat. l. IX, c. xv, t. I, p. 326.)

quatre grandes arcades centrales placées au point d'intersection de la nef, du chœur et des transepts[1]. Le rétrécissement du vaisseau à l'abside peut aussi parfois induire à adopter cette courbe pour les arcades du chevet.

Au onzième siècle, l'ogive est un accident, qu'on rencontre ici ou là, au nord ou au midi, peut-être même plus souvent au midi. A partir du commencement du douzième, l'accident se multiplie, comme d'instinct, mais plus fréquemment au nord. Au milieu du douzième siècle, l'accident devient un système, une révolution, dans la France proprement dite, entre la Loire et la Somme, surtout, et plus rapidement, entre la Seine et la Somme. L'ogive se manifeste enfin comme le principe d'une architecture nouvelle : les traits généraux en sont : la substitution de la ligne verticale à l'horizontale, dans tout ce qui attire l'œil et détermine la physionomie du monument ; l'allégement, l'exhaussement de tout l'ensemble ; l'évidement des masses pleines, la multiplication et l'agrandissement des ouvertures ; en sorte que l'édifice ogival, construit et distribué sur le même plan que l'église romane, donne une impression tellement différente au spectateur, qu'on dirait qu'il y a un abîme entre les deux architectures[2].

La vie puissante, l'exaltation féconde qui marquent le douzième siècle d'un si glorieux caractère, se portent avec une extrême énergie vers cette nouvelle création de l'art religieux. Nous avons cité tout à l'heure les travaux de Saint-Denis, qui appartiennent encore à l'ancienne architecture. L'art nouveau multiplie bientôt dans nos cités les mêmes spectacles sur une plus vaste échelle. Ce que nous savons de Chartres peut nous donner une idée de ce qui se passe partout dans nos contrées. La reconstruction de Notre-Dame de Chartres avait été entreprise vers le temps où finissaient les travaux de Saint-Denis. En 1145, les Chartrains

1. A Saint-Front de Périgueux, par exemple.
2. Ceci n'est exact que si nous prenons les deux architectures chacune dans leur caractère tout à fait tranché. Les plans verticaux ne se substituent pas brusquement et sans transition aux plans horizontaux. La tendance à l'élancement vertical s'était déjà introduite dans l'art antérieur par ces tours et ces flèches qui contrastent avec la force pesante du vaisseau roman ; et certaines églises ogivales conservent en partie les fortes lignes horizontales combinées avec les perpendiculaires. Notre-Dame de Paris, où le caractère de force domine sur celui d'élancement, en est un illustre exemple.

ayant invoqué le secours des provinces voisines en faveur de leur célèbre cathédrale, les maçons de la Haute Normandie se rassemblent à Rouen, reçoivent la bénédiction de l'archevêque et le bourdon de pèlerin, partent au chant des hymnes, croix en tête, bannières déployées, rallient en chemin les maçons de Basse-Normandie, qui s'étaient réunis à Caen ou à Bayeux, et cette pacifique armée de l'art fait triomphalement son entrée dans Chartres. Normands et Chartrains, hommes, femmes, enfants, se mettent à l'œuvre, et la majestueuse cathédrale monte peu à peu vers la nue du milieu des échafaudages sur lesquels des milliers d'hommes fourmillent d'étage en étage; cohortes infatigables qui se relaient en chantant les louanges du Seigneur : la nuit, les travaux continuent à la clarté de mille torches. Les travailleurs ne demandent d'autre salaire que le pain de chaque jour[1].

D'où vient cette exaltation? que veut dire cet élan hardi imposé à la pierre par le bras et par le cœur de l'homme? d'où sort cet esprit nouveau?

Cet esprit, ne le reconnaît-on pas? l'esprit qui va en haut! qui s'élance vers l'immortel et vers l'infini! l'esprit d'amour qui vient d'enfanter l'idéal chevaleresque et qui remonte ici vers sa source éternelle, vers Dieu; esprit d'amour qui est aussi esprit de liberté! L'art chrétien a eu sa phase romaine ou romane : le voici à sa phase gauloise. Le génie romain, marqué des signes de la force, de la solidité, du sens pratique, asseyait pesamment ses temples robustes sur le sol. Le génie gaulois, évoqué par ce grand réveil du douzième siècle, éclate dans son héroïque emportement, lance ses voûtes aériennes à des hauteurs que l'art d'aucun peuple et d'aucun siècle n'a jamais atteintes, secoue les entraves de toute règle établie, et stupéfie de son audace la raison humaine[2].

1. *V.* une lettre écrite en 1145 par l'archevêque de Rouen, Hugues, citée par l'abbé Lebeuf, *Dissertation sur le tome VI des Annales de l'ordre de Saint-Benoît,* ap. *Mercure de France,* juin 1739; et Gilbert, *Hist. de la cathédr. de Chartres.* Les premiers travaux de Chartres, la tour méridionale par exemple, appartiennent encore au style roman; mais l'ogive détrône bientôt le plein cintre.

2. Il ne faudrait pas croire cependant que l'architecture ogivale n'ait connu de loi que les hasards de l'inspiration, et qu'elle ne se soit pas fait des règles et des principes. Seulement, elle ne les a pas demandés aux anciens. *v.* sur cette question, et sur l'art ogival en général, l'excellente *Monographie de Notre-Dame de Noyon,* par M. Vitet, Imprimerie royale, 1845. — Par exemple, dans la plus

Saint Bernard et les rigoristes du monachisme ont d'abord satisfaction sous un certain rapport. C'est sous un aspect ascétique que le génie gaulois se manifeste dans l'art ogival. Il semble se rappeler les traditions de saint Colomban, et ne se relier dans l'art au mouvement chevaleresque que par les tendances mystiques du saint Graal. L'architecture nouvelle débute par rejeter le luxe de la décoration romane et par ramener dans les édifices religieux une simplicité sévère. A quoi bon retenir l'œil dans les parties inférieures de l'édifice par toutes ces capricieuses merveilles? C'est en haut qu'on veut attirer les yeux comme les cœurs. Les animaux fantastiques et les ornements byzantins disparaissent presque universellement des chapiteaux et des voussures, remplacés par l'imitation libre et peu à peu très heureuse et très habile des végétaux de notre sol[1]. Les figures ne tarderont pas à se multiplier de nouveau sous les porches, sur les tympans, sur les pignons, sur les flancs de l'édifice, dans des proportions infiniment plus vastes que l'art roman ne l'a jamais tenté ; mais le caprice ne régnera plus dans ces décorations gigantesques, et tous ces groupes humains ou surhumains auront un sens historique ou symbolique et se relieront à un grand ensemble.

Avons-nous besoin de dire que, malgré le caractère d'austérité religieuse constaté dans l'art nouveau, on se ferait grandement illusion si l'on croyait que ce fût le monachisme, que ce fût saint Bernard, qui triomphe avec l'ogive? L'affinité se montre sur un seul point ; l'opposition la plus tranchée sur tous les autres. L'esprit de saint Bernard est l'esprit de tradition et de conservation ; l'esprit de l'architecture ogivale est tout d'innovation et d'indépendance. Quelques écrivains l'ont appelée *l'art catholique :* ce serait un véritable contresens, si, par là, l'on entendait l'art papal et romain : le style ogival est précisément l'art gaulois et français s'émancipant de l'art romain, de l'art pontifical et hiératique : le vrai nom

---

belle période de l'art, l'ogive est généralement en tiers-point, c'est-à-dire que la base de l'arcade est égale à la hauteur. Plus tard, on exagère la hauteur.

1. Selon l'opinion que nous citions tout à l'heure sur l'emploi de l'ogive en Gaule, cette décoration, empruntée au règne végétal, aurait problablement déjà été en usage dans les anciennes constructions en bois. Des constructions en bois seraient provenus également une partie des ornements employés auparavant dans la décoration romane, les boudins, les chevrons brisés, etc.

de cette architecture, qui n'est pas plus romaine que *gothique* ou que *sarrasine*, c'est l'ARCHITECTURE FRANÇAISE DU MOYEN AGE : si elle n'est pas l'architecture définitive de la France, si elle n'exprime pas le génie français tout entier, elle est tout au moins, entre les divers styles qui se sont succédé sur notre sol, le seul qui nous appartienne en propre et qui ait un caractère essentiel de nationalité.

Art national, disons-nous ; art laïque, faut-il ajouter, art antimonastique, extra-sacerdotal. L'architecture romane, dont les types étaient communs à toute la catholicité, avait été une architecture d'évêques et d'abbés. Les chefs des diocèses et des communautés, initiés à la science du constructeur, dessinaient les plans et dirigeaient l'édification des basiliques; Saint-Étienne de Caen est l'œuvre du célèbre Lanfranc, abbé du Bec, puis archevêque de Canterbury. Nous citons cet exemple entre cent autres. A partir du douzième siècle, le gouvernement de l'art échappe insensiblement des mains de l'autorité ecclésiastique ; une force, d'abord latente et obscure, envahit, s'impose, supplante cette ancienne direction sacerdotale, qui finit par se contenter de ratifier là où elle commandait. Le gouvernement de l'art est passé aux *maîtres-ès-œuvres*, c'est-à-dire aux architectes laïques, aux artistes de profession, aux *fraternités* d'artisans, aux FRANCS-MAÇONS. Ce sont les *francs-maçons* que nous avons vus tout à l'heure à Chartres. C'est toute une révolution, et une grande révolution!

L'origine de ces associations d'artisans se perd dans la nuit des siècles. En tous temps, en tous lieux, les ouvriers en bâtiments, les mineurs et les ouvriers en métaux ont enveloppé de rites symboliques leurs affiliations et ce qu'ils appellent les *secrets* de leur art, secrets que les anciens croyaient révélés par des dieux ouvriers, constructeurs du monde. Nos maîtres-ès-œuvres se peuvent dire petits-fils des Cabires. Les associations d'artistes, bien connues sous l'empire romain, avaient été longtemps subalternisées et comme étouffées par la puissance de l'association monastique. Elles se raniment et s'émancipent chez nous au douzième siècle, tout en continuant à envelopper de mystère non leur existence, mais leurs pratiques et leurs traditions; elles relèvent, en quelque sorte, prêtres et moines de la mission qu'ils s'étaient attribuée, et marchent, d'un bout à l'autre de la France, puis, bientôt, d'un bout à l'autre de l'Occident, partout où les appelle la gloire de Dieu, dernière fin de l'art. Architectes, maçons, peintres, sculpteurs, tailleurs et ciseleurs de bois et de pierre, artisans et artistes (l'art, dans son héroïque simplicité, ne se sépare pas des métiers qui relèvent de lui), mettent tout en commun : le génie commande ; le talent, le courage et la patience exécutent ; l'œuvre est à tous ; l'honneur à Dieu seul. Tout au plus, les architectes qui construisent les plus sublimes monuments inscrivent-ils leur nom dans un coin sur quelque dalle que foule aux pieds le passant ; les sculpteurs qui ont créé les plus admirables types n'ont laissé leur nom nulle part. Le but de ces hommes est le même que celui des ascètes qui se rendent dans la solitude les bourreaux de leur propre corps, le même que celui des pèlerins vagabonds qui errent à travers le monde de sanctuaire en sanctuaire ; leur but, à eux, est aussi de gagner le ciel ; mais ils le poursuivent par une plus sage et plus glorieuse voie, en ornant l'habitation que le Seigneur a donnée à l'humanité, en embellissant la surface de la terre par des créations qui éveilleront le sentiment de l'idéal et les plus saintes émotions dans l'âme de nos derniers neveux [1].

L'art ne devient donc pas moins religieux en devenant laïque et national : il l'est même davantage, car il est incomparablement plus idéal en devenant, de Romain, Gaulois et Français. Il est même plus mystique ; mais c'est le libre mysticisme ; l'essor indépendant de l'amour.

Toutes les libertés se tiennent : l'architecture affranchie est accueillie de préférence par les cités affranchies. Les premières cathédrales à ogives s'élèvent dans les villes de commune, à Noyon,

---

1. Les édifices religieux n'épuisent pas l'activité des *fraternités* d'artisans. Un enfant du peuple, un jeune pâtre, saisi d'une haute inspiration dans les solitudes lumineuses de la Provence, saint Bénezet, fonde l'association des *Frères-Pontifes*, pour ce genre de constructions vraiment fraternel, qui facilite le rapprochement moral des hommes et des peuples, en multipliant leurs relations matérielles. Avec le concours des pieuses offrandes de tout le Midi, saint Bénezet jette sur le Rhône ce magnifique pont d'Avignon qui réunit les deux Frances royale et impériale, la Gaule, l'Italie et l'Espagne, et devient le grand chemin où *tout le monde passe* (Commencé en 1173). Il n'existe plus que trois arches du pont d'Avignon, remplacé par un pont moderne ; mais le pont Saint-Esprit, bâti un peu plus tard par les *Frères-Pontifes*, subsiste dans toute sa majesté.

à Laon, à Soissons[1]. D'autres cités, que les circonstances ont moins favorisées quant aux libertés municipales, s'associent à cette sympathie. Les francs-maçons introduisent le style ogival dans les plans de la nouvelle Notre-Dame de Paris, lorsque l'évêque Maurice de Sulli en instaure la vaste entreprise vers 1163. Senlis, qui n'obtient qu'assez tard la commune et sans grand éclat, a pris, avec Noyon et Laon, la tête du mouvement dans l'art, et la belle flèche de sa cathédrale, qui domine au loin les plaines et les forêts du Valois, est la plus ancienne qu'ait élevée le système ogival (1155-1184). Une église abbatiale, chose plus extraordinaire, quitte la tradition monastique pour entrer avec honneur dans l'innovation; c'est la noble et sévère abbaye de Fescamp (vers 1167).

C'est sur le front altier de la cathédrale de Chartres qu'est écrit le mot de l'art nouveau, le mot de ce grand douzième siècle, trop peu répété par les âges qui ont suivi. A la baie de gauche du porche septentrional, entre les voussures qui encadrent le tympan de la porte, quatorze *Vertus* sont debout, échelonnées de la base à la pointe de l'ogive : à côté de la *Force* ou *Vertu* par excellence (*Virtus*), mère de toutes les autres Vertus, la première des treize sœurs, auréolée en signe de sainteté, couronnée en signe de souveraine indépendance, semble montrer de son bras levé son nom gravé sur la pierre. Ce nom est : Libertas.

Suivant la très ancienne tradition chartraine, Notre-Dame de Chartres s'élève sur l'emplacement d'un sanctuaire druidique[2].

---

1. Les travaux de Notre-Dame de Noyon remplirent la seconde moitié du siècle. — Notre-Dame de Laon fut réédifiée, non pas de 1112 à 1114, comme on le croit communément, mais seulement de 1160 environ au commencement du siècle suivant. Il est bien à souhaiter qu'on sauve, par des secours suffisants, cette admirable église et ses quatre tours si élégantes et si légères, prêtes à joncher la montagne de leurs débris. Laon devait avoir six tours au lieu de quatre, sans compter la flèche élevée au point d'intersection de la nef, du chœur et des transepts. Ce nombre de six tours entrait dans le plan des grandes basiliques romanes, mais avait été rarement exécuté, si ce n'est à Cluni. On assurerait le salut de tout ce qui nous reste de monuments vraiment précieux avec des sommes bien moindres que celles qu'on dépense à *restaurer* à neuf, ou, qui pis est, à *achever* quelques-uns des chefs-d'œuvre du moyen âge. — Saint-Gervais de Soissons n'a, du douzième siècle, qu'un beau transept semi-circulaire : le reste de cette cathédrale est du siècle suivant.

2. La tradition va plus loin : elle prétend que les druides carnutes, d'après une antique prophétie, avaient dressé un autel à *la Vierge qui doit enfanter*, et

Les restes mortels des ancêtres durent tressaillir de joie sous les *pierres levées* des Carnutes, quand cette solennelle figure de la Liberté fut inaugurée sur la face du temple chrétien.

Complétement maîtresse de la France proprement dite avant la fin du douzième siècle, l'architecture nouvelle commença de gagner, d'une part, l'Angleterre normande, les Pays-Bas et l'Allemagne, de l'autre, la France méridionale, l'Espagne et la Haute Italie. Les peuples du Nord, n'ayant point d'art qui leur fût propre, acceptèrent l'art français[1] à la place de l'art roman, et rivalisèrent avec nous par de nombreuses et imposantes constructions ; mais nos régions du Midi, trop fortement imprégnées des traditions romaines, ne donnèrent jamais à l'architecture ogivale un essor aussi libre et aussi puissant : l'architecture ogivale s'abâtardit beaucoup plus encore en Italie. Rome resta toujours fermée à cette fille de la Gaule, et le nouveau Capitole, le Vatican ne subit pas l'affront de l'art gaulois.

Nous ne devions montrer ici l'architecture ogivale qu'à son aurore. Nous reviendrons sur son immense épanouissement du siècle suivant. Ce bel art fait la vraie gloire du treizième siècle, qui réalise magnifiquement, sous ce rapport, les promesses de son devancier. A beaucoup d'autres égards, il lui est notablement inférieur. Si le siècle de saint Louis n'était en quelque sorte consacré par la splendeur des arts plastiques, nous n'hésiterions pas à affirmer son infériorité vis-à-vis de la grande époque qui vit la France manifester à la fois l'esprit de liberté civile et politique dans l'affranchissement des communes, l'esprit de liberté philosophique dans l'enseignement d'Abélard, les aspirations les plus neuves et les plus hardies du sentiment et de l'amour humain dans cette poésie chevaleresque, qui crée une nouvelle langue pour des sentiments nouveaux, enfin, le plus puissant élan de l'amour divin, associé à la plus fière indépendance du génie, dans l'architecture ogivale. Du douzième au treizième siècle,

qu'ils se firent chrétiens quand la prédiction se fut réalisée. Il est probable qu'il y a un fondement historique à cette fable ; que la cathédrale aura été bâtie sur l'emplacement d'un *némède* de la ville d'Autrike, et qu'un collège de prêtres gallo-romains, sinon de véritables druides, aura embrassé le christianisme en ce lieu.

1. Ils l'acceptèrent si bien, que l'Allemagne a prétendu l'avoir inventé, quoiqu'elle n'ait reçu de nous le type ogival qu'au bout de près d'un demi-siècle.

apparaît une première France, complète sous tous les aspects, qui se dissoudra, du quatorzième au quinzième siècle; mais, sous bien des rapports essentiels, le douzième est déjà l'époque culminante après laquelle commence à redescendre cette France du Moyen Age, plus originale, osons-le dire, que la seconde France de la Renaissance, si supérieure en développements, si resplendissante de civilisation, qui se forme au seizième siècle, s'épanouit au dix-septième, et se dissout au dix-huitième.

LIVRE XXI.

FRANCE FÉODALE

(SUITE).

Louis VII, dit le Jeune, roi de France et duc d'Aquitaine. — Démembrement de la monarchie anglo-normande. Étienne de Boulogne, roi d'Angleterre. Geoffroi Plantagenêt, duc de Normandie et comte d'Anjou. — Croisade de Louis le Jeune. Revers des croisés. — Régence de Suger. — Progrès des sectes hétérodoxes. — Fin de saint Bernard. — Divorce de Louis le Jeune. L'Aquitaine passe dans la maison d'Anjou. Henri II Plantagenêt, duc de Normandie, comte d'Anjou, duc d'Aquitaine, puis roi d'Angleterre. La couronne de France abaissée de nouveau. Henri II fait un de ses fils duc de Bretagne. — Henri II et Thomas Becket. — Henri II en guerre avec sa femme et ses fils. — Nouveaux envahissements de Henri II. — Mort de Louis VII et avénement de Philippe-Auguste.

1137—1180.

Depuis la décadence des fils de Charlemagne, jamais roi n'était monté au trône sous d'aussi brillants auspices que Louis-le-Jeune, ou Louis-Florès (*Florus*, Fleuri), comme l'appellent nos vieux écrivains. Un seul jour avait presque triplé les domaines de la couronne, et le « roi des Français, duc des Aquitains, » titres que Louis se donna sur ses monnaies, était désormais le plus puissant des princes de la Gaule, comme le plus élevé en dignité : la force se trouvait enfin jointe au droit, et le chef de la société féodale avait conquis les moyens de faire respecter sa suprême suzeraineté. Une nouvelle ère politique semblait prête à s'ouvrir : la France attendait un grand homme; mais le grand homme ne parut pas, et les destinées de la royauté furent encore ajournées. Un jeune homme de dix-huit ans, qui n'avait puisé dans son éducation cléricale[1] qu'une ignorante dévotion, et, dans les exemples de son père, qu'un courage aveugle, un enfant qui resta enfant toute sa vie, avait recueilli dans ses faibles mains le fruit des labeurs de Louis le Gros.

Le gouvernement de Louis le Jeune, conduit par les vieux con-

---

1. Il avait été élevé au cloître Notre-Dame.

seillers de son père, débuta cependant par des actes énergiques, mais d'une énergie peu propre à le rendre populaire. Informé à Poitiers du décès de Louis le Gros, le jeune roi, d'après l'avis de ses conseillers, qui redoutaient pour la France « les pillages, querelles, séditions et autres désordres, suites ordinaires de la mort des rois, » laissa la reine Éléonore ou Aliénor sous la garde de l'évêque de Chartres, et reprit la route du nord en toute hâte. Une grande agitation régnait en effet dans le domaine royal : le baronage relevait la tête, et les villes espéraient arracher au nouveau roi les chartes de commune que Louis le Gros n'avait pas voulu leur octroyer; les habitants d'Orléans se soulevèrent et « jurèrent la commune, » entre eux. Ils ne purent toutefois ou n'osèrent tenter de soutenir un siége contre le roi, car Louis entra sans résistance dans Orléans avec ses chevaliers, et fit mourir « de *male* mort » les chefs de la « rébellion, » disent les Chroniques de Saint-Denis.

Louis se dirigea ensuite d'Orléans sur Paris : le mauvais succès de la tentative des Orléanais, et la ratification de quelques priviléges accordés récemment par Louis le Gros (en 1134), empêchèrent Paris de remuer. Des concessions successives apaisèrent le ressentiment des Orléanais, si durement traités : il fut interdit au prévôt (*præpositus*) royal, qui régissait la ville, et à ses sergents, de vexer et de rançonner les bourgeois : le roi promit de ne plus altérer la monnaie, inique et absurde ressource à laquelle le pouvoir avait trop souvent recours[1] ; sur la fin de son règne, il abolit la mainmorte à Orléans et dans tout l'Orléanais ; il avait auparavant favorisé l'essor du commerce dans cette ville par divers règlements.

De Paris, le roi était retourné au midi de la Loire : il crut s'affermir en se faisant couronner une seconde fois. Cette cérémonie eut lieu à Bourges, « en cour plénière, le jour de la Nativité du Seigneur, » en présence des principaux seigneurs ecclésiastiques et laïques de France et d'Aquitaine.

---

1. Il faut dire, une fois pour toutes, que les princes qui employaient cette ressource, dans leur profonde ignorance de l'économie politique, n'en comprenaient pas tout l'odieux. Ils se figuraient que la valeur effective de la monnaie ne dépendait que de la volonté du souverain.

De même que les bourgeois d'Orléans, quelques barons du duché de France avaient essayé de mettre à profit la mort de Louis le Gros ; mais la prise du château de Montjai imposa aux plus turbulents ; grâce aux familiers de Louis le Gros, qui dirigeaient l'inexpérience de son fils, il y eut peu de changement dans le royaume : Louis VII fut obéi en Aquitaine comme en France, et les différends des seigneurs de l'Aunis et ceux du comte et de l'évêque d'Angoulême furent évoqués et appointés à la cour du roi-duc.

Une des principales cités de la vieille Gaule, plus heureuse qu'Orléans, venait de prendre rang à son tour entre les communes : Reims avait gardé, à travers les âges, quelques débris de ses institutions romaines ; ses *honorati*, transformés en échevins, possédaient encore le droit de basse justice et certaines attributions municipales sans cesse contestées et envahies par les officiers de l'archevêque. Les Rémois « résolurent de reconstituer, par un effort commun, et de rendre à l'avenir inattaquables les garanties de liberté dont les débris s'étaient conservés chez eux pendant plusieurs siècles[1]. » Les bourgeois, est-il dit dans les anciens registres des églises de Reims, « conjurèrent pour établir une république, » à la faveur d'une vacance du siége archi-épiscopal, et adoptèrent la charte de Laon. Tout le clergé s'émut au bruit de cette atteinte portée à ce qu'il nommait les « libertés de l'illustre église de Reims, » c'est-à-dire à la *liberté* qu'avait l'archevêque de *taxer, tailler* et charger d'amendes les bourgeois. Saint Bernard en écrivit au pape Innocent II, et le pape, au roi Louis VII. Innocent enjoignit à ce prince, « pour la rémission de ses péchés, de dissiper par sa puissance royale les coupables associations des Rémois, qu'ils qualifiaient de compagnies ; » mais Louis, qui commençait à être en mésintelligence avec la cour de Rome, tint peu de compte de cette injonction. Loin d'agir envers les sujets de l'archevêque de Reims comme envers ses sujets les Orléanais, il avait ratifié la charte communale des Rémois (1139), et ne révoqua point sa ratification ; il consentit seulement à intervenir pour empêcher les bourgeois d'englober dans leur commune les habitants des faubourgs et des villages voisins.

---

1. Aug. Thierry, *Lettres sur l'Hist. de France*, p. 374, éd. de 1836.

Louis projetait en ce moment une entreprise hardie. L'ardeur de la première jeunesse lui inspirait un besoin de mouvement qu'on pouvait prendre pour de l'ambition et pour de l'activité; on lui suggérait de faire valoir, sur les riches domaines de la maison de Toulouse, les droits que l'aïeul de sa femme, Guilhem IX d'Aquitaine, avait autrefois revendiqués par la force des armes. Il y avait vingt ans à peine que Toulouse était retournée des mains du duc d'Aquitaine dans celles du fils de Raimond de Saint-Gilles, du comte Alphonse-Jourdain. Louis convoqua le ban de ses vassaux, à la Saint-Jean de 1141, afin d'envahir le comté de Toulouse; mais les princes français se montrèrent peu disposés à seconder le roi dans une conquête qui lui eût donné sur eux tous une prépondérance accablante. La marche envahissante de la couronne commençait à les effrayer; pour l'arrêter, il leur suffit de rester immobiles et de ne pas remplir leur devoir féodal: le comte Thibaud de Champagne, entre bien d'autres, refusa nettement de se rendre à l'armée royale. Louis entama cependant le siége de Toulouse; mais la résistance vigoureuse d'Alphonse-Jourdain le força bientôt à la retraite[1]. Sur ces entrefaites, les différends qui s'élevèrent entre le roi et le pape Innocent II semblèrent menacer la chrétienté d'une nouvelle guerre des Investitures.

En 1140, le chapitre de Poitiers promut à la dignité épiscopale un abbé qui fut accepté par le peuple de la ville, et consacré par l'archevêque de Bordeaux, son métropolitain: Louis VII, excité par ses conseillers, se montra fort blessé qu'on n'eût point sollicité son consentement, lorsqu'une seconde infraction, plus grave encore, fut portée à ce qu'il regardait comme son droit. Aubri, archevêque de Bourges, étant mort vers ce temps-là, le pape Innocent II, au moment où le roi présentait un candidat au chapitre de Bourges, fit élire au siége archiépiscopal Pierre de La Châtre, neveu du chancelier de l'église romaine. Louis, saisi de colère, jura que jamais de son vivant Pierre de La Châtre ne serait archevêque, et permit aux chanoines de choisir qui bon leur sem-

---

1. Robert. de Monte *Accessio ad Sigebert*. — Guill. Neubrig. l. II. — Orderic. l. XIII. Vers cette époque se termine le long et intéressant ouvrage d'Orderic Vital.

blerait, excepté le protégé du pape. Pierre de La Châtre partit pour Rome : Innocent II embrassa chaudement sa cause, et lui donna le *pallium* de sa propre main. « Il faut accoutumer ce jeune homme à ne pas prendre la licence de se mêler ainsi des choses de l'Église, » dit le pape, en parlant du roi de France. « Les élections ne sont pas libres, quand le prince donne l'exclusion à quelqu'un sans prouver devant un juge d'église que l'élection n'est pas canonique. »

Quoi qu'il en fût du fond de la question, c'était revenir sur la transaction qui avait terminé la guerre des Investitures. Louis VII témoigna d'autant plus de ressentiment, que la maison de France lui semblait avoir droit à la reconnaissance personnelle d'Innocent II, si bien accueilli et si vivement soutenu par Louis le Gros contre l'anti-pape Anaclet. Pierre de La Châtre, à son retour de Rome, se vit donc refuser l'entrée de Bourges par les gens du roi, et fut obligé de se retirer sur des terres que possédait en Berri le vieux comte de Champagne, grand ami du clergé et brouillé avec le roi à l'occasion de la guerre de Toulouse. Le pape, de son côté, fulmina une bulle contre Louis le Jeune, et mit en interdit tous les lieux habités par ce prince, qui, de même que son aïeul Philippe Ier, ne put, trois ans durant, mettre le pied dans une ville ou dans une bourgade sans que le service divin n'y fût à l'instant suspendu. Les armes matérielles intervinrent bientôt dans cette lutte. Le roi ayant déterminé le comte de Vermandois à faire casser son mariage avec une sœur du comte Thibaud de Champagne, pour épouser Pétronille d'Aquitaine, sœur cadette de la reine Éléonore, Thibaud demanda justice au pape de l'injure faite à sa sœur. Saint Bernard prit parti pour son ami Thibaud, et Raoul de Vermandois fut excommunié par le pape, ainsi que les évêques de Noyon, de Laon et de Senlis, qui avaient indûment prononcé le divorce, sous prétexte d'une parenté imaginaire; mais le roi et le comte Raoul ne se soumirent pas, et ils furent soutenus par une partie du clergé, qui aimait encore mieux voir les élections à la merci du roi que du pape. Les deux principaux conseillers de Louis VII étaient deux clercs, Suger, abbé de Saint-Denis, et Josselin ou Gosselin, évêque de Soissons.

Le roi et Raoul se vengèrent sur le comte Thibaud des anathèmes du pape : ils exercèrent de cruels ravages dans la Champagne et la Beauce. En 1142, Louis le Jeune, pénétrant jusqu'au fond du pays de Pertois, une des dépendances du comté de Champagne, prit d'assaut la forte place de Vitri et l'incendia : plus de treize cents personnes s'étaient réfugiées dans la principale église; les flammes, gagnant avec rapidité, fermèrent toute issue à ces malheureux; leurs effroyables cris de détresse parvinrent jusqu'aux oreilles du roi Louis. Lorsqu'il vit, après l'écroulement de l'église, ces centaines de cadavres à demi consumés et entassés parmi les décombres, il parut saisi d'une horreur profonde : ses remords le décidèrent à traiter avec le comte Thibaud, et à solliciter l'intercession des abbés de Clairvaux et de Cluni auprès de la cour de Rome. Le nom de Vitri-le-Brûlé rappelle encore aujourd'hui cette catastrophe. Thibaud, afin d'obtenir la restitution des terres que le roi lui avait enlevées, s'obligea de faire révoquer la sentence d'excommunication lancée contre Raoul de Vermandois, et à reconnaître le divorce de ce comte, quoique la femme répudiée fût sa sœur. Thibaud engagea en effet saint Bernard à écrire au pape. La lettre de Bernard est fort singulière :

« Pour que la terre ne fût pas entièrement désolée, pour qu'un royaume divisé ne fût pas ruiné, votre fils le plus dévoué, Thibaud, ce défenseur des libertés ecclésiastiques, a été forcé de promettre sous serment qu'il ferait retirer la sentence d'excommunication prononcée contre la terre et la personne du tyran adultère (Raoul de Vermandois), la source et l'auteur de tous ses maux. Ce prince s'y est décidé à la prière et d'après l'avis de quelques hommes fidèles et sages, qui lui ont représenté qu'il serait facile d'obtenir cette grâce de Votre Paternité, sans aucun dommage pour l'Église, puisqu'il dépendrait toujours de vous de renouveler ladite sentence d'excommunication et de la déclarer alors irrévocable. Que la paix s'obtienne donc ainsi, et que la ruse soit jouée par la ruse! »

C'était déjà beaucoup trop que de voir saint Bernard défendre le despotisme des seigneurs ecclésiastiques contre l'établissement de la liberté civile et municipale; mais on ne peut s'accoutumer à entendre la morale de l'équivoque sortir d'une telle bouche. Terrible exemple de la perturbation que jette dans la conscience humaine la croyance à l'infaillibilité d'une autorité visible quelconque. Il n'y a de saint que Dieu !

Le pape suivit le conseil de Bernard; mais Louis VII, qui avait désarmé et rendu les biens de Thibaud, reprit toute son irritation en apprenant que son allié Raoul était de nouveau excommunié, empêcha l'élection d'un évêque de Paris, et saisit le temporel des évêchés de Reims et de Châlons, dont les titulaires favorisaient Thibaud. La mort d'Innocent II mit fin à ces troubles (24 septembre 1143). Le roi envoya des députés au nouveau pape, Célestin II. « Ils obtinrent tant de la douceur du pontife, » dit la chronique de Maurigni, « qu'en leur présence et devant tous les grands de Rome, il leva la main avec bénignité, envoya du doigt la bénédiction vers la France, et lui donna l'absolution de l'interdit prononcé contre elle. » Le roi cédait sur un point : Pierre de La Châtre garda le siége de Bourges; le pape céda sur l'autre. L'excommunication de Raoul de Vermandois fut levée derechef. Thibaud conclut avec le roi une paix définitive (1144).

Pendant les premières années de ce règne, l'histoire des états normands et angevins se rattache peu à celle du royaume de France : la lutte qui continuait entre le roi d'Angleterre Étienne et le comte d'Anjou Geoffroi Plantagenèt occupait uniquement les habitants de ces provinces. Étienne, roi par élection, avait été obligé de faire aux grands et aux prélats d'Angleterre des concessions qui affaiblirent beaucoup la vigoureuse monarchie de Guillaume-le-Conquérant : ne se sentant pas néanmoins très affermi sur le trône, et comptant peu sur la foi des barons, il appela autour de lui tous les aventuriers qui voulurent s'enrôler à prix d'argent sous ses drapeaux, et qui lui vinrent surtout du Brabant et de la Flandre[1]. C'était là une innovation menaçante pour l'ordre féodal, et qui contenait en germe une révolution militaire et politique. C'était le premier pas vers l'établissement des armées permanentes, des *soldats* (guerriers *soldés*), et vers la séparation de la force militaire d'avec la propriété territoriale. Il devait

---

1. De là le nom de *Brabançons* donné, pendant tout ce siècle, aux soldats mercenaires.

s'écouler bien des générations avant que ce germe portât son fruit.

Étienne, débarqué en Normandie quelques semaines avant la mort de Louis-le-Gros, entra en campagne, en 1137, avec ses mercenaires brabançons et ses vassaux boulonnais et normands, contre Geoffroi d'Anjou, qui avait tenté une troisième invasion en Normandie. Étienne espérait en finir avec ce rival obstiné; mais ses espérances furent trompées. Les milices féodales s'irritèrent des faveurs que le roi prodiguait à ses *soudoyers* brabançons. Normands et Belges en vinrent aux mains après une violente altercation, « et il se fit de part et d'autre un cruel massacre. » La plupart des seigneurs normands partirent sans saluer le roi, et cette désertion mit Étienne dans l'impossibilité de rien entreprendre. Geoffroi, de son côté, n'ayant guère avec lui que quatre cents chevaliers très pillards et très insubordonnés, consentit à une trêve de deux ans, pendant laquelle il garda les places dont il était maître dans le diocèse de Séez, le comté d'Alençon et le pays d'Houlme.

Étienne retourna en Angleterre, où sa couronne était attaquée à la fois par une invasion écossaise, par une conspiration anglo-saxonne et par une révolte de barons normands. La Grande-Bretagne devint alors le principal théâtre de la guerre, et Mathilde l'*emperière* y passa en personne avec l'appui de son frère Robert, comte de Glocester, de Caen et de Bayeux, fils naturel du feu roi Henri[1]. Étienne vainquit et contraignit à la paix le roi d'Écosse David; mais, le 2 février 1141, il perdit près de Lincoln une bataille décisive contre Robert de Glocester et Ranulfe, comte de Chester, qui commandaient l'armée de l'ex-impératrice : les mercenaires belges et bretons furent mis en pleine déroute par les Gallois, alliés du comte de Chester, et le roi tomba au pouvoir des ennemis; Mathilde entra triomphalement dans Londres, et le malheureux Étienne fut emprisonné à Bristol. La Normandie, où Robert de Glocester avait déjà livré à Geoffroi Plantagenêt les villes de Caen et de Bayeux, ressentit le contre-coup des événements d'Angleterre; les seigneurs normands députèrent l'arche-

---

1. Ce fut à ce comte Robert que Geoffroi de Monmouth dédia son livre.

vêque de Rouen vers le comte Thibaud de Champagne, pour lui offrir le royaume d'Angleterre et le duché de Normandie; car ils croyaient Étienne perdu et ne voulaient à aucun prix reconnaître Geoffroi. Mais le prudent Thibaud, déjà trop occupé de ses différends avec le roi Louis-le-Jeune, « refusa de se charger du fardeau de tant d'affaires, » et abandonna ses droits à Geoffroi, moyennant la cession du comté de Touraine et la mise en liberté d'Étienne. Geoffroi ne tint pas ses engagements, ne livra pas Tours, et le roi Étienne ne fut relâché par Mathilde qu'en échange du comte Robert de Glocester, qui avait été fait prisonnier par les amis du roi. La chance tourna de nouveau en faveur d'Étienne, qui se rattacha les bourgeois de Londres et la plupart des seigneurs anglo-normands. Mais, si Étienne parvint à recouvrer l'Angleterre, il perdit la Normandie : Verneuil, Lisieux, se rendirent à Geoffroi; Louis VII, intervenant pour la première fois dans cette guerre, se réunit avec sa chevalerie au comte d'Anjou, et, le 20 janvier 1144, Rouen ouvrit ses portes à Geoffroi. Le comte d'Anjou fut investi du duché de Normandie par le roi de France; Geoffroi, en reconnaissance, céda le château de Gisors à Louis. D'une autre part, la hautaine et intrépide Mathilde, voyant ses principaux partisans vaincus et proscrits, se décida enfin à souffrir le démembrement de la monarchie anglo-normande, et à se rembarquer pour la France. Étienne demeura donc roi d'Angleterre et comte de Boulogne; Geoffroi fut duc de Normandie, comte d'Anjou, du Maine et de Touraine.

Les affaires d'Allemagne, pendant cette période, réagirent faiblement sur les provinces gauloises de l'Empire : les hostilités des Guelfes et des Gibelins continuaient; l'empereur Lother de Saxe était mort le 3 décembre 1137, et les Gibelins étaient parvenus à faire élire à sa place, dans une diète à Coblentz, le 22 février 1138, Conrad, duc de Souabe ou d'Allemagne[1], frère de ce Frédéric qui avait disputé l'empire à Lother. Ce prince, neveu et héritier de l'empereur Henri V, recouvra quelque autorité sur les anciens royaumes de Bourgogne et de Provence, et les seigneurs et les prélats recoururent parfois à son autorité dans leurs querelles.

1. Ce fut à partir du règne de Conrad III que les Français commencèrent à confondre tous les Teutons sous le nom d'Allemands.

Ainsi, Humbert, archevêque de Vienne, à qui le comte d'Albon, Guigues *au Dauphin* (ancêtre des dauphins de Viennois), disputait sa ville métropolitaine, s'en fit confirmer la possession par la diète germanique d'Aix-la-Chapelle, en 1146, et un archevêque d'Arles reçut de Conrad l'investiture par le sceptre. De longs troubles agitaient depuis plus de trente ans le duché de Brabant ou de Basse-Lorraine, que se disputaient les comtes de Louvain et de Limbourg. Conrad, dans une diète tenue à Liége en 1139, décida la querelle en faveur de Godefroi, comte de Louvain : le Limbourg fut érigé en duché quelques années après, pour dédommager en quelque sorte ses comtes[1].

L'empereur Conrad ne s'immisça point toutefois dans la guerre civile qui durait toujours en Provence entre la maison de Barcelonne et les seigneurs des Baux, ses compétiteurs au comté. Le comte Bérenger-Raimond était soutenu par son frère, Raimond-Bérenger IV, comte de Barcelonne et roi d'Aragon du chef de sa fiancée, Pétronille d'Aragon. Le seigneur Hugues des Baux avait pour allié Alphonse-Jourdain, comte de Toulouse et marquis de Provence. La mort de Bérenger-Raimond, tué à Melgueil, en 1144, par un arbalétrier génois, ne put assurer la victoire au parti indigène; le grand Raimond-Bérenger, devenu le seul chef du parti espagnol ou catalan, prit vigoureusement la défense du jeune fils de son frère, et conserva la prépondérance dans le midi de la Gaule. L'entreprise de Louis VII contre Toulouse, quoique malheureuse, avait dû nuire au parti provençal. Les grandes cités provençales, durant ce temps, contractaient des alliances en leur propre nom, correspondaient entre elles, avec les princes, avec le pape, et se gouvernaient en véritables républiques. Les querelles qui usaient les forces des princes avaient singulièrement facilité le développement des libertés populaires[2].

La lutte des maisons de Barcelonne et de Toulouse fut suspendue par une nouvelle qui remua l'Europe jusqu'aux entrailles, et qui

---

1. Ott. Frising. l. VII. — Mascov. *Comment.* l. III, etc.
2. Bouche, *Hist. de Provence*, l. II, sect. 9. — D. Vaissette, *Hist. de Languedoc*, l. XVII. — En 1141, Guilhem, seigneur de Montpellier, ayant attenté aux priviléges des bourgeois, fut chassé de la ville par les consuls, et n'y rentra qu'après avoir juré de se mieux conduire.

réunit presque tous les princes chrétiens dans une même pensée. Les états latins d'Orient, après de brillants succès et de grands progrès, semblaient pencher vers leur ruine. La ville d'Édesse, capitale de la principauté fondée en Mésopotamie par Baudouin, frère de Godefroi de Bouillon, avait été emportée d'assaut et saccagée, avec un immense carnage, dans la nuit de Noël 1144, par Amadeddin-Zenghi, sultan turc d'Halep, d'Émèse et de Mossoul, et fondateur de la dynastie des Atabeks de l'Irak. Les autres états chrétiens, la principauté d'Antioche, le comté de Tripoli, et surtout le royaume de Jérusalem, étaient menacés dans leur existence : la population de ce royaume, incohérent mélange de Syriens, de Grecs, d'Arméniens, de descendants des hommes d'armes *latins* de la première croisade et de moines-soldats, ne semblait point en état de se défendre longtemps contre les flots de musulmans qui assiégeaient de toutes parts ses étroites frontières, et, dans ces circonstances critiques, la couronne des Godefroi et des Baudouin se trouvait placée sur le front d'un enfant de quinze ans, Baudouin III, fils de Foulques d'Anjou et de la princesse Mélisende de Jérusalem. Foulques était mort roi de Jérusalem deux ans avant la prise d'Édesse. Mélisende, régente de Jérusalem, Raimond de Poitiers, prince d'Antioche, Pons de Toulouse, comte de Tripoli, se hâtèrent d'implorer le secours des souverains de l'Occident : ce fut surtout à la France qu'ils s'adressèrent; n'était-ce pas surtout de la France qu'étaient parties ces glorieuses armées qui avaient délivré le tombeau du Christ et rendu au Seigneur sa terre de prédilection? Les maisons féodales de Judée, de Syrie, de Mésopotamie, n'étaient-elles pas presque toutes d'origine française? Il appartenait à la France de conserver ce que ses fils avaient conquis.

Les cris de détresse des chrétiens orientaux firent une impression profonde sur tous les esprits. Le moment était favorable : saint Bernard avait pacifié, après les troubles de l'Église, ceux du royaume, en réconciliant Louis VII, comme nous l'avons vu, avec le pape et avec le comte Thibaud : la guerre de la succession de Normandie paraissait aussi à peu près terminée, et l'orageuse Teutonie était ralliée au sceptre de Conrad. Un disciple de saint Bernard, un ancien moine de Clairvaux, Bernardo de Pise, venait d'être élevé au souverain pontificat, sous le nom d'Eugène III :

le nouveau pape écrivit au roi Louis et à tous les Français, le 1er décembre 1145, afin de les exhorter à s'armer pour la défense de la Terre Sainte; mais sa lettre avait été devancée par la résolution du roi. L'horrible scène de *Vitri-le-Brûlé* était toujours présente à la mémoire de Louis, et l'assiégeait de trop justes remords. D'autres souvenirs encore inquiétaient sa conscience : il avait juré naguère que Pierre de La Châtre ne s'assiérait jamais sur le siége métropolitain de Bourges, et cependant Pierre de La Châtre était archevêque. Louis, bien que délié par l'autorité papale de son téméraire serment, se reprochait à la fois de l'avoir prêté et de ne l'avoir pas tenu. Ces scrupules, ces troubles moraux, peut-être aussi l'instinct voyageur et aventureux de la jeunesse, poussaient le roi dans cette voie du Saint-Sépulcre, où l'on rencontrait la rémission de tous les péchés et le repos de la conscience. Il balança sans doute quelque temps entre les avis de Suger et ceux de saint Bernard : l'un le pressait de suivre les sages et profitables exemples de son père, et de ne pas quitter cette terre de France, où le retenaient et ses intérêts et ses véritables devoirs; l'autre l'excitait à se mettre à la tête de la chevalerie européenne pour venger le Christ et porter l'étendard de la croix jusqu'au fond de l'Asie. L'enthousiasme l'emporta sur la raison; Bernard sur Suger : le thaumaturge vainquit l'homme politique, comme il avait vaincu le philosophe Abélard.

« L'an du Verbe incarné 1145, le jour de la Nativité, » dit le chroniqueur Eudes de Deuil, « Louis, roi des Français et duc des Aquitains, tenant sa cour plénière à Bourges, convoqua plus universellement que de coutume les évêques et les grands du royaume, et leur révéla les secrets de son cœur. « L'assemblée fut ajournée à Vézelai (dans le comté de Nevers), aux fêtes de Pâques, « afin que, le jour même de la résurrection du Seigneur, tous ceux qui seraient touchés de l'inspiration céleste concourussent à exalter la gloire de la croix. Le roi envoya des députés au pape Eugène III, afin de l'informer de ces choses. » Le pape répondit en enjoignant à chacun « d'obéir au roi dans la croisade, réglant la forme des vêtements qui distingueraient les pèlerins, et promettant à ceux qui porteraient le joug léger du Christ rémission de leurs péchés et protection pour leurs femmes et leurs petits enfants ».

Eugène III eût désiré présider en personne l'assemblée de Vézelai; mais la situation de l'Italie ne lui permit pas de passer les Alpes. La crise européenne qui avait fait surgir les communes libres de France enfantait en Italie de plus grandes choses qu'en France, parce que les cités étaient plus fortes, et les pouvoirs féodaux et monarchiques plus faibles. Partout les grandes villes italiennes travaillaient à se constituer en républiques relevant immédiatement de l'Empire : les cités lombardes et toscanes y avaient réussi; Rome à son tour s'ébranlait, ne voulait plus reconnaître la seigneurie temporelle du pape, et s'était donné des sénateurs et un patrice élus par le peuple; le disciple d'Abélard, Arnaldo de Brescia, était à la tête de ce mouvement auquel sa présence imprimait un caractère de révolution religieuse que n'avait pas montré la formation de nos communes françaises : c'était avec les souvenirs de l'antiquité romaine, mêlés à des maximes évangéliques, qu'Arnaldo enflammait le courage des nouveaux républicains italiens, après avoir semé à Zurich des germes de liberté qui ne furent pas perdus pour l'Helvétie. Les amis d'Arnaldo et le parti du pape et de saint Bernard avaient tour à tour le dessus dans Rome et dans le Patrimoine de saint Pierre. Eugène n'osa quitter la Péninsule. Il délégua ses pouvoirs à l'homme qui était plus que lui le vrai chef de l'Église, à son ancien maître Bernard. La semaine sainte de l'an 1146 arriva enfin : le roi, l'abbé de Clairvaux, « fortifié de l'autorité apostolique et de sa propre sainteté », et la multitude des seigneurs convoqués, se réunirent au lieu convenu. « Comme il n'y avait point assez de place dans le château ni dans la ville pour contenir le peuple immense accouru de toutes parts, on avait construit au dehors, dans la plaine que domine la montagne de Vézelai une machine en bois (une sorte d'estrade ou de tribune), afin que l'abbé de Clairvaux pût parler d'en haut à l'assemblée. Bernard monta donc sur cette chaire, avec le roi paré de sa croix, et, lorsque cet orateur du Ciel eut, comme à l'ordinaire, répandu la rosée de la parole divine, un cri général s'éleva : *Des croix! des croix!* Les croix que le saint abbé avait fait préparer à l'avance furent bientôt épuisées : il fut forcé alors de couper ses propres vêtements pour en tailler d'autres croix, et il ne cessa de vaquer à cette œuvre tant qu'il resta à Vézelai, confirmant sa prédication par de nombreux miracles. »

Les historiens du douzième siècle, et surtout les trois biographes de saint Bernard[1], racontent en détail, à diverses reprises, les miracles opérés par le saint, miracles qui, à les en croire, n'eussent pas été inférieurs à ceux des premiers apôtres. Un de ces écrivains, moine de Clairvaux et secrétaire de l'illustre abbé pendant ses voyages, prétend avoir vu, à la voix de son maître, les aveugles recouvrer l'usage de leurs yeux, les malades, la santé, les boiteux, la faculté de marcher, et les possédés (les épileptiques) être délivrés des démons qui les tourmentaient. L'enthousiaste biographe a dû être jusqu'à un certain point abusé par ses souvenirs et par son aveugle exaltation : quelques-unes des cures merveilleuses qu'il rapporte semblent radicalement impossibles : cependant on ne saurait douter que des faits en dehors des lois ordinaires de la nature ne se soient manifestés autour de saint Bernard; un tel homme devait avoir un empire presque surhumain sur les organisations nerveuses et les âmes passionnées, et l'on sait quelle influence l'imagination exerce sur toutes les maladies qui affectent le système nerveux, ce siège mystérieux de la vie. L'histoire contient bien des faits analogues aux prodiges attribués à l'abbé de Clairvaux.

Les discours de Bernard, secondés par l'appui du roi, eurent à Vézelai un succès extraordinaire : avec Louis-le-Jeune et la reine Éléonore se croisèrent les évêques de Noyon, de Langres, de Lisieux; Alphonse-Jourdain, comte de Toulouse et marquis de Provence, qui s'était réconcilié avec le roi, sans doute à l'occasion de la guerre sainte[2]; Thierri d'Alsace, comte de Flandre; Henri, fils

---

1. Guillaume, abbé de Saint-Thierri près Reims; Arnaud, abbé de Bonneval, et Geoffroi, moine de Clairvaux : Arnaud et Geoffroi continuèrent et complétèrent Guillaume.

2. Le départ de ce prince favorisa l'extension des libertés toulousaines. Alphonse-Jourdain, en 1147, reconnut qu'il n'avait nul droit de *queste* ou *tolte* à Toulouse, autorisa la rédaction des coutumes de la cité, et renonça au *portage* ou droit d'entrée sur les denrées et marchandises. Les coutumes de Toulouse avaient un caractère tout particulier : contrairement à ce qui passait dans beaucoup d'autres villes, la basse justice et la justice civile appartenaient au comte et à sa *cour* (*curia*), et la haute-justice, aux magistrats municipaux; le comte ou son viguier (*vicaire*,

de Thibaud, comte *palatin* de Champagne et de Chartres; le comte Robert de Dreux et le sire Pierre de Courtenai, frères du roi; beaucoup d'autres comtes et barons, plusieurs milliers de chevaliers, et une multitude de gens du peuple. « Après que l'on fut convenu de partir au bout d'une année, tous s'en retournèrent joyeusement chez eux : quant à l'abbé de Clairvaux, il vola en tous lieux pour prêcher, et, en peu de temps, les croisés se multiplièrent à l'infini. » Plusieurs synodes provinciaux de prélats et de seigneurs furent convoqués à Laon, à Chartres et dans d'autres lieux, afin d'activer le zèle des populations : l'assemblée de Chartres offrit à saint Bernard le commandement en chef de la croisade; il refusa : « Autant que je puis juger de mes forces, » dit-il, « je ne saurais parvenir jusqu'à ces régions lointaines : d'ailleurs, qui suis-je pour disposer des camps, ou pour paraître en face des armées? Rien n'est plus opposé à ma profession! » L'exemple de Pierre l'Ermite, si malheureux dans la conduite de l'expédition qu'il avait prêchée avec tant de bonheur, n'était pas perdu pour saint Bernard. « L'un et l'autre glaive, disait-il, « appartiennent à saint Pierre; mais il ne doit tirer de sa propre main que le glaive spirituel, et doit confier l'autre aux mains laïques (*Bernardi ep.* 256). » Les rois chrétiens étaient à ses yeux les vicaires temporels du pape[1].

Après avoir parcouru la France, l'abbé de Clairvaux s'apprêta à se rendre en Allemagne, où il s'était annoncé par une lettre encyclique exhortant les *Francs orientaux,* les Allemands et les Bavarois à se lever en armes pour la défense du Saint-Sépulcre ; il les conjurait en même temps de ne pas imiter les excès des premiers croisés, leurs devanciers, et de ne pas égorger ni piller les Juifs sur leur passage; il autorisait seulement, conformément à une lettre du pape, à obliger les Juifs de tenir quittes de toutes *usures* (intérêts) leurs débiteurs qui prendraient la croix. Il ne fallait pas moins que l'autorité de saint Bernard pour sauver les mal-

---

vicarius), à la vérité, présidait le *capitoulat* ou corps-de-ville. Le pouvoir du comte était véritablement plus municipal que féodal.

1. Eugenii papæ *epist.* — Sancti Bernard. *epist.* — Odon. de Diogilo, de *Lud. VII itiner.* — *Gesta Ludovic. VII.* — *Chronic. Mauriniac.* — *Grandes Chroniques de Saint-Denis.*

heureux Juifs, que leurs richesses, plus encore que leur religion, rendaient l'objet de la haine universelle. L'abbé de Cluni, Pierre-le-Vénérable[1], moins modéré, cette fois, que saint Bernard, voulait qu'en respectant la vie des Hébreux, on prît sur leurs biens de quoi faire la guerre aux Sarrasins; mais d'autres allaient plus loin, et réveillaient toutes les fureurs de la première croisade : un moine nommé Rodolphe se mit à exciter le peuple, dans toutes les villes du Rhin, au massacre des ennemis de Jésus-Christ. Les scènes sanglantes de l'an 1096 se renouvelèrent à Mayence, à Cologne, à Worms. L'arrivée de saint Bernard n'arrêta qu'à grand'peine ces atrocités : l'abbé de Clairvaux faillit voir éclater contre lui une sédition à Mayence, pour avoir arraché quelques pauvres Juifs à la fureur de la populace, et renvoyé à son couvent le fanatique Rodolphe.

Bernard, toutefois, ne tarda pas à conquérir aux bords du Rhin le même ascendant que dans la France royale : l'empereur Conrad avait résisté d'abord aux instances du saint, qui le pressait d'imiter le roi de France; mais, le 28 décembre 1146, au milieu d'une assemblée convoquée à Spire, un sermon de l'abbé de Clairvaux électrisa tellement l'empereur, qu'il se leva brusquement de son siége, prononça son vœu à haute voix devant l'autel, et demanda sur l'instant même à l'orateur la croix et une bannière bénite. Frédéric de Souabe, neveu de l'empereur (le fameux Frédéric Barbe-Rousse), suivit l'exemple de son oncle, ainsi que Welf de Bavière, chef du parti opposé aux princes souabes[2]. Guelfes et Gibelins s'unirent sous l'étendard de la croix. Saint Bernard, ayant si bien réussi dans sa mission, rentra en France, et arriva pour le parlement général que le roi Louis avait convoqué à Étampes le 16 février 1147. L'assemblée témoigna une joie extrême en apprenant que le saint avait confédéré, « pour la milice de la croix du Christ, le roi et les grands du royaume des Teu-

---

1. On cite de ce célèbre abbé un trait remarquable : il fit traduire le Koran en latin, et le réfuta par un traité divisé en cinq livres. L'homme qui recueillit Abélard malheureux aimait la discussion et la lumière. *V.* Fleuri, *Hist. Ecclés.* t. XIV, p. 656.

2. *Vita sancti Bernardi.* — *Sancti Bernardi epist.* — *Petri Venerab. epist.* — Ott. Frisingen. *De reb. gest. Frederici I.* — L'historien Othon, évêque de Freysingen, était le frère de l'empereur Conrad.

tons. » On donna ensuite audience aux députés de l'empereur
Conrad et de Geisa, roi de Hongrie, qui venaient, de la part de
leurs princes, promettre aux croisés français le libre passage demandé par Louis VII; puis on lut une lettre de l'empereur d'Orient, Manuel Commène, contenant les protestations les plus emphatiques d'amitié et d'alliance, en réponse à l'avis que le roi de
France lui avait transmis de la croisade. Louis-le-Jeune avait aussi
invité au saint pèlerinage le puissant Roger de Sicile, qui, depuis
plusieurs années, ayant réuni sous son sceptre les diverses souverainetés normandes d'Italie, s'était décoré des titres de roi de
Sicile, duc de Pouille, et prince de Campanie, avec l'agrément
du pape, son suzerain. Plusieurs nobles hommes envoyés par le
roi Roger se trouvèrent au parlement d'Étampes : lorsqu'ils virent
Louis et ses barons prendre confiance dans la flatteuse missive
de l'empereur Manuel, et arrêter que l'armée se dirigerait vers
l'Asie par l'empire d'Orient et par Constantinople, ces Normands
de Sicile prédirent aux seigneurs français ce qu'ils auraient à
souffrir de la perfidie grecque : ils s'efforcèrent de déterminer
leurs alliés à venir par l'Italie s'embarquer dans les ports du nouveau royaume normand. On ne les écouta point, soit que leur
haine contre les Grecs rendit leur témoignage suspect, soit plutôt
à cause de la difficulté de construire une flotte assez considérable
pour transporter de telles masses d'hommes : on n'osa braver les
clameurs de la multitude d'inutiles pèlerins qu'on n'eût pu embarquer; on préféra donc la route de terre à la route de mer.

Le troisième jour du parlement, les prélats et les seigneurs,
après avoir invoqué le Saint Esprit par l'organe de Bernard, s'occupèrent de la défense et de l'administration du royaume pendant l'absence du roi. « Le roi, dit Eudes de Deuil, réfrénant sa
puissance par la crainte de Dieu, suivant sa coutume, accorda
aux prélats et aux grands le libre choix de ceux qui devaient
régir le royaume : » ils chargèrent saint Bernard de désigner en
leur nom l'abbé Suger et le comte de Nevers. Le comte de Nevers
déclina ce grand emploi pour se retirer parmi les Chartreux.
Suger lui-même, « estimant la dignité qu'on lui offrait un fardeau
plutôt qu'un honneur », se défendit autant qu'il put de l'accepter,
et il fallut, dit-on, l'intervention du pape Eugène III pour l'y con-

traindre. On lui adjoignit le vieux comte Raoul de Vermandois et l'archevêque de Reims, Samson de Mauvoisin. Les soins administratifs confiés à ces trois personnages consistaient principalement dans la gestion des biens de la couronne, dans la perception des tailles sur les bourgeois et manants des villes royales, dans les rapports ecclésiastiques et féodaux avec les évêques, les abbés et les barons relevant du roi : ils avaient à tenir ses plaids judiciaires comme ses baillis et ses représentants.

Les apprêts de la croisade bouleversaient toute la France. Les barons et les chevaliers, grâce à leurs habitudes prodigues, n'avaient jamais d'argent comptant, et se trouvaient hors d'état de soutenir toute dépense extraordinaire : ceux-ci vendirent ou engagèrent encore une partie de leurs terres, que les gens d'église et même les riches bourgeois achetèrent à bon compte; ceux-là vendirent la liberté à ceux de leurs serfs qui purent l'acheter; les autres accablèrent leurs sujets d'exactions. Le clergé, cette fois, contribua aux frais de la guerre sainte, et le roi demanda une aide aux principaux couvents, malgré les immunités qu'ils faisaient valoir. « Il se fit, dit Raoul de Dicé, un recensement (*descriptio*) général par toute la Gaule; personne ne fut exempté par son sexe, sa profession, sa dignité, de porter secours au roi, qui se mit en route parmi beaucoup d'imprécations ». C'était sur le menu peuple que tombait le plus lourd fardeau, et tous les moyens de faire de l'argent semblaient légitimes au roi et à ses confédérés. Sens, une des principales cités du domaine royal, avait profité des besoins du roi pour acheter de lui fort cher, en 1146, une charte de commune rédigée sur le modèle de la charte de Soissons : le clergé sénonais réclama violemment; Herbert, abbé de Saint-Pierre-le-Vif et seigneur d'un quartier de la ville, voulant, pour le saint pèlerinage, lever sur ses sujets des taxes et des *toltes* prohibées par les libertés communales, s'adressa au pape, qui venait de traverser les monts, et, par son intervention, obtint du roi le retrait de la charte vendue et la dissolution de la commune. Les bourgeois se soulevèrent le 1er mai 1147, et tuèrent l'abbé Herbert : le roi accourut avec des forces considérables, entra dans la cité, se saisit des meurtriers, fit précipiter les uns du haut de la grosse tour de Sens, et emmena les autres à Paris, où ils furent décapités. Ces sanglantes exécutions furent suivies de troubles et de révoltes qui agitèrent presque incessamment la ville de Sens pendant quarante années.

« Sur ces entrefaites, reprend l'historien de la croisade, afin qu'il ne manquât à cette entreprise ni bénédiction, ni grâce, le pontife romain, Eugène, arriva en France et vint célébrer la Pâque du Seigneur dans l'église du bienheureux Denis ». Un incident étrange signala le séjour du pape dans Paris : Eugène III étant allé un matin officier à Sainte-Geneviève, il s'éleva entre ses gens et ceux des chanoines de Sainte-Geneviève un tel débat, qu'ils en vinrent aux coups de poing dans l'église même. « Les gens du pape furent bien battus, » et le roi Louis, ayant essayé d'apaiser la *noise,* fut frappé lui-même dans la bagarre ; ce qui mit le pape et le roi en si grande colère, qu'ils chassèrent les chanoines et les remplacèrent par des clercs réguliers du monastère de Saint-Victor.

« Le jour du départ approchant (il avait été fixé à la Pentecôte), le roi, après avoir visité toutes les maisons religieuses de Paris, sortit de la ville, et se rendit aux hospices isolés qu'habitent les lépreux, escorté seulement de deux serviteurs. Après ces œuvres de charité, il se dirigea vers l'église du bienheureux Denis, où l'avaient précédé sa mère, la reine Adélaïde, sa femme Éléonore et une foule innombrable. Le pape Eugène, l'abbé Suger et les moines reçurent dans le chœur le roi, qui, se prosternant très humblement par terre, *adora* le saint patron; alors le pape et l'abbé ouvrirent une petite porte d'or, et en tirèrent lentement un coffre d'argent, contenant les reliques du bienheureux, afin que le roi, ayant vu et embrassé celui que chérit son cœur, en devînt plus alerte et plus intrépide. Ensuite, ayant pris l'oriflamme sur l'autel et reçu du souverain pontife l'aumônière du pèlerin avec la bénédiction, il se retira dans le dortoir des moines pour échapper à l'empressement de la multitude, mangea au réfectoire avec les religieux, puis, embrassant tous ceux qui l'entouraient, s'éloigna, suivi de leurs vœux et de leurs larmes. »

La présence de la reine Éléonore, des comtesses de Toulouse et de Flandre, de la bru du comte de Champagne, de beaucoup d'autres belles dames et de nombreux troubadours et trouvères, donnait à l'expédition une physionomie toute différente de l'aspect de la première croisade. Les deux armées française et teutonique comptaient chacune plus de cent mille combattants, sans la foule des *bourdonniers* (pèlerins) inutiles aux armes. La fleur de la chevalerie était là tout entière; « on ne voyait », dit saint Bernard (*ep.* 224), « que villes et que châteaux déserts, que veuves et qu'orphelins dont les maris et les pères étaient vivants encore ». L'armée française s'était rassemblée à Metz, sur les terres de l'Empire, où Louis VII fut accueilli avec de grands honneurs. On alla passer le Rhin à Worms, et Louis voulut y attendre les Normands et les Anglais, qu'amenait Arnoul, évêque de Lisieux. Beaucoup de pèlerins, rebutés par le renchérissement des vivres, quittèrent l'armée en ce lieu pour prendre la route d'Italie au lieu de celle d'Allemagne. De Worms on marcha sur Ratisbonne, où l'on franchit le Danube : une grande quantité de navires et de radeaux, préparés par les soins du duc Welf de Bavière et de l'empereur Conrad, qui étaient partis en avant avec le gros de l'armée teutonique[1], attendaient là les Français, et se chargèrent du bagage et d'une multitude de gens de pied qu'ils transportèrent jusqu'en Bulgarie ; le reste de l'expédition côtoya le fleuve.

Le roi Louis trouva dans Ratisbonne des députés de Constantinople, qui lui remirent des dépêches de la part de l'empereur Manuel Comnène. L'emphase orientale et les hyperboles louangeuses de ces lettres étonnèrent et choquèrent la rude franchise des Français. « Un tel langage, dit Eudes de Deuil, était bon pour un histrion plutôt que pour un empereur ». L'évêque de Langres, prenant compassion du roi, qui rougissait de s'entendre dire

---

1. Tous les croisés teutons n'accompagnèrent pas l'empereur; ceux de la Saxe dirigèrent leurs efforts, non contre les musulmans, mais contre les Slaves païens de la Poméranie et de la Prusse; ceux d'entre le Bas-Rhin et le Weser s'embarquèrent sur la mer du Nord, se joignirent à une flotte de deux cents bâtiments anglais et flamands, et firent voile vers les côtes d'Espagne pour entrer dans la Méditerranée par le détroit de Gibraltar. Ils n'allèrent pas plus loin que l'embouchure du Tage. Arrivés à la hauteur de Lisbonne, ils apprirent que cette grande ville était assiégée en ce moment par une armée chrétienne; ils se rendirent aux vœux des assiégeants, qui invoquaient leur assistance, et employèrent leur courage plus utilement qu'ils n'eussent fait en Orient. Grâce à leur secours, Lisbonne échappa pour toujours aux mains des musulmans, et devint la capitale d'un royaume chrétien (21 octobre 1147).

toutes ces choses, et ne pouvant supporter les phrases interminables du lecteur et de l'interprète, leur dit : « Mes frères, veuillez ne pas parler si souvent de la gloire, de la majesté, de la sagesse et de la piété du roi; il se connaît et nous le connaissons aussi; dites-lui donc promptement, et sans détours, ce que vous lui voulez ». L'empereur *voulait* que le roi de France s'engageât à ne lui enlever aucune ville ni aucun château de son royaume, ce qui parut assez raisonnable à chacun, et, en outre, que Louis et ses barons jurassent de lui restituer les places de l'ancien domaine de l'Empire qui seraient reprises par les *Francs* sur les Turks. Cette seconde condition éprouva plus de difficultés, « et ce qui ne put être réglé entre les négociateurs fut tenu en réserve pour le moment où les deux souverains seraient en présence ». L'expédition française, après avoir traversé heureusement l'empire teutonique, entra en Hongrie et continua paisiblement sa route jusqu'à la Bulgarie et jusqu'aux possessions de l'empire d'Orient. Dans tout le cours de leur voyage, les pèlerins avaient été traités en amis et en frères : il n'en fut plus de même dès qu'ils eurent mis le pied sur le territoire grec. « Partout ailleurs, raconte le moine Eudes de Deuil, les habitants nous vendaient honnêtement ce dont nous avions besoin, et nous demeurions au milieu d'eux dans les relations les plus pacifiques; les Grecs, au contraire, s'enfermant dans leurs villes et dans leurs châteaux, nous descendaient avec des cordes les denrées du haut des murailles : cette manière trop lente de nous fournir des vivres ne pouvant satisfaire la multitude de nos pèlerins, ceux-ci, las de souffrir la disette dans un pays abondant en toutes choses, commencèrent à se procurer par le vol et le pillage ce qui leur était nécessaire ».

La défiance des Grecs n'était que trop motivée par les excès de l'armée teutonique, qui venait de traverser ces mêmes provinces, en y jetant le désordre et l'effroi. Les Allemands avaient saccagé les faubourgs de Philippopolis, et l'empereur Conrad, irrité de l'attitude hostile des populations grecques et des mauvais procédés de Manuel, avait pillé en personne les palais d'été des empereurs grecs sur les rives du Bosphore. Manuel Comnène, se voyant le plus faible, dissimula cette injure, mais ne l'oublia point : il se hâta de se débarrasser des Teutons en leur fournissant les moyens de franchir le Bosphore au plus vite. Conrad, malgré les prières du roi de France, qui devait le rejoindre près de Constantinople, passa donc en Asie avec environ quatre-vingt-dix mille guerriers. Les croisés de la Lorraine, « qui ne pouvaient souffrir les Allemands, insupportables à tous, dit Eudes de Deuil, par leur naturel brutal et querelleur », s'étaient séparés de l'armée teutonique pour attendre les Français; mais les Grecs forcèrent les chefs de ce corps d'armée, les comtes de Pont-à-Mousson et de Vaudemont, et les évêques de Metz et de Toul, à emmener leurs hommes au delà du détroit.

Pendant ce temps, Louis VII et ses barons étaient arrivés à Andrinople. Les envoyés de Manuel Comnène tâchèrent de détourner Louis de la capitale de l'Empire, en l'engageant à passer le *Bras de Saint-Georges* (l'Hellespont) à Sestos; mais Louis voulut prendre la même route que les Allemands. A une journée de marche de Constantinople, il apprit que ses députés et les chevaliers de son avant-garde avaient couru risque de la vie par la trahison des Grecs. « Il y eut des gens qui conseillèrent au roi de rétrograder, de s'emparer du pays, avec toutes les villes et les châteaux, d'écrire ensuite à Roger, roi de Sicile, qui, dans ce temps-là, guerroyait vivement contre l'empereur Manuel, et de séjourner en Grèce jusqu'à ce que Roger fût venu avec une flotte pour assiéger Constantinople. Pour notre malheur, ajoute le moine Eudes, et pour celui de tous les fidèles de l'apôtre Pierre, cet avis ne prévalut point ». Manuel et son peuple firent au roi et aux princes de France une réception dont la pompe même attesta la frayeur que les *Barbares* inspiraient aux Grecs; Manuel offrit à Louis et à ses principaux barons de superbes palais pour logements; mais, nonobstant ces attentions obséquieuses, l'évêque de Langres, « prédisant les malheurs qui advinrent par la suite », réitéra le conseil de s'emparer de la ville. Un bruit trop fondé était parvenu aux oreilles des croisés : on disait que Manuel Comnène, tout en affectant de s'associer à la pieuse entreprise des Latins, avait conclu en secret avec les Turks une trêve de douze ans. « D'ailleurs, disait-on, les Grecs, ces hérétiques qui nient la suprématie du successeur de saint Pierre, et qui diffèrent de croyance avec l'église catholique sur le dogme de la Trinité, sont à peine chrétiens, et l'on peut sans péché diriger contre eux les coups destinés aux infidèles ». Ces arguments furent cependant repoussés par le conseil des chefs, et l'on résolut de ne point attaquer d'autres ennemis que les Turks : il y avait quelque mérite à cette décision loyale, prise au pied des remparts de la cité la plus opulente et la moins guerrière du monde, au moment où les barons français se trouvaient fort dénués de ressources, ayant dépensé, dans les quatre premiers mois du voyage, à peu près tout l'argent qu'ils avaient emporté ; le roi lui-même venait de jeter vers la France un cri de détresse. « Nous vous requérons, écrivait-il à Suger, nous vous supplions, par votre foi, par l'affection que vous avez pour nous, d'amasser de l'argent par tous les moyens possibles, et de nous l'envoyer avec la plus grande diligence ».

Les Grecs hâtèrent de tout leur pouvoir l'éloignement des Français, en excitant leur émulation par le récit de prétendues victoires des Allemands sur les Turks ; mais, quand l'armée fut transportée sur la rive asiatique du Bosphore, et que Constantinople n'eut plus à redouter ce dangereux voisinage, Manuel Comnène ne voulut plus fournir à Louis VII de vivres ni de guides pour aller joindre les Allemands, à moins que les barons français ne lui rendissent hommage, comme avaient fait leurs devanciers de la première croisade à l'égard de l'empereur Alexis. Quelques seigneurs repoussèrent d'abord cette prétention comme une injure ; mais la plupart des chefs ne virent, dans le serment de fidélité que Manuel leur demandait, qu'une garantie morale à donner, et non une suzeraineté réelle à subir. « Ce n'est point une honte pour nous, ni une insulte pour le roi, dirent-ils, puisque, d'après la coutume, nous pouvons bien engager notre foi à plusieurs seigneurs pour les fiefs que nous tenons d'eux, sans cesser de demeurer, avant toute chose, fidèles au roi notre sire ». Les barons jurèrent donc de restituer à l'empereur toutes les places de l'ancien domaine impérial qui tomberaient entre leurs mains. Robert, comte de Dreux, frère du roi, fut le seul qui refusa de prêter serment. L'armée se remit bientôt en marche, grossie par des renforts considérables. Tous ceux des pèlerins qui s'étaient embarqués dans les ports de la Pouille et des Calabres, plutôt que de passer par l'Allemagne et la Hongrie, étaient arrivés, sous la conduite d'Amédée III, comte de Maurienne et de Piémont, de Guillaume, marquis de Montferrat (tous deux oncles maternels de Louis VII), et du comte d'Auvergne.

La première croisade avait rendu à l'empire d'Orient Nicée et quelques provinces maritimes de l'Asie mineure ou Romanie (*Roum*); mais l'intérieur de cette vaste péninsule était toujours occupé par les Turks. A peine les Français étaient-ils parvenus aux bords du lac de Nicée, que des députés de l'empereur Conrad, parmi lesquels se trouvait son neveu, Frédéric Barbe-Rousse, duc de Souabe, apportèrent au roi Louis VII la foudroyante nouvelle de la destruction de l'armée teutonique. Les Allemands, n'ayant de vivres que pour huit jours, s'étaient dirigés par la Phrygie sur Iconium ou Konich, capitale du sultan de *Roum* : après onze journées de la marche la plus fatigante, ils se trouvèrent engagés au milieu de montagnes impraticables; puis, la nuit, leurs guides grecs disparurent, et, au lever du soleil, Conrad et ses guerriers virent les escadrons des Turks inonder les pentes des montagnes (26 octobre 1147). Hors d'état de forcer le passage, les Allemands se résignèrent à la retraite : à mesure que la fatigue et la disette les affaiblissaient, les Turks, qui les suivaient à la trace, les assaillaient avec une audace croissante; ce ne fut bientôt qu'une vaste déroute, et chacun ne songea plus qu'à regagner Nicée sans se soucier de ses compagnons. Tous les gens de pied et la foule des pèlerins sans défense périrent par le fer, par la faim, ou tombèrent dans l'esclavage, abandonnés des chevaliers et des gens d'armes, qui furent eux-mêmes décimés à coups de flèches par les archers musulmans. Beaucoup de ceux qui parvinrent à atteindre Nicée ne songèrent plus qu'à revoir leur patrie, et délaissèrent leur empereur et leurs chefs. Conrad, traînant après lui les débris de sa puissante armée, vint trouver Louis, qui l'accueillit en versant des larmes de compassion. « Seigneur roi, dit tristement Conrad, vous que la nature m'a donné pour voisin et pour parent, et que Dieu m'a conservé pour me protéger dans une pressante nécessité, je ne veux plus me séparer de vous. Que mes tentes soient placées partout où bon vous semblera ; je vous demande seulement de permettre que mes compagnons d'armes se réunissent aux vôtres ». Louis agréa cette demande avec effusion, partagea avec le malheureux monarque tout ce qu'il possédait, et ne voulut pas que Conrad eût désormais d'autre logis que le sien.

La jonction d'un nombreux renfort de croisés slaves, conduits par Ladislas, duc de Bohême, et par Boleslas, duc de Pologne, ranima un peu l'ardeur des chrétiens. Les Français, profitant de l'expérience qui avait coûté si cher à leurs alliés, ne prirent point la route directe, mais périlleuse, de la Romanie centrale ; ils se rabattirent sur les contrées maritimes de l'Asie-Mineure, appartenant à l'empire grec, et longèrent les côtes sinueuses de l'Éolie et de l'Ionie jusqu'à Éphèse, où Conrad, souffrant de deux blessures qu'il avait reçues dans sa fatale retraite, quitta l'expédition pour aller, pendant l'hiver, se rétablir à Constantinople. L'impératrice de Constantinople, sœur de l'impératrice d'Occident, avait raccommodé, tant bien que mal, son mari et son beau-frère. Les Français et leurs confédérés finirent toutefois par se lasser de suivre les interminables détours des rivages de l'Archipel et de la Méditerranée, et se décidèrent à abréger leur chemin en s'aventurant dans l'intérieur des terres depuis Éphèse jusqu'au golfe de Satalie (*Attalia*). Ils remontèrent le Méandre, au bord duquel ils rencontrèrent pour la première fois les Turks. Un grand corps de cavalerie musulmane, après quelques jours d'escarmouches, fondit par derrière sur les chrétiens, tandis qu'une autre troupe considérable leur disputait de front le passage du fleuve. Les comtes de Flandre et de Mâcon, et Henri de Champagne, fils du comte Thibaud, gravirent sur la rive escarpée, à travers une grêle de flèches, et, suivis de leurs hommes d'armes, enfoncèrent les ennemis qu'ils avaient en tête, pendant que l'arrière-garde française, commandée par le roi en personne, culbutait et mettait en fuite le second corps d'armée des Turks. Cette victoire avait été si prompte et si peu coûteuse, que les croisés l'attribuèrent à un miracle : un seul chevalier avait péri, entraîné par le courant du fleuve.

Les Latins ne se reposèrent qu'un moment à Laodicée sur le Lycus, dernière ville grecque de l'intérieur des terres, et se dirigèrent au sud-est, à travers les gorges difficiles de la Phrygie occidentale. Deux jours après avoir quitté Laodicée, vers midi, les croisés se trouvant au pied d'une montagne abrupte, le roi envoya en avant le comte Amédée de Maurienne (ou de Savoie) et Geoffroi de Rancogne, baron poitevin, avec ordre d'occuper la crête de la montagne, pour protéger la marche de l'armée; mais Geoffroi et le comte Amédée, au lieu d'exécuter exactement leur mission, une fois parvenus au sommet, descendirent la pente opposée et allèrent établir leurs tentes dans une vallée. Les Turks, maîtres des hauteurs voisines, se jetèrent aussitôt entre l'imprudente avant-garde et le gros des bataillons chrétiens, qui défilaient confusément sur le flanc de la montagne : leurs continuelles décharges de zagaies et de flèches jetèrent une effroyable confusion parmi les croisés. Hommes, chevaux, bêtes de somme, glissaient à chaque instant le long des rochers, entraînant avec eux au fond de l'abîme tout ce qu'ils rencontraient dans leur chute. « Le jour baissait, dit le chroniqueur, et le gouffre se remplissait de plus en plus des débris de notre armée ». Le crépuscule accrut l'audace des musulmans, et ils attaquèrent enfin, le cimeterre au poing, les ennemis qu'ils s'étaient d'abord contentés de harceler à coups de traits. Le centre de l'armée, où se pressait « le pauvre peuple dénué d'armes », frappé, massacré sans pouvoir se défendre, « se mit à fuir comme un troupeau de moutons ». Le roi, qui était en arrière, accourut et se précipita bravement dans la mêlée avec l'élite de ses chevaliers; les musulmans réunirent tous leurs efforts contre cette troupe vaillante, dont la position devint très périlleuse, les hommes d'armes ne pouvant se servir de leurs chevaux sur ce terrain inégal et pierreux. « Noyés dans les rangs épais des ennemis comme dans une mer, les chevaliers furent bientôt séparés les uns des autres, renversés et dépouillés; le roi, demeuré seul et entouré par les Turks, abandonna son *destrier*[1], et, s'aidant des branches d'un arbre, s'élança sur le haut d'un rocher. Un grand nombre d'ennemis se ruèrent après lui pour le

---

1. Cheval de bataille. *Destrarius, dextrarius*, en latin du moyen âge. De *dextra*, dit-on, parce que les écuyers ne menaient ces forts chevaux que de la main *droite*. On trouve chez les bardes du sixième siècle *eddestr*, cheval de guerre, étymologie celtique peut-être plus naturelle.

faire prisonnier, tandis que d'autres lui décochaient des flèches de loin; mais, grâce à Dieu, son haubert le préserva, et, défendant avec son épée ensanglantée le rocher qui lui servait d'asile, il abattit les mains et les têtes de plusieurs assaillants. Ceux-ci, ne le connaissant pas, et voyant qu'il serait difficile de le saisir, le laissèrent pour aller se disputer les dépouilles des morts sur le champ de bataille ». Louis rejoignit l'arrière-garde, mais il n'y ramena point avec lui nombre de hauts barons et de valeureux hommes d'armes tombés sous les coups des musulmans. Les escadrons de l'avant-garde, dont les deux chefs avaient causé tout ce désastre, revinrent sur leurs pas au bruit de la bataille, et, malgré les Turks, se réunirent à l'armée pendant la nuit; mais la perte des croisés avait été très considérable. « Le peuple chrétien », furieux de la coupable négligence du comte de Savoie et du sire Geoffroi, demandait leur mort à grands cris, et l'on eut grand'peine à sauver l'oncle du roi et le seigneur de Rancogne.

Ce terrible exemple fit enfin comprendre aux croisés la nécessité de l'ordre, et la grandeur du péril leur inspira un expédient aussi extraordinaire que l'était la situation elle-même. Les supériorités factices du régime féodal s'effacèrent devant la nécessité, qui éleva à leur place les supériorités naturelles; le peuple, les barons, le roi même, donnèrent toute autorité à un simple chevalier français, nommé Gilbert, dont les talents militaires et la prudence inspiraient une confiance universelle : on le chargea de sauver l'armée, et on lui associa dans le commandement Évrard des Barres, grand-maître des Templiers, qui était accouru du fond de la Palestine au-devant des croisés. Gilbert choisit plusieurs lieutenants, dont chacun avait cinquante cavaliers sous ses ordres, et leur prescrivit de précéder et de flanquer l'armée, tandis que les nombreux hommes d'armes qui avaient perdu leurs chevaux furent formés en bataillons d'archers pour couvrir l'arrière-garde. Grâce aux sages mesures de Gilbert, les croisés traversèrent assez heureusement les défilés, battirent les Turks au passage d'une rivière, débouchèrent dans les plaines de la Pamphylie, et, après douze jours de marche, posèrent enfin leur camp sous les murs de la ville maritime de Satalie, occupée par une garnison grecque. Là, ils trouvèrent enfin quelque repos et des vivres à un prix exorbitant. Le héros qui les avait sauvés rentra alors dans la foule dont il était sorti; l'histoire ne cite même plus son nom, et nous ne savons ni son pays ni sa famille.

Le roi pressa bientôt les barons de repartir. Presque tous les chevaux avaient péri de fatigue ou avaient été tués et mangés durant la route; on ne put remonter la cavalerie dans la contrée; il fallut se décider à faire route par mer; mais, lorsqu'on chercha des navires, les Grecs asiatiques abusèrent sans pudeur de la position des croisés : ils demandèrent quatre marcs d'argent par homme pour transporter les Latins à Antioche. Les seigneurs et les chevaliers, rassemblant leurs dernières ressources, subirent ces dures conditions; mais le « pauvre peuple » n'avait pas les moyens d'imiter ses chefs. Tourmentés par la disette et les maladies, n'obtenant plus de vivres, faute d'argent pour les payer, les croisés de « moindre condition » repoussèrent avec désespoir la proposition de demeurer sur les terres des Grecs, aux environs de Satalie, après le départ du roi et des nobles, et déclarèrent à Louis VII qu'ils essaieraient de gagner Antioche par terre, aimant mieux périr sous le fer des Turks que par la faim. Le roi donna cinq cents marcs au gouverneur grec de Satalie, afin qu'il reçût les malades de l'armée dans sa ville, et qu'il fournît une escorte de cavalerie aux gens de pied jusqu'à Tarse, première place de la principauté d'Antioche. Le roi détermina en outre le comte de Flandre, le sire de Bourbon et un certain nombre de gentilshommes à rester avec le menu peuple.

A peine Louis VII était-il embarqué, que le gouverneur de Satalie trahit lâchement sa foi, et refusa d'envoyer sa cavalerie au secours des Latins. Les Grecs égorgèrent les malades pour se dispenser de les nourrir. Les pèlerins essayèrent néanmoins d'accomplir leur résolution; mais, après quelques escarmouches contre les Turks, ils sentirent l'impossibilité de poursuivre leur route, et revinrent bivouaquer devant Satalie. Le comte de Flandre, le sire de Bourbon et les autres nobles, étant parvenus à noliser un vaisseau, mirent à la voile pour Antioche, et abandonnèrent les malheureux confiés à leur garde. Resserrés entre la place, dont les portes restaient fermées pour eux, et les Turks, qui les assaillaient jusque sous les murailles, les pèlerins, dont le nombre décroissait d'une manière effrayante, furent bientôt réduits à la dernière extrémité : sept ou huit mille d'entre eux, les plus vigoureux et les plus déterminés, allèrent au-devant de la mort plutôt que de l'attendre, et s'éloignèrent du camp ; mais, arrêtés par une rivière, ils furent enveloppés et taillés en pièces. Les Turks vainqueurs s'avancèrent vers le camp, où ils n'éprouvèrent aucune résistance. L'extrême misère des croisés désarma la haine des musulmans : ils montrèrent plus de pitié aux Latins que n'avaient fait les Grecs, « leurs frères en Jésus-Christ », et, au lieu de massacrer les indigents et les malades qu'ils trouvèrent entassés dans les campements français, ils leur distribuèrent de grandes aumônes. Aussi, lorsque les Turks se retirèrent, plus de trois mille jeunes gens les suivirent, prenant le turban et embrassant l'islamisme de leur plein gré. Le reste périt de misère ou fut réduit à l'état de domesticité par les Grecs, qui firent chèrement payer le pain qu'ils donnèrent à ces misérables. L'Occident n'oublia point les souvenirs de Satalie, et les fit plus tard expier cruellement à l'empire grec [1].

Pendant cette catastrophe, le roi et les chevaliers étaient débarqués, le 19 mars 1148, au port de Saint-Siméon (Séleucie), à cinq lieues d'Antioche. Antioche avait alors pour prince Raimond de Poitiers, frère puîné du dernier duc d'Aquitaine, Guilhem X, et oncle de la reine Éléonore : il avait hérité des domaines du grand Boëmond en épousant sa petite-fille. Raimond, vaillant guerrier et habile politique, à qui l'on pouvait toutefois reprocher de n'avoir pas secouru selon sa puissance le malheureux comte d'Édesse, Raimond comptait sur l'aide du roi de France pour attaquer avec vigueur les Turks de Syrie et de Mésopotamie, gouvernés alors par le sultan Noureddin, fils et successeur de cet Amadeddin-Zenghi, dont les succès avaient provoqué l'armement des Occidentaux. La chevalerie française, malgré ses pertes et la destruction de l'infanterie, était encore assez redoutable, et l'intérêt des chrétiens d'Orient était d'accord avec les souhaits du prince

---

1. Odon. de Diogilo, *De itinere Ludovici VII.* — *Gesta Ludovici VII.* — Willelm. Tyr. l. XVI. — Ott. Frisingen. — Nicétas Choniatès, *Annal.* l. I. — Johann. Cinnam. *Hist.* l. II.

d'Antioche; mais Louis, qui considérait la croisade en pèlerin et non en chef de guerre, ne voulut point accéder aux désirs de Raimond, et ne vit rien de plus urgent que de se rendre à Jérusalem pour s'acquitter de son vœu. On prétend qu'une jalousie fondée influa sur sa détermination, et qu'il découvrit entre la reine et le prince d'Antioche une intimité qui n'était pas celle d'un oncle et d'une nièce. Raimond, malgré ses cinquante ans, était encore un des plus brillants chevaliers de la chrétienté; et la reine Éléonore, vive, hautaine, spirituelle et légère, tenait peu de compte d'un mari qui n'avait d'autre mérite qu'une bravoure soldatesque et une étroite dévotion. Suivant une version plus romanesque, le roi aurait été moins jaloux encore de Raimond que d'un beau captif musulman. Quoi qu'il en soit, la mésintelligence des deux époux était arrivée à un tel point pendant leur séjour à Antioche, qu'Éléonore annonçait hautement l'intention de demander le divorce pour cause de parenté; mais le roi, l'emmenant de force, partit brusquement une nuit, et fut rejoint en route par tous ses chevaliers. Les croisés s'en allèrent droit à Jérusalem à travers le comté de Tripoli, et, après avoir accompli leur vœu au Saint-Sépulcre, se réunirent à Ptolémaïs (ou Saint-Jean-d'Acre), où avait été convoqué un parlement général pour décider des expéditions militaires à entreprendre. A ce parlement assistèrent trois monarques, Louis de France, Conrad de Germanie, récemment arrivé par mer de Constantinople, et Baudouin de Jérusalem, accompagnés des prélats et des seigneurs les plus illustres de l'Occident et de la Terre-Sainte; mais les forces réelles dont disposaient les chefs de cette assemblée offraient un triste contraste avec l'éclat de leurs titres. On résolut toutefois d'attaquer Damas, dont la garnison infestait de ses courses continuelles le nord de la Palestine : les croisés emportèrent d'abord, malgré une vigoureuse résistance, les fortifications qui protégeaient les magnifiques jardins de Damas, si célèbres dans tout l'Orient; mais la suite du siège ne répondit point à ce premier avantage : les chaleurs excessives de l'été, l'opiniâtre courage des assiégés, rebutèrent les Latins, qui se virent forcés de lever leur camp et de rentrer sur les terres du royaume de Jérusalem.

Cet échec découragea complétement les croisés : ils accusèrent de trahison et de lâcheté leurs frères d'Orient, les *poulains* efféminés de la Palestine, comme ils les appelaient, et la plupart ne songèrent plus qu'à retourner chez eux en toute hâte. L'empereur Conrad se rembarqua le premier à Saint-Jean-d'Acre; le comte de Toulouse était mort à Césarée. Presque tous les seigneurs partirent ensuite, les uns durant l'automne de 1148, les autres au printemps de 1149; mais le roi Louis resta à la Terre-Sainte près d'une année après la levée du siége de Damas : il passait son temps dans les pratiques d'une piété monacale, et ne pouvait se résoudre à reparaître en fugitif et en vaincu dans le royaume qu'il avait quitté avec de si hautes espérances et de si retentissantes promesses.

L'abbé Suger cependant le rappelait par des lettres fort pressantes. « Les perturbateurs du repos public, lui écrivait-il, désignant ainsi les barons, sont de retour, tandis que vous, dont le devoir est de défendre vos sujets, vous demeurez comme enchaîné sur une terre étrangère. A quoi pensez-vous, seigneur, de laisser ainsi les brebis à la merci des loups? Nous vous conjurons, par la foi qui lie réciproquement le prince et les sujets, de ne pas prolonger votre séjour en Syrie au delà des fêtes de Pâques, de peur qu'un plus long délai ne vous rende coupable, aux yeux du Seigneur, de manquer au serment que vous avez prêté en recevant la couronne. Vous aurez lieu, je pense, d'être satisfait de notre conduite : votre terre et vos hommes jouissent, quant à présent, d'une heureuse paix. Nous réservons pour votre retour les revenus de vos terres, les tailles et les provisions que nous levons sur vos domaines. Vous trouverez vos maisons et vos palais en bon état, par le soin que nous avons pris de les faire réparer. Me voici présentement sur le déclin de l'âge; mais j'ose dire que les occupations où je me suis engagé pour l'amour de Dieu et de vous ont beaucoup avancé ma vieillesse. A l'égard de la reine votre épouse, je suis d'avis que vous dissimuliez le mécontentement qu'elle vous cause, jusqu'à ce que, rendu en vos états, vous puissiez tranquillement délibérer sur cela et sur d'autres objets ».

Suger avait droit de se rendre ainsi témoignage à lui-même : tandis que la grande expédition franco-teutonique avait, par l'impéritie de Louis et de Conrad, une si fatale issue, l'abbé de

Saint-Denis avait administré les domaines de la couronne de manière à justifier la confiance qu'avaient mise en lui les rois Louis VI et Louis VII, et la haute considération que lui témoignaient tous les princes d'Occident, malgré sa mauvaise mine et la bassesse de sa naissance. « C'est l'âme qui fait les nobles! » s'écrie à cette occasion le biographe de Suger, Guillaume, moine de Saint-Denis : il semblait que l'illustre abbé eût convaincu de cette vérité les plus fiers souverains, car les rois d'Angleterre, d'Écosse et de Sicile le traitaient en ami et en égal, et le superbe Geoffroi Plantagenêt « mettait le nom de Suger avant le sien propre dans les lettres qu'il lui adressait (*A Suger, etc., Geoffroi, salut*)[1] ». Le silence des chroniques sur les deux autres régents, l'archevêque de Reims et le comte de Vermandois, laisse croire que tout le fardeau du gouvernement retomba sur Suger. « A peine, dit le biographe, le roi était-il parti pour les pays étrangers, que les hommes avides de pillage tentèrent d'enlever par la violence les biens des églises et des pauvres; mais Suger s'arma sur-le-champ, pour les punir, des deux glaives, l'un matériel et royal, l'autre spirituel et ecclésiastique; il réprima ces téméraires sans répandre une goutte de sang, et sans que le royaume fût troublé par leurs injustices ». Tout en maintenant d'un bras ferme la tranquillité publique, Suger régissait le bien du roi « mieux que le meilleur père de famille », améliorait ce qu'il était chargé de conserver, restaurait les habitations royales, relevait les tours et les murs en ruine, donnait aux chevaliers attachés au service du roi leur paie accoutumée, et leur distribuait même aux jours de fête des habits et des présents splendides, « de peur que la dignité du trône ne parût diminuée pendant l'éloignement du monarque. Il faisait tout cela de ses propres deniers[2], non sur le trésor du prince ou aux dépens de l'État; car il envoyait à la Terre-Sainte ou réservait pour le roi l'argent qui entrait au fisc royal, dans la persuasion que beaucoup de choses étaient néces-

---

1. Les formules de civilité commençaient alors les lettres au lieu de les terminer : la personne qui écrivait à une autre plaçait en premier celui des deux noms auquel appartenait la prééminence.

2. C'est-à-dire avec les revenus de son abbaye; c'était là un fort rare exemple de la part d'un prélat.

saires à ce prince dans une contrée lointaine, ou bien que ce qu'il gardait ne serait pas inutile au retour de Louis en France. » L'abbé de Saint-Denis était dépositaire de tous les pouvoirs royaux: c'était avec son consentement que les évêques élus obtenaient la consécration, que les abbés étaient ordonnés, et les clercs lui obéissaient sans envie, « tout fiers qu'un si grand homme fût sorti de l'ordre ecclésiastique. Le pape Eugène III honorait tellement la prudence et la probité de Suger, que tout ce qu'ordonnait celui-ci dans les Gaules était ratifié sans difficulté à Rome ».

Sur ces entrefaites, arrivèrent des rumeurs sinistres sur le sort des pèlerins qui avaient emporté avec eux les vœux et les espérances du reste de la nation. Ces bruits grossirent rapidement, et bientôt on connut avec certitude la ruine de la grande armée des croisés. L'impression de ces nouvelles fut profonde et terrible : il n'était pas de famille, noble ou non noble, qui n'eût quelque perte à déplorer, et ce fut au roi Louis et à saint Bernard, ces deux promoteurs de la croisade, que le sentiment public demanda compte de tant de calamités, qui n'avaient pas même apporté le moindre avantage aux chrétiens orientaux. Mille voix s'élevaient contre l'abbé de Clairvaux et lui rappelaient avec amertume qu'il avait promis aux pèlerins la victoire au nom du Seigneur : les enfants lui redemandaient leurs pères ; les femmes, leurs maris ; les frères, leurs frères ! Bernard prit ces reproches en patience, bien que son cœur fût brisé et que le glaive empoisonné du doute eût pénétré pour la première fois dans son âme. « S'il faut absolument, dit-il, qu'on murmure contre Dieu ou contre moi, j'aime mieux voir le murmure des hommes tomber sur moi que sur le Seigneur. Ce m'est un bonheur que Dieu se daigne servir de moi comme d'un bouclier pour se couvrir ! Je ne refuse pas d'être humilié, pourvu qu'on n'attaque pas sa gloire ». Bernard écrivit toutefois, pour sa justification, un livre où il imputait les revers des croisés à leurs péchés, qui avaient excité la colère céleste[1] : sa renommée se releva de cette vive atteinte ; mais il ne recouvra pas, durant le peu de temps qu'il survécut, son ascendant irrésistible et universel d'autrefois. L'espèce

---

1. *De Consideratione*, l. II, *ap. sancti Bernardi Opera*.

de prestige qui avait entouré la première jeunesse de Louis VII se dissipa pour toujours; la France ne vit plus dans le fils de Louis le Gros qu'un monarque sans talents, sans caractère et sans intelligence. Aussi, à l'arrivée du comte Robert de Dreux, frère du roi, beaucoup de gens du peuple accoururent sur le passage de ce prince en lui souhaitant une longue vie et le pouvoir suprême. Un complot, ayant pour but d'élever Robert au trône, fut tramé par le comte du Perche, la dame de Bourbon, le prêtre Cahors ou Cadurc, chancelier du roi, et plusieurs dignitaires ecclésiastiques; mais Suger fit face au péril, aidé de ses deux collègues et de saint Bernard. L'abbé de Clairvaux écrivit une lettre publique contre les téméraires qui attaquaient le Seigneur et son Christ dans la personne d'un roi croisé pour le Christ : le pape menaça d'excommunication les factieux; la plupart des seigneurs se montrèrent disposés à rester dans le devoir, et les conjurés, ne se sentant pas soutenus, n'osèrent éclater.

Le roi s'était enfin décidé à s'embarquer à Saint-Jean-d'Acre, dans les premiers jours de juillet 1149 : il relâcha en Calabre le 29 juillet, puis à Rome, où il passa quelques semaines. Durant le trajet, des bruits défavorables à l'abbé de Saint-Denis, répandus par les hommes dont Suger avait déjoué les complots, « avaient troublé un moment l'âme simple de Louis »; mais, à la première entrevue que ce prince eut avec le pape Eugène, le pontife triompha des préventions qu'on avait inspirées au roi contre un fidèle serviteur, et Louis partit de Rome plein d'affection et de reconnaissance pour Suger. Dans le courant d'octobre, le roi vint débarquer au port de Saint-Gilles, près de l'embouchure du Rhône, avec deux à trois cents chevaliers : il était sorti de Metz vingt-huit mois auparavant à la tête de plus de cent cinquante mille pèlerins! Louis put bien juger par ses propres yeux des heureux résultats dus à la prudence de Suger, qu'il décora du titre de « père de la patrie. »

L'abbé de Saint-Denis jouit peu des témoignages de cette reconnaissance. Depuis qu'il avait remis au roi les rênes de l'État, une seule pensée l'absorbait tout entier : ce n'était point par indifférence pour l'église d'Orient qu'il avait tâché de détourner le roi du voyage d'outre-mer; il prenait au contraire tant de part aux maux de la Terre-Sainte, qu'il voulut organiser et conduire en personne une nouvelle expédition, au moment où les plus ardents apôtres de la dernière croisade tombaient dans le découragement. « Chaque jour, dit son biographe, l'âme de Suger souffrait de voir qu'il ne restât nulle trace glorieuse du dernier voyage en Terre-Sainte : il craignait beaucoup que, par suite du mauvais succès de l'expédition, le nom chrétien ne perdît tout son lustre en Orient, et que les lieux saints ne fussent foulés aux pieds par les infidèles; il avait d'ailleurs reçu d'outre-mer des lettres du roi de Jérusalem et du patriarche d'Antioche, qui le pressaient avec larmes de leur porter assistance, parce que le prince Raimond venait d'être tué, et que la ville d'Antioche touchait au moment de tomber aux mains des païens, si elle n'était promptement secourue. » Le pape Eugène lui avait également écrit à ce sujet. L'abbé de Saint-Denis engagea les évêques du royaume à se réunir pour aviser aux moyens d'aider leurs frères; mais il les exhorta en vain à briguer pour eux-mêmes une gloire qui avait été refusée aux plus puissants monarques : l'abattement était général dans le clergé comme dans la noblesse. Suger persévéra néanmoins, et fit passer à Jérusalem de grandes sommes d'argent par les mains des chevaliers du Temple : sa bonne administration avait tellement accru les richesses de l'abbaye de Saint-Denis, qu'il préleva des sommes considérables sur les revenus du *moustier*, sans que personne élevât la voix pour s'en plaindre. La fièvre le prit au milieu de ses préparatifs, et il sentit bientôt qu'il allait être appelé dans une autre Jérusalem. « Il choisit parmi les plus nobles chevaliers du royaume un guerrier de courage et d'expérience, auquel il fit prêter sur la croix le serment de partir à sa place pour la Jérusalem de ce monde, et il le chargea de lever des soldats avec les trésors envoyés d'avance en Palestine. Après avoir réglé cette affaire, il attendit gaiement son dernier jour, ne tremblant pas à l'approche de sa fin, parce qu'avant la mort il avait épuisé la vie, et il passa au Seigneur vers l'octave de l'Épiphanie (13 janvier 1151), âgé de soixante-dix ans[1]. » Cet homme avait été la providence du faible Louis VII,

---

1. Guillelm. mon. Sancti Dionysii, *Vita Suger. abbat.*

qui ne fit plus qu'entasser faute sur faute après la perte de ce sage conseiller.

Le gouvernement des hommes d'Église a été rarement avantageux à l'État. L'abbé Suger est une des éclatantes exceptions que présente notre histoire. Artésien d'origine, issu d'une pauvre famille des environs de Saint-Omer, il avait été recueilli et élevé à l'abbaye de Saint-Denis, où son intelligence précoce le fit remarquer de l'abbé Adam. Le roi Philippe, vers 1095, ayant envoyé son fils Louis à Saint-Denis, afin qu'il y reçût quelque teinture des lettres, l'abbé Adam donna au prince pour compagnon d'études et pour émule le jeune Suger, qui avait alors quatorze ou quinze ans. Ce rapprochement fortuit produisit entre le fils du roi et le fils de l'artisan une affection qui dura autant que leur vie. Tandis que Louis était associé au trône par son père, Suger devenait le confident de l'abbé Adam et l'homme d'action de l'abbaye, et se montrait capable de manier vaillamment d'autres armes que les spirituelles dans les démêlés où le nouveau roi soutenait Saint-Denis contre les barons du voisinage. En 1121, comme Suger était en mission à Rome pour le compte du roi, l'abbé Adam mourut : les moines élurent Suger sans demander l'aveu de Louis le Gros. Louis aimait Suger, mais il aimait encore mieux les *droits* de sa couronne. Il fut très blessé de voir un tel acte d'indépendance émaner de la grande abbaye royale, et il fit enlever et jeter dans les prisons d'Orléans plusieurs des moines. L'orage s'apaisa toutefois, et Louis ratifia l'élection de Suger, qui n'avait eu, de sa personne, aucune part à l'offense. Leur vieille amitié ne se ressentit pas de cet incident. Suger n'usa de sa nouvelle position que pour servir plus efficacement la couronne, et devint le plus considérable, comme il était déjà le plus éclairé des conseillers de Louis le Gros. L'administration de Saint-Denis fut, sous lui, nous l'avons montré, toute dévouée aux intérêts de l'État; elle fut, d'abord, moins satisfaisante au point de vue monastique, et Suger maintint, s'il ne renforça, le caractère très mondain et très relâché de la grande abbaye. Les sévères réprimandes de saint Bernard le touchèrent enfin : il « se convertit; » mais, en devenant plus austère, il ne devint pas moins homme d'État, et ne sacrifia jamais les devoirs publics, tels qu'on pouvait alors les comprendre, à l'esprit du monachisme. La tradition a gardé à son nom une légitime popularité.

La mort de Suger fut suivie d'autres morts illustres ; les personnages les plus importants de la France, soit par leur rang, soit par leur mérite, furent enlevés dans l'espace de trois années. Geoffroi Plantagenêt, duc de Normandie, comte d'Anjou, du Maine et de Touraine, mourut à Château-du-Loir, le 7 septembre 1151, laissant ses vastes domaines à Henri, son fils aîné, à condition que Henri céderait le patrimoine de la maison d'Anjou (Anjou, Maine et Touraine) à son frère puîné Geoffroi, dans le cas où lui, Henri, viendrait à bout de reconquérir sur Étienne de Boulogne le royaume d'Angleterre. Louis VII, en 1150, avait consenti à donner d'avance l'investiture de la Normandie à Henri, moyennant la cession du Vexin normand, qui comprenait Gisors, les Andelis, Lihons, Gournai et tout le canton entre l'Epte et l'Andelle. La crainte qu'Étienne de Boulogne inspirait aux Angevins fut ainsi propice à la couronne, et la Normandie fut entamée pour la première fois.

Thibaud IV, dit le Grand, comte de Champagne, de Brie, de Chartres et de Blois, décéda ensuite, le 8 janvier 1152, après un règne de cinquante ans, durant lequel il s'était montré aussi doux et aussi humain que Geoffroi Plantagenêt avait été brutal et cruel. Les états de la maison de Chartres-Champagne furent partagés entre ses trois fils, suivant la coutume de cette maison, la moins féodale des grandes races françaises : Henri, l'aîné, qui s'était signalé par ses exploits à la croisade, eut les comtés de Champagne et de Brie ; les deux autres, Thibaud et Étienne, reçurent, le premier, les comtés de Chartres et de Blois, et le second, le comté de Sancerre (dans le Berri). Thibaud et Étienne tinrent leurs fiefs en *frérage* de leur aîné, c'est-à-dire qu'ils lui rendirent hommage, comme lui-même le rendait, tant pour sa terre que pour les leurs, au roi Louis VII, en sorte que le grand fief de leur père ne fut pas divisé à l'égard du roi. Une prérogative très curieuse était attachée au petit comté de Sancerre, échu récemment à la maison de Champagne : quelques terres du comté de Bourges relevant de cette seigneurie, les rois se trouvaient ainsi devoir l'hommage féodal aux comtes de Sancerre, depuis que

Philippe Ier avait acheté les domaines de Herpin de Bourges.

Le vieux Raoul, comte de Vermandois, suivit de près Thibaud-le-Grand : il avait été le plus fidèle compagnon d'armes de Louis VI et de Louis VII, comme Thibaud avait été leur plus constant adversaire; avec son fils Raoul II, qui, jeune encore, mourut de la lèpre en 1168, devait s'éteindre la seconde maison de Vermandois. Saint Bernard ferma cette liste funéraire, et mourut le 20 août 1153, à l'âge de soixante-trois ans : il termina sa carrière politique par une action honorable pour sa mémoire, en réconciliant la ville de Metz et les seigneurs voisins, qui se faisaient une guerre acharnée. L'archevêque de Trèves, métropolitain de Metz, était allé chercher saint Bernard à Clairvaux, et s'était jeté à ses pieds pour le conjurer de rendre la paix à sa province désolée.

Les désastres de la croisade n'avaient pas été la seule affliction des dernières années de saint Bernard : il avait vu la foi catholique subir des attaques multipliées et l'hérésie lever une tête menaçante. A quoi avait servi de faire condamner le grand Abélard, de comprimer et de surveiller d'un œil défiant les philosophes qui tentaient d'expliquer les dogmes, si ces dogmes étaient, non plus expliqués et commentés, mais attaqués dans leur essence? Le manichéisme, depuis le onzième siècle, reprenait un ardent esprit de prosélytisme : il s'agitait à la fois au sein des deux églises grecque et latine; son centre semblait être la Bulgarie et les pays slaves du Danube, où des populations entières professaient ouvertement ses dogmes, et ses ramifications s'étendaient de l'Asie-Mineure jusqu'à la Belgique et à l'Aquitaine. Tous les adversaires de l'Église, au douzième siècle, n'étaient certes pas des manichéens : il existait parmi eux beaucoup d'hommes qui se rattachaient à l'école philosophique d'Abélard et d'Arnaldo, ou à de vieilles traditions de simplicité évangélique, et qui se bornaient à souhaiter la liberté de la pensée et la réforme du catholicisme, ou à contester certaines croyances secondaires; mais ceux-là n'avaient ni l'ensemble ni l'organisation du manichéisme, qui était une véritable société secrète, une Église dans l'Église, avec son pape et ses évêques inconnus : c'était lui qui était la grande hérésie, le vrai péril. Partout où l'on entendait poser en principe la condamnation absolue de l'union sexuelle et de l'usage des nourritures animales, on pouvait être sûr que le manichéisme se cachait sous les apparences de l'austérité chrétienne. Saint Bernard en était si persuadé, que lui, l'homme du célibat ascétique, en revint presque, sur la fin de sa vie, à prêcher la sainteté du mariage par réaction contre les hérétiques. Le manichéisme s'était montré, dans les premières années du siècle, à Anvers, à Soissons et à Ivoi dans le Luxembourg; un certain Tankhelm s'était fait passer, à Anvers, pour une incarnation de la divinité, pour un Éon, comme disaient les anciens gnostiques, qui s'étaient fondus avec les manichéens[1], et avait traîné sur ses pas des milliers de fanatiques, jusqu'à ce qu'un prêtre l'eût assommé au passage d'une rivière. A Soissons, en 1114, deux prédicateurs manichéens furent brûlés vifs par la populace : d'autres eurent le même sort plus tard à Cologne[2]. Mais ce fut surtout dans le Midi que se propagèrent les doctrines hétérodoxes. Dès 1119, le concile de Toulouse, présidé par le pape Calixte II, avait anathématisé les sectateurs d'un certain Pierre de Bruis, qui condamnait le sacrement de l'Eucharistie, le baptême des enfants, les ordres sacrés et « les mariages légitimes », la croyance au purgatoire, les prières pour les morts, l'adoration de la croix, etc. Le concile avait enjoint aux puissances séculières de réprimer les hérétiques par la force. Pierre de Bruis n'en poursuivit pas moins ses prédications : chassé des provinces ecclésiastiques de Vienne, d'Arles et d'Embrun, il passa dans celles de Narbonne et d'Auch. Il rejetait l'Ancien Testament par des motifs qui tenaient à l'essence même du manichéisme, et attaquait le culte extérieur tout entier, églises, sacrements, chants et prières publiques ; il admettait seulement le baptême, signe de l'initiation à la lumière, mais ne le conférait qu'aux adultes,

---

1. Αἰών, *siècle, âge céleste*, nom que donnaient les gnostiques aux émanations divines qui composaient leur *pleroma*, leur monde divin. Ils croyaient que les Éons se manifestaient dans le monde visible pour racheter les âmes humaines et les affranchir de la matière.

2. « Nous approuvons ce zèle, écrit à ce sujet saint Bernard, mais nous ne conseillons pas cette action, parce qu'il faut persuader et non imposer la foi : des arguments et non des armes ». Malheureusement saint Bernard ne resta pas fidèle à cette modération, et appela lui-même le glaive contre l'erreur. *Sermon.* 65, 66.

comme dans la primitive Église. Dans beaucoup de lieux, le peuple, séduit par la faconde du novateur et par l'attrait de la nouveauté, renversa les autels, maltraita les prêtres, brûla les croix et se fit rebaptiser en foule. Des idées très opposées s'associaient dans ce mouvement anti-catholique : pendant que Pierre condamnait le mariage, une partie des séditieux voulaient contraindre les moines à prendre des femmes : il y en eut qui construisirent un bûcher avec des croix entassées, et y firent cuire de la viande, qu'ils mangèrent publiquement le vendredi saint. Cela n'était pas du manichéisme. Pierre de Bruis finit tragiquement : « les fidèles », ameutés à leur tour, s'emparèrent de lui et le brûlèrent vif auprès de Saint-Gilles-sur-le-Rhône, aux applaudissements unanimes du clergé. « Les fidèles, dit dans une de ses lettres l'abbé de Cluni, Pierre-le-Vénérable, ont vengé, à Saint-Gilles, la croix du Seigneur brûlée par ce Pierre, en le brûlant lui-même : ils l'ont envoyé d'un feu périssable aux flammes inextinguibles ». Si un homme tel que l'abbé de Cluni tenait ce langage, on peut juger de l'exaspération des autres.

Un des disciples de Pierre, nommé Henri, moine défroqué, ne fut point effrayé du supplice de son maître, et continua de propager, dans tous les domaines de la maison de Toulouse et dans la Gascogne, ces mêmes doctrines, dont les sectateurs prirent le nom de *henriciens*. Saint Bernard écrivit à ce sujet, au comte de Toulouse, une lettre pleine de colère et de douleur. « Eh quoi ! lui mandait-il, on ne voit chez vous que des églises sans troupeaux, que des troupeaux sans prêtres; les hommes meurent dans leurs péchés, sans pénitence et sans communion; on refuse aux petits enfants la grâce du baptême; on tourne en dérision l'invocation des saints, les excommunications lancées par les prêtres, les pèlerinages des fidèles, le repos prescrit pendant les jours de fêtes solennelles; on couvre de mépris toutes les institutions de l'Église! (*s. Bernard. ep.* 241). » Saint Bernard suivit de près sa lettre. En 1147, à la suite de son voyage d'Allemagne et du parlement d'Étampes, il se rendit en personne dans le Midi avec un légat du pape, et parcourut le Périgord, le Quercy, l'Albigeois, le Toulousain, suivant partout les traces de l'hérésiarque Henri pour détruire son ouvrage : les deux partis se combattaient à coups de miracles, car les novateurs avaient aussi leurs prodiges. Albi était le principal foyer de l'hérésie, d'où la qualification si fameuse d'*Albigeois* s'étendit à toute la secte. Le légat, qui précédait saint Bernard, fut reçu dans cette ville avec des huées : on mena un troupeau d'ânes à sa rencontre ; mais ce même peuple, qui insultait à l'autorité officielle de Rome, courba le genou quelques jours après devant l'abbé de Clairvaux. Henri, quoique protégé par beaucoup de gentilshommes qui applaudissaient à ses attaques contre le clergé, fut trahi, arrêté, chargé de chaînes et livré à l'évêque de Toulouse ; il ne subit pourtant pas le même sort que Pierre de Bruis : il fut condamné à une prison perpétuelle dans le concile de 1148 ; mais on ne put ensevelir avec lui ses doctrines au fond des cachots : elles se relevèrent des atteintes de saint Bernard. Tandis que l'abbé de Clairvaux poursuivait les manichéens dans le Midi, ils reparaissaient dans le Nord, auprès de Cologne ; un *évêque* des hérétiques y fut brûlé par le peuple. Les persécutions n'étaient pas moins vives dans l'empire d'Orient, où l'on qualifiait les manichéens de *bogomiles*. Un patriarche de Constantinople et plusieurs évêques étaient tombés dans l'hérésie.

En 1148, pendant l'absence de Louis VII, le pape Eugène III, alarmé de la situation religieuse de la Gaule, vint présider à Reims un concile aux actes duquel saint Bernard eut encore beaucoup de part. Le concile frappa d'anathème tous les sectaires désignés sous les noms divers de *henriciens*, de *patérins*[1], de *catharins*, et aussi d'*apostoliques*, parce qu'ils annonçaient l'intention de ramener l'Église à la simplicité des apôtres. Ces derniers se rapprochaient plus d'Arnaldo de Brescia que des manichéens ; ils prêchaient aux clercs la pauvreté évangélique, la défense de rien posséder en propre, ce que les manichéens interdisaient aussi à leurs *parfaits*, et ils voulaient, comme les manichéens, le baptême dans l'âge de raison ; mais leur doctrine particulière était, disait-on, celle-ci : que les papes et les évêques avaient perdu le pouvoir spirituel en s'immisçant dans les affaires temporelles ; que le mariage n'était permis qu'entre personnes vierges ; que les jeûnes,

---

1. *Patérins*, de *pati*, souffrir, à cause des persécutions qu'ils souffraient pour leur foi ; *catharins*, du grec καθαρός, pur.

les mortifications et l'intercession des saints étaient inutiles, et toutes les observances établies par d'autres que par Jésus-Christ et les apôtres, de vaines superstitions[1]. L'assemblée eut à juger un gentilhomme de Loudéac en Bretagne, nommé Éon de l'Étoile, qui, s'étant fait ermite dans la forêt de Brocéliande, s'imaginait y avoir reçu les inspirations du prophète Merlin, enchanté, disait-on, au fond de cette forêt[2], et s'était cru désigné par ces paroles de la formule que l'Église employait dans les exorcismes : *Eum qui judicaturus est vivos et mortuos,* parce que *eum* se prononçait *éon;* il s'imaginait donc avoir été envoyé sur la terre pour juger les vivants et les morts. Probablement sa folie n'était pas motivée seulement par cette grossière équivoque : il avait quelque connaissance des idées gnostiques, et croyait qu'un grand mystère était caché dans son nom ; il se prenait pour un *Éon,* ou incarnation divine. Ce rêveur fit de nombreux prosélytes, et se mit à courir les provinces, suivi d'une grande multitude. On l'arrêta et on le mena devant le concile : il fut estimé insensé plutôt qu'hérétique. On lui laissa la vie, en chargeant le régent Suger de le faire enfermer. Il mourut peu après en prison ; mais on traita ses principaux disciples plus cruellement que lui-même. Le concile livra « au bras séculier », c'est-à-dire à l'autorité laïque, ces malheureux, qu'Éon avait revêtus des titres d'anges, d'apôtres, de puissances célestes, etc., et qui ne voulaient pas absolument renoncer à de si belles prérogatives. Ils furent condamnés au feu, et se laissèrent tranquillement conduire vers le bûcher, car Éon les avait investis du pouvoir de commander aux éléments, et ils pensaient que les flammes allaient s'écarter d'eux dès qu'ils l'ordonneraient : ils ne recouvrèrent la raison qu'en sentant l'atteinte du feu qui les dévora. Le concile jugea un philosophe après ces fanatiques : Gilbert de la Poirée, évêque de Poitiers, dialecticien renommé, fut accusé de propositions hétérodoxes sur la Trinité et sur la nature divine. Il avait distingué la substance divine de la divinité, et attribué aux trois personnes de la Trinité un principe de distinc-

---

1. *v.* Fleuri, *Hist. ecclés.* t. XIV, p. 609. Nous reviendrons sur les dissidents chrétiens et non manichéens ; c'est une question assez importante.
2. La Bretagne armoricaine avait transporté dans sa forêt de Brocéliande ou Brécilien la légende que la Grande-Bretagne plaçait en Calédonie.

tion formelle, une différence de propriétés personnelles, qui sembla compromettre l'unité divine : il fut condamné, et se rétracta. Ce qui importe dans cette condamnation, c'est que les opinions de Gilbert procédaient des principes réalistes ; le réalisme fut frappé à son tour, pour la première fois, par des réalistes moins conséquents que l'évêque de Poitiers[1].

Le concile de Reims ne s'était pas occupé seulement des hérésies : il avait publié dix-sept canons touchant différentes matières, entre autres sur la réforme des mœurs ecclésiastiques. Mais ses décrets ne furent pas mieux observés par les clercs que n'avait été observé par les nobles le décret du précédent concile de Reims (en 1131), qui avait défendu les joutes et tournois, sous peine de privation de la sépulture ecclésiastique pour les chevaliers morts dans ces combats simulés. Les tournois devenaient parfois très meurtriers, et l'Église avait pris en aversion ces jeux sanglants[2].

On ne réussit pas davantage à extirper l'hérésie, et saint Bernard emporta, en mourant, le regret de n'avoir pas consommé cette grande unité catholique, à laquelle il avait consacré sa vie. Quatorze ans après la mort de l'abbé de Clairvaux, en 1167, le pape des manichéens vint tenir un concile au château de Saint-Félix de Caraman près Toulouse : ce pape était un Grec de Constantinople, appelé Nicétas ; autour de lui se réunirent les évêques et les principaux membres des églises de *France,* de Toulouse, d'Albi, de Carcassonne, d'Arran (dans les Pyrénées), etc. Il leur enseigna les coutumes des *primitives églises* (celle de *Roum* ou de l'Asie-Mineure, de Macédoine, de Bulgarie, de Dalmatie), et « donna la consolation à une grande multitude d'hommes et de

---

1. Hauréau, *De la Philosophie scolastique*, t. I, p. 314. Quelques années après, un docteur fort accrédité, Pierre, dit le *Lombard*, qui fut évêque de Paris de 1159 à 1160, essaya de clore la lice des débats théologiques en rassemblant dans un seul corps d'ouvrage les principaux passages des Pères sur le dogme. Le *Livre des Sentences*, ainsi qu'on nomme l'œuvre du *Lombard*, fut adopté universellement dans les écoles ; mais le maître *des Sentences* n'avait réussi qu'à restreindre le champ de bataille. Les scolastiques disputèrent sur le livre du *Lombard* au lieu de disputer sur les textes originaux. Pierre le *Lombard* faillit lui-même être condamné après sa mort comme voisin des opinions d'Abélard sur la personne du Christ.

2. Le concile de Latran, en 1139, condamna l'usage de l'arbalète, comme d'une arme trop meurtrière pour être employée dans les guerres entre chrétiens. L'Église conservait, en ce qui ne concernait ni les musulmans ni les hérétiques, l'esprit qui avait dicté la Trêve de Dieu.

femmes rassemblés de l'église de Toulouse et des églises voisines[1] ». L'hérésie se répandait progressivement en Lombardie, en Allemagne, en Espagne, en Angleterre, et les sectaires ne mettaient pas de bornes à leurs espérances.

L'État périclita encore plus après la mort de Suger que l'Église après la mort de saint Bernard : il restait à l'Église des chefs prudents et habiles; mais le royaume était abandonné à l'incurable incapacité de Louis VII. En 1152, les mesquines tracasseries d'un ménage royal avaient eu des conséquences qui faillirent détruire l'œuvre de toute la vie de Louis le Gros, ébranlèrent la monarchie féodale sur ses bases encore mal affermies, et arrachèrent à la naissante unité française sa plus belle conquête.

Louis VII et la reine Éléonore avaient continué de vivre fort mal ensemble depuis deux ans et plus qu'ils étaient revenus de Palestine. La jalousie de l'un, la légèreté dédaigneuse de l'autre, n'avaient fait que s'accroître : Éléonore disait hautement qu'« on l'avait mariée à un moine plutôt qu'à un roi[2], et que, d'ailleurs, Louis était son parent à un degré prohibé »; c'était elle qui semblait désirer une séparation à laquelle Louis hésitait à consentir. Enfin, pendant un voyage que les deux époux firent en Aquitaine durant l'hiver de 1151 à 1152, un éclat décisif eut lieu entre eux : Louis rappela ses sénéchaux et ses hommes d'armes français des villes d'Aquitaine, se rendit à un concile national assemblé à Beaugenci-sur-Loire, et lui demanda l'autorisation du divorce, en déclarant franchement qu' « il ne se fiait point à sa femme et ne serait jamais assuré de la lignée qui viendrait d'elle. » Éléonore avait devancé cette demande en envoyant au concile une dénonciation par laquelle plusieurs de ses parents affirmaient que son mariage avec le roi Louis était nul « pour cause de parenté; » elle vint soutenir elle-même sa cause. Le concile, passant sous silence l'étrange requête de Louis, accueillit celle d'Éléonore, et prononça la nullité du mariage, le 18 mars 1152. Cette parenté « prohibée et incestueuse » consistait en ce que Hugues-Capet, bisaïeul du

---

1. *Hist. des Gaules et de la France*, t. XIV, p. 448-450. — L'abbé Fleuri n'a pas connu ce fait important. Sur les hérésies du douzième siècle, *v.* Fleuri, *Hist. ecclés.* t. XIV et XV, *passim.*

2. Guill. Neubrig. l. I, dans les *Histor. des Gaules*, etc. t. XIII, p. 102.

grand-père de Louis VII, avait épousé une sœur de Guilhem *Ferabras*, trisaïeul d'Éléonore. Cela faisait six générations : les canons n'admettaient de mariages légitimes qu'après la septième. Les plus chers intérêts de la France furent ainsi sacrifiés aux absurdités du droit ecclésiastique : avec Éléonore, tous les états de Guilhem X sortaient de la maison royale, à laquelle il n'allait plus rester outre Loire que le comté de Bourges. Éléonore n'avait pas donné d'enfant mâle au roi. Suger eût gémi de cette décision : saint Bernard l'avait provoquée.

La reine de France, redevenue duchesse d'Aquitaine[1], était trop riche et trop puissante pour manquer de prétendants, malgré le scandale de son divorce : elle n'eut à se plaindre que de l'excès de leur empressement et des moyens fort peu chevaleresques que deux de ces rivaux employèrent pour succéder au mari qui la répudiait. En partant de Beaugenci pour retourner en Poitou, elle fut obligée de passer par le Blaisois, domaine de Thibaud, comte de Blois et de Chartres. Thibaud rechercha sur-le-champ la main de la duchesse ; sur le refus d'Éléonore, il résolut de l'enfermer au château de Blois, et « de l'épouser de force ». Éléonore se sauva, et gagna de nuit les frontières de la Touraine ; mais, là, un autre péril de même nature l'attendait encore. Un jeune homme de dix-huit ans, Geoffroi d'Anjou, second fils de Geoffroi Plantagenêt, s'était embusqué au port de Piles, sur la Loire, pour enlever la belle proie qu'il convoitait aussi ardemment que Thibaud. « Éléonore, dit la chronique de Tours, avertie par ses anges gardiens, se détourna, évita Geoffroi, et regagna heureusement le Poitou ». Elle fut suivie de près dans sa ville de Poitiers par le jeune souverain de la Normandie et de l'Anjou, Henri Plantagenêt, frère aîné du félon Geoffroi. Henri, beau, brillant et courtois, fut plus

---

1. Ce fut sous le règne d'Éléonore, comme duchesse d'Aquitaine, à une époque indéterminée, que furent rédigés les célèbres *Jugements d'Oléron*, le premier des codes de navigation moderne, imité un peu plus tard par les ordonnances suédoises de Wisby et par les règlements des villes hanséatiques d'Allemagne. L'honneur de cette initiative appartient aux marins de nos îles de l'Aunis. On remarque, dans les *Jugements d'Oléron*, d'énergiques mesures contre le prétendu droit de *bris et naufrage* et pour le châtiment des *naufrageurs*. Le naufrageur, fût-il un seigneur, doit être brûlé avec sa maison. Les *Jugements d'Oléron* ont été publiés par Clérac au dix-septième siècle.

heureux que ses rivaux auprès de la duchesse, qui attendait probablement sa visite : on prétend qu'ils étaient d'accord à l'avance, et que ce jeune homme, plein d'esprit, d'adresse et d'ambition, avait dirigé en secret toute la conduite d'Éléonore dans l'affaire du divorce. Henri avait dix-neuf ans; Éléonore, trente-deux à trente-trois.

Quoi qu'il en soit, les fêtes de la Pentecôte virent accomplir ce mariage, qui mettait entre les mains du chef de la maison d'Anjou toute la Gaule occidentale, de l'embouchure de la Somme à celle de l'Adour, sauf la presqu'île bretonne, qui assurait à ce prince une prépondérance accablante, et faisait descendre la royauté du faîte où Louis le Gros l'avait élevée à force de courage, de persévérance et de bonheur. Louis VII, apercevant trop tard les fatales conséquences de son divorce, s'était en vain efforcé d'arrêter le jeune Henri en lui défendant, comme suzerain, de contracter cette union. Henri méprisa la défense du roi, et les Aquitains, qui ne reconnaissaient d'autres ordres que ceux de leur duchesse, reçurent sans difficulté les baillis et les gens d'armes normands et angevins au lieu et place des sénéchaux et chevaliers français. Le nouveau mari d'Éléonore se disposait déjà à profiter de l'accroissement de sa puissance pour aller arracher la couronne d'Angleterre au roi Étienne, l'ancien antagoniste de son père, lorsqu'il fut prévenu par ses ennemis. Les rois Louis et Étienne, Henri, comte de Champagne, et ses frères de Chartres et de Sancerre, Robert de France, comte de Dreux et du Perche[1], et le propre frère du duc Henri, Geoffroi d'Anjou, qui ne pardonnait pas à son aîné d'avoir été préféré par Éléonore, s'étaient ligués contre l'objet de leur commune jalousie. Une juste crainte de la grandeur des Plantagenêts poussait la maison de Champagne à changer de parti. Quelques semaines après le mariage du duc Henri, Louis VII et ses alliés assaillirent la Normandie; mais leur agression eut peu d'ensemble et de vigueur : Henri, raccouru dans son duché, arrêta le roi de France au passage de l'Andelle, reprit l'offensive, obligea son frère Geoffroi d'abandonner la coalition, amena le faible et mobile Louis à accepter une trêve, et passa en

---

1. Il avait eu le Perche par mariage.

Angleterre au milieu de l'hiver de 1152 à 1153, afin de détrôner Étienne. Henri ne quitta plus l'Angleterre avant d'être arrivé à ses fins. En vain le comte Thierri de Flandre s'associa-t-il au roi Louis pour attaquer derechef la Normandie l'été suivant : Henri laissa ses barons défendre le duché avec succès, et continua de combattre et de négocier tour à tour avec Étienne au-delà de la Manche. Les barons anglo-normands, peu désireux de s'entr'égorger et de se ruiner au profit des deux compétiteurs, finirent par contraindre Henri et Étienne à une transaction beaucoup plus avantageuse au jeune duc qu'au vieux roi. On convint qu'Étienne garderait la couronne jusqu'à sa mort; mais qu'après lui, elle passerait à son concurrent, sans tenir compte des droits du fils d'Étienne, qui redeviendrait simple comte de Boulogne (novembre 1153). Louis VII, cédant à la fortune du duc des Normands, se résigna enfin à recevoir son hommage par ambassadeurs pour le duché d'Aquitaine, et à conclure la paix avec lui au mois d'août 1154. Le roi Étienne mourut le 24 septembre, et l'heureux Henri, qui n'avait pas vingt-deux ans, réunit le royaume d'Angleterre à ses magnifiques domaines de la Gaule. Ainsi furent réalisées, un peu tardivement, les vues qui avaient porté Henri Ier à marier sa fille au comte d'Anjou. Son petit-fils était le plus puissant souverain de l'Europe.

Pendant ce temps, Louis, âgé d'environ trente-cinq ans, remplaçait Éléonore par une seconde femme qui ne lui apporta pas en dot une seule terre pour réparer l'immense amoindrissement du domaine royal. Le roi avait demandé la main de Constance, fille d'Alphonse VII, roi de Castille et de Léon, qui s'était décoré du titre d'empereur des Espagnes, et qui prétendait s'attribuer la suprématie sur les autres princes chrétiens de la péninsule ibérique. Louis VII épousa Constance à Orléans, et, peu de mois après, alla faire un pèlerinage à Saint-Jacques-de Compostelle, dans les états de son beau-père, afin, dit-on, d'éclaircir par lui-même en Espagne certaines rumeurs qui avaient mis en doute la légitimité de la naissance de la reine. Ces bruits inquiétaient davantage le petit esprit du monarque que les plus sérieux intérêts politiques. En revenant de Galice, le roi Louis maria sa sœur, nommée aussi Constance, à Raymond V, comte de Toulouse, fils et successeur d'Alphonse-Jourdain : cette alliance, du moins, était dans l'intérêt du royaume[1].

Louis avait eu la meilleure et la plus légitime occasion d'amoindrir l'effrayante puissance de Henri II. Geoffroi Plantagenêt avait ordonné, par testament, avec l'approbation et la garantie de tous ses barons, que son fils aîné cédât au cadet les domaines de la maison d'Anjou, dans le cas où il recueillerait en totalité l'héritage anglo-normand. Henri avait juré sur le cercueil de son père d'exécuter ce testament ; et, maintenant qu'il était duc de Normandie et roi d'Angleterre, il n'en retenait pas moins les seigneuries angevines, et il avait demandé au pape d'être délié de son serment. L'Anglo-Saxon Nicolas Breakspeare, qui venait d'être élu pape sous le nom d'Adrien IV, n'eut pas honte d'autoriser le roi Henri au parjure[2]. Louis VII, en sa qualité de suzerain de l'Anjou, avait droit d'intervenir en faveur du prince injustement dépossédé : l'équité, non moins que le bon sens, lui prescrivait d'embrasser la cause de Geoffroi ; mais l'adroit Henri vint le trouver avec de grandes marques de déférence et d'amitié, offrant de lui rendre hommage en personne pour tous les fiefs qu'il possédait en Gaule, tant de son chef que de celui d'Éléonore. Louis avait la petite vanité qui remplace l'ambition chez les âmes faibles : il fut flatté de voir un si grand prince s'agenouiller devant lui, mettre les mains dans les siennes, et jurer d'être son homme lige : il abandonna, pour une vaine cérémonie, les intérêts de son royaume et les droits du vassal à qui il devait justice (février 1156).

Geoffroi n'en reprit pas moins les armes ; mais il fut promptement accablé et forcé de livrer à son frère les forteresses de Chinon, de Loudun et de Mirebeau, que lui avait laissées son père : il lui fallut se contenter d'une pension pour vivre (juillet 1156). Tout réussissait à Henri : le baronage anglo-normand, habitué à une indépendance anarchique durant vingt années de troubles, courba la tête sous la main royale, comme au temps de Guillaume-le-

---

1. *Gesta Lud. VII.* — *Chron. de Saint-Denis.* — *Chronic. Turon.* — Robert. de Monte. — *Chronic. Normanniæ,* ap. scriptor. rer. normann. p. 688. — Henric. Huntingdon. — Gervas. Dorobern. — Radulph. de Diceto.

2. Guillelm. Neubrig. l. II. Breakspeare est le seul Anglais qui ait été pape.

Conquérant ou de Henri Ier. Cent quarante châteaux forts, refuges des résistances féodales, furent rasés en Angleterre, et les seigneurs turbulents de la Gascogne et des Pyrénées cessèrent leurs guerres intestines, et se soumirent à l'arbitrage de l'époux d'Eléonore. La domination de Henri allait s'étendre encore : il avait trouvé moyen, non-seulement de mettre son frère hors d'état de lui nuire, mais de s'en faire un instrument utile, en détournant l'ambition de Geoffroi vers un but qu'il l'aida à atteindre.

L'antipathie réciproque des Bretons de race pure et de la population franco-normande répandue dans la Haute-Bretagne avait souvent troublé la presqu'île armoricaine ; la rivalité des deux villes de Nantes et de Rennes, devenues riches, populeuses, commerçantes, n'était pas une moindre cause de discorde. La Bretagne, depuis bien des années, tiraillée entre les tierns de Cornouailles, de Penthièvre, de Léonnais, de Porhoël, et les comtes de Rennes et de Nantes, n'avait presque jamais été réunie de fait sous un seul prince, et la suzeraineté du seigneur de Rennes et de Nantes, qui portait le titre de duc, n'était guère que nominale. Le duc Conan III, successeur d'Allan Fergant, étant mort en 1148, après avoir renié comme illégitime son fils Hoël, les Nantais reconnurent cependant ce Hoël pour duc de Bretagne, tandis que les gens de Rennes déféraient le duché au jeune Conan IV, fils de la femme d'Eudes et du comte de Richemont, son premier mari. Presque toute la Bretagne accepta le duc choisi par les Rennois ; mais les Nantais s'obstinèrent : ne pouvant maintenir leur prétendant, jeune homme sans talent et sans courage, ils appelèrent à sa place Geoffroi d'Anjou, et lui déférèrent le duché de Bretagne (1157). Cette détermination devait être bien funeste à l'indépendance bretonne. Geoffroi, encouragé par son frère, avait accepté avec transport : il ne jouit guère plus d'un an de sa nouvelle dignité. Il mourut le 26 juillet 1158, et le duc Conan IV, dit le Petit, entra dans Nantes sans résistance, et obtint enfin le serment de fidélité des Nantais; mais le roi Henri II réclama le comté de Nantes comme lui étant échu par succession de son frère. Il prétendit être juge dans sa propre cause et l'évoqua à sa cour de justice en qualité de suzerain de la Bretagne. Cette suzeraineté avait presque toujours été contestée ; mais Henri prévint le recours que Conan eût pu tenter auprès du roi Louis, en reprenant les fonctions de grand-sénéchal de la couronne de France, attachées à la tenure du comté d'Anjou. Cette charge n'avait été jadis redemandée à Louis le Gros par le comte Foulques V, aïeul de Henri, que comme un titre honorifique, et les fonctions en étaient exercées par un sous-sénéchal qui tenait son office en fief du comte d'Anjou. Henri, en confondant ainsi dans sa personne ses propres droits et ceux du roi de France, dont il se faisait le représentant, fermait toutes les voies au prince breton. Peut-être n'avait-il point en ce moment d'autre but immédiat ; cependant la réunion des attributions de la grande-sénéchaussée aux forces dont Henri disposait par lui-même pouvait annoncer un plan plus vaste et plus effrayant pour la maison de France. Le grand-sénéchal n'était pas seulement l'intendant des domaines et le président des plaids royaux[1] ; il possédait ce suprême commandement militaire qui fut plus tard attribué au connétable. Henri semblait préparer à Louis VII le sort que les maires du palais avaient fait subir aux derniers descendants de Chlodowig.

Louis ne soupçonna point le péril : Henri, avant de faire aucune démonstration contre la Bretagne, se hâta d'aller visiter par deux fois le roi de France, et employa de nouveau envers *son seigneur*, comme il appelait Louis, les respects affectés et les caresses hypocrites qui lui avaient si bien réussi précédemment (novembre 1158). Louis se laissa encore séduire, se montra tout fier d'avoir un grand roi pour sénéchal, et fiança sa fille Marguerite, âgée de six mois, avec Henri Plantagenêt, fils du roi Henri et d'Éléonore, âgé de trois ans : il remit même la petite princesse à la garde de son futur beau-père, et lui promit le Vexin normand pour dot, puis rendit à Henri sa visite, par un pèlerinage au mont Saint-Michel. Conan de Bretagne, n'espérant plus rien de Louis VII, et trop faible pour lutter contre Henri II, qui pouvait, comme grand-sénéchal de France, réunir à ses propres troupes celles du roi Louis, céda le comté de Nantes, afin que le roi d'Angleterre ne lui contestât pas le reste du duché. Henri occupa donc

---

1. C'est-à-dire de la justice ordinaire du roi. Le roi présidait en personne la cour des pairs du royaume et la cour des pairs du duché de France.

toute la contrée entre la Loire et la Vilaine, et fut reconnu suzerain du reste de la Bretagne par Conan. Chaque jour augmentait ses forces : le comte de Flandre, en repartant pour la Terre-Sainte, venait de lui conférer la tutelle de son fils Philippe et le gouvernement de la Flandre ; et Henri s'était réconcilié avec les princes de la maison de Chartres-Champagne [1].

A peine en possession de Nantes, le roi Henri projeta une plus éclatante conquête. Par son mariage avec Éléonore, il avait hérité des prétentions de la maison de Poitiers sur le comté de Toulouse ; il s'allia avec Raimond-Bérenger IV, roi-régent d'Aragon, comte de Catalogne ou de Barcelonne, qui disposait du comté de Provence, domaine de son neveu, et de la moitié de la Septimanie [2]. Raimond-Bérenger vint conférer avec le roi Henri, au château de Blaie, sur la Gironde, et, là, ils combinèrent leur plan d'attaque contre le comte de Toulouse Raimond V. Aussitôt après cette entrevue, pendant le carême de 1159, Henri II convoqua ses barons en parlement général à Poitiers, leur communiqua ses projets, et leur offrit de les exempter du service militaire, moyennant le paiement de soixante sous angevins par fief de haubert. Une partie des barons acceptèrent, préférant leur repos à leurs intérêts politiques, et ne comprenant pas quel coup l'habile monarque voulait porter à la puissance féodale. Cette contribution fut appelée *escuage* (*scutagium*, de *scutum*, écu, bouclier), et Henri en employa le produit à lever des corps nombreux de Brabançons ou *soldoyers* mercenaires, suivant l'exemple que lui avait donné le roi Étienne [3].

---

1. *Chronic. sancti Albin. Andegav.* dans les *Histor. des Gaules*, t. XII, p. 482. — Roger. Hoveden. — Robert. de Monte. — Guillelm. Neubrig. l. II. — *Chronic. Ricard. Pictav.* dans les *Histor. des Gaules*, t. XII, p. 417. — D. Morrice, *Hist. de Bretagne*, l. III.

2. La vicomtesse de Narbonne, le seigneur de Montpellier et Raimond Trencavel, vicomte de Béziers, d'Agde, d'Albi, de Carcassonne et de Razez, s'étaient réunis, sous la bannière de Raimond-Bérenger, contre le comte de Toulouse.

3. Le nom d'*écu*, appliqué à certaines monnaies, provient de ce qu'un écu aux armes du souverain était gravé sur ces pièces. — *Soldat*, *soudoyer*, hommes d'armes *soldé*, par opposition à l'homme d'armes féodal, obligé de servir à ses frais pendant un temps limité. Henri II, beaucoup plus tard (vers 1180), prit une mesure très différente, mais qui n'était pas plus féodale : ce fut l'injonction à tout laïque libre de se pourvoir de lance, *haubergeon* ou *gamboison* (sorte de cotte d'armes), et *chapel de fer*. Rog. Hoved.

L'expédition préparée contre Toulouse était formidable : Henri avait appelé à son aide le ban et l'arrière-ban de ses vassaux et de ses alliés, jusqu'à Malcolm, roi d'Écosse. Henri ne négligea rien pour endormir de nouveau le roi de France : il comptait bien amener Louis à abandonner Raimond, comme Geoffroi et comme Conan. Sa cause était moins mauvaise cette fois, puisqu'il ne faisait que revendiquer des droits réclamés autrefois par Louis luimême en semblable occurrence, mais le vase était comble et déborda enfin. Louis secoua sa torpeur : invoqué par le jeune Raimond V et par « le chapitre ou conseil commun de la ville et des faubourgs » de Toulouse, qui était entré directement en négociation avec lui, il prit les armes, partit du Berri avec l'élite de ses chevaliers, traversa rapidement la Marche, le Limousin, le Querci, et se jeta dans les murs de Toulouse au moment où Henri allait y mettre le siége (juillet 1159). Ce coup de vigueur, auquel on ne s'était guère attendu de la part de Louis, déconcerta en partie les projets de Henri II : il hésita d'attaquer cette vaste cité bien défendue par ses fortes murailles, par sa nombreuse et vaillante bourgeoisie, par la fleur des hommes d'armes français, et par le prestige du nom royal : il envoya dire au roi Louis que, par respect pour sa personne, il n'assiégerait point la ville où se trouvait son souverain. Mais le respect féodal n'empêcha point Henri de ravager dans tous les sens le Toulousain et le Querci : trop supérieur en forces pour que Louis pût se hasarder en rase campagne contre lui, il s'empara successivement de beaucoup de places, entre autres de Cahors; puis, les ayant munies de garnisons, il laissa à Cahors son chancelier, Thomas Becket, pour continuer la guerre de concert avec Raimond-Bérenger et les seigneurs septimaniens ennemis du comte de Toulouse.

Henri revint ensuite en Normandie, où sa présence était nécessaire (octobre 1159). Thibaud, comte de Chartres et de Blois, gagné par Henri II, ayant attaqué les domaines de la couronne, avait été vivement repoussé par deux des frères de Louis VII, Robert, comte de Dreux et du Perche, et Henri, évêque de Beauvais; ces deux princes avaient pénétré à leur tour en Normandie pour y porter le fer et le feu. Le roi Henri reprit l'offensive, entra dans le Beauvaisis, et détermina Simon de Montfort, vassal des deux rois belligérants comme comte de Montfort-l'Amauri en France et d'Évreux en Normandie, à recevoir les troupes anglo-normandes dans tous ses châteaux de l'Ile-de-France, Montfort, Rochefort, Épernon, etc. Les communications entre Paris, Étampes et Orléans furent interrompues, et le domaine royal fut livré à la dévastation comme dans les premiers temps de Louis le Gros; mais là se bornèrent les succès de Henri II : il n'assaillit pas les villes importantes de l'Ile-de-France et de l'Orléanais, où s'étaient enfermés les principaux seigneurs français et le roi lui-même, revenu du Midi. Cette campagne n'avait pas complétement répondu aux espérances ni aux vastes préparatifs du roi d'Angleterre; bien qu'il eût maintenu sa supériorité, il s'était vu pour la première fois arrêté dans ses desseins, et ne pouvait renouveler immédiatement les énormes dépenses de son expédition : il se résigna donc à signer, au mois de décembre 1159, une trêve vivement sollicitée par tout le clergé des deux états, et qui fut convertie en un traité de paix, au mois de mai 1160. Le comte de Toulouse avait été compris dans la trêve, mais rien ne fut décidé entre son droit de possession et les prétentions de Henri II[1].

Dans l'année qui suivit la pacification entre Louis VII et Henri II, la guerre civile qui désolait depuis tant d'années le comté de Provence se termina par le triomphe complet de la maison de Barcelonne sur les seigneurs des Baux : le grand Raimond-Bérenger et le comte de Provence, son neveu, détruisirent le château des Baux et trente autres tours ou châteaux appartenant à la famille des Baux et à ses alliés. La domination directe ou indirecte de Raimond-Bérenger s'étendait alors, en Espagne, sur tout l'Aragon et la Catalogne; en France, depuis le pays basque jusqu'aux frontières du Piémont et de la république de Gênes, sur toute la ligne des Pyrénées et des côtes septimaniennes et provençales : la plupart des seigneurs des Pyrénées, une partie de ceux de la Gascogne, se reconnaissaient pour ses hommes-liges; il comptait parmi ses vassaux les comtes de Béarn, de Foix, de Bigorre, d'Armagnac, de Comminges, les seigneurs d'Albret, qui, dominant dans

---

1. Robert. de Monte. — D. Vaissette. *Hist. de Languedoc*, l. XVIII. — Guillelm. Neubrig. — Rad. de Diceto.

les Landes et le pays de Marsan, relevaient en même temps de l'Aquitaine, et les barons les plus considérables de la Septimanie maritime, le vicomte de Béziers, la vicomtesse de Narbonne, le seigneur de Montpellier, etc. A mesure que la maison de Toulouse s'était épuisée par la fièvre des croisades, la maison de Barcelonne s'était accrue à ses dépens : l'analogie de mœurs et de langage, au moins dans la société chevaleresque et dans les cités commerçantes, avait beaucoup facilité les progrès des princes catalans. Depuis les premiers Carolingiens, les populations de la Marche d'Espagne n'avaient jamais été considérées comme étrangères par les Gaulois méridionaux ; les comtes de Barcelonne ne voulaient pas être les compatriotes des Castillans ou des gens de Léon, mais s'étaient toujours dits jusque-là membres de l'empire des Francs, du royaume de France ; et Raimond-Bérenger lui-même, malgré sa complète indépendance de fait, s'avouait *l'homme* du roi de France en qualité de comte de Catalogne, tandis qu'il refusait l'hommage au roi de Castille, soi-disant empereur des Espagnes.

Le grand Raimond-Bérenger mourut le 6 août 1162. Alphonse II, son fils, hérita de ses états d'Espagne et de son influence sur la Gaule méridionale, et Raimond-Bérenger le Jeune, comte de Provence, ayant été tué, l'an 1166, en assiégeant Nice sur le comte de Forcalquier, son vassal révolté, le roi d'Aragon Alphonse II réunit entre ses mains tous les domaines de la maison de Barcelonne. Le comte de Provence avait laissé une fille en bas âge, promise au fils du comte de Toulouse ; mais les villes maritimes, que leurs intérêts attachaient à la Catalogne, ne voulurent pas s'en séparer et elles entraînèrent le reste du comté. La Provence se donna à Alphonse II (1169). Ce prince rompit le dernier lien qui unissait nominativement la Catalogne à la monarchie française, en supprimant le nom de roi de France dans les actes publics de ce comté [1].

1. *Hist. de Languedoc*, l. XIX. — Bouche, *Hist. de Provence*, l. II. — Tandis que la paix se rétablissait, jusqu'à un certain point, dans le comté de Provence, les seigneuries septimaniennes étaient en proie à des troubles continuels ; dans ce pays de mœurs légères et violentes à la fois, le progrès de la civilisation chevaleresque et les raffinements de l'esprit n'étouffaient pas les passions sanguinaires. Le vicomte Raimond-Trencavel ayant été égorgé, dans l'église de la Madeleine à Béziers, par des bourgeois auxquels il avait dénié justice (11 octobre 1167), son fils Roger vin-

L'ancien royaume de Bourgogne, au contraire, resserrait ses nœuds avec l'Empire. Après la mort de Conrad (11 mars 1152), son neveu, Frédéric de Hohenstauffen, duc de Souabe, si connu sous le nom de Frédéric Barberousse, avait été élu empereur dans une diète générale tenue à Francfort par les principaux barons de Germanie, de Lorraine et même d'Italie. Ce prince, doué d'un caractère énergique et de talents remarquables, étendit bientôt le bras partout où la couronne impériale avait quelques droits ou quelques prétentions à faire valoir. Son premier voyage d'Italie fut fatal aux républicains de Rome. Depuis plus de dix ans, Arnaldo et son parti soutenaient la lutte contre l'autorité temporelle des papes et du clergé : après maintes vicissitudes, les Romains, pliant devant un interdit lancé par Adrien IV, expulsèrent Arnaldo et ses amis. Arnaldo, tombé entre les mains des gens de l'empereur, fut livré au pape par ordre de Frédéric, et brûlé vif à Rome ; on jeta ses cendres dans le Tibre, de peur que le peuple n'honorât ses reliques comme celles d'un saint et d'un martyr (1155). Les Romains, en effet, se repentant déjà d'avoir abandonné Arnaldo, envoyèrent une députation à Frédéric pour le sommer de les délivrer du « joug injuste des clercs, » et de rétablir le sénat et l'ordre des chevaliers. Frédéric rejeta dédaigneusement leurs demandes ; ils lui livrèrent bataille dans Rome même, le jour de son couronnement, et la perdirent. Les Lombards devaient venger les Romains. Frédéric, à son retour d'Italie, épousa, à Würtzbourg, Béatrix de Bourgogne, fille et héritière du comte Renaud, et réunit ainsi la Franche-Comté à son domaine patrimonial (1156). Au mois d'octobre 1157, il tint à Besançon une diète du royaume de Bourgogne, ce qui n'avait pas eu lieu de temps immémorial : à cette assemblée assistèrent les archevêques de Lyon et de Vienne, les évêques de Valence et d'Avignon, Guigues VII, dit

---

assiéger Béziers avec ses chevaliers et un corps de troupes aragonaises : il ne put prendre la ville de vive force ; il reçut les bourgeois à composition, jura de ne rechercher personne pour le passé, et obtint ainsi l'ouverture des portes : il introduisit alors ses Aragonais par petites troupes dans Béziers, et, au moment où les citoyens étaient dans la plus profonde sécurité, il lâcha sur eux ses féroces mercenaires. Tous les bourgeois qu'on put prendre furent massacrés ou pendus ; on n'épargna que les juifs, et les femmes furent réparties entre les soldats pour repeupler la cité. *Hist. de Languedoc*, l. XIX.

le Dauphin, comte d'Albon ou de Viennois, et Humbert III, comte de Savoie[1]. Cependant ce ne fut que plus de vingt ans après, en 1178, que Frédéric se fit couronner roi de Provence à Arles et roi de Bourgogne à Vienne : le comte de Toulouse, marquis de Provence, et le roi d'Aragon, comte de Provence, accueillirent alors l'empereur avec de grands honneurs, et ne lui dénièrent pas leur hommage ; mais Frédéric dut se contenter d'une suzeraineté nominale sur les deux Provences. Les événements d'Italie l'avaient empêché de réaliser ses projets sur la France impériale, et sa longue guerre contre les villes libres de Lombardie avait absorbé toutes ses pensées et toutes ses forces. Pendant que les souvenirs de l'antiquité républicaine réveillaient les cités d'Italie, Frédéric voulait ressusciter la Rome impériale : l'ombre de la République et celle de l'Empire étaient évoquées simultanément au sein du monde féodal, et l'on opposait l'antiquité à l'antiquité[2]. Frédéric, appuyé sur la nouvelle école de jurisconsultes qui ressuscitait, à Bologne, les traditions du droit romain et de la monarchie impériale[3], tenta d'étouffer en même temps l'autorité temporelle

---

1. Dans cette diète, Frédéric investit l'archevêque de Lyon de tous les droits régaliens sur la partie de sa ville épiscopale située à l'est de la Saône : la vieille cité à l'ouest de cette rivière relevait du royaume de France.

2. Cette opposition ne fut pas suffisamment radicale. Le parti de la liberté n'alla pas jusqu'à « nier César », ni à prétendre rejeter toute vassalité. L'idéal de l'Empire ne cessa de planer sur ces républiques imparfaites, et l'empereur et le pape restèrent les deux grands obstacles qui devaient empêcher la nationalité italienne de se constituer. *V.* le beau livre des *Révolutions d'Italie*, par Edgar Quinet. Venise seule, pour avoir été longtemps disputée entre les deux empires d'Orient et d'Occident, sut échapper à tous deux et devenir une république vraiment indépendante.

3. L'étude du droit romain, qui n'avait jamais péri, comme l'a fort bien prouvé M. de Savigny (*Hist. du Droit romain au moyen âge*), mais qui avait été longtemps languissante et éclipsée par le droit canon, venait de reprendre un éclat et une vigueur qui coïncidaient avec le mouvement général de l'esprit humain au douzième siècle. L'école de Bologne, fondée par Irnerio en 1111, devint le centre des études juridiques et le foyer du parti impérial en Italie. « Sache, disaient à Frédéric, dans la diète de Roncaglia (1158), les docteurs de Bologne, sache que tout le droit du peuple pour la confection des lois t'a été concédé : ta volonté est le droit même ; car il est écrit : « Ce qui plaît au prince a force de loi, le peuple ayant remis tout son empire et sa puissance à lui et sur lui. » Radevic. Frising. (continuateur d'Othon de Freysingen) ; dans Gieseler, *Kirchengeschichte*, II, p. 2, 72. De tels principes devaient être également en horreur à l'Église et à la féodalité ; aussi Frédéric succomba-t-il dans l'œuvre de leur réalisation ; pourtant ce despotisme dictatorial était encore moins funeste en principe que le despotisme fondé sur le droit divin, sur un droit émané du ciel : il ne tuait pas l'avenir en germe ; car, ce que le peuple a donné, le peuple peut le reprendre. — Frédéric, dans cette même

des papes et la liberté populaire. Les deux partis se réunirent contre lui, et sa puissance se brisa contre la fameuse *ligue lombarde,* après vingt-deux ans d'une guerre héroïque.

Les communes de France ne fournissaient pas une si brillante carrière que ces nobles cités italiennes qui écrasaient la féodalité et défiaient les empereurs : la marche de la bourgeoisie française était pénible, entravée, sourde, pour ainsi dire ; ses succès et ses revers ne faisaient pas retentir l'Europe ; ses conquêtes lui étaient sans cesse disputées, souvent ravies ; son progrès néanmoins continuait, lent, irrésistible et comme fatal ; sa vertu cardinale était la persévérance. La conduite de Louis VII envers les communes fut encore plus variable et plus irrégulière que celle de son père : il confirma les chartes souscrites par Louis le Gros, en ratifia ou en octroya d'autres ; mais, souvent aussi, il vendit son secours aux seigneurs contre les bourgeois : on a vu ses rigueurs, puis ses concessions, à Orléans, sa mauvaise foi et ses cruautés à Sens. Il accorda des franchises aux habitants d'Étampes, et abolit, en 1165, dans Paris, le droit de prise, la plus abhorrée des exactions féodales : c'était le pillage érigé en droit ; cette charte de Louis VII fut plus d'une fois violée par ses successeurs. Plusieurs années auparavant, ce prince était intervenu, au détriment de la cause populaire, dans les affaires de Vézelai, bourgade dont les habitants déployèrent une énergie patriotique à laquelle il n'eût fallu qu'un plus vaste théâtre pour attirer toute l'attention de la postérité. Cette petite ville morvandaise, insurgée contre l'abbé de Sainte-Marie-Madeleine, son suzerain, brava les anathèmes du pape, et, protégée par le comte de Nevers, ne céda que devant les armes du roi (1150-1155)[1].

diète de Roncaglia, avait tenu un langage fort remarquable et tout *classique* : « Nous désirons plutôt exercer un empire légal pour la conservation du droit et de la liberté de chacun, que de tout faire impunément. Se donner toute licence et changer l'office du commandement en domination superbe et violente, c'est la *royauté,* c'est la tyrannie. » *Ibid.* Ainsi, les républiques italiennes n'osaient rejeter l'idéal de l'Empire, et l'Empire n'osait rejeter l'idéal républicain de la souveraineté du peuple. En réalité, les théoriciens du droit romain aspiraient à substituer l'égalité civile sous un maître à la hiérarchie féodale ; mais le *César* allemand était un mauvais instrument pour cette œuvre. Le roi de France valut mieux. Nous reviendrons sur le droit romain en France. Indiquons seulement ici que l'étude en fut très répandue dès le douzième siècle.

1. *V.* le beau récit de M. Aug. Thierry, dans les *Lettres sur l'Hist. de France.*

Louis VII n'avait pas été plus favorable aux citoyens de Beauvais qu'à ceux de Vézelai : il ne s'était pas contenté de les empêcher d'acquérir de nouveaux droits; il leur avait enlevé leurs droits acquis. Quoiqu'il eût confirmé, en 1144, leur charte, que Louis le Gros avait ratifiée on ne sait en quelle année, il les obligea, pour complaire à son frère l'évêque Henri, de reconnaître que la justice sur toute la ville appartenait à l'évêque seul, et que les magistrats municipaux ne pouvaient juger les délits et les procès que dans le cas où l'évêque n'exercerait pas son droit. L'évêque Henri, à la grande satisfaction des gens de Beauvais, passa, en 1160, du siège de leur cité sur le siège métropolitain de Reims. Il voulut traiter la commune de Reims comme celle de Beauvais; mais la population était plus nombreuse et plus fortement organisée. Les bourgeois de Reims s'armèrent, et, avec eux, une partie des clercs et des nobles de la cité, qu'avaient aliénés les hauteurs et les violences du prince prélat. On chassa les partisans de l'archevêque, et on le bloqua lui-même dans son hôtel épiscopal. Henri appela le roi à son aide ; Louis vint avec un corps d'armée, et, quoique convaincu des torts de son frère, n'eut pas le courage d'être juste : il condamna les bourgeois. Les plus compromis s'enfuirent dans la forêt du Mont-Chenot, entre Reims et Épernai ; le roi fit abattre cinquante de leurs maisons, et s'en alla, résolu, ce semble, à ne pas s'en mêler davantage, quoi qu'il advînt. A peine fut-il parti, que les bourgeois rentrèrent, démolirent par représailles les hôtels du vidame et d'autres chevaliers qui tenaient pour l'archevêque, et refoulèrent le prélat derrière les murailles de son hôtel. Henri invoqua l'assistance, non plus du roi, mais du jeune comte Philippe de Flandre, qui marcha sur Reims à la tête de mille chevaliers et de plusieurs milliers de sergents d'armes et d'archers. Les bourgeois prirent une singulière résolution : au lieu de soutenir un siége, ils sortirent en masse de la cité, détruisant ou emportant toutes les provisions de bouche, et allèrent se retrancher sur le Mont-Chenot. Cet expédient réussit complétement : les Flamands, ne sachant comment subsister dans cette

ap. OEuvres complètes, t. V, p. 310-345 ; 1846 ; d'après *l'Hist. du monastère de Vézelai*, dans les *Histor. des Gaules*, t. XII, p. 320, etc.

grande ville déserte, et ne se souciant pas de s'engager dans les bois à la poursuite des gens de Reims, partirent au bout de vingt-quatre heures; et l'archevêque, qui ne parlait que d' « écraser la cité », que de « torturer les citoyens », que de les « passer au fil du glaive », fut réduit à capituler, à jurer la commune, et à se contenter de quelques centaines de livres d'argent pour indemnité de la dévastation de ses biens. La victoire demeura cette fois à la cause populaire (1167).

Auxerre eut encore moins que Reims à se louer de Louis VII : dans cette cité, de même qu'à Amiens, à Soissons, etc., la seigneurie était partagée entre l'évêque et le comte. Les bourgeois essayèrent à plusieurs reprises d'établir la commune; le seigneur laïque les assistait contre le seigneur ecclésiastique. En 1167, raconte l'histoire latine des évêques d'Auxerre, « le comte Gui voulut, avec l'assentiment du roi, instituer de nouveau une commune; mais l'évêque s'opposa hardiment à son projet, et entreprit d'aller plaider sur ce point devant la cour du roi, non sans péril et sans de grandes dépenses d'argent. Il encourut presque la malveillance du très pieux roi Louis, qui lui reprochait de vouloir enlever la ville d'Auxerre à lui et à ses héritiers; « car il regardait comme lui appartenant toutes les villes où il y avait des communes ». Enfin, inspection faite des charges et priviléges de l'église d'Auxerre, le roi, ainsi que les gens de sa cour, « s'étant radouci au moyen d'une bonne somme d'argent », l'évêque gagna son procès. Il obtint une ordonnance royale portant que, sans son aveu et sa permission, il ne serait loisible au comte, ni à qui que ce fût, d'établir une commune dans la ville. » Ce récit révèle une prétention toute nouvelle de la royauté sur les villes libres, et prouve que Louis entrevoyait la vraie politique de la couronne à l'égard des communes étrangères au domaine royal[1]; mais il était trop faible et trop mobile pour suivre un plan de conduite quelconque; sa dévotion et ses besoins pécuniaires le mettaient presque toujours à la discrétion des seigneurs d'église.

Louis cependant contribua à la création d'une humble et dernière classe de municipalités qui se formaient sous la protection

---

1. Il est probable que l'abbé Suger lui avait inspiré cette pensée.

intéressée des princes, au détriment des petits barons et des abbayes. Un chroniqueur monastique reproche à Louis VII d'avoir fondé certaines *villes neuves*, dans lesquelles il recevait les *hommes de corps* échappés de la glèbe des églises et des chevaliers. Le roi, le comte Henri de Champagne et d'autres grands sires, afin d'accroître la population de leurs domaines, ouvraient ainsi des asiles à tous venants [1] avec divers priviléges et concessions de terrains; on voyait sortir de terre nombre de petites villes et de bourgades en des lieux autrefois déserts, et telle est l'origine de ces noms de *Villefranche* et de *Villeneuve* si répandus dans toute la France. Bien que les libertés octroyées en pareil cas fussent assez restreintes, et que les *villes neuves* demeurassent sous la haute main des prévôts royaux ou seigneuriaux, la transition de la servitude au droit de propriété et aux industries libres, moyennant un cens et une taille fixes, était un bienfait inappréciable, et ces asiles se peuplaient comme par enchantement.

Les vicissitudes locales des communes influaient peu sur la politique générale : la rivalité des deux couronnes de France et d'Angleterre était encore le fait dominant; mais les troubles renaissants de l'Église ne tardèrent pas à partager l'attention publique. La reine Constance de Castille était morte le 4 octobre 1160, en mettant au monde une fille qui fut nommée Alix ou Adélaïde. Le roi Louis, « ayant toujours présente à l'esprit cette parole de l'apôtre saint Paul : *Il vaut mieux se marier que brûler* », épousa, quinze jours après, Alix de Champagne, sœur des comtes de Champagne, de Chartres et de Sancerre [2]. Privé d'enfants mâles, « il craignait d'ailleurs que le royaume de France ne cessât d'être gouverné par un héritier du sang des Capets », et il se flattait qu'une troisième femme comblerait enfin ses vœux. Ce n'était pas ce que le roi Henri avait espéré en fiançant son fils à la fille de Louis : le monarque angevin avait évidemment porté ses vues sur la couronne de France, et compté faire prévaloir les préten-

---

1. Ces chartes faisaient parfois mention du droit qu'avaient les seigneurs de reprendre leurs serfs fugitifs, mais on ne négligeait rien sans doute pour entraver l'exercice de ce droit.

2. Le comte de Champagne s'allia en outre au roi en épousant une fille de Louis et d'Éléonore, Marie de France, qui fonda une fameuse cour d'amour à Troies.

tions de sa bru sur celles des frères du roi ; l'alliance du roi de France avec la maison de Champagne lui porta en outre beaucoup d'ombrage. Faussant les clauses de son traité avec Louis VII, il maria donc sur-le-champ son fils Henri avec la petite Marguerite de France, moyennant une dispense d'âge accordée par les légats du pape (Henri avait six ans, et Marguerite, trois), et se fit livrer la dot de la princesse, le Vexin normand, qui avait été confié par Louis à la garde des chevaliers du Temple, pour le tenir en dépôt jusqu'à ce que Marguerite fût nubile. Louis se montra fort irrité de la conduite du roi d'Angleterre, accusa les templiers de trahison, et les chassa de ses domaines. Les hostilités s'engagèrent sur toute la frontière entre Henri et Louis, soutenu par les princes champenois ; mais les forces du monarque angevin étaient si imposantes, que le cœur faillit à Louis et à ses alliés au moment d'un choc sérieux, et qu'on renouvela la paix de mai 1160.

Un nouveau schisme, cependant, divisait la chrétienté. Après avoir déposé les armes, les deux rois se rendirent à Toulouse, où arrivèrent aussi les ambassadeurs de l'empereur Frédéric, de « l'empereur des Espagnes » ou roi de Castille, et des rois d'Aragon et de Navarre. Un concile gallo-anglican avait été convoqué dans la capitale du comte Raimond V, pour décider entre Alexandre III et Victor III, élus tous deux papes en septembre 1159, le premier par la majorité, le second par la minorité du collège des cardinaux. Un concile des évêques de l'Empire, tenu à Pavie en février 1160, sous l'influence de l'empereur, avait proclamé Victor pape légitime, tandis que les églises de France et d'Angleterre recevaient au contraire Alexandre. Après d'assez longues délibérations, les prélats assemblés à Toulouse reconnurent derechef Alexandre et excommunièrent Victor. Cet arrêt ne termina pas le schisme ; Frédéric Barberousse n'en soutint pas moins Victor, qui lui était tout dévoué, pendant qu'Alexandre protégeait contre lui la fédération des villes lombardes. Frédéric s'efforça même d'entraîner le roi de France dans le parti de Victor : Louis VII convint avec lui d'une entrevue à Saint-Jean-de-Lône, où chacun amènerait son pape devant un certain nombre d'arbitres, clercs et laïques, chargés d'examiner de nouveau le différend ; mais Alexandre, qui était en France depuis plusieurs mois, refusa de suivre

Louis à cette conférence, et le roi, arrivé le premier à Saint-Jean-de-Lône, saisit un prétexte pour tout rompre, et repartit sans attendre l'empereur (fin août 1162). Il rejoignit, à Touzi-sur-Loire, Alexandre III et le roi Henri II, et les deux monarques renchérirent à l'envi sur les honneurs à rendre au pape ; ils entrèrent dans la ville à pied, et tenant, l'un à droite, l'autre à gauche, les rênes de la mule d'Alexandre. Louis ne cachait aucune arrière-pensée sous ces humbles démonstrations ; mais Henri caressait le pontife romain avec l'espoir d'en faire l'auxiliaire de ses projets ambitieux. Un nouveau concile fut réuni à Tours en juin 1163, et confirma les décrets de Toulouse[1].

La fortune continuait de favoriser le roi d'Angleterre : il venait encore d'augmenter ses richesses en se saisissant des grands fiefs que la mort de Guillaume de Boulogne, fils du feu roi Étienne, avait laissés vacants en Angleterre et en Normandie. Henri conféra le comté de Boulogne, dont il ne lui appartenait nullement de disposer, à son pupille Mathieu, second fils de Thierri d'Alsace, comte de Flandre. Par son alliance avec la maison de Flandre, Henri régnait sur toute la Gaule maritime depuis l'embouchure de l'Escaut jusqu'à celle de l'Adour : la presqu'île bretonne interrompait seule l'immense ligne des côtes qui lui étaient soumises ; mais Henri, déjà suzerain du duché et maître de Nantes et de Dol, traitait presque le duc Conan comme un de ses sénéchaux, et entraînait la Bretagne dans tous ses mouvements : il recommençait à menacer le comté de Toulouse. Louis VII paraissait enfin comprendre le danger, et se serrait contre le comte de Toulouse et les princes de Champagne. Le roi Alphonse d'Aragon était mort et remplacé par un fils de très jeune âge, Alphonse III : le vicomte de Béziers et les autres grands barons septimaniens consentirent à se rapprocher de Raimond de Toulouse, dont le fils Albéric épousa l'héritière du dauphin de Viennois ; néanmoins il était peu probable que cette coalition précaire opposât une

---

1. Le concile de Tours défendit aux moines de quitter leurs cloîtres pour exercer les professions d'avocat et de médecin ou pour étudier les lois civiles (le droit romain). Les moines, depuis quelque temps, se mettaient sur le pied de faire concurrence aux clercs séculiers dans les professions lettrées, que ceux-ci exerçaient presque exclusivement, le nombre des laïques lettrés étant encore fort restreint.

résistance durable aux forces compactes du roi d'Angleterre. Tout semblait préparer une révolution dynastique en France : Henri n'eût point osé arracher la couronne du front de son suzerain ; l'esprit de la féodalité s'y opposait invinciblement ; mais il suffisait que Louis mourût sans enfant mâle pour que la révolution s'opérât presque sans secousse et sans effusion de sang : les frères de Louis VII, dénués de puissance territoriale et d'illustration personnelle, étaient hors d'état de disputer le trône à leur nièce et au fils aîné de Henri II. Aucune répugnance nationale ne leur eût été en aide ; car la maison d'Anjou n'était guère moins française que la maison de France : le jeune fils de Henri II tenait par son père et sa mère à toutes les races de la Gaule. Le sang des Angevins, des Normands, des Aquitains, des Anglo-Saxons, se mêlait dans ses veines ; c'était un de ces métis qui semblent nés pour fonder les grandes monarchies et présider à la fusion des peuples. Henri II voyait déjà sa belle ville de Rouen devenir la capitale de l'empire franco-anglais.

Ces destinées ne se réalisèrent pas, et le centre de la France ne se déplaça point. « Le samedi de l'octave de l'Assomption (22 août 1165) dit le chroniqueur Robert du Mont, la reine Adèle (ou Alix), donna le jour à un fils. Un messager apporta cette joyeuse nouvelle au monastère de Saint-Germain-des-Prés, au moment où les moines entonnaient le cantique du prophète : Béni soit le Seigneur, le Dieu d'Israël, parce qu'il nous a visités et a racheté son peuple ! » L'enfant fut appelé d'abord Philippe-*Dieudonné*. Ce fils, « dont beaucoup de gens avaient désiré la naissance », et qui était enfin « donné de Dieu » aux vœux de Louis VII, après vingt-huit ans de mariage avec trois femmes différentes, devait être un jour PHILIPPE-AUGUSTE[1] : fatal aux Plantagenêts dès l'instant où il vit le jour, il renversa en naissant la plus haute des espérances du roi Henri.

---

1. Rigord, médecin et biographe de Philippe-*Auguste*, prétend que ce dernier nom fut donné à son héros parce que ses grandes conquêtes augmentèrent le royaume ; *Augustus ab augendo*, étymologie tant soit peu forcée. D'autres ont voulu qu'Auguste signifie tout simplement août, et qu'on ait nommé le jeune prince Philippe d'Août ou d'Auguste, parce que sa naissance tant attendue avait eu lieu au mois d'août. Il est plus probable que Philippe-*Auguste* veut dire Philippe le grand monarque, Philippe *l'empereur*.

Le roi d'Angleterre continua de travailler à écraser de sa prépondérance le trône qu'il ne pouvait plus envahir : il fit cesser une guerre civile qui désolait l'Auvergne, fief de son duché d'Aquitaine, en partageant ce vaste comté entre les deux branches rivales desquelles sortirent les comtes de Clermont et les dauphins d'Auvergne (1166); puis il porta ses armes en Bretagne. Le moment lui semblait venu d'achever l'assujettissement de ce pays. Le duc Conan IV, assailli par des révoltes que Henri avait peut-être en secret fomentées, appela le monarque angevin à son aide, et, vendant à Henri l'indépendance de la Bretagne pour prix de ses secours, il fiança sa fille Constance, enfant de quatre ans, à Geoffroi d'Angleterre, troisième fils de Henri II et d'Éléonore, et déclara son futur gendre héritier du duché de Bretagne. Louis VII tâcha de s'opposer à cette union, et engagea le pape Alexandre III à la défendre pour cause de parenté; mais le pape ne tint compte des instances du roi, et les deux enfants furent mariés en 1166, malgré leur bas âge. Une partie des seigneurs bretons, indignés de se voir livrés à l'étranger par leur prince, s'armèrent contre Conan et contre son allié. La guerre ne fut pas longtemps poursuivie au nom de Conan. Ce fantôme ducal abdiqua en faveur de son gendre, et la bannière des Plantagenêts fut partout arborée sur les châteaux du duc. Le plus grand nombre des nobles de la Haute-Bretagne se soumirent; à Rennes, le clergé vint complimenter « le très pieux roi des Anglais, que le Dieu de miséricorde envoyait enfin consoler la Bretagne ». Cependant beaucoup de braves de la Basse-Bretagne et de la langue kimrique, qui n'avaient pas oublié les jours de gloire du vieux royaume breton, se confédérèrent par serment contre l'usurpateur angevin, et trouvèrent des alliés dans ces Manceaux, dont l'humeur indépendante s'accommodait aussi peu du joug angevin que du joug normand. Les insurgés sollicitèrent la protection du roi de France, « et lui remirent des otages de leur foi »; Louis saisit l'offensive en 1167. Mais ses efforts se bornèrent à quelques dégâts dans le Vexin Normand, et les Bretons, accablés par la puissance du roi d'Angleterre, perdirent successivement les villes de Vannes, de Saint-Pol-de-Léon, d'Aurai, et presque tous leurs châteaux. Les *tierns* ou vicomtes de Léonnais et de Porhoël, le comte de Vannes et de

Cornouaille, les sires de Dinan, de Montfort-sur-Meu, et tous les autres chefs de l'insurrection nationale, cédèrent en frémissant à la dure nécessité, et reconnurent Henri II pour leur seigneur. Leur soumission fut de courte durée : le comte de Vannes avait donné sa fille en otage au roi d'Angleterre; elle fut séduite ou violée par ce monarque, dont les fougueuses passions ne connaissaient aucun frein.

Le père et ses amis reprirent les armes; mais la justice de leur cause ne leur donna pas la victoire : Henri pénétra jusque dans la Cornouaille, et dévasta dans tous les sens la malheureuse Bretagne. Les principaux chefs des insurgés parvinrent à passer en France; l'asile qu'ils y obtinrent de Louis VII ne fut pas plus sûr pour eux que n'avait été son alliance. Louis, suivant sa coutume, ne tarda pas à se réconcilier désavantageusement avec Henri, et ratifia l'occupation de la Bretagne par le roi d'Angleterre. Les deux rois eurent une entrevue à Montmirail, dans le Perche, le jour de l'Epiphanie de l'année 1169. L'aîné des fils de Henri II, Henri *au Court-Mantel*, déjà investi par son père du duché de Normandie, dont il avait fait hommage au roi Louis, prêta de nouveau serment pour l'Anjou, le Maine et la Bretagne; après quoi il octroya la Bretagne en arrière-fief à son frère Geoffroi. Richard, second fils de Henri II, depuis si célèbre sous le nom de *Cœur-de-Lion*, se reconnut ensuite l'homme-lige du roi de France, comme duc d'Aquitaine, titre que son père lui accorda en faveur d'un mariage convenu entre Richard et la petite Alix, fille de Louis VII. Le roi Louis conféra en outre la dignité de grand-sénéchal de France à Henri *au Court-Mantel*. En récompense de l'hommage peu coûteux des princes angevins, Louis remit au roi d'Angleterre les fugitifs bretons, après que Henri leur eut donné le baiser de paix et se fut engagé « à les recevoir en grâce plénière ». Henri II tint sa parole en envoyant languir en prison ceux d'entre eux qu'il ne livra point au supplice. Ainsi finit cette race des chefs bretons, qui avait résisté aux héros franks, vainqueurs de l'Europe. La Bretagne fut encore un état séparé durant plus de trois siècles, mais elle n'eut désormais que des princes de race étrangère, et ne fut plus guère qu'un champ de bataille pour les deux maisons rivales des Capétiens et des Plantagenêts. Ses institutions celtiques, envahies par la féodalité, ne subsistèrent plus que dans les classes populaires; sa noblesse fut absorbée par le régime féodal.

Le sort de l'Aquitaine fut semblable à beaucoup d'égards : là, non-seulement on avait subi des princes étrangers; mais l'indépendance provinciale, après avoir survécu à tant de vicissitudes, venait de périr pour toujours, grâce au régime féodal, qui permettait à une fille de prince de livrer en dot avec sa personne le droit de commander à tout un peuple. En 1168, les populations du nord de l'Aquitaine, « fatiguées, dit un chroniqueur, de voir des officiers de race étrangère violer ou détruire les coutumes de leurs pays par des ordonnances rédigées en langue angevine ou normande (en langue d'oïl), » s'insurgèrent contre le roi Henri: les comtes d'Angoulême et de la Marche, le vicomte de Thouars, le seigneur de Lusignan abjurèrent la suzeraineté du roi d'Angleterre, offrirent leur hommage immédiat au roi de France et lui envoyèrent des otages. Le comte de Salisbury, sénéchal de Henri II en Aquitaine, fut tué dans Poitiers même par les rebelles. Louis VII ne soutint pas mieux les Aquitains que les Bretons. Le fort château de Lusignan, principale place des insurgés, tomba au pouvoir de Henri; les auteurs de la révolte furent réduits à capituler avec le vainqueur, et à redemander leurs otages au roi Louis par l'intermédiaire même de Henri II : Louis relâcha les otages des Aquitains avec ceux des Bretons. Henri ne les traita pas tout à fait de la même manière : il craignait d'exaspérer les populations remuantes de l'Aquitaine, et avait hâte d'en finir avec ces troubles, engagé qu'il était dans une lutte plus opiniâtre et plus périlleuse[1].

Henri s'était heurté contre une puissance que personne n'avait jusqu'alors impunément bravée, le pouvoir spirituel : ami et protecteur du pape Alexandre III, qu'il avait énergiquement appuyé contre le schisme, il avait cru pouvoir faire acheter son alliance au pape légitime aux dépens de l'église d'Angleterre. Alexandre, plus politique que religieux, et plus préoccupé de ses intérêts temporels en Italie que des intérêts généraux de l'Église en Eu-

---

1. Rob. de Monte. — Guil. Neubrig. — Radulf. de Diceto. — Gervas. Dorobern. — D. Morrice, *Hist. de Bretagne*, t. III.

rope, eût fait beaucoup de concessions; mais la résistance vint d'ailleurs : Henri rencontra un obstacle invincible là où il avait cru acquérir un instrument dévoué.

Le plus grand personnage de l'Angleterre, après le roi, était l'archevêque de Canterbury, primat de la Grande-Bretagne, seigneur du comté de Kent, et, gardien des priviléges de ce pays, la moins maltraitée de toutes les provinces par la conquête normande [1]. Ce prélat était à la fois le chef de l'église anglicane et l'intermédiaire des populations conquises auprès des conquérants. On conçoit quelle importance les rois attachaient à placer des gens à eux sur ce grand siège. Henri avait alors pour chancelier et pour favori un clerc appelé Thomas Becket (ou Becquet), qui avait étudié la philosophie à Paris et le droit civil à Bologne, et qui brillait plus encore par sa haute intelligence et son caractère énergique que par son savoir. Henri éleva cet homme de petite condition au niveau des plus puissants barons; il le consultait en toutes choses; le roi et le chancelier « n'avaient qu'un seul cœur et qu'une seule âme. » Becket était si riche des bienfaits du roi, qu'il équipa un corps d'armée entier à ses frais lors du siège de Toulouse, en 1159. En 1162, Henri que gênaient et qu'irritaient les priviléges du clergé anglais, pensa faire un coup de maître en forçant les évêques d'Angleterre et les chanoines augustins de Canterbury à conférer à son chancelier la dignité archiépiscopale.

Quand le roi fit part de ses intentions à son chancelier, Thomas parut tout pensif : « Prenez garde, dit-il, prenez garde : si je deviens archevêque, vous demanderez de moi des choses, et vous tenterez sur l'Église des entreprises que je ne pourrai accorder ni souffrir; votre cœur se détournera promptement de moi, et l'amitié qui est aujourd'hui si grande entre nous se changera peut-être en une cruelle haine. » Henri ne tint compte de ces paroles. A peine Thomas fut-il revêtu de la primatie, qu'il résigna la charge

---

1. Le pays de Kent a ceci de remarquable, qu'envahi le premier par toutes les conquêtes, il est pourtant la province anglaise qui a conservé le plus de traditions antiques; non-seulement les coutumes saxonnes s'y maintiennent sous les Normands, mais les coutumes celtiques des vieux Logriens s'y étaient maintenues sous les Saxons. Le *gabhail-cyne*, la loi de la famille (l'égalité des partages), n'y a jamais été aboli.

de chancelier, ne pouvant, dit-il, remplir à la fois ces deux offices; dès lors il se crut en droit de ne rien ménager, résista opiniâtrement aux prétentions de Henri II, défendit tous les *droits* du clergé, compatibles ou non avec l'ordre et l'équité, et, ce qui souleva contre lui toute la noblesse et même le clergé anglo-normand, il protégea ouvertement les classes inférieures, « le pauvre peuple saxon ».

La querelle s'engagea entre Thomas et Henri touchant les juridictions ecclésiastiques : le roi ne demandait pas la destruction des tribunaux clercs ni du « bénéfice de clergie, » chose alors impossible; mais il voulait attribuer à sa cour l'instruction des procès contre tout clerc accusé d'un crime, renvoyer ensuite l'inculpé devant la cour ecclésiastique pour y être jugé canoniquement, et, s'il était condamné, réclamer sa remise au *bras séculier*. Les tribunaux clercs ne prononçaient d'autre peine que la suspension, la réclusion dans un monastère, et, tout au plus, la fustigation et la dégradation. Henri prétendait que les clercs coupables de crimes capitaux fussent punis de mort. Becket s'efforça d'arrêter le roi dès les premiers pas; mais il fut fort mal secondé par les évêques d'Angleterre, presque tous Normands ou Français d'origine. Ces prélats, songeant plus à leurs bénéfices qu'à leurs églises, condamnaient l'*opiniâtreté* de Thomas. En janvier 1164, le roi réunit un parlement général à Clarendon, et présenta à l'acceptation des barons une charte contenant des coutumes qu'il assurait avoir été observées sous son aïeul Henri Ier, et qui étaient rédigées pour la première fois. Outre les innovations relatives à la justice, ces coutumes interdisaient aux prélats de sortir du royaume sans la permission du roi, et d'excommunier aucun feudataire ou officier de la couronne avant d'avoir requis justice du roi contre lui; elles défendaient d'interjeter aucun appel en cour de Rome sans l'aveu du roi. Les bénéficiaires ecclésiastiques étaient assujettis à toutes les obligations militaires et judiciaires des feudataires laïques; les fruits des vacances appartenaient au roi; les élections cléricales devaient se faire en la chapelle du roi, et les élus lui devaient faire l'hommage-lige en même forme que les vassaux laïques.

Tous les évêques jurèrent d'observer les Coutumes de Clarendon; Thomas lui-même fut entraîné par une sorte de surprise, mais il se rétracta presque aussitôt, et manda ce qui s'était passé au pape, qui était alors à Sens. Alexandre refusa de confirmer les Coutumes. Dès lors, la rupture du roi et de l'archevêque fut irrémédiable. Thomas, cité devant un concile anglican à Northampton, fut condamné par les évêques et par les barons, et ses biens meubles furent confisqués au profit du roi, qui réclama de lui des sommes énormes comme reliquat de ses comptes de chancelier (octobre 1164). Thomas n'eut plus d'autre parti à prendre que d'appeler au pape, de s'enfuir déguisé et de passer la mer. Henri II écrivit au comte de Flandre, son allié, pour l'inviter à arrêter le « traître Thomas », et envoya au pape l'archevêque d'York, quatre autres évêques et le comte d'Arundel, en les chargeant de prier le roi Louis VII, avec qui il était alors en paix, de ne point octroyer asile ni secours « au ci-devant archevêque ». Thomas, débarqué à Boulogne, traversa les terres de Flandre, et se réfugia provisoirement dans la célèbre abbaye de Saint-Bertin à Saint-Omer, d'où il dépêcha deux de ses amis vers le roi Louis et vers le pape. Louis avait mal reçu les ambassadeurs de Henri II : « Vous appelez Thomas le ci-devant archevêque, leur dit-il; eh! qui donc l'a déposé? Je suis roi aussi bien que le roi d'Angleterre, et toutefois je ne pourrais déposer le moindre clerc de mon royaume ».

Thomas fut donc très bien accueilli par Louis VII à Soissons, et par le pape à Sens. Alexandre cassa la sentence donnée à Northampton contre l'archevêque. Henri, exaspéré, saisit les propriétés de tous les parents et amis de Thomas, et les exila tous, hommes et femmes, « jusqu'aux enfants vagissant dans le berceau et suspendus à la mamelle, jusqu'aux femmes en couches! » Il les força de jurer qu'ils iraient tous trouver l'archevêque à Pontigni, couvent de la règle de Cîteaux, où il s'était retiré, pour lui reprocher leur malheur par leur présence. En même temps, Henri entra en pourparlers avec l'empereur et le parti de l'antipape, et menaça de renoncer à l'obédience d'Alexandre : si l'on en doit croire Jean de Salisbury, l'ami de Thomas, Henri déclara « qu'il embrasserait plutôt la religion de Noradin » (Noureddin, sultan de Syrie), que de souffrir la restauration de Thomas dans l'église de Canterbury. Le pape, qui venait de repartir pour Rome après trois ans de séjour en France, faiblit, et, sans abandonner ostensiblement Thomas, lui laissa porter tout le poids de la lutte. L'intrépide prélat ne plia pas sous le faix : le jour de la Pentecôte 1166, il se rendit à Vézelai, et, montant sur le jubé de l'église de la Madeleine, il excommunia solennellement les défenseurs des Coutumes de Clarendon et les usurpateurs des biens de l'église de Canterbury. Henri, à cette nouvelle, tomba en frénésie; il jeta son chaperon, arracha son baudrier, déchira ses vêtements, et rongea la paille de son lit comme une bête furieuse; puis il écrivit au chapitre général de Cîteaux qu'il saisirait les possessions de la congrégation en Angleterre et dans la Gaule occidentale, si le proscrit n'était renvoyé de Pontigni. La congrégation de Cîteaux céda. Thomas écrivit au roi de France pour lui demander un autre asile. « O religion! religion! qu'es-tu devenue? s'écria le dévot Louis VII en recevant la lettre de l'archevêque. Voilà que ceux qui se disent morts au siècle repoussent, par attachement aux biens du siècle, l'exilé pour la cause de Dieu! »

Louis se joignit au pape pour tâcher d'opérer une réconciliation. Henri avait offert au pape l'abandon d'une partie des articles de Clarendon, afin d'obtenir la déposition de Thomas, et Alexandre avait été jusqu'à suspendre l'archevêque, au grand scandale du clergé français, qui, même dans les provinces soumises à Henri II, prenait parti pour le défenseur des libertés ecclésiastiques. L'année suivante, lors du traité que les rois de France et d'Angleterre conclurent à Montmirail, Louis amena Thomas avec lui, et s'efforça de le raccommoder avec Henri II. « Seigneur, dit l'archevêque en abordant le roi Henri et en fléchissant le genou, seigneur, tout le différend qui, jusqu'à ce jour, a existé entre nous, je le remets à votre volonté souveraine, *sauf seulement l'honneur de Dieu.* »

A cette restriction, le roi entra en fureur. « Voyez-vous, s'écriat-il en se tournant vers Louis VII, il prétendrait que tout ce qui lui déplaît est contraire à l'honneur de Dieu, et par là attirerait à lui tous mes droits! Qu'il m'accorde seulement ce que le plus grand et le plus saint de ses prédécesseurs a accordé au moindre des miens, et je m'estime satisfait. » L'inflexible Thomas refusa de renoncer à sa restriction, malgré les reproches des seigneurs français. Les deux rois remontèrent à cheval sans le saluer, et il se vit sur le point d'être réduit à vivre des aumônes des clercs et du peuple, car Louis VII cessa tous rapports avec lui; mais, quelques jours après, Louis se jeta en pleurant à ses pieds, et lui demanda pardon d'avoir eu un moment la pensée de délaisser sa cause, « qui était celle de Dieu ».

Les négociations entre le roi Henri et l'archevêque furent encore renouées, mais sans plus de fruit. La cour de Rome ne voulait ni excommunier le roi, ni déposer l'archevêque, évitait de se prononcer ouvertement, et agissait avec une duplicité qui la déconsidérait aux yeux des peuples. Henri II, ne pouvant se venger sur la personne de son ennemi, se vengea sur les partisans de Becket et sur l'église de Canterbury : en 1170, il fit couronner par l'archevêque d'York son fils aîné, Henri au Court-Mantel, âgé de quinze ans, qu'il associa au trône d'Angleterre : c'était fouler aux pieds la primatie de l'archevêque de Canterbury. Ce couronnement fut accompagné de brillantes fêtes, et, dans le banquet qui suivit, « le père, dit Thomas lui-même dans une de ses lettres, le père daigna servir le fils à table et protesta que ce n'était plus lui qui était le roi. » Henri ne prévoyait pas ce que lui coûteraient un jour ces imprudentes paroles.

Thomas, informé que le pape, tout en lui adressant de belles promesses, avait autorisé sous main l'atteinte portée aux priviléges de sa primatie, éclata en reproches contre Alexandre III, et Louis VII manda au pape qu'il eût à cesser ces menées trompeuses et dilatoires. Alexandre III, placé entre les rois de France et d'Angleterre comme « l'enclume entre deux marteaux », se décida enfin à menacer Henri des censures ecclésiastiques s'il ne réintégrait le primat dans son église. Henri, après quelques hésitations, consentit à rentrer en pourparlers avec Thomas Becket. Beaucoup d'évêques anglais abandonnaient le roi et annonçaient l'intention d'obéir au pape : un congrès solennel fut tenu dans une grande prairie près de La Ferté-Bernard, pour la double pacification de Louis VII avec Henri II et de Henri II avec Becket (22 juillet 1170). Le roi d'Angleterre promit de remettre Thomas en possession de son archevêché, et de restituer tous les biens confisqués à lui, à ses parents et à ses partisans; mais il évita de donner « le baiser de paix » à Thomas, garantie que celui-ci réclamait, tout insuffisante qu'elle eût été pour les insurgés bretons et aquitains. Il avait juré, disait-il, de ne point embrasser Thomas. Thomas alla prendre congé du roi de France, « qui l'avait accueilli quand tout le monde l'abandonnait. » « Vous partez donc? lui dit Louis d'un air triste; je ne voudrais pas, pour mon pesant d'or, vous avoir donné ce conseil; et, si vous m'en croyez, ne vous fiez point à votre roi tant qu'il ne vous aura point donné le baiser de paix ».

Thomas ne fut pas ébranlé par d'autres avis analogues; il répondit que c'était bien assez de sept ans d'absence pour le pasteur et pour le troupeau, et qu'il ne reculerait point, quand bien même il devrait être démembré en Angleterre. Il s'embarqua au port de Wissant pour le pays de Kent. Il y fut reçu avec enthousiasme par les bourgeois et par les serfs, dont l'attitude menaçante contint la haine des barons et des chevaliers; mais le mauvais vouloir du roi envers lui devint bientôt manifeste. L'ordre lui fut signifié de ne pas quitter les domaines de son église, et un autre édit déclara « ennemi public » quiconque ferait bon visage à Thomas ou à quelqu'un des siens. Thomas fut saisi de sombres pressentiments : dans un sermon qu'il prononça devant le peuple assemblé dans la cathédrale de Canterbury, il choisit pour texte ces paroles : « Je viens vers vous pour mourir parmi vous! » Thomas, d'après la permission du pape, dès son arrivée en Angleterre, excommunia l'archevêque d'York, et suspendit tous les autres prélats qui avaient autorisé par leur présence le sacre *illicite* du jeune Henri au Court-Mantel. L'archevêque d'York, furieux, passa la Manche avec plusieurs seigneurs laïques et ecclésiastiques, et rejoignit Henri II à Bures, près de Bayeux. Ils lui peignirent sous les plus noires couleurs la conduite de Becket depuis son retour. « Cet homme, dirent-ils au roi, ne marche qu'avec de grandes troupes de fantassins et de cavaliers : il veut surprendre vos châteaux-forts et mettre le royaume en feu. — Quoi! s'écria le roi avec indignation, un homme qui a mangé mon pain, un homme qui est arrivé à ma cour avec une jument boiteuse pour tout bien, vilipende aujourd'hui ses maîtres, foule impunément sous ses pieds tout le royaume!... Je n'ai donc nourri que des couards et des vilains, puisque tous mes hommes ensemble ne me peuvent venger d'un seul prêtre! » Il assembla le conseil des barons de Normandie, qui chargèrent trois commissaires d'aller arrêter Thomas Becket comme prévenu de haute trahison; mais cette mission demeura inutile. L'explosion de fureur du roi avait porté de terribles conséquences : quatre chevaliers du palais, Richard le Breton, Guillaume de Traci, Hugues de Morville et Renaud-Fils-d'Ours ou Fitz-Urse (suivant l'orthographe normande), avaient entendu l'exclamation de Henri. « Ils se lièrent les uns les autres par serments », s'embarquèrent pour l'Angleterre, coururent à Canterbury avec quelques hommes d'armes, et entrèrent brusquement chez l'archevêque, au moment où il se levait de table pour assister aux vêpres dans l'église du Christ, cathédrale de Canterbury.

Ils déclarèrent qu'ils venaient de la part du roi pour que les prélats suspendus par Thomas fussent rétablis, et pour que lui-même rendît compte de ses desseins contre leur prince. Thomas repoussa leurs demandes, brava leurs menaces, et les quitta pour se rendre à l'église; mais à peine était-il dans le chœur, que Renaud Fils-d'Ours et ses compagnons entrèrent dans la nef, le sabre au poing, en criant : « Où est le traître? » Personne ne répondit. « Où est l'archevêque? » reprit Renaud. « Me voici! » répondit alors Thomas, et il descendit les degrés de l'autel et marcha au devant des meurtriers. Il conserva, en tombant sous leurs coups, son courage opiniâtre et impassible; ses dernières paroles furent pour recommander son âme et la cause de l'Église à Dieu, à la Vierge et aux saints, et il mourut sans une seule plainte, sans un seul cri (29 décembre 1170)[1].

Les seuls sentiments que laissa paraître Henri II à la nouvelle de ce meurtre furent la douleur et l'effroi : durant trois jours, il ne prit point de nourriture, et s'abstint de paraître en public : il avait trop de sens pour ne pas comprendre que Becket lui serait plus redoutable mort que vivant, et il regrettait avec amertume, après sa colère apaisée, d'avoir été trop bien servi dans

---

1. *Vita sancti Thomæ quadripartita, præfixa ejus epistolis*, 1682. — *Thomæ epist.* — *Baronii Annales.* — *Joann. Sarisberi. epistolæ.*

son ressentiment. Si l'on veut en croire la justification qu'il
adressa au pape, il avait envoyé après les quatre chevaliers aussitôt qu'il s'était aperçu de leur départ; mais on n'avait pu les
rejoindre.

L'assassinat de Thomas Becket excita une horreur universelle
en France et en Angleterre, sauf parmi les prélats et les barons
anglo-normands; tous les princes et les évêques français crièrent anathème sur Henri II et ses amis. « Que le glaive de saint
Pierre, mandait Louis VII au pape, soit tiré du fourreau pour la
vengeance du martyr de Canterbury! » « Le sang du juste a été
versé, et crie vers vous, écrivait le comte de Chartres au pontife
romain; *les chiens de cour*, les familiers, les domestiques du roi
d'Angleterre, se sont faits les ministres de son crime!... » L'archevêque de Sens, qui prétendait à la primatie des Gaules, interdit, dans toutes les provinces continentales du roi Henri, les cérémonies et les sacrements de l'Église, excepté le baptême pour
les petits enfants et la confession pour les mourants. Au milieu
de l'effervescence générale, une sentence d'excommunication,
lancée directement par le pape contre Henri II, eût déterminé
l'insurrection de la Bretagne, du Poitou et de la Guyenne[1], et
l'invasion des états normands et angevins par le roi de France
et par les princes champenois, tandis que les terreurs religieuses
eussent fait tomber les armes des mains de la plupart des chevaliers de Henri.

Le roi d'Angleterre prodigua les soumissions et l'or, moyen
efficace à la cour de Rome, où la simonie, un moment proscrite
par Grégoire VII, avait recommencé de couler à pleins bords.
Henri détourna la tempête; mais il lui en coûta cher. Il lui fallut
jurer de prendre la croix pour la défense de la Terre-Sainte contre
les Sarrasins; il lui fallut rendre au clergé anglais tous ses priviléges, abroger les Coutumes de Clarendon, prêter serment qu'il
n'avait ni projeté, ni su d'avance, ni commandé le meurtre de Thomas, et enfin reconnaître que lui et les siens tenaient le royaume

---

[1]. Les méridionaux donnaient le nom d'Aquitaine proprement dite ou *Guyenne*
(*Guyana*, corruption d'*Aquitania*) au pays de Bordeaux. Le Périgord, le Querci,
l'Agénais, le Rouergue, etc., furent enveloppés dans cette dénomination.

d'Angleterre en fief du pape Alexandre et de ses successeurs catholiques[1]. A ce prix, les légats du pape consentirent à l'absoudre de sa complicité indirecte avec les meurtriers, qui avaient été excommuniés collectivement, eux et leurs fauteurs (22 mai 1172). Un décret pontifical plaça Thomas au nombre des bienheureux, et Henri fut obligé de laisser publier dans tous ses états une bulle qui enjoignait de célébrer la mémoire du « glorieux martyr de Canterbury », chaque année, au jour anniversaire de sa *passion*. Louis VII, voyant Henri réconcilié avec l'Église, n'osa l'attaquer, et cette violente crise n'eut pas pour le monarque angevin les terribles résultats qu'il avait pu craindre. Henri, vaincu par l'Église, s'en dédommagea même par de nouveaux succès politiques et militaires; et il acheva presque la conquête de l'Irlande dès la fin de 1171, avant que sa négociation avec le pape fût terminée. Quatre rois irlandais reconnurent sa suzeraineté, et le seul roi de Connaught lui résista; les destinées de *la verte Érin* furent pour la première fois enchaînées à celle de la Grande-Bretagne. Quinze ans auparavant, Henri avait demandé au pape anglo-saxon Adrien IV la permission d'entreprendre la conquête de l'Irlande, pour y « rétablir le christianisme dans sa pureté » et assujettir les Irlandais comme les Anglais à l'impôt du *denier de saint Pierre*. Adrien avait investi Henri de la seigneurie de l'Irlande, en vertu du prétendu droit de l'église de Rome sur toutes les îles qui avaient reçu jadis la foi chrétienne de missionnaires envoyés par le pape (circonstance qui n'était pas même vraie à l'égard de l'Irlande). On prit pour prétexte contre les Irlandais, comme autrefois contre les Anglo-Saxons, la barbarie et le dérèglement de leurs mœurs et leur peu de soumission à l'église romaine[2]. Ainsi, c'est la papauté qui a livré l'Irlande à l'Angleterre! Rome avait peu mérité le dévouement opiniâtre que lui a témoigné l'Irlande moderne!

En même temps Henri mit fin, par une transaction avantageuse, à ses démêlés avec le comte de Toulouse. Raimond, pour

---

1. Baronii *Annal.*
2. L'église irlandaise ne s'était pas maintenue à la hauteur où elle avait été du sixième au neuvième siècle; néanmoins il faut bien se garder de croire tout ce que disent là-dessus les écrivains romains et anglo-normands.

obtenir que Henri renonçât à ses prétentions sur Toulouse, consentit à se reconnaître vassal du roi d'Angleterre, comme duc d'Aquitaine. C'était à la fois, de la part du comte Raimond, un acte d'ingratitude envers le roi Louis et une atteinte à la constitution féodale du royaume; mais Raimond, prince de mœurs fort déréglées, s'était brouillé avec sa femme; l'épouse délaissée s'était retirée à la cour du roi Louis son frère, et une rupture entre Paris et Toulouse s'en était suivie.

Mais, au moment où Henri semblait reprendre l'ascendant de sa prospérité, de nouveaux ennemis surgirent contre lui du sein de sa propre famille, et l'attaquèrent avec les armes qu'il leur avait lui-même fournies.

Éléonore d'Aquitaine n'avait pas mieux vécu avec son second mari qu'avec le premier, et leurs discordes, dont la cause était cette fois toute différente, eurent de plus tragiques conséquences. Éléonore avait méprisé Louis VII, parce qu'il était trop dévot, trop continent, trop simple d'esprit et de mœurs; elle prit Henri II en mortelle haine pour les vices contraires. Malgré ses propres galanteries, malgré les principes qu'elle professait dans sa cour d'amour, malgré l'accueil favorable qu'elle avait fait, dit-on, aux hommages du célèbre troubadour Bernard de Ventadour, enfant du peuple que le génie élevait jusqu'aux reines, elle s'était prise d'une jalousie furieuse contre son époux. Henri, beaucoup plus jeune qu'elle[1], et aussi avide de voluptés que de pouvoir et de richesses, n'avait pas tardé à donner à la reine de nombreuses rivales de tout rang et de tout pays; les moyens les plus odieux, la séduction, le rapt, le viol même, tout lui était bon pour satisfaire ses désirs forcenés. Éléonore n'avait pas plus de scrupules que lui, et une lutte atroce s'engagea entre ces deux êtres aussi impétueux, aussi effrénés l'un que l'autre. Henri, qui savait la reine capable de tout, avait construit, en forme de labyrinthe, le château de Woodstock, pour y cacher sa principale maîtresse, la belle Rosemonde. Éléonore pénétra, dit-on, dans les détours de Woodstock, et poignarda ou empoisonna Rose-

---

1. On prétend qu'elle avait été la maîtresse de son père. J. Bromton, ap. *Histor. des Gaules et de la France*, t. XIII, p. 215.

monde de sa propre main. Le roi ne respirait que vengeance. Éléonore ne s'en tint pas à ce crime; elle réchauffa les ressentiments de ses sujets d'Aquitaine, et fit entrer ses trois fils aînés, dont le plus âgé avait dix-huit ans, et le troisième quinze, dans ses complots contre leur père et son mari. Toute cette royale famille semblait en proie aux furies, et justifiait la tradition qui donnait aux Plantagenêts une origine diabolique[1]. Les fils de Henri II joignaient les qualités et les vices de leur père à ceux de leur mère : sous des dehors pleins de grâce, de noblesse et d'élégance, ils mêlaient la dure et cupide âpreté normande à la légèreté violente et cruelle des méridionaux ; ils avaient reçu de leurs parents un sang brûlé d'ambition, de colère et de luxure.

Henri au Court-Mantel, l'aîné, se persuada que, puisqu'il avait été couronné, le règne de son père était fini, et que c'était lui désormais qui devait être roi, comme Henri II lui-même l'avait dit imprudemment. Pendant un voyage que le jeune prince fit, avec sa femme Marguerite, à la cour de son beau-père Louis VII, celui-ci, dérogeant à la loyauté, qui était presque sa seule vertu, excita si bien le fils contre le père, que Henri au Court-Mantel, de retour en Normandie, demanda ouvertement à Henri le *vieil* l'abandon en toute souveraineté, ou du royaume d'Angleterre, ou des seigneuries de Normandie et d'Anjou. Henri II refusa, comme autrefois Guillaume-le-Conquérant en pareille circonstance. Henri au Court-Mantel dissimula quelque temps, et suivit son père à Limoges, où Henri II alla recevoir l'hommage du comte de Toulouse, le 12 février 1173. Le comte Raimond, sollicité par Éléonore et les princes de seconder leur conspiration, révéla leurs plans à Henri II ; le jeune Henri s'échappa, et, suivi de ses frères, Richard et Geoffroi, se retira en France, où Louis VII accueillit et encouragea les rebelles. Éléonore, qui avait voulu rejoindre ses fils,

---

[1]. Les comtes d'Anjou passaient pour descendre d'une sorcière. Son mari, remarquant qu'elle n'allait guère à la messe et sortait toujours avant la consécration, voulut la faire retenir par ses écuyers : elle leur laissa son manteau dans les mains, et s'envola par la fenêtre avec deux de ses enfants. *v.* J. Bromton, dans les *Histor. des Gaul s*, etc. t. XIII, p. 215. *v.* aussi les pages si poétiques et si originales de M. Michelet, *Hist. de France*, t. II, 378-381. Peut-être a-t-il un peu exagéré toutefois l'opposition entre le roi d'Angleterre et le roi de France, entre « le roi du diable et le roi de Dieu ».

fut arrêtée et emprisonnée dans son propre duché par ordre de son mari.

Henri II envoya des ambassadeurs pour réclamer les fugitifs et sonder les intentions du roi de France. Louis reçut les députés dans sa cour plénière, ayant à sa droite Henri au Court-Mantel, couvert des habits royaux. « Qui vous envoie vers moi? demanda le roi de France. — Henri, roi d'Angleterre, duc de Normandie, duc d'Aquitaine, comte des Angevins et des Manceaux. — Cela n'est pas vrai, répliqua Louis, car voici près de moi Henri, roi d'Angleterre, qui n'a rien à me mander par vous ». Il n'écouta pas les ambassadeurs, et fit reconnaître *Henri le Jeune* pour seul roi des Anglais dans un parlement général des barons et des prélats de France. Henri au Court-Mantel octroya aussitôt de grands fiefs en Normandie et en Angleterre aux princes champenois et aux comtes de Flandre et de Boulogne, qui avaient quitté l'alliance de Henri II pour celle de Louis VII ; il s'adressa même au pape, en remuant les cendres encore chaudes de Thomas Becket pour y chercher des arguments contre son père. Alexandre III, fidèle à sa politique cauteleuse, évita d'abord de se prononcer ; mais la révolte des trois princes n'en était pas moins très dangereuse pour Henri II. L'antipathie des Aquitains et des Bretons pour la domination étrangère et l'affection des méridionaux pour leur duchesse Éléonore aggravaient beaucoup la situation : les troubadours faisaient entendre des chants de douleur et de colère contre le geôlier de la duchesse d'Aquitaine, et appelaient les Poitevins et les Gascons aux armes. Ce n'était plus une simple mutinerie de jeunes ambitieux ; un grand nombre de nobles normands et angevins abandonnaient, chaque jour, le vieux roi pour aller rendre hommage à Henri au Court-Mantel.

Henri II recourut à son tour au pape : il soumit de nouveau et plus explicitement son royaume à la suzeraineté du pontife romain, et déclara « que lui et ses successeurs ne s'estimeraient vrais rois d'Angleterre qu'autant que les papes les tiendraient pour rois catholiques. » (Baronius, *Annal.*). C'était le plus beau triomphe qu'eût encore obtenu le pouvoir temporel de la papauté ; aussi Alexandre III intervint-il en faveur du monarque qui lui soumettait si humblement sa couronne. Mais l'assistance spirituelle du pape, de quelque poids qu'elle fût, n'eût pas suffi à Henri II pour repousser la redoutable coalition de *Français*, de Flamands, de Chartrains, de Champenois, de Poitevins, de Manceaux et de Bretons qui se ruaient de toutes parts sur la Normandie et sur l'Anjou, très mal défendus par leur chevalerie, dont la moitié était d'accord avec l'ennemi. Henri II appela sous ses drapeaux vingt mille de ces soldats mercenaires qu'on nommait *Brabançons* à cause de la patrie de beaucoup d'entre eux, et *cottereaux* à cause de leurs longs couteaux ou dagues. Ces aventuriers, dont il faut peut-être attribuer l'origine à l'habitude de courses, de pillerie et de vagabondage répandue dans le « petit peuple » par les croisades, avaient communément à leur tête des chevaliers sans terre, des cadets de famille, des bâtards de grands seigneurs : bandits pendant la paix, ils se montraient en temps de guerre bien supérieurs aux milices féodales, quoique celles-ci les traitassent dédaigneusement de *routiers*, de serfs *recréants* (renégats, rebelles [1]), ce qui était en effet l'origine d'une grande partie des *soudoyers*. Outre la discipline dont ils étaient susceptibles, on pouvait les retenir en campagne tant qu'on avait de l'argent et du butin à leur offrir, tandis que les hommes d'armes féodaux se dispersaient aussitôt que leur service obligé, ordinairement de quarante jours, était terminé.

Les Brabançons firent merveille : Henri II, à leur tête, poursuivit Louis VII, qui se retirait après avoir pris et incendié Verneuil par trahison ; il le mit en déroute (3 août 1173), puis se retourna contre les révoltés bretons, et les refoula dans l'intérieur de la Bretagne. Henri essaya de profiter de ses premiers avantages pour amener ses fils et le roi Louis à la paix : ses offres furent repoussées. Louis montrait un acharnement auquel on n'était point accoutumé de sa part. La guerre se ralluma plus violemment au printemps de 1174. Henri, chargeant ce qu'il

---

1. On a voulu faire dériver *routier* de *romptier* (*ruptuarius*), c'est-à-dire homme de labour, serf habitué à *rompre* la glèbe : cette étymologie paraît inexacte : *routier* vient de *route*, bande, troupe, multitude, et le vieux mot *route* n'est que le celtique *rhawd* francisé. On a confondu, probablement à tort, routier et roturier, qualification qui désignait primitivement les vilains des campagnes, et qui fut étendue abusivement à tous les non-nobles, aux bourgeois comme aux paysans.

avait de fidèles chevaliers normands de contenir le roi de France, attaqua les rebelles de l'Anjou, du Poitou, de la Saintonge et de l'Angoumois. Son fils Richard voulut en vain lui résister. Henri, victorieux, passa en Angleterre, afin de défendre ce royaume contre le comte de Flandre et Henri au Court-Mantel, qui armaient une flotte à Gravelines. Soit remords sincère, soit politique, à peine débarqué sur la côte de Kent, il s'en alla pieds nus à l'église du Christ et au tombeau du martyr Thomas, s'y agenouilla en pleurant à chaudes larmes, et se fit donner la discipline par tous les assistants ; il resta là un jour et une nuit en prières (juillet 1174), puis marcha joyeusement contre les rebelles. Le jour même de cette pénitence, le roi Guillaume d'Écosse, qui envahissait l'Angleterre de concert avec Henri au Court-Mantel, fut défait et pris par les lieutenants du roi. Cette coïncidence parut miraculeuse et ramena beaucoup d'esprits à Henri II, et l'excommunication lancée contre les insurgés par l'archevêque de Canterbury, successeur de Thomas, avec la permission du pape, acheva de rendre l'ascendant au parti du roi.

Henri au Court-Mantel et le comte de Flandre, voyant l'expédition d'Angleterre avortée, s'étaient réunis à Louis VII pour assiéger Rouen ; mais Henri II repassa promptement la Manche avec ses Brabançons et des montagnards gallois à sa solde. Les coalisés évacuèrent le territoire normand, et Louis VII, « fatigué des grands frais de cette guerre », traita pour lui et pour ses jeunes alliés avec le monarque anglais : les trois fils rebelles se soumirent, et l'autorité de Henri II sortit victorieuse de ce rude conflit (septembre 1174). Les barons d'Aquitaine et de Bretagne subirent à contre-cœur le traité qu'ils n'avaient pu empêcher, et virent en frémissant la ruine des fortifications qu'ils avaient élevées durant la guerre autour de leurs châteaux, et que Henri II les contraignit d'abattre. La reine Éléonore était toujours captive, et l'aversion des Aquitains pour la domination du roi d'Angleterre s'accroissait incessamment. Les jeunes princes n'avaient pas été seulement les instruments des vengeances domestiques de leur mère : des passions d'une autre nature s'étaient servies d'eux contre le roi, et le troubadour Bertrand de Born n'avait pas moins contribué qu'Éléonore elle-même à la révolte du jeune

Henri, qu'il avait élevé et sur qui il conservait une haute influence. Bertrand, l'honneur de l'Aquitaine, le fougueux troubadour dont les chants, étincelants d'ardeur guerrière, étaient répétés avec enthousiasme partout où se parlait la langue d'oc, Bertrand, aussi adroit politique, aussi intrépide chevalier que grand poëte, consuma toute sa carrière en efforts superflus pour arracher son pays au roi anglais. Soit qu'il regardât les fils de Henri II comme des chefs nationaux, à cause du sang aquitain que leur avait transmis leur mère[1], soit que son but fût de perdre tous ces princes les uns par les autres, il ne cessa de fomenter leurs dissensions intestines, ainsi que celles des rois de France et d'Angleterre. « Il n'étoit content, disent les chroniques, que lorsque *les rois du Nord étoient en guerre.* » Les modernes Aquitains ne haïssaient guère moins les Français et les Anglo-Normands, que les Gallo-Wascons, leurs ancêtres, n'avaient haï les Franks. Les traces de cette antipathie sont fortement empreintes dans les chants des nombreux troubadours qui servaient d'organes à l'opinion publique. La civilisation des pays de la langue d'oc *vivait de poésie*, suivant la belle expression d'un historien[2], et c'était en vers brûlants que les hommes du Sud épanchaient leurs douleurs et leurs espérances.

La paix ne dura guère au midi de la Loire : Richard et Geoffroi étaient arrivés à leur but, et leur père les avait mis en possession de l'Aquitaine et de la Bretagne; l'arrogant et emporté Richard devint bientôt aussi impopulaire en Aquitaine que son père; toute la province se souleva contre lui. Bertrand de Born était l'âme de cette guerre patriotique, et la soutenait de son épée non moins que de ses vers : il s'efforça d'entraîner Henri au Court-Mantel à s'unir aux insurgés; mais Henri hésita, et Richard, qui annonçait déjà la valeur et le génie militaire qui le rendirent si célèbre, assaillit les barons ligués, avec une armée de Brabançons, les vainquit, prit les chefs de la coalition et les

---

1. Tous les fils d'Éléonore étaient familiers avec la langue et la littérature du Midi; on a conservé des vers de Richard Cœur-de-Lion, dans un dialecte mêlé de la langue d'oc et de la langue d'oïl.
2. M. Augustin Thierry.

envoya captifs à son père. Henri II eut la bonne politique de leur faire grâce ; mais, après la défaite et la soumission de tous les autres barons, Bertrand de Born se maintint encore indépendant au fond de son *castel* de Hautefort en Périgord (1176). Richard, vainqueur en Guyenne, alla ensuite comprimer une rébellion en Gascogne, prendre Dax et Bayonne, et obliger les montagnards des Pyrénées gauloises à respecter sa suzeraineté (1177).

Les grandes querelles qui avaient bouleversé l'Europe paraissaient apaisées : la longue et furieuse guerre d'Italie venait de se terminer, en même temps que le schisme, par la victoire du pape et des républiques lombardes ; Frédéric Barberousse renonçait à son anti-pape et reconnaissait les libertés de la Lombardie (1177). L'Église put reporter son attention sur les progrès de l'hérésie, qui, depuis la venue du pape des manichéens, continuait à grandir dans la France méridionale et se propageait dans le nord de l'Italie. Un concile provincial, tenu à Lombers près d'Albi, en 1176, eut beau foudroyer les sectaires ; ils étaient si nombreux, que le comte de Toulouse, Raimond V, zélé catholique, ne s'estimant point assez fort pour les « extirper par le glaive, » comme il l'eût souhaité, invita le roi de France à venir avec une armée dans les pays de la langue d'oc, afin de l'aider à « écraser les ennemis de Jésus-Christ. » « Cette hérésie a gagné jusqu'aux prêtres, écrivait Raimond à l'abbé de Cîteaux ; les églises sont abandonnées et ruinées ; on rejette la création de l'homme, la résurrection de la chair... *On introduit deux principes...* Mes forces ne sont pas suffisantes pour accabler ces méchants, parce que les plus nobles hommes de mes états sont infectés de l'erreur et entraînent une très grande multitude » (1178).

Louis VII n'aspirait plus qu'au repos, et ne se rendit pas aux souhaits du comte de Toulouse : il ne vint à Toulouse qu'un légat du pape, escorté de quelques évêques. Les hérétiques, qui avaient montré beaucoup d'audace et fait prisonnier l'évêque d'Albi, laissèrent, à la vérité, le légat parcourir la province et juger le chef des sectaires de Toulouse, Pierre de Mauran, personnage riche et puissant, qui abjura l'hérésie et fut condamné à une pénitence perpétuelle ; néanmoins, la mission papale eut peu de fruits, et l'Église se confirma dans la pensée qu'on ne détruirait « l'erreur » que par un vaste déploiement de force matérielle[1].

Louis VII avait bien assez de se défendre contre les entreprises de Henri II, qui avait repris sa position aggressive et qui s'agrandissait incessamment en paix comme en guerre. Henri réclamait la seigneurie du Berri, et comme fief du duché d'Aquitaine, et comme dot promise par Louis à sa seconde fille, Alix, fiancée du jeune duc Richard. Il se fit livrer, sans hostilités déclarées, presque toutes les forteresses du Berri par leurs seigneurs ou leurs châtelains, et ne laissa guère au roi que Bourges, parce qu'il ne put surprendre cette ville. Il acheta du comte de la Marche, qui partait pour la Terre-Sainte et n'avait point d'enfants, la propriété de son comté moyennant 13,000 livres angevines (1177). Le faible Louis ne savait lui opposer que des accès d'impuissante colère, à laquelle succédait bientôt l'abattement. Ils eurent plusieurs conférences sans résultat à propos du Berri. Dans une de ces entrevues, Louis adressa des plaintes et des reproches amers à son formidable vassal. « Il serait difficile de calculer les pertes et les dommages que vous m'avez causés depuis le commencement de votre règne, au mépris de la fidélité que vous me deviez et de l'hommage qui vous lie à moi. Je suis trop vieux aujourd'hui pour revendiquer par la force des armes les terres que vous m'avez prises ; je n'y renonce pourtant point, et, qui plus est, devant Dieu et les barons du royaume, mes *fidèles*, je réclame ici tous les droits de ma couronne sur l'Auvergne (l'Auvergne, depuis l'origine de la féodalité, relevait cependant du duché d'Aquitaine, et non point de la couronne), sur le Berri et Château-Raoul (Châteauroux), sur Gisors et le Vexin normand ; et je supplie le roi des rois, qui m'a donné un fils, d'accorder à mon successeur la grâce de reconquérir ces droits, que mes péchés ne m'ont pas permis de maintenir. Je remets donc la cause du royaume à Dieu, à mon héritier et aux barons de la couronne ! »

Ces paroles firent sur le jeune Philippe-Dieudonné, alors âgé de douze ans, une impression profonde ; la maison royale d'Angleterre éprouva plus tard qu'il ne les oubliait pas.

---

1. Fleuri, *Hist. ecclésiast.* t. XV, p. 390-396.

Louis VII touchait à la fin de sa carrière. Un de ses derniers actes politiques, qui l'honore, fut son intervention dans une guerre civile qui venait d'embraser le Laonnois et les cantons voisins.

En 1174, seize bourgs et villages, sujets de l'évêque de Laon (Anizi, Mons en Laonnois, etc.), avaient profité de la vacance de l'évêché pour acheter du roi une « institution de pairs et de commune » qui les associait en confédération, avec mayeur et jurés, justice par les *pairs*, abolition de mainmorte et de formariage, etc.[1]

Le nouvel évêque, Roger de Rosoi, homme de grande maison, appuyé par ses parents, les comtes de Rouci et de Rethel, les sires de Rosoi et de Pierre-Pont, n'ayant pu obtenir du roi l'abolition de la charte, entreprit de la renverser à force ouverte. La *commune du Laonnois* appela à son aide les paysans du Valois et du Soissonnais, qui aspiraient aux mêmes droits. Les vassaux du domaine royal eurent ordre du roi de secourir les paysans, et le prévôt royal de Laon vint se mettre à leur tête[2]. Les communiers, sans attendre les hommes d'armes du roi, eurent l'imprudence d'attaquer en plaine les escadrons des sires d'Avesnes, de Pierre-Pont et de Rosoi, près du moulin de Saint-Martin de Comporte (entre Anizi et Pinon). Cette « multitude rustique, » malgré sa bravoure, ne put tenir en rase campagne contre une cavalerie couverte de fer; les paysans furent culbutés et taillés en pièces (14 mai 1177). Les vainqueurs ne purent profiter de leur victoire. Le roi, irrité, arrivait en personne avec sa chevalerie. L'évêque s'enfuit. Le roi saisit ses terres, et envahit les domaines de ses alliés. Ceux-ci invoquèrent l'assistance du comte de Hainaut, vassal de l'Empire et indépendant du roi de France. On transigea; le roi reçut à merci les barons rebelles, mais refusa d'abord de pardonner à l'évêque, et poursuivit sa déposition devant la cour de Rome. Rome ne voulut voir, dans l'évêque soldat qui avait versé le sang de ses sujets, que le défenseur des priviléges ecclésiasti-

---

1. Le roi dit concéder cette charte du consentement de sa femme Adèle et de son fils Philippe. Cette intervention des femmes dans les actes du gouvernement est très remarquable. *v. Notice sur la Commune du Laonnois*, par M. Melleville, p. 47.

2. On ne voit pas que les communes de Laon et de Soissons soient intervenues.

ques, et Roger fut absous par les commissaires du pape. Louis VII se résigna à lui restituer ses domaines; mais la commune du Laonnois fut maintenue, quoique le pape en eût ordonné l'abolition (1180)[1].

En l'année 1179, « le roi Louis, dit la Chronique de Saint-Denis, ayant près de soixante ans d'âge » et se sentant atteint de paralysie, « assembla grand concile à Paris de tous les archevêques, évêques, abbés et barons de son royaume, et leur annonça qu'à la fête de l'Assomption prochaine, il vouloit couronner Philippe, son fils, à Reims, par leur conseil et par leur volonté. Les princes et les prélats s'écrièrent tous d'un même cœur et d'un même vouloir : *Ainsi soit fait! Ainsi soit fait!* » Le couronnement, cependant, n'eut pas lieu à l'époque convenue, le jeune Philippe étant tombé malade de peur et de fatigue, pour s'être égaré un soir à la chasse dans la forêt de Compiègne.

Le mal du jeune prince empira tellement, que l'on crut sa vie en danger. « Le roi, père de l'enfant, passait le jour et la nuit à pleurer, repoussant toute consolation. » Une nuit qu'il était accablé de lassitude, il vit en songe Thomas, « le martyr de Cantorbéri, » qui lui ordonna d'aller en pèlerinage à son tombeau, pour obtenir la guérison du jeune Philippe. Louis fit part de cette vision à ses conseillers, qui le détournèrent de se mettre ainsi sous la main de son ennemi Henri II; mais le saint apparut une seconde et une troisième fois, réitérant ses injonctions avec menaces. Louis se décida, et partit pour l'Angleterre avec le comte Philippe de Flandre et plusieurs autres grands barons. Henri II n'abusa point de cette marque de confiance : il vint au-devant de Louis VII jusqu'à Douvres, lui rendit de grands honneurs, et le conduisit en personne au tombeau du bienheureux Thomas. Le roi de France y déposa une coupe d'or en offrande, et octroya aux religieux de Canterbury, par une charte scellée de son scel, cent muids de vin à prendre sur les revenus de la résidence royale de Poissi-sur-Seine. Après avoir passé deux jours en oraison, Louis reprit la route de France, et revint débarquer au port de Wissant, sur la côte de Picardie (aujourd'hui comblé).

1. *Collection de Notices historiq. sur le départem. de l'Aisne*, par M. Melleville; n° 10; *Commune du Laonnois*; 1853.

Le roi, à son retour, trouva son fils en convalescence. Il s'empressa de convoquer à Reims, pour les fêtes de la Toussaint, tous les grands du royaume. Le 1er novembre 1179, le fils de Louis VII fut sacré roi par Guillaume, archevêque de Reims, frère des comtes de Champagne, de Chartres et de Sancerre, et oncle maternel du jeune Philippe, assisté des archevêques de Sens, de Tours et de Bourges.

Les princes et les seigneurs du royaume voulurent tous remplir dans cette cérémonie quelques fonctions honorifiques, et ce fut dans les fables celtiques ou franques popularisées par les trouvères et les troubadours, dans les romans de chevalerie, qu'ils cherchèrent leurs titres et leurs droits. Henri au Court-Mantel porta devant Philippe la couronne d'or qu'on allait poser sur le front de ce prince; il réclama en outre l'office de sénéchal, et celui d'échanson au banquet royal, se fondant sur les droits « du roi Caïus, fondateur de la ville de Caen, et de Beduenus, comte d'Anjou, qui avait été l'échanson de Charlemagne[1]; » cependant il paraît que Philippe, comte de Flandre, qui avait tenu le matin *Joyeuse*, l'épée du grand roi *Karlemaigne*, porta le soir les plats sur la table du roi, privilège du sénéchal. Le jeune roi, arrivé dans la cathédrale, où l'attendait l'archevêque de Reims, subit les questions et fit les réponses d'usage; puis *le sénéchal* (Henri au Court-Mantel, sans doute) lui chaussa les bottines de soie azurée, et le duc de Bourgogne, Hugues III, les éperons d'or; l'archevêque de Reims lui ceignit l'épée, et, la tirant du fourreau : « Prends ce glaive, » dit-il, « pour combattre tes ennemis et ceux de l'Église. » Après quoi, il oignit le jeune roi en sept endroits avec l'huile sainte, et lui donna l'anneau royal, le sceptre et la main de justice, tandis que le sénéchal lui présentait la tunique et le manteau royal. Les hérauts d'armes alors appelèrent par leur nom les barons convoqués; trois fois ils crièrent : « Venez prendre part à cet acte! » puis la couronne fut posée sur la tête du roi, aux acclamations de l'assistance.

Louis VII n'avait point paru au sacre de son fils : saisi d'une nouvelle attaque de paralysie à son retour d'Angleterre, il s'était

---

1. *Chronic. anonymi canonici Laudunensis*. Le chroniqueur fait ici la plus étrange confusion. Le prétendu *roi-sénéchal Caïus* n'est autre que Kaï, le sénéchal d'Arthur, et *Beduenus* est Bedwer, l'échanson du même Arthur dans les contes gallois.

arrêté à Paris, et ne quitta plus le Palais de la Cité (le Palais de Justice), pendant dix mois qu'il languit encore. Ses derniers jours s'éteignirent dans une complète obscurité : toutes les ambitions, toutes les craintes, toutes les espérances se tournaient vers Philippe-*Dieudonné,* qui, malgré son jeune âge, annonçait un prince énergique et *chevalereux.* Aussi, « lorsque trépassa le bon roi Louis, » le 18 septembre 1180, sa mort n'eut dans le royaume aucun retentissement. « Louis, dit un contemporain, fut très dévot envers Dieu, très doux envers ses sujets, et plein de vénération pour les ordres sacrés, mais plus simple qu'il n'eût convenu à un prince; car, se fiant trop aux conseils des grands, qui ne se soucient guère de l'honnêteté ni de la justice, il se souilla de plus d'une tache grave, malgré la bonté de son naturel[1] ». Il ne léguait à son fils ni ses vertus de moine, ni ses défauts de roi.

Dans d'autres temps, un tel roi eût perdu la royauté; Louis VII ne fit qu'en retarder la grandeur. Une force morale, que les fautes et les revers des rois ne pouvaient étouffer, combattait pour le trône, pour cette suzeraineté suprême qui était la clef de voûte de l'édifice féodal; cette force était indestructible, parce qu'elle émanait de l'essence même de la féodalité. Les puissants rivaux des rois de France, les rois d'Angleterre, n'eussent pu en attaquer le principe sans frapper du même coup leur propre autorité. Tous l'avaient bien compris, depuis Guillaume le Conquérant jusqu'à Henri II; de là tant de ménagements parmi tant d'agressions; de là ce caractère précaire d'avantages matériels qui n'entamaient jamais le droit. Tout venait en aide à la royauté; et la littérature savante, qui ressuscitait l'étude du droit impérial romain; et la littérature vulgaire, qui portait tous les esprits vers les romanesques traditions de Charlemagne et de ses *douze pairs*[2], cortège

---

1. Guillelm. Neubrig. l. III, p. 119.
2. Une cérémonie solennelle avait eu lieu récemment au tombeau de Charlemagne. Frédéric Barberousse avait fait lever le corps de ce grand homme du fond de la crypte d'Aix-la-Chapelle, et l'avait placé dans une châsse d'or enrichie de pierreries. L'assemblée, composée de tous les seigneurs ecclésiastiques et laïques de l'Empire, proclama la sainteté du grand empereur (29 décembre 1165). Les papes légitimes ratifièrent cette canonisation faite sous l'autorité d'un anti-pape. v. *Chronic.* Gaufred. Vosiensis. — *Chronic.* Ademar. — Vingt-trois ans après, en 1189, on prétendit avoir découvert, à Glastonbury (l'*Avallon* des bardes), dans le

héroïque dont les trouvères environnaient le grand roi des Franks. Le souvenir de ces *pairs* imaginaires fut pour beaucoup dans les progrès que faisait peu à peu « la cour des pairs de France »; elle n'avait été longtemps qu'un idéal : elle devenait un fait. Les grands vassaux s'habituaient à voir fonctionner une institution centrale destinée à juger leurs différends, sous la présidence du roi, et l'année 1153 en avait présenté une application remarquable : la cour des pairs de France jugea un procès entre Eudes, duc de Bourgogne, et Geoffroi, évêque-comte de Langres, au sujet de fiefs que le duc tenait de l'évêque, et qu' « il ne desservait pas loyalement. » Le duc fut condamné à faire droit aux réclamations de son adversaire.

comté de Sommerset, les restes du roi Arthur, le romanesque rival de Charlemagne. Henri II d'Angleterre les fit placer dans un cercueil magnifique. *v.* Augustin Thierry, *Hist. de la Conq. de l'Anglet.*, t. IV, p. 24, 5ᵉ édit. 1838. Henri II, qui aspirait à conquérir ce qui subsistait de la Cambrie indépendante, avait sans doute supposé cette découverte, afin d'ôter aux Gallois l'espoir du *retour d'Arthur*. Il n'y réussit pas. Les Gallois continuèrent d'attendre Arthur.

LIVRE XXII.

FRANCE FÉODALE

(SUITE).

Progrès de la monarchie féodale. Philippe-Auguste. — Guerres de famille entre les Plantagenêts. — Les routiers et les chaperons blancs. — Premiers succès de Philippe-Auguste. Guerre entre Philippe et Henri II. Mort de Henri II. — Richard-Cœur-de-Lion. — Croisade de Philippe et de Richard. Saladin. Le siège d'Acre. Retour de Philippe. Captivité de Richard. Guerre entre Philippe et Richard. Mort de Richard. Jean-Sans-Terre. — Philippe-Auguste et Ingeburge de Danemark. — Les écoles de Paris. — Conquête de Constantinople et de la Grèce par les croisés français et vénitiens. Empire latin d'Orient. — Meurtre d'Arthur de Bretagne par Jean-Sans-Terre. Conquête de la Normandie, de l'Anjou, du Maine et du Poitou par Philippe-Auguste. Le roi d'Angleterre déchu de ses fiefs par sentence de la cour des pairs de France.

1180—1206.

A un roi de soixante ans, débile et inerte, avait succédé un roi de quinze ans, enfant précoce d'esprit et de corps, avide d'agir et de commander, ayant cet emportement de jeunesse qui plus tard devient de l'énergie, cette opiniâtreté qui devient de la persévérance, et laissant deviner, sous les défauts de son adolescence, les qualités de son âge mûr. Du jour de son sacre, Philippe avait été, de fait, seul roi des Français. Deux factions rivales s'efforcèrent de s'emparer du jeune monarque et de régner sous son nom : d'un côté, la reine-mère et ses quatre frères, les comtes Henri de Champagne, Thibaud de Chartres, Étienne de Sancerre, et Guillaume, archevêque de Reims; de l'autre part, le comte Philippe de Flandre, qui était le parrain du roi, et qui avait dirigé son éducation chevaleresque encore inachevée. La triste fin de Raoul II, comte de Vermandois, mort lépreux en 1167, avait fort augmenté la puissance du comte de Flandre en lui transférant les états de la maison de Vermandois, du chef de sa femme Élisabeth, sœur et héritière de Raoul II. Amiens, Péronne, Saint-Quentin, le Valois, avaient passé sous la domination flamande, qui s'étendait de l'embouchure de l'Escaut jusqu'au midi de la Somme et jusqu'à l'Oise. Les grands fiefs se concentraient de plus en plus.

Le comte Philippe l'emporta auprès de son royal filleul. Philippe II, sans l'aveu de sa mère, alla épouser au Tronc, en Artois, la nièce du comte de Flandre, Isabeau ou Isabelle de Hainaut. Ce mariage était de fort bonne politique; car le comte de Flandre n'avait pas d'enfants, et il avait promis à Isabelle une partie de ses vastes possessions. Isabelle apportait d'ailleurs un nouveau prestige à la royauté capétienne : elle était du sang de Charlemagne ; elle descendait d'Ermengarde, comtesse de Namur, fille du malheureux compétiteur de Hugues-Capet, et la poésie avait réveillé avec trop de puissance les souvenirs de Charlemagne pour que ce ne fût pas là un titre à la popularité. Le roi et le comte ramenèrent la nouvelle reine à Paris, et entrèrent avec elle dans la Cité, aux noëls joyeux du peuple ; l'un des époux avait quinze ans, l'autre, treize.

Les grands du royaume avaient été convoqués à Sens, le jour de la Pentecôte, pour assister au couronnement de la jeune reine ; mais le parti de la maison de Champagne montrait tant d'irritation, qu'on craignit qu'il ne s'opposât de vive force à la cérémonie : on n'attendit pas la cour plénière de la Pentecôte ; le jour de l'Ascension (29 mai 1180), la jeune reine fut couronnée et sacrée à Saint-Denis par l'archevêque de Sens, ainsi que son époux : le roi Philippe reçut une seconde fois l'onction sainte, au grand courroux de l'archevêque de Reims, qui accusa d'usurpation son confrère de Sens. Le comte de Flandre excita le roi à pousser les choses à l'extrême. Philippe retint dans ses mains les châteaux et les terres qui formaient le douaire de sa mère, et lui refusa même la disposition des revenus. Alix, indignée, quitta la cour, passa en Normandie avec ses frères, et sollicita le secours de Henri II. Le roi d'Angleterre n'abusa pas de sa position pour fomenter les troubles de France : il réconcilia la mère et le fils, et conclut pour son propre compte un traité d'alliance avec le jeune Philippe (28 juin 1180).

La bonne intelligence ne dura guère entre le jeune roi et son parrain de Flandre. Philippe de France ne se laissa pas plus gouverner par Philippe de Flandre que par sa mère et par les princes de Champagne. Philippe de Flandre sortit à son tour de Paris, emmenant la reine sa nièce, et pactisa avec ses anciens adversaires contre le roi. Une ligue redoutable s'organisa; les princes champenois y firent entrer Hugues III, duc de Bourgogne; le comte de Flandre y entraîna aussi les comtes de Hainaut et de Namur, et d'autres seigneurs belges, étrangers au royaume. Les grands vassaux français s'inquiétaient déjà des dispositions dominatrices qu'annonçait le jeune Philippe. Si les Plantagenêts se fussent joints aux barons coalisés, la position du roi eût semblé désespérée; mais, tout au contraire, Henri II garda loyalement le traité de l'année précédente, et ses fils, dépassant ses intentions, prêtèrent à Philippe l'assistance la plus efficace. Leurs fougueuses passions n'étaient pas sans mélange de générosité chevaleresque, et l'âge du jeune roi les avait intéressés. Philippe, d'abord repoussé, dans le Berri, par les princes champenois, reprit l'offensive avec l'aide de Henri au Court-Mantel et de ses *Brabançons* : ils ravagèrent ensemble les possessions du comte de Sancerre, puis la Champagne et la Bourgogne, tandis que le comte de Flandre saccageait de son côté les territoires de Noyon et de Senlis (fin 1181). La mort de la comtesse de Vermandois, femme du comte de Flandre (avril 1182)[1], compliqua encore la querelle : le roi réclama l'héritage de cette princesse, cousine issue-de-germain de son père. Philippe de Flandre prétendit garder la succession, en vertu d'une donation de sa femme. Henri II interposa derechef sa médiation, et l'on traita sous ses auspices dans un parlement assemblé à Senlis. Le comte de Flandre remit l'Amiénois au roi, garda viagèrement le reste des états de Vermandois, et confirma la promesse d'une partie de son propre héritage (l'Artois) à la reine sa nièce. La maison de Champagne, dont le chef[2], Henri Ier, était mort en 1181 et avait eu pour successeur son fils Henri II, se raccommoda aussi avec le roi.

La modération bienveillante du roi Henri II envers l'héritier de Louis VII était singulièrement contradictoire avec la politique antérieure du monarque angevin; il anéantissait lui-même les

---

1. *v.* ci-dessus, p. 386, sur la tragique histoire de cette princesse.
2. Henri, dit le *Large* (le libéral), avait accordé la commune à la ville de Meaux, en 1179.

plans de toute sa vie, en étayant le pouvoir suzerain qu'il avait si longtemps miné. Ce n'était pas que Henri fût affaibli par les années : il était encore dans la vigueur de l'âge ; mais le chagrin le dévorait et lui faisait prendre en dégoût l'objet de ses ambitions : loin d'être secondé par ses fils, loin de pouvoir leur léguer ses projets et sa grandeur, il ne voyait en eux que des ennemis, que des insensés, toujours prêts à s'entre-déchirer, à se révolter contre leur père, et à ruiner de leurs propres mains la fortune de leur maison ; la guerre n'était pas pour eux un moyen, mais un but ; ils prenaient les armes au hasard et sous la première bannière venue, non pour faire des conquêtes, mais pour s'enivrer de la poésie des combats, du pillage et de l'incendie. Un esprit d'anarchie et de désorganisation se propageait autour d'eux dans tous les états de la maison d'Anjou, et Henri II avait bien assez de défendre sa monarchie ébranlée de toutes parts, sans songer à l'agrandir dorénavant aux dépens de la couronne de France. Les troubles d'Aquitaine recommençaient, ou plutôt n'avaient pas cessé : Henri II ayant voulu obliger Richard et Geoffroi à faire hommage à leur frère, « au roi Henri au Court-Mantel », pour l'Aquitaine et la Bretagne, afin de rétablir l'unité de la monarchie gallo-anglaise, Richard se révolta, et non-seulement Geoffroi, mais l'aîné Henri lui-même, fasciné par l'implacable Bertrand de Born, s'associèrent au rebelle. Les barons du Midi étaient partagés, et les deux factions étaient animées de la plus furieuse haine. Quand les jeunes princes, surtout Henri au Court-Mantel, cédaient au repentir et tâchaient de se rapprocher de leur père, le parti national aquitain se jetait entre le père et les fils, et rompait les négociations par des violences inouïes. Un jour que le roi était entré dans Limoges pour conférer avec Geoffroi, la garnison du château lança sur le vieux monarque une grêle de traits qui percèrent sa cotte d'armes et blessèrent son cheval. La fin prématurée de Henri au Court-Mantel ôta, sur ces entrefaites, aux Aquitains leur prétexte et leur drapeau. Henri « le Jeune », attaqué d'une violente dyssenterie, fit supplier Henri « le Vieil » de le venir voir au Château-Martel, près de Limoges ; le roi soupçonna un nouveau piége dans cette demande, et ne s'y rendit pas. Quelques jours après, on lui annonça la mort de son fils aîné (11 juin

1183. Cette mort réconcilia le vieux roi et le duc Geoffroi, qui montrèrent une égale douleur. Les Aquitains, cependant, ne posèrent pas les armes. Le roi Henri, malgré son violent chagrin, n'en poussa la guerre qu'avec plus de vigueur. Il emporta d'assaut la ville et le château de Limoges « le lendemain même des funérailles de son premier-né »; puis il mit le siège devant Hautefort, en Périgord, principal manoir de son mortel ennemi Bertrand de Born. Bertrand fut obligé de remettre à la discrétion du roi d'Angleterre et sa personne et ses tours, du haut desquelles il avait tant de fois lancé ces *sirventes* de flamme qui enfantaient des armées.

« Eh bien! Bertrand », dit le monarque d'un ton ironique, « vous disiez n'avoir en aucun temps besoin de la moitié de votre sens pour vous tirer de péril; mais sachez qu'aujourd'hui vous aurez grand besoin de tout. — Seigneur, répliqua Bertrand, je l'ai dit, et je maintiens mon dire. — Et moi, dit le roi, je crois que votre sens vous a failli. — Oui, seigneur, reprit lentement Bertrand de Born, il m'a failli le jour où le vaillant jeune roi, votre fils, est mort; ce jour-là, j'ai perdu sens, savoir et connaissance! » Au nom de son malheureux fils, le roi Henri fondit en larmes et s'évanouit : « Ah! Bertrand! Bertrand, reprit-il en revenant à lui, vous avez bien droit et raison d'avoir perdu le sens pour mon fils, car il vous voulait plus de bien qu'à nul homme en ce monde. Je vous rends mon amitié et mes bonnes grâces, et vous octroie cinq cent marcs d'argent pour les dommages que vous avez reçus »[1]. Ce trait de sensibilité touchante surprend de la part d'un prince dont la vie avait été souillée par tant d'actes de violence et de brutalité; mais le moyen âge avait conservé des âges barbares cette extrême mobilité d'impressions, qui caractérise l'enfance des peuples comme celle de l'homme. Les hommes de ces temps étaient encore susceptibles de commettre, presque dans le même instant, les cruautés les plus barbares et les plus généreuses actions : le chevalier chrétien ressemblait encore beaucoup aux guerriers germains ses devanciers. Les caractères logiques et soutenus étaient fort rares, et ne se rencontraient guère que parmi la classe

---

1. Raynouard, *Choix des poésies originales des Troubadours*, t. V, p. 86-87.

lettrée, parmi les clercs. La générosité de Henri II contribua plus que ses victoires à désarmer les insurgés : la paix, toutefois, ne fut complètement rétablie dans l'Aquitaine qu'en 1185. Richard Cœur-de-Lion, désormais héritier présomptif du trône d'Angleterre, conserva le gouvernement de la *Guyenne*, et rendit le Poitou à sa mère, que Henri II remit définitivement en liberté.

Les hostilités continuaient toujours, dans la Provence et la Septimanie, entre le roi d'Aragon Alphonse II et le comte de Toulouse Raimond V. La mort du comte de Provence Raimond-Bérenger, tué par un chevalier toulousain en 1181, avait réuni tous les domaines de la maison de Barcelonne entre les mains d'Alphonse. Les provinces du Midi étaient en proie à des maux qui présageaient déjà les horribles calamités dont elles devaient être plus tard accablées. Les dissidences religieuses grandissaient de jour en jour. La croisade venait d'être prêchée, une première fois, contre les hérétiques, par Henri, abbé de Clairvaux, devenu légat et cardinal-évêque d'Albano : Henri, en 1181, entra, à la tête d'une multitude de catholiques armés, sur les terres du vicomte de Béziers, qui passait pour le grand protecteur de l'hérésie. Le château de Lavaur fut pris de vive force par les bandes du légat. Le vicomte et ses principaux feudataires confessèrent la foi catholique, et détournèrent ainsi l'orage. Une autre guerre désolait au loin le pays ; guerre sans paix ni trêve, car des bandes féroces de Basques, de Navarrois et d'Aragonais, les *Brabançons* du Midi, pillaient, tuaient et violaient pour leur propre compte, quand les princes cessaient de les solder. Le Midi n'était pas seul ravagé. « Sur tout le territoire de la France, dit le chroniqueur Rigord, on ne rencontroit que *routiers* et *cottereaux*, gens mal avisés et sans crainte de Dieu aucune : nul n'osoit plus sortir des cités ni des châteaux, tant la campagne en étoit remplie ». Le concile de Latran, en 1179, avait lancé l'anathème contre tous ces brigands et contre ceux qui les soutenaient et employaient leurs armes, en enjoignant à tous les fidèles de courir sus aux larrons maudits « qui n'épargnaient églises ni monastères, veuves ni orphelins[1] ». Une pieuse fraude fit plus que les prescriptions du concile.

---

1. Ce concile, composé de plus de trois cents évêques, publia des décrets fort importants : il ordonna, pour prévenir de nouveaux schismes, que le candidat a

L'église de Notre-Dame du Puy-en-Velai était un des lieux de pèlerinage les plus fréquentés qu'il y eût en France; chaque année, princes, gentilshommes, riches bourgeois, affluaient au Puy à la fête de Notre-Dame, et « y faisoient grandes dépenses et largesses[1] ; » une foule de marchands apportaient leurs denrées de bien loin, et les étalaient dans un magnifique *champ de foire*: la foire de Notre-Dame faisait toute la prospérité du pays. Mais maintenant la Notre-Dame revenait en vain ; les pèlerins ne paraissaient plus : la peur des cottereaux rendait toutes les routes désertes. Un chanoine de Notre-Dame du Puy, fort chagrin de la décadence de sa cité et de son église, s'avisa d'une singulière manœuvre pour y remédier. Il y avait au Puy un pauvre charpentier, nommé Durand, homme simple, mais respecté à cause de sa grande dévotion. Une nuit que Durand était en oraison dans l'église Notre-Dame, voici qu'il vit venir à lui une personne habillée comme on représente d'ordinaire la sainte Vierge. L'apparition le somma de prêcher une ligue chrétienne contre tous les larrons et *robeurs* du bien d'autrui, et lui remit un sceau où était gravée l'image de Notre-Dame tenant l'enfant Jésus, avec la légende suivante : « Agneau de Dieu, qui ôtes les péchés du monde, donne-nous la paix. »

Durand publia aussitôt sa vision, et montra le sceau miracu-

la papauté qui aurait les deux tiers des voix serait reconnu pape légitime ; il ordonna que personne ne serait élu évêque qu'il n'eût trente ans accomplis, tâcha de réduire le luxe des prélats, «pour ôter tout prétexte aux faux apôtres» ; défendit aux évêques et abbés de commettre des exactions sur les églises, et de rien exiger pour l'installation des prêtres ou pour l'administration des sacrements, qu'«on refusait à qui ne les pouvait payer». La défense faite aux moines d'exercer les fonctions de baillis, d'avocats, etc., fut étendue aux prêtres, diacres et sous-diacres. Le concile interdit aux magistrats des villes de «diminuer la juridiction des seigneurs d'église sur leurs sujets», et d'étendre les taxes municipales aux clercs. Par compensation, d'autres canons furent favorables aux masses, tels que la défense aux petits seigneurs d'établir de nouveaux péages ou autres exactions sur les chemins sans l'autorité des souverains; les pirates et ceux qui pillaient les naufragés en vertu du prétendu droit de *bris et naufrage* furent excommuniés, ainsi que les chrétiens qui prenaient du service sur les navires des Sarrasins, ou qui leur vendaient des armes, du fer ou du bois pour la construction des vaisseaux. Le concile lança de formidables excommunications contre les hérétiques «qui remplissaient la Gascogne, l'Albigeois, le pays toulousain et d'autres lieux». Fleuri, *Hist. ecclés.* t. XV, p. 406.

1. Il y avait là de grands concours poétiques entre les troubadours.

leux; à cette nouvelle, les barons, les chevaliers et tout le peuple des cantons voisins accoururent au Puy; le jour de l'Assomption, Durand leur commanda hardiment, « de par notre Seigneur », qu'ils gardassent la paix entre eux. Tout le monde prêta serment « avec larmes et soupirs : on fit empreindre en étain le scel où était l'image de Notre-Dame, » et les *confrères de la paix* le portèrent cousu sur des chaperons blancs, taillés à la façon des scapulaires des moines : ils jurèrent de ne point jouer aux dés, d'éviter les excès de table, les paroles et les imprécations déshonnêtes, et de faire guerre à mort à tous Brabançons, routiers, cottereaux et Aragonais. C'était la *Guerre de Dieu* après la *Trève de Dieu!* Le clergé appuya vivement cette prise d'armes, car les cottereaux le poursuivaient partout avec rage, ce qui les faisait confondre avec les hérétiques, bien qu'ils ne fussent qu'ennemis de toute foi et de toute loi. « Ils brûloient les églises, raconte Rigord, ils traînoient avec eux les prêtres et les religieux chargés de liens, et les appeloient *cantadors* (chanteurs) par dérision : — *Cantadors, cantez, cantadors!* leur disoient-ils, en leur donnant des soufflets et en les battant de grosses verges. Ils prenoient l'Eucharistie de leurs mains souillées de sang humain, la jetoient à terre et la fouloient aux pieds; leurs *méchines* (courtisanes) faisoient voiles et couvre-chefs des *corporaux* sur quoi l'on pose le précieux corps de Notre Seigneur au sacrement de l'autel ».

La confrérie de la paix ou des *Chaperons blancs* gagna bientôt les provinces du centre de la France. Une armée entière de cottereaux, qui se dirigeait de l'Aquitaine sur la Bourgogne, après la mort de Henri au Court-Mantel, étant entrée dans le Berri, le peuple de cette région se leva en masse, et les *Chaperons blancs*, renforcés par quelques chevaliers et hommes d'armes du roi, assaillirent hardiment les brigands. Le nombre et la soif d'une juste vengeance l'emportèrent sur l'habitude des armes; les cottereaux furent écrasés; on prétend que sept mille d'entre eux restèrent sur la place; beaucoup furent pris (20 juillet 1183). Les prêtres se vengèrent impitoyablement : ils firent torturer et brûler comme hérétiques les bandits captifs, parmi lesquels se trouvaient quinze cents femmes de mauvaise vie. Les *Frères de la Paix* remportèrent encore plusieurs victoires sur ces hordes vagabondes ; mais bientôt ils inspirèrent aux princes et aux nobles plus de crainte et de haine que les bandits eux-mêmes : le souffle qui avait soulevé les communes pénétra dans cette grande réunion populaire ; des bandes de *Chaperons blancs* se mirent à parcourir les campagnes la pique au poing, prêchant l'égalité naturelle des hommes, et défendant aux seigneurs, clercs ou laïques, de lever des taxes ou des tailles sur leurs sujets sans l'autorisation de la *Confrérie*. Le roi, les prélats, les grands et les chevaliers, qui avaient d'abord officieusement appuyé la confrérie, employèrent alors tous les moyens pour la dissoudre, et y réussirent, à la suite de quelques échecs que les *Chaperons blancs*, abandonnés par la chevalerie et emportés par une fougue imprudente, essuyèrent contre les routiers. Cependant le but primitif de la confrérie fut en partie atteint : la France centrale et royale fut à peu près délivrée des bandits, qui, las de tant de résistance, se retirèrent presque tous vers la Septimanie et l'Aquitaine, où ils étaient honteusement protégés par les princes, surtout par le comte de Toulouse et par Richard Cœur-de-Lion.

La guerre, à peine apaisée dans le Sud-Ouest entre le roi d'Angleterre et ses fils, se rallumait dans le Nord entre le roi de France et son parrain le comte de Flandre. Philippe de Flandre s'étant remarié en 1184 avec une princesse de Portugal, le jeune roi craignit que le comte ne prît des mesures pour transmettre aux enfants qu'il aurait de sa seconde femme le Vermandois, ainsi que la portion des états flamands qu'il avait promise à la reine sa nièce (c'étaient Arras, Saint-Omer, Aire et Térouenne). Philippe de France réclama donc immédiatement les domaines de Vermandois et la dot promise à sa femme ; Philippe de Flandre répondit en appelant aux armes ses nombreux vassaux, qui ne se montrèrent pas moins irrités que lui-même des prétentions du roi.

« La commune de Gand, dit un poëte chroniqueur[1], « orgueilleuse de ses maisons fortifiées de tours, de ses trésors et de sa grande population, mit sur pied vingt mille hommes armés en

---

1. Guillelm. Armorican. *Philippid.* l. II. C'est une vie de Philippe-Auguste, en vers latins, œuvre d'un Breton qui a lu l'*Énéide* avec profit. Guillaume *le Breton* était chapelain du roi.

guerre : Ypres, cité habile dans l'art de teindre les laines, leva deux légions ; la puissante Arras, ville antique, pleine d'opulence, âpre au gain et se complaisant dans l'usure, et Bruges, qui fabrique des chausses pour couvrir les jambes des barons, Bruges, riche de ses prés, de ses champs fertiles et du beau port qui l'avoisine, ne secondèrent pas moins vigoureusement leur prince. Avec même ardeur s'arma Lille, riante cité, peuple subtil et ami du lucre, Lille que décorent ses marchands pleins d'élégance dans leur parure, et qui fait briller dans les royaumes étrangers ses draps de couleurs variées, qu'elle échange contre l'or dont elle est si fière ». Toutes les villes de Flandre et d'Artois envoyèrent leurs milices sous l'étendard au lion, insigne de leur comte. Philippe de Flandre s'estima invincible lorsqu'il vit ainsi rassemblés autour de lui ses Flamands, « gent opulente en toutes choses, mais fatale à elle-même par ses discordes intestines[1], » dit le poëte chroniqueur, « race simple en sa nourriture, sobre de boisson, facile à la dépense, recherchée dans ses vêtements, belle et haute de taille, au visage coloré, à la peau blanche. » Le comte de Flandre, à la tête de cette grande armée bourgeoise, semblait le roi des communes. Amiens chassa les officiers de Philippe de France et reçut les hommes de Flandre. Corbie, au contraire, se défendit contre les Flamands. Le comte laissa devant Corbie une partie de ses gens, et se jeta sur l'Ile-de-France, en se vantant d'aller planter sa bannière sur le Petit-Pont et dans la rue de la Calandre (près de Notre-Dame de Paris).

Il s'arrêta cependant à quelques lieues de Paris, et, craignant d'être coupé par l'armée royale assemblée à Senlis, il se replia jusque dans l'Amiénois, suivi de près par le jeune monarque. Le choc n'eut pas lieu. Le comte Philippe craignit sans doute que ses bataillons de *communiers* n'eussent le désavantage en plaine contre la chevalerie du roi. Il sollicita l'entremise de l'archevêque de Reims et du comte de Chartres. Les oncles du roi firent consentir, non sans peine, le jeune Philippe à une trêve de huit jours, et

---

1. Les villes de Flandre s'étaient partagées en deux factions, les *Isengrins* (les loups) et les *Blavotins*, ou partisans des Blavets, famille puissante de Furnes. Cette querelle, dont on ne sait pas même l'origine et le motif, se perpétua de génération en génération, et fit couler des torrents de sang. *V.* Meyer, Guillaume le Breton, l. II et III, et Lambert d'Ardres.

engagèrent le roi d'Angleterre et le cardinal-évêque d'Albano, légat du pape, à se porter médiateurs. Les conditions de paix furent assez avantageuses au roi, dont les prétentions sur l'héritage d'Élisabeth de Vermandois étaient bien fondées. La plus grande partie de cet héritage lui fut dévolue, et le comté d'Amiens fut réuni à la couronne avec une portion du Vermandois. Saint-Quentin et Péronne demeurèrent viagèrement au comte de Flandre, et leur réversibilité fut assurée au roi, avec celle de l'Artois (1185).

Le roi Philippe tourna ensuite ses armes contre Hugues III, duc de Bourgogne. Ce duc avait des vices tout contraires à ceux de ses prédécesseurs; aussi turbulent que ses devanciers avaient été fainéants, il ne se plaisait que dans le désordre. « C'étoit, disent les chroniques, un grand déprédateur des biens de l'Église, un enleveur de damoiselles et un baron de grands chemins ». Ce puissant seigneur, ce prince du sang royal, n'avait pas honte d'aller en personne détrousser les marchands, comme un routier ou un cottereau. Philippe, encouragé par ses premiers succès, cherchait les occasions de faire intervenir partout la royauté, et commençait à affecter de ressaisir le rôle social et protecteur qu'avait pris son aïeul et qu'avait laissé échapper son père. Il invita le duc à respecter les églises et « le patrimoine du Christ » : le duc ne tint compte de ses prières, et fortifia soigneusement sa résidence de Châtillon-sur-Seine, comme pour défier son suzerain. Hugues III était un adversaire assez redoutable : vaillant homme d'armes, quoique *discourtois*, il régnait sur des domaines fort étendus; le Dauphiné de Viennois lui appartenait par son mariage avec Béatrix d'Albon, héritière des dauphins ou comtes de Viennois[1], et le comté de Nevers, le Bourbonnais, le Forez, etc., relevaient de lui. Le jeune roi n'hésita pas, et accueillit avec solennité les plaintes des prélats de Bourgogne contre les exactions de Hugues. Philippe avança hardiment le principe que les églises relevaient partout directement de la couronne. Son père, d'après

---

1. La réunion de la Bourgogne et du Dauphiné ne dura pas. André de Bourgogne, second fils du duc Hugues III, fonda la seconde maison des dauphins, tandis que le fils aîné Eudes III, né d'un premier lit, succédait au duché de Bourgogne.

les conseils de Suger, avait déjà revendiqué le même droit sur les communes. Les actes répondirent aux paroles. Châtillon-sur-Seine fut investi et battu en brèche par les « mangonneaux, les pierriers et mainte autre manière de *tourments* » (*tormenta*, machines de guerre); l'enceinte du château fut forcée : on y trouva de grandes richesses que le roi distribua libéralement à ses gens d'armes. Les assiégés s'étaient réfugiés dans le donjon; mais une mine ouvrit passage aux assaillants, et la garnison, à la tête de laquelle était Eudes, fils du duc de Bourgogne, fut forcée de se rendre. Le duc, voyant sa forteresse ruinée et son fils prisonnier, abaissa son orgueil devant le jeune vainqueur : il se soumit à la peine que lui voudrait imposer Philippe. Le roi lui fit jurer qu'il réparerait le tort fait aux églises bourguignonnes, et livrer trois châteaux en garantie de ces réparations et de l'amende qu'il lui imposait.

L'amende et les châteaux furent bientôt remis au duc. Philippe, dont l'intelligence précoce égalait le courage, avait voulu faire sentir à Hugues que la suzeraineté royale n'était plus un vain mot, mais non pas le poursuivre à outrance; car il prévoyait le moment où il aurait à réclamer le concours de ses vassaux contre le plus formidable d'eux tous, contre celui qui était l'objet de l'envie universelle. Toute la modération du roi Henri ne pouvait empêcher que la lutte des deux couronnes ne se renouvelât prochainement, et les services récents ne faisaient pas oublier les anciennes injures. Philippe travailla donc à ménager les grands, tout en les dominant, et surtout à entretenir la vieille alliance de sa maison avec l'Église. Avant de s'attaquer au duc de Bourgogne, il avait déjà réprimé les violences d'autres barons, qui pillaient les biens ecclésiastiques; il se rendit peut-être encore plus agréable au clergé en l'assistant contre d'autres ennemis. Henri II soutenait les hordes impies des soldats mercenaires, et tolérait les hérétiques; Philippe punissait les premiers avec une louable énergie, les seconds avec une rigueur barbare. Dès son avénement au trône, « ayant horreur et abomination des horribles serments que les joueurs de dés font souvent dans les *courts* et les tavernes, il commanda que, si nul, chevalier ou autre, faisoit tels serments en sa cour, il fût plongé en la rivière ou en quelque marc. » Il étendit cette mesure à tout son domaine ; mais les riches furent admis à se racheter moyennant vingt sous d'amende, et les pauvres seuls subirent la rigueur de l'édit. Philippe se montra bien plus cruel envers les hérétiques ou *patérins*. Il fit condamner au bûcher par ses tribunaux tous ceux qu'on put saisir dans le domaine royal [1].

Le comte de Flandre avait peut-être été pour beaucoup dans ces exécutions sanglantes, qui eurent lieu durant les premières années de Philippe-Auguste. Philippe de Flandre pratiquait les mêmes rigueurs sur ses propres terres. En 1183, nombre d'hérétiques, nobles et roturiers, clercs, chevaliers, paysans, vierges, veuves et femmes mariées, furent accusés à Arras, devant Guillaume, archevêque de Reims, et Philippe, comte de Flandre : condamnés par sentence de l'archevêque, ils furent tous livrés aux flammes par la cour du comte, « et leurs biens furent partagés entre le prélat et le prince ». Ce dernier trait explique le zèle impitoyable des souverains.

L'intérêt fiscal n'avait pas eu moins de part que le fanatisme religieux à la persécution exercée par Philippe-Auguste contre les juifs dès les premiers mois de son règne. « En ce temps, disent Rigord et la Chronique de Saint-Denis, les juifs habitoient à Paris et dans tout le royaume en trop grande multitude : les plus grands et les plus sages de la loi de Moïse (les principaux rabbins[2]) étoient venus en France et résidoient à Paris : ils y demeurèrent si longuement et s'y enrichirent si bien, qu'ils achetèrent près de la moitié de la Cité, et, contre les décrets de la sainte Église, ils avoient

---

1. *Philippid.* l. I. — *Chron. de Saint-Denis.*
2. « A Paris, dit le juif Benjamin de Tudéla dans la relation de ses voyages, à Paris sont des disciples de la sagesse qui n'ont point aujourd'hui leurs semblables dans toute la terre. » Un mouvement intellectuel très remarquable s'était développé chez les juifs depuis le onzième siècle, sous l'influence de la civilisation arabe. Les intérêts d'argent et l'éternelle attente du Messie ne préoccupaient plus exclusivement les Hébreux. Des savants et des philosophes illustres s'étaient élevés parmi eux, et le Tolédan Aben-Ezra et le Cordouan Moïse-Aben-Maimoun (*Maimonides*) faisaient briller le flambeau de la raison parmi les superstitions de la Kabbale et les rêveries du Talmud. Tous deux commentèrent la Bible en libres penseurs, et employèrent à l'explication du livre saint la logique et la métaphysique d'Aristote, dont les ouvrages, traduits en arabe, envahissaient alors toutes les écoles musulmanes. Ce fut en partie par l'intermédiaire de ces doctes rabbins qu'Aristote passa des écoles arabes dans les écoles chrétiennes.

des serviteurs chrétiens avec eux dans leurs hôtels, et ouvertement les faisoient judaïser et départir de la foi chrétienne. Les bourgeois, les chevaliers et les paysans de toute la contrée étoient en telle sujétion envers eux par *les grandes sommes* qu'ils leur devoient, que les juifs prenoient les meubles et possessions de ces pauvres chrétiens, les obligeoient à les vendre, ou retenoient dans leurs maisons les débiteurs, comme captifs en *chartres*. Les juifs souilloient les ornements d'église qui leur étoient remis en gage, faisoient soupes au vin à leurs *juitiaux* (petits juifs) dans les calices bénits et consacrés à Dieu. Quand le bon roi sut que la foi de Jésus étoit ainsi déprisée, il fut ému de compassion, et se ressouvint avoir ouï dire maintes fois, aux enfants nourris avec lui au Palais, que les juifs de Paris prenoient chaque année un enfant chrétien, le jour du saint vendredi, le menoient en des grottes sous terre, et le crucifioient en haine de Notre-Seigneur[1]. Le roi Philippe alla consulter un ermite, ayant nom Bernard, très saint homme, qui lui conseilla de *tenir quittes* tous les chrétiens des dettes qu'ils devoient aux juifs, de mettre tous les juifs hors de son royaume et de retenir pour son usage la cinquième partie des créances de ces infidèles... Ainsi fut fait... En l'an 1181 (avril), le roi commanda que tous les juifs s'apprêtassent à quitter le royaume de France, et qu'ils fussent tous dehors à la fête Saint-Jean-Baptiste de l'année suivante : il leur donna licence de vendre seulement leurs meubles, et retint les biens-fonds qu'ils avoient achetés ». Quelques juifs se firent baptiser, et le roi leur rendit leurs biens : les autres firent de grands dons et de plus grandes promesses aux barons et aux prélats pour obtenir leur intercession ; mais Philippe fut inexorable, et les juifs partirent au mois de juin 1182. Leurs synagogues furent changées en églises.

Tous les seigneurs ne suivirent pas l'exemple du roi ; les juifs ne furent expulsés ni des états anglo-normands ni des seigneu-

---

1. Louis VII et le comte Thibaud de Chartres avaient fait brûler plusieurs juifs accusés de ce crime, et deux enfants, nommés Richard de Pontoise et William ou Guillaume, étaient honorés comme martyrs des juifs, l'un à Paris, l'autre en Angleterre. Le fanatisme sombre et farouche de la classe la plus infime des juifs, exaltée par la persécution, rend ces imputations croyables dans de certaines limites. Quelque crime réel aura donné lieu à nombre d'accusations injustes. — Rigord. — Bromton.

lies du Midi. Partout cependant les peuples catholiques applaudissaient aux pieuses violences de Philippe, et poussaient leurs princes à imiter le roi de France. Aussitôt après la mort de Henri II, qui, tant qu'il vécut, empêcha les persécutions religieuses, les Anglais massacrèrent leurs juifs à Londres, à York, et dans beaucoup d'autres villes.

Ainsi, tout servait la popularité de Philippe, le mal comme le bien ; ses actes les plus condamnables correspondaient aux passions de l'époque. Il employa d'autres moyens plus légitimes pour gagner l'affection de la bourgeoisie, et se laissa emporter par le mouvement municipal qui reprenait une nouvelle impulsion à chaque avénement royal. Philippe confirma et renouvela un certain nombre de chartes de villes, données ou ratifiées par son père et son aïeul. « Les gens de Chaumont (en Vexin), est-il dit dans une de ses ordonnances, seront exempts de toute taille et impôts *injustes* (arbitraires) : il y aura commune en la ville et les faubourgs, et, si quelqu'un nuit aux bourgeois, ils pourront se faire justice par les armes. » Il autorisa la fondation de beaucoup de petites communes, sans accorder toutefois la même faveur aux grandes cités du domaine. Louis VII, en 1180, avait affranchi tous les serfs ou *gens de corps* d'Orléans et environs à cinq lieues à la ronde, expiant ainsi ses anciennes rigueurs envers les Orléanais. Philippe confirma cette charte, et, en 1183, déchargea de toute taxe et taille, c'est-à-dire de tout impôt direct, les hommes d'Orléans et d'une banlieue fort étendue[1], et promit de ne pas les mander dorénavant à ses plaids plus loin qu'Étampes, Ivri ou Lorris, et de ne saisir préalablement, en cas de procès, ni eux, ni leurs femmes, fils ou filles; il réduisit enfin le maximum des amendes à 60 sous d'argent. La même année, de nouveaux priviléges furent accordés aux Orléanais au prix d'une taxe de deux deniers par mesure de blé ou de vin : la répartition de la taxe fut confiée à dix bourgeois élus, agissant de concert avec les sergents royaux. Dans la même année, Fontainebleau obtint une charte de commune : la charte accordée par Louis VII à Compiègne fut confirmée en 1186; en 1187, Philippe confirma les coutumes de

---

1. Bourges avait aussi une très vaste banlieue. C'était un reste de l'organisation romaine des cités.

Tournai, qui, de temps immémorial, jouissait d'une grande liberté sans porter le titre de commune. Les magistrats de Tournai, vers le milieu du douzième siècle, se qualifiaient de sénateurs, ou, autrement, prévôts, échevins et jurés. Tournai était une véritable république, indépendante de son évêque[1] et du comte de Flandre, et relevait directement de la couronne de France : une sorte de prestige historique entourait cette ville, qui avait été le berceau de l'empire des Franks. Les chartes de Pontoise, Poissi, Montreuil-sur-Mer, sont de 1188. Sens, si maltraité jadis par Louis VII, continuait de lutter contre les seigneurs d'église depuis quarante ans, et avait recouvré de fait les franchises qui lui étaient refusées en droit. Philippe, en 1189, lui octroya enfin une charte de commune[2].

1. L'évêché de Tournai, uni, depuis le sixième siècle, à celui de Noyon, en avait été séparé par le pape au milieu du douzième siècle.
2. *Ordonnances des rois de France*, t. XI, p. 262, et *passim*. « Les chartes de communes, dit M. Aug. Thierry, offrent en général trop peu de détails sur la manière dont on procédait à l'élection des magistrats municipaux. A Péronne, les douze mairies des métiers, réunies séparément chaque année, élisaient vingt-quatre personnes, savoir : deux par corps de métiers. Ces vingt-quatre élus, après avoir prêté serment, choisissaient dix jurés parmi tous les habitants, à l'exception des vingt-quatre électeurs. Les dix jurés ainsi élus en choisissaient dix autres, qui, réunis aux dix premiers, en choisissaient encore dix... Les trente jurés, après avoir prêté serment, élisaient un maire et sept échevins. Entre les trente jurés, il ne pouvait pas y en avoir plus de deux qui fussent parents. A Douai, tous les bourgeois s'assemblaient par paroisses dans les églises, et choisissaient onze personnes pour six paroisses; celle de Saint-Amet n'en élisait qu'une. Ces onze prêtaient serment d'élire sans brigue et sans corruption douze échevins pour gouverner *la loi de la ville* pendant l'année, et six personnes *pour prendre garde sur les mises et dépenses* (Ainsi, à Douai, la justice et la police étaient séparées de l'administration financière; il y avait là progrès constitutionnel). A Tournai, *les chefs d'hôtels* (chefs de maisons) s'assemblaient à son de cloche en la halle, et, après avoir prêté serment, ils élisaient, parmi toutes les paroisses de la ville, selon leur population respective, trente *prud'hommes* appelés *esgardeurs*, qui, à leur tour, élisaient vingt jurés, et, parmi ces jurés, deux prévôts qui ne devaient pas être parents ni appartenir au même métier. Les trente *esgardeurs* choisissaient en outre quatorze échevins parmi *les prud'hommes bourgeois hérités et nés de la ville* ». (*Lettres sur l'Hist. de France*, p. 392, édit. 1836). Le maître échevin de Metz fut élu à vie par les clercs et par le peuple jusque vers 1180; mais l'évêque, trouvant ce chef populaire trop redoutable, fit tant, par ses intrigues, que l'élection devint annuelle et fut remise à six électeurs de second degré. Il semble que le système des élections indirectes ou à deux degrés finit par dominer assez généralement. Ce système put rendre parfois les démocraties communales moins tumultueuses et plus durables; mais souvent aussi il amortit l'esprit démocratique et étouffa la vie politique des cités.

Philippe sanctionna en outre diverses chartes octroyées par des seigneurs à leurs vassaux, entre autres celle de Saint-Denis. L'abbé Hugues exempta les bourgeois de sa ville et leurs hoirs de « toute rapine, taille, prise », etc., moyennant le payement annuel de 128 livres *parisis* à lui et à ses successeurs ; plus, de 60 livres « pour la pitance des frères (les moines de Saint-Denis) ». L'événement prouva que l'abbé Hugues avait agi en homme de sens ; car de cette époque data la prospérité de la fameuse foire du *Landit*, qui attirait chaque année à Saint-Denis tout Paris et les environs ; et ce grand mouvement commercial ne fut pas moins profitable à l'abbaye qu'à ses sujets. Louis VI et Louis VII n'étaient intervenus que dans des villes de seigneurie ecclésiastique, ou, du moins, partagées entre divers sires, hors du domaine direct de la couronne ; jusqu'alors les grands vassaux laïques n'avaient pas souffert d'intervention royale entre eux et leurs sujets ; mais la monarchie était en progrès, et Gui, comte de Nevers, d'Auxerre et de Tonnerre, mentionne le consentement du roi dans une charte par laquelle il exempte ses bourgeois de Tonnerre des « prises et vexations accoutumées » (1180). En 1183, les bourgeois de Dijon requirent la garantie royale pour la charte qu'ils avaient obtenue du duc de Bourgogne.

Paris ne fut pas si heureux : la royauté n'entendait pas accorder les priviléges républicains des communes à la capitale du royaume ; cependant l'administration du prévôt royal, successeur des anciens vicomtes, ménageait la bourgeoisie parisienne, et surtout la fameuse « compagnie de la marchandise de l'eau », c'est-à-dire du transit de la Seine, qui était, de fait, une espèce de corps de ville et qui a donné à Paris le navire de son blason. Philippe gagna d'ailleurs l'affection des Parisiens par de grandes améliorations dans leur ville. Il fit paver en grès les deux principales rues qui se croisaient au centre de la Cité[1]. Cet incident mérite qu'on s'y

---

1. « Un jour qu'il alloit par son palais (le palais de la Cité), pensant à ses besognes, dit la Chronique de Saint-Denis, il s'appuya à une fenêtre pour regarder la Seine et prendre l'air : il advint en ce moment que des charrettes qu'on charrioit parmi les rues remuèrent si bien la boue et l'ordure dont lesdites rues étoient pleines, qu'une puanteur en *issit* (sortit) si grande, qu'à peine la pouvoit-on souffrir ; elle monta jusqu'à la fenêtre où le roi étoit. Il se détourna de la fenêtre en grande abomination de cœur, et, pour cette raison, conçut-il en son courage une

arrête : c'est le premier effort tenté pour la restauration de l'édilité dans le nord de la France, et pour l'assainissement de ces amas de masures, sillonnés de ruelles étroites et infectes, qui s'étaient élevés sur les débris des élégantes cités romaines, et qui sont devenus nos villes modernes. Le sentiment du beau, par l'inspiration religieuse, était ressuscité avant celui de l'utile, et les villes du moyen âge offraient le contraste de chefs-d'œuvre d'architecture surgissant du milieu d'un océan de boue, et souvent obstrués, à leur base, par des entassements de barraques hideuses.

Philippe, vers le même temps, fit construire deux grandes halles dans le quartier de la rive nord, près l'église des Innocents, au lieu dit Champeaux, qui servait à la fois de cimetière et de marché ; puis le cimetière fut fermé de murs ; c'est là l'origine des halles de Paris, si bizarrement associées aux fameux *charniers des Innocents*.

Paris s'étendait et prenait un aspect imposant : des colléges, des hôpitaux, des aqueducs, se construisaient ; Louis le Gros avait entouré de murailles flanquées de tours une partie des deux faubourgs du nord et du sud ; il avait fortifié la tête du Grand-Pont de la Cité par le *Grand-Châtelet*, et celle du Petit-Pont par le *Petit-Châtelet*, bâtis aux lieux mêmes où s'élevaient autrefois ces deux tours si vaillamment défendues par les Parisiens contre les Normands. A l'extrémité occidentale de l'enceinte du faubourg du nord, en face de l'église Saint-Germain-l'Auxerrois, Philippe commença, hors de la ville, le château du Louvre et son célèbre donjon, d'où relevèrent tous les grands fiefs de France. La royauté se sentait étouffée dans le palais de la Cité, entre les flots du peuple parisien et les flots de la Seine ; elle respira plus à l'aise dans ses tours du Louvre. Pendant ce temps se poursuivait la construction d'un édifice qui est resté jusqu'à nos jours le plus majestueux ornement de Paris : Notre-Dame de Paris avait été commencée, vers 1163[1], sur l'emplacement de l'ancienne cathédrale de Saint-

---

grande et somptueuse œuvre, mais *moult* nécessaire, que tous ses devanciers n'avoient osé entreprendre ni commencer pour les grands *coûts* (dépenses) qu'il faudroit. Il manda le prévôt et les bourgeois de Paris, et leur ordonna que toutes les rues et les voies de la Cité fussent pavées bien soigneusement de grès gros et forts ».

1. V. ci-dessus, p. 414.

Étienne, par l'évêque Maurice de Sulli, pauvre écolier, qu'une ambition, justifiée par un rare mérite, avait porté jusqu'à la chaire épiscopale. On voyait s'élever, d'année en année, sur ses larges bases, l'énorme cathédrale qui couvre, pour ainsi dire, toute la Cité de son ombre.

Tandis que l'évêque édifiait Notre-Dame, que le roi construisait son Louvre, un troisième monument était érigé hors des murs de la ville, vers le nord et à peu de distance du prieuré de Saint-Martin-des-Champs : c'était le *Temple*, le plus célèbre monument de la puissance et de l'orgueil des templiers, qui semblaient rivaliser avec la royauté par l'érection de cette forteresse si près de la résidence royale.

Philippe s'en inquiétait peu ; il se trouvait enfin face à face avec son véritable rival, le roi des Anglo-Normands. Les occasions de discorde se renouvelaient sans cesse, malgré les désirs du roi Henri, qui voyait avec autant de douleur que d'effroi son jeune rival tourner contre lui ses propres enfants. La mort de Henri au Court-Mantel n'avait réconcilié que pour quelques mois le roi d'Angleterre avec ses autres fils, et Philippe de France entretenait des liaisons alarmantes avec Geoffroi, duc de Bretagne, et Richard Cœur-de-Lion, duc de Guyenne. Philippe visait à saisir la suzeraineté directe de la Bretagne, et espérait amener Geoffroi à transporter son hommage de la couronne anglo-normande à la couronne de France : il lui conseilla de demander à son père la jonction de l'Anjou au duché de Bretagne. Henri II ayant refusé, Geoffroi se rendit à la cour de Philippe, sans doute pour conspirer contre son père[1] ; mais, dans un tournoi, il fut renversé et

---

1. La *Chronique* de J. Bromton met dans la bouche de Geoffroi un mot qui caractérise bien cette étrange race des Plantagenêts. Dans une des révoltes de Geoffroi contre son père, un clerc normand vint un jour, une croix à la main, supplier le jeune prince de se réconcilier avec le roi Henri, et de ne pas imiter le crime d'Absalon. « Quoi ! tu voudrais, répondit-il, que je me dessaisisse de mon droit de naissance ? — A Dieu ne plaise, monseigneur ! répliqua le prêtre, je ne veux rien à votre détriment. — Tu ne comprends pas mes paroles, reprit Geoffroi ; il est dans le destin de notre famille que nous ne nous aimions pas les uns les autres ; c'est là notre héritage et aucun de nous n'y renoncera jamais ». *v.* Augustin Thierry, *Hist. de la Conquête de l'Angleterre*, t. III, p. 310, 5ᵉ édit.— « Nous venons du diable, au diable nous retournerons », disait Richard Cœur-de-Lion. J. Bromton, ap. *Histor. des Gaules*, t. XIII, p. 215.

foulé sous les pieds des chevaux. Il mourut peu de jours après (15 août 1186). Philippe, alors, se tourna du côté de Richard Cœur-de-Lion, qui répondit à ses avances avec empressement et qui vint le visiter à Paris : « Chaque jour, dit le chroniqueur Roger de Hoveden, ils mangeoient à la même table et dans le même plat, et, la nuit, un même lit les réunissoit encore. » Cette intimité était très inquiétante pour le roi Henri, dans un moment où les plus graves contestations s'élevaient entre lui et Philippe : Constance de Bretagne, veuve de Geoffroi, était mère de deux filles et enceinte d'un troisième enfant. Dans toute seigneurie dont le possesseur était une fille, les droits seigneuriaux appartenaient au suzerain, comme tuteur de l'héritière, jusqu'au mariage de celle-ci : Philippe et Henri prétendirent tous deux au gouvernement de la Bretagne; Philippe réclamait en outre de Henri la restitution du Vexin normand, que Louis VII avait donné autrefois en dot à sa fille Marguerite, mariée à Henri au Court-Mantel, qui était mort sans enfants.

Dans les premiers jours de janvier 1187, Constance accoucha d'un fils qui fut appelé Arthur, en mémoire du héros de la Table-Ronde : la naissance d'Arthur supprima l'un des motifs du débat; mais on ne put s'entendre sur l'autre, la restitution du Vexin. Philippe avait d'ailleurs, depuis peu, un juste et terrible grief en dehors de ses intérêts politiques : la plus jeune de ses sœurs, Alix de France, avait été, tout enfant encore, fiancée à Richard, et envoyée en Angleterre. Maintenant, Henri II ne voulait ni ne pouvait plus marier Alix à son fils; l'âge n'avait point amorti ses fougueuses passions, et il avait, disait-on, séduit la jeune fille confiée à sa garde. Philippe convoqua le ban de ses vassaux à Bourges, la seule place importante du Berri que Henri II n'eût pas conquise durant le règne de Louis VII; puis, entrant brusquement en campagne, il enleva aux hommes du roi anglais Graçai, Issoudun, et mit le siège devant Château-Raoul (Châteauroux). Les assiégés se défendirent vigoureusement, et donnèrent le temps au roi d'Angleterre et à son fils Richard de venir à leur aide. Il n'y eut point de bataille; Richard, à qui Philippe avait peut-être fait partager son ressentiment contre le séducteur d'Alix, traitait secrètement avec le roi de France, et Henri II, craignant d'être tout à fait trahi, demanda une trêve de deux ans, au prix de la cession d'Issoudun. Un parlement, pour traiter de la paix, fut indiqué dans une plaine entre Gisors et Trie, près d'un grand orme planté sur la frontière des deux Vexins, et qui, de temps immémorial, avait ombragé de ses rameaux les conférences des rois de France avec les ducs de Normandie. Le roi Philippe eût préféré vider ses différends avec Henri II par le glaive; mais la répugnance à cette guerre était universelle : la chevalerie aspirait à porter ailleurs ses armes, et de lointains événements soulevaient ses passions bien plus vivement que ne faisait la querelle de Philippe et de Henri[1].

Malgré le grand nombre de pèlerins guerriers qui passaient la mer chaque année pour secourir leurs frères de Palestine, malgré la puissance et le courage des ordres militaires du Temple et de Saint-Jean-de-Jérusalem, les chrétiens d'Occident n'avaient pu se consolider sur la terre d'Asie : la détresse des états latins de Judée et de Syrie, grâce à leurs discordes, à la mollesse et à la corruption de leurs possesseurs, n'avait fait que s'accroître depuis la malheureuse expédition de l'empereur Conrad et du roi Louis-le-Jeune. Les divisions seules des musulmans eussent pu protéger les états latins d'Orient; mais toutes les populations musulmanes d'Égypte, de Syrie, d'Irak-Arabi (Mésopotamie) et de Kourdistan étaient réunies sous le sabre du plus vaillant homme de guerre, du prince le plus religieux et du plus sage politique qu'eût encore produit l'islamisme. Salah-Eddin (*Saladin*), né parmi les tribus errantes du Kourdistan, après avoir recueilli l'héritage du sultan turk Nour-Eddin, et renversé le khalife fathimite du Kaire, assaillit avec toutes ses forces le royaume de Jérusalem, dont le roi, Gui de Lusignan[2], guerroyait alors contre son voisin Raimond de Toulouse, comte de Tripoli. Les deux princes chrétiens se réconcilièrent tardivement, et, renforcés par toute la chevalerie des templiers et des hospitaliers, présentèrent la bataille à Salah-

---

1. Guillem. Neubrig. — Roger. Hoveden. — Bened. Petroburg. — Rigord.
2. Gui de Lusignan ou Lézignem, issu d'une illustre maison de Poitou, et fils du comte de la Marche, était monté sur le trône de Jérusalem par son mariage avec Sibylle, sœur du roi Baudouin IV, dit le Lépreux, qui descendait de Foulques d'Anjou, père de Geoffroi Plantagenêt.

Eddin auprès de Tibériade ou Tabarieh (2 juillet 1187). « L'armée des chrétiens », dit un chroniqueur, « fut vaincue, et le roi de Jérusalem, fait prisonnier. La croix du Christ, sur laquelle il nous a rachetés, fut prise par les infidèles, et fort peu des nôtres survécurent à cette misérable journée ». Le prince d'Antioche, le comte d'Édesse, le prince de Tyr (Conrad de Montferrat), furent pris avec Lusignan. Les grands-maîtres du Temple et de l'Hôpital furent impitoyablement mis à mort avec ceux de leurs chevaliers qui tombèrent au pouvoir des vainqueurs.

Quand la nouvelle du désastre de l'armée chrétienne, de la captivité du roi Gui et de la perte de la croix du Seigneur parvint à la cour de Rome, le pape Urbain III, qui était déjà d'un âge avancé, ne put soutenir une si grande douleur, et il mourut. Bientôt on apprit que les maux de la Terre-Sainte étaient comblés. Salah-Eddin, voyant les templiers, les hospitaliers, les barons et les chevaliers presque tous morts ou dans les fers, marcha sur Jérusalem, et força les habitants de capituler : toutes les autres places tombèrent après la *cité de Dieu,* et il ne resta plus aux Latins, en Orient, que les places maritimes, Antioche, Tyr, Tripoli, Césarée, Jaffa, Sidon et Beyrouth, où s'entassèrent les débris des vaincus (octobre 1187).

La ruine de la ville sainte et du royaume fondé par Godefroi répandit dans la chrétienté une consternation inexprimable : depuis quatre-vingts ans et plus que les premiers croisés avaient délivré le tombeau du Christ, il n'était venu à la pensée de personne que le Seigneur pourrait permettre que sa ville bien-aimée retombât « sous la verge de l'oppresseur. Lorsqu'on eut ouï de l'Orient la voix qui pleurait la perte du peuple de Dieu », un long gémissement, entrecoupé de cris de vengeance, s'éleva de tous les points de l'Europe : les cardinaux jurèrent d'aller à pied à la croisade, en demandant l'aumône; les barons et les chevaliers préparèrent leurs armes et leurs équipements pour le grand voyage; les troubadours et les trouvères, laissant là les lais amoureux et les sirventes satiriques, où ils ne ménageaient ni clercs ni prélats, ni même le saint-père, se mirent à entonner le chant de la guerre sainte. « Seigneurs chevaliers », s'écrie le troubadour Geoffroi Rudel (celui qui fut depuis un illustre martyr de l'amour), « par nos péchés, la puissance des Sarrasins s'est accrue: *Salahadin* a pris Jérusalem, et on ne l'a point encore recouvrée ! Laissons là nos héritages, allons contre ces chiens de mécréants, pour éviter la perdition de nos âmes. Barons de France et d'Allemagne, chevaliers anglais, bretons, angevins, béarnais, gascons et provençaux, soyez sûrs que de nos épées nous trancherons leurs *chefs* (têtes) maudits! — Le paradis à ceux qui partent», chantait un autre ; « l'enfer à vous tous qui restez parmi les plaisirs et les vanités du siècle! Que les malades et les vieillards donnent grandes aumônes, s'ils ne peuvent venir. Adieu, France, douce patrie[1] ; adieu, beau Limousin : je vais servir Dieu avec les pèlerins sous l'étendard de la croix. Et vous, rois Henri et Philippe, laissez vos débats, quittez vos cours plénières, pour aller en aide au saint tombeau ».

Mais celui de ces hymnes belliqueux qui excita le plus d'enthousiasme ne fut pas l'œuvre d'un troubadour ni d'un chevalier : ce chant, composé en vers latins par un clerc d'Orléans, se répandit jusqu'en Angleterre, « et y excita beaucoup d'hommes à se croiser ». Il nous a été conservé par le chroniqueur anglo-normand Roger de Hoveden :

— « Le bois de la croix est la bannière de notre chef, celle que suit notre armée.

« Nous allons à Tyr : c'est le rendez-vous des braves ; là doivent aller ceux qui s'épuisent en vains combats pour gagner le renom de chevalerie! — Le bois de la croix, etc.

« Qui n'a point d'argent, s'il a la foi, c'est assez! Le corps du Seigneur doit suffire comme viatique (*pain de voyage*) au défenseur de la croix! — Le bois de la croix, etc.

« Le Christ, en se livrant au *tourmenteur* (au bourreau), a fait un prêt au pécheur : pécheur, si tu ne veux mourir pour celui qui est mort pour toi, tu ne rends pas à Dieu son prêt! — Le bois de la croix, etc.

« Prends donc la croix, et, en prononçant ton vœu, recommande-toi à celui qui a donné pour toi son corps et sa vie! — Le

---

[1]. Ceci est peu commun et digne de mention, qu'un méridional chantant la France.

bois de la croix est la bannière de notre chef, celle que suit notre armée.»

Dès qu'on sut qu'il serait délibéré de la situation de la Terre Sainte sous l'orme des conférences, tous les barons de France, d'Angleterre et d'Aquitaine accoururent au parlement des deux rois, qui s'ouvrit le 21 janvier 1188. Les deux rois et leurs hommes recommençaient à se quereller sur la possession du Vexin, quand s'avancèrent deux prélats, précédés de la croix pontificale qui annonçait les légats du pape, et suivis de quelques chevaliers que leurs vêtements blancs et leurs croix rouges faisaient reconnaître pour des templiers.

C'étaient le cardinal-évêque d'Albano et Guillaume, archevêque de Tyr. Toutes les discussions cessèrent à leur aspect : on se pressa autour d'eux en silence, et Guillaume de Tyr, prélat aussi vénérable par ses vertus que par ses talents (il est l'auteur de la meilleure histoire des premières croisades), raconta en termes touchants les calamités des chrétiens orientaux. Sa harangue, terminée par la lecture d'une lettre pressante du pape Grégoire VIII, produisit tant d'impression, « que ceux qui auparavant étoient ennemis devinrent amis en l'entendant ». Un cri général s'éleva : « La croix! la croix! » et le roi Henri courut le premier s'agenouiller devant le cardinal d'Albano pour demander le signe du pèlerinage. « Ah! ah! s'écrièrent les barons de France, les couleurs des Plantagenêts devancent encore celles des François! » et l'on faillit se battre pour savoir qui recevrait d'abord la croix des mains du légat. Le tumulte fut apaisé, et le roi Philippe se croisa ensuite avec Richard Cœur-de-Lion, duc de Guyenne et comte de Poitou, Philippe, comte de Flandre, Hugues III, duc de Bourgogne, Henri II, comte de Champagne, Thibaud, comte de Chartres et de Blois, le vicomte de Narbonne, le sire de Couci, les archevêques de Rouen et de Canterbury, les évêques de Beauvais, de Chartres, et une foule d'autres comtes, barons, chevaliers et gens d'église. Les princes, pour distinguer leurs gens pendant l'expédition, choisirent chacun un signe différent : le roi de France et ses hommes prirent des croix rouges; le roi d'Angleterre et les siens, des croix blanches; le comte de Flandre et ses gens, des croix vertes; puis tous retournèrent chez eux afin de préparer les approvisionnements nécessaires au voyage. « En mémoire de cette *croisière*, les deux rois firent dresser une croix en la place, fondèrent une église, et formèrent ensemble alliance qui toujours devoit durer, et le lieu où ils s'étoient signés du signe de la croix fut appelé le Saint-Champ ». L'empereur Frédéric Barberousse se croisa de son côté, peu de semaines après, à Mayence, avec la plupart de ses barons[1].

Philippe convoqua en concile général, à Paris, pour le dimanche de la Quadragésime, tous les prélats et barons du royaume. Une immense multitude de chevaliers et de gens de pied vinrent prendre la croix; on décréta plusieurs statuts importants relatifs à la croisade. Il fut arrêté : 1° que tous les croisés auraient un délai de deux ans, à compter de la Toussaint prochaine, pour payer leurs dettes, et que les intérêts de toutes dettes cesseraient de courir du jour où le débiteur aurait pris la croix[2]; 2° que tous ceux qui ne se croiseraient pas, « quels qu'ils fussent », donneraient, cette année, la dixième partie de leur mobilier et de leurs revenus : de cette dîme, dite *saladine*, parce qu'elle était levée pour combattre *Saladin*, furent exceptés seulement les couvents de l'obédience de Cîteaux, ceux de l'ordre des Chartreux et de l'ordre de Fontevrauld, et les maisons des lépreux[3].

La dîme saladine ne fut point levée sans difficultés : les plus grands obstacles vinrent de l'avarice et de l'égoïsme des clercs; le clergé prétendait qu'on attentait à la liberté de l'Église en l'obligeant de contribuer aux frais de la défense de la chrétienté; le célèbre théologien Pierre de Blois, archidiacre de Bath, écrivit à l'évêque d'Orléans une lettre extrêmement violente contre les

---

1. Rad. de Diceto.— Bened. Petroburg.— Rigord.— *Chron. de Saint-Denis*, etc., mais surtout Roger de Hoveden.
2. Les fréquentes mesures de ce genre attestent l'impuissance des défenses de l'Église contre le prêt à intérêt.
3. Les avantages apportés à l'Occident par l'accroissement de ses relations avec l'Orient étaient compensés par les progrès de l'affreuse maladie de la lèpre : on en séquestrait les victimes dans des maisons situées hors des villes, et consacrées sous l'invocation de saint Lazare, vulgairement nommé Saint-Ladre, patron des pauvres et des *souffreteux*. Matthieu Pâris, historien anglo-normand du treizième siècle, rapporte qu'il y avait de son temps treize mille *ladreries* dans la chrétienté.

mesures prises par le roi de France et ses barons. « Si le roi Philippe et ses ministres ont résolu d'aller outre-mer, disait-il, ce n'est point avec les dépouilles des églises et la sueur du pauvre qu'ils doivent payer les dépenses de leur pèlerinage : qu'ils y emploient les profanes revenus dévorés au milieu des fêtes et des plaisirs. Ceux qui vont combattre pour l'Église ne doivent pas commencer par la piller ! » Néanmoins la majorité des prélats réunis au concile de Paris avaient sanctionné ce prétendu pillage, et les officiers du roi perçurent la dîme en dépit de toutes les résistances. Dans une assemblée tenue au Mans, le roi d'Angleterre avait établi également la dîme saladine dans ses états; mais il en excepta les armes, les chevaux et les vêtements des chevaliers; les chevaux, les livres, les vêtements et toute la *chapelle* (les ornements sacerdotaux) des clercs; plus, les joyaux et pierreries des clercs et des laïques. Les bourgeois et les paysans qui se croisèrent sans la permission de leurs seigneurs durent payer la dîme de même que ceux qui restaient au logis.

L'expédition cependant fut ajournée par la faute de celui des princes qui en avait été le plus ardent promoteur. Malgré le serment prêté par les croisés d'ajourner toutes leurs querelles, Richard Cœur-de-Lion, deux ou trois mois après le plaid de Gisors, pour quelques légers griefs, entra sur le territoire du comte de Toulouse avec un grand corps de Brabançons, ravagea cruellement le Querci, et s'empara de dix-sept châteaux-forts. Le comte Raimond V souleva contre Richard le comte d'Angoulême, le seigneur de Lusignan, et d'autres barons de Poitou et de Guyenne, puis porta plainte au roi Philippe, son suzerain. Philippe somma Henri II d'obliger son fils à cesser les hostilités. Richard n'écouta point son père, et Philippe, saisissant avidement ce sujet de rupture, assaillit et emporta rapidement toutes les places du Berri et de l'Auvergne qu'occupaient encore les hommes de Henri II; revenant ensuite sur ses pas et poussant devant lui le roi d'Angleterre jusqu'aux confins du Maine et de l'Anjou, il prit, aux yeux même de ce prince, le fort château de Vendôme. Henri demanda une entrevue sous le fameux orme des conférences : les seigneurs désiraient la paix, mais un incident bizarre changea leurs dispositions conciliantes. Le roi d'Angleterre et ses chevaliers; arrivés les premiers, s'étaient assis au frais sous l'ombrage du grand orme, tandis que l'escorte de Philippe était arrêtée dans la plaine, exposée à l'ardeur du jour. Après divers messages infructueux de part et d'autre, les Français crurent s'apercevoir que leurs rivaux riaient et *gaussoient* entre eux de voir les chevaliers du roi Philippe se fondre en sueur sous leurs armures échauffées par les rayons du soleil. Les Français, courant aux armes, se ruèrent sur les Normands et les Angevins: ceux-ci, après un rude choc, cédèrent le champ et rentrèrent dans Gisors avec le roi Henri (7 octobre 1188) (*Philippid.*). Philippe et les siens tournèrent alors leur colère contre l'ormeau, et le firent abattre à coups de hache, « jurant par les saints de France, qu'il ne se tiendroit plus à tout jamais de conférence en ce lieu ».

Le roi Henri, qu'avait rejoint son fils Richard, essaya de venger son injure : il rassembla l'élite de la chevalerie anglo-normande, se jeta sur le Vexin Français, livra aux flammes bourgs et villages, et marcha sur Mantes. La vaillante commune de Mantes, renforcée de quelques chevaliers, sortit en masse contre les envahisseurs; Philippe accourut au secours des Mantois. A l'arrivée du jeune roi, Henri II fit un mouvement rétrograde. Quelques chevaliers français de grand renom atteignirent l'arrière-garde normande, et en défièrent les plus vaillants champions, comme ils eussent pu faire en un *pas d'armes*. Il y eut là des exploits dignes d'*Yvain* ou de *Tristan*. Après un furieux duel à la lance et à l'épée, Richard Cœur-de-Lion fut abattu de son cheval par Guillaume des Barres, dont nos chroniqueurs parlent comme d'une espèce de Roland. L'honneur de la journée resta encore aux chevaliers de France[1].

Vers la fin de novembre, une nouvelle entrevue, à Bons-Moulins en Normandie, fut proposée aux deux rois par les prélats et les seigneurs des deux partis, qui s'accordaient pour ne voir dans cette guerre qu'un incident nuisible à la cause de la chrétienté. On vit alors derechef une de ces brusques péripéties qui n'étonnaient plus de la part des Plantagenèts : Richard abandonna son père, après l'avoir entraîné malgré lui à la guerre. Philippe avait

---

1. Guillelm. Briton. *Philippid.*

persuadé à Richard, non sans raison, que son père voulait le frustrer de ses droits de succession au profit de Jean[1], son jeune frère, et Philippe, stipulant pour Richard comme pour lui-même, demanda que Henri permît enfin le mariage de Richard et d'Alix, et associât Richard à la couronne. Le vieux roi refusa.

« Compagnons », dit alors Richard, « vous allez voir quelque chose à quoi vous ne vous attendiez certes guère ». Et, se tournant vers le roi de France, il s'agenouilla, « mit ses mains dans celles de Philippe », et lui fit hommage pour tous les domaines de la maison d'Anjou. Philippe lui octroya en fiefs, pour récompense, Châteauroux et Issoudun, et consentit à ce que Richard ne rendît pas le Querci au comte de Toulouse (Roger. Hoveden).

Henri, le cœur brisé par cette défection, se retira à Saumur pour surveiller la Bretagne et la Guyenne, déjà soulevées. La plupart de ses barons et de ses chevaliers l'abandonnaient successivement pour rejoindre Richard Cœur-de-Lion, « le prince des batailles et prouesses »; et le vieux roi, abattu par le chagrin et la maladie, se trouva fort heureux de l'intervention du cardinal d'Anagni, légat du pape, et de l'énergique appui du clergé anglo-normand. Le légat parvint à faire promettre aux deux rois qu'ils s'en rapporteraient à son arbitrage et à celui des archevêques de Reims, de Bourges, de Rouen et de Canterbury. Après bien des négociations, Henri, Philippe et Richard se réunirent à la Ferté-Bernard, dans le Maine, avec les cinq prélats, le 9 juin 1189. Philippe renouvela ses propositions touchant le mariage de sa sœur et l'association de Richard à la couronne, et demanda, dans l'intérêt de Richard, que le jeune prince Jean accompagnât son aîné en Palestine; « car autrement il pourrait troubler la paix du royaume. — C'est vrai! cria Richard. — Je ne puis consentir à cela, répondit Henri à Philippe. Que ta sœur épouse Jean, et je déclarerai Jean mon héritier. — Je n'accepte point ces conditions, reprit le roi de France, et les trêves sont rompues. » Le légat alors menaça Philippe de mettre son royaume en interdit et de l'ex-

---

1. Jean avait été surnommé *Sans-Terre* parce qu'il était demeuré seul sans apanage à l'époque où Henri au Court-Mantel, Richard et Geoffroi avaient reçu les titres de roi d'Angleterre, de duc de Guyenne et de duc de Bretagne. Depuis, Henri II lui avait assigné l'Irlande.

communier lui-même, s'il refusait les propositions du roi Henri. « Je n'ai pas peur de tes excommunications, répliqua Philippe; l'église romaine n'a point droit de sévir contre le royaume de France, quand le roi s'élève contre ses vassaux rebelles; d'ailleurs je vois que tu as flairé les *estrelins* (les livres sterlings) du roi d'Angleterre. — Eh bien! j'excommunie toi et ton complice le comte Richard », s'écria le légat. A ces mots, Richard, tirant son épée, courut sur le légat. Le cardinal d'Anagni n'eut que le temps de sauter sur sa mule et de s'enfuir (Roger. Hoved.).

La guerre recommença : les Bretons et les Poitevins ravagèrent les frontières de la Normandie et de l'Anjou; Philippe et Richard s'emparèrent du Mans, où le roi de France et le duc de Guyenne entrèrent par une porte tandis que le roi d'Angleterre s'enfuyait par une autre. La noble cité du Mans, qui avait été le berceau des Plantagenêts, et qui gardait le tombeau de leur aïeul Geoffroi d'Anjou, fut livrée au pillage par les Français, tandis que Richard poursuivait son père. Richard se consola facilement du sac de cette ville, en recevant de Philippe l'investiture du Maine. Quelques jours après, Tours ouvrit ses portes aux princes alliés. Le vieux Henri, à qui le sort faisait si cruellement expier les prospérités de sa jeunesse, se vit réduit à solliciter humblement la paix, et vint trouver Philippe dans une plaine entre Tours et Azai-sur-Cher : là, le jeune vainqueur exigea que Henri se remît à sa merci, renonçât à toute suzeraineté sur les villes du Berri, qu'il payât 20,000 marcs d'argent pour obtenir la restitution des conquêtes françaises, qu'Alix fût donnée en garde à cinq personnes choisies par Richard, jusqu'au retour de la croisade, et enfin que tous les barons qui avaient pris parti pour Richard demeurassent ses vassaux, à moins qu'ils ne retournassent volontairement à Henri. Durant cette conférence, la foudre tomba deux fois près des deux rois, quoique le ciel fût sans nuages. Henri, dont les facultés physiques et morales étaient également affaiblies, fut si épouvanté, qu'on l'emporta gravement malade dans son camp. Des messagers du roi de France l'y suivirent et lui apportèrent le traité à signer. Henri, en entendant répéter le dernier article, voulut savoir les noms de tous ceux des siens qui avaient embrassé le parti de Richard, soit ouvertement, soit en secret. Le premier qu'on lui nomma fut Jean, son jeune fils. « Se levant aussitôt sur son séant, et regardant autour de lui d'un œil hagard : — Est-il vrai, dit-il, que Jean, mon cœur, mon fils bien-aimé entre tous, se soit aussi séparé de moi ? — Rien de plus vrai », répondirent les envoyés. Alors il se rejeta sur son lit, et retourna sa face contre la muraille. « Aille le demeurant comme il pourra, dit-il ; je n'ai plus souci de moi-même ni du monde. » Sa maladie empira promptement ; ses derniers jours furent bien tristes. « Honte, murmurait-il sans cesse, honte au roi vaincu ! Maudit soit le jour où je suis né ! malédiction sur mes deux fils ! » Il ne voulut jamais rétracter ce vœu de vengeance et de ruine, malgré les efforts des évêques et des clercs qui l'entouraient, et mourut en invoquant la colère de Dieu contre ses enfants (6 juillet 1189).

Ses serviteurs se dispersèrent à l'instant, après avoir pillé tout son mobilier et emporté jusqu'à ses habits ; c'est à peine s'il se trouva un linceul pour le couvrir et des chevaux pour porter son cadavre jusqu'au monastère de Fontevrauld, près de Chinon, où il avait souhaité d'être inhumé. « Le comte Richard, rapporte Giraud le Cambrien, informé de la mort de son père, vint à Fontevrauld. En voyant la face découverte du roi, encore empreinte des convulsions d'une douloureuse agonie, Richard frémit ; il ne resta que le temps de dire un *Pater*, et repartit sur-le-champ. Les deux narines du mort ne cessèrent de verser du sang tant que Richard demeura dans l'église[1] ».

Richard se fit couronner roi d'Angleterre et duc de Normandie sans opposition. Il donna en mariage à son frère la fille du comte de Glocester, avec ce comté et celui de Mortain en Normandie, confia le gouvernement de ses états à la vieille reine Éléonore, et convint d'aller rejoindre Philippe à Vézelai, dans la semaine de Pâques 1190, afin de partir ensemble pour la Palestine. Les deux rois ne s'occupèrent plus qu'à terminer leurs préparatifs et à ramasser des deniers. Richard ne se contenta pas des grands trésors entassés en divers lieux par son père : avec sa fougue et son im-

---

1. Rog. Hoveden. — Math. Paris, t. I, p. 149. — Girald. Cambrensis, dans les *Histor. des Gaules*, etc., t. XVIII. On croyait, alors, que le sang du mort recommençait à couler, quand le corps se trouvait en présence du meurtrier.

prévoyance accoutumées, il mit à l'encan son domaine royal, tant outre-mer que sur le continent, et vendit au plus offrant « ses droits et ceux d'autrui », dit Hoveden. Philippe n'était pas homme à « vendre ses droits pour l'amour de la Terre-Sainte », mais il ne se fit pas trop de scrupule de disposer de ceux d'autrui, si l'on en juge par sa façon d'agir avec la commune du Laonnois. L'évêque de Laon, Roger de Rosoi, qui avait vu ses tentatives contre la commune campagnarde de son domaine épiscopal réprimées par Louis VII[1], puis par Philippe lui-même au commencement du nouveau règne, saisit le moment favorable : les croisades amenaient toujours une recrudescence de dévotion favorable aux *droits* de l'Église. Philippe céda aux obsessions de l'évêque, soutenu par la cour de Rome, et déclara la commune dissoute, « pour l'amour de Dieu et de la bienheureuse Vierge, pour la justice, et pour le bon succès du pèlerinage de Jérusalem, ladite commune étant contraire aux droits et à la liberté de l'église de Sainte-Marie ». Ainsi périt, « au bout de seize années », dit un historien local[2] », une institution qui méritait bien de vivre ».

Richard, sur ces entrefaites, avait repassé la Manche; il vint trouver le roi de France à Nonancourt. Les deux monarques firent ensemble un pacte d'alliance et de fraternité d'armes, et jurèrent que le roi de France aiderait le roi d'Angleterre, comme s'il avait à défendre sa ville de Paris, et le roi d'Angleterre aiderait le roi de France, comme s'il avait à combattre pour sa cité de Rouen (30 décembre 1189). Philippe avait déjà restitué ses conquêtes du Maine et de Touraine à Richard, qui lui promit 24,000 marcs d'argent pour obtenir l'ajournement de l'affaire du Vexin. On se sépara de nouveau, avec promesse de se retrouver définitivement à Pâques.

La maladie et la mort de la reine de France (15 mars 1190) retardèrent le départ de l'expédition jusqu'à la Saint-Jean d'été. La

---

1. *V.* ci-dessus, p. 500.
2. Melleville; *Notice sur la commune du Laonnois*, p. 34. — Les communiers des villages laonnois émigrèrent en grande partie sur les terres du sire de Couci, qui les accueillit d'abord, puis les abandonna et les rendit à leur seigneur. Les paysans renouvelèrent à plusieurs reprises cette lutte inégale : soixante-huit ans après (en 1258), ils émigrèrent de nouveau sur les terres du comte de Soissons, qui ne leur fut pas un plus fidèle protecteur que le sire de Couci, de même que saint Louis ne les traita pas mieux que Philippe-Auguste.

reine Isabeau avait donné à son mari, deux ans et demi auparavant (5 septembre 1187), un fils qui fut appelé Louis. Philippe, après les obsèques de la reine, convoqua les barons et les prélats au Palais de la Cité, à Paris, où « il établit et ordonna son testament en leur présence, à grande délibération ». Ce testament réglait l'administration du domaine royal en l'absence du roi : « 1° Nos baillis[1], y est-il dit, mettront en chaque prévôté quatre hommes sages, loyaux et de bon témoignage, sauf à Paris, où il y en aura six, et les besognes de la ville ne seront pas traitées sans leur conseil; 2° après, chacun de nos baillis assignera un jour en *sa baillie* (son bailliage), qui soit appelé le jour d'assises, auquel tous ceux qui auront plaintes à faire viendront et recevront leur droit et justice sans *demeure* (sans délai) par le bailli du lieu; 3° après, nous voulons et commandons que notre chère mère et Guillaume, archevêque de Reims, notre oncle, établissent, tous les quatre mois, un jour à Paris, et qu'ils *oyent* les clameurs et complaintes des hommes de notre royaume, et commandons que les baillis qui tiennent les assises par notre royaume soient tous en ce jour devant eux (la reine et l'archevêque), et qu'ils récitent toutes les besognes en leur présence; 4° après, nous commandons que notre mère et ledit archevêque *oyent* et sachent, chacun an, les plaintes qu'on fera sur nos baillis, et nous fassent savoir trois fois l'an, par lettres, quels baillis auront méfait, et en quoi ils auront méfait, et que les baillis nous fassent savoir les méfaits des prévôts; 5° après, nous voulons que notre chère mère et l'archevêque ne puissent remuer ni ôter nos baillis de leurs places, hors en cas de meurtre, d'homicide, de rapt ou de trahison; ni les baillis, les prévôts, fors en ces mêmes cas[2] ».

Philippe s'était complétement réconcilié avec sa mère et ses oncles, puisqu'il confiait la régence à la reine douairière et à

---

[1]. Le domaine royal était divisé en districts auxquels présidaient des baillis, officiers amovibles et temporaires; les bailliages se subdivisaient en prévôtés. Quelques prévôts, celui de Paris entre autres, ne dépendaient d'aucun bailli, et relevaient directement du roi et de sa cour de justice. Les baillis et les prévôts remplaçaient les anciens comtes et vicomtes, et leurs assesseurs correspondaient à ce qu'avaient été les *shepen* de Charlemagne. L'institution de ces délégués amovibles était un premier pas hors du système de l'hérédité féodale, qui avait un moment tout envahi. Le terme d'*assises* commence à remplacer celui de *plaids*.

[2]. Rigord. — *Chroniques de Saint-Denis*.

l'archevêque de Reims : il leur donnait ensuite des instructions pour les vacances des bénéfices ecclésiastiques et la perception des droits régaliens, interdisait d'asseoir de nouvelles tailles et *soldes* sur le peuple, prévoyait « le cas où Dieu feroit sa volonté de lui », et réglait l'emploi du trésor et de l'*avoir* royal, « si lui et son fils venoient à trépasser. » Il est à remarquer qu'en disposant ainsi de ce qu'il estimait son bien, Philippe ne s'occupa nullement de la succession à la couronne dans le cas où son *fils Loys* fût venu à mourir; la nation fût alors rentrée dans le droit d'élire son chef. Le testament de Philippe « fut confirmé par l'autorité du scel royal » et par les sceaux de Thibaud, comte de Chartres et de Blois, sénéchal de France, de Mathieu, chambellan, et de Raoul, maréchal ou inspecteur des écuries du roi (Rigord).

A ces mesures de justice et d'administration, Philippe joignit des mesures de défense militaire : « Le roi, dit la Chronique de Saint-Denis, commanda aux bourgeois de Paris que la ville qui lui étoit si chère, fût toute fermée de murs hauts et forts, et de *tournelles* (tourelles) tout autour bien assises et bien ordonnées, et de portes hautes et fortes et bien défendables. Ce qu'il commanda fut parachevé et accompli en peu de temps (seulement pour la partie septentrionale de Paris). Il commanda aussi que les *châtels* et les cités de tout son royaume fussent fermés suffisamment ».

La Saint-Jean-Baptiste venue, Philippe alla prendre l'oriflamme à Saint-Denis, suivant la coutume de ses pères, et gagna Vézelai, où il fut joint par Richard, qui avait reçu à Tours le bourdon et la besace de pèlerin, des mains de Guillaume de Tyr. Des préparatifs plus redoutables que ceux de la première croisade elle-même s'étaient exécutés de toutes parts; on avait écarté la cohue impropre aux armes, et les plus belles armées qu'eût jamais équipées l'Europe féodale s'acheminaient vers la Palestine : l'empereur Frédéric Barberousse était parti, depuis un an, avec cent cinquante mille combattants, par la Hongrie, la Bulgarie et l'empire grec; mais Philippe et Richard ne suivirent pas, comme l'empereur, la vieille route des précédents pèlerinages : l'expérience du passé ne fut pas perdue pour eux, et les deux rois choisirent la voie de mer. De Vézelai, ils descendirent ensemble vers le Midi. Un accident lamentable signala leur passage à Lyon. Quand Philippe et Richard eurent franchi le pont du Rhône avec la plus grande partie de leurs gens, le pont, qui était de bois, s'écroula, et beaucoup d'hommes et de femmes périrent dans les flots rapides du fleuve[1].

Les deux rois se séparèrent à Lyon, à cause de la trop grande multitude de pèlerins qui les suivaient : Richard se dirigea sur Marseille, sans attendre ses vassaux de Normandie et d'Aquitaine ; Philippe passa les Alpes pour aller s'embarquer à Gênes. « Là, il fit appareiller ses nefs et ses galères, ses armures et ses viandes, et il arriva au port de Messine après mainte tourmente et maint péril de mer ». L'*université* de Marseille et la république de Gênes avaient loué aux deux rois les bâtiments nécessaires au transport de leur chevalerie. Les croisades, qui coûtaient tant d'or et de sang à la chrétienté, étaient une merveilleuse source de richesse pour les ports de la Méditerranée. Les villes maritimes retenaient au passage une bonne partie de ces flots d'or et d'argent qui s'écoulaient d'Europe en Asie, marée incessante qui n'avait pas de reflux. Le mal, au reste, était moins grand qu'on ne le pourrait croire : ces masses de métaux étaient auparavant enfouies dans les châteaux et les églises, et la perte en était bien compensée par la renaissance de la circulation commerciale.

Richard, parti de Marseille avec vingt galères armées et trois vaisseaux ronds[2], parut devant Messine le 23 septembre. Les tempêtes de l'équinoxe effrayèrent les deux rois, et ils résolurent d'hiverner en Sicile : beaucoup de seigneurs croisés les avaient devancés à la Terre-Sainte ; une multitude d'autres les rejoigni-

---

1. Lyon avait reconquis une haute importance comme population et comme richesse. Cette grande ville était dans une singulière condition : tous les quartiers situés sur la rive gauche de la Saône relevaient du royaume de Bourgogne, et par conséquent de l'Empire, tandis que la vieille cité et les faubourgs de la rive droite (Saint-Just, Saint-Irénée, Vaise) appartenaient au royaume de France. Cette situation mixte était encore compliquée par les débats des comtes de Forez et des sires de Beaujeu avec les archevêques, pour le titre de comte de Lyon ; le chapitre même prétendait exercer par indivis les droits du comté. Les archevêques et les chanoines gardèrent collectivement le comté, que leur céda le comte de Forez. Les bourgeois avaient profité de ces longues querelles pour ressaisir leurs libertés. *Hist. consulaire de Lyon*, par le P. Claude Ménestrier, l. IV.

2. Gros vaisseaux à voiles.

rent dans le courant de l'hiver. Le retard de Philippe et de Richard fut préjudiciable à l'expédition : deux hommes tels que les rois de France et d'Angleterre étaient incapables de vivre ensemble en bon accord pendant toute une saison. Richard commença par se quereller violemment avec les populations siciliennes, et avec Tancrède, roi normand de Pouille et de Sicile : les Anglo-Normands et les Normano-Siciliens en vinrent aux mains, sans que les Français prissent part à la lutte. Richard planta de vive force ses bannières sur les tours de Messine. Vingt mille onces d'or l'apaisèrent et le réconcilièrent avec le prince sicilien ; mais leur raccommodement n'eut lieu qu'aux dépens de Philippe, que Tancrède accusa d'avoir excité la guerre entre lui et le roi anglais. Richard se plaignit âprement de la déloyauté du roi de France : celui-ci prétendit que Richard avait recours à de mensongères imputations pour se dispenser d'épouser Alix de France, sa fiancée. « Je ne rejette pas ta sœur, répliqua Richard, mais je ne puis la prendre pour épouse, parce que mon père l'a *connue*, et en a eu un fils ». Et il produisit, pour le prouver, un grand nombre de témoins, dit Hoveden. Philippe n'insista plus, et, moyennant dix mille marcs d'argent, il dispensa Richard de sa promesse de mariage, l'autorisa à épouser Bérengère, fille du roi de Navarre, et renonça à ses prétentions sur le Vexin normand, en gardant ses conquêtes du Berri. La paix se rétablit, mais non l'amitié ; il resta entre les deux rois une aigreur et une défiance qui ne firent que s'accroître (mars 1191)[1].

1. Les chevaliers croisés avaient passé l'hiver fort peu saintement, s'occupant beaucoup plus de tournois, de jeux de hasard et de *damoiselles*, que de jeûnes et d'oraisons, et les belles Sarrasines de Sicile avaient aidé Richard à attendre patiemment le printemps. Les plaisirs n'adoucissaient pourtant pas le caractère intraitable de Richard, qui se manifestait par des explosions de fureur dans les moindres circonstances. Un jour qu'il chevauchait dans Messine, accompagné d'une troupe de chevaliers français et normands, il rencontra un paysan qui conduisait un âne chargé de cannes. Richard et ses compagnons s'emparèrent des cannes, et se mirent à courir les uns contre les autres avec ces frêles armes. Le roi d'Angleterre se jeta sur Guillaume des Barres, le plus *preud'homme* des chevaliers français ; mais il fut si rudement reçu qu'il eut sa cape déchirée du choc. Le roi, irrité, fondit à plusieurs reprises sur Guillaume pour le jeter à bas de sa selle ; mais Guillaume s'attacha fortement au cou de son cheval, et ne tomba point. La vieille haine de Richard se réveilla contre l'adversaire qui l'avait déjà une première fois vaincu dans un combat plus sérieux. « Va-t-en d'ici, cria-t-il, et ne te présente plus devant moi, parce que je serai dorénavant l'éternel ennemi de toi

Le roi de France remit à la voile le 30 mars 1191, laissant derrière lui Richard, qui attendait sa mère Éléonore et sa jeune épouse Bérengère. Philippe débarqua sur les côtes de Palestine, près de Ptolémaïs ou Saint-Jean-d'Acre, le 13 avril, veille de Pâques. La *recouvrance* de cette importante ville maritime avait paru l'objet le plus pressant de la croisade. Philippe trouva sous les remparts d'Acre une puissante armée réunie de toutes les régions de la chrétienté. Sur les tentes de ce camp européen qui grossissait depuis près de deux années, flottaient les bannières du landgrave de Thuringe, du duc d'Autriche, des comtes de Champagne, de Flandre, de Chartres-Blois, de Bar, de Brienne, de Chalon-sur-Saône, de Dreux, de Clermont, des sires de Nesle, d'Avesnes, des Barres, de Montmorenci, de l'archevêque de Canterbury, des évêques de Beauvais, de Salisbury, etc., des consuls de Gênes et de Pise, des grands-maîtres du Temple et de l'Hôpital, et enfin du roi de Jérusalem, Gui de Lusignan, et de son compétiteur Conrad de Montferrat, prince de Tyr, qui lui disputait les débris d'un trône écroulé. L'étendard impérial des Hohenstauffen manquait presque seul entre tous ces éclatants pavillons : l'empereur Frédéric Barberousse avait traversé l'Asie-Mineure, en écrasant sur son passage les forces du sultan de Roum, dont il emporta d'assaut la capitale, Iconium ou Konieh ; mais, arrivé en Cilicie, ce grand guerrier, échappé victorieusement à tant de batailles, s'était noyé en se baignant dans la petite rivière du Sélef, et son fils Frédéric, duc de Souabe, ne lui avait survécu que peu de mois. Les restes de l'armée teutonique, décimée par les combats, la disette et le climat dévorant de la Syrie, s'étaient joints devant Acre aux Français, aux Italiens et aux Anglo-Normands.

C'était sur toute cette plage un mouvement infini de gens qui débarquaient, qui allaient, qui venaient : les uns se rembarquaient quand les autres mettaient pied à terre. Un historien musulman

---

et des tiens. » Le roi Philippe intercéda inutilement en faveur de son vassal auprès du roi d'Angleterre : il fallut que tous les prélats et les grands de l'armée, « après bien des jours », s'agenouillassent par deux fois devant le farouche Richard, pour qu'il promît de ne pas chercher à tirer vengeance de Guillaume ni de ses proches pendant la durée de l'expédition. (Bened. Petroburg. — *Chronic.* Joan. Bromton.

(Boha-Eddin) avance, avec l'exagération asiatique, qu'il vint en Orient jusqu'à six cent mille chrétiens; la mer et la terre en étaient couvertes, et presque tous étaient nobles ou libres, la fleur de la chrétienté. Cette prodigieuse armée eût semblé capable de conquérir l'Asie entière, si l'Asie ne lui eût opposé une masse de combattants au moins égale en force numérique et supérieure par l'ordre et l'ensemble. Pour la première fois depuis l'origine des croisades, et pour bien peu de temps, l'islamisme retrouvait, sous la pensée et sous la main d'un grand homme, la formidable unité politique de ses anciens jours, tandis que la discorde régnait au camp des princes chrétiens. C'était un spectacle terrible et magnifique que celui de ces deux camps, ou plutôt de ces deux mondes : la plage disparaissait sous des milliers de pavillons chrétiens; les innombrables tentes noires et blanches des Arabes, des Turks, des Kourdes, des Turcomans, fourmillaient sur toutes les pentes de la montagne de Carouba, du haut de laquelle Salah-Eddin dominait la ville, l'armée ennemie et la mer. « Tout ce qu'on savait d'art militaire, dit un historien (M. Michelet), fut mis en jeu : la tactique ancienne et la féodale, l'européenne et l'asiatique, les tours mobiles, le feu grégeois[1], toutes les machines connues alors ». Les chrétiens, disent les historiens arabes, avaient apporté des laves de l'Etna et les lançaient dans la ville, comme les foudres dardées contre les anges rebelles. » Il se faisait de part et d'autre des efforts inouïs pour prendre et pour sauver Acre. On prétend que ce siége coûta la vie à cent vingt mille chrétiens et à cent quatre-vingt mille musulmans. Mais, malgré les vastes scènes de carnage qui inondaient de sang la côte syrienne, la guerre présentait un caractère différent des impitoyables luttes de la première

---

[1] Le feu *grégeois* (grec), objet de tant de discussions, paraît décidément n'avoir point ou presque point différé de nos fusées volantes. M. Lud. Lalanne, dans son remarquable *Essai sur le feu grégeois*, couronné en 1840 par l'Académie des Inscriptions, a prouvé que le salpêtre était la base de la composition de cette matière incendiaire, comme de notre poudre à canon. Le feu grégeois, inventé par les Chinois, fut employé par les Byzantins dès le septième siècle, par les musulmans vers le douzième. — Sur les croisades envisagées au point de vue musulman, V. les extraits des historiens arabes, publiés par le savant orientaliste M. Reinaud, à la suite de l'*Hist. des Croisades* de M. Michaud. Cette étude n'est ni moins intéressante ni moins nécessaire que celle des historiens byzantins.

croisade : chrétiens et musulmans n'avaient plus les uns pour les autres cette superstitieuse horreur des temps passés. L'Orient et l'Occident, en se connaissant mieux, se haïssaient moins; les marins de Provence et d'Italie étaient plus familiers peut-être avec les Arabes de Syrie et d'Egypte qu'avec les chrétiens d'Allemagne ou d'Angleterre. Les chevaliers français étaient étonnés et joyeux de retrouver leurs idées, et, jusqu'à un certain point, leurs mœurs parmi les valeureux compagnons de Salah-Eddin; dans l'intervalle des combats, on se visitait, on joutait, on trafiquait, on banquetait ensemble; les troubadours et les jongleurs mêlaient leurs *cançons* aux *gazzels* des lauréats du Kaire, la métropole des lettres orientales. Les rois d'Occident pouvaient recevoir de Salah-Eddin des leçons de politesse et de générosité. Cet illustre sultan, qui renouvelait la gloire de Haroun-al-Reschid avec une vertu plus pure, n'avait rien à envier à la milice des chrétiens, dans les rangs de laquelle il voulut, dit-on, être admis[1]. Ce fameux siége d'Acre est l'épisode le plus brillant des âges chevaleresques.

Mais tout cet éclat fut stérile pour la chrétienté : les éléments de la croisade, plus encore que la résistance de Salah-Eddin, rendaient le succès des croisés impossible. Le roi Richard était arrivé le 8 juin, après avoir conquis, chemin faisant, l'île de Chypre sur un prince grec, Isaac Comnène, qui prenait fastueusement le titre d'empereur. Philippe avait promis d'attendre Richard pour emporter Acre d'assaut ou accorder une capitulation à la garnison : il tint parole, malgré les retards du roi d'Angleterre; mais Richard lui en sut peu de gré, et l'arrivée du farouche *Cœur-de-Lion* mit le comble aux désordres et aux discordes qui troublaient sans cesse le camp. Ce n'étaient que querelles entre Philippe et Richard, entre les ordres du Temple et de l'Hôpital, entre les Génois et les Pisans, entre Gui de Lusignan et Conrad de Montferrat, entre Richard et tout le monde. Le *Cœur-de-Lion*,

---

1. La tradition veut que Saladin ait demandé l'ordre de chevalerie au brave Hugues de Tibériade. — Quant à ses rigueurs envers les templiers et les hospitaliers, elles étaient motivées par la guerre implacable que ces chevaliers faisaient aux musulmans sans respecter ni paix ni trêve. Ils ne faisaient pas de quartier et n'avaient pas droit d'en demander.

adoré de ses hommes d'armes, auxquels il ne refusait rien, détesté de tous les autres, inspirait plus d'aversion encore aux chrétiens que de terreur aux Sarrasins. Il n'y avait pas moins incompatibilité d'humeur que d'intérêt entre lui et Philippe; c'étaient les deux natures les plus opposées qu'on se puisse imaginer : l'une était toute soudaineté et toute mobilité; chez l'autre, la passion même, dans son opiniâtre persévérance, semblait tout raisonnement et tout calcul. Le séjour de la Syrie devint bientôt insupportable à Philippe : son courage calme et réfléchi ne brillait pas auprès de la fougue héroïque de Richard, et Philippe se voyait, avec jalousie et colère, effacé par un rival dont il méprisait les aveugles fureurs et dont il appréciait peu les téméraires exploits. Philippe n'aspirait déjà plus qu'à retourner où le rappelaient ses intérêts et sa vraie grandeur. Le siège d'Acre cependant touchait à fin; Salah-Eddin n'avait pas réussi à débloquer la ville, cernée entre l'armée de terre et la flotte de Gênes, de Pise et de Marseille : la garnison, tourmentée de la famine, et voyant ses murs battus en brèche de toutes parts, offrit au roi de France de lui rendre la ville, moyennant la vie sauve. Philippe refusa de garantir la vie aux vaincus. Enfin il fut convenu que la garnison ouvrirait les portes d'Acre, demeurerait quarante jours en otage entre les mains des vainqueurs, et qu'au bout de ces quarante jours, si Salah-Eddin ne la rachetait pas en remettant aux chrétiens la vraie croix, deux cents chevaliers et quinze cents autres captifs de moindre condition, avec deux cent mille besants d'or (1,800,000 fr.), les prisonniers musulmans seraient à la discrétion des rois chrétiens.

Salah-Eddin ayant reculé devant l'énormité de la rançon et cherché à obtenir quelque délai, le féroce Richard, le quarantième jour écoulé, fit décapiter les captifs qui lui étaient échus en partage, au nombre de deux mille six cents, et Hugues, duc de Bourgogne, lieutenant du roi de France, traita de même le reste des prisonniers. Le roi Philippe ne fut point complice de cette barbarie, plus odieuse que les exterminations de la prise de Jérusalem, car le fanatisme avait diminué. Philippe n'était plus en Palestine le 20 août 1191, époque du massacre. Attaqué de la fièvre, si dangereuse en Orient, il avait craint le sort de l'archevêque de Canterbury, du comte de Flandre, et d'une foule d'illustres personnages moissonnés autour de lui en peu de semaines. Un seul obstacle arrêtait Philippe : Richard et lui s'étaient engagés à ne pas quitter la Terre-Sainte sans l'aveu l'un de l'autre. Il envoya donc vers Richard, le 22 juillet, le duc de Bourgogne et l'évêque de Beauvais, qui, après avoir salué le roi d'Angleterre de la part du roi de France, se mirent à fondre en larmes, au lieu de parler. « Ne pleurez pas, dit le roi Richard en se tournant vers eux; je sais ce que vous allez me demander. Votre seigneur, le roi de France, désire retourner en son pays, et vous venez de sa part afin qu'il ait de moi le conseil et la permission de partir. — Il est vrai, répliquèrent-ils; et il dit que, s'il ne départ au plus vite de cette terre, il mourra. — C'est une honte et un opprobre éternel au royaume de France, si Philippe s'en va sans avoir parachevé le dessein pour lequel il est venu, et il ne s'en ira point d'ici par mon conseil; mais, s'il faut qu'il meure ou revoie son pays, qu'il fasse ce qu'il veut et ce qui lui paraît convenable, ainsi qu'aux siens. »

La plupart des barons de France s'efforcèrent de décider Philippe à rester : il fut inébranlable, malgré les reproches des gens d'armes et des troubadours et trouvères, qui firent d'amers sirventes sur sa *départie*[1]. De concert avec Richard, il régla le différend du prince de Tyr et de Gui de Lusignan pour le titre, désormais illusoire, de roi de Jérusalem; puis il jura sur les saints Évangiles, « devant tout le peuple chrétien », qu'il ne ferait ni ne laisserait faire aucun dommage au roi Richard, à ses terres ni à ses hommes. Philippe nomma le duc de Bourgogne connétable des Français en Palestine : le titre de connétable n'avait point encore l'acception spéciale qu'il reçut plus tard; on le donnait à tout commandant d'un grand corps d'hommes d'armes. Le roi remit ensuite à la voile le 31 juillet, sur trois galères de la république de Gênes, vint prendre terre à Otrante, et se rendit dans l'état de l'Église pour conférer avec le pape Célestin III. Le pontife romain accueillit Philippe très-honorablement, et lui permit, ainsi qu'à ses compagnons, bien qu'ils n'eussent point vu

---

1. *V.* le *Romancero français*, publié par M. Paulin Pâris.

Jérusalem ni le saint sépulcre, de porter les palmes et la croix, insignes des pèlerins qui avaient accompli leur vœu. Philippe, que de mauvaises pensées avaient obsédé pendant tout son voyage, sollicita du saint-père une grâce beaucoup plus importante; il pria Célestin III de le délier de son serment, afin qu'il pût se venger de Richard sur la Normandie et sur les autres terres de ce roi; mais le souverain pontife refusa formellement, et défendit à Philippe, sous peine d'excommunication, « de lever la main contre Richard ou contre sa terre ». Le roi repartit, assez mécontent, et arriva au château royal de Fontainebleau, après Noël, roulant dans son esprit mille projets de conquête et d'agrandissement pour réparer ses affronts de Palestine.

Aussitôt après la mort du comte de Flandre, qui ne laissait pas d'enfants, Philippe avait mandé à la reine-mère et à l'archevêque de Reims, régents de France, de mettre la main sur le comté de Flandre, échu, prétendait-il, à son fils Louis, du chef de la feue reine Isabelle de Hainaut, nièce du comte Philippe. L'archevêque Guillaume était entré dans le comté, et avait fait arborer le *gonfanon* (étendard) du roi, non-seulement à Saint-Quentin, à Péronne et dans les villes de l'Artois et de la Flandre wallonne, mais à Oudenarde, à Alost, à Courtrai, à Ypres et à Bruges. Marguerite, comtesse de Hainaut, sœur du feu comte Philippe de Flandre et mère de la reine Isabelle, réclama ses droits d'héritage, et les Gantois se déclarèrent pour la maison de Hainaut. L'archevêque de Reims avait entrepris le siége de Gand lorsque le roi revint de la Terre-Sainte. Le corps germanique fût probablement intervenu en faveur du comte et de la comtesse de Hainaut, vassaux de l'empire. Philippe-Auguste sentit que la querelle pourrait amener de dangereuses complications, et jugea convenable de traiter : il investit de *la comté* de Flandre son beau-père Baudouin, comte de Hainaut; mais les diocèses d'Arras et de Térouenne furent, conformément aux anciennes promesses du comte Philippe, détachés de la Flandre et cédés à Louis, fils du roi.

Le Vermandois et l'Artois étaient de belles acquisitions sans doute; mais c'était vers l'Ouest plus que vers le Nord que devait se dilater la France royale, étouffée par la pression de la France angevine et normande. Philippe le sentait bien, et c'était son intelligence politique, beaucoup plus encore que ses ressentiments, qui le poussait contre les états des Plantagenêts. Mais, si le but était vraiment national, les moyens furent très peu loyaux et peu chevaleresques. Philippe, bravant les défenses et les menaces du pape, noua toute sorte d'intrigues avec Jean, comte de Mortain et de Glocester, frère de Richard, avec les seigneurs du Poitou et de la Guyenne, bref, avec tous les ennemis secrets ou déclarés du roi anglais : il fit plus; voulut-il justifier par des calomnies la violation de ses serments, ou, plutôt, fut-il véritablement la dupe de rumeurs qui servaient ses desseins? c'est ce qu'on ne saurait dire. Quoi qu'il en soit, Philippe, un beau jour, reçut, dit-on, des lettres d'outre-mer qui lui annonçaient que le *Vieux de la Montagne* avait envoyé en France ses *hassassins* pour le tuer, à la prière de Richard. Le *Vieux* ou plutôt le *Chef de la Montagne*[1] était le prince d'une secte de fanatiques musulmans qui habitaient la chaîne du mont Liban en Syrie, et qui, pour gagner le paradis, se dévouaient à immoler, au péril de leur propre vie, les ennemis de leur foi et de leur chef. On les nommait *haschichi*, de *haschich*, chanvre, parce qu'ils s'exaltaient et s'enivraient avec le *beng*, liqueur extraite d'une espèce de chanvre; de *haschichi* nous avons fait *assassins*. Philippe s'entoura désormais de « sergents qui toujours portoient de grandes masses de cuivre devant lui pour garder son corps, et de nuit veilloient autour de lui les uns après les autres. Plusieurs personnes qui s'approchèrent familièrement du roi, selon l'ancienne coutume, coururent risque de la vie[2] ».

Cette nouveauté étonna et indisposa beaucoup de gens. Philippe alors convoqua ses barons et ses évêques, leur exposa le motif de ces précautions extraordinaires, et porta les plus violentes accusations contre Richard. Il prétendit que la maladie qui l'avait obligé de quitter la Palestine provenait d'un poison donné par Richard, et que celui-ci avait fait égorger par les *hassassins* le marquis de Montferrat, parce que ce prince soutenait

---

1. *Cheik al Djiabal*: *Cheik*, en arabe, signifie également vieillard et chef; c'est le *senior*, *senator*, etc.
2. Rigord. — *Chron. de Saint-Denis.*

le parti français en Orient. « N'est-il pas légitime, dit-il enfin, que je venge mes injures contre ce traître et déloyal ennemi? » Les barons approuvèrent l'institution des gardes du corps, et s'écrièrent tous que le roi avait droit de tirer vengeance de Richard.

Un message de l'empereur Henri VI, fils et successeur de Frédéric Barberousse, vint, sur ces entrefaites, réjouir grandement le roi de France.

« Henri, par la grâce de Dieu, empereur des Romains, toujours Auguste, à son cher et spécial ami Philippe, illustre roi des Français, salut et sincère affection. Comme notre Grandeur Impériale ne doute pas que ta Royale Magnificence ne se réjouisse de toutes les prospérités que nous envoie le Créateur, nous informons ta Noblesse, par la teneur des présentes, que Richard, roi d'Angleterre, l'ennemi de notre empire et le perturbateur de ton royaume, revenant par mer en son pays, a fait naufrage sur les côtes d'Istrie[1]. Notre *fidèle* Mainhard, comte de Goritz, et le peuple de la contrée, sachant les trahisons commises par Richard en Terre-Sainte, l'ont poursuivi pour se saisir de lui; mais il s'est enfui déguisé jusqu'à Freysingen, dans l'archevêché de Salzbourg, et de là en Autriche, où notre bien-aimé parent *Limpold* (Léopol), duc d'Autriche, est parvenu à le prendre dans une pauvre cabane auprès de Vienne. Il est maintenant en notre pouvoir ».

Richard s'était attiré cette mésaventure par ses emportements et son arrogance. Le jour de l'entrée des croisés dans Acre, Léopold d'Autriche ayant arboré son pennon sur une des tours de la ville, Richard, en fureur, prétendit que lui et le roi de France avaient seuls ce droit. Au lieu d'obliger Léopold à retirer sa bannière ducale, Richard la fit arracher et jeter dans un égout. Le duc d'Autriche, trop faible pour se venger sur le champ, n'oublia pas cet outrage. Richard était resté quatorze mois en Palestine après le départ de Philippe : il y avait remporté d'éclatants succès; mais, faute d'avoir consenti à accorder une capitulation aux musulmans de Jérusalem, il perdit et ne retrouva plus l'occasion de reconquérir la ville sainte. La brillante armée des croisés,

---

1. Inexact. Richard, après un combat contre des pirates, était débarqué à Zara en Dalmatie, comptant traverser incognito l'Allemagne. — Guillelm. Neubrig. — Rad. de Coggeshal.

décimée par les combats et les épidémies, se fondait avec une effrayante rapidité autour de lui ; le duc de Bourgogne, le comte de Chartres, les archevêques d'Arles et de Besançon, et une foule d'autres seigneurs avaient suivi dans la tombe le comte de Flandre. Richard, informé des intrigues de son frère Jean et du roi de France, et voyant d'ailleurs l'impossibilité de continuer la guerre, signa, le 10 août 1192, une trêve de trois ans trois mois et trois jours avec Salah-Eddin, qui laissait aux chrétiens les places encore occupées par eux, et leur permettait de visiter le Saint-Sépulcre. Tel fut le résultat de l'immense effort de l'Europe. Richard céda ensuite l'île de Chypre à Gui de Lusignan, et le titre de roi de Jérusalem, avec les débris des possessions latines en Terre-Sainte, fut transféré à Henri II, comte de Champagne, mari de la veuve du marquis de Montferrat, qui demeura en Palestine avec quelques troupes. Ce fut cette trêve que les adversaires de Richard qualifièrent ridiculement de *traîtrise*. Léopold d'Autriche livra le roi d'Angleterre à Henri VI, moyennant la promesse d'une bonne part dans la rançon du captif. L'empereur, qui faisait aux Normands de Pouille et de Sicile une guerre acharnée[1], affecta de ne voir en Richard que l'allié du roi Tancrède, et de le traiter en ennemi ; mais la cupidité était le vrai mobile de sa conduite.

Philippe témoigna une joie peu généreuse en apprenant le malheur de son rival. Il écrivit en toute hâte à l'empereur de tenir Richard sous bonne garde, « parce que le monde ne seroit jamais tranquille si un tel perturbateur étoit une fois en liberté ; » et il proposa même à l'empereur une somme considérable pour garder lui-même cet important prisonnier (Guillelm. Neubrig.). Henri n'osa condescendre aux désirs de Philippe sans l'aveu d'une diète teutonique. Les prélats et les princes d'Allemagne, consultés par l'empereur, repoussèrent la requête du roi de France ; mais ils firent comparaître Richard devant eux à Worms, et exigèrent qu'il se justifiât de l'imputation d'avoir trahi « la cause de Jésus-Christ » et dirigé les poignards des *hassassins* contre Conrad de Montferrat et Philippe de France. Richard donna fièrement à ces

---

1. Il prétendait à la couronne de Sicile, du chef de sa femme Constance, sœur de Guillaume-le-Bon, prédécesseur et cousin du roi Tancrède.

accusations un démenti qu'il offrit de soutenir en champ clos contre tous champions, promit cent cinquante mille marcs d'argent de rançon, deux tiers pour l'empereur, un tiers pour le duc d'Autriche, et se reconnut vassal de l'Empire pour son royaume, ses duchés et ses comtés, flattant ainsi les vieilles prétentions impériales à la suzeraineté sur tous les rois chrétiens. Richard jura de payer à l'empereur un tribut annuel de 5,000 livres sterling pour la couronne d'Angleterre. Tous les membres de la diète jurèrent « sur l'âme de l'empereur », que Richard serait délivré, aussitôt les cent cinquante mille marcs payés; et Henri, en retour de l'hommage du roi d'Angleterre, lui conféra l'investiture du royaume d'Arles et du Viennois, de Lyon et de Narbonne[1], présent de mince valeur, attendu, dit un chroniqueur contemporain, que « jamais l'empereur n'avoit été obéi le moins du monde des habitants desdites villes et provinces, lesquels n'étoient aucunement disposés à recevoir un seigneur de sa main »[2].

Richard ne paraît pas avoir jamais revendiqué les droits de sa nouvelle couronne, ni payé le tribut promis. Quoique désormais plus honorablement traité, il avait été remis en prison jusqu'au paiement de sa rançon; il resta encore assez longtemps captif, malgré les efforts de la vieille reine Éléonore, et malgré l'excommunication lancée par le pape contre l'empereur, le duc d'Autriche et tous les fauteurs de la détention arbitraire de l'illustre pélerin. La levée des contributions nécessaires pour former l'immense rançon du roi s'exécutait fort lentement, grâce aux effrontées pilleries des percepteurs, qui s'appropriaient la moitié des collectes, et grâce aussi aux troubles qui agitaient l'Angleterre et la Gaule occidentale. Dès 1192, une partie de l'Aquitaine s'était soulevée. Ce mouvement fut comprimé; mais, au mois de janvier 1193, le roi Philippe, qui avait dénoncé la guerre à un rival qui ne pouvait se défendre, envahit la Normandie, tandis que Jean Sans-Terre, comte de Mortain, rendait hommage en secret au roi de France pour la couronne d'Angleterre et pour tous les autres domaines de Richard, et s'engageait à céder à Philippe les cantons normands au nord de la Seine, avec la Touraine, aussitôt qu'il

---

1. *De Narbonne?* On ne voit pas à quel titre.
2. Roger. Hoveden.

serait roi à la place de Richard, son frère. Le motif de la grande colère de Jean contre le roi Richard, c'est que celui-ci avait fait reconnaître pour son héritier le jeune duc de Bretagne, Arthur, fils du feu duc Geoffroi, aîné de Jean, conformément au principe de la représentation des pères par les enfants. Les barons anglais gardèrent leur foi envers Richard et Arthur, et Jean, chassé d'Angleterre, revint trouver en Normandie le roi Philippe, qui s'était emparé du Vexin, d'Évreux, et de beaucoup d'autres villes et châteaux. La commune de Rouen, dirigée par le comte de Leicester, repoussa toutefois le roi de France, et les succès de Philippe ne furent pas aussi décisifs qu'il se l'était promis. Philippe et Jean Sans-Terre pressèrent l'empereur de braver la décision de la diète, en gardant Richard après qu'il eut payé la plus grande partie des cent cinquante mille marcs et donné des garanties pour le reste. Ils allèrent, suivant Hoveden, jusqu'à offrir une somme égale à la rançon de Richard pour que le *Cœur-de-Lion* fût livré à Philippe; mais Henri craignit d'exciter l'indignation des princes germains. « Tenez-vous sur vos gardes, écrivit-il enfin à Philippe et à Jean : le diable est déchaîné; je n'ai pu faire autrement (Hoveden) ».

Richard, relâché au commencement de février 1194, après quatorze mois de prison, débarqua en Angleterre le 13 mars, et y fut accueilli avec enthousiasme par la noblesse, qui avait oublié ses vices pour ne se rappeler que ses malheurs et sa vaillance. Il commença par remettre la main sur tous ses domaines aliénés, prétendant que les acquéreurs étaient indemnisés par les revenus qu'ils avaient touchés; puis il repassa en Normandie, à la tête de ses barons, « pour avoir raison du roi Philippe ». Jean Sans-Terre, effrayé de l'approche du frère qu'il avait si grièvement offensé, résolut de racheter sa perfidie par une trahison plus noire encore. Il se trouvait à Évreux avec trois cents hommes d'armes français et cent cinquante archers anglais. Il rassembla dans un grand festin tous les Français, et lança les Anglais sur ses convives désarmés, qui furent massacrés jusqu'au dernier. Les têtes sanglantes des victimes de cette lâche *félonie* furent le gage de la réconciliation de Jean avec Richard, qui, tout en accueillant son frère, garda désormais une juste défiance envers lui, et « ne lui confia ni terres, ni villes, ni châteaux » (Hoveden).

Les habitants d'Évreux expièrent le crime qu'ils n'avaient pas commis : le roi Philippe entra dans leur ville et la livra aux flammes. Dieppe fut aussi saccagée par les Français; mais Richard les força de lever le siége de Verneuil, et reprit rapidement les places normandes envahies par Philippe. Le théâtre des hostilités se reporta dans le Maine, la Beauce et la Touraine; mais la croisade était encore trop récente, et la chevalerie, trop fatiguée et trop affaiblie, pour que la guerre pût se faire avec de grandes masses et de grands résultats. Une seule escarmouche mérite d'être citée à cause d'une circonstance curieuse. « Un jour que le roi passoit auprès de Fréteval (dans le Vendômois), le roi Richard, qui s'étoit mis en embuscade, sortit soudainement d'un bois avec une grande compagnie de chevaliers, et prit les *sommiers* (les bêtes de somme) du roi, qui portoient les deniers et la vaisselle d'argent, les robes et *autres choses* ». Parmi ces *autres choses* se trouvaient les ornements de la couronne, le scel royal, et les registres par lesquels on savait ce qui était dû au trésor; quel cens, quelle taille, quel impôt chaque sujet était tenu de payer; quels étaient les hommes exempts de taxes; quels étaient les serfs de la glèbe et les serfs de corps; quels devoirs restaient au serf affranchi envers son ancien maître; bref, le *chartrier* complet de France, que les rois avaient coutume de porter avec eux dans tous leurs voyages. « Ce fut une rude tâche que de réparer cette perte et de rétablir toute chose en légitime état [1] ».

Richard tourna ensuite ses armes contre les rebelles Aquitains, toujours excités par l'implacable Bertrand de Born. Philippe, à son tour, entra en Poitou, et les deux rois se rencontrèrent de nouveau dans la Saintonge. Beaucoup de membres du haut clergé s'interposèrent pour empêcher la bataille; mais Philippe exigeait que Richard, qui lui avait retiré son hommage, se reconnût de nouveau vassal de la couronne de France pour la Normandie, la Guyenne et le Poitou, et cédât le Berri et l'Auvergne. Richard

---

1. *Chroniques de Saint-Denis.* — Rigord. — Guillelm. Armoric. I. IV. — De cette époque date la fondation des archives de la couronne ou trésor des chartes. Les rois ne s'exposèrent plus à de pareils accidents, et toutes les chartes et diplômes furent déposés, d'abord dans la forteresse du Temple, sous la garde des templiers, qui étaient en grande faveur près de Philippe-Auguste, puis, un demi-siècle après, à la Sainte-Chapelle.

ayant refusé, on monta à cheval de part et d'autre pour combattre. Au moment de charger, les Champenois, « qui avoient reçu du roi d'Angleterre quantité de livres sterling, ne mirent point le heaume sur leur tête », et demeurèrent immobiles. Philippe, effrayé de cette défection, réduisit quelque chose de ses exigences et consentit à une trêve de dix ans, qui fut convertie en un traité de paix le 15 janvier 1196; Richard renonça au Vexin normand, et Philippe, à l'Auvergne.

Cette pacification déplut fort aux Aquitains, qu'elle livrait au despotisme de Richard[1] : « Bertrand de Born en fut plus irrité que nul des autres, parce qu'il ne se plaisoit qu'en la guerre, surtout en la guerre des deux rois ». Il publia d'amers sirventes destinés à rallumer les haines mutuelles des oppresseurs de son pays. « *Francey et Berguonhon* (Français et Bourguignon), chantait-il, ont échangé honneur contre paresse et couardise..... Le roi Philippe veut bien la guerre avant que d'être armé; mais, sitôt qu'il a ses armes, il n'a plus son courage » ! Les Aquitains eurent bientôt lieu de se réjouir ; la paix ne dura que quelques mois, et fut violée, à ce qu'il semble, par les deux partis à la fois. Les deux rois s'injurièrent à l'envi dans une conférence : Richard donna un démenti à Philippe, et l'appela *vil récréant* (renégat). Cependant Richard n'eut pas l'avantage dans les hostilités : il accepta le renouvellement de la paix, et céda la suzeraineté de l'Auvergne à Philippe.

L'Auvergne était, depuis peu d'années, partagée entre deux seigneurs, dont l'un, maître de Clermont et de la plus grande partie du pays, conservait le titre de comte d'Auvergne ; l'autre n'avait qu'une portion de la Limagne, et s'appelait le dauphin d'Auvergne, parce qu'il descendait, par les femmes, des dauphins de Viennois, et avait adopté leurs armoiries. Ces deux petits princes et les barons d'Auvergne ne reconnurent qu'à regret le roi de France, « car il étoit trop voisin et de mauvaise seigneurie ». Philippe avait mis garnison dans Issoire, et travaillait à convertir sa suze-

---

1. Les Aquitains ne pouvaient plus compter sur l'assistance de la maison de Toulouse : Raimond VI, qui venait de succéder à son père Raimond V (fin 1194), traita avec Richard, qui lui restitua le Querci et lui donna en fief l'Agénais, avec la main de sa sœur Jeanne, veuve de Guillaume II, roi de Sicile.

raineté en domination effective sur la province. Les énergiques populations de l'Auvergne se révoltèrent, comptant sur l'appui de Richard, qui avait promis assistance à leur dauphin. Richard toutefois les abandonna, et il leur fallut se soumettre, après que Philippe « eut mis à feu et à flamme toute leur terre ». Quelque temps après, la paix étant encore une fois rompue entre les deux monarques, Richard voulut derechef insurger les gens d'Auvergne; mais ils ne se laissèrent plus prendre pour dupes. Richard alors fit, dans la langue d'oc, des vers satiriques contre le dauphin et le comte Gui d'Auvergne, qui oubliaient leurs anciens serments; mais le dauphin d'Auvergne, poëte aussi, comme la plupart des seigneurs du Midi, répliqua par un vigoureux sirvente. « Roi, puisque vous chantez de moi, vous avez trouvé un chanteur (pour vous répondre). Si jamais je vous ai prêté serment, j'ai reconnu ma folie... Quoique je ne sois roi couronné ni homme de si grande richesse, Dieu m'a fait assez bon pour tenir avec les miens entre le Puy et Aubusson, et je ne suis ni serf ni juif ». Il faisait allusion au massacre et à la spoliation des juifs, autorisés par Richard en Angleterre au moment du départ pour la croisade[1].

Richard ne put accepter l'espèce de défi du seigneur auvergnat; il fut obligé de courir au plus vite en Normandie, où le roi Philippe venait de rentrer. Les Français eurent le dessus dans une rencontre près d'Aumale (fin 1196); mais Philippe, au printemps suivant, fut forcé de laisser Richard pour faire face à un autre ennemi. Baudouin VI, comte de Flandre et de Hainaut, frère de la première femme de Philippe, profitant de la querelle acharnée des deux rois, avait violé le traité du feu comte son père avec Philippe, et envahi l'Artois. Les comtes de Chartres, de Champagne, du Perche, les régents du duché de Bretagne, et le comte de Boulogne, levèrent aussi l'étendard contre leur suzerain, dont les projets inquiétaient tous les grands vassaux. Le roi de France contraignit Baudouin à lever le siége d'Arras; mais, s'étant engagé imprudemment dans un canton de la Flandre coupé en tous sens de canaux et de rivières, il se vit bloqué par les Flamands, et

---

1. Raynouard, *Poésies des Troubadours*, t. V.

n'obtint de se retirer librement qu'en abandonnant à Baudouin les villes dont celui-ci s'était emparé dans l'Artois.

Pendant ce temps, Richard avait pris à sa solde une multitude de brabançons commandés par un fameux routier basque nommé Mercader ou Mercadès, et plusieurs milliers d'aventuriers gallois. Les chevaliers du Poitou et de la Guyenne, irrités contre Philippe, qui les avait abandonnés, étaient accourus aussi sous la bannière des Plantagenêts. La lutte continua sur une grande échelle. Les auxiliaires gallois de Richard, après avoir exercé de cruels ravages sur les frontières de France, furent enveloppés dans la vallée des Andelis par l'armée de Philippe, et totalement taillés en pièces. « Un seul jour, dit un contemporain, en vit périr cinq mille quatre cents ». Richard entra dans une si violente rage à cette nouvelle, qu'il fit précipiter au fond de la Seine trois prisonniers français, et arracher les yeux à quinze autres; puis il envoya ces malheureux au camp de Philippe, leur donnant pour guide un autre captif auquel il avait laissé l'œil droit. Philippe, en représailles de cette atrocité, condamna quinze chevaliers anglo-normands à perdre les yeux, « afin que nul ne le pût estimer inférieur à Richard en force et en courage, ou penser qu'il le redoutât ». Les brabançons avaient été plus heureux que les Gallois : tandis qu'ils dévastaient le Beauvaisis, Guillaume de Dreux, évêque de Beauvais, ayant marché contre eux à la tête de la milice communale, fut vaincu et pris dans une rude mêlée, où il s'était comporté en brave homme d'armes. Le prélat captif réclama l'intervention du pape Célestin III pour recouvrer sa liberté. Célestin écrivit à Richard de vouloir bien lui rendre *son fils* l'évêque Guillaume; Richard, pour toute réponse, envoya au pape le haubert ensanglanté de l'évêque, avec ces paroles de l'Écriture sainte : « Reconnoissez-vous la robe de votre fils » ? Le pape n'insista pas.

L'Ile-de-France était menacée d'une redoutable invasion : Richard avait rassemblé dans le Vexin quinze cents cavaliers et quarante mille hommes de pied, tant cottereaux et brabançons que gens des communes et paysans de Normandie. Philippe, ne connaissant ni les forces ni la position de son rival, vint tomber au milieu de cette armée avec cinq cents chevaux. Le point d'honneur l'empêcha de tourner bride, et il agit cette fois comme Richard Cœur-de-Lion eût fait à sa place. « Si nous sommes entourés, voici, dit-il en montrant son épée, une clef pour sortir de cette enceinte d'acier ». Il parvint en effet à s'ouvrir un passage jusqu'au pont de Gisors; mais, au moment où il franchissait ce pont de bois, le tablier s'écroula, et le roi tomba dans l'Epte; Philippe se tira de l'eau, grâce à la vigueur de son cheval; mais le plus grand nombre des barons de son escorte restèrent entre les mains de l'ennemi.

Ce succès fut plus flatteur pour l'orgueil de Richard que fécond en résultats pour sa cause; cependant Richard conserva l'avantage sur Philippe, que la plupart des grands vassaux avaient abandonné. Les Flamands essayèrent d'achever la conquête de l'Artois, et prirent Saint-Omer. La superstition populaire attribua les revers du roi de France à une mesure que le besoin d'argent lui avait fait récemment adopter. « En cette année, dit la Chronique de Saint-Denis, le roi Philippe ramena les juifs à Paris et au royaume de France, contre la commune opinion de tous, et contre le ban et l'institution qu'il avoit devant faits au temps qu'il les bannit de toute la France, et lors il commença à grever de maint grief et persécution la sainte Eglise, qu'il avoit devant toujours défendue[1] (1198) ».

La lutte de Philippe et de Richard s'était compliquée en se liant à la grande querelle des Guelfes et des Gibelins d'Allemagne et d'Italie. Après la mort de Henri VI (27 septembre 1197)[2], le parti gibelin, ou allemand proprement dit, ayant porté au trône impérial Philippe, duc de Souabe, troisième fils de Frédéric Barberousse, le parti saxon ou guelfe, allié de la papauté, ne voulut pas reconnaître Philippe de Souabe, qui se trouvait alors sous le poids d'une excommunication, et il décerna le sceptre à Othon de Brunswick, fils de Henri-le-Lion, duc de Saxe, et d'une sœur de Ri-

---

1. *Chroniq. de Saint-Denis.* — Rigord. — Guillelm. Armoric. — Rymer, *Acta publica*, t. I, p. 96. — Rad. de Diceto. — Hoveden.

2. Il avait renversé dans des flots de sang la monarchie normande de Pouille et de Sicile, malgré l'opposition du pape, et réuni ces belles provinces aux domaines de la maison de Hohenstauffen, après avoir aveuglé le petit roi Guillaume III, fils de Tancrède, et égorgé ou dépouillé les principaux barons italo-normands. L'impératrice Constance vengea, dit-on, ses parents et ses compatriotes en empoisonnant son mari de sa propre main. Leur fils Frédéric, qui fut depuis l'empereur Frédéric II, succéda en Sicile à Henri VI.

chard Cœur-de-Lion. Richard embrassa chaleureusement les intérêts de son neveu, à qui il avait confié le gouvernement de la Guyenne et du Poitou, et dépensa 70,000 marcs d'argent pour aider à son élection. Philippe-Auguste, au contraire, mal avec la cour de Rome, s'allia au candidat gibelin, et les relations des rois de France et d'Angleterre avec Othon de Brunswick et Philippe de Souabe eurent plus tard de grandes conséquences.

Le pape Célestin III, âme honnête et faible, avait échoué dans ses tentatives pour terminer la guerre qui ravageait la France; il fut remplacé, en janvier 1198, par un homme qui fit reparaître sur le siége pontifical l'inflexible génie de Grégoire VII : Innocent III, renonçant à la prière et aux représentations paternelles, menaça les deux rois de l'interdit et de l'excommunication, « s'ils persistoient à empêcher, par leurs batailles, les barons et les chevaliers de reprendre la croix pour la délivrance des saints-lieux ». Il dépêcha en France un légat qui obtint, sinon la paix définitive, du moins une trêve de cinq ans, durant laquelle chacun des deux rois garderait paisiblement ce qu'il avait en sa possession (13 janvier 1199).

Sur ces entrefaites, racontent les chroniques, Guiomar, vicomte de Limoges, ayant trouvé dans sa terre un trésor en or et en argent, envoya une bonne part de la trouvaille à son seigneur le roi Richard d'Angleterre; mais le roi la refusa, disant qu'il devait avoir tout le trésor, d'après son droit de souveraineté, ce dont le vicomte ne tomba nullement d'accord. Le roi vint donc avec une grande armée en Limousin, et, sans se soucier du saint temps de carême, mit le siége devant le château de Chalus, où il pensait que le trésor avait été caché. Les chevaliers et les servants d'armes qui étaient dans le château sortirent et offrirent à Richard de lui remettre la place et ce qu'elle contenait, s'il leur garantissait la conservation de la vie, des membres et des armes; mais Richard les repoussa, en jurant qu'il voulait les prendre à discrétion et les pendre tous. Les chevaliers et les servants rentrèrent au manoir, dolents et confus, et s'apprêtèrent à la résistance. Le même jour, tandis que le roi et Mercader, le chef des brabançons, faisaient le tour de la forteresse pour reconnaître l'endroit le plus propre à donner l'assaut, un arbalétrier, nommé Bertrand de Gourdon, tira sur eux du haut des murailles, et son *carreau* s'enfonça profondément dans l'épaule et l'aisselle de Richard. Le roi, se sentant frappé, remonta à cheval, et chevaucha, non sans peine, jusqu'à sa tente, après avoir prescrit à Mercader et à toute l'armée de presser le château sans relâche jusqu'à ce qu'ils l'eussent pris; ce qui fut fait. Le château emporté, le roi fit pendre toute la garnison, à l'exception de l'homme qui l'avait blessé, afin, sans doute, de le réserver à une mort infamante dès que lui-même aurait recouvré la santé. Richard s'était confié aux soins du médecin de Mercader. Cet homme ne put d'abord extraire de la plaie que le bois du *carreau;* enfin, à force de taillader la chair vive, il retira aussi le fer; mais Richard sentit bientôt que la vie se retirait de lui. Alors il déclara, dit-on, qu'il laissait son royaume et toutes ses terres et châteaux à son frère Jean, avec une bonne part de son trésor, le reste devant appartenir, moitié à son neveu Othon de Brunswick, moitié à ses hommes d'armes et aux pauvres. Il manda ensuite par-devant lui Bertrand de Gourdon, qui l'avait blessé, et lui dit : « Quel mal t'avois-je fait? Pourquoi m'as-tu tué? — Tu as tué mon père et mes deux frères de ta propre main, et maintenant tu me voulois tuer aussi! Prends donc de moi la vengeance que tu voudras : je souffrirai volontiers tous les tourments que tu pourras imaginer, pourvu que tu meures, toi qui as causé au monde tant et de si grands maux.

— Je te pardonne ma mort, lui dit le roi ».

Et il commanda qu'on le déliât, et qu'on lui donnât cent sous de monnaie anglaise. Mais Mercader, à l'insu du roi, mit la main sur Bertrand et le retint; après la mort de Richard, il le fit tenailler et pendre. Richard mourut le 6 avril 1199. Il avait survécu douze jours à sa blessure. Son cerveau, son sang et ses entrailles furent ensevelis au couvent de Charroux, son cœur, à Rouen, et son corps, à Fontevrauld, auprès de son père. Sa statue existe encore dans la cathédrale de Rouen[1].

Adoré de ses hommes d'armes, qui le regardaient comme le type du parfait chevalier, détesté des princes et du peuple, les

---

1. Roger. Hoveden. — Rad. de Diceto. — Gervas. Dorobern. — Rigord. — Matth. Paris.

épitaphes qu'on lui fit expriment avec énergie les sentiments très opposés qu'il inspirait. « Hélas! dit l'une, en cette mort, une fourmi a *occis* le Lion. En si grandes funérailles, le monde entier semble trépasser! — L'adultère, réplique un autre, l'avarice, le crime, la licence effrénée, l'insatiable rapacité, l'orgueil farouche, l'aveugle concupiscence, ont régné dix années : l'adresse et le bras vigoureux d'un arbalétrier ont abattu tout cela d'un seul coup[1]. — Il est mort, le chef et le père de la vaillance, répond le troubadour Gaucelme Faïdit, il est mort! hélas! que deviendront désormais les combats héroïques, les brillants tournois, les cours splendides? » La splendeur des Plantagenêts était morte en effet pour longtemps avec Richard.

Les dernières volontés de Richard, si toutefois ces dernières volontés étaient authentiques (chose plus que douteuse), dérogeaient aux lois de l'hérédité : il est probable que ce testament fut supposé par la vieille reine Éléonore, qui favorisait son fils Jean contre son petit-fils Arthur, héritier légitime de Richard comme représentant son père Geoffroi. Jean mit assez habilement à profit la grande jeunesse d'Arthur et l'intérêt évident qu'avait la monarchie anglo-normande à placer un homme fait, et non un enfant, en face d'un voisin tel que Philippe-Auguste. Il dépêcha en Angleterre, sans perdre de temps, l'archevêque de Canterbury, le comte de Pembroke, et quelques autres de ses affidés, qui décidèrent tout le baronage anglais à lui prêter serment. Saumur et Chinon, où étaient les trésors de son frère, lui furent livrés, et la Normandie se déclara aussi pour lui; mais les seigneurs de l'Anjou, du Maine et de la Touraine, qui n'aspiraient qu'à la dissolution de la monarchie anglo-normande, prêtèrent serment à Arthur et à sa mère Constance. Jean, accompagné de

---

1. Dans les derniers temps de sa vie, Richard rencontra, un certain jour, le célèbre Foulques, curé de Neuilli-sur-Marne, qui passait pour doué du don des miracles, et qui parcourait la France en prêchant la croisade comme un nouveau Pierre l'Ermite. Foulques, au milieu de son sermon, interpella tout à coup le roi d'Angleterre : « Prince, lui dit-il, tu as trois méchantes filles qui te mèneront au précipice si tu ne te hâtes de les marier. — Tu mens, hypocrite, s'écria Richard, je n'ai point de filles. — Tu en as trois : la *superbe*, l'avarice et la luxure, dont il faut te défaire, si tu ne veux qu'elles t'induisent à perdition. — Pardieu, reprit Richard, je les pourvoirai bien : je donne la *superbe* aux templiers, l'avarice aux moines de Cîteaux, et la luxure aux prélats de mon royaume ». — Rog. Hoveden.

la vieille Éléonore et de Mercader, marcha en toute hâte contre les insurgés, emporta d'assaut la ville et le château du Mans, ruina murailles, tours et maisons, et livra la plupart des citoyens comme serfs à ses soldats; puis il entra de vive force à Angers, qu'il traita presque aussi cruellement, et de là se dirigea vers la Normandie. Dès le dimanche d'après Pâques (15 avril), il fut ceint du glaive ducal par Gautier, archevêque de Rouen, dans la cathédrale de cette ville, et l'archevêque posa sur le front du nouveau duc un cercle d'or surmonté de *roses* (ou fleurons) d'or; puis le roi-duc jura, devant les clercs et le peuple, sur les reliques des saints et sur les sacrés Évangiles, de défendre l'Église et d'exercer droite justice.

Pendant ce temps, la duchesse Constance, mère et tutrice d'Arthur, avait appelé au roi de France de l'usurpation commise contre son fils, et avait envoyé Arthur de Tours à Paris, sous la garde de Philippe. La guerre civile des Plantagenêts comblait les vœux du roi de France, qui détacha ses hommes d'armes dans les villes et forteresses de l'Anjou, de la Touraine et même de la Bretagne, déclara que sa trêve avec le feu roi Richard ne l'obligeait point envers Jean, se jeta sur la Normandie et prit Évreux. Les Bretons et les Angevins accueillirent d'abord avec transport les gens du roi de France dans leurs villes et dans leurs châteaux; mais ils ne tardèrent pas à se refroidir en s'apercevant qu'ils s'étaient donné non point un allié, mais un maître impérieux. Leur mécontentement devint bientôt très menaçant.

Philippe avait espéré régner, au nom d'Arthur, sur l'héritage des Plantagenêts : dès qu'il entrevit des obstacles sérieux dans l'esprit indépendant des populations de l'Ouest, il ne songea plus qu'à dicter à Jean les conditions de paix les plus avantageuses possible. Les deux rois eurent une conférence, au commencement de janvier 1200, entre Gaillon et les Andelis : là, il fut convenu que Louis, fils du roi de France, épouserait Blanche de Castille, fille d'Alfonse, roi de Castille, et nièce de Jean, roi d'Angleterre; que Jean donnerait pour dot à sa nièce la ville et le comté d'Évreux, avec les divers châteaux que Philippe tenait en Normandie à l'instant de la mort de Richard, plus Issoudun et Graçai, en Berri, et trente mille marcs d'argent. Jean promit en outre de reconnaître sa nièce Blanche héritière de tous ses domaines du continent, s'il décédait sans postérité, et de ne fournir aucune assistance à Othon de Brunswick ni aux Guelfes. Philippe, à ce prix, fit renoncer Arthur à toutes prétentions sur la couronne d'Angleterre, sur la Normandie, le Maine, l'Anjou, la Touraine et le Poitou, et l'obligea de rendre hommage au roi Jean comme duc de Bretagne.

La reine Éléonore, malgré son grand âge, s'en alla en Castille chercher Blanche, enfant d'une douzaine d'années, qui était déjà, suivant les chroniqueurs « la plus belle dame que l'on pût voir ni regarder en son temps » ; au passage des deux princesses à Bordeaux, un grand tumulte s'éleva contre Mercader, qui était venu visiter Éléonore, et ce fameux chef des brabançons, en exécration au clergé et au peuple, fut mis à mort par les bourgeois. Éléonore, malade de frayeur et de fatigue, s'arrêta au couvent de Fontevrauld : l'archevêque de Bordeaux conduisit Blanche en Normandie, où le mariage fut célébré, entre Vernon et les Andelis, le 23 mai 1200. Le jeune marié, Louis de France, à peine âgé de quatorze ans, se distingua par son adresse et sa valeur dans les tournois auxquels on convia les plus illustres chevaliers de France et d'Angleterre, à l'occasion des fêtes du mariage : il y fut légèrement blessé. Arthur de Bretagne, à peu près du même âge que Louis, figura aussi dans les joutes : Philippe tâchait de retenir à sa cour ce jeune prince pour s'en faire un instrument au besoin. Arthur, d'ailleurs, était plus en sûreté à Paris qu'à Rouen ou à Londres.

Un sombre nuage planait sur ces fêtes, parmi lesquelles le roi de France n'apportait qu'un front soucieux et qu'un cœur gonflé de chagrin et de colère. Le roi Jean n'eût pas obtenu de si bonnes conditions, si Philippe eût joui de toute sa liberté d'esprit, et eût pu disposer en ce moment de toutes ses ressources. Mais la cour de Philippe était, depuis quelques années, troublée par des orages intérieurs qui arrivaient à leur plus violente crise à l'époque où Philippe traita avec l'héritier de Richard. Après la mort de sa première femme, Isabelle de Hainaut, Philippe avait demandé la main d'Ingeburge, sœur de Canut ou Knut VI, roi de Danemark, dont il voulait obtenir l'alliance contre Richard ; il épousa cette princesse à Amiens, la veille de l'Assomption 1193, et la fit couronner le lendemain par son oncle, l'archevêque de Reims. Mais, pendant cette cérémonie, dit l'annaliste d'Aix, « le roi, regardant la princesse, commença à en avoir horreur : il trembla, il pâlit, il fut si troublé, qu'à peine put-il attendre la fin du couronnement ». Il songea dès lors aux moyens de se séparer d'elle. Ingeburge était douce, pieuse, sage et même d'une beauté remarquable ; on n'a jamais su les motifs de l'antipathie étrange et invincible que le roi avait conçue pour elle, et que les contemporains attribuèrent à un maléfice[1]. Philippe prétendit n'avoir jamais consommé le mariage, contrairement à la déclaration d'Ingeburge. Quoi qu'il en soit, au bout de trois mois, sous le prétexte banal d'une alliance de famille entre la défunte reine Isabelle et la princesse danoise, le roi parvint à faire casser son mariage par un concile de prélats français assemblés à Compiègne, sous la présidence de l'archevêque de Reims. La pauvre jeune reine assistait à l'assemblée, sans comprendre ce qui se disait : quand on le lui eut expliqué par interprète, elle s'écria tout en pleurs : *Male France ! Male France !* (Méchante France !) *Rome ! Rome !* pour faire entendre qu'elle appelait au pape de la décision du concile : elle refusa de retourner en Danemark ; Philippe la confina dans un couvent du Tournaisis, à Cisoing, où il n'eut pas même l'humanité de pourvoir convenablement à ses besoins.

Le roi Knut, frère d'Ingeburge, poursuivit l'appel en cour de Rome. Après de longues et inutiles négociations, Célestin III fit droit à l'appel, et annula la décision du concile de Compiègne (13 mars 1196). Philippe, en dépit des menaces du souverain pontife, épousa solennellement, au mois de juin 1196, la belle et brillante Agnès de Méran, fille d'un prince allemand qui dominait dans le Tyrol, l'Istrie et une partie de la Bohême, sous le titre de duc de Méran ou de Méranie. Philippe avait espéré triompher de l'opposition du pacifique Célestin III, qui, en effet, ne prit aucune mesure décisive ; mais les choses changèrent de face avec l'avènement d'Innocent III, caractère inflexible, qui restaura les traditions de Grégoire VII sur cette chaire de saint

---

[1]. On a parlé de défauts secrets ; *v.* Guill. Neubrig. IV, 27 ; mais Philippe n'allégua officiellement rien de semblable.

Pierre où Alexandre III avait installé un système de ménagements et de moyens termes : nulle considération de politique ou d'humanité ne put jamais faire dévier Innocent de ce qu'il appelait son droit et son devoir. Son droit et son devoir, c'était le gouvernement du monde[1] !

Innocent III écrivit lettres sur lettres au roi et à l'évêque de Paris, son diocésain, pour sommer Philippe « de rentrer dans le devoir et de renvoyer sa concubine »; puis il dépêcha en France le cardinal Pierre de Capoue, avec injonction de mettre l'interdit sur tout le domaine royal, si Philippe ne reprenait immédiatement Ingeburge[2]. Après avoir consumé une année entière en négociations infructueuses (décembre 1198-décembre 1199), le légat réunit à Vienne un concile de prélats gallicans, et publia l'interdit en leur présence ; tous les évêques reçurent l'ordre d'observer et de faire observer l'interdit à peine de suspension (mi-janvier 1200). Jamais pareille sentence n'avait été lancée sur la France : l'excommunication du roi Robert et de la reine Berthe n'avait atteint que leurs personnes ; l'interdit fulminé contre Philippe Ier et Bertrade ne s'était étendu qu'aux lieux habités par

---

1. De même que Grégoire VII, quoique Italien, il avait été élevé en France ; il avait fait ses premières études à Paris, puis il était allé à Bologne, où il avait acquis une grande connaissance du droit romain, qu'il expliquait au profit de la papauté, s'estimant, ainsi que Grégoire VII, le seul et véritable empereur. Le lendemain de son sacre, il se fit rendre l'hommage-lige par le préfet de Rome, qui ne rendait auparavant cet hommage qu'à l'empereur. Il fit de grands efforts pour réprimer l'impudente vénalité de la cour de Rome. Son activité était immense, comme l'attestent ses innombrables lettres politiques et religieuses, dont le recueil est une des sources les plus précieuses de l'histoire de ce siècle : il passait la meilleure partie de son temps à juger les milliers d'affaires que les appels en cour de Rome attiraient devant lui, et son consistoire était l'image fidèle du prétoire des grands empereurs romains. Il intervint, avec le plus superbe langage, dans la querelle des deux prétendants à l'Empire, Philippe de Souabe et Othon de Saxe, et ordonna aux princes et aux peuples de reconnaître Othon. La Germanie ne se soumit pas, et le parti de Philippe n'en garda pas moins la prépondérance.

2. Pendant son séjour à Paris, le légat Pierre de Capoue défendit la célébration de la fameuse *fête des Fous*, que les clercs de la cathédrale solennisaient le premier janvier de chaque année, dans l'église de Notre-Dame. Cette bizarre cérémonie, où les prêtres, diacres et sous-diacres, couverts de déguisements grotesques, se livraient à mille extravagances, tirait son origine tout à la fois de la *Mastruca* celtique et des *Barbatoires* du Bas-Empire, issues elles-mêmes en droite ligne des *Saturnales* antiques. Proscrite vingt fois par les conciles, elle reparaissait toujours, et ne cessa pas complètement avant le seizième siècle. *v.* Fleuri, *Hist. ecclés.*, t. XV, p. 23.

le couple excommunié : cette fois, Innnocent III n'excommuniait pas nominalement Philippe et Agnès de Méranie; mais, en interdisant l'exercice du culte dans tout le domaine direct de la couronne, le pontife romain frappait tout un peuple afin d'arriver jusqu'à son chef. Il faut se rappeler à quel point la vie civile était enveloppée et absorbée par la vie religieuse, pour se rendre compte de la désolation qu'un tel arrêt jetait dans le pays : partout cessaient les pompes de la religion, seule consolation et seul plaisir des âmes souffrantes et des classes opprimées; les portes des églises étaient fermées, les autels dépouillés de leurs ornements, comme au jour du vendredi-saint, les croix renversées, les cloches dépendues, les reliques étendues sur les dalles; un silence lugubre remplaçait ces mille voix des églises, ces carillons tour à tour joyeux et graves, qui, s'élevant vers le ciel du milieu des villes populeuses comme du fond des bois les plus solitaires, réjouissaient le bourgeois dans sa sombre boutique, et allégeaient le cœur du serf courbé sur son sillon; plus d'offices publics, d'absolution des péchés ni de participation à la table sainte; plus de sacrements, sauf l'extrême-onction pour les fidèles qui étaient près de sortir de ce monde, et le baptême pour les petits enfants qui y entraient; les croisés seuls étaient autorisés à se faire dire des messes basses par les prêtres; plus de mariages; le mariage était interdit comme les autres sacrements, et le roi fut obligé d'aller marier son fils sur terre de Normandie pour échapper à la sentence papale; plus de funérailles; les corps des trépassés restaient exposés dans leurs bières comme si la terre les eût rejetés de son sein, et infectaient l'air de miasmes pestilentiels. Le pape défendait à la fois l'inhumation en terre sainte et en terre non consacrée. Le pontife de Rome semblait croire que Dieu lui eût accordé le pouvoir de suspendre à son gré la vie des nations. Pour défendre un principe social, il frappait de mort, autant qu'il dépendait de lui, la société tout entière. Les anciens Pères de l'Église eussent reculé d'horreur devant la pensée de cette effroyable tyrannie; mais il y avait loin du christianisme primitif à ce dévorant système d'unité qui broyait sans pitié les individus et les nations.

Innocent III atteignit son but; l'évêque de Paris et la moitié des évêques français obéirent sur-le-champ, malgré les menaces du roi : l'archevêque de Reims, qui avait prononcé la dissolution du mariage de Philippe, et le reste des prélats, après quelques tergiversations, se soumirent aussi, et les populations, n'osant révoquer en doute le droit du pape, tournèrent leur irritation et leur douleur, non point contre la main qui les frappait, mais contre le prince qui attirait sur elles les foudres de Rome.

Philippe, cependant, rendait au pape violences pour violences, et se raidissait contre la sentence pontificale avec toute l'énergie de son âme, que redoublaient son amour pour la femme qu'on voulait lui arracher et sa haine pour celle qu'on voulait lui imposer ; il chassa de leurs églises tous les évêques, chanoines et curés qui observaient l'interdit, séquestra tous leurs biens, fit ramener Ingeburge prisonnière dans l'intérieur de la France, et l'enferma au château d'Étampes. L'église gallicane était écrasée entre Innocent et Philippe, ces deux caractères de fer ; mais les deux adversaires ne combattaient pas à armes égales : la force morale était contre Philippe. La fureur du roi croissait par l'opposition même qu'il sentait dans l'opinion publique ; après avoir frappé le clergé, il frappa les bourgeois et les nobles, et accabla d'exactions toutes les classes du peuple pour les punir de l'appui qu'elles prêtaient aux gens d'Église. Philippe s'arrêta enfin dans cette voie périlleuse, et reconnut en frémissant qu'il devait céder ou se perdre : il céda, le cœur brisé ; il se sépara d'Agnès, reconnut la nullité de leur union, et reprit provisoirement Ingeburge, en déclarant qu'il allait poursuivre en cour de Rome le divorce que les prélats français, selon Innocent III, n'avaient pas eu droit de prononcer : l'interdit fut levé à cette condition, au bout de huit mois (septembre 1200). Agnès de Méranie, qui partageait la passion qu'elle avait inspirée au roi, était enceinte au moment de cette cruelle séparation : elle mourut, peu de semaines après, au château de Poissi, en donnant le jour à un fils que les tristes conjectures de sa naissance firent appeler *Tristan* : cet enfant ne vécut pas, mais deux autres enfants qu'Agnès avait donnés au roi furent légitimés par le pape. La mort d'Agnès ne rapprocha pas Philippe d'Ingeburge : il l'emprisonna de nouveau, avec une dureté impardonnable, ne cessa, durant onze années, de la harceler pour l'obliger à prendre le voile monastique, et de poursuivre auprès du pape l'annulation de son mariage : il ne consentit enfin à tirer la malheureuse reine du donjon d'Étampes, et à la reprendre à sa cour, qu'en 1212, dans un moment où de graves intérêts politiques lui rendaient nécessaire l'appui de Rome. L'ombre d'Agnès s'éleva toujours entre eux. Ingeburge ne trouva jamais le bonheur auprès de Philippe; mais elle trouva enfin la paix et un traitement honorable. Elle survécut plusieurs années à son époux[1].

Au plus fort de ses agitations et de ses chagrins, Philippe n'avait pas entièrement perdu de vue les intérêts de l'État. Ce fut pendant son excommunication qu'il rendit une ordonnance, devenue très célèbre, en faveur des écoles de Paris. L'impulsion donnée aux écoles parisiennes par Abélard ne s'était point ralentie ; bien que l'enseignement n'eût pu suivre la voie philosophique ouverte par ce grand maître, plusieurs colléges avaient été fondés en dehors des écoles épiscopales et monastiques. A côté des chaires des sept arts libéraux et de théologie, étaient établies des chaires de droit canonique, de *physique,* c'est-à-dire de médecine, car on ne voyait guère dans la physique que le côté applicable au soulagement du corps humain, et enfin des chaires de droit *civil*. L'enseignement du droit romain avait pénétré d'Italie en France, et la corporation des écoles de Paris présentait déjà cet imposant ensemble qui ne tarda pas à lui valoir la qualification d'*Université;* on y enseignait, en effet, toutes les connaissances humaines, telles que les possédait alors l'Occident. Philippe Auguste accorda aux écoles parisiennes la protection la plus active : l'accroissement de la population de Paris par cette affluence d'étudiants venus de toutes les provinces et de l'étranger, et l'éclat que les écoles jetaient sur la capitale du royaume, ne furent peut-être pas les seuls motifs de la bienveillance royale, et Philippe prévit probablement quel parti la royauté tirerait de la résurrection du droit romain. L'enseignement des Pandectes ne devait être guère moins funeste à la féodalité que l'institution des troupes soldées. Ce fut une arme à deux tranchants, bonne

---

1. V. un mémoire de M. H. Géraud sur *Ingeburge de Danemark*, ap. *Biblioth. de l'École des Chartes*, t. I, 2ᵉ série, 1844.

à la fois contre le baronage et contre la papauté[1]. Les écoles avaient déjà reçu divers priviléges de Louis VII, grand ami de *clergie,* quoiqu'il ne fût rien moins que *grand clerc.* Philippe leur en octroya de beaucoup plus considérables, à l'occasion d'une de ces scènes tumultueuses dont Paris était souvent le théâtre. Les écoliers, pour la plupart pauvres et turbulents[2], étaient sans cesse en guerre avec les habitants du quartier méridional de Paris et des bourgs Saint-Germain-des-Prés, Saint-Marcel et Saint-Victor. En l'an 1200, des écoliers allemands ayant assommé un maître cabaretier qui avait battu le valet d'un d'entre eux, les bourgeois, le prévôt royal de Paris à leur tête, assaillirent à leur tour les jeunes gens, à coups de bâtons, de piques et d'arbalète. Vingt-deux étudiants furent tués, entre autres un ar-

1. La France, dans la première partie du moyen âge, n'avait connu le droit de Justinien que par l'abrégé des *Novelles*, de Julianus Antecessor; mais les monuments originaux n'avaient jamais été ni perdus ni totalement négligés en Italie. La vieille école de droit de Ravenne subsistait toujours obscurément. Vers 1075, on commença des lectures publiques de droit civil à Bologne : l'enseignement fameux d'Irnérius, à Bologne et à Rome, data des premières années du douzième siècle. Irnérius, « le père de la science et la lumière du droit », comme l'appela l'enthousiasme des juristes, réunit dans son *Corpus juris* tous les livres de Justinien. Il est donc tout à fait faux que la découverte du manuscrit d'Amalfi, vers 1135, ait ressuscité le droit romain. L'enseignement de Bologne ne procéda nullement de ce manuscrit, et l'université de Bologne, cette république de dix mille écoliers qui élisaient leur recteur, fut pour le droit ce que fut pour la théologie et les lettres l'université de Paris, comme le dit avec raison M. La Ferrière (*Hist. du Droit français*, t. IV, p. 320). Les Français allèrent étudier le droit à Bologne, comme les Italiens venaient étudier la philosophie et les *arts* à Paris.
   La France commença toutefois de très bonne heure à introduire l'étude du droit *civil* sur son propre sol. Les monuments originaux avaient passé les Alpes dès la fin du onzième siècle. Le *décret* d'Ives de Chartres (évêque de 1090 à 1115) atteste la connaissance des *Pandectes*, du *Code* et des *Institutes*. Ives tenait probablement cette connaissance de son maître Lanfranc, qui avait débuté par professer le droit avec éclat dans sa patrie, à Pavie. On croit que l'enseignement du droit était inauguré à Paris, dès le temps d'Abélard. Ce qui n'est pas douteux, c'est que Placentin l'enseigna publiquement à Montpellier dans la seconde moitié du douzième siècle. Des traités, des sommes juridiques, des résumés furent écrits à cette époque par ce même Placentin, par Pierre de Valence, par Vacarius, qui porta en Angleterre les livres de Justinien, sous le patronage du roi Henri II. Des traductions françaises furent rédigées sous Philippe-Auguste, et peut-être plus tôt. Nous avons vu que les conciles, en 1131, 1139 et 1163, défendirent sévèrement aux moines de se jeter dans cette carrière nouvelle; mais les clercs séculiers et les laïques s'y engagèrent avec une ardeur croissante.
2. Une grande partie des écoliers ne subsistaient que d'aumônes. Plusieurs colléges, sous le titre d'*hôpital des pauvres Écoliers*, de *collége des Bons-Enfants*, etc., furent fondés pour leur donner asile.

chidiacre de Liége, et beaucoup d'autres furent blessés. A cette nouvelle, le roi entra en véhémente colère, condamna son prévôt à une prison perpétuelle, fit raser les maisons et arracher les vignes de plusieurs bourgeois, et garantit à l'avenir la sûreté des étudiants par une ordonnance importante. Il fut enjoint à tout bourgeois ou autre qui verrait un écolier maltraité ou blessé par qui que ce fût, d'arrêter le *malfaiteur* et de le livrer à la justice du roi. L'enquête par témoins était seule admise pour prouver le délit, et l'accusé ne pouvait réclamer le duel judiciaire ni les épreuves ou ordalies. Les écoliers furent admis à l'entière jouissance du bénéfice de *clergie;* ils ne furent désormais justiciables que des tribunaux ecclésiastiques, et les officiers royaux eurent défense expresse de mettre la main sur eux, hors le cas de flagrant délit; dans aucun cas et pour aucune accusation, le chef des écoles (le recteur de l'université) ne pouvait être arrêté par la justice civile. Les priviléges ecclésiastiques, si contraires, en thèse générale, au bon ordre et à l'équité, se trouvèrent ici favoriser essentiellement les lettres.

Tandis que Richard Cœur-de-Lion expirait obscurément au fond du Limousin, et que Philippe-Auguste se débattait contre la cour de Rome, une nouvelle croisade s'organisait en France. Salah-Eddin avait terminé sa carrière en 1193. Les chrétiens orientaux rompirent alors la trève conclue par Richard Cœur-de-Lion avec ce grand homme : loin de mettre à profit la mort de Salah-Eddin, ils perdirent Jaffa et plusieurs autres places que l'illustre sultan leur avait laissées, et leurs possessions en Palestine furent presque réduites aux villes d'Acre et de Tyr. Trois grands corps d'armée allemands, qui passèrent en Palestine de 1195 à 1197, recouvrèrent Jaffa et dégagèrent à peu près la côte; mais Jérusalem et l'intérieur de la Palestine restèrent au pouvoir des musulmans. Innocent III s'efforça de réveiller le zèle de la chevalerie française, et offrit la remise de tous péchés « à quiconque feroit le service de Dieu un an en l'*host*[1] ». Le fameux curé Foulques de Neuilli, après avoir prêché la réforme des mœurs et la conversion des pécheurs, se mit à courir le pays en appelant

---

1. Ville-Hardouin, *de la Conquête de Constantinople*, § 1.

les chevaliers à la guerre sainte ; il vint prêcher la croisade à Arcis-sur-Aube, au milieu d'un tournoi où l'élite de la chevalerie française s'était rassemblée sous les auspices du jeune Thibaud V, comte de Champagne, frère et successeur du comte Henri II, mort récemment roi titulaire de Jérusalem. Foulques fut accueilli par un enthousiasme général : le puissant comte Thibaud, qui comptait sous sa bannière jusqu'à dix-huit cents hommes d'armes, son cousin Louis, comte de Chartres et de Blois, Simon, comte de Montfort-l'Amauri, qui plus tard acquit une si fatale et si sanglante renommée, et une foule d'autres seigneurs, se croisèrent sur-le-champ. Cet exemple fut bientôt suivi par Baudouin IX, comte de Flandre et de Hainaut, et par un second flot de prélats et de barons (1199-1200). Les croisés sollicitèrent en vain le roi Philippe de se mettre à leur tête : Philippe n'était nullement disposé à cette œuvre de dévotion, lui qui tout récemment, dans sa colère contre le pape, s'était écrié « qu'il se feroit volontiers mécréant comme *Salahadin!* » Le jeune comte Thibaud étant mort de maladie pendant les préparatifs, la conduite de l'expédition fut déférée au marquis de Montferrat[1] sur le refus du duc de Bourgogne et du comte de Bar ; et, après de longs retards, l'armée, forte de quatre mille cinq cents chevaliers, neuf mille écuyers et servants d'armes à cheval, et vingt mille hommes de pied, alla s'embarquer à Venise (8 octobre 1202).

La destinée de cette expédition fut aussi brillante qu'extraordinaire : elle ne vit jamais les rivages de la Palestine. L'habile et ambitieuse république de Venise, espérant se servir des barons français, n'avait consenti à leur fournir des vaisseaux qu'au prix énorme de quatre-vingt-cinq mille marcs d'argent. Les seigneurs croisés ne purent payer intégralement cette somme exorbitante ; les Vénitiens leur proposèrent de s'acquitter en aidant le doge ou duc Henri Dandolo à reprendre, sur le roi de Hongrie, la ville maritime de Zara en Dalmatie. Le doge, quoique octogénaire et presque aveugle, se croisa et partit avec les Français, et l'on prit Zara, bien que le pape eût défendu, sous peine d'excommunica-

---

1. Boniface III ; c'est le même marquis de Montferrat, qui fut un des modèles de la chevalerie. *V.* ci-dessus, p. 388.

tion, d'attaquer le roi de Hongrie, qui avait lui-même reçu la croix. Sur ces entrefaites arrivèrent des envoyés d'Alexis, fils d'Isaac l'Ange, empereur d'Orient, qui avait été détrôné, emprisonné et aveuglé par son frère. Alexis conjurait les croisés d'employer leurs armes à lui rendre son héritage, et offrait de réunir l'église grecque à l'église latine sous l'obéissance papale, de donner aux croisés deux cent mille marcs d'argent, avec des vivres pendant toute la durée de leur expédition d'Orient, et enfin de les accompagner lui-même en Égypte avec une armée grecque. C'était en Égypte et non en Judée que les croisés devaient descendre, à cause d'une trêve conclue récemment entre les chrétiens et les musulmans de Syrie, ou plutôt à cause des idées nouvelles qui se propageaient sur les vrais intérêts de la chrétienté en Orient. Les stériles combats livrés en Palestine depuis tant d'années avaient dessillé bien des yeux, et les débats auxquels la proposition d'Alexis donna lieu attestèrent les progrès de l'intelligence politique chez les Latins. Il se dit un mot profond dans la discussion : « La Terre-Sainte ne peut être recouvrée que par l'Égypte ou par la Grèce [1] ».

Les offres d'Alexis furent acceptées, malgré Simon de Montfort et beaucoup d'autres, qui voulaient exécuter littéralement leur vœu et cingler droit à la Terre-Sainte. Le pape même, quelque intérêt qu'il eût à réduire l'église grecque sous sa suprématie, avait intimé aux croisés d'aller descendre à Alexandrie ou à Saint-Jean d'Acre, plutôt que d'attaquer un peuple chrétien. Les croisés ne l'écoutèrent pas [2] : ils firent voile pour Constantinople; ils assaillirent audacieusement, par terre et par mer, cette ville immense, qui aurait pu mettre sur pied à elle seule une armée double de la leur. Les Vénitiens, qui l'assiégeaient du côté de la mer, forcèrent vingt-trois tours du rempart. L'empereur s'enfuit : les Grecs efféminés cédèrent à la fougue des *Barbares;* ils tirèrent de prison le vieil aveugle Isaac, le remi-

1. Ville-Hardouin, § 45. — Les immenses progrès commerciaux des républiques italiennes et les expéditions d'un des derniers rois de Jérusalem, Amauri, qui avait pénétré jusqu'au Caire, recommençaient à attirer les regards des Occidentaux vers l'Égypte, devenue, depuis Salah-Eddin, le vrai centre de l'islamisme.

2. Simon de Montfort, inébranlable dans l'obéissance au saint-siége, quitta ses compagnons et alla droit en Palestine.

rent sur le trône, et reçurent dans Byzance le prince Alexis et ses alliés (18 juillet 1203). Mais la bonne intelligence fut de courte durée entre Isaac, Alexis et leurs sujets : lorsqu'on sut les conditions du pacte d'Alexis avec les Latins, l'indignation universelle, déjà excitée par les violences des croisés, éclata; une conspiration fut tramée dans le palais : Alexis Ducas, surnommé *Murzuphle* ou le Sourcilleux, se rendit maître de la personne du prince Alexis, le fit étrangler secrètement et prit la couronne impériale aux acclamations de Constantinople entière (8 février 1204). Les croisés, qui étaient campés hors de la ville, se rembarquèrent et vinrent donner l'assaut par mer à toute la partie des remparts qui regarde le Bosphore. Après deux jours de combat, ils se saisirent de plusieurs tours et de trois portes, et pénétrèrent dans l'intérieur de la cité impériale (12 avril 1204). Ils semblèrent d'abord effrayés de leur propre victoire, en se trouvant comme perdus au sein de cette prodigieuse ville et de cette innombrable population : à la vue de tous ces palais, de ces églises, de ces vastes édifices, capables de soutenir chacun un long siége, ils croyaient avoir pour un mois de batailles; mais le lâche peuple de Constantinople, qui eût pu anéantir les étrangers rien qu'en secouant sur leurs têtes les dalles de ses terrasses, mit bas les armes et laissa livrer au pillage la capitale de l'Empire : la Rome de l'Orient fut traitée par les hommes d'armes français et italiens comme l'autre Rome l'avait été par les hordes des Goths et des Wandales. La honte, au reste, fut égale pour les vainqueurs et les vaincus : la rapacité des uns n'inspire guère moins d'indignation que la lâcheté des autres; les chevaliers de France et d'Italie, contemporains et concitoyens des grands artistes qui commençaient à couvrir l'Occident de chefs-d'œuvre d'architecture, montrèrent une brutalité digne des hordes de Genserik ou d'Attila; ils anéantirent une foule de chefs-d'œuvre de l'art antique, entassés dans la ville de Constantin : les marbres de Paros furent mutilés à coups de hache; les statues de bronze furent mises en pièces et « transmuées en monnoie ». La prise de Constantinople par les Latins fut un des jours les plus néfastes de l'histoire des arts. Le peuple byzantin parut moins sensible à la perte de tant d'objets inappréciables qu'au pillage des innombrables reliques qui encombraient les églises de Constantinople, et dont les vainqueurs s'emparèrent avec des incidents bizarres et grotesques.

Après le partage de l'immense butin [1], on procéda au partage de l'empire. Les Français et les Vénitiens couronnèrent empereur d'Orient le comte Baudouin de Flandre, et Baudouin partagea les provinces grecques en fiefs à ses compagnons, devenus ses vassaux. Le marquis de Montferrat eut Thessalonique et la Macédoine, avec le titre de roi; les Vénitiens eurent trois des huit quartiers de Constantinople, avec le droit de nommer le patriarche, l'île de Crète et beaucoup d'autres possessions maritimes, et, ce qui était le but suprême de leur politique, le monopole du commerce byzantin, source d'incalculables richesses. Le comte de Chartres fut créé duc de Nicée; les croisés champenois occupèrent la Morée, qui fut inféodée au comte de Champlitte et au sire de Ville-Hardouin, maréchal de Champagne, l'historien de cette croisade; l'empereur flamand de Constantinople créa des ducs d'Athènes et des comtes de Lacédémone, comme les rois lorrains de Jérusalem avaient fait des comtes de Bethléem et de Jaffa. Enfin, les clercs latins envahirent les évêchés et les monastères grecs, comme les chevaliers envahissaient les dignités laïques. Toute la chrétienté fut ébranlée par le retentissement de ce grand événement, qui dédommageait magnifiquement les *Francs*, les *Latins*, de leurs pertes en Palestine, conquérait au pape, malgré lui, par les mains d'une armée excommuniée, l'empire « schismatique » d'Orient, et effaçait l'empire grec de la carte de l'Europe avec une si merveilleuse soudaineté. Cette catastrophe avait été préparée de longue main par les incessantes querelles des armées croisées avec la cour de Byzance; et, dans ce contact continuel de deux races hostiles, la faiblesse et la ruse avaient dû tôt ou tard succomber sous la force et le courage. La ruine de l'empire grec ne fut pourtant pas définitive cette fois encore, et les princes grecs, réfugiés dans l'Asie-Mineure, entamèrent bientôt contre l'usurpation latine une lutte que secondèrent les terribles irruptions des Bulgares [2] et qui affranchit Byzance au bout d'un demi-siècle.

1. « Puis que li siècles fu estorez (depuis que le monde fut créé), ne fu tant gaaignié en une ville ». Ville-Hardouin, § 132.
2. L'empereur Baudouin fut pris et le roi Boniface fut tué en combattant les Bulgares.

Un seigneur champenois, un des principaux chefs de la croisade, le sire Geoffroi de Ville-Hardouin, nous a laissé une relation très-intéressante de la conquête de Constantinople. C'est le premier homme de guerre français qui ait écrit un livre d'histoire, et son histoire est la plus ancienne que nous possédions en prose française. La prose se formait après la poésie. A Ville-Hardouin commence la longue série de nos Mémoires historiques, une des branches les plus originales et les plus nationales de notre littérature [1].

Quelques semaines avant que les croisés partissent pour l'Italie, ceux des seigneurs français qui n'avaient pas pris la croix s'étaient engagés dans la querelle toujours renaissante des couronnes de France et d'Angleterre. La querelle allait enfin se décider après tant de vicissitudes. Cette fois, le prétexte de la guerre fut l'enlèvement d'Isabelle d'Angoulême, fiancée de Hugues de Lusignan, comte de la Marche, par le roi Jean d'Angleterre. Jean, amoureux d'Isabelle, répudia sa femme, Alvise de Glocester, pour épouser la promise du comte Hugues-le-Brun, son vassal : la puissante maison de Lusignan souleva les provinces poitevines, le Limousin et la Marche, et demanda justice au roi de France, qui, débarrassé de sa querelle avec la cour de Rome, accueillit de grand cœur la requête. Dans un parlement qu'il tint avec le roi anglais au château de Gaillon, en Normandie, au commencement de l'an 1202, il *admonesta* Jean, comme son homme-lige, de comparaître à Paris, par-devant lui, quinze jours après la Pâques de l'an 1202, « pour répondre suffisamment, en la cour du roi son seigneur, aux choses que ledit roi proposeroit contre lui (*Chron. de Saint-Denis*) ». Jean, étourdi de cette sommation inattendue, et dominé par l'ascendant que Philippe avait su prendre sur lui, promit de comparaître « devant ses pairs », sous peine de perdre les châteaux de Tillières et de Boute-Avant, barrières de la Normandie ; une fois hors de la présence de Philippe, il se repentit d'avoir ainsi abaissé sa couronne, en s'engageant à faire ce que n'avait

---

1. Il faut lire aussi le continuateur de Ville-Hardouin, Henri de Valenciennes, *ap.* Michaud et Poujoulat, *Collection de Mémoires pour servir à l'hist. de France*, t. I ; la *Chronique de Morée*, en vers grecs, trad. et publiée par M. Buchon ; et la relation grecque de Nicétas.

fait avant lui aucun duc de Normandie : il ne vint point au jour assigné, et n'envoya personne en sa place. Le roi Philippe était prêt : « par le conseil de ses barons, il assembla ses *hosts* (armées) et entra en grande force en Normandie »; Tillières, Boute-Avant, Longchamp, Mortemer, La Ferté-en-Brai, Lions furent rapidement emportés par les Français, puis Gournai, après une défense un peu plus sérieuse. La résistance en général fut assez molle : le gouvernement des Plantagenêts était antipathique à la noblesse, depuis que Henri II avait commencé de s'appuyer sur les troupes mercenaires; sa dévorante fiscalité ne le rendait pas moins odieux au peuple. La valeur chevaleresque de Richard avait maintenu à ce gouvernement un reste de prestige, que dissipa l'avénement de Jean Sans-Terre, un de ces hommes nés pour perdre les empires. Jean était cruel et débauché, fourbe sans habileté, remuant et téméraire par boutades, lâche et paresseux par habitude; Philippe-Auguste n'eût pu désirer un adversaire plus propice à ses desseins.

La conquête de la Normandie était cependant une grande entreprise, et Philippe ne crut pas devoir l'aborder encore sérieusement : il se tourna vers une proie plus facile, vers les provinces angevines, et remit en avant le jeune duc de Bretagne, qu'il avait conservé à sa cour comme un précieux instrument. Il lui conféra l'ordre de chevalerie, l'investit des comtés de Poitou, d'Anjou, de Maine et de Touraine, lui fiança sa fille Marie, âgée de cinq ans, et l'envoya, avec deux cents chevaliers, en Poitou, se mettre à la tête des barons insurgés contre le roi Jean. En arrivant à Tours, Arthur et ses compagnons apprirent que la reine Éléonore était au château de Mirebeau avec une faible escorte. Éléonore avait chaudement embrassé la cause de son fils Jean et de la monarchie anglo-normande contre son petit-fils Arthur et le roi de France. Le jeune prince et ses chevaliers, renforcés par le comte de la Marche, par son frère, le seigneur de Lusignan, et par d'autres barons poitevins et aquitains, résolurent de s'emparer de la vieille reine. Ils forcèrent la première enceinte du château. Éléonore se réfugia dans le donjon. Le roi Jean, qui s'était mis en marche à la nouvelle de la révolte du Poitou, accourut au secours de sa mère, et arriva en vue de Mirebeau avant qu'Arthur eût appris sa marche. Il attendit la nuit pour attaquer les assiégeants. Arthur et ses barons, surpris pendant leur sommeil par les hommes du roi Jean, qui entrèrent dans Mirebeau de tous les côtés à la fois, furent tous faits prisonniers presque sans combat (1er août 1202).

Jean dispersa ses prisonniers dans ses châteaux de Normandie et d'Angleterre, où l'on prétend que plusieurs périrent de faim, et envoya son neveu à la tour de Falaise. Le gouverneur de Falaise était un vieux chevalier, brave et loyal, appelé Guillaume de Brause. Jean, après avoir pressenti cet officier, comprit qu'il n'en pourrait faire le complice des sinistres desseins qu'il agitait dans son âme, et lui ôta la garde d'Arthur, qu'il transféra dans la grosse tour de Rouen. « Je ne sais le sort qui attend ton neveu, avait dit Guillaume de Brause au roi, lorsque Jean vint enlever Arthur de Falaise, mais je te le remets *sain de la vie et des membres* : je suis aise que tu m'ôtes le souci de le garder ». Il paraîtrait que le commandant de la tour de Rouen repoussa aussi les insinuations criminelles du roi. Enfin, dans la nuit du jeudi saint (3 avril 1203), Jean, après être demeuré seul pendant trois jours, caché au fond du val des Moulineaux, s'embarqua sur un batelet avec un écuyer; puis, abordant à la porte de la tour qui donnait sur la Seine, il se fit amener Arthur, et prit le large avec son captif. Arthur ne reparut jamais. Le roi Jean et ses partisans prétendirent qu'Arthur s'était noyé en cherchant à s'échapper; mais leur récit n'obtint aucune créance, et l'on crut presque universellement que Jean avait égorgé son neveu de sa propre main et jeté le cadavre au fond de la Seine.

Arthur n'avait pas encore dix-sept ans.

Au bruit d'un assassinat qui rappelait les atrocités des vieux Mérovingiens, un cri général de réprobation et de vengeance s'éleva contre le roi Jean. Les Bretons, qui portaient à leur jeune duc une affection romanesque, à cause de son nom d'Arthur, et qui le regardaient comme le restaurateur futur de leur indépendance[1], coururent aux armes avec fureur, et demandèrent justice

---

1. Le signe de cette indépendance, comme nous l'avons dit, avait été jadis l'érection de l'archevêché de Dol par le roi Noménoé : l'archevêché de Dol venait d'être définitivement supprimé par Innocent III, et l'évêque de Dol avait été forcé

au roi de France, qui cita Jean devant ses pairs, les grands vassaux de la couronne, comme accusé de meurtre et de félonie. Jean ne répondit point à la citation. « Le jugement de Dieu par les armes » pouvait seul décider ce grand procès. Philippe passa la Loire et pénétra en Poitou. Beaucoup de nobles bretons et poitevins accoururent le joindre. Philippe s'apprêtait à arracher l'Aquitaine à son rival, lorsqu'il fut informé que l'esprit de révolte se propageait jusqu'en Normandie, et que le comte d'Alençon et d'autres barons normands avaient levé l'étendard contre Jean : Philippe modifia aussitôt ses plans de campagne, et porta la guerre aux bords de la Seine[1]. Le principal boulevard de la Normandie était la triple forteresse des Andelis, œuvre vraiment formidable de Richard Cœur-de-Lion; près du bourg d'Andeli, entouré d'une double enceinte de murailles, s'élevaient deux châteaux forts, dont l'un était situé dans une île du fleuve; l'autre, nommé le Château-Gaillard ou la Roche-Gaillard, se trouvait à trois jets de pierre du premier, sur un rocher de la rive droite de la Seine. Philippe, vers le mois de septembre, assaillit hardiment les Andelis, qui passaient pour inexpugnables. Le poëte-chroniqueur Guillaume le Breton a tracé, dans le VIIe livre de sa *Philippide,* un tableau vivement coloré de ce fameux siège. La garnison du château de l'île coupa le pont qui menait à la rive gauche, et barra le fleuve; les assiégeants détruisirent le barrage, et construisirent un pont de bateaux, malgré les efforts des Normands. La triple garnison n'en continua pas moins à résister vigoureusement : le roi Jean avait jeté dans les Andelis tout ce qu'il avait de plus fidèles hommes d'armes, sous le commandement d'un chef intrépide, Roger de Lacy, connétable de Chester. Jean n'eut pas le courage de porter assistance en personne à ses braves soldats; mais il envoya de Rouen son maréchal, avec trois cents

---

de se soumettre à la suprématie de l'archevêque de Tours. C'était pour la Bretagne un triste présage, que confirma la mort d'Arthur. — Les vieilles coutumes kimriques avaient cédé peu à peu aux mœurs et aux institutions féodales, comme l'atteste la loi de Bretagne, promulguée en 1187, sous le duc Geoffroi; loi qui élève le droit d'aînesse, dans toute sa rigueur, sur les débris du droit du *juveigneur.*

1. La manière dont il se fit une armée est caractéristique : il se rendit à un grand tournoi qui se donnait à Moret en Gâtinais, et invita tous les chevaliers qui s'y étaient rassemblés à le suivre.

chevaliers, mille servants d'armes, quatre mille bourgeois et un corps de routiers, en lui ordonnant de tenter une attaque nocturne contre le camp français, attaque qui devait être secondée, du côté de la rivière, par une flottille de pirates bretons et normands que Jean avait pris à sa solde.

La double attaque échoua, et le château de l'île d'Andeli fut évacué; mais le bourg et le Château-Gaillard persévérèrent dans leur énergique défense. Beaucoup d'habitants du Vexin normand s'étaient réfugiés dans les murs du bourg d'Andeli : Roger de Lacy voulut se débarrasser de toutes ces bouches inutiles, et chassa des murailles deux bandes de cinq cents personnes chacune : elles passèrent sans obstacle. Alors Roger, rassemblant tout ce qu'il y avait encore, dans le bourg et le château, de gens inhabiles aux armes, au nombre d'environ douze cents, « leur donna licence d'aller où ils voudroient ». Le roi, cette fois, ordonna qu'on repoussât les fugitifs à coups de flèches. Lorsqu'ils tentèrent de rentrer aux Andelis, Roger de Lacy leur fit le même accueil. Ces infortunés errèrent ainsi plusieurs semaines entre le camp et les remparts, vivant de l'eau du fleuve, des herbes de la terre, des cadavres des chiens expulsés avec eux, et enfin des cadavres de leurs compagnons expirés ! Plus de la moitié étaient morts de faim, lorsqu'un jour, Philippe passant à cheval sur le pont de l'île d'Andeli, les survivants reconnurent le roi, et poussèrent vers lui des clameurs si lamentables, que Philippe, saisi d'horreur, leur fit donner du pain, et leur permit de « se départir » en sûreté.

L'hiver était venu, et la garnison ne parlait nullement de capitulation : les barons de l'armée française avaient tous dépassé le temps de leur service féodal ; mais Philippe était résolu de s'emparer du Château-Gaillard à tout prix : il touchait au but de ses longues espérances, et nul sacrifice ne lui coûta pour retenir ses vassaux sous sa bannière. Il prodigua l'argent aux uns, octroya des terres, des priviléges aux autres, et fit si bien que tous restèrent ; de plus, il enrôla pour la première fois des routiers. Les opérations du siége furent poursuivies avec une nouvelle ardeur à l'approche du printemps ; le bourg d'Andeli fut pris, et, malgré la position formidable du Château-Gaillard, l'enceinte extérieure fut emportée d'assaut. Roger de Lacy se retira dans le donjon ;

mais les murs furent battus « à grand renfort » de perriers, de catapultes et de béliers, tandis que des routiers à la solde du roi pratiquaient une mine sous les fondations de cette énorme tour. Enfin un pan de muraille, s'effondrant à grand bruit, ouvrit une large brèche, où les Français se précipitèrent en foule : aucun des gens de guerre normands ne se rendit; ils moururent tous les armes à la main, ou furent pris de vive force (6 mars 1204); les prisonniers ne furent qu'au nombre de cent quatre-vingts, dont trente-six chevaliers. Les Français, admirant le courage des vaincus, traitèrent honorablement Roger de Lacy et les autres prisonniers; on dit même que le roi Philippe accorda plus tard la liberté à Roger sans rançon.

Les forteresses des Andelis avaient retenu Philippe six mois devant leurs murailles; mais, pendant ce temps, une multitude de villes et de châteaux étaient tombés au pouvoir des détachements français qui parcouraient la Normandie dans tous les sens. A l'aspect de ses bourgs livrés aux flammes, au fracas de ses châteaux croulants, « le roi Jean, dit l'historien anglais Mathieu Paris, renfermé dans les remparts de Rouen, se plongeoit dans les délices avec la reine Isabelle d'Angoulême, banquetoit chaque jour splendidement, prolongeant son somme du matin jusqu'à l'heure du dîner, et ne pouvant s'arracher à l'ivrognerie, aux dés, ni aux embrassements de sa femme. Chacun le croyoit fasciné par maléfices et sortiléges; car, parmi tant de pertes et d'opprobres, il montroit un visage aussi gai que s'il n'eût subi aucun dommage. Ses amis eux-mêmes avouoient qu'il devoit avoir commis quelque sanglant forfait pour que la grâce de Dieu se retirât ainsi de lui. Lorsque des messagers lui venoient dire : « Le roi des Français est entré hostilement sur votre terre. — Il a pris maint et maint *châtel*. — Il emmène vos châtelains honteusement liés à la queue de ses chevaux. Il dispose à sa volonté de tout ce qui est à vous! » Le roi Jean répondoit : « Laissez-le faire : tout ce qu'il me ravit peu à peu, je le reprendrai en un seul jour ». Et les messagers n'en pouvoient tirer d'autre réponse. Quand les comtes et les barons d'Angleterre, qui jusqu'alors étoient restés fidèlement auprès du roi, virent que son oisiveté étoit incorrigible, ils s'en allèrent vers leurs biens d'outre-mer, et délaissèrent Jean, avec peu de chevaliers, en Normandie ». Jean, voyant les partis ennemis pousser des pointes jusque sous les murs de sa capitale, prit l'épouvante, se jeta sur un navire, et alla débarquer à Portsmouth le jour de la Saint-Nicolas (6 décembre 1203), laissant honteusement à des routiers mercenaires le soin de défendre ses cités. Il était parti trois mois avant la chute des Andelis. Il y a une réserve à faire sur le récit du chroniqueur anglais : c'est que le baronage d'outre-mer avait montré fort peu de zèle à secourir le roi Jean, et que cet abandon avait beaucoup contribué à décourager ce prince.

Pendant la campagne de 1203, le pape Innocent III, peut-être à la sollicitation de Jean, envoya deux légats sommer les deux rois de suspendre les hostilités, de soumettre leur différend à l'Église, et de se réunir pour délivrer la Terre-Sainte. Le royaume de France fut menacé d'interdit, et le roi, d'excommunication, en cas de désobéissance. Mais le triomphe de la papauté dans l'affaire du divorce de Philippe avait induit Innocent à trop présumer de sa puissance. La guerre contre le roi Jean était populaire ; la haine contre l'assassin d'Arthur se compliquait de la vieille haine des Français et des Bretons contre les Normands, et onze grands barons, emportés par leurs sentiments contre leurs vrais intérêts, déclarèrent, par lettres patentes, qu'ils soutiendraient « le seigneur roi » contre le « seigneur pape » ou tout autre qui prendrait la défense de Jean d'Angleterre. On a conservé la lettre d'Eudes III, duc de Bourgogne. Innocent III sentit sa faute : il changea de ton et se contenta d'exhorter le roi de France, « son cher fils », à des sentiments plus pacifiques, en ajoutant qu'il n'avait pas prétendu juger les droits de fief, mais seulement le fait de conscience touchant la justice de cette guerre.

Ni douceur ni violence n'y firent : Philippe n'était pas homme à se laisser arracher sa magnifique proie. Après la prise du Château-Gaillard, il donna quelques semaines de repos à ses guerriers ; puis, dès l'octave de Pâques, il rentra en Normandie par le Maine, entraînant avec lui, outre ses propres troupes, la chevalerie insurgée de l'Anjou, du Maine et de la Touraine. Il semblait qu'un tocsin universel ameutât au loin toutes les provinces contre la Normandie, qui avait si longtemps dominé et tyrannisé ses voisins : tandis que la terre natale des Plantagenêts (le Maine et l'Anjou) se levait contre l'indigne descendant de cette race, la Bretagne, altérée de vengeance, se précipitait en armes au delà du Coucsnon. Gui de Thouars, qui gouvernait la Bretagne comme second mari de la duchesse Constance, mère d'Arthur, combinant ses mouvements avec ceux de l'armée française, se porta sur le Mont-Saint-Michel, brûla la bourgade, le couvent et le château, prit Avranches de vive force ; puis, saccageant et incendiant tout le pays sur sa route, il se dirigea sur Caen, où il se joignit au roi Philippe. La Normandie, abandonnée de son prince, abandonnée de ses fils, les puissants barons d'Angleterre, voyait avec stupeur sa force et son indépendance s'évanouir comme un rêve : cette terre de conquérants succombait presque sans résistance à la conquête. Philippe, à la vérité, ne négligeait rien pour rendre sa victoire acceptable aux vaincus : partout il offrait aux communes la confirmation de leurs franchises et priviléges, et faisait suffisamment connaître aux populations qu'il s'agissait d'une réunion politique et non d'une conquête territoriale. Les Normands n'avaient pas à craindre le joug qu'eux-mêmes avaient fait autrefois subir aux Saxons. Aussi toutes les villes ouvraient leurs portes, avec tristesse, mais non avec désespoir : Falaise, malgré sa forte position, sa nombreuse bourgeoisie et sa garnison de routiers, ne résista que sept jours ; le roi lui accorda une capitulation très avantageuse ; les bourgeois de Falaise acquirent le droit de voyager et de commercer librement dans tout le domaine royal sans aucun péage, si ce n'est à Mantes. L'opulente cité de Caen envoya sa soumission avant d'être attaquée ; Domfront, Laigle, Bayeux, Coutances, Lisieux se rendirent sans coup férir, et Philippe, envoyant les Bretons et le comte de Boulogne prendre Pontorson et Mortain, marcha en personne sur Rouen.

La puissante commune de Rouen ne pouvait se résoudre à suivre l'exemple des autres villes : la nationalité normande s'était réfugiée dans la cité de Roll. Les bourgeois rouennais, renforcés par un grand nombre de chevaliers et d'hommes d'armes, se défendirent opiniâtrément pendant quatre semaines ; enfin, manquant de vivres et « prenant un plus sage conseil », ils demandèrent une trêve de trente jours, jusqu'à la fête de la Saint-Jean d'été, afin d'avoir le temps d'annoncer leur détresse à leur roi. Ils promirent, dans le cas où ils ne seraient pas secourus avant l'expiration de la trêve, de se livrer, eux et leur cité, « au victorieux roi Philippe », moyennant toute garantie pour leurs personnes, leurs droits et leurs biens. Cette convention fut jurée, d'un côté, par le roi de France, les comtes de Nevers, de Dreux, d'Auxerre, Dreux de Merlot, connétable, Henri Clément, maréchal, Gautier, chambrier, Guillaume des Barres, etc.; de l'autre côté, par le gouverneur Pierre de Préaux et tous les chevaliers de la garnison, par Robert, maire de Rouen, les jurés et toute la commune. Les fortes places d'Arques et de Verneuil, les dernières qui restassent au roi Jean dans tout le duché, furent comprises dans le traité. Les députés de Rouen trouvèrent, dit-on, le roi Jean occupé à jouer aux échecs; il ne leur répondit pas un mot jusqu'à ce que sa partie fût achevée, et alors il leur dit : « Je n'ai aucun moyen de vous secourir dans le délai convenu; faites du mieux que vous pourrez ».

La fête de saint Jean-Baptiste étant donc venue, la bannière rouge aux trois lions, emblème des héritiers de Roll, fut enlevée des tours de Rouen et remplacée par le gonfanon bleu fleurdelisé [1] des Capétiens, et les ponts-levis de la double enceinte se baissèrent pour recevoir le roi des Français. Philippe, comme il s'y était engagé, respecta les coutumes du duché de Normandie et les droits des communes, et accorda aux bourgeois de Rouen le libre commerce par tout le royaume; mais il les obligea d'abattre leurs murailles à leurs frais, et de bâtir une nouvelle forteresse destinée à commander la ville.

Ainsi finit l'indépendance normande, trois siècles après que Roll le Norvégien eut fondé le duché de Normandie. Peu d'années avaient suffi pour conduire la Normandie, de la plus haute prospé-

---

1. Le fleuron trifolié, qu'on appelle fleur-de-lis, quoiqu'il ressemble plutôt à l'iris, se trouve sur le front des sphynx égyptiens, sur une monnaie gauloise des Santons (Saintonge), sur les vêtements du *spathaire* de Justinien, dans les mosaïques du baptistère de Ravenne, sur ceux de Charles le Chauve, dans les miniatures de sa fameuse Bible. C'était un ornement comme la rose ou comme la palme. Les derniers Carolingiens paraissent l'avoir employé volontiers. Les Capétiens se l'attribuèrent exclusivement, à l'époque où se fixèrent les signes héraldiques, les blasons. Ils en firent l'emblème de la royauté française.

rité qu'elle eût jamais atteinte, à la perte de son indépendance ; elle tomba sans secours de la part des Anglo-Normands, qui, des rivages de leur île, virent avec indifférence la conquête de leur mère-patrie[1]. La Normandie n'habitua pas sans peine son cou au joug du roi de France ; elle ne put cependant être insensible à la cessation des exactions et des violences auxquelles elle avait été sans cesse exposée sous les Plantagenêts, ni aux avantages que lui apportait sa réunion aux provinces centrales de la Gaule ; elle s'accoutuma peu à peu à une situation qui avait d'abord blessé profondément son orgueil, et finit par devenir aussi française que l'Ile-de-France elle-même.

La campagne de 1204 avait recommencé au mois d'avril ; dans les premiers jours de juillet, la Normandie entière était conquise. Ce succès inouï ne satisfaisait pas encore Philippe ; aussitôt après la reddition de Rouen, il envoya Cadoc, chef breton ou gallois qui commandait les routiers au service de France, s'emparer d'Angers, et lui-même, rappelant sa chevalerie aux armes dès le mois d'août, « entra en Aquitaine, prit Poitiers, et reçut en sa seigneurie les châteaux et villes de tout le pays alentour, et les barons lui firent hommage et féauté de leurs terres comme à leur lige-seigneur. L'année suivante, sitôt l'hiver passé, le roi assembla de nouveau vingt milliers de sergents à pied et d'arbalétriers à cheval[2], et grand nombre de chevaliers, avec grand appareil de pierriers, de mangonneaux et de toutes manières de *tourments* (*Chronique de Saint-Denis*) ». Il força les châteaux de Loches et de Chinon, achevant ainsi la réduction du Poitou et de la Touraine ; les habitants s'étaient partout déclarés pour lui ; une partie de la Saintonge et de l'Angoumois suivit cet exemple[3]. Le bruit des

---

1. Aug. Thierry, *Hist. de la conq. de l'Anglet.* t. IV, conclusion. — Matth. Paris. *Hist. Angl.* — Guillem. Armoric. *Chronic.* — *Philippid.* l. VII-VIII. — Rad. Coggeshal. *Chronic. Angl.* — Rigord. *Gesta Philippi Augusti.*

2. C'est la première fois qu'il est question de gens de trait à cheval.

3. Philippe-Auguste observa, dans les provinces angevines et poitevines, la même politique qu'en Normandie, et tâcha de s'attacher les villes : il confirma les chartes de Niort, de Saint-Jean-d'Angeli et de Poitiers. Sa conduite envers la bourgeoisie, dans l'ancien domaine royal comme dans les nouvelles acquisitions, était généralement plus soutenue et plus régulière que celle de ses prédécesseurs ; cependant il se prononça plus d'une fois contre les bourgeois, là où les seigneurs lui étaient dévoués ; ainsi, à Étampes, en 1199, il abolit la commune, à la requête

triomphes de Philippe troubla les derniers instants de la vieille reine Éléonore d'Aquitaine, qui expirait en ce moment au couvent de Beaulieu, poursuivie sur son lit de mort par le retentissement des désastres de sa maison.

« Le roi Jean continuoit de vivre dans la mollesse et les voluptés avec sa reine, croyant n'avoir rien perdu pourvu qu'il la possédât ». Néanmoins, lorsqu'il vit ses belles provinces tomber les unes après les autres au pouvoir de son ennemi, il essaya d'en obtenir la restitution par l'envoi de deux ambassadeurs, l'évêque d'Ely et Hubert du Bourg, « hommes éloquents et discrets ». Il les chargea d'annoncer qu'il comparaîtrait de son plein gré à la cour du roi, son suzerain, et y répondrait selon le droit à toutes accusations, pourvu qu'on lui accordât un sauf-conduit. « Le roi Philippe répondit, mais sans sérénité ni dans le cœur ni sur le visage : Volontiers ; qu'il vienne en paix et sûreté. — Et s'en retourne de même, n'est-ce pas, seigneur ? répliqua l'évêque d'Ely[1]. — Oui, si le jugement de ses pairs le permet ». Les ambassadeurs insistèrent pour qu'il fût accordé à leur seigneur de venir et de repartir en sûreté ; mais le roi de France, irrité, reprit avec son serment habituel : Par tous les saints de France ! il ne se départira pas, s'il

---

des chevaliers et des chanoines de la ville, et reprit le *droit* de taxer arbitrairement les bourgeois. A la vérité, les privilèges particuliers que conservèrent les divers quartiers et les corps de métiers restreignirent fort ce *droit*. A Reims, en 1211, le roi soutint l'archevêque Aubri de Hautvilliers, qui disputait les clefs de la ville et la garde des remparts aux échevins : ceux-ci furent obligés de céder, au moins momentanément. — Philippe, par compensation, rendit, dans les dernières années du douzième siècle et les premières du treizième, un grand nombre d'ordonnances favorables aux villes : il confirma les coutumes de Saint-Quentin en prenant possession du Vermandois (1195), et celles de Péronne en 1209 ; il accorda à Bapaume, en Artois, des magistrats électifs avec juridiction (1196) ; il donna une charte de commune à Senlis en 1201, à Crespi en Valois en 1217, confirma les franchises de Paris en 1209, de Doullens en 1212, et accorda, en 1213, la charte de Saint-Quentin à Chauni, qui avait été érigé en commune antérieurement. Il commençait à étendre aux autres villes du domaine les améliorations introduites à Paris ; une taxe fut établie à Bourges pour le pavage de la ville et des routes. *v.* Guizot, *Hist. de la Civilis.*, t. V ; Aug. Thierri, *Lettres sur l'Hist. de France*, et le recueil des *Ordonnances des rois de France*, t. XI, *passim.*

1. Cette demande était conforme au droit barbare et au droit féodal primitif (*V.* ci-dessus, p. 207). L'accusé qui refusait d'acquiescer à sa condamnation, se retirait librement. La société ne se croyait pas le droit de le *punir* sans son aveu. Mais, comme il avait rompu le pacte social, elle lui déclarait la guerre et le poursuivait jusqu'à la mort, non comme coupable, mais comme ennemi.

n'est absous. — Mais, poursuivit l'évêque, seigneur roi, le duc de Normandie ne peut comparaître à votre cour sans que le roi d'Angleterre y comparaisse aussi, et le baronage d'Angleterre ne souffrira en aucune façon que le roi s'expose à la prison ou à la mort. — Eh quoi! seigneur évêque, s'écria Philippe, on sait bien que le duc de Normandie, qui est tenancier de la couronne de France, s'est emparé de l'Angleterre par violence; mais, parce qu'un sujet croit en honneur, son seigneur souverain perdra-t-il ses droits? C'est assez : Dieu vous garde! » Les envoyés, n'ayant rien à répondre, s'en retournèrent devers le roi Jean, et lui rapportèrent ce qu'ils avoient vu et entendu; mais le roi ne voulut point se confier à la chance douteuse du jugement des François, qui ne l'aimoient pas. Les grands de France n'en procédèrent pas moins au jugement (Matth. Paris.) ».

Jean, déclaré coupable de meurtre par trahison, « qui est la pire espèce d'homicide », fut proclamé déchu de tous ses fiefs, et condamné à mort par contumace, « d'après la coutume du royaume de France, suivant laquelle tout accusé de meurtre qui refuse de venir en justice est réputé convaincu et jugé comme tel ».

On ne connaît pas exactement la composition du tribunal suprême qui prononça un arrêt si hardi et si solennel; la minute de l'arrêt n'a jamais été retrouvée, ni le texte cité par aucun chroniqueur. Suivant la jurisprudence féodale, la présence de deux pairs suffisait. Deux pairs laïques purent en effet prendre part à la sentence : c'étaient Eudes III, duc de Bourgogne, et Raimond VI, comte de Toulouse. La Flandre était *tombée en quenouille*[1]; le comté de Vermandois était réuni à la couronne, et le

---

1. Ce n'était pas là un empêchement absolu à ce que la Flandre fût représentée en cour des pairs; mais une *pairesse* n'eût point participé à une sentence de mort. Le droit de juger avait été reconnu formellement aux dames de fief par Louis VII; V. sa réponse à la célèbre vicomtesse Ermengarde de Narbonne, ap. Michelet, *Hist. de France*, t. II, p. 302, d'après le recueil de Duchesne. « Chez vous (dans le Midi), les choses se décident par les lois des empereurs (qui interdisent l'administration aux femmes); la coutume de notre royaume est beaucoup plus douce (*benignior*) : quand le *meilleur sexe* vient à manquer, il est accordé aux femmes et de succéder et d'administrer l'héritage ». L'expression n'est pas chevaleresque : *le meilleur* veut encore dire ici *le plus fort*; mais le fait n'en est pas moins décisif. — Nous ferons ici, à propos de l'importance sociale des femmes, une remarque qui nous avait échappé : c'est que les gentilshommes du Midi, dans les actes authentiques, dès le dixième siècle, se qualifient communément de : *un tel, fils d'une*

comte de Champagne n'était qu'un enfant. Quant aux six pairs ecclésiastiques, ils purent assister aux débats et participer à l'arrêt de déchéance, mais non à la partie de la sentence qui prononçait *peine de sang*. Les grands officiers de la couronne et les principaux barons siégèrent-ils à côté des deux pairs laïques? Cela n'est pas probable : c'eût été contraire aux principes de la pairie, et les partisans du roi Jean n'eussent pas manqué de réclamer contre cette irrégularité, ce qui n'eut pas lieu : ils ne se plaignirent jamais que du refus de sauf-conduit. Il est donc à croire que les deux pairs laïques, seuls jusqu'au bout, rendirent à la couronne cet immense service, fort contraire à leurs intérêts de princes féodaux [1].

Cependant une réaction semblait se préparer contre l'heureux roi de France : les Poitevins, toujours ennemis de leur maître, quel qu'il fût, recommençaient déjà à remuer, et les seigneurs bretons voyaient avec inquiétude et colère l'impérieux Philippe assimiler, ou peu s'en faut, leur duché au domaine de la couronne. Jean, « se confiant dans l'énorme somme d'argent qu'il avoit amassée, à force d'exactions, aux dépens du clergé, de la noblesse et du peuple d'Angleterre », sortit enfin de sa longue torpeur : il rassembla une grande armée et de nombreux vaisseaux à Portsmouth, au printemps de 1206, et noua des intelligences avec le vicomte de Thouars et son frère Gui, qui avait pris le titre de duc de Bretagne, comme tuteur de la jeune duchesse Alix, fille de Gui de Thouars et de Constance de Bretagne, et sœur utérine du malheureux Arthur. Philippe, avec son activité ordinaire, prévint la défection des Bretons, accourut à Nantes, obligea les barons de remettre leur jeune duchesse sous sa sauvegarde, occupa les places fortes, et déjoua de ce côté les espérances de Jean, qui, alors, au lieu de faire voile pour la Bretagne ou la Normandie, vint débarquer à La Rochelle. seule place des pays poitevins qui n'eût pas ouvert ses portes aux Français (9 juillet 1206). Le Poitou se révolta aussitôt ; les troubadours entonnèrent le chant de guerre contre la France, et les méridionaux accouru-

telle. *V.* les nombreux documents cités par Raynouard, *Poésies des Troubadours*, t. II, p. 48 et suivantes.

1. *V.* sur cette question, un très bon mémoire de M. Beugnot dans la *Bibliothèque de l'École des Chartes*, 2ᵉ série, t. V; 1ʳᵉ livraison, 1848.

rent en foule grossir l'armée anglaise. Jean bloqua Poitiers, passa la Loire, reprit Angers, saccagea cette ville, qui s'était rendue trop volontiers à Philippe, et entra en Bretagne, où il emporta Dol et le château de Montauban; mais là s'arrêtèrent ses progrès : la chevalerie de France arriva bientôt en masse dans l'Anjou, et Jean, n'osant risquer une bataille, laissa dévaster sous ses yeux les domaines des barons qui s'étaient insurgés en sa faveur, et recula jusqu'en Poitou.

Les légats du pape s'interposèrent de nouveau entre les deux rois, firent valoir auprès de Philippe la situation critique où se trouvait la chrétienté, et obtinrent enfin une trêve de deux ans (26 octobre 1206). Jean renonça, durant ce délai, à revendiquer aucun droit direct ou indirect sur les hommes et les terres de Normandie, de Bretagne, du Maine, et des cantons de l'Anjou et de la Touraine situés au nord de la Loire; Poitiers et la plus grande partie du Poitou restèrent en outre à la France. Tel fut le dénoûment de cette guerre, qui, sans une seule bataille rangée et avec si peu de sang versé, avait presque doublé, en trois ans, la puissance territoriale de la couronne de France, et réparé avec tant d'éclat le funeste divorce de Louis VII. La trêve conclue avec Jean fut renouvelée à plusieurs reprises : Jean fut longtemps sans rien tenter pour recouvrer ses provinces, et Philippe eut plusieurs années de paix pour s'affermir dans ses conquêtes et habituer les pays conquis à sa domination. Les grands vassaux, qui eussent pu concevoir un juste effroi du prodigieux accroissement de la puissance royale, ne se coalisèrent pas contre elle quand il était encore temps de l'arrêter : d'autres passions les en détournaient et les rendaient les instruments d'intérêts étrangers. Une partie des hauts barons français avaient été lancés par Venise contre l'empire grec; les autres furent poussés par le pape contre les seigneuries de la Gaule méridionale, et les effroyables catastrophes qui bouleversèrent bientôt le Midi servirent encore indirectement cette royauté française, qui avait quelque chose de fatal, et à laquelle tout profitait, le mal comme le bien.

FIN DU TOME TROISIÈME.

ECLAIRCISSEMENTS.

I

LE BON ROI ROBERT.

Le biographe Helgaud (*de Vitâ Roberti regis*) raconte, sur l'étrange laissez-aller et l'extrême *bénignité* du roi Robert, de nombreuses anecdotes parfois comiques, parfois attendrissantes, qui montrent également son peu de jugement et sa bonne âme.

Toutes les fois que quelque indigent, clerc ou laïque, commettait un larcin au détriment du roi, celui-ci empêchait de poursuivre le larron, et « jurait, par la foi du Seigneur », qu'on ne reprendrait point à ce pauvre homme ce qu'il avait emporté. La reine Constance avait fait construire un beau palais et une chapelle au château d'Etampes : le roi s'y rendit avec les siens pour diner joyeusement, et fit ouvrir la maison aux « pauvres de Dieu ». L'un d'eux se plaça aux pieds de Robert, et fut nourri sous la table par les mains du bon prince ; mais le rusé compagnon, « avec beaucoup de présence d'esprit », apercevant à sa portée une frange d'or du poids de six onces qui pendait du vêtement de Robert, la détacha avec son couteau et s'en alla au plus vite. Lorsqu'on voulut débarrasser la chambre de cette cohue de pauvres, et renvoyer tous ceux qui avaient été rassasiés d'aliments et de boisson, la reine remarqua tout à coup que *son seigneur* était dépouillé de sa « glorieuse parure ». — Eh! mon bon sire, s'écria-t-elle « d'un ton peu calme », quel ennemi de Dieu vous a enlevé votre beau vêtement d'or? — Moi, répliqua le roi, qui avait vu l'action du pauvre sans s'émouvoir : personne ne me l'a *ravi*; mais, avec l'aide de Dieu, ce vêtement sera plus utile à celui qui nous l'a *pris* qu'à nous ».

Un autre jour, Robert étant à l'église, prosterné devant Dieu en oraison, un nommé Rapaton s'approcha sans bruit, et coupa la moitié de la fourrure qui entourait les épaules du roi. « Retire-toi, dit tout à coup Robert en se retournant; tu dois être content de ta part; le reste peut être nécessaire à quelque autre ». Oger, clerc lorrain que Robert avait en singulière amitié, s'avisa un soir de mettre la main sur un chandelier d'argent de la chapelle royale. Lorsque la terrible Constance sut la disparition du candélabre, elle jura, par l'âme de son père Guilhem, qu'elle priverait de leurs yeux les gardiens de la chapelle, et « leur ferait bien d'autres maux », si l'on ne découvrait le voleur et l'objet volé. Alors le roi, qui avait été témoin du larcin, manda le coupable, et lui dit : « Ami Oger, va-t'en d'ici, de peur que ma femme irritée ne t'anéantisse : *ce que tu as* te suffira pour regagner ton pays natal. Que le Seigneur t'accompagne partout où tu iras! »

Robert aimait beaucoup la résidence royale de Poissi-sur-Seine, où il avait bâti un monastère en l'honneur de la mère du Christ (l'église, très remarquable sous le rapport de l'art, subsiste encore), et il allait souvent y répandre devant Dieu « ses torrents de larmes accoutumés ». Revenant un jour de l'église en son logis, il s'aperçut que sa lance avait été richement incrustée d'argent par les soins de sa femme; il retourna aussitôt sur le seuil et regarda de tous côtés pour chercher quelqu'un à qui cet argent pût être utile. Il vit un pauvre, l'appela et lui demanda *avec adresse* s'il n'aurait pas quelque ferrement propre à détacher l'argent du bois. Sur sa réponse affirmative, Robert l'envoya en toute hâte quérir son outil, et l'attendit en *vaquant à l'oraison*. Quand l'autre fut de retour et la porte fermée, le roi et le pauvre travaillèrent de grand courage à enlever l'argent du bois de la lance; puis Robert mit le précieux métal dans la besace de ce malheureux, et lui recommanda, suivant sa coutume en pareil cas, de prendre garde en sortant que Constance ne le surprît. La reine s'informa bientôt de ce qu'était devenu le brillant ornement dont elle avait espéré réjouir *son seigneur;* mais Robert jura la foi de Dieu qu'il ignorait tout. Robert avait imaginé une très singulière précaution pour éviter, à lui-même ainsi qu'aux autres, les dangers du parjure. Il avait fait faire un reliquaire en cristal, « orné tout autour d'or pur », sur lequel il prêtait serment et le faisait prêter aux grands qui lui rendaient l'hommage féodal; mais, ce reliquaire ne contenant point d'os de saints, on pouvait trahir la foi jurée sans encourir le ressentiment des bienheureux. Le bon roi, pensant au salut de tout le monde, fit fabriquer un second reliquaire en argent, dans lequel il enferma, au lieu de reliques, un œuf de *griffon* : ce vase servit à recevoir les serments des gens de médiocre condition et des petits tenanciers des campagnes.

Si la piété du roi Robert manquait de lumières, si sa libéralité profitait trop communément à d'adroits coquins, sa charité chrétienne était de tous les jours et de tous les instants. « Un matin, il quitta son lit de très bonne heure pour assister aux *laudes* dans l'église de Saint-Denis, et, traversant seul les appartements de son logis, il aperçut deux personnes de sexe différent, dans un coin, commettant une œuvre illicite. Robert plaignit leur fragilité, ôta de son cou une fourrure très précieuse, et, d'un cœur compatissant, la jeta sur les pécheurs afin qu'on ne les reconnût pas; puis il entra dans la basilique, et implora pour eux le Dieu tout-puissant.

FIN DES ÉCLAIRCISSEMENTS.

TABLE DES MATIÈRES

CONTENUES DANS LE TOME TROISIÈME.

DEUXIÈME PARTIE. — France du moyen age. - Féodalité.

LIVRE XVII. — France féodale (Suite).

Pages.

INSTITUTIONS FÉODALES. — PREMIERS CAPÉTIENS ET DYNASTIES DES GRANDS VASSAUX. — Derniers efforts de la race carolingienne. — Gerbert. — Le roi Robert. — L'an mille. Architecture romane. — Manichéens. Commencement des persécutions religieuses. — Révoltes de paysans. — Les ducs de Normandie. Les comtes de Chartres. Les comtes d'Anjou. Les ducs de Bretagne. — Impuissance des rois. Anarchie féodale. — Les royaumes d'Arles et de Bourgogne réunis à l'empire germanique. — La *Trêve de Dieu*. — Commencements de Guillaume-le-Conquérant. — Conquête des Deux-Siciles par les aventuriers normands. — Question de l'Eucharistie. Bérenger de Tours. — Réforme ecclésiastique. Hildebrand. Proscription de la simonie et du mariage des prêtres (987-1060). 1

LIVRE XVIII. — France féodale (Suite).

ANARCHIE FÉODALE. — Conquête de l'Angleterre par les Normands. Puissance de Guillaume-le-Conquérant. — Premières *communes* insurrectionnelles. — Grégoire VII. Apogée de l'ultramontanisme. — Guerre des Investitures. — Conquête du Portugal par les chevaliers français et bourguignons. — Les fils de Guillaume le Conquérant. — Le roi fainéant Philippe Ier. — PREMIÈRE CROISADE. Pierre l'Ermite. Godefroi de Bouillon. Raimond de Saint-Gilles. Conquêtes en Syrie et en Mésopotamie. Prise de Jérusalem (1060-1099). 108

LIVRE XIX. — France féodale (Suite).

COMMENCEMENTS DE LA MONARCHIE FÉODALE. — Henri Ier, roi d'Angleterre et duc de Normandie. — Croisade du duc Guilhem d'Aquitaine. — Premiers exploits de Louis le Gros. Armement des serfs d'église contre les seigneurs brigands. — RÉVOLUTION MUNICIPALE. Affranchissement de la bourgeoisie. Villes de consulat. Villes de commune. Villes de bourgeoisie. — Commencement de transformation du servage de glèbe. Les roturiers ou paysans libres. Droit coutumier des non nobles. Progrès social. — Politique de Louis le Gros. — Lutte entre Louis le Gros et Henri Ier d'Angleterre. — Progrès de la royauté. — La couronne acquiert l'Aquitaine par mariage (1097-1137). 194

LIVRE XX. — France féodale (Suite).

Mœurs, idées, lettres et arts aux XI° et XII° siècles. — Philosophie scolastique. Saint Anselme. Héloïse et Abélard. Saint Bernard. — Chevalerie et poésie chevaleresque. Formation de la langue d'oïl et de la langue d'oc. Troubadours et trouvères. Première période de la chevalerie purement guerrière et religieuse. Élément gallo-frank. Cycle épique de Charlemagne et des douze Pairs. La chanson de Roland. — Grandes chroniques de Saint-Denis. — Deuxième période de la chevalerie. Élément celtique pur. Le néo-druidisme; les traditions bardiques et les *Mabinogion*. Cycle d'Arthur ou de la Table-Ronde. Le prophète Merlin. Chrestien de Troies et ses émules. Invasion générale des romans celtiques. Idéal moral nouveau. Rôle des femmes dans la chevalerie. — Cycle du saint Graal. — Culte de la Vierge. — Fin de l'architecture romane. Naissance et caractère national de l'architecture ogivale. (XI° et XII° siècles). 302

LIVRE XXI. — France féodale (Suite).

Oscillations de la monarchie féodale. — Louis VII, dit le Jeune, roi de France et duc d'Aquitaine. — Démembrement de la monarchie anglo-normande. Étienne de Boulogne, roi d'Angleterre. Geoffroi Plantagenêt, duc de Normandie et comte d'Anjou. — Croisade de Louis le Jeune. Revers des croisés. — Régence de Suger. — Progrès des sectes hétérodoxes. — Fin de saint Bernard. — Divorce de Louis le Jeune. L'Aquitaine passe dans la maison d'Anjou. Henri II Plantagenêt, duc de Normandie, comte d'Anjou, duc d'Aquitaine, puis roi d'Angleterre. La couronne de France abaissée de nouveau. Henri II fait un de ses fils duc de Bretagne. — Henri II et Thomas Becket. — Henri II en guerre avec sa femme et ses fils. — Nouveaux envahissements de Henri II. — Mort de Louis VII et avénement de Philippe-Auguste (1137-1180). 417

LIVRE XXII. — France féodale (Suite).

Progrès de la monarchie féodale. Philippe-Auguste. — Guerre de famille entre les Plantagenêts. — Les routiers et les chaperons blancs. — Premiers succès de Philippe-Auguste. Guerre entre Philippe et Henri II. Mort de Henri II. — Richard Cœur-de-Lion. — Croisade de Philippe et de Richard. Saladin. Le siége d'Acre. Retour de Philippe. Captivité de Richard. Guerre entre Philippe et Richard. Mort de Richard. Jean-Sans-Terre. — Philippe-Auguste et Ingeburge de Danemark. — Les écoles de Paris. — Conquête de Constantinople et de la Grèce par les croisés français et vénitiens. Empire-latin d'Orient. — Meurtre d'Arthur de Bretagne par Jean-Sans-Terre. Conquête de la Normandie, de l'Anjou, du Maine et du Poitou par Philippe-Auguste. Le roi d'Angleterre déchu de ses fiefs par sentence de la cour des pairs de France (1180-1206). 505

ÉCLAIRCISSEMENTS. 587

FIN DE LA TABLE DES MATIÈRES DU TOME TROISIÈME.

www.ingramcontent.com/pod-product-compliance
Lightning Source LLC
Chambersburg PA
CBHW070327240426
43665CB00045B/1194